청소년 인권과 참여

청소년 인권과 참여

천 정 웅

KNOWLEDGE COMMUNITY 공동체

책을 발간하는 일은 개인적으로 무척 기쁜 일이기도 하지만, 동시에 크나큰 책임감을 갖게 해준다. 더욱이 이 책이 주제로 담고 있는 청소년인권과 청소년참여의 내용은 주제의 무게만큼이나 무거운 부담감을 주었다. 그동안 공부하면서 이 책의 출간을 마음먹은 것이 10년이 더 되었지만, 원고의 구성부터 초고를 완성할 때까지는 COVID-19 팬데믹(pandemic)의 시작과 함께 두 번의 여름방학을 보내야 했다. 오랜 기간의 지리함 속에서도 이렇게나마 마무리할 수 있었던 것은 청소년인권과 청소년참여에 대한 보다 체계적이고 종합적인 단행본이 필요하다는 생각이 머릿속에서 떠나지 않았기 때문이다. 더욱이 청소년인권과 청소년참여에 관한 학술적 접근은 아동인권과 구별되는 청소년인권의 개념과 내용을 정립하는 것이어야 하며, 청소년참여의 내용은 유엔아동권리협약의 참여권 조항을 떠나서 이미 별도로 존재하고 있는 중요한 주제라는 점을 분명히 해야 한다는 것이 마음속에 늘 자리잡고 있었다. 그렇기에 청소년인권과 청소년참여는 서로 맞물려 있는 상보적인 가치이며, 이념이자, 실천적 운동임을 다시 확인하는 시간이었다. 이런 의미에서 이 책은 청소년인권과 청소년참여를 상보적 관계로 접근한 첫 번째의 지적 작업이 되기를 기대한다.

이 책은 우리 모두가 인간(human beings)이기 때문에 삶에서 경험하고 행하며 가지고 얻을 수 있는 것으로 '인권(human rights)'을 규정하면서 첫 챕터를 시작하고 '적극적 관점(positive perspective)'에서의 청소년개발(youth development)과 시민참여(civic engagement)의 함의를 알아보는 것이 청소년업무(youth work)의 주요한 과제가 되어야 한다는 내용으로 마지막 챕터를 맺고 있다. 따라서 인권의 개념(제1장)에서부터 청소년인권의 범주와 유형(제4장)에 대해 소개한 후, 참여의 개념(제5장)에서 청소년참여의 이론적 모형(제8장)까지를 고찰하는 것으로 개념적 기초를 제시하였다. 이어서 청소년인권과 청소년참여의 상보적(相互補完的) 실제를 인권조례(제9장), 디지털환경(제10장), 참여정책과 활동(제11장), 참여적 인권과 참여권(제12장)의 네 개 챕터를 중심으로 알아보면서, 앞으로의 과제와 관련한 내용으로 인권교육(제13장), 인권지표(제14장) 및 시민청소년운동(제15장) 등을 포함하도록 구성하였다. 또한 앞서 언급한 '적극적 관점'은 청소년에 대한 인권적 관점의 접근과 인권과 관련한 제반 사회현상의 이해, 그리고 청소년참여가 전제하는 주체적·능동적 인식 등이 모두 청소년에 대한 긍정적·진취적 관점과 그 실천적 노력으로 볼 수 있다고 생각하여 사용한 것이다. 적극적 관점이란 소극적 관점이나 부정적 관점 등에 대한 대응개념이기도 하지만, 기존의 제반 관점에 대해 비판적 입장을 갖는 것으로 용어화한 것이다. 청소년분야에 이미 존재하였으나 보다 큰 목소리가 될 필요가 있는 주제와 접근들에 관한 이론적·실천적 노력들을 하나로 모은 접근이라 할 수 있다.

그럼에도 이 책 전반을 통해 청소년인권과 청소년참여에 대한 논의는 '유엔아동권리협약'과 직·간접적으로 밀접하게 전개되고 있는 것이 사실이다. 이는 '유엔아동권리협약'이 18세 이하(under 18)를 주대상으로 하고 있음에도, 그 용어의 의미가 청소년(youth)이 아닌 아동(children)으로 국제규범화되어 있기도 하며, 그런 까닭에 기존의 많은 선행연구들이 아동인권의 연장선상에서 청소년인권을 논의하는 경향이 많다는 점과도 관련되어 있다. 또한 아동인권과는 다른 청소년인권의 특성에 대한 논의가 지속되고 있지만, 청소년인권에 대한 연구는 여전히 그 규범적 내용과 사회적 이슈라는 측면에서는 아동인권의 큰 틀을 벗어나지 못하고 있는 것이 현실이다. 이것은 아동인권에 대한 연구를 지속하는 동시에 청소년인권에 초점을 두는 보다 많은 연구가 필요하다는 당위성을 제시해 준다. 청소년인권은 아동 연령의 연장선이 아니라, 유스(youth), 즉 청소년과 청년의 특성을 바탕으로 그들이 누려야 할 인권과 참여에 관한 내용이 보다 구체적으로 정립될 필요가 있음을 말해준다. 이런 점에서 이 책은 유엔아동권리협약의 일반논평(general comments)에 특별한 관심을 갖고 제20호(청소년기에 대한 적용-제3장), 제25호(디지털환경과 청소년인권-제10장) 및 제12호(의견표명권, 즉 참여권-제12장)에 주목하면서 아동인권과는 다른 청소년인권과 청소년참여의 고유한 특성을 고찰하고자 노력하였다. 이 책 전반을 통해 아동인권은 그 내용이나 문맥의 의미가 청소년(youth)에 관련된 경우는 최대한 청소년이라는 용어를 쓰고 있는 것도 같은 맥락이라 할 수 있다.

이 책을 준비하면서 국내·외의 다양한 선행연구의 도움을 받았다. 이런 점에서 이 책은 그러한 연구결과를 최대한 확인하면서 필자의 그동안의 각종 발표글과 공부 내용을 정리하여 종합한 것으로 볼 수 있을 것이다. 특히 참여모형, 인권지표, 시민청소년운동 등에 관한 내용은 발표논문을 업데이트하고 수정·보완하여 책의 구성상 완성도를 높이고자 하였다. 이와 같이 청소년인권과 청소년참여에 대한 필자의 관점과 그동안의 공부를 최대한 담기 위해 노력했지만, 언제가 될지 모르는 다음 기회로 넘겨야 하는 보다 많은 부분들이 있다는 것을 고백하지 않을 수 없다. 무엇보다 문헌과 자료를 활용하면서 인용이 미비하거나 누락한 부분이 있다면 다음에 반드시 반영할 것을 약속한다. 그러나 더 많은 공부를 후일로 미루면서 이렇게나마 서둘러 마무리하는 것은 아마도 청소년인권과 청소년참여의 이론적 토대와 그 상보적 실제성에 대한 인식이 중요하다는 마음이 더욱 앞서기 때문일 것이다. 끝으로 여유 없이 보낸 원고를 신속하고 깔끔하게 편집하여 출간의 기쁨을 갖도록 해준 공동체 출판사의 김동훈 대표님과 직원 여러분께 깊은 감사의 말씀을 드린다.

2021년 11월

무학산 자락에서

중천(中天) 천정웅

CONTENTS

■ 머리말 / 3

PART 01 청소년인권의 개념적 토대

CHAPTER 01 인권의 개념과 청소년인권 — 13

1. 인권의 정의 ········· 14
2. 인권의 특성 ········· 19
3. 인권의 용어와 권리영역 ········· 23
4. 청소년인권의 개념과 특성 ········· 36

CHAPTER 02 인권규범의 역사와 청소년인권의 발전 — 44

1. 인권 형성의 근대적 배경 ········· 46
2. 국제인권규범의 대두 ········· 52
3. 청소년인권의 국제적 발전 ········· 59
4. 우리나라 청소년인권의 발전과정 ········· 70

CHAPTER 03 유엔아동권리협약의 청소년기 적용 — 77

1. 유엔아동권리협약의 규범성 ········· 78
2. 유엔아동권리협약의 주요 내용 ········· 82
3. 청소년기에 대한 유엔아동권리협약의 기본 인식 ········· 93
4. 청소년기 성숙의 중요성과 당사국의 책임과 의무 ········· 101

CHAPTER 04 청소년인권의 범주와 유형 — 105

1. 청소년인권의 영역구성 ········· 106
2. 청소년인권의 범주와 4대 영역 ········· 108
3. 유엔아동권리협약의 청소년기 적용에 따른 권리영역 ········· 118
4. 청소년기 인권 내용의 확장 ········· 134

PART 02 청소년참여의 이론적 기초

CHAPTER 05 청소년참여의 개념 —— 143

1. 청소년참여의 발전 ···· 143
2. 청소년참여의 개념 ···· 147
3. 청소년참여의 유사개념 ···· 159
4. 청소년참여의 개념적 관점 ···· 164

CHAPTER 06 청소년참여의 의미와 효과 —— 172

1. 청소년참여의 목적과 중요성 ···· 172
2. 청소년참여의 의미와 기능 ···· 179
3. 청소년참여의 가치와 이점 ···· 187
4. 청소년참여의 효과와 오해 ···· 200

CHAPTER 07 청소년참여의 영역과 청소년의 역할 —— 210

1. 청소년참여 영역의 이해 ···· 210
2. 청소년참여의 주요 영역 ···· 212
3. 청소년참여의 유형과 형태 ···· 217
4. 청소년활동참여와 청소년의 역할 ···· 228

CHAPTER 08 청소년참여의 이론적 모형 —— 237

1. 단계적 계층화 모형 ···· 237
2. 비계층적 연속형 모델 ···· 249
3. 청소년참여 유형의 비판적 논의 ···· 258
4. 청소년참여의 대안 모형 ···· 264

PART 03 인권과 참여의 상보적 실제

CHAPTER 09 학생인권과 인권조례 — 273

1. 학교와 학생인권의 대두 …… 273
2. 학생인권의 내용 …… 279
3. 학생인권 관련 논의 …… 283
4. 학생인권조례와 청소년인권조례 …… 292

CHAPTER 10 디지털환경과 청소년인권 — 303

1. 디지털환경의 개념과 디지털 원주민(Digital Native) …… 304
2. 디지털환경과 청소년인권의 관계 …… 307
3. 디지털환경 청소년인권의 주요 내용 …… 310
4. COVID-19와 디지털 청소년인권 …… 325

CHAPTER 11 청소년참여정책과 참여활동의 동향 — 330

1. 청소년참여의 정책제도화 …… 330
2. 청소년참여활동과 참여기구 …… 333
3. 청소년우대제도 …… 342
4. 선거권 논의와 청소년참여의 최근 동향 …… 348

CHAPTER 12 참여적 인권과 청소년참여권 — 359

1. 청소년인권과 참여적 인권 …… 359
2. 참여권의 범주와 청소년참여권 …… 365
3. 청소년참여권에 대한 유엔아동권리협약의 입장 …… 375
4. 청소년참여권의 과제 …… 386

PART 04 청소년인권과 청소년참여의 과제

CHAPTER 13 청소년인권교육의 내용과 방법 — 391

1. 청소년인권교육의 의미 ······ 391
2. 인권교육 논의의 동향과 특징 ······ 400
3. 청소년인권교육의 내용과 방법 ······ 405
4. 청소년인권교육과 실천의 과제 ······ 415

CHAPTER 14 청소년인권지표의 개발과 적용 — 422

1. 인권지표의 개념적 이해 ······ 423
2. 청소년인권지표개발의 국제동향 ······ 426
3. 한국의 청소년인권지표 개발 동향 ······ 439
4. 청소년인권지표 개발 동향의 함의 ······ 445

CHAPTER 15 청소년참여와 시민청소년운동의 함의 — 449

1. 청소년참여와 청소년운동의 의미 ······ 449
2. 시민청소년운동의 개념적 이해 ······ 452
3. 시민청소년운동의 특성과 참여적 맥락 ······ 456
4. 시민청소년운동의 청소년업무(Youth Work)에의 함의 ······ 461

■ 참고문헌 / 469

■ 찾아보기 / 488

PART

01

청소년인권의 개념적 토대

CHAPTER 01 인권의 개념과 청소년인권

CHAPTER 02 인권규범의 역사와 청소년인권의 발전

CHAPTER 03 유엔아동권리협약의 청소년기 적용

CHAPTER 04 청소년인권의 범주와 유형

CHAPTER

01 인권의 개념과 청소년인권

우리 모두가 자신의 삶에서 경험하고 행하며 가질 수 있는 어떤 것들이 있다. 사람들은 이러한 일을 단지 인간(human beings)이기 때문에 할 수 있어야 하고 누구나 이러한 일을 얻을 수 있어야만 한다. 이것을 '권리(rights)'라고 하며 모든 사람들은 이러한 권리를 가지고 있다(Fletcher, 2014). 청소년인권은 인간의 삶에서 구별되는 한 시기를 살아가는 청소년이 주체가 되어 갖는 인간으로서의 권리를 말한다. 청소년도 인간이므로 인간으로서 누려야 할 당연한 권리를 가진다. 그러나 청소년(youth)에 대한 합의된 개념도 없지만, 인간의 권리, 즉 인권(human rights)에 대한 명확한 정의도 찾아보기 쉽지 않다. 더구나 아동의 인권(child rights)과 청소년의 인권(youth rights)은 때로 혼용되거나 다른 의미로 사용된다. 청소년이라는 용어는 또한 연령 범주와 사회적 맥락에서 '청년'이라는 용어와도 함께 사용되고 있다는 점에서 보면, 청소년인권을 개념적으로 이해하기란 쉬운 일이 아니다. 여기에서는 청소년인권에 대한 앞으로의 논의를 위해서 먼저 인권(human rights)이라는 용어의 의미에 대해 알아보고 아동인권 또는 청년인권과 구별되는 청소년인권의 특성 등에 대해 알아보기로 한다.

1. 인권의 정의

인권에 대한 개념을 한마디로 규정하는 것은 쉬운 일이 아니다. 그 이유를 이해하기 위해서는 그것이 '인간(human)'과 '권리(rights)' 두 가지 용어로 구성되었다는 점에서 시작할 필요가 있다. '인간'과 '권리' 각각에 대한 정의도 어렵기 때문에 '인권'을 전체적으로 이해하는 것 또한 어렵다는 점을 이해하는 것이다. 우선, '인간'이라는 단어가 누구 또는 무엇을 의미하는가에 대해 다양한 해석들이 있어 왔다는 점을 기억해야 한다. 한 예로, 아이프(Ife, 2015)는 전시에는 인간을 비인간화(dehumanise)하는 일이 발생하는데 제2차 세계대전에서 독일이 유대인을 인간 이하의(sub-human) 존재로 박해한 것이 그러하고 유사한 또 다른 범주로 아동과 여성에 대해서도 가끔 완전한 인간성(full humanity)을 갖추었다고 인정하지 않는 인식이 있었다는 점을 지적한다.

여기에서 비인간화는 누군가가 완전한 인권을 가지지 못한 인간 이하의 존재로 취급받는 것을 의미하는 것으로 이는 그들에 대한 권리를 보호할 필요가 없다는 논리로 이어진다. 만약 누군가가 '어린이'라면 완전한 인간이 되지 못한 것으로 간주되며, 그 정의상 모든 사람에게 부여되어야 하는 투표권, 노동권, 이동의 자유권, 결사의 자유권 등과 같은 '인권들'을 인정받지 못했다. 여성에 대해서도 마찬가지이다. 이러한 비인간화의 논리로 인해 오랫동안 인권은 남성의 권리(man's rights)라는 말과 다름이 아니라는 비판을 받아 왔으며 여기에는 성편향성(gender bias)뿐만 아니라, 아동과 여성 등 모두를 아우르는 인간들(men)의 권리가 아니라 일부 인간(man)의 권리에만 가치를 부여한 것과 같은 개인주의적 편향성도 내포되어 있다. 따라서 인권을 이해하는 핵심은 누가 '인간'으로 간주되는가의 문제와 '인간성(humanity)'이라는 개념을 어떻게 해석할 것인가의 문제가 함께 관련되는 것이다.

오늘날 우리는 인권(human rights)이란 단지 '인간'이라는 이유로 갖는 보편적(universal)인 권리로 본다. 즉, '모든 사람은 시민으로서, 가족 구성원으로서, 노동자로서, 또는 어떤 결사나 조직의 구성원으로서 어떤 권리와 의무를 가지는가와 상관없이' 인권을 가진 주체가 되는 것이다. 인종, 성별, 연령, 종교, 국가, 문화, 사회경제적 지위, 부, 장애, 신념이나 행동에 상관없이 모든 사람에게 속하는 것이며, 단지 인간(human)이라는 이유만으로 갖는 권리가 인권인 것이다. 그런 의미에서 모든 사람은 평등하고 양도할 수 없는(inalienable), 즉 한 개인이나 집단으로부터 빼앗아 갈 수 없는 인권을 가진다. 여기서 인권을 가진다는 것은 사물의 소유가 아니라, '도덕적 · 법적 규칙에 근거한 정당한 요구 혹은 정당한 자격'을 갖는 것을 의미한다. 인권은 또한 불가분의 것(indivisible)이며 철폐할 수 없는 것(inabrogable)으로 이해된다. 인권을 서로 분리시킬 수 없는 하나의 묶음으로 되어 있다고 보기 때문이며 자발적으로나 다른 어떤 특권과 교환하기 위해 포기할 수 없는 것이다.

인권에 대한 이러한 이해에도 불구하고, 왜 단지 사람이라는 이유만으로 권리를 갖게 되는 것인지는 불분명하다. 위에서 언급한 인권의 보편성, 양도불가능성, 불가분성, 철폐불능성의 특징도 현실에서는 실제로 그렇게 이행되지 않는 모순적인 모습을 많이 볼 수 있다. 또한 존중되거나 침해되는 인권의 내용도 국가별로 사회적 · 경제적 · 정치적 조건에 따라 달라질 수 있다(천정웅, 2015). 사람들의 생생한 경험 속에서 존재하는 인권은 희망으로는 가능하지만, 실제로는 그렇지 않을 수 있으며, '하나의 규범적 이상'으로 볼 수도 있는 것이다.

여기에서 우리는 '권리(rights)'라는 개념도 합의된 개념정의가 어렵다는 것을 알 수 있다. 인권이 '인간'을 전제로 하는 것이라면 그것은 인간 본성의 일부인가? 과연 권리는 타고나는가? 또한 권리는 '존재'한다고 말할 수 있는가? 만약에 그렇다면 어떤 권리가 '존재'한다는 것은 어떻게 확인할 수 있는가? 이러한 다양한 질문들에 대한 대답을 위해서는 그만큼 많은 논의가 필요할 것이다. 그러나 한 가지 분명한 사실은 권리의 개념이 오랜 역사를 통하여 사람들이 생각하는 방식들 속에서 형성되고 발전되어 왔다는 점이다. 특히 자연법 사상은 사람들이 인간의 권리에 대해 생각해 온 가장 대표적인 방식으로 볼 수 있다.

사실 인권이 '인간으로서 당연히 가지는 생래적(生來的)이며 기본적인 권리'라는 사상은 근대 이전의 국가질서 내에서는 존재하지 않았다. 고대 그리스인들은 노예제도를 가지고 있었으며 그리스인과 야만인을 구별하였고, 로마인들은 혈통·시민권·공적에 따라 권리가 달랐으며, 중세에는 정치영역에서까지 신자와 비신자가 구분되는 차별이 만연한 상황이었다(김소연, 2016). 오늘날의 인권은 권리개념이지만, 고대의 자연법은 권리보다는 의무에 가까운 것이었으며, 자연법 사상은 13세기 토마스 아퀴나스(Thomas Aquinas)와 16세기 프란시스코 수아레스(Francisco Suarez)를 거치면서 권리라는 성격을 가진 근대적 자연권으로 변용되기 시작하였다.

자연권(natural rights)은 로크(John Locke)의 사상과 인간성에 대한 여러 주장에 기초하고 있으며, 홉스(Thomas Hobbes), 루소(Jean-Jacques Rousseau), 몽테스키외(Baron Montesquieu) 등을 거치면서 근대적 인권으로서의 틀을 갖추어 나가기 시작하였고, 사회계약설에 흡수되고 자유주의와 결합하면서 18~19세기에 전개된 정치적 절대주의에 대항하는 주요한 수단이 되었다(김소연, 2016). 그것은 권리가 인간존재의 자연적 상태(natural state of being)의 일부로서 타고나는 것으로 본다. 권리는 우리의 인간성 자체로부터 도출되는 것이며, 인간조건의 준객관적 측면인 것이다. 자연권사상 및 자연권에 대한 이러한 근대적 해석에 따라, 인권은 국가나 실정법에 의하여 부여된 것이 아니라 인간이기 때문에 인정되는 권리, 인간 개개인을 최고의 가치로 인정하는 권리로서 자리잡게 되었고 이에 따라 인권은 절대적이고 양도 불가능하며 시효가 없는 선험적 권리, 즉 '천부인권'으로서 이해되고 인정되기 시작하였다(이상돈, 2005).

그러나 근대적 인권의 기반이 천부인권사상이 되었어도, 인권이 처음부터 모든 사람의 권리를 인정할 정도의 파급효과를 갖고 있는 것은 아니었다. 오히려 근대적 인권은 특권층에서부터 시작하여 조금씩 부분적으로 확보되기 시작하였다. 군주주권론에서 국민주권론으로의 전환 속에서 인권은 여러 정치적·혁명적 투쟁을 통해서 실정 헌법에 성문화되어 보장되기 시작하였으며, 이 과정 속에서 인권과 기본권이라는 용어가 사용되기 시작하였다. 프랑스 인권선언은 인간의 권리와 시민의 권리를 구별하여 규정하였고, 바이마르(Wiemar)헌법은 기본권이라는 용어를 사용하였다(김소연, 2016).

아이프(Ife, 2015)는 사람들이 인권에 대해 생각해 온 방식의 하나로 인권을 국가의 의무(states obligations)로 보는 전통이 있었다고 주장한다. 인권의 보호나 실현을 위해 정부가 제반 조치를 취해야 할 의무가 부여된 것으로 본다. 이런 의미에서 권리란 그런 보호나 실현 메커니즘이 있을 경우에만 존재하는 것이다. 보통 이 권리들은 권리에 대한 법(bills)이나 헌장(charters)의 형태로 존재한다. 이 전통은 인권을 법(the law)과 법적 구조와 절차, 정부 정책 등과 연결시키는 결과를 가져왔다고 보고 인권에 대한 이러한 법적 접근은 인권이 전 세계에 걸쳐 실행되도록 하는 데 큰 영향을 끼쳤다고 주장한다.

지금까지 서술한 바와 같이, 인권의 개념을 '인간(human)'과 '권리(rights)'라는 두 가지 구성 용어를 중심으로 이해한 내용을 바탕으로 보면, 모든 의미를 포함하여 간략히 정의할 수 있는 보편적으로 받아들이는 권위적인 정의는 아직 없다고 볼 수 있다. 인권(human right)은 말 뜻 그대로 보면, '사람의 권리' 혹은 '사람이면 누구나 가진다고 추정되는 권리'를 의미하며, 그가 어디에 살든지 관계없이 각 개인에게 부여된 일련의 권리로 볼 수 있는 것이다. 그래서 '모든 인간이 본질적으로 그리고 선천적으로 기지고 있는 권리로서 그것이 보장되지 않으면 인간답게 살아갈 수 없는 모든 권리를 의미한다(국가인권위원회, 2008). 즉, 사람으로서 살아가기 위해 마땅히 누려야 할 자유와 권리를 의미하면서 한 국가의 구성원인 시민으로서 행사해야 할 자유와 권리를 함께 뜻하는 말이라고도 볼 수 있다(한국청소년개발원, 2004).

다시 말하면, 인권은 인간이라는 이유만으로 모든 사람이 본질적으로 가질 수 있는 권리이며 인간으로서의 자신의 존엄성과 인격을 존중받아야 한다는 것을 의미한다. 인권은 '자연적' 권리로서 인간 존재의 본성, 즉 인간이 자신의 인간성 결과로서 어떤 권리를 가진다는 관념과 연결되며 이런 점에서 인권은 사람의 권리(right of man)가 아니라 사람답게 살 권리(human rights)가 된다(한국학교사회복지사협회, 2006). 인권은 '인간이 인간다운 삶을 영위하기 위해 갖게 되는 당연한 권리'가 되는 것이다.

이와 같이 모든 인간은 공통적으로 누구에게도 양도할 수 없는 기본적 권리를 가지고 있으며 이를 흔히 보편적 인권이라고도 한다. 인권은 보편적인 인간의 모든 정치·경제·사회·문화적 권리 및 지위와 자격을 총칭하는 개념으로 구별, 차별 없이 모든 권리를 누릴 수 있는 것이라고 할 수 있다. 따라서 인권은 누구에게나 적용되고, 모든 사람이 향유해야 한다는 점에서 보편성을 가지며, 인간이면 당연히 갖게 된다는 점에서 도덕적 권리이다. 그런데 인간은 원시적인 자연인 상태에 있는 것이 아니라 한 사회와 국가의 구성원으로서의 지위를 갖게 되기 때문에 인간에게 부여된 도덕적이고 당연한 권리로만 인권을 이해하는 것은 부분적인 이해이며, 제도권 내에서의 인간이 행사할 수 있는 권리 내용을 포함하여 이해해야 한다.

전통적으로 인권의 개념은 법의 테두리 안에서 주로 논의되어 왔다. 법적으로 개념정의를 해보면, 인간이라면 당연히 가지는 자연법상의 권리를 말한다. 1789년 프랑스 국민의회가 선포한 '인간과 시민의 권리에 대한 선언', 즉 프랑스 인권선언 제1조에서 "인간은 권리로서 자유롭고 평등하게 태어나며 생존한다"고 하였으며, 최초의 국제적 인권 기준인 1948년에 유엔이 채택한 세계인권선언(Universal Declaration of Human Rights, 1948) 제1조에서는 "모든 인간은 태어날 때부터 자유롭고, 존엄성과 권리에 있어 평등하다"라고 규정하고 있다. 즉, 세계인권선언에서 인권은 "인류사회 모든 구성원의 타고난 존엄성으로 평등하며 양도할 수 없는 기본 권리를 인정하는 것이 전 세계의 자유와 정의 그리고 평화의 기초"라고 정의하고 있다. 또한 선언문 제2조에서는 "사람은 이성과 양심을 부여받았으며 서로에게 형제의 성심으로 대하여야 한다. 모든 사람은 인종, 피부색, 성, 종교, 정치적 또는 그 밖의 견해, 민족적 또는 사회적 출신, 재산, 출생, 기타의 지위 등에 따른 어떠한 종류의 구별도 없이 이 선언에 제시된 모든 권리와 자유를 누릴 자격이 있다"고 명시함으로써 인권 보장의 정당성을 넓히고 있다.

우리나라 헌법에 따르면 제10조 "모든 국민은 인간으로서의 존엄과 가치를 가지며, 행복을 추구할 권리를 가진다. 국가는 개인이 가지는 불가침의 기본적 인권을 확인하고 이를 보장할 의무를 진다"라고 명시적으로 규정하고 있다. 또한 우리나라 국가인권위원회법 제2조에서도 "인권이란 대한민국 헌법 및 법률에서 보장하거나 대한민국이 가입·비준한 국제인권조약 및 국제관습법에서 인정하는 인간으로서의 존엄과 가치 및 자유와 권리를 말한다"라고 구체적으로 적시하고 있다. 인권은 인간의 존엄성과 자유, 평등과 같은 보편적 가치를 통합한 규범적 틀이라고 할 수 있으며, 세계인권선언 및 헌법과 국가인권위원회법 등 법규에 나타난 인권은 인간 존엄성을 위한 '최소 조건'을 표현한 것이다(고명석, 2016). 인간으로 태어나면서 가지게 되는 당연한 권리인 인권은 오직 사람이라는 이유만으로 아무런 조건 없이 적용되는 것임을 법규에서 제시한 의미를 갖는다.

〈표 1-1〉 인권선언과 법규에 나타난 인권의 정의

프랑스 인권선언 (1789)	제1조 인간은 자유롭게 그리고 평등한 권리를 가지고 태어났다. 제2조 모든 정치적 결사의 목적은 그 무엇도 침해할 수 없는 인간의 자연권을 보전하는 데 있다. 그 권리는 자유, 재산, 안전 그리고 압제에 대한 저항이다.
세계인권선언 제1조	모든 사람은 태어날 때부터 자유롭고 존엄성과 권리에서 평등하다.
대한민국 헌법 제10조	모든 국민은 인간으로서의 존엄과 가치를 가지며, 행복을 추구할 권리를 가진다. 국가는 개인이 가지는 불가침의 기본적 인권을 확인하고 이를 보장할 의무를 진다.
대한민국 국가인권위원회법 제2조	인권이란 헌법 및 법률에서 보장하거나 대한민국이 가입·비준한 국제인권조약 및 국제관습법에서 인정하는 인간으로서의 존엄과 가치 및 자유와 권리를 말한다.

2. 인권의 특성

인권은 모든 사람이 본질적으로 가질 수 있는 권리로서 인간이라면 누구나 자신의 존엄성과 인격을 존중받아야 한다. 그래서 인권은 '인간이 가지는 당연한 권리'이며 '불가양·불가침의 권리', '인간의 존엄성에 필수불가결한 권리' 등으로 정의되어 왔다(박찬운, 2011). 그러나 이러한 인권의 개념에 대해 원론적 측면에서는 받아들이기 어렵지 않지만, 실제적 측면에서는 인간이 행사하는 권리가 타인 또는 국가에 의해 제약받거나 권리 상호 간에 충돌이 발생하는 상황이 있게 된다(김진희·최인희·김자영·이로미·이혜경, 2018). 사람들은 관념적으로는 인권에 찬성하지만 구체적 상황에서 접하는 인권문제에는 평상시의 사고방식으로 재단하게 되는 경향이 있다(조효제, 2019). 그래서 추상적인 인권원칙과 실질적인 인권의식 사이의 일관성을 높이려는 노력과 투쟁이 필요하다는 것이다(김진희 외, 2018).

인권을 인간으로서 가지는 타고난 권리로 볼 때, 이 권리는 국가나 법체계가 권리로 인정하는가와 상관없이 우리 각자에게 인정되는 실정법 이전의 권리로서 인간의 모든 조직, 사회, 국가, 국제조직 등이 존중하여야 할 의무가 따른다. 이러한 인권의 특징은 다음과 같이 살펴볼 수 있다(국가인권위원회, 2006).

첫째, 인권이 가진 가장 고유한 특성으로 널리 알려진 것은 인권의 보편성(universality)이다. 인권은 무엇보다도 인간이라면 누구나 향유할 수 있는 권리라는 특징을 갖는다. 이는 인권은 인종, 피부색, 성별, 출신 민족 또는 사회, 종교, 언어, 국적, 연령, 성적 지향, 장애 또는 기타 어떠한 특징과도 상관없이 인간으로서 지니는 존엄성에 기초하고 있기 때문에 보편적이라는 것을 말한다(국가인권위원회, 2020). 인권은 개인으로서의 모든 인간에게 당연히 부여된 권리로서 자신의 노력이나 품성, 제도적 승인과 같이 어떤 후천적인 기준을 충족함으로써 얻어지는 권리가 아니다. 이는 대상이 인간이기만 하면, 누구에게나 적용되는 성질을 인권이 가지고 있다는 것이다.

그러나 때로 인권의 보편성은 인권이 서구적 개념이며 전 세계적으로 확산되어 있는 신식민주의 태도의 일환이라는 이유로 도전을 받아 왔다. 인권이 보편적이지 않다는 주장은 여전히 다양한 맥락에서 나타난다. 예를 들어, 일부 국가는 여성에 대한 권리침해를 문화로 정당화하고 있는데, 이는 인권의 보편성에 의문을 제기하는 것이다. 이러한 관행은 사회에서의 여성의 역할에 대한 유해한 고정관념에 기반하고 있는데, 국제인권법은 그러한 고정관념과 편견을 근절해야 할 의무를 분명히 하고 있다. 인권적 관점은 시간에 따라 문화가 변화한다고 보며, 특정 공동체의 문화를 정의하는 의사결정 과정에 여성이 영향력을 행사하는지에 관심을 갖게 한다. 오늘날 인권의 보편성은 다양한 문화적, 종교적, 정치적 전통을 지닌 다수의 국가들이 주요 국제인권 규범을 채택하고 비준하였다는 사실로 입증되고 있다(국가인권위원회, 2020).

둘째, 인권은 불가분하며 상호의존적이다. 시민적・정치적・경제적・사회적・집단적・연대적 인권의 목록은 전체적으로 하나를 이루어 각 부문을 따로 떼어내서는 안 된다는 불가분성 원칙과 그 실현을 위해 서로 의존하고 있다는 상호의존성 원칙은 유엔총회의 결의에서도 확인된 바 있다. 우선, 인권은 양도할 수 없다. 명백하게 정의된 법적 상황에 의한 경우를 제외하고는 어느 누구도 자신의 인권을 박탈당해서는 안 된다는 점에서 인권은 양도가 불가능하다. 가령, 개인의 신체적 자유에 대한 권리는 법정에서 유죄 판결이 내려진 경우에는 제약을 받을 수 있다.

또한 각 인권은 다른 인권을 수반하며 다른 인권에 의존하기 때문에 한 권리를 위반하게 되면 다른 인권의 행사에 영향을 미치게 된다. 예를 들어, 생명권은 식량에 대한 권리와 적정 생활수준에 대한 권리가 존중됨을 전제로 한다. 기본적 교육에 대한 권리의 거부는 사법 및 공적 생활의 참여에 대한 접근에 영향을 미칠 수 있다. 경제적・사회적 권리의 보호는 표현, 집회 및 결사의 자유를 전제로 한다. 따라서 시민적, 문화적, 경제적, 정치적 및 사회적 권리는 상호보완적이며, 모든 사람의 존엄성과 신체적 부전을 위해 동일하게 중요하다. 모든 권리에 대한 존중은 지속적인 평화와 발전을 위한 필수 요소이다.

국제사회는 1993년에 비엔나에서 개최된 세계인권회의(World Conference on Human Rights)에서 비엔나 선언 및 실행계획 제5항을 통해 이와 같은 인권의 전체론적 개념을 다음과 같이 확인한 바 있다. "모든 인권은 보편성, 불가분성, 상호의존성, 상호연관성을 지닌다. 국제사회는 전 세계적으로 공정하고 평등한 방식으로, 동일한 기반 위에서, 동일하게 중점을 두어 인권을 다루어야 한다. 국가적, 지역적 특성과 다양한 역사적, 문화적, 종교적 배경의 의미도 감안해야 하지만, 정치적, 경제적, 문화적 제도와 관계없이 모든 국가는 모든 인권과 기본적 자유를 증진하고 보호하여야 할 의무가 있다."(국가인권위원회, 2020).

셋째, 도덕적 정당성과 제도 초월성이다. 인권을 그 구속력의 특성 내지는 규범성이라는 측면에서 볼 때 인권이 갖는 또 하나의 특성은 그 구속력이 근본적으로 도덕적이라는 데 있다. 어떤 규범이 모든 개인에 대해서 정당화될 수 있다면, 도덕적으로 정당한 규범이다. 그렇다면 인권은 보편적으로 정당하기 때문에 국가와 사회에 대해 제도화할 것을 요구할 수 있는 강한 의미의 권리라고 할 수 있다. 인권은 실정법적 권리로 곧바로 전환될 수 있고 그렇게 되어야만 하는 권리이다. 따라서 인권은 그 내용과 효력을 실정법이 확인하고 보장해야 할 의무를 가지는 준실정법적 권리라고 할 수 있다. 인권의 정치적·사회적 차원 및 법적 차원에서의 제도화는 마치 정치 및 법적 제도들이 인간 삶을 바탕으로 할 때에만 의미를 갖는 것과 같이 인권 또한 인간 삶의 도덕적 중요성에 근거를 둘 때에만 정당화된다고 보는 것이다.

넷째, 실정법에 대한 우선성과 권리내용의 중요성이다. 우선 실정법적 권리가 인권 형성과 평가의 규준이 되는 것이 아니라, 인권이 실정법적 권리의 내용을 형성하고 평가하는 규준이 된다는 의미에서 인권은 실정법에 대한 우선성이라는 속성을 갖게 된다(오병선 외, 2011). 인권을 침해하는 실정법은 내용상으로 정당하지 못하게 되며, 이 부정당함은 단순히 도덕적 부당함에 지나지 않는 것이 아니라 법적인 성격을 갖는 것이다. 또한 인권은 그 내용을 이루는 대상이 중요하고도 기본적이라는 속성을 갖는다. 개인이 인간으로서 가지는 근본적인 이익들과 욕구들이 인권의 대상이 된다는 점에서 내용의 중요성이 있다는 의미이다. 인간이 신체적 안전, 최소한의 생존, 자주성의 핵심영역 보장을 누리기 위해서 반드시 필수적이고 근본적으로 필요로 하는 긴박한 재화들이나 가치들이 인권의 대상이 될 수 있다.

이러한 특성을 갖는 인권은 헌법에 규정됨으로써 실정법적 권리를 의미하는 '기본권'이 된다. 다시 말해 인권은 기본권이라는 헌법적 권리로 전환됨으로써 보호 영역이 비교적 명확해지고 강제적 관철이 가능해진다(오병선 외, 2011). 따라서 추상적이고 도덕적인 권리로서 보호 영역이 불명확하고, 권리의 관철이 강제될 수 없는 인권의 명확한 보호 영역을 확정하고, 강제로라도 관철할 필요가 있다.

3. 인권의 용어와 권리영역

1) 인권의 유사용어들

인권에 대한 용어에는 먼저 기본적 인권의 개념이 있다. 이는 존엄성을 가진 존재로 이끌 수 있는 인간의 기본적인 물질적·비물질적 욕구를 보장해주는 권리를 말한다. 일반적으로 받아들여지는 목록은 없지만, 생명권, 먹을 권리, 주거의 권리, 의료처치를 받을 권리, 고문으로부터의 자유, 종교의 자유 등이 이러한 기본적 인권에 속하는 것으로 이해된다.

그러나 인권은 개인들로 구성된 집합적 집단이 가질 수도 있다는 점에서 집합적 권리, 집단권리의 개념과도 관련된다. 인권에 관해 논의할 때 개인적 인권과 집합적 인권이 동시에 언급되는 것도 이 때문이다. 여기서 개인적 인권은 자신이 속한 집단에 관계없이 각 개인이 가진 것이며 집합적 인권은 집합/집단의 이익을 위한 집합/집단이 가진 것을 말한다. 후자의 경우 소수자 인권이나 원주민 인권 등의 예를 생각할 수 있다.

인권의 주요 용어로 또한 시민적 인권, 문화·경제·사회적 권리, 절대적 권리, 적극적 권리 등이 사용되고 있다. 먼저 시민적 인권이란 개인이 한 시민사회 속에서 자유를 즐기기 위해 그리고 다른 사람과의 평등을 위해 가지는 인권을 말하는 것이다. 사생활의 자유, 표현, 종교, 사회운동의 자유 등과 같은 개인적 자유, 비차별, 법에 의한 정당한 절차, 고문으로부터의 자유, 생명권, 개인의 자유와 안전보장 등이 이에 속하는 것이다. 유의할 것은 미국 등에서 사용하고 있는 시민권이라는 개념이 있는데 이는 시민적 인권과 같은 것이 아니다. 그러나 인종적 평등과 비차별 문제 등과 관련된 일부 시민적 권리는 또한 시민적 인권에 포함되는 것이기도 하다.

정치적 인권이라는 용어는 사회구성원들로 하여금 정부의 공공정책, 특히 구성원들에게 영향을 끼치는 것을 만들고, 변경하고 제안하며, 관리하는 기회를 보장하는 권리를 의미한다. 문화적 인권은 사회 속에서 문화적 생활에 참여하는 인간의 권리를 보호하고, 과학적 진보를 공유하며, 과학적, 문해적, 예술적 생산에서의 자신의 도덕적, 물질적 이익의 보호를 비롯하여 교육을 획득하고 자신의 문화적 정체성, 언어, 관습을 유지하는 권리(교육권) 등을 포함한다. 경제적 권리는 인간의 존엄성과 일치하는 최소한의 인간다운 삶의 수준을 획득하고 유지할 수 있도록 보장하는 것을 말한다. 먹을 권리, 건강권, 사회보장권, 노동권, 여가권, 무역동맹을 맺을 권리 등이 포함된다. 사회적 권리는 사회 속에서의 관계성과 관련된 권리를 의미하는 것으로 결혼권, 가족구성권, 아동에 대한 특별보호권 또는 노동조합을 결성할 권리 등이 있다.

또한 절대적 권리와 프리마파시(prima facie) 권리라는 용어가 있다. 전자는 방해하는 상황과 관계없이 항상 존재하는 권리를 말한다. 제한받거나 제약받을 수 없는(non-derogable) 권리로서 국가위기 시에도 유보할 수 없는 권리이다. 고문으로부터의 자유가 대표적인 예이다. 이와 달리 프리마파시(prima facie) 권리는 제한될 수 있는 권리, 보기에는 절대적인 것으로 보이는 본질적인 권리이지만, '제한조항'이 뒤따를 수 있는 권리를 말한다. 예컨대, 복지권, 안전권, 건강권 등은 국가위기 시에 유보될 수 있는 권리로 인식될 수도 있다(Conde, 1999).

한편 적극적 권리는 권리 소유자가 무엇인가를 정부의 간섭 없이 할 수 있는 권리이며, 국가로 하여금 소유자를 위해 무엇인가를 하도록 의무지을 수 있는 권리를 말한다. 교육권과 대부분의 시민적·정치적 권리가 이에 포함된다. 부정적 권리는 소유자로 하여금 무엇인가를 하지 말도록 허가하는 권리, 즉 자신이 원하지 않는 무엇인가를 국가에 의해 강요당하지 않을 권리를 말한다. 어떤 종교를 믿도록 강요당하지 않을 권리, 생각을 표현하지 않도록 하는 권리 등이 이에 속한다.

2) 인권의 범주구분

(1) 인권의 3세대 논의

인권을 세 개의 범주로 구분하여 이해하는 입장이 있는데, 인권 발달의 역사적 배경과 변화를 중심으로 그 내용이 가지고 있는 성격을 기준으로 나누어진다. 가장 대표적인 것은 인권을 제1세대 인권, 제2세대 인권, 제3세대 인권으로 유형화하는 것이다. 제1세대는 자유권 혹은 시민·정치적 권리를 중심으로 한 국가로부터의 자유에 관한 것이고, 제2세대는 사회권 혹은 사회·문화적 권리 등 국가에 대해 적극적으로 요구하는 권리로 볼 수 있으며, 제3세대 인권은 집단권 혹은 연대의 권리를 중심으로 민족자결권, 환경에 대한 권리, 개발이익의 분배에 참여할 권리 등을 포함하는 것으로 이해한다.

우선, 세계인권선언에 나타난 것을 중심으로 보면, 선언문 작성에 참여한 카생(Rene Cassin)에 의하면, 세계인권선언의 조항들은 '인간의 존엄성, 자유, 평등, 박애'라는 네 이념을 주축으로 삼은 것이었다(이상익, 2015). 이 가운데 인간의 존엄성은 프랑스 혁명(1789)의 가치이기도 했던 '자유, 평등 박애'라는 세 이념의 토대가 되는 것이다. 바삭(Karel Vasak)은 여기에서 영감을 얻어, 자유를 '제1세대 인권'으로, 평등을 '제2세대 인권'으로, 박애를 '제3세대 인권'으로 분류하였다.

카생과 바삭의 견해를 바탕으로, 이샤이(Micheline Ishay)는 세계인권선언 30개 조항의 배열순서는 인권사상의 역사적 발전과정을 그대로 반영한 것이라고 보고 다음과 같이 분류하여 설명하였다. 이사이에 따르면 제1조와 세2조는 인간의 존엄성을 표명한 것이며, 제3조부터 제19조까지는 계몽주의 시대에 쟁취했던 시민적 자유 및 기타 자유권 등 '제1세대 인권'을 표명한 것이다. 또한 제20조부터 제26조까지는 산업혁명 시기에 쟁취했던 정치적, 사회적, 경제적 평등 등 '제2세대 인권'을 표명한 것이며 제27조부터 제28조까지는 19세기 말과 20세기 초 그리고 식민시대 이후에 고취됐던 공동체적 유대 또는 민족적 연대 등 '제3세대 인권'을 표명한 것으로 보았다.

① 제1세대 인권

제1세대 인권은 자유권에 관한 것이다. 타인의 강제로부터의 자유라는 소극적 자유의 보장과 관련된다. 즉, 사회발전에 참여하는 인간권리를 보호하는 것으로 모든 시민적, 정치적 인권을 포함한다. 투표, 표현, 종교, 사회운동, 집회, 평등, 공정한 재판, 생명권 등 개인적으로 당면한 권리들이 이에 속한다. 바삭(Vasak, 1982)은 프랑스 대혁명이나 미국 독립혁명 등이 내세운 인간의 자유권에 대한 논의로 시작하여 정치적 그리고 시민적 권리에 관한 논의가 중심을 이루어 표현의 자유, 종교, 언론의 자유, 고문으로부터의 자유 등 권력으로부터의 개인의 자유를 주로 다룬 논의가 인권 논의의 제1세대에 해당한다고 본다.

대표적인 것은 세계인권선언에서 제시하고 있는 차별로부터의 자유(제2조), 인간의 생명과 자유 그리고 안전에 대한 권리(제3조), 노예나 기타 예속상태로부터의 자유(제4조), 고문, 비인간적인 처우 또는 처벌로부터의 자유(제5조), 자의적인 체포·구금 또는 추방으로부터의 자유(제9조), 공정하고 공개적인 재판을 받을 권리(제10조), 사생활 및 통신에 간섭받지 않을 자유(제12조), 재산을 소유하고 자의적으로 박탈당하지 않을 자유(제17조), 사상·양심·종교의 자유(제18조), 의견·표현의 자유(제19조), 평화적인 집회와 결사의 자유(제20조), 자유로운 선거를 통해 정부에 참여할 권리(제21조) 등이다.

② 제2세대 인권

제2세대 인권은 본질상 경제, 사회, 문화적 권리인 사회권을 말한다. 집합적 형태의 권리이며, 이를 실행하기 위해서는 국가에 의한 진보적인 조치 또는 프로그램을 필요로 한다. 건강권, 노동권, 주거권, 교육권 등이 이러한 진보적 또는 프로그램적 권리에 속한다. 제2세대 인권은 19세기의 사회주의자와 노동자 운동 등에 영향을 받아 인간들 간의 경제적 권리, 사회적 권리를 논하고 집합적 권리의 주장을 통한 평등을 추구하려는 기조를 포함한다.

따라서 교육받을 권리, 일할 권리, 안전 및 의식주의 권리, 자결권, 어느 정도 수준 이상의 삶을 누릴 권리 등을 예로 볼 수 있다. 대표적인 것은 사회보장에 대한 권리(제22조), 일할 수 있는 권리, 실업으로부터 보호받을 권리(제23조), 유급휴가 등 휴식과 여가를 가질 권리(제24조), 건강 및 행복에 필요한 생활수준을 누릴 권리(제25조), 교육받을 권리(제26조), 문화생활에 참여하고 과학의 혜택을 누릴 권리(제27조) 등이다.

③ 제3세대 인권

제3세대 인권은 결속단결권 등의 집단적 권리를 말한다. 앞의 제1세대와 제2세대 인권이 국가와 개인 간의 관계를 중심으로 각 개인에게 보장되어야 할 권리를 말하고 있다면 제3세대 인권은 환경과 재난 등 한 국가의 범위를 넘어서는 문제에 대한 합리적인 해결을 위해서 국경을 초월한 단결과 연대가 필요한 상황에서의 '집단권' 혹은 '연대의 권리'와 관련되는 특성을 가진다. 따라서 개인적 차원보다는 집단적 차원에서는 매우 중요한 것이다. 제3세대 인권의 대표적인 것은 자신들의 정치적 지위를 자유로이 결정하고 경제·사회·문화의 발전을 자유로이 추구할 수 있는 자결권, 천연재화와 자원을 자신들을 위해 자유로이 처분할 수 있는 권리, 지구와 우주자원·과학·기술·기타 정보의 발전 결과, 문화적인 전통·유적·기념물 등의 인류유산에 공동으로 참여하고 혜택을 받을 수 있는 권리 등을 포함하며, 경제개발권, 평화권, 안정적이고 공동체적 사회에서 살 권리, 깨끗하고 오염되지 않은 공기, 물, 식량에 대한 환경권, 인간의 완전한 잠재성이 획득되도록 하는 물리적 환경에 대한 권리 등을 들 수 있다.

제3세대 인권에는 서구의 발전은 제3세계 개발도상국가들의 희생을 대가로 이루어졌다는 각성에 따라, 제3세계 국가가 식민지로 빼앗긴 세월을 되찾고 권력과 자원, 부 그리고 기타 중요한 가치의 세계적인 재분배를 요구하게 되는 역사와 관련된다는 점에서, '차이(difference)에 의한 차별', 즉 식민주의, 인종주의, 연령주의와 아동학대 등의 다양한 형태의 차별을 반대하고 여러 집단들의 결속(solidarity)과 자결권에 대한 지지를 표명한 일련의 흐름을 포함할 수 있다(김진희 외, 2018).

그러나 여기서 유의할 것은 인권은 나눌 수 없는 전체적인 권리이기 때문에 세대로 구분하는 것 자체가 어렵고, 특히 세대(generation)라는 표현을 사용하였지만, 차례대로 세대가 나타나고 사라진다는 뜻이 아니라 인권에 대한 논의는 어느 정도의 순차성을 띠면서 보완되고 확장된 것으로 이해해야 한다는 점이다(인권운동사랑방, 1999). 즉, 인권을 세대로 구분한 것은 인권의 연대기적 순서나 위계를 함의하는 것이 아니며, 정치적-법적 개념적 범주의 의미를 가진다고 하겠다. 1세대 논의가 개인을 구속할 수 있는 힘을 가진 국가에 대한 개인의 자유를 주장한 것이었다면, 2세대 논의는 개인의 경제적, 사회적 안녕을 보장하는 국가의 책무에 관심을 둔 것으로 볼 수 있다. 이후 20세기 중반에는 집합적 연대의 3세대적 인권 논의가 서구를 중심으로 한 시기를 휩쓸면서 문화권에 대한 다양한 논의가 일어났던 것이다(김진희 외, 2020).

이런 점에서 인권의 세대논의는 권리를 구분하는 하나의 방법이며 오늘날은 인권과 관련하여 세대의 개념을 사용하는 것은 점차 줄어들고 있는 상황이다. 아이프(Ife, 2015)는 인권의 삼'세대'는 프랑스 혁명의 3대 슬로건인 '자유 · 평등 · 박애'와 맞아 떨어지는 강한 직관적 호소력을 가졌지만, 좀더 면밀히 보면 그것은 역사적 우연에서 그리고 그 시대의 정치에 불가피하게 반응해야 했던 맥락에서 도출된 분류로 볼 수 있다고 비판한다. 냉전은 사라졌고 탈식민주의적 비판은 세계화의 맥락 속에서 재구성되고 있으며, 1948년 이후의 지정학에 근거한 이러한 인권분류는 더 이상 유효하지 않다는 것이다.

(2) 색채 코드로 보는 인권

갈퉁(Galtung, 1994)은 인권의 내용에 따라 우선순위로 인식되는 문제를 해소하기 위해 각각 '청색', '적색', '녹색' 인권이라는 용어를 제안한 바 있다(배화옥 외, 2015).

① 청색 인권

청색 인권(The Blue)은 18세기를 중심으로 나타난 인권 요구를 지칭한다. 미국의 독립혁명, 프랑스 대혁명 등이 청색 인권의 대표적 사례가 된다. 청색이라는 용어는 당시 인권 요구를 주도하던 사람들이 부르주아임에 기인한 것이다. 예컨대 프랑스 대혁명은 소수귀족이 지배층을 형성했던 앙시앙 레짐(ancien regime)에 대한 부르주아 중심의 시민혁명이다. 인권발달사의 관점에서 청색 인권이 지니는 의미를 두 가지로 제시할 수 있다.

첫째, 자연권에 바탕을 둔 인권사상의 확립이다. 흔히 미국의 독립선언은 로크(Locke)의 영향을 받았고, 프랑스 대혁명은 루소(Rousseau)의 영향을 많이 받았다고 평가한다. 이들은 홉스(Hobbes)와 함께 당시의 대표적인 자연법 사상가들이다. 둘째, 자연법 사상의 주요 명제가 지니는 인권적 속성이다. 로크는 자연상태에서 인간이 가지는 권리를 자연권으로 보았으며, 이를 생명권, 자유권, 재산권으로 구분하고 불가분, 불가양도, 불가침의 권리라는 3불가론을 주장한 바 있다. 그는 자연권이 보장될 때 인간은 자유롭고 평등한 상태가 유지될 수 있다고 보았다. 한편 루소의 경우 자연상태는 사람들 간의 교류가 없는 상태로 국가는 구성원들의 주권양도를 통해 국가를 건설하게 되며 이에 대한 반대 급부로 생활을 보장하는 의무를 갖는다고 보았다. 로크와 루소의 자연상태에 대한 개념은 다르지만, 인간과 인간권리를 강조한 점에 있어서는 공통점을 가진다. 인권을 실정법에 우선하는 자연권으로 부르는 것은 이러한 청색 인권의 소산인 것이다.

② 적색 인권

적색 인권(The Red)은 인권요구의 주체를 노동자, 농인, 무산계급으로 보고 주로 경제적, 사회적 권리를 중심으로 한다. 시기적으로는 19세기 중반부터 제2차 세계대전을 거쳐 현재에도 진행 중인 것으로 볼 수 있다. 대표적인 사례로는 프랑스의 2월 혁명(1848), 영국의 차티스트 운동(1838~1848)을 들 수 있으며, 유엔의 세계인권선언(1948)을 적색 인권에 대한 간접적인 국제사회의 반응으로 본다. 인권발달사에서 적색 인권은 다음과 같은 세 가지 의미를 가진다.

첫째, 적색 인권은 경제적, 사회적 권리 측면을 강조하지만 시민적, 정치적 측면도 내재하고 있다. 인권목록으로 보면 정치참여에 대한 권리가 대표적이다. 1848년에 실현된 프랑스 남성 노동자 참정권 운동, 영국의 차티스트 운동 등의 사례에서 보듯이 오랜 기간 유럽의 어느 국가를 막론하고 남성 노동자 계급과 여성은 정치참여에 대한 권리인정에서 배제된 대표적인 집단들이었다. 둘째, 적색 인권은 인권의 적용대상과 적용영역의 두 가지 점에서의 보편화에 대한 관심을 촉발시키는 계기가 되었다. 청색 인권에서처럼 특정 집단이나 계층에 국한되는 것이 아니라 노동자, 농민을 포함한 전체 사회구성원을 인권보장의 대상으로 하였으며, 영역의 측면에서도 시민적, 정치적 권리를 초월하여 경제적, 사회적 권리까지 인권의 범위를 확장하였다고 본다. 독일의 바이마르공화국 헌법의 경우 노동자 계급과 부르주아의 타협으로 보는 것이 이러한 관점에 의한 것이다. 셋째, 적색 인권에 대한 관심이 높아짐에 따라 인권에 대한 국제기구의 관심이 높아지게 되었다. 유엔의 세계인권선언은 물론, 그 이전에 국제노동기구가 창설(1919)된 것을 대표적 사례로 볼 수 있다. 국제노동기구는 출범 초기 근로환경의 개선을 위한 입법활동에 주력했으며, 그 후 사회보장 및 사회보험에 관한 권리영역으로 관심을 확대하였다.

③ 녹색 인권

녹색 인권(The Green)은 여성・아동・소수자・이주민・원주민 등이 요구한 권리와 발전권, 환경권, 평화권 등 1980년대 이후에 등장한 인권목록에 대한 권리를 지칭한다. 녹색 인권은 앞의 청색 인권과 적색 인권에 비해 여러 가지 인권이 포함되는 혼합적 성격을 지니며 발전권, 환경권과 같이 구속력이 약한 인권목록을 포함하고 있다는 특징을 가진다. 녹색 인권의 전개과정과 특징을 정리하면 다음과 같다.

첫째, 녹색 인권은 인권의 보편화에도 불구하고 인권보장에서 상대적으로 소외된 사회구성원에 관심을 가진다. 대표적으로 청색 인권과 적색 인권의 전개과정에서 철저히 배제되었다고 말할 수 있는 여성의 인권보장에 많은 관심을 가졌던 것을 들 수 있다. 이는 청색 인권에서 부르주아 남성을 인권보장의 주체로 본 것과 대조된다. 둘째, 녹색 인권은 외국인 이주민과 외국인 근로자 등과 같이 인권의 사각지대에 놓인 집단들에 관심을 가진다. 외국인 이주민들은 시민적, 정치적 인권보장이 취약하였으며, 유엔과 국제노동기구(ILO) 등은 외국인 근로자의 인권보장을 위한 가이드라인을 제시하였다. 셋째, 발전권과 환경권 등은 법적 구속력이 약하다고 볼 수 있는 선언 등의 연성법(soft law) 형태로 나타났다. 이는 주로 조약(treaty), 협약(convention), 규약(covenant) 등의 경성법(hard law)이 체결 당사국에 대한 구속력의 효력이 발생한다는 점과 비교된다. 그렇다 하더라도 발전권은 1986년에 채택된 '발전에 관한 권리선언'을 통해 이미 체계화되었다고 볼 수 있으므로 현재와 미래의 인권관심을 정향(orientation)하는 데 향후 중요한 요소가 될 것으로 본다. 이와 같이 색채 코드를 사용하여 구분한 인권발달에 관한 갈퉁(Galtung)의 사례는 기존 구분법의 장점을 보여주면서도 동시에 그 한계를 극복하는 제3의 접근법으로 볼 수 있다.

(3) 인권 개념의 확장

아이프(2015)는 공민적·정치적 권리, 생존적 권리(survival rights), 경제적 권리, 사회적 권리, 문화적 권리, 환경적 권리(environmental rights), 영적 권리(spiritual rights) 등을 포함한 새로운 7가지의 분류체계를 제시하였다. 특히 환경권은 제3세대에만 속하고 다른 범주에는 속하지 않는 것으로 간주되는 권리이며 앞으로 전 인류 사회에 심각한 변화를 초래할 상상불능의 생태학적 위기에 직면한 오늘날의 상황을 고려하면 이를 적절히 다루지 못할 경우 인권은 무의미하고 부적절한 것이 될 수 있다고 본다.

또한 영적 권리의 경우는 문화권으로 포함 가능하다고 볼 수 있으나 영성 자체가 특정 문화적 맥락 속에서 경험되고 표현된다는 점에서 문화적 권리의 하위범주에 넣는 것은 부적절하다고 주장하는 것이다. 영성이라는 개념은 단순히 제도화된 종교를 통해 표출되는 것보다 훨씬 더 광범위한 것이다. 그것은 자연세계를 통해, 명상을 통해, 음악과 춤을 통해 혹은 달리 설명할 수 없는 심오한 감정적 느낌을 통해 경험될 수 있다.

인권의 세대적 논의는 또한 20세기가 막을 내리면서 태동한 새로운 4세대 인권으로 이어질 수 있다. 이는 이전의 3세대에 관한 조류를 포괄하고 환경파괴 등 인류 전체에 대한 범죄를 막고 공존공영을 위한 인권을 논하는 움직임을 중심으로 보는 것이다. 서로 다르지만 하나로서의 인류를 이해하고 인류 전체의 공존공영을 위한 인권을 논의해야 한다는 주장이다. 권리를 개인이나 민족, 인종, 연령, 성별 집단에 각각 부여하는 것이 아니라고 보는 것으로 인권에 대한 종합적 접근(holistic human rights approach)이 필요하다는 점을 시사한다(김진희 외, 2018).

인권의 세대적 논의와 관련하여 중요한 것은 인권의 개념이 주요 내용의 성격적 측면은 물론, 인권에 대한 각성에 있어서 아동, 여성, 노동자, 흑인 등 사회적으로 취약한 집단에게로 확대되는 가운데 점차 확장되어 왔다는 점이다. 즉, 초창기 인권의 개념은 주로 시민적 · 정치적 권리에 주어졌다면 그 후에는 사회 · 경제적 권리로 확대 발전하였으며, 여기에 자결권, 환경권, 인류공동유산권 등과 같은 권리로 발전하여 온 것을 알 수 있다. 초창기의 개념이 정치권력으로부터 개인의 신체적 보호, 인종차별 금지, 고문금지 등과 같은 '무엇으로부터의 자유', 즉 소극적 권리 또는 억압에 저항한다는 소극적 단계라고 본다면, 그 이후에는 노동권, 사회보장권, 교육을 받을 권리 등과 같이 사회적 형평에 초점을 두는 '무엇을 할 권리'와 인간의 물질적 · 비물질적 욕구가 충족될 권리와 자원의 생산과 분배에 있어서 평등하게 참여할 권리 등을 긍정하는 적극적 단계로 발전되어 왔다는 것이다.

제3세대는 물론 제4세대 인권에 대한 언급에서 알 수 있듯이 최근에는 재난구호, 평화, 환경 등 인류 전체의 문제, 선진국과 개발도상국의 자원문제 등과 관련한 권리로까지 확장되고 있다는 것이다(김용자, 1998; 김영지, 2001). 전체적으로 인권의 개념은 개인주의적 · 자유주의적인 서구적 관점에서 벗어나 집합적 권리까지를 포함하는 것으로 점차 확장되어 왔음을 알 수 있다.

3) 인권의 권리영역

(1) 국제인권규범의 대표적 영역

인권에 관한 지금까지의 논의를 통해 인권의 내용, 즉 권리의 범위와 영역은 매우 광범위함을 알 수 있다. 우선, 인권의 세대적 논의에서도 제시되었지만, 인권을 구성하는 주요 영역들은 1948년 세계인권선언(Universal Declaration of Rights)이 공표된 이후 유엔(UN)을 비롯한 국제기구를 통해 발표된 인권보장을 위한 여러 가지 국제 규약 또는 협약을 통해서도 알 수 있다. 대표적으로는 시민적 · 정치적 인권, 경제적 · 사회적 · 문화적 영역 및 연대적 · 집단적 영역으로 구분한다(조효제, 2007).

① 시민적 · 정치적 권리영역

시민적 권리는 일정한 생활영역을 국가나 타인의 간섭으로부터 보호받는 권리를 말한다. 생명권, 인격적 존재로 대우받을 권리, 신체의 자유, 거주 · 이전의 자유 등이 해당한다. 역설적으로는 국가 입장에서는 불간섭, 부작위(不作爲)의 의무가 있음을 의미하는 것으로 부작위란 일정한 처분을 해야 할 법률상의 의무를 이행하지 않는 것을 말한다. 정치적 권리는 정치적 공동체의 구성원으로서 국가 업무에 참여하고 국가 업무를 통제하는 권리를 말하며, 정치활동을 할 권리와 사상과 표현, 집회와 결사의 자유 등이 대표적이다.

② 경제적 · 사회적 · 문화적 권리영역

시민적 · 정치적 권리에 비해 경제적 · 사회적 · 문화적 영역의 인권보장은 국가의 적극적 개입 없이는 실현되기 어려운 성격을 갖는다. 경제적 영역에는 적절한 생활수준을 영위할 권리, 근로권, 노동조합에 대한 권리 등이 있으며, 사회적 영역에는 사회보장과 사회보험에 관한 권리, 가정의 보호 및 지원에 관한 권리, 아동보호에 관한 권리, 건강권 등을 포함하며, 문화적 영역에는 교육을 받을 권리, 문화에 대한 권리, 소수자의 권리 등이 있다.

③ 연대적 · 집단적 영역의 권리영역

연대적 · 집단적 영역의 인권은 최근에 등장한 권리영역이며 국제협력과 국가 간의 연대를 강조한다. 이 인권목록은 국가 간의 양극화, 빈부격차, 과도한 군비경쟁, 핵전쟁, 환경파괴로 인한 생태위기 등 새로운 위기상황에 대한 인권 관점의 개입의 필요성에 따라 최근에 많은 관심의 대상이 되고 있다. 실행구속력은 약하다고 볼 수 있으며, 국제기구나 학자들마다 구체적인 종류와 권리의 내용을 조금씩 달리하고 있다.

〈표 1-2〉 **연대적 · 집단적 영역의 인권 목록**

세부영역	내 용
Vassak(1977)	발전권/건강하고 생태적으로 균형 잡힌 환경권/평화권/인류 공동유산에 대한 소유권
UNESCO(1980)	발전권/환경권/평화권/인류유산에 대한 소유권/의사소통권/서로 다를 수 있는 권리/인도주의적 도움을 요구할 수 있는 권리
Marks(2005)	발전권/환경권/평화권/문화유산에 대한 소유권/의사소통권/인도적 원조를 요구할 수 있는 권리
Weston(2006)	정치적 · 경제적 · 사회적 · 문화적 자결을 향유할 권리/경제적 · 사회적 발전을 향유할 권리/인류의 공동유산으로부터 이익을 얻고 그에 참여할 수 있는 권리/평화를 향유할 권리/건강한 환경을 향유할 권리/인도적 구조를 받을 권리

출처 : Vassak(1977), 조효제(2007), 오병선 외(2011), 배화옥 외(2015) 재인용.

(2) 도넬리와 하워드의 4대 권리영역

인권의 권리영역은 또한 국제인권문헌 분석을 통해서 다양한 내용을 확인할 수 있다. 대표적인 것으로는 도넬리(Donnelly)와 하워드(Howard)(1988)가 분류한 4개의 권리영역을 들 수 있다. 여기에는 생존할 권리(survival rights), 구성원이 될 권리(membership rights), 보호받을 권리(protection rights), 권한을 가질 권리(empowerment rights)가 포함된다.

① 생존할 권리(survival rights)

개인의 생존에 관한 권리인 생존할 권리(survival rights)가 있다. 여기에는 국가권력 등 타인의 손에 우리의 삶을 빼앗기지 않을 권리가 중심이 되는 생명권(right to life), 음식 등 생존에 필요한 최소한의 지원을 받을 수 있는 권리(right to food), 그리고 의료에 관한 권리(right to health care) 등 세 가지를 제시한다. 생명권은 세계인권선언의 제3조 및 시민적 및 정치적 권리에 관한 국제규약의 제6조, 그리고 고문을 금지하는 세계인권선언의 제5조 및 시민적 및 정치적 권리에 관한 국제규약의 제7조와 연결된다. 음식 등 생존에 대한 지원을 받을 권리는 선언 제25조, 경제적 · 사회적 및 문화적 권리에 관한 국제규약 제11조 및 재산권을 명시한 선언 제17조와도 연결되어 있다. 또한 의료에 관한 권리는 선언 제25조, 경제적·사회적 및 문화적 권리에 관한 국제규약 제12조 및 사회적 안전에 관한 권리(선언 제22조, 경제사회문화규약 제9조)와 아이와 어머니의 보호를 명시한 선언 제25조와도 연결되어 있다(김진희 외, 2018).

② 구성원이 될 권리(membership rights)

구성원이 될 권리(membership rights)는 서로 다름에도 불구하고 집단 간 차별을 배격하고 평등을 추구하는 것이다. 가족, 사회집단, 국가 등의 공동체의 일원으로서의 삶은 그 이상의 차원에서의 실존, 즉 사회적 동물로서의 인간의 삶에 가장 필수적인 권리들을 다룬다고 본다. 현대사회에서는 민족국가의 형성과 시민권 담론이 주를 이루었고 인도의 카스트 철폐 등 사회경제적 계급 간 차별의 문제, 사회적 소수자 혹은 원주민처럼 역사적으로 차별받아 온 사회집단, 즉 여성, 인종적 소수자, 성적 소수자 등을 포용하는 것과 관련한 논의 등이 여기에 포함된다.

③ 보호받을 권리(protection rights)

보호받을 권리(protection rights)는 개인이 학대나 권력에 굴복하는 일을 방지하는 것과 관련된다. 세계인권선언 제9조에서 이유없이 구금될 수 없다는 것은 시민권 규약의 제9조, 즉 구금 시 고지받을 권리가 있고, 부당한 구금에 대해 배상받을 권리 및 재판을 기다릴 때 불구속상태 재판 가능, 적절한 기간 안에 재판을 받을 수 있는 권리 등과 연관되는 것이다. 개인은 자의적 체포 구금 등 국가에 의해 부당한 대우를 받을 가능성이 크다는 점에서 보면, 인간 존엄을 지키기 위해서는 이 부당한 인신구속에 대조할 보호권(habeas corpus)과 사법권의 독립(independent judiciary)은 중요한 것이다(김진희 외, 2018).

④ 권한을 가질 권리(empowerment rights)

권한을 가질 권리(empowerment rights)는 교육을 받고 말하고 싶은 것을 말할 자유 등을 통해 충실한 삶을 살 수 있는 권리를 말한다. 이 권리는 능동적으로 인간이 인권 획득의 주체로 서는 권리로서 앞서 언급한 다른 권리들이 인간이 보호의 대상자가 되는 수동적인 보호에 대한 권리이므로 이런 권리가 없다면 앞의 권리도 위태로워질 수 있을 것이라는 점에서 대조된다. 단순히 국가나 다른 사람에 의해 공격당하는 데에서 보호받는 데 그치지 않고 자율적인 존재로 살아가고 행동하도록 권한을 부여받아야 한다고 본다. 도넬리(Donnelly)와 하워드(Howard)(1988)는 소비에트연방의 사례를 들어 인간이 스스로 자신의 운명을 결정짓는 주체가 되지 않으면, 즉 게임의 룰을 만드는 주체가 되지 않으면 안 된다고 하면서 교육을 받을 권리, 언론의 자유, 결사의 자유를 중요한 인권으로 꼽았다. 이는 교육받은 시민으로서 자신의 생각을 소리 내어 주장하고 권리를 지키기 위해 모여 권리를 함께 수호할 수 있는 권리이다(김진희 외, 2018).

4. 청소년인권의 개념과 특성

1) 청소년인권의 개념

인권과 관련한 여러 개념은 시대를 지나오면서 특정한 국가나 사회의 여건에 따라 그 적용 범위나 내용이 다름을 알 수 있다. 국제사회에서 청소년인권은 오랫동안 아동의 권리에 포함되어 논의되어 왔다. 실제로 청소년 연령(국제기구 : 15~24세, 청소년기본법 : 9~24세)은 18세 미만으로 정의되는 '아동' 연령과 상당 부분 일치하기 때문에, 기본적으로 청소년인권은 아동권리에 대한 국제조약인 '유엔아동권리협약'에 규정된 권리내용의 영향을 받아 논의되어 왔다. 유엔아동권리협약에 나타난 네 가지 권리영역은 생존권, 보호권, 발달권, 참여권 등이다. 그러나 그동안 청소년인권에 관한 논의가 아동의 권리와 관련한 측면에서 논의되었기 때문에 부모에게 의존적인 존재에서 독립된 존재로 역동적으로 바뀌고 있는 청소년의 상황을 충분히 반영하지 못했다는 비판적 견해가 있다(김영지, 2016).

우선, 청소년의 개념은 아동이나 청년의 개념들과 뚜렷한 구분없이 혼재되어 사용되어 옴으로써 실제로 청소년 권리의 주요 내용과 범위를 설정하는 데 어려움을 야기하였다. 이것은 청소년기가 출현하게 된 배경 자체가 근대(17C)에 들어와서 이루어졌고 또 현대에 와서야 청소년집단에 대한 인식과 관심이 확산되었다는 점에서, 그리고 청소년기의 의미와 사회 내에서의 지위가 아직도 애매모호하게 규정되고 있는 것과도 무관하지 않다(천정웅, 2021; 최윤진, 1998). 즉, 청소년기는 아동기와 뚜렷한 구분없이 근대에 들어와서야 생애주기의 독자적 범주로 인식되기 시작하였고 아동에 대한 특별한 보호와 온정의 대상으로서의 관심이 청소년에게 적용되는 차원에서 논의되어 왔을 뿐, 의견표현권, 자기결정권, 참여권 등의 자유권은 별로 중요하게 거론되지 못하여 왔다.

구체적으로 보면, 신체적·정신적으로 미성숙하여 보호를 필요로 하는 존재로서 청소년의 보호·복지권을 지나치게 강조했기 때문에, 자율적 존재인 청소년이 갖는 신체의 자유, 정신적 자유, 생활양식의 자유 등을 의미하는 '자유권'과 결정과 문제해결에의 참여를 의미하는 '참여권'이 소홀히 취급되었다는 것이다. 사회변화에 따라 연상된 청소년기를 생애 주기에서 새로운 의미를 갖도록 재규정하고 청소년의 사회참여를 적극적으로 제도화해야 한다는 의견이나, 청소년을 성인과 동등한 독립적 인격체로 보고 시민권을 가진 파트너로 인식해야 한다는 주장 등도 청소년을 보호, 간섭, 규제의 대상으로 바라보던 것에서 자율적 권리 주체로 바라보아야 한다는 주장과 일맥상통한다. 그동안 청소년의 자유권을 많이 제한해 온 것은 청소년을 미숙하고 무능력한 존재로 인식했기 때문이며, 성인에 버금가는 자유권이 부여되어야 할 청소년들에게 아동 수준의 복지권만을 강조함으로써 청소년의 자율적 사고와 행동의 자유를 과도하게 제한하며 인권을 침해하는 결과를 초래하였다는 것이다(김영지·이용교·임지연, 1999).

또 다른 주목할 점은 탈근대사회에 진입하면서 청소년기에서 분리된 새로운 시기로서의 후기 청소년기 또는 청년기에 대한 사회적 관심이 나타나고 있는 것이다. 그동안 아동기와 청소년기의 경계는 성숙과 자립의 정도와 관련하여 세 가지 측면에서 논의되었다. 첫째의 기준은 소위 사춘기로 일컬어지는 신체적 · 정서적 · 지적 발달 등 개개인의 성숙 정도로 볼 수 있으며, 둘째로 청소년기와 성인기를 구분하는 기준은 학업 종료로부터 직업세계로의 전이 시점이며, 셋째의 기준은 부모가정에서 출가하여 결혼을 통해 독립가정을 형성하는 전이를 통해 의존으로부터 자립하는 것을 성인으로 진입하는 시기로 보는 것이다. 그러나 오늘날 이러한 각각의 전이와 전환점에 대한 기준에 틈새가 생기고 있으며 이는 새로운 청년기의 출현으로 나타나고 있다. 다시 말하면, 학업에 머무는 기간이 길어지고 있을 뿐만 아니라, 학업을 마치고도 취업을 하지 못하거나, 결혼을 하지 않은 채 부모와 떨어져 혼자 사는 경우 등 다양한 형태가 나타나고 있는 것이다. 이런 점에서 보면, 청소년기와 청년기 출현에 따른 새로운 생활양상의 진단과 각 시기적 특성에 적절한 권리와 책임의 성격을 규명할 필요성이 있게 된 것이다(천정웅, 2021).

다시 말하면, 오늘날은 10대를 전후한 아동기, 10대와 20대 초반에 해당하는 청소년기 그리고 20대 후반 이후의 청년기가 각각 다른 양상으로 등장하고 있으며 이들 각 시기에 맞는 인권의 내용이 필요한 것이다. 아동기에는 보호 중심의 복지권이, 청소년기에는 참여적 의미의 복지권과 자유권이 그리고 청년기에는 자유권이 각각 적절하게 강조되고 보장되며 향유될 수 있어야 한다는 주장도 한 예로 볼 수 있다(최윤진, 1998). 특히 아동기와 청소년(청년)기에는 서로 다른 사회적 당면문제와 요구가 존재하며, 이것이 권리 내용과 성격의 차이를 가져온다고 볼 수 있다. 이러한 맥락에서, 특히 사회적 '의존'과 '자립'선상에서 '의존기'인 아동기와 '반의존기(혹은 반자립기)'인 '청소년기'가 구분될 필요가 있다. 사회변화와 청소년인권의 국제적 논의를 볼 때, 아동과는 차별적으로 청소년에게는 사회발전과 평화에 중추적인 역할을 할 수 있도록 사회참여권, 자기 결정권 등 성인과 동등한 수준의 시민적 · 정치적 권리들이 강조되고 있으며, 자립시기의 청소년 요구에 맞는 고용, 취업, 직업훈련 등 경제적 권리가 강조되고 있다(정건희, 2020; 최윤진, 2000).

이러한 맥락에서 청소년인권 논의는 그동안 청소년이 누릴 수 있는 인권의 범주에서 배제되어 과도하게 제한되어 온 참여권의 복원이 주요 이슈로 부각되었으며, 인권적 관점에서 청소년참여의 의의와 필요성을 주장하는 담론과 관련 정책이 형성되어 왔다. 청소년정책과 현장실천적 측면에서 최근의 세계적 동향으로 대표적으로 주목되는 것으로 청소년참여(youth participation)에 대한 강조를 들 수 있다(천정웅, 2014). 이미 여러 국제회의에서 '청소년참여'가 주요 테마로 논의된 바 있으며, 청소년의 사회적 역할을 중시하는 경향이 해마다 높아져 가고 있다. 이제 청소년은 어른이 가르치고 이끌어야 하는 미성숙한 존재가 아니라 자주적이고 독립적인 인격체이자 성인에게 찾아볼 수 없는 우수한 역량을 지닌 책임있는 사회의 한 구성원으로서, 그리고 무한한 잠재력을 가지고 있는 인류 발전의 동반자로서 그 위상이 새롭게 변모해 가고 있다(김영지, 2016). 1990년대 후반 이후, 삶의 모든 영역에 청소년의 참여를 보장하고 증진시키는 노력은 더 이상 주저할 수 없는 시대적 요청이자 실현시켜야 할 과제로서 청소년정책 전반에 큰 반향을 일으키며 그 의미를 확산해 온 것으로 평가할 수 있다.

2) 청소년인권의 특성

(1) 청소년인권의 의미

청소년인권의 의의는 우선, 그 개념이 청소년이 주체가 되어 누리는 권리라는 것에서부터 출발할 수 있다. 인권의 주체가 청소년이라는 점에서 청소년에 대한 개념적 이해가 청소년인권의 필요성, 청소년인권의 내용 범주 설정 등을 알아보기 위해 선행될 필요가 있다. 청소년이라는 용어는 전통사회에는 없었음은 물론, 청소년이 누구를 말하는가에 대한 분명한 보편적 합의도 존재하지 않는다. 그러나 많은 정부기관, 비영리 프로그램과 미디어들은 청소년을 하나의 삶에서의 구별되는 시기로 정의하고 그것이 언제 시작하고 끝나는지를 연령을 제시하여 규정하고 있다. 예를 들면, 청소년은 8세에 시작된다고 하고, 다르게는 16세에 시작된다고도 한다. 청소년이 언제 끝나는가에 대해서도 동일한 모호성이 존재한다. 일부에서는 18세, 21세, 또는 25세에 끝난다고 한다(Fletcher, 2016).

청소년기가 아동과 다른 특징은 생물학적 측면과 인지발달 측면 그리고 사회심리적 측면 등과 관련한 주요 발달 과업으로 논의된다. 또한 사회적 측면에서 취업과 아르바이트를 통한 경제활동, 하위문화로서의 청소년문화의 창출, 가족과 또래집단을 벗어난 다양한 사회적 관계의 형성과 역할 수행, 그리고 시민청소년으로서 사회참여와 청소년운동 등의 측면에서도 잘 나타나고 있다(정건희, 2020). 청소년기가 성인과 다른 특징은 생물학적 측면에서는 유사하거나 후기 청소년기의 경우는 거의 차이가 없으며, 학교교육과 취업, 경제적 자립, 결혼을 통한 자립, 주거독립에 대한 구분점 등 사회제도와 문화와 관련한 측면에서 주로 차이를 볼 수 있다(Coles, 1995).

최윤진(2000)은 아동의 인권과 청소년인권을 구별하는 것은 아동 및 청소년을 어떤 존재로 바라보아야 하는가에 관한 관점의 정립에 따라 권리가 구분될 필요가 있다고 본다. 따라서 이미 능력이 충분한 집단을 무능력하다고 보아 함부로 권리를 제한하거나, 아직 적절한 보호와 배려가 필요한 미숙하고 나약한 집단을 성인으로 취급한다면 두 집단 모두 권리침해를 당하는 것으로 볼 수 있다.

가장 대표적인 것은 연령기준에 관한 것이다. 연령은 청소년을 범주화할 때 가장 많이 사용되는 기준이지만, 이는 국가마다 다르며, 학자에 따라 여러 가지로 규정하고 있다. 1989년 유엔아동권리협약(United Nations Convention on the Rights of the Child)에서 아동의 범주를 18세 이하로 규정하였지만, 국제사회에서는 아동과 청소년의 연령범주를 15세를 전후하여 규정하고 있으며, 상한연령의 경우도 24세를 전후한 것으로 보는 경우가 많다는 것이다. 유엔은 물론, 유럽연합(EU)이나 유럽평의회 등 유럽의 국제기구들에서도 청소년 연령범주를 15세에서 24세, 혹은 25세까지로 설정하여 다양한 정책을 시행하고 있는 것은 대표적인 예로 볼 수 있다.

아동인권과 청소년인권의 차이점은 각 시기의 의존성의 정도가 다르기 때문에, 사회적 당면문제와 요구도 상이하다는 점과 관련된다. 아동들은 사회적 위해요인에 취약하여, 국내외의 전쟁과 분쟁으로 인한 폐해, 노동착취, 성적 학대와 착취, 영양실조와 사망률의 증가 등의 문제를 겪을 심각성이 크고 이로부터 보호하는 것이 일차적인 요구로 대두된다. 그와 다르게 청소년들은 아동과 유사한 사회적 보호가 필요하지만, 아동에 비해 성숙도와 사회적 자립도가 보다 높다는 점에서 성공적 자립에 필요한 취업기회 및 근로여건의 확보, 직업훈련, 부모로부터의 과도한 통제와 간섭에서 벗어난 자율적 선택과 결정 등이 요구된다.

따라서 이러한 아동과 청소년의 능력과 성숙 정도 그리고 당면문제와 요구의 차이를 고려하여 최윤진(2000)은 "청소년은 아동에 비해 성인권(adult right)이나 부모에 대응되는 권리(rights against parents)가 더 많이 요구되고 있고, 청소년의 자립요구 충족과 현실적 권리구현 요구의 충족을 위해 의사표명권(representational rights)이나 권능부여권(enabling rights)이 요구되고 있으며", "아동의 기본적 생존이나 유해환경으로부터의 보호 등과는 별도로 보호나 복지영역에서도 청소년은 자립능력 함양 및 자립요구 충족을 위한 권리내용이 포함되어야 함"을 강조하고 있다.

(2) 청소년인권의 특징

청소년인권의 특징을 정건희(2020)는 다음과 같이 8가지로 요약하고 있다.

① 청소년인권은 학자와 분류기준에 따라 다양한 영역으로 구분되는 특징이 있으며, 그동안 주로 아동권 측면에서 논의되어 온 바, 자유권과 참여권이 소홀히 취급되어 왔다. 특히 청소년인권이 그동안 주로 아동권 측면에서 논의되었다는 점은 부모에게 의존적인 존재에서 독립된 존재로 역동적으로 바뀌고 있는 청소년의 상황을 충분히 반영하지 못하였음을 말해준다.

② 청소년인권의 세계적 동향은 최근 청소년참여가 중심이 되고 있다는 점에 주목할 필요가 있다. 청소년참여는 여러 국제회의에서 핵심 주제로 논의되고 있으며, 청소년의 사회적 역할을 중시하는 경향이 해마다 높아져 가고 있다. 1990년대 이후 청소년의 삶의 모든 영역에서 주체적인 참여를 보장하고 증진시키는 노력이 지속되어 왔으며, 그동안 각종 국제기구와 선진외국의 청소년정책의 주요 가치로 그 중요성이 강조되어 왔다.

③ 청소년인권은 사회적 약자인 청소년의 인간다운 삶을 보장하려는 합목적성을 강하게 가진다. 청소년인권은 성인이나 다른 사회적 약자인 여성, 장애인 등에 대한 것이 아니라 청소년이라는 특정한 연령집단의 인

간다운 삶을 보장하는 특성을 가진다.

④ 청소년인권은 이와 같이 그 주체가 청소년이라는 점에서 사회적으로 특별한 배려가 있으며, 그것은 의존과 보호양육 또는 자립과 주체적 참여와 같은 어떠한 관점에서 볼 것인가 하는 관점과도 관련된다는 것이다.

⑤ 청소년인권은 성인의 의해 형성되고 간섭된다는 점을 강조할 수 있다. 청소년이 인권의 주체이지만, 현실적으로는 그 내용을 제도적으로 형성하는 것에는 여전히 성인이 주도적이 되고 있음은 사실이다.

⑥ 청소년인권은 청소년기에 경험하는 신체적·정신적 성장과도 밀접한 관련을 가진다. 이러한 성장은 청소년기가 생애주기에서 매우 민감한 감수성을 가진다는 점에서 한 인간에게도 중요하지만, 사회와 역사에 있어서도 마찬가지로 중요하다. 이런 점에서 청소년인권은 청소년의 인간적, 시민적 성장과 관련한 권리를 고려할 필요가 있다.

⑦ 청소년인권은 동태적으로 변화하고 진화하는 특성을 갖는다. 청소년인권은 고정불변적이지 않고 삶의 변화와 시대정신의 변화에 따라 발전한다. 그러한 과정에서 생존권을 강조하는 단계에서 점차 유해환경으로부터의 보호를 강조하는 단계로 나아갔으며, 최근에는 사회발전에의 참여와 참여권에 중점을 두는 단계로 나타나고 있다.

⑧ 청소년인권은 나라에 따라 차이가 있지만, 국가나 국내 사회에서 방치되거나 침해되기도 했기 때문에 국제사회의 노력을 통해 발전되어 왔다는 점에서 국제적 특성을 가진다. 1924년 아동의 권리에 관한 제네바 선언, 1959년 유엔아동권리선언, 1985년 유엔 세계 청소년의 해, 1989년 유엔아동권리협약 등은 그러한 대표적인 국제적 노력으로 볼 수 있다.

청소년인권에 대한 이러한 다양한 특성은 아동인권은 물론 성인의 인권과는 구별되는 관점과 내용을 제시해 준다. 전체적으로 아동인권은 양육과 보호의 권리, 보호와 간섭, 그리고 복지를 중심으로 논의되고 있으며, 청소년은 점차 불간섭과 자율, 자유권, 자기결정권 및 청소년참여와 관련한 권리를 더 많이 강조하고 있음을 알 수 있다. 청소년인권이 성인의 인권과 다른 점도 위와 비슷한 맥락에서 보면, 동일한 권리에 대한 양적 차이의 문제라기보다는 서로 다른 욕구, 필요, 기대 등을 지닌 집단으로서 갖게 되는 질적인 내용의 차이에 관한 것으로 이해할 수 있다(최윤진, 2000). 다시 말하면, 청소년들은 성인에 비해 자립능력이나 실제 생활능력이 부족하기 때문에 생존을 위한 보호가 필요하고 그 과정에서 성인이 행사하는 상당 부분의 권리를 포기하거나 유보시키게 된다. 또한 청소년은 잠재능력을 키워가야 할 성장의 욕구와 발달의 필요가 성인에 비해 더 많이 요구되기 때문에 이를 충족시킬 수 있는 자유와 권리가 더 많이 부여될 필요가 있다.

이런 점에서, 우리의 현실 속에서는 실질적이고 구체적인 근거를 결여한 채, 청소년은 성인에 비해 미숙하고 능력이 부족하다는 일반적인 권리제한의 논리가 통용되고 있으며, 새로운 시대적 변화와 함께 성숙 정도가 다른 오늘날의 청소년의 성장 모습을 간과한 채 아동과 동일시하고 있다는 점은 문제로 지적되고 있다. 따라서 청소년을 아동연령의 연장선에서 봄으로써 그들의 자율과 청소년참여를 인정하고 확장하는 일에는 인색하였다는 비판에 귀 기울일 필요가 있다. 다시 말하면, 그동안 청소년의 자유권을 제한해 온 것은 청소년을 미숙하고 무능력한 존재로 인식했기 때문이며, 성인에 준하는 자유권이 부여되어야 할 청소년들에게 아동 수준의 복지권을 강조함으로써 청소년의 자율적 사고와 행동의 자유를 지나치게 제한하여 결과적으로는 인권을 침해해 왔다는 지적에 주목해야 한다는 것이다(김영지 · 이용교 · 임지연, 1999; 정건희, 2020; 천정웅, 2021).

그러므로 청소년인권의 개념 이해는 아동인권과 구별되는 특성을 분명히 하고, 우리 사회의 변화추이와 그에 따른 청소년들의 변화 모습을 확인하면서 청소년들의 사회 내 지위와 위치를 제대로 찾아주는 일에서부터 출발해야 할 필요가 있다. 청소년을 규제의 대상으로 보던 것에서 탈피하여 자율적 권리 주체로 보아야 하며, 성인과 동등한 독립적 인격체로 보고 시민권을 가진 파트너로 인식해야 한다는 주장이 설득력을 갖는 것이다.

CHAPTER 02

인권규범의 역사와 청소년인권의 발전

인권은 인간이면 누구나 당연히 가지는 권리로 이해하지만, 넓고 긴 역사를 가지고 있으며 역사적 실정법상의 측면에서 보면 여전히 발달과정에 있다. 인권의 기원은 시기적으로는 멀리 고대로까지 소급될 수 있으며 지역으로는 동서양을 막론하고 존재하여 왔다(양옥경, 2017). 인권 논의는 엄밀한 의미에서는 왕의 전횡에 제동을 거는 절차적 보장책을 강구하고 귀족의 권리를 보장하는 크고 작은 역사적 사건 속에서 시작되었음을 알 수 있다. 영국에서는 존 왕의 왕권을 제한한 대헌장(1215), 찰스 1세의 폭정에 항거한 권리청원(1628), 그리고 명예혁명기에 시민의 자유를 법제화한 권리장전(1689) 등이 인권보장의 기초가 된 것으로 보고 있으며 보다 직접적으로는 1878년 프랑스 대혁명의 결과 보편적인 권리로 대두된 것이다.

영국의 이러한 권리장전들은 인권에 관한 구체적인 절차상의 규정을 담고 있으며, 미국의 '독립선언'(1776)과 프랑스의 '인간과 시민의 권리선언'(1789) 등에 영향을 미쳤다. 이 두 선언문은 당시 자연법적 계약설에 바탕을 둔 18세기 계몽사상의 산물로 근대 시민사회 건설과 세계 인권사상 발달의 주춧돌이 되었다. 독립선언은 인간이 신으로부터 일정한 불가양의 권리를 부여받고 있으며 정부는 그 양도를 위하여 피통치자의 동의에 의하여 설치되었다는 점을 명백히 함에 따라 입법권으로도 침해할 수 없는 인권의 개념과 그것을 침해하는 정부에 대한 민중의 저항권, 혁명권을 승인하였다. 또한 프랑스의 인권선언은 재산권과 정신활동의 자유, 신체의 자유 등의 자유권이 입법권에도 대항할 수 있는 불가침의 권리로 보장되어 있으며 정부는 그것을 보장하기 위한 수단을 설정해야 한다는 것이 명시되어 있고, 그 정부의 원리로서 국민주권과 권력분립이 제시되어 있다(스기하라 야스오 저·석인선 역, 1995 : 34-41).

인권의 발달은 단지 서구사회에서만 나타난 것이 아니다. 고대 동양에서의 인권 역시 2000년도 훨씬 이전인 공자로부터 찾아볼 수 있다(Donnelly, 2013). 모든 인간, 심지어 평민이라도 교육을 통해 계발할 수 있는 이성적 품성을 소유하고 있다는 공자의 유교의 윤리적 입장이 인권과 일맥상통한다는 주장이다(이샤이, 2008). 우리나라의 단군신화에 나오는 홍익인간(弘益人間)도 널리 인간세계를 이롭게 한다는 뜻으로 인간의 존엄을 나타내는 사상으로 볼 수 있다(양옥경, 2017). 이 밖에도 유대교, 이슬람교, 힌두교, 불교 등의 다양한 종교적 가르침도 인권의 발전과 관련된다는 주장이다(Donnelly, 2013; 이샤이, 2008).

여기에서는 인권형성의 역사적 배경을 고찰하고 그 과정에서 청소년인권이 발전되어 온 내용을 알아본다. 초기의 인권 논의는 왕의 자의적 권력을 제한하고 국가의 권력으로부터 민중의 권리를 보장하는 것에 초점이 맞추어져 있있다고 보는데, 그 사회에서 영향력을 행사하는 귀족, 남성, 성인, 백인 등의 인권은 보장되었지만, 상대적으로 열등한 위치에 있는 여성, 아동과 청소년, 흑인 등의 인권은 충분히 보장되지 못하였음을 알 수 있다. 청소년인권에 대한 논의는 이러한 토대적 배경을 바탕으로 초기에는 아동의 권리에 포함하여 논의되어 오다가 1985년 세계 청소년의 해를 계기로 점차 논의하기 시작하여 1989년의 유엔아동권리협약을 통해 일정 부분 내용이 갖추어지면서 점차 청소년기의 정체성에 부응하는 방향으로의 내용을 갖추어 가고 있는 상황임을 알 수 있다. 현대 인권의 역사는 그 주요 내용을 중심으로 보면, 우선 시기적으로 다음과 같은 몇 단계로 구분하여 이해할 수 있다.

1. 인권 형성의 근대적 배경

1) 마그나 카르타와 권리청원

첫째, 1219년의 대헌장, 즉 마그나 카르타(Magna Carta)가 있다. 마그나 카르타는 영국의 존 왕(King John)이 귀족들에게 발포한 칙허로서 불법구금, 학대 등 백성을 혹사하는 행동을 금하는 내용을 담고 있다. 이는 국민들에 의해 만들어진 것을 존 왕이 승인하고 시민공동체인 의회를 절대왕권이 인정한 것으로 자유권을 강조한 것으로 본다. 존 왕의 실정에 견디지 못한 귀족들이 런던 시민의 지지를 얻어 왕과 대결하여 왕에게 승인하도록 한 귀족조항을 기초로 작성된 것이다. 영국의 귀족들이 국왕 존(King John)의 절대 권력에 제한을 둔 최초의 문서이며, 영국 헌법의 근거가 되었다. 본래는 귀족의 권리를 재확인한 봉건적 문서였으나 이후 17세기에 이르러 왕권과 의회에 대립에서 왕의 전제에 대항하여 국민의 권리를 옹호하기 위한 최대의 법전적 근거로서 이용되었다(고명석, 2016). 즉, 군주라 하더라도 정당한 절차 없이 백성의 소유를 빼앗을 수 없게 하였으며, 봉건제 영주가 가지고 있던 심판의 권한이 백성에게 넘어간 것으로, 영주 중심의 봉건제의 몰락이며 백성을 중심으로 하는 시민의 등장이자 시민의 권리의 등장이라 할 수 있다. 민주주의와 시민의 권리가 보장된 것이다. 이러한 동료에 의한 법적 판단은 이후 근대 법정에서의 배심원심판제도로 이어졌다.

둘째, 1628년의 권리청원(Petition of Rights)이 있다. 영국 하원에서 기초하여 찰스 1세의 승인을 얻은 국민의 인권에 관한 선언이다. 주요 내용은 의회의 동의 없이는 어떠한 과세나 공채도 강제되지 않는다는 것, 법에 의하지 않고는 누구도 체포·구금되지 않는다는 것, 민간인의 군법에 의한 재판은 공개한다는 것 등이 포함되었다. 주권이 국왕으로부터 의회로 옮겨지는 첫걸음이 된 것으로 영국 헌정 사상 중대한 의의를 가진다(고명석, 2016).

2) 자연법사상과 18세기의 인권

오늘날의 인권개념은 17, 18세기에 구체화되었다. 이 시기는 자연법 사상과 계몽주의, 즉 인간 이성에 대한 신뢰가 확산되었던 때였다. 영국에서는 청교도 혁명 때(1642~1648) 찰스 1세(Charles I)가 의회를 누르고 다시 왕권을 강화하려 하자 이에 맞서 보편적 권리를 주장하였다. 결국 크롬웰(Oliver Cromwell) 등 의회 의원들은 왕실 권위에 도전하여 왕을 처형하고 공화국을 설립하였다. 의회는 주권을 획득하였고 이렇게 청교도 혁명으로 고양되었던 인권에의 염원과 혁명정신은 이후 1689년 반포되는 영국권리장전(English Bill of Rights)으로 성문화되었다. 이는 백성의 권리와 자유를 강조하는 권리장전이다.

첫째, 인권의 가장 본질적인 개념은 자연법(natural law)이다. 이는 자연의 어떤 질서가 인간행동의 규범을 제공한다는 가설을 지지한다. 토마스 아퀴나스(Thomas Aquinas)는 자연법이야말로 포괄적인 만고불변의 진리(eternal law) 체계이며 인류의 참여라고 하였다. 그리고 자연법은 인간법의 기준이 된다고 하였다. 17세기 동안 유럽의 철학자들은 시민의 자연적 권리에 주목하였다. 그리고 그 자체의 특성에 따라 사람은 정부를 설립할 수 있는 권리를 가진다고 생각하였다. 17세기 인권은 로크(Locke)가 주장했듯이 인권에 있어서의 접근 방식은 근본적으로 자연적 권리에 다름없다. 그는 태어나면서부터 인간은 모두 평등하며, '자연적으로' 똑같은 권리를 획득하므로 공통의 인간성으로부터 나오는 자연권적이며 천부의 인권을 암시하였다. 이런 관점하에서, 오늘날 인권은 문화적 배경, 신념체계, 연령, 성별, 능력 또는 환경 등을 막론하고 인간에게 적용되는 보편적 원칙이 되었다. 그러나 모순적이게도 로크 시대에는 모든 사람을 인권을 지닌 인간(human)으로 여기지 않았다. 그래서 보편성이라는 것은 여성을 제외한 인간(man)의 권리로 이해되고 행사되었다(곽미정 · 홍희석 · 구성숙, 2016).

둘째, 1679년 영국에서는 인신보호법을 제정하여 부당한 구금에 따른 인권 침해를 방지하는 내용을 규정하였다. 이 법이 제정되기 이전 영국에서는 인신보호영장 제도가 있었으나 국왕의 특별명령에 의한 구금에는 영향을 미치지 못하는 문제점을 가지고 있었는데, 이 법의 전문에서 종래의 인신보호영장의 효력을 회피하여 국가기관이 불법적으로 장기간 구금을 계속하는 것을 막기 위한 것임을 명시하고 국가기관에 의한 부당한 체포나 구금을 법으로 금지함으로써 인권의 보장에 큰 진전을 본 것으로 평가한다(고명석, 2016).

셋째, 국민의 기본적 권리와 자유를 다시 확인한 법적 문서로서 권리장전을 1689년에 제정한다. 이는 제임스 2세의 국외탈출로 인해 공석이 된 영국 왕위를 오렌지 공(公) 윌리엄 3세와 메리 2세가 승계하는 것에 대하여 의회가 조건으로 내건 '권리선언'의 조항들을 구체화한 것이다. 권리장전은 새로운 원칙의 도입이 아닌 기존 법률을 명백하게 선포한다는 것을 표명하고 있지만, 권리장전이 제정된 뒤에 취해진 종교자유 허용, 총선거 실시 등과 같은 추가적인 여러 가지 혁명적 조치(the revolution settlement)들은 군주가 의회의 결정에 분명히 제한을 받도록 하였다(고명석, 2016).

넷째, 1776년 6월 채택한 버지니아(Virginia) 권리선언이 있다. 1776년 독립선언문(Declaration of Independence)이 만들어지고 이 선언문은 결국 미국헌법(US Constitution)의 기초가 되었다. 독립선언문은 특정 권리들을 내포하고 있었는데, 생명, 자유, 그리고 행복추구에 관한 자명한 권리들이었다. 그러나 이 모든 권리는 여성을 배제한 남성만을 위한 것이었다. 미국 버지니아 식민지 제헌회의에서 채택한 시민의 천부인권을 선언한 문서로 "모든 사람은 태어나면서부터 평등하며 자유롭고 독립되어 있으며, 자신이나 자신의 후손들을 빼앗길 수 없는 천부의 권리를 갖는다"는 내용을 담고 있다. 여기서 천부의 권리는 "생명과 자유를 누릴 권리와 더불어 재산을 형성·소유할 권리, 행복의 안전을 추구·획득할 권리"를 의미한다. 이는 여타 식민지들로 하여금 영국에 대해 강력한 저항에 나서게 하는 기폭제의 역할을 하였으며, 미국 독립혁명의 이념적 바탕을 제공하는 데 기여하였고, 프랑스 혁명에도 이념적 측면에서 큰 영향을 미친 것으로 평가된다(고명석, 2016).

3) 1789년과 프랑스 혁명

18세기 후반 프랑스와 미국 식민지 시대에 일어난 정부와 왕권에 대한 봉기는 국가가 시민을 어떻게 처우해야 하는지에 관한 심도있는 토론을 유발했다. 특히 프랑스에서는 전쟁 등으로 프랑스 왕실 재정이 파탄에 이르고 국왕 루이 16세가 특권층에 대한 과세를 증액하겠다고 하자 이에 반발한 귀족들이 성직자, 귀족, 제3신분으로 이루어진 삼부회를 소집할 것을 요구한다. 1789년 5월 대의원 선출로 이루어진 '삼부회'에서 제3신분들은 신분별 투표제에 반발하여 '테니스코트'에 모여 새로운 헌법 제정을 요구하게 되고 국왕은 '국민의회'를 구성하여 제3신분을 회유하려는 동시에 한편으로는 군대로 진압하려 하자, 마침내 이에 반발한 시민과 농민들이 봉기를 일으키고 왕의 폭정을 상징하는 '바스티유 감옥'을 점령하기에 이른다. 이에 국민의회는 8월 4일 '앙시엥 레짐(ancien regime, 구체제)'의 종식을 선포하고 8월 26일 '인간(남성)과 시민의 권리선언'을 선포하기에 이른다. 이후 오스트리아, 프로이센 등 주변국들에서 혁명주의자들을 박해하기 시작했고, 프랑스와 이들 국가 간에 전쟁이 시작된다. 1793년 잇따른 전쟁 패배 와중에 프랑스 내부에서는 반혁명운동이 전개되기 시작하였으나, 로베스피에르(Robespierre)가 이끄는 공안위원회의 독재, 즉 공포정치로 분쇄된다. 이때 이전에 선언되었던 권리들은 무시된 채 수십만의 반혁명인사들이 숙청되었다(Freeman, 2002).

한편 프랑스 혁명의 결과로 프랑스 혁명선언문이 1789년 프랑스 정부에 의해 채택되었다. 18세기 가장 중요한 인권문서로 여겨지는 인간과 시민의 권리선언(Declaration of the Rights of Man and Citizen)은 오로지 남성만을 대상으로 하고 있고 과다한 처벌로부터의 자유, 사상과 종교로부터의 자유, 그리고 말하고 쓰고 출판하는 자유 등 소극적 권리를 내용으로 담고 있다(양옥경, 2017). 그러나 1789년 프랑스 철학자 콩도르세(Marquis de Condorcet)는 남성처럼 여성도 똑같은 자연권을 가지고 있다는 여성의 권리를 위한 조약을 발표하였다. 프랑스 혁명 때 여성은 봉건체제에 강력히 반발하며 매우 적극적으로 대항하였다. 결국 왕을 베르사이유 궁전으로부터 축출하는 데 큰 기여를 한 시위를 주도

하였고 나쁜 왕을 끌어내리고 그 자리에 좋은 의회를 올려놓았다(Donnelly, 2013).

프랑스 권리선언은 혁명세력들이 민중의 뜻을 대변한 행동의 표현이었으며 18세기 내내 지속되어 온 계몽주의의 결실이었다. 어쩌면 당연한 것일 수도 있겠지만, 혁명정부는 현실에서 많은 문제에 직면하였고 그 결과 새롭게 건설된 질서는 안정을 위협받게 되었다. 그러나 혁명이 인간(남성)의 권리에 관한 선언(Declaration of the rights of Man)에서 공포정치의 시대로 후퇴한 데는 현실적 이유뿐만 아니라 이론적인 이유도 있었다(프리먼, 2002). 1789년 프랑스 혁명 당시 프랑스 입법회의가 공포한 '인간과 시민의 권리선언'은 기본적으로 천부인권사상에 기초하였으며, "인간은 자유롭고 그리고 평등한 권리를 가지고 태어났다"(제1조)는 원칙과 자유·소유·안전 그리고 압제에 대한 저항을 명시하였다(제2조). 모든 시민은 법 앞에 평등하고 직접 또는 간접적으로 입법활동에 참여할 권리를 지니며(제6조), 영장 없이는 누구도 체포될 수 없으며(제7조), '공공질서'와 '법률'의 테두리 안에서 종교의 자유(제10조)와 언론의 자유(제11조)를 보호하였다. 이는 미국의 버지니아와 뉴햄프셔 등 몇몇 주에서 제정한 헌법의 영향을 받았으며, 이후의 인권선언과 각국의 헌법에 큰 영향을 미치면서 인권의 구체화와 보장의 효시가 된 것으로 평가한다(고명석, 2016).

4) 19세기와 현대의 인권규범

첫째, 19세기 중반에 이르러 노동자계층의 노동력 착취를 반대하는 세력들이 나타나기 시작하였다. 1848년 마르크스(Karl Marx)와 엥겔스(Fredrich Engels)가 공산당 선언(Communist Manifesto)을 하면서 고용주에 의한 노동자들의 착취가 기본적인 인간의 권리를 보장해 주지 못하는 것으로 인식되기 시작하였다. 1848년은 혁명의 시대로 프랑스, 영국, 이탈리아, 독일 등에서도 혁명이 계속되었으며 프랑스의 2월 혁명은 그 도화선을 당긴 사건이었다. 1789년 프랑스 대혁명의 영향으로 이후 1848년까지 그 여파가 계속되어 온 것이다. 이런 과정을 통해 19세기에는 인권이 조금씩 진보하기 시작하였다. 거의 모든 지역에서 노예제가 폐지되었고, 어린이와 청소년의 노동이 제한되었으며, 참정권이 채택되었다. 물론 아직까지 남성에게만 주어진 참정권이고 여성의 인권은 논외였지만, 이것은 가장 중요한 인권의 발전이었다. 이렇게 1848년은 프랑스 2월 혁명을 통해 자유와 평등이라는 근대시민 사상을 정착시킨 중요한 한 해이다(양옥경, 2017).

둘째, 오늘날의 인권개념이 정착된 것은 나치 독일의 부상과 몰락 이후부터였다. 전 세계는 유태인과 기타 소수민족의 재산몰수 및 학살을 합법화시키는 법률, 경찰의 임의적인 수색과 체포를 허용하는 법률, 재판 없이 구속과 고문, 처형을 묵과하는 법률 등 납득할 수 없는 법률이 제정되는 것을 지켜보았고 제1차와 제2차 세계대전 동안 잔혹한 대량학살을 경험하면서 반성을 하게 되었다. 즉, 인간이라는 존재 자체는 적어도 존중받을 가치가 있다는 인식이 전 세계적으로 확산되게 된 것이다. 특히 제2차 세계대전은 인권에 대한 국제적 관심을 촉발시켰다. 유례없는 대량살상 전쟁을 끝낸 세계 각국은 한 나라의 인권수준은 다른 나라의 인권수준과 밀접히 관련되어 있음을 각성하고, 이런 인식은 모든 인간이 적어도 이론상으로는 문화나 문명의 차이에 관계없이 일정한 기본 권리를 가지고 있다는 데에 합의를 이끌어 냈다. 또한 이런 합의는 유엔의 창설조약에서 모든 회원국들은 "인종과 성, 언어와 종교에 관계없이 모든 사람들에게 인간으로서의 권리와 기본적인 자유를 세계적으로 존중하고 보장하기 위해" 행동할 것을 약속하는 것을 명시하도록 하였다. 뿐만 아니라 1948년 12월 10일에 발표된 세계인권선언을 유엔총회에서 만장일치로 채택하였으며, "이 선언에 포함된 권리가 모든 국민과 모든 민족에 대한 공통된 기준"임을 분명히 하였다.

2. 국제인권규범의 대두

국제인권규범은 서구의 역사 속 국가권력에 대항하여 개인의 권리를 찾았던 다양한 노력에서부터 시작되었다고 보는 것이 일반적인 시각이다. 그러나 오늘날의 국제인권규범은 제2차 세계대전 이후 결성된 국제연합(United Nation)이 보여준 노력의 역사와 그에 따른 핵심 인권 조약의 채택 및 비준 등과 밀접한 관련을 가지고 수립되었음을 알 수 있다(국가청소년위원회, 2020). 제2차 세계대전 이전에는 인권이 전혀 국제정치의 관심 사항이 되지 못했으며, 주로 국내적 주권문제의 일환으로 간주되었다. 그러나 1945년 유엔이 창설되면서 "인종, 성별, 언어 또는 종교에 관한 어떠한 차별도 없이 모두를 위하여 인권 및 기본적 자유의 존중을 증진하고 촉진하는 것"이 국제사회가 추구하는 기본적 목표의 하나가 되었다(UN, 2020).

국제연합은 홀로코스트 등 전쟁 중 목격된 비인간적 참상에 대한 반성과 인권에 대한 노력의 상징으로 국제연합헌장 제1조에서 국제연합의 중요한 목적이 인권과 만인의 자유를 존중하는 것임을 천명하였고 1948년 '세계인권선언(Universal Declaration of Human Rights)'을 채택하였다. 국제연합은 또한 세계인권선언의 내용을 국제법으로 만들어서 회원 국가들이 이를 이행하도록 하였는데, 대표적인 것이 오늘날 '국제권리장전'으로 지칭되는 '경제적 · 사회적 및 문화적 권리에 관한 국제규약(International Covenant on Economic, Social and Cultural Rights, ICESCR : 일명 A규약)', '시민적 및 정치적 권리에 관한 국제규약(International Covenant on Civil and Political Rights : ICCPR)(일명 B규약)', '시민 · 정치적 권리에 관한 규약에 대한 제1선택 의정서(일명 C규약)' 등의 국제인권문서들이다. 이러한 국제권리장전들은 인권에 대한 각성이 단순히 '선언'에 그치지 않고, 법적 강제력을 갖도록 하였다는 점에서 큰 의의가 있다.

1) 세계인권선언

유엔인권위원회는 엘리노어 루즈벨트(Eleanor Roosevelt), 르네 카생(Rene Cassin), 찰스 말리크(Charles Malik)와 같은 명망있는 인사들의 지도력에 힘입어 세계인권선언의 초안을 2년 만에 작성하는 데 성공하였다. 1948년 유엔인권위원회(Commission on Human Rights)에 의해 초안이 완성된 이 선언을 1948년 12월 10일 총회에서 채택하였다. 미국의 프랭클린 루스벨트 대통령의 영부인 엘리노어 루즈벨트(Eleanor Roosevelt) 위원장은 유엔총회 연설에서 "이 선언이 마그나 카르타, 인간과 시민의 권리선언, 미국권리장전 등으로 채워졌던 신전에 새롭게 자리함으로써 그 선언과 장전들이 지금까지 해왔던 것과 같은 역할을 할 것을 희망한다"고 하였다(Glendon, 2001 : 173). 선언에는 시민적, 정치적, 경제적, 사회적, 문화적 권리들과 함께 "이 선언에 열거되어 있는 권리와 자유를 완전하게 실현할 수 있는 사회적, 국제적 질서에 대한" 모든 사람의 권리가 명시되어 있다. 이 선언은 비록 구속력이 있는 규범이 아니고, 또한 채택 당시 사회주의 국가들과 남아프리카 공화국이 기권하기는 하였지만, 인권에 대한 유엔의 이해를 표출하는 도덕적으로나 정치적으로나 대단히 권위 있는 규범의 지위에 이르게 되었다. 오늘날 세계인권선언은 이제 헌장에 기반한 인권보호 체제의 중요한 토대로서 기능하고 있다(국가청소년위원회, 2020).

세계인권선언은 18개 국가가 선언 작성에 참여하였으며 전문(前文)과 본문 30개조로 이루어졌다. 전문은 8개의 단락으로 이루어지고, 본문 30개 조항은 자유권적 기본권(제1~21조)과 사회권적 기본권(제22~30조)으로 구성되어 있다. 세계인권선언의 기초 구조는 유엔인권위원회의 부위원장으로 선출되었던 프랑스의 르네 카생(Rene Cassin)이 마련한 초안에 정리되어 있다. 카생은 인권의 불가분성을 강조하면서 세계인권선언을 초석, 계단, 4개의 기둥 그리고 지붕을 가지고 있는 하나의 그리스 신전 현관(portico)에 비유하였다(Glendon, 2001 : 172). 인권선언문의 구조를 그림으로 그리면 신전 현관의 맨 아래에는 ① 존엄, 자유, 평등, 형제애가 기초 초석으로 놓이고(제1조, 제2조), ② 그 위로 7개의 계단이 있으며(전문), ③ 4개의 기둥이 세워져 있고(제3~11조; 제12~17조; 제18~21조; 제22~27조), 그리고 ④ 지붕(제28~30조)이 있는 것으로 표현되고 있다(양옥경, 2017).

인권선언의 성립 이유를 담고 있는 전문의 7개 문장은 단계를 묘사하고 있어 계단으로 표시되었다. 전문은 세계인권선언의 요약과 같은 것으로 선언문의 탄생 및 존재의 이유, 목적, 회원국의 합의조건과 다짐, 인권수호의 원칙, 그리고 유엔의 역할 등을 포괄적으로 담고 있다. 제1조와 제2조는 선언문을 만들게 된 기초 토대 조문이다. 존엄(dignity), 자유(liberty), 평등(equality), 그리고 형제애(brotherhood)를 담고 있으며 카생이 디자인한 신전 현관 모형의 초석에 해당한다. 선언의 주된 본체는 4개의 기둥으로 이루어져 있다.

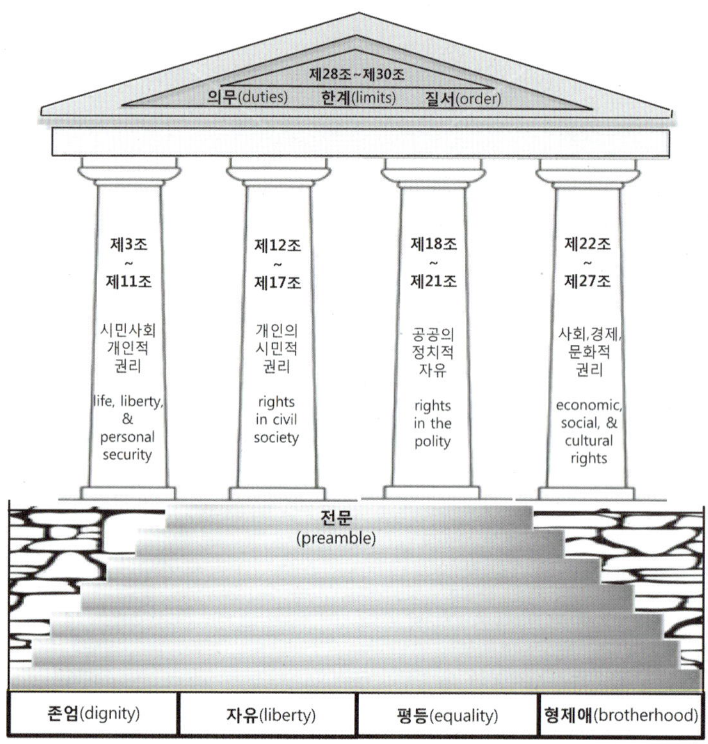

❙그림 2-1❙ 세계인권선언과 그리스 신전 현관의 비유(Cassin's Portico)

출처 : Glendon(2001), p. 172 및 양옥경(2017), p. 175 참조.

첫 번째 기둥은 제3조부터 제11조까지이다. 시민사회에서의 개인적 권리에 관한 조항들로 개인의 권리, 즉 생존권, 노예금지법 등이다. 제6조부터 제11조까지는 인권침해가 일어났을 때의 방어 등 인권의 근본적인 적법성, 즉 법률상의 의무조항들로 이루어져 있다. 두 번째 기둥은 제12조부터 제17조까지이다. 이동의 자유 같은 개인의 시민적 권리에 관한 조항들이다. 세 번째 기둥은 제18조부터 제21조까지이다. 이 조항들은 결사의 자유, 사상의 자유, 양심의 자유, 그리고 종교의 자유와 같은 영적인, 공공의 그리고 정치적인 자유에 관해 다루고 있다. 네 번째 기둥은 제22조부터 제27조까지이다. 사회적, 경제적, 문화적 권리를 다루고 있다. 그리고 마지막 3개 조문인 제28조부터 제30조까지의 조항들은 카생의 모델에서는 전체구조를 다 같이 묶는 지붕과 같은 역할을 한다. 사회에 대한 개인의 의무, 유엔기구의 목적에 위배되는 형태의 권리 사용금지 등이 적시되어 있다. 카생은 이 세 개의 조문을 질서, 의무, 한계의 개념으로 규정하고 지붕에 위치지웠다.

세계인권선언에서 다루는 권리들은 크게 세 가지 부문으로 구분하여 볼 수 있다. 첫째는 소극적 권리로 미국에서 대부분의 사람들이 인권으로 인식하고 있는 정치적, 개인적 자유에 관한 권리이다. 여기에는 차별, 노예제, 고문으로부터의 보호뿐만 아니라 정당한 법적 절차, 언론과 종교의 자유, 이동과 결사의 자유들이 포함되어 있다. 둘째는 적극적 권리루 각 개인들이 충분한 삶의 수준을 확보하려고 노력하는 것이다. 모든 사람은 "의식주, 의료보호, 필요한 사회서비스 등 스스로와 가족의 건강 및 안녕을 위해 충분한 삶의 수준에 대한 권리를 가지고 있다." 게다가 "모성과 아동은 특별한 보호와 지원을 받을 자격이 있다." 그리고 모든 사람은 초등 수준의 교육을 무상으로 받을 권리를 가지고 있다(제16~27조). 셋째 권리는 많은 국가들 사이에 집합적 권리와 관련된 것이다. 이는 세 가지 부분 중에서 가장 덜 발달된 것이지만, 국가와 개인들 사이의 연대가 이 선언의 핵심가치임을 의미하는 것이다. 1948년 세계인권선언에 따라 모든 사람은 선언에 기재된 "권리와 자유"가 충분히 전적으로 구체화될 수 있는 사회적, 국제적 질서에 대한 권리를 갖는다(제28~30조). 근본적으로 집합적 인권의 증진을 위해서는 환경보호와 경제발전 같은 세계적 문제에 대한 정부 간 협력이 필요하다. 한 집단의 국가들은 이러한 조건이 다른 집단의 성장과 번영에 방해가 된다면, 다른 집단에 대해 그와 같은 조건을 강제해서는 안 된다. 또 산업화된 국가들은 경제적 개발도상국들을 자원착취 등의 방식으로 이용하지 말아야 한다(Reichert, 2007).

2) 국제인권규약

제2차 세계대전 이후 정립된 미국과 소련 사이의 냉전(cold war)은 국제 인권 발전에 걸림돌이 되었지만, 1950년대 이후 식민지 경험을 공통적으로 가진 아시아, 아프리카 등의 신생독립국들이 대거 국제연합에 가입하면서 인권발전은 또 다른 계기를 맞이한다. 세계인권선언이 많은 나라들에서 논의되고 해당 국가의 인권 관련 법제화에 영향을 끼치기 시작할 무렵, 전 세계는 냉전의 영향으로 자유진영과 공산권으로 갈라져 이후 등장한 인권에 관한 규약이 하나가 아닌, 다음의 두 규약으로 따로 선언되는 결과를 낳았다.

1996년 12월에 체결된 '시민적 및 정치적 권리에 관한 국제규약'과 '경제적, 사회적 및 문화적 권리에 관한 국제규약'이라는 2개의 규약이 제정된 것이다. 당시 자유진영에서는 시민의 권리와 정치적 권리에 관한 논의가 인권 담론의 중심을 차지하고 경제권과 사회권은 차후의 희망사항으로 언급되던 반면, 소비에트 연방을 비롯한 공산권 국가들이 가장 중요하게 생각한 인간의 권리는 음식, 건강, 교육에 관한 권리를 누구나 누려야 한다는 것이었으며 정치적 권리는 뒤로 밀려나 있었다.

이런 상황에서 공산권 국가들의 지지를 받은 규약은 '경제적 · 사회적 · 문화적 권리에 관한 국제인권규약(A규약, 사회권규약)(International Covenant on Economic, Social and Cultural Rights : ICESCR)'이다. 또한 뒤를 이어 자유진영에 속한 국가들의 지지를 받은 규약이 '시민적 · 정치적 권리에 관한 국제인권규약(B규약, 자유권규약)(International Covenant on Civil and Political Rights : ICCPR)'이다. 이 규약들은 1966년 12월 16일 제1차 유엔총회에서 채택되었고 A규약은 1976년 1월, B규약은 1976년 3월에 발효되었다. 인권을 논하는 데 있어 세계인권선언과 이 두 규약을 한데 묶어 인권에 대한 권리장전(International Bill of Human Rights)으로 부르기도 한다(OHCHR, 1993). 세계인권선언에 이어 나온 두 종류의 인권에 관한 국제규약은 세계인권선언에 담긴 인권의 당위성에 이은 인권의 다양성을 보여준다.

경제적 · 사회적 · 문화적 권리에 관한 국제규약(A규약)은 세계의 140여 개국의 국가가 체결하였고, 우리나라는 1990년 7월 10일부터 적용해 오고 있다. 이 규약의 주요 내용으로는 생존권적 기본권을 대상으로 노동기본권 · 사회보장권 · 생활향상 · 교육권 등을 각 체약국이 실현할 것을 내용으로 하고, 이의 실시 상황을 국제연합(UN)에 보고할 것을 의무화했다. 또한 시민적 · 정치적 권리에 관한 규약(B규약)은 자유권적 기본권의 존재를 전제로 하여 체약국이 이를 존중할 것을 의무화했으며, 이것의 실시 확보를 위해 인권심사위원회와 그리고 필요에 따라 특별조정위원회를 설치할 것을 의무화하였다.

세계인권선언은 2년 만에 채택되었지만 '자유권규약(B규약, CCPR)'과 '사회권규약(A규약, CESCR)'의 문안에 합의하는 데는 거의 20년이 걸렸다. 6년간의 초안 작업이 끝나고 1954년에 유엔인권위원회(UN Commission on Human Rights)에서 최종안이 결정되었지만, 유엔총회에서 두 규약을 채택하기까지는 12년이 더 걸렸다. 추가로 10년이 흘러서야 규약 발효 요건의 35건의 비준서가 기탁되었고 마침내 1976년에 두 규약이 발효되었다. 국제인권장전이라고도 불리는 세계인권선언과 두 규약만이 유엔의 일반적 인권문서다.

이들이 세상에 나온 이후 인권에 대한 많은 논의 및 연구가 이 세 문헌을 중심으로 이루어졌다. 이 두 가지 국제인권규약(International Human Rights Covenants)은 앞서 제정된 세계인권선언과 함께 국제인권장전(International Bill of Rights)을 완성하게 된다. 국제인권규약은 1976년 비준에 필요한 35개국 이상 참가국의 공식적 비준에 의해서 효력이 발생하게 되었으며 그 결과 국제규약의 준수 여부를 감시하는 인권이사회(Human Rights Committee)가 출범하게 되었다. 1970년대 이후에는 국제사면위원회(Amnesty International) 등의 인권 관련 NGO의 활동도 활발해지게 되었다.

국제인권장전은 다수의 더 구체적이고 구속력을 지닌 문서들로 보완되어 왔다. 일부 조약은 감시기구의 감독을 받고 있으며, 두 개의 국제규약과 함께 일반적으로 핵심 인권조약(제5장 참조)이라고 불리는 일련의 문서를 구성한다. 유엔과 산하 전문기구들은 이 밖에도 여성, 난민, 외국인, 무국적자, 소수민족 및 원주민, 수용자, 장애인, 아동과 청소년, 범죄 피해자를 포함한 특정 집단에 관한 여러 인권규범을 채택하였다. 더 보편적인 규범들은 노예제도, 고문, 강제실종, 집단살해, 강제노동, 종교적 불관용과 같은 주요 인권 침해를 다루거나, 교육, 고용, 발전, 법 집행, 혼인, 집회와 정보의 자유 분야에서 발생하는 기타 특정한 인권 문제들에 초점을 맞추고 있다(국가청소년위원회, 2020).

인권조약과 협약은 살아 있는 규범으로서 국제적 인권 규범의 감시의 책임을 맡고 있는 재판소와 전문가 기구들의 판결을 통해 끊임없이 변화한다. 이 기구들은 초기 기준들의 규정이 현 상황에 들어맞을 수 있도록 역동적인 해석을 부여하여 왔다. 가령, '인권과 기본적 자유의 보호를 위한 유럽협약'(1950) 제3조에 의한 비인간적이고 모욕적인 처우 및 처벌의 금지조항은 당초에는 그다지 중요하지 않은 형태의 체벌은 의도된 적용 대상이 아니었다. 그러나 이 협약이 살아있는 문서로서 변화하는 과정에서 유럽인권재판소는 제3조에 의해 어떠한 형태의 체벌이라도 금지되어야 한다고 판단하였다. 미주인권재판소, 유엔 자유권위원회 및 그 밖의 유엔 조약 모니터링 기구 역시 같은 결론에 도달하였다.

모든 인권조약과 주요 선언문들은 현재 193개국의 회원국 모두를 대표하는 유일한 기구이며 1개국 1표의 의결권이 주어지는 유엔총회에서 채택된다. 문안 작성 과정은 구속력이 없는 선언의 채택으로 시작하는 경우가 많은데 선언을 통해 일반적인 정의가 이루어지며, 이후에는 법적 구속력이 있는 기준을 개발하는 더 어려운 작업이 이어진다. 2006년까지 인권문서의 문안은 일반적으로 먼저 유엔인권위원회에 의해 작성되었는데, 대체로 이 위원회는 대개 산하의 상설 소위원회인 '인권 증진 및 보호 소위원회'나 위원회가 그러한 목적을 위해 별도로 구성한 회기 간 실무그룹에게 최초 초안 작업을 위임한다. 위원회와 그 산하 기구의 문안 작성 과정은 일반적으로 최소한 수년이 걸리며 두 규약의 경우 20년에 걸쳐 이루어졌다(국가인권위원회 역, 2020).

3. 청소년인권의 국제적 발전

1) 아동인권과 청소년인권의 대두

국제사회에서 청소년의 권리만을 따로 규정한 협약은 아직 없고 청소년인권은 아동의 인권 속에서 논의되어 왔다. 국제사회에서 일반적으로 통용되는 아동은 18세 미만인데, 여기에는 사회통념상 청소년이 대부분 포함된다. 물론 나이 어린 아동과 비교적 성인에 가까운 청소년(청년)을 하나의 범주로 보기에는 어려움이 있지만, 청소년인권은 아동인권에 대한 역사적 논쟁과 맥락을 같이한다고 볼 수 있다(길은배 · 이용교 · 김영지, 2001; 이용교 · 고성혜 · 이희길, 1996).

인권사상의 발전에 힘입어 아동의 권리가 국제적 문서로 된 것은 1924년 국제연맹 총회에서 '아동의 권리에 관한 제네바 선언'을 채택함으로써 공식화되었다. 이 선언은 제1차 세계대전이 끝난 지 얼마 되지 않은 1924년에 '국제아동구호기금(Save the Children Fund International)'이 아동의 복지를 위한 5대 원칙을 포함한 '제네바 선언'으로 발표한 것으로 같은 해인 9월 26일 제5차 국제연맹 총회에서 추인된 것이다. 이 선언은 전문과 5개조의 본문으로 되어 있는데, 전문에서 "모든 나라의 남녀와 인류가 아동에 대하여 최선의 것을 주어야 할 의무를 진다는 것을 인정하고, 인종 · 국적 또는 신념에 관한 어떠한 사유에도 관계없이 모든 아동에게 다음과 같은 사항을 보장할 것을 선언하고 또한 자기의 의무로서 수락한다"고 그 기본 이념을 분명히 하였다. 선언의 대상을 일반 남녀로 하고, 아동에 대하여 최선의 것을 주는 것을 인류의 의무라고 인정하는 이 정신은 이후 '아동의 권리 선언'(1959), '아동의 권리에 관한 국제협약'(1989)으로 계승된다.

물론, 그 이전에 아동과 청소년의 인권이 획기적으로 증진될 수 있었던 계기는 '세계인권선언'에서 찾을 수 있다. 유엔헌장에 유엔의 목적은 인권과 기본적 자유를 신장시키는 것이라고 명시되어 있으나, 세계인권선언은 인권에 대한 더 구체적이고 명확한 기준을 제시해 줌으로써 인류가 이 기준을 성취하도록 하였다(유네스코한국위원회 편, 1995 : 5). 세계인권선언은 '인권'이라는 용어에 대해 유엔헌장에서 사용되고 있는 것과 같은 유권해석을 최초로 제시하였다. 법적 구속력을 지닌 문서로서 작성되지도 않았고 이후에 그러한 문서로 채택되지도 않았지만, 70년도 더 지난 오늘날 보편적 인권기준으로 간주되고 있다(국가청소년위원회, 2020).

한편 '아동의 권리 선언'은 아동과 청소년의 권리신장에 획기적으로 기여한 국제문서이다. 원래 유엔은 창설 직후인 1946년부터 '아동의 권리에 관한 헌장'을 만드는 작업을 시작하였지만 13년이 지난 1959년 11월 20일에 '아동의 권리 선언'을 채택하였다. 이처럼 아동의 권리 선언이 늦어진 것은 세계인권선언과의 중복성 문제, 그리고 같은 기간에 인권위원회가 '국제인권규약'의 초안을 작성하는 일에 전념해야 했기 때문이다. 아동의 권리 선언은 유엔헌장과 세계인권선언의 원칙과 정신에 입각해서 작성되었지만, 많은 나라들은 세계인권선언과 별도로 '아동의 권리'만을 떼어서 단독으로 제정하는 것에 대해서 소극적이었다(정태수, 1991). 당시에 논쟁점이 된 것은 이 문서를 '협약'으로 할 것인가, 단순히 '선언'으로 할 것인가라는 점이었다. 폴란드 등 일부 국가는 권리의 열거뿐만 아니라 국가에 대하여 아동의 권리 보장을 의무화하기 위하여 조약화가 필요하다는 입장이었고, 다른 나라들은 각국의 법적·사회적 상황이 각기 다르기 때문에 '협약'화는 곤란하므로 '선언'에 그쳐야 한다고 했다. 인권위원회는 각국의 의견을 수렴하여 선언으로 정리하였다(길은배 외, 2001).

이 선언은 전문과 10개조의 본문으로 구성되어 있는데, 제네바 선언과 비교할 때 한층 상세하고 넓은 관점에서 그 내용을 확대·개선한 것이다. 기본정신은 성장 과정에 있는 아동, 즉 사회적 약자의 입장에 있는 사람에 대하여, 그 인권의 보장과 실현을 가능하게 하기 위하여 특별한 조치와 배려를 해야 할 필요성을 선언하는 데 있다. 따라서 이 선언은 아동을 단순한 구제나 보호의 대상으로서뿐 아니라 인권이나 자유의 주체로서 파악하려고 하는 자세를 보였다는 점에서 주목할 만하다. 그런 의미에서 이 '선언'은 아동의 인권선언 사상 획기적인 진전이라고 할 수 있다. 그런데 '선언'이란 원래 의사를 밝힌다는 뜻에 불과하므로 이후 세계인권선언이나 아동의 권리 선언이 그 실효를 거두기 위해서는 '선언' 내용을 법적 구속력이 있는 '협약'으로 만들어야 한다는 움직임이 대두되었다.

아동의 권리를 선언에서 협약으로 바꾼 유엔아동권리협약은 오랫동안 논쟁을 거쳐서 유엔총회에서 채택되게 된다. 국제인권규약이 발효된 1976년 유엔총회에서는 아동의 인권 실현을 촉진할 목적으로 아동의 권리 선언 20주년인 1979년을 '국제아동의 해'로 결정하였으며, 이는 이후의 '유엔아동권리협약' 채택에 결정적인 계기가 되었다. 유엔아동권리협약은 그 심의 과정에서 아동관에 획기적인 변화를 가져왔다. 즉, 인권위원회가 초안을 심의할 때 처음에는 전문과 가족관계 조항을 심의하였고, 1984년 후반부를 심의하는 과정에서 아동을 권리향유의 주체로 파악하는 아동관에서 권리행사의 주체로 인식하는 아동관으로 변화하게 되었다. 그 단적인 예가 아동의 사상, 양심, 종교의 자유에 관한 조항이고 매스미디어에 대한 아동의 접근에 관한 조항이다(김경준 · 이춘화 · 최창욱 · 이용교, 2005).

이렇게 보면, 아동의 권리에 대한 논의는 1923년 제네바 선언과 1924년의 국제연합아동권리선언까지 거슬러 올라가고, 유엔의 인권보편화 작업(1945~1947)을 거쳐 1948년의 세계인권선언 선포, 1966년 국제인권규약 채택, 1979년 유엔국제아동의 해 제정 등을 통해 이후 1989년의 유엔아동권리협약으로 발전하는 과정으로 이루어져 왔음을 알 수 있다. 아동과 다른 청소년집단의 인권 또한 세계인권선언과 유엔아동권리협약의 틀 속에서 논의되어 왔지만, 점차 인구집단으로서의 청소년의 특수성에 대한 관심이 확대되면서 1985년 유엔이 정한 '세계 청소년의 해'를 계기로 점차 논의가 활발해졌으며 행동계획이나 실행지침의 형태로 발전하는 국제적 동향이 나타나기 시작하였다. 1985년 이후의 청소년인권과 관련한 국제적 발전과정을 다음과 같이 정리할 수 있다.

2) 청소년인권의 전개과정

(1) 세계청소년회의 바르셀로나 선언(1985)

유네스코 후원으로 1985년 7월 8일부터 15일까지 개최한 세계청소년회의에서는 '바르셀로나 선언'을 통해 특히 청소년집단의 권리에 대한 적극적인 관심이 표명되었다. 청소년들의 시민적·정치적·경제적·문화적·사회적인 권리가 충분히 인식되고 행사됨으로써 청소년들이 정치적 상황에 대해 더욱 직접적이고 강력한 역할을 수행하고 그들이 관심을 갖는 활동에 참여할 수 있으며, 이러한 청소년들의 정치적 참여는 결국 청소년집단의 능력과 발전 정도에 따라 재정 및 행정적 지원을 얼마나 끌어낼 수 있는가에 달려 있음을 언급하였다.

(2) 유엔 '세계 청소년의 해' 세계 회의(1985)

유엔은 1985년을 '세계 청소년의 해'로 정하면서 '평화, 발전, 참여'를 주제로 채택하여 청소년에게 사회발전에 참여할 수 있는 기회를 제공함으로써 동반자적 관계 속에서 평화로운 미래를 건설해 가고자 하는 희망을 제시한 바 있다. 이를 기념하여 1985년 11월 13일부터 15일까지 세계회의를 개최하였으며 청소년들이 인류의 미래를 형성하는 데 직접 참여하고, 사회의 모든 분야에서 가치 있는 기여를 하는 것이 매우 중요하며, 보다 나은, 그리고 공정한 세계를 건설하는 것에 관한 자신들의 견해를 표명하도록 하는 것이 중요함을 밝혔다. 특히 이 회의에서는 유엔총회나 기타 관련 유엔회의에 청소년 대표들을 국가 사절의 일환으로 포함시켜 파견해 줄 것을 각 정부에 요청하였다.

(3) 유엔아동권리협약(1989)

유엔아동권리협약(International Convention on the Right of the Child)은 '경제적, 사회적 및 문화적 권리에 관한 국제규약(A규약)'과 '시민적 및 정치적 권리에 관한 국제규약(B규약)'에 규정되어 있는 권리를 아동에 대해 광범위하게 규정함과 아울러, 아동인권의 존중 및 확보의 관점에서 필요한 상세하고 구체적인 사항을 규정한 것이다. 이 협약은 아동·청소년을 보호의 대상뿐만 아니라 적극적인 권리의 주체로 인식하고 있으며, 무차별의 원칙, 아동 이익 최우선, 아동의 생존, 보호, 발달 및 아동의 참여라고 하는 4개의 주요 원칙을 중심으로 한다.

(4) 아동을 위한 세계정상회담과 아동의 생존 · 보호 · 발달을 위한 세계선언 채택(1990)

아동문제를 해결하기 위한 국제사회의 노력은 인류사상 최초로 '아동'이라는 단일 주제하에 1990년 9월 29~30일 양일간 뉴욕에서 '아동을 위한 세계정상회담(Word Summit for Children)'을 개최한 것이다. 전 세계 71개국 국가원수들을 포함한 158개국 대표들이 참석한 '아동을 위한 세계정상회담'에서는 1990년대 아동의 생존, 보호, 발달을 위한 세계선언(Children Survival, Protection and Development)과 국가 행동계획을 만장일치로 채택하였다. 선언 제1조에서 "우리는 어린이의 생존, 보호, 발달에 대해 공동참여하고 긴급히 호소하기 위하여, 즉 모든 어린이에게 보다 나은 미래를 주기 위하여 어린이를 위한 세계정상회담에 모였다"고 하였으며 도전, 기회, 과업, 약속 및 다음 단계의 다섯 영역으로 25개 조문을 제시하였다.

(5) 인권과 민주주의 교육에 관한 세계행동계획(1993)

이는 캐나다 몬트리올에서 3월 열린 유네스코와 유엔인권센터가 공동 주최한 인권과 민주주의를 위한 교육에 관한 국제회의의 결과로 발표된 것이다. 계획의 목표는 인권문화를 창조하고, 개인과 집단들이 비폭력적 방법을 사용하여 그들의 의견불일치와 갈등을 해결할 수 있는 민주사회를 건설하자는 것이다. 행동 프로그램에는 모든 수준의 학교체제의 교과내용에서 인권과 민주주의를 가르칠 것, 비공식적 상황 및 특수한 맥락과 어려운 환경하에서 인권과 민주주의를 위한 교육을 행하고 인권정보에 관한 국가적·지역적·국제적 연구센터와 검색기관 설립 및 문맹인이나 아동들에게 접근하기 쉬운 형태의 인권매체를 개발하는 것 등이 포함되었다.

(6) 비엔나 선언 및 행동계획(1993)

1993년 6월 14일부터 25일까지 오스트리아 비엔나에서 세계 비정부단체 청소년 인권대회가 개최되었다. 먼저 모든 인권 문제가 아동과 청소년으로부터 시작됨을 강조하고 아동과 청소년 인권 문제가 긴급하게 제안되지 않는다면 인권 침해는 계속될 것이라고 경고하며 각국의 유엔아동권리협약 비준을 촉구하였다. 회의에서는 아동과 청소년에게 가치있는 사회의 구성원으로서 참여할 권리, 말할 수 있고 그 말이 경청될 권리, 자신의 관점과 필요에 따라 인생에 영향을 미치는 모든 문제들이 고려될 권리가 있다는 사실을 인정해야 함을 제시하였고 인권문제를 다루는 모든 비정부단체들이 그들의 목표로 아동의 인권에 최고의 가치를 두어야 한다고 주장하였다. 아동과 청소년인권 신장을 위해서는 어린이 노동, 매춘, 불법거래, 매매, 노예 등의 아동에 대한 경제적 착취에 대한 항의 제기, 항의 체계와 수단이 완벽하게 보장되어야 하며, 사회적 · 문화적 · 경제적 · 재정적인 프로그램들은 아동과 청소년 인권에 우선적인 가치를 두어야 한다는 등의 8가지 항목을 우선 시행할 것을 제시하였다.

(7) 인구와 발전에 관한 청소년 카이로 선언(1994)

카이로 선언은 1994년 9월 5일부터 13일에 걸쳐 이집트 카이로에서 열린 인구와 발전에 관한 세계 청소년 비정부단체 포럼에서 발표되었다. 청소년은 변화의 동인임을 믿는다는 것을 전제로 하여 청소년이 미래에서와 마찬가지로 현재에도 우리 사회의 활동가이자 지도자이며 그러한 역할 수행이 가능한 존재임을 밝히고 청소년들이 새롭고 진전된 사회 발전 제도를 상상해 낼 수 있도록 인권과 정치, 경제 제도에 대한 교육을 받을 필요가 있음을 역설하였다.

(8) 유엔 청소년 분야에서의 향후 계획과 적절한 후속 조치를 위한 청소년 실행 지침(1995)

1985년 상정되었던 이 보고서(Guidelines for the Further Planning and Suitable Follow-Up in the Field of Youth)는 10년이 지난 제50차 유엔총회에서 채택되었다. 여기에는 1985년 '세계 청소년의 해의 목적인 참여, 발전, 평화를 달성하고 청소년의 상황을 개선하기 위한 국가 차원, 지역 차원, 국제적 차원의 행동 지침과 비정부 청소년 관련 단체들의 행동을 위한 특정 지침들이 담겨 있다. 이를 통해 청소년 관련 주요 영역의 세계적인 흐름과 그 내용을 알 수 있으며 국가 차원에서 청소년정책 입안 시에 적용하고 참고할 수 있는 구체적인 지침을 확인할 수 있다.

(9) 유엔 세계 청소년 행동 프로그램(1995)

2000년과 그 이후를 향한 유엔 세계 청소년 행동 프로그램(World Programme of Action for Youth to the Year 2000 and Beyond)은 청소년들의 상황을 개선하기 위한 국제적인 지원과 국가적 행동 프로그램을 위한 실질적인 지침과 정책을 제공하고 있다. 청소년 관련 주요 변인이며 정책 시행의 10가지 우선 영역으로, ① 청소년과 교육, ② 청소년과 고용, ③ 청소년과 기아, 빈곤, ④ 청소년과 건강, ⑤ 청소년과 환경, ⑥ 청소년과 약물 남용, ⑦ 청소년과 일탈, ⑧ 청소년과 여가시간 활용, ⑨ 청소년과 소녀 집단, 젊은 여성 집단, ⑩ 청소년과 사회 생활, 의사결정에서의 완전한 참여에 대한 국제적 기준을 제시하고 있다. 행동 프로그램의 수행에 청소년 참여를 격려하고, 총회나 유엔 관련 모임 등에 그들의 참가대표자 중에 청소년 대표자를 포함시킬 것을 함께 권고하였다.

(10) 북경선언(1996)

아・태지역 청소년을 위한 인적자원개발에 관한 북경선언(Beijing Statement on Human Resources Development for Youth in Asia and the Pacific)을 통해 청소년참여지표(Youth Participation Indicator : YPI) 개발의 필요성을 제시하였다. 정책결정 및 개발과정에 청소년참여 증진 제도화를 위해 국내 청소년 협력 구조를 강화할 것을 제안하였다. 또한 21세기 개발을 위한 청소년의 역할이 아・태지역에서뿐만 아니라 지구적 비전으로 발전하는 데에 기여하고자 이 선언을 '유엔 세계 청소년 포럼'에 전달했다.

(11) 2000년대 청소년을 위한 범세계적 활동프로그램(1996)

11월 오스트리아 비엔나에서 개최된 유엔 세계 청소년 포럼 결과 구성된 것으로 유엔 청소년권리헌장을 작성하고, 청소년권리에 대한 특별보고자를 임명하였다(청소년 권리현황 모니터 및 보고서 제출). 정부는 인권교육을 교육과정에 포함시키고, 인권 분야 훈련지도자 훈련과정을 설치하고 청소년단체의 유엔인권교육 10개년계획(1995~2004)에 참여하며 청소년 참여와 권리 증진을 위해 적합한 자료를 개발하여 제시할 것을 요구했다.

(12) 유네스코보고서(1998)

「21세기 청소년과 교육」 유네스코 보고서에서는 교육에 있어서 청소년의 참여를 우선순위에 둘 것과 인권존중은 평화와 안전보장을 위해 필수적인 요소임을 강조했다. 또한 초·중등학생을 위한 인권교육지침서와 모든 청소년을 위한 공식교육과 비제도교육 내에 소녀와 젊은 여성을 위한 교육, 인권교육과 평화문화를 위한 교육을 촉진하기 위한 프로그램을 개발할 것을 제시하였다.

(13) 브라가 청소년 실천 계획(1998)

이는 1998년 8월 2일부터 7일까지 포르투갈 브라가에서 열린 '제3회 세계청소년포럼'의 결과물이다. 이 포럼은 청소년 실천 계획을 통해 청소년들에게 인류 발전에의 참여 권한을 부여해야 함을 강력하게 표명하고 있다. 장애 청소년, 극빈 지역 청소년 등 소수 집단 청소년들의 동등한 참여와 이들을 지원하기 위한 다양한 방안이 제시되었으며, 청소년 관련 비정부단체들이 유엔 체제의 전체 의사결정 과정에 민주적인 방식으로 참여할 것, 유엔이 청소년 이슈에 보다 높은 우선순위를 둘 것 등이 제안되었다. 특히 청소년권리에 대한 실천계획에서는 인권교육이 기본적인 인간의 권리임을 밝히고, 이러한 권리는 보편적으로 받아들여지고 있는 시민적·문화적·경제적·정치적·사회적 권리들과 그 침해에 대한 정보를 알고 교류할 수 있음을 의미하는 것이라고 밝혔다. 모든 청소년들은 인권교육에 핵심적인 수혜자이자 공급자로서 참여해야 한다는 것이다.

(14) 세계청소년장관회의와 리스본 선언(1998)

청소년 정책과 프로그램에 대한 리스본 선언(Lisbon Declaration on Youth Policies and Programmes)은 1998년 8월 8일부터 12일까지 포르투갈 리스본에서 열린 제1회 세계청소년관계장관회의(World Conference of Ministers Responsible for Youth)의 결과 채택된 선언이다. 장관회의는 '2000년과 그 이후를 향한 유엔의 세계 청소년 행동 프로그램' 제123조의 제안에 의거, 지역 간 협력을 강화하고 국세적인 정규회의를 마련하는 문제를 논의하기 위해 개최되었다. 제123조는 "아프리카, 아시아, 라틴 아메리카 그리고 캐리비언, 서아시아에서 서로 간의 협력을 강화하기 위해 청소년문제에 책임을 가진 장관들이 지역 내 그리고 지역 간 회의를 개최하며, 유엔의 지원 아래 국제적인 차원에서 정규적인 회의를 고려할 것을 권고한다. 그러한 만남은 청소년 관련 문제에 대한 세계적 대화를 위한 효과적인 장을 제공할 수 있다"고 규정하고 있다.

세계청소년장관회의에서 다루어진 중요한 주제는 '사회의 모든 수준과 영역의 의사결정 과정에서의 청소년참여'에 대한 것이었다. 이 회의에서 청소년은 상상력과 이상과 무한한 에너지와 비전을 지닌 존재로서 사회 · 문화 · 경제 · 기술적 발전을 지속하는 데 핵심적 존재로 규정되었다. 세계청소년장관회의는 각국 정부와 국제기구의 청소년에 대한 관심 제고를 위해 '세계 청소년의 날'을 선포하여 청소년에 대한 전 세계의 관심을 촉구하였다.

(15) 유럽평의회 청소년참여헌장 채택

유럽평의회(Council of Europe)의 주도로 2002년 5월에 1992년 3월 채택한 '지방자치단체 및 지역 생활에서 청소년참여에 관한 유럽헌장(European Charter on the Participation of Young People in Municipal and Regional Life)'의 10주년 기념회의(주제 : Young People-Actors in Their Towns and Regions)를 통해 청소년참여 현황 평가와 활성화 방안 모색이 이루어졌다. 이를 계기로 2003년 5월 21세기 새로운 사회적 도전에 대응하는 개정헌장인 「Revised European Charter on the Participation of Young People in Local and Regional Life」를 채택하였다(Council of Europe, 2003). 유럽연합

(EU)의 청소년정책 방향을 담고 있는 '청소년백서(White Paper)' 작성과정에서도 청소년들의 활발한 참여가 이루어졌다. 2000년 5월에서 8월 사이에 유럽 전역 2,700여 명의 청소년 대상 자문이 이루어졌으며, 이를 기반으로 2000년 10월 5일에서 7일 사이에 파리에서 유럽 30여 개 국가 450여 명의 청소년들이 자신들과 관련된 문제를 토론하고 미래 정책을 위한 제안을 내놓기 위해 모였다. '유럽청소년모임(youth gathering)'이라 불리는 이 모임에는 지역·국가·국제적 수준의 청소년정책 결정자들이 백 명 이상 참석하였다. 유럽청소년모임의 총회 사전단계로 각각 30명에서 70명의 참가자로 구성된 10개의 워크숍이 조직되어 운영되었는데, 이 워크숍의 다섯 가지 주제는 '참여, 고용, 교육, 복지, 유럽'이었고 이는 10월 7일 오후 전체 총회의 주제로 논의되었다.

(16) 유럽청소년총회

2002년 6월 브뤼셀에서 개최된 '유럽청소년총회(European Youth Convention)'에도 18세부터 25세까지의 청소년 210명이 참여하여 유럽의 미래에 대해 토론을 벌였다. '참여'는 유럽연합의 행정원칙에서 중요하게 고려되고 있는데, 여기에서 '참여'는 모든 정책과정에서 청소년들의 자문을 반드시 구하고 그들과 관계된 그리고 폭넓게는 그들의 지역사회 생활과 관계된 의사결정 과정에 보다 많이 관여할 수 있도록 함을 의미한다. 유엔이나 유럽연합, 유럽평의회 등의 국제기구는 세계적 수준의 청소년정책에 대한 논의과정에 국가별 청소년대표자를 참여시키거나, 청소년들로 구성된 자치기구 – 예를 들면, '세계청소년포럼(World Youth Forum)'이나 '유럽청소년포럼(European Youth Forum)' 등 – 의 자문을 받으며 이들을 동등한 협력자로 인정하고 정책수행 과정에서도 실질적인 공동활동을 펼쳐나가고 있다. 실제로 유럽연합의 청소년 분야 주요 사업인 청소년 프로그램 선정과정에 '유럽청소년포럼'이 동등한 자격으로 참여하고 있기도 하다.

(17) 유엔 제2회 세계청소년의 해 행사 개최

2009년 12월, 유엔총회는 2010년 8월 12일부터 2011년 8월 11일까지를 '대화와 상호이해(dialogue and mutual understanding)'를 주제로 한 '세계 청소년의 해'로 선포하는 결의안 64/134를 채택하여, 제2회 '세계 청소년의 해' 행사를 개최하였다. 제2회 '세계 청소년의 해' 행사로 제5회 세계 청소년의회(이스탄불, 7. 31.~8. 13), 세계 청소년회의(멕시코, 8. 24.~27), 제1회 청소년올림픽게임(싱가포르, 8. 14.~26) 등을 들 수 있다. 한편 유엔이 정한 '세계 청소년의 날(International Youth Day : IYD)'은 매년 8월 12일이다. 1999년 유엔총회는 결의안 54/120을 통해 제1회 세계청소년장관회의(World Conference of Ministers Responsible for Youth)가 지정한 '세계 청소년의 날'을 승인하였다. '세계 청소년의 날'에는 세계 각지에서 이를 기념하는 다양한 활동이 펼쳐지는데 유엔은 기념행사 진행을 위한 전략으로 팀 구성하기, 행사 조직하기, 기념하기, 행동하기 등의 과정을 제시하였다. 지금까지의 '세계 청소년의 날' 기념 주제는 제1회 세계 청소년의 날 기념(2000), 건강과 고용(2001), 지속가능한 발전(2002), 청소년 노동(2003), 세대(2004), 세계청소년행동프로그램(2005), 빈곤(2006), 청소년참여(2007), 기후변화(2008), 지속가능성(2009), 대화와 상호이해(2010) 등이다.

(18) 지속가능발전목표(SDGs)와 국제인권기준의 연계

유엔은 인류의 삶의 질을 향상시키기 위하여 2000년부터 새천년 발전 목표(Millennium Development Goals : MDGs)를 세우고 2015년까지 달성해야 할 목표를 설정하여 사업을 추진해 왔다. 나아가 MDGs에 대한 후속 조치로 2016년부터 2030년까지 달성하여야 할 새로운 목표로서 지속가능발전목표(Sustainable Development : SDGs)를 제시하였다. SDGs는 지속가능발전을 위한 2030 아젠다(the 2030 Agenda for Sustainable Development)로 2015년 유엔의 모든 회원국들의 동의하에 수립되었다. 이는 개발도상국의 개발을 주요 목표로 했던 MDGs를 넘어, 전 세계를 대상으로 3대 축이라 할 수 있는 '사회발전－경제성장－환경보존'을 빈곤 퇴치와 함께 다루고 있으며 포용성(inclusiveness), 보편성(universality), 평등(equality) 등 새로운 기조를 강조하고 있다.

특히 지속가능발전목표(SDGs)에는 17개 목표(goal)와 169개 세부목표(target)가 담겨있는데, 17개의 SDGs 가운데 1~15번 목표는 인권의 전통적 범주에서 경제, 사회, 문화 및 환경적 권리를 다루고 있으며 16번 목표는 시민, 정치적 권리와 민주주의에 대한 권리를 다루었다고 할 수 있다. 예를 들어, 건강을 다루는 3번 목표는 건강권, 교육을 다루는 4번 목표는 교육권, 식수를 다루는 6번은 물에 대한 권리라고 말할 수 있다. 17번 목표는 발전권, 국제연대, 민주적 국제질서, 인권지표 등과 연계되어 있다. 이 외에도 인권으로 명시하지 않았지만 인권의 핵심 가치이자 원칙인 성평등(목표 5), 불평등(목표 10), 법치와 정의(세부목표 16.3), 알 권리(세부목표 16.10), 차별(세부목표 16.12) 등과 관련된 목표와 세부목표가 있다(이성훈, 2017).

4. 우리나라 청소년인권의 발전과정

한국에서의 청소년인권의 발달도 국제적 동향에서 본 바와 같이 아동인권의 발전과정 속에서 많은 내용을 찾을 수 있다. 그러나 1980년대 중반 이후 청소년정책의 독자적 영역화가 진행되고 1991년 유엔아동권리협약을 비준한 이후 청소년인권은 아동과 구별되는 청소년의 주체적 권리의식이 확산되면서 청소년에 대한 관점의 전환과 함께 인권주체로서의 역할이 강화되고 있는 모습을 보이고 있다.

1) 아동인권의 대두와 유엔아동권리협약의 비준

우선, 아동인권과 관련한 발전과정을 보면, 한국에서 처음 아동의 권리를 선언한 것은 1923년 '어린이날 제정'으로 볼 수 있다. 5월 1일을 어린이날로 제정하고 '아동의 권리 공약 3장'을 선포하였다. 이를 통해 어린이에게 완전한 인격적 예우를 하고, 14세 이하의 어린이에게 무상 또는 유상 노동을 폐지하며, 어린이에게 배우고 놀 수 있는 가정 또는 사회적 시설을 제공하도록 강조하였다. 이 선언은 강압적 교육이 지배적이었던 당시 교육을 비판하면서, 어린이를 하나의 올바른 인격체로 대우하고 그들의 올바른 성장을 지원할 것을 요구했다는 점에서 세계 최초의 어린이 권리선언이라 불릴 수 있는 의미를 가진다(배경내, 2008).

이러한 흐름은 이후 미성년자 노동보호법 공포(1947), 제1공화국과 제2공화국에서의 교육법(1949), 소년법(1958), 근로기준법(1953)을 포함한 아동을 위한 법적 규정들의 입법화 과정을 지나, 제3, 4공화국 때에는 아동학대금지규정이 포함된 아동복리법(1961)을 비롯한 생활보호법(1961), 미성년자 보호법(1961), 학교보건법(1967), 모자보건법(1973), 특수교육진흥법(1977) 등 많은 아동관련법이 제정되었다. 이어 1975년에는 대한민국 어린이 헌장을 제정・선포하였는데, 어린이 헌장은 제네바 선언, 아동의 권리 공약 3장, 그리고 세계 아동의 권리 선언을 종합한 내용을 중심으로 전문과 9개의 조문으로 구성되어 있다. 어린이에 대한 인격적 대우, 연소 노동의 금지, 적절한 교육과 여가 시설의 제공 등이 포함되었다.

이후 아동의 권리를 적극적으로 보호하며 학대받는 아동들에 대한 치료, 발견 및 예방을 위한 민간단체의 노력들이 다음 단체들을 중심으로 시도되었다. 한국사회복지협의회의 아동학대고발센터 설립(1979), 한국 어린이 보호의 어린이 상담 전화 개설(1983), 그리고 서울 시립 아동 상담소의 아동 권익 보호 신고소의 개설(1985) 등이 이루어졌으며 대부분 아동학대 예방에 대한 사회의 무관심과 신고의식의 미흡으로 큰 실효를 거두지는 못하였다. 이어 제5~6공화국은 아동복리법을 개정한 아동복지법(1981), 심신장애자복지법(1981), 유아교육진흥법(1981), 청소년육성법(1987) 등을 입법화하였다. 1988년 한국복지재단이 유니세프의 후원하에 아동학대예방과 아동권리에 관한 5대 도시 순회 세미나를 개최하고 1989년 한국아동학대 예방협회가 설립되어 전국 9개 지역 협의회와 16개 신고센터를 개설하면서 아동권리보호 활동이 활성화되기에 이르렀다. 또한 유니세프 한국위원회는 1989년 유엔아동권리협약의 정부 비준을 촉구하였고 국가 보고서 작성을 위한 전문가 워크숍과 공청회 개최, 전국 초, 중,

고교를 대상으로 아동의 권리에 관한 자료 제공, 한국아동권리위원회의 구성 등 아동 권리 보호 사업을 전개하고 있다.

이후 1990년 어린이헌장과는 별도로 처음으로 청소년헌장이 독자적으로 발표되면서 청소년인권과 관련한 중요한 계기를 마련하게 된다. 청소년헌장은 청소년을 독립적인 인격체로 바라보고 그에 상응한 권리를 명시하고 있다는 점에서 괄목할 만한 인식의 전환이자 진전이라는 평가를 받았다. 유엔아동권리협약이 유엔총회에서 채택되자 우리나라에서도 부처 간 의견 조정을 거쳐 1990년 이에 서명하고 1991년 11월 20일 비준하였다. 당시 한국 정부는 비준 과정에서 3개 조항을 유보하였는데, 부모와의 면접 교섭 유지권, 입양 허가, 상소권 보장 등으로 이 조항이 국내법과 배치되었기 때문이다. 이 협약은 일반적으로 승인된 국제 법규로서 국내법과 같은 효력을 가진다고 볼 수 있으며 이를 계기로 청소년인권에 더욱 관심을 가지게 되었다. 유엔아동권리협약을 처음 최초로 비준한 국가는 2년, 그 이후는 매 5년마다 국가가 시행하고 있는 인권에 대한 사항과 그 이행 정도를 보고하게 되어 있으며, 우리나라도 5년마다 유엔에 청소년인권의 이행상황에 관한 보고서를 제출하고 있다.

2) 청소년인권의 정책영역화와 18세 선거권

유엔아동권리협약이 비준되고 청소년헌장이 제정되었지만, 아동인권과 별개로 청소년인권에 대한 사회적·정책적 관심은 1990년대 초반부터 환기되기 시작한 것으로 볼 수 있다. 유엔아동권리협약의 비준에도 불구하고 당시의 상황은 일상적으로 '인권'이라는 용어를 사용하는 것이 쉽지 않았으며 특히 '청소년'과 '인권'을 조합하여 사용하는 것은 상상하기 어려웠다(김영지, 2007). 또한 1990년대부터 청소년인권 관련 연구를 수행한 이용교(1996)는 당시 연구보고서의 제목에 '청소년인권'을 포함하는 것은 하나의 '모험'일 정도로 '청소년인권'이라는 용어 자체를 사용하는 것은 쉽지 않았다는 점을 밝힌 바 있다. 그러나 1996년 발간한 '청소년인권보고서'는 청소년인권에 대한 사회적 관심을 일으키는 데 기여하였으며, 이러한 흐름은 청소년인권에 대한 지속적 연구와 정책적 접근을 확산하는 것으로 이어지게 된다(김영지, 2007).

이러한 배경에서, 1998년에는 1990년 제정된 '청소년헌장'을 전면 개정해서 새로운 '청소년헌장'을 개정하게 되는데, 이때 청소년은 미래뿐만 아니라 현재의 삶에서도 중요한 존재임을 인정하면서 오늘과 미래의 주인공임을 강조하게 되었다. 새 청소년헌장은 크게 전문, 청소년의 권리, 청소년의 책임으로 구분할 수 있는데, 청소년의 권리를 11조항으로 구체화시켰다. 헌법의 기본법 조항에도 불구하고, 잘 지켜지지 않은 평등권, 사생활권, 정보접근권, 여가권 등이 강조되었다. 1998년 새롭게 개정된 청소년헌장은 청소년정책 방향의 인권 중심으로의 전환과 인권정책과제 설정, 그리고 이를 뒷받침하는 법 제·개정에 영향을 미치는 기본적 이념으로서 중요한 의의를 가진다.

1998년에는 포르투갈 리스본에서 열린 제1회 세계청소년관계장관회의(World Conference of Ministers Responsible for Youth)에 우리나라도 참여하였으며 같은 해에 학부모들은 아이들의 개성과 소질, 자율성을 존중받으며 살아가야 한다는 인식하에 그동안 잘못된 교육에 대한 반성과 자각을 촉구한 바 있다. 또한 청소년헌장과는 별도로 교육부는 '학생인권선언'을 제정하기 위하여 학생인권선언제정위원회를 위촉하여 전문가의 조언과 교사, 학생, 학부모 등의 여론을 수렴하여 '학생인권선언(안)'을 마련한 바 있지만, 당시에는 학교장을 중심으로 한 교육가 집단의 반대로 발표되지 못했다. 그러나 교육부가 학생인권선언을 제정하려는 것을 보고, 중·고등학생의 인권운동단체인 '중·고등복지회'가 학생의 인권선언은 성인이 아닌 학생 자신이 만들어야 한다고 인식하고, 학생의 날(11. 3)에 '학생인권선언서'를 선포하였다.

전반적으로 1998년 이후는 우리나라 청소년과 정책방향에 대한 새로운 인식 등으로 '청소년 자율·참여·권익증진'이라는 정책가치가 창출되고 이것이 정책·제도화되는 시기였다. 전 세계적으로 유엔을 중심으로 청소년인권에 대한 논의가 지속적으로 이루어지고 있고, 세계 각국은 자국 청소년인권을 세계적인 권고 수준으로 끌어올리기 위한 실질적 노력을 수행하여 왔다. 이에 따라 우리나라에서도 '유엔아동권리협약' 비준과 인권 이슈에 대한 관심 확대, '제2차 청소년육성 5개년계획'의 청소년 권리신장 정책 제시 등으로 청소년의 권리에 대한 관심과 논의가 점차 활발해지기 시작하였다. 특히 당시 수립된 '제2차 청소년육성 5개년계획'은 청소년을 '오늘의 사회구성원'으로 인식하고, 그들을 삶과 사회의 주체이자 자율적 권리향유의 주체로 자리매김하는 획기적인 정책전환을 이루어 냈다는 점에서 청소년인권 역사상 큰 의미를 갖는 일로 평가되고 있다(천정웅, 2021).

청소년집단 내에서도 사회 안에서 자신들의 권리가 자주 침해받고 있으며 이를 스스로 지키고 향유해 나가야 한다는 권리의식이 확산되기 시작하면서, 그동안 억눌려 있었던 청소년 권리 찾기 운동들이 활발하게 대두되기 시작하였다. 청소년들로 구성된 인권단체의 결성, 자신들의 목소리를 내는 가상공간에서의 다양한 청소년 사이버공동체 형성 등의 움직임은 2000년도에 전국적인 '두발제한 반대운동'으로 가시화되기도 하였다(김영지, 2001). 이후 청소년들의 주도성이 점차 강화되면서 과거의 두발자율화 등의 인권운동에서 공적 영역으로 확산된 것을 확인할 수 있다. 당시 언론을 중심으로 청소년인권의 주요한 이슈를 선별해 보면 두발자율화운동, 미국 장갑차로 인한 여중생 사망사건, 18세 참정권 운동과 광우병 쇠고기 반대를 위한 촛불집회로 나타난다. 즉, 과거와는 다른 참여수준을 보이는 청소년주도의 자발적 인권운동들이 대두되면서 인터넷상에서 나이스(NEIS) 반대운동이 일어나고, 아이두, 학생연합, 나이스를 반대하는 청소년모임 등에서 온라인 반대 서명운동이 시작된다. 2002년에 접어들며 18세 선거권 쟁취운동이 재점화되었으며, 이때를 기점으로 1990년대 중반부터 시작된 19세 선거권 쟁취운동이 2002년 대통령 선거를 앞두고 활발하게 일어났다. 2008년에 들어서는 광우병 위험 미국산 쇠고기 수입 반대를 위한 촛불집회가 열리게 된다. 당시 청소년들의 적극적인 시민적 참여현상으로 10대 청소년들, 특히 여성 청소년들이 초기 참여자의 60%를 차지할 정도(클레이 셔키, 2011)로 적극적 참여가 있었다. 당시의 청소년인권운동에서의 참여 양상은 과거와는 다르게 나타나는데 청소년의 시민참여로서 촉발된 정치사회참여 현상으로 온・오프라인의 융합을 확인할 수 있다(정건희, 2020).

2003년 청소년참여기구가 조직되었고 그중 청소년특별회의가 정책제안활동을 시작하게 된다. 청소년정책에서만큼은 청소년이 직접적 참여를 통한 권리의 주체적 당사자로서 시혜의 대상이 아닌 주체로서 확인된다. 일반적인 다수의 청소년들이 참여하지는 않으나 정책 제안의 실천적 소수라도 참여할 수 있는 환경이 이루어지고 있다는 것은 고무적인 일로 받아들여진다.

또한 청소년권리 획득 과정으로서 참여공간의 변화 동향은 오프라인에서 온라인으로 이어졌고, 기기의 발달로 온·오프라인이 통합되는 과정을 겪는다. 즉, 청소년인권운동은 오프라인에서 온라인을 활용하며 나타나는 사회참여 양상과 함께 미디어의 발전으로 온·오프라인의 융합까지 다양한 현상으로 나타나게 된다. 인터넷 공간에서는 전통적으로 공적 가치가 있다고 간주된 협의의 정치담론이 대중문화에 관한 담론 혹은 일상적인 삶에 관한 미학적이고 정서적인 담론과 공존하는데, 이러한 양상은 청소년권리에서도 마찬가지로 일상적 삶에 대한 참여(성인들과의 의사결정과정)에서부터 시민참여에까지 이어지는 변화를 확인할 수 있다(정건희, 2013). 정보화사회에 걸맞게 청소년들은 사이버상에서 다양한 자생모임을 운영하고 있는데, '사이버유스', '채널텐', '아이두' 등은 2000년도 '두발제한 반대운동'을 주도하여 사회적으로 큰 반향을 불러일으켰던 청소년모임이기도 하다. 제16대 대통령선거 당시, 18세 청소년 선거권 운동모임인 '낮추자'의 주도로 청소년들이 직접 온라인과 오프라인에서 모의선거를 실시하기도 하였다(김영지, 2001).

특히 선거권 문제는 오랫동안 계속되었는데, 실제로 연령 기준은 광복과 정부 수립 이후 총 3번 하향 조정되었다. 헌법에 규정된 우리나라 선거연령은 제헌국회 때부터 제2차 개헌 때까지는 21세로 규정하고 있었던 것이 1960년 4·19 혁명 이후 3차 개헌 때 만 20세로 규정되었으며, 이는 제4공화국 헌법(유신헌법)부터 제6공화국까지 약 45년 동안 지속되었다. 이것이 지난 2005년 공직선거법에서 만 19세로 조정되었으며, 2019년에는 다시 만 19세에서 만 18세로 하향되기에 이른다(공 현, 2020; 김효연, 2015).

공직선거법상 개정(2005)부터 현재까지 법률에 의거 19세로 되어 있었던 것이 2017년 하반기 결성된 촛불청소년인권법제정연대 등의 오랜 활동 끝에 선거제도 개혁 법안에 18세로 선거권 제한 연령 기준을 하향 조정하는 내용이 포함되었으며, 2019년 12월 27일 국회 본회의에서 가결됨으로써, 이제 18세 이후

선거권을 갖게 된 것이다. 선거권을 18세로 내리자는 주장은 이것은 청소년이 종속적인 존재가 아닌 엄연한 사회의 구성원으로서 인정받아야 한다는 의미를 담고 있었으며 현재 18세 선거권은 청소년 참정권의 끝이 아닌 시작이라는 주장이 있다.

이와 같이 보면 우리나라의 청소년인권 논의의 흐름은 그동안 제한되어 온 자유권적 측면의 의미와 중요성을 재인식하고자 하는 노력이 부각되어 오면서, 최근에는 청소년참여의 신장과 청소년인권운동의 측면이 강조되어 온 점이 특징이라 할 수 있다. 즉, 그동안 한국사회의 권위주의적인 유교적 전통에 의해 청소년은 미성숙하고 판단능력이 부족한 보호와 규제의 대상으로 규정되어 옴으로써, 적절한 보살핌과 지원을 받을 '복지권'은 물론이며 국제적 수준과 비교해 볼 때, 발언권, 표현권, 의사결정권 등과 같은 시민적 권리로서 '자유권'과 '참여권'을 제한받는 측면이 매우 심각하다는 인식에 관심이 모아진 점이다. 이러한 측면에서 기본적 권리로서 청소년들이 자신의 삶과 관련된 사안에 대해 의견을 제시하고 의사결정 과정에 참여할 권리, 동등한 사회구성원으로서 시민권을 행사하고 향유할 권리 등이 청소년들을 중심으로 사회운동적 차원으로 확산되어 가고 있는 것을 알 수 있다.

CHAPTER

03 유엔아동권리협약의 청소년기 적용

유엔아동권리협약은 '아동의 권리에 관한 협약(Convention on the Rights of the Child : CRC)'을 우리말로 용어화한 것이다. 원문에서 영어로 '차일드(child)'를 사용하고 있지만, 그 개념을 '18세 미만(under 18)'으로 규정하고 있다는 점에서 내용이나 맥락에 따라서는 '아동과 청소년'으로 번역하여 이해하기도 한다. 실제로 협약의 공식 번역문과 달리 활용목적과 내용에 따라 '아동 · 청소년의 권리에 관한 협약' 또는 어린이라는 용어를 사용하기도 한다. 협약에 규정된 '18세 미만'의 연령과 관련한 규정과 호칭 등이 다양하게 혼재하고 있으며, 협약의 인권과 관련한 주요 내용을 청소년기에도 적용하고 있다는 점에서 기존에 아동과 관련한 국제인권 '선언'을 청소년기까지 포함하는 것으로 명시하여 '협약'으로 바꾼 것으로 평가한다.

이와 같이, 유엔아동권리협약은 아동과 청소년에 대해 적용하는 구체적 인권내용을 존중하고 보장해야 한다고 강조한다. 어떤 종류의 차별도 없이 관할권 내의 18세 미만의 모든 사람들의 인권을 인정하면서, 인권의 이행은 그들의 발달과 진화하는 능력(evolving capacities)을 고려해야 한다고 본다. 그러나 18세 이상의 청소년의 권리실현을 보장하기 위해서는 18세 미만의 아동에게 채택된 것과는 다른 접근이 필요할 수 있는데, 2016년 유엔아동권리위원회에서는 유엔아동권리협약을 청소년기에 적용하는 것을 주요 내용으로 한 일반논평 20호(General comments No. 20 on the implementation of the rights of the child during adolescence)를 발표하여 아동과 구별되는 개념의 청소년이 누려야 할 인권을 제시하고 청소년기의 인권향유를 보장하는 데 필요한 조치들을 규정하였다. 여기에서는 유엔아동권리협약의 주요 내용을 개관하고 이를 청소년기에 적용하는 것에 대한 일반논평 20호의 설명을 중심으로 동 협약을 청소년기에 적용하는 구체적인 내용에 대해 알아보기로 한다.

1. 유엔아동권리협약의 규범성

유엔아동권리협약은 유엔을 중심으로 한 국제인권 발달의 역사 속에서 이루어진 가장 큰 진전의 하나로 평가되는데 1989년 11월 20일 유엔총회 제44회의에서 회원국 만장일치로 채택되었다. 1991년 발효된 이래 국제사회의 아동과 청소년의 인권 보장을 위한 법적 기준이 되고 있으며, 사회권규약, 경제권규약 등 여타의 인권규범 뒤에 제정되었음에도 불구하고 2021년 7월 기준 미국을 제외한 196개 모든 유엔 회원국이 가입 또는 비준하여, 국제인권법 사상 가장 많은 국제적 동의를 얻고 있는 인권협약으로 꼽힌다. 우리나라는 1991년 11월 20일, 북한은 1990년 9월 21일에 비준하였으며, 2015년 소말리아가 가장 최근에 비준한 협약국이 되었다.

유엔아동권리협약은 18세 미만의 아동과 청소년의 권리보장을 위한 국제적인 기준을 제시한 것으로 전 세계 아동과 청소년을 위한 최소한의 시민적, 경제적, 사회적, 문화적, 인간주의적, 정치적 권리를 개념정의하는 인권조약으로서의 의미를 가진다. 유엔아동권리협약은 이전의 모든 인권조약이 담고 있는 광범위한 권리를 표출하고 있으며, 아동과 청소년이 복리를 보장받는 데 필요한 보호와 보살핌을 받을 권리를 확인하고 있다.

유엔아동권리협약이 만들어진 과정을 보면, 1969년 '아동권리선언'을 처음 마련한 이후부터 20년 이상의 논쟁을 거쳐 채택되었음을 알 수 있다. 국제인권규약이 발효된 1976년 유엔총회에서는 아동의 인권실현을 촉진할 목적으로 아동권리선언 20주년이 되는 1979년을 '국제아동의 해'로 결정하였는데, 이는 유엔아동권리협약이 채택되는 결정적인 계기가 되었다. 이에 따라 1978년 폴란드 정부는 최초로 1979년 '국제아동의 해'를 기념하여 아동의 권리선언을 법적 구속력을 가지는 협약으로 만들 것을 유엔인권위원회에 제안하고 협약 원안을 첨부한 결의안을 제출하였다. 이 결의안의 제출로 규약화 작업이 급속하게 진전되었고, 인권위원회는 수정안을 '국제아동의 해'에 협약으로 채택하고자 하였다. 그러나 논의 과정에서 많은 나라들은 아동의 권리선언을 단순히 협약으로 바꾸는 것에 의문을 표시하고 '국제아동의 해'를 계기로 진행 중인 여러 가지 아동문제에 대한 연구성과를 기다려 본 다음에 협약화를 추진해야 한다고 주장하였다(길은배 외, 2001).

유엔아동권리협약은 세계인권선언(1948) 이후 포괄적인 인권체계를 제시한 문서이면서 동시에 1980년대의 아동과 청소년의 인권보장에 관한 국제사회의 지혜를 결집시킨 국제법 규범으로 이해되고 있다. 오늘날 아동과 청소년의 권리가 보다 분명해지고, 일관성을 가지고 포괄적인 체제를 갖추게 된 것은 유엔아동권리협약에 기인한 것이다. 특히 유엔아동권리협약은 1983년 이전의 협약 초안의 심의과정에서는 가족 제도에 관한 각 국가별 제도와 관행들에 대한 의견과 친권문제, 이민이나 난민문제 등에 대해 많은 논쟁이 있었으며, 1984년부터 시작된 후반부 심의과정에서 그간의 아동관과 청소년관에 대해 큰 변화를 갖게 되는데, 권리향유의 주체로 보던 관점에서 전환하여 권리행사의 주체로 인식하게 되었다. 아동과 청소년의 사상・양심・종교의 자유에 관한 조항과 매스미디어에 대한 아동・청소년의 접근에 관한 조항을 그 단적인 예로 볼 수 있다. 1988년 2월에 완성된 초안은 아동의 권리를 둘러싼 국제동향에 입각해서 협약을 보다 세계적이며 현실적으로 개선하는 방향으로 여론을 수렴한 것으로 본다(길은배 외, 2001).

유엔아동권리협약은 가입국에게 국제법으로서의 구속력을 갖는다는 점에서 종전의 제네바 선언이나 아동권리선언은 선언문이기 때문에 구속력을 갖지 못하고 회권국들의 자발적인 준수를 권고하는 수준이었던 것과 달리 큰 의의가 있다. 이 협약은 또한 인권의 중요한 일부로 인식되고 있는 시민권, 정치권, 경제권 그리고 문화권을 포함하고 있으며, 그로 인해 청소년의 권리보장을 단순한 도덕적 차원에서가 아니라 법적 의무로 이행할 책임을 지닌 것으로 규정하였다. 이는 아동과 청소년을 어른이나 부모에게 예속된 존재가 아니라 독립된 인격을 가진 권리의 주체로 인식한 것이다(노혜련, 1993).

해마버그(Hammarberg, 1993)는 유엔아동권리협약이 가져온 중요한 결과들을 요약하였는데 아동을 포함하는 청소년의 개념을 사용하여 제시하면 다음과 같다.

① 청소년권리에 대한 전 세계적 개념 정의를 부여하였는데, 이것은 문화적, 종교적 견해는 물론 사회조직을 망라한 정의로서, 어떤 특정한 문화적 관습이라는 미명하에 아동을 억압할 수 없게 되었다.

② 청소년은 누구에게 속한 것이 아니라 자기 고유의 권리를 갖는 한 개체로 존중되어야 한다는 아동의 동등성에 대한 지위를 부여하였다.

③ 협약에서 사용하는 '권리'라는 용어는 더 이상 청소년에 관하여 시혜적 접근이 아닌 정치적 접근으로 변경할 것을 주장하고 있다.

④ 오늘날 청소년들이 처한 열악한 위기상황을 폭로하여 청소년의 생존과 관련하여 정치적 각성을 불러일으킬 것이다.

⑤ 협약은 청소년에 관한 실제 상황을 토의하는 자료로 이용되고, 협약에서 보고서를 작성하고 제출하고 토의하는 모든 과정들로 인하여 청소년에 관련된 주제들에 대해 정기적인 검사가 촉진될 것이다.

⑥ 협약에 의해 정부 보고서에 관련한 토의로 인하여 각국 정부, 유엔기관, 전문단체, 비정부 간 단체 등이 참여하는 국제 간 협력이 촉진될 수 있다.

글로벌 인권규범체제에서는 시간의 흐름에 따라 추가로 소요되는 아동·청소년인권 보장을 위하여 또는 청소년인권 보장에 대한 국제적 합의가 무르익음에 따라 마련되는 선택의정서(optional protocol)가 채택되는데, 유엔아동권리협약 역시 다음과 같은 세 가지 선택의정서가 있다(이쌍철, 2019).

① "18세 미만의 군대구성원이 적대행위에 직접적으로 참여하지 않을 것을 보장하기 위하여"(제1조) 채택한 아동의 무력분쟁 참여에 관한 선택의정서(Optional Protocol to the Convention on the Rights of the Child on the Involvement of Children in Armed Conflict)

② "아동의 매매 · 성매매 및 아동 음란물을 금지하기 위하여"(제1조) 채택한 아동매매, 아동성매매 및 아동음란물에 관한 선택의정서(Optional Protocol on the Sale of Children, Child Prostitution and Child Pornography)

③ 아동의 개인청원권에 관한 선택의정서(Optional Protocol to the Convention on the Rights of the Child on a Communications Procedure)

한국 정부는 2002년 1월 18일 발효한 '아동매매 선택의정서'에 대해서는 2000년 9월 6일에 서명하였고, 동 의정서는 2004년 10월 24일 대한민국에 대하여 발효하였다. 2002년 2월 12일 발표한 '무력분쟁 아동선택의정서'에 대해서는 2004년 9월 24일 비준서를 기탁하였고, 동 의정서는 2004년 10월 14일 대한민국에 대하여 발표하였다. 동 의정서에 가입하면서 대한민국 군대로 자원입대할 수 있는 최소연령은 18세임을 선언하였다.

유엔 인권규범체제는 아동권리협약상 체약국의 의무를 충실히 이행할 수 있도록 하기 위한 메커니즘을 함께 마련하고 있는데, 대표적으로 아동권리협약에 근거하여 아동권리위원회(Committee on the Rights of the Child)를 설치하여 아동권리협약 및 동 협약 관련 선택의정서들의 이행 여부를 점검할 수 있는 기능을 부여한 것을 들 수 있다. 특히 아동권리위원회는 아동권리협약이 보장하고 있는 권리 또는 특정 주제에 대한 해석이나 구체적인 이행방안 등을 포함하고 있는 일반논평(general comments)을 발간할 수 있다. 체약국의 동 협약 및 선택의정서의 이행 여부를 정기적으로 점검하는 절차를 통해 아동권리위원회가 체약국이 제출하는 국가보고서 및 이해 관계자들이 제출하는 자료들을 검토하고 해당 국가의 협약 및 선택의정서상 의무들이 충실히 이행되고 있는지를 심의(consideration)하여 최종견해(concluding observations)를 발표함으로써 해당국의 법제 및 실무에 대한 개선을 권고한다. 또한 아동의 개인청원권에 관한 선택의정서를 통해 아동인권 관련 사건에 대한 개인통보(individual communications) 제도를 둠으로써 아동의 자유 및 권리에 대한 침해가 국내적으로 해결되지 못한 경우에 아동권리위원회에서 논의될 수 있도록 하고 있다. 우리나라의 경우 동 추가의정서에는 가입 또는 비준하지 않았으며, 따라서 유엔아동권리협약과 관련한 개인통보제도는 활용할 수 없다.

이처럼 비준 국가들에게 아동·청소년의 건강하고 조화로운 발달을 도모할 의무를 지우고 있는 유엔아동권리협약(UNCRC)은 전문과 총 54개의 조항으로 구성되어 있으며, '아동'에 대한 정의, 협약의 일반원칙, 구체적 권리 규정에 관한 내용과 비준 절차를 포함하고 있다. 유엔아동권리협약은 모든 18세 미만의 아동과 청소년을 대상으로 권리의 근간이 되는 기본 원칙을 담고 있으며, 그 어떠한 차별을 받지 않고 제반 권리를 향유하도록 규정하고 있다. 아동·청소년의 권리 보장을 위한 모든 조치를 강구하고, 이들의 이익을 우선적으로 고려하는 정책을 시행하는 책임이 각국 정부에 있음을 명시하였다(이해주·최윤진·구정화, 2008; Andrews & Kaufman, 1999).

유엔아동권리협약은 이러한 기본적 성격과 내용으로 인해 아동·청소년지표를 이해하는 하나의 규범적 분석틀이 되고 있는데, 이 협약은 국제법 중에서도 아동·청소년의 권리보장을 의무로 하는 효력을 강제하고 있으며, 범국가적인 규범으로서의 실질적 위상을 가지고 있기 때문이다(안동현, 1997; Ben-Arieh, 2008). 실제로 유엔아동권리협약은 지표 연구는 물론, 이동청소년인권과 관련한 다양한 연구에서 규범적 기준 또는 준거 틀로 인정받고 있다(강현아, 2009; 김석향·정익중·김미주·오은찬, 2016; 이혜원, 2011; 황옥경 외, 2015; FRA 2013).

2. 유엔아동권리협약의 주요 내용

1) 협약의 구성

유엔아동권리협약의 전문은 인류 모든 구성원의 인간존엄의 권리는 아동·청소년에게도 동일한 것이며, 청소년이 평화, 존엄, 관용, 자유, 평등, 연대의 정신 속에서 양육되어야 함을 인정하고 있다. 또한 청소년에게 각별한 보호를 제공하여야 할 필요성이 이전의 여러 국제연합, 국제기구들의 권리선언들에 이미 나타나 있음을 규정하고 청소년권리의 국가책임과 국제사회의 책임을 환기시키면서 그 역할을 담당할 것을 촉구하고 있다. 전문에서는 인류사회의 모든 구성원의 고유의 존엄성과 평등하고 양도할 수 없는 권리가

"세계의 자유, 정의 및 평화의 기초"가 됨을 밝히고 있으며 아동 · 청소년 시기에는 "특별한 보호와 원조를 받을 권리가 있음"을 선언하고 "완전하고 조화로운 인격발달을 위하여, 가족적 환경과 행복, 사랑 및 이해의 분위기 속에서 성장하여야 함"을 밝혔다.

〈표 3-1〉 **아동권리협약의 전문 내용 구성**

• 유엔의 기본 원칙과 인권에 관한 여러 선언이나 규약을 천명 • 아동은 취약하므로 특별한 돌봄과 보호가 필요하다는 것을 재확인 • 가족의 일차적 돌봄과 책임을 특히 강조 • 출생 전후 아동의 법률적 및 기타 보호, 아동이 속한 사회의 문화적 가치존중과 아동의 권리를 지키기 위한 국제적인 협력의 중요성을 재차 강조

유엔아동권리협약의 본문은 제1부 실질적 규정과 제2부 이행과 감독, 제3부 부칙으로 구성되었다. 제1부(Part I) 실질적 규정은 소위 일반조항과 개별적 권리 부분으로 구분되며, 아동이 누려야 할 권리들과 그 실현을 위한 국가의 의무를 규정하고 있다. 조항들을 살펴보면 협약이 법적인 구속력을 갖는다는 차이점 외에도 유엔아동권리선언의 내용보다 구체적이며, 권리를 세부적으로 기술하고 있음을 알 수 있다. 아동의 권리를 포괄적으로 규정하고 있다는 것과, 아동을 '보호대상'이 아닌 '권리의 주체'라고 보고 있는 것이 특징이다.

제1부의 일반조항 부분은 아동의 정의, 차별금지 및 아동의 최선의 이익 원칙, 각국의 협약상 보장된 아동권리 이행의무 그리고 부모 등 아동에 대한 법적 책임을 부담하는 자의 책임, 권리 및 의무를 존중할 체약국의 의무가 포함된다. 제1조는 "이 협약의 목적상, '아동'이라 함은 아동에게 적용되는 법에 의하여 보다 조기에 성인 연령에 달하지 아니하는 한 18세 미만의 모든 사람을 말한다"고 아동을 정의한다.

〈표 3-2〉 아동권리협약의 '제1부 실질적 규정'의 주요 내용

구 분	주요 내용
정 의	아동의 정의(제1조)
총체적인 이행방법	비차별의 원칙(제2조), 아동 최상의 이익(제3조), 생명권, 생존과 발달의 보호(제6조), 자기표명권(제12조)
시민적 권리와 자유	성명과 국적(제7조), 신분보존(제8조), 표현의 자유(제13조), 사상, 양심, 종교의 자유(제14조), 결사와 평화적 집회의 자유(제15조), 사생활 보호(제16조), 적절한 정보에 대한 접근(제17조), 고문, 잔혹, 비인간적 혹은 굴욕적 대우, 혹은 처벌을 받지 않을 권리(제37조)
가정환경과 부모(혹은 대리)의 보호	부모의 지도(제5조), 부모의 양육책임(제18조), 부모로부터의 분리(제9조), 가족 재결합(제10조), 아동 양육비의 회수(제27조 제4항), 가족 환경이 박탈된 아동(제19조), 심리적·신체적 회복과 사회복귀(제39조), 양육지정 조치된 아동의 정기적 심사(제25조)
기초 보건과 복지	생존과 발달(제6조 제2항), 장애아동(제23조), 건강 및 보건 서비스(제24조), 사회보장 및 아동 보호시설(제26조, 제18조 제3항), 생활수준(제27조, 제1~3항)
교육, 여가 및 문화적 활동	직업훈련을 포함한 교육(제28조), 교육의 목적(제29조), 휴식, 여가, 문화생활(제31조)
특별한 보호조치	• **무력분쟁** : 난민아동(제22조), 무력분쟁에 있는 아동(제38조) 및 심리적·신체적 회복과 사회복귀(제39조) • **법률저촉** : 사형 및 종신형의 금지(제37조 가항), 자유를 박탈당한 아동(제37조 나, 다, 라항), 심리적·신체적 회복과 사회복귀(제39조), 소년 사법의 시행(제40조) • **착취** : 아동 노동을 포함한 경제적 착취(제32조), 약물남용(제33조), 성적 착취 및 성학대(제34조), 아동의 유인 및 매매, 거래(제35조), 기타 유형의 착취(제36조) • **소수민족** : 소수민족(인종, 종교, 언어) 혹은 원주민 아동(제30조) • **기존의 기준 존중(Respect for higher standards)** : 제41조는 아동의 권리를 실현하는 데 적절한 당사국 법률과 국제법에 명시된 기준이 이 협약의 기준보다 더 높은 경우에는 언제든지 더 높은 기존의 기준을 적용할 수 있다.

유엔아동권리협약의 실질적 규정에 포함되어 있는 주요 조항은 주로 생존권, 보호권, 발달권, 참여권 등의 네 가지 영역으로 이해한다. 여기서 생존권은 생명을 유지하며 또 최상의 건강과 의료혜택을 받을 권리를 포함하고, 보호권은 차별 대우로부터의 보호와 학대와 방임으로부터의 보호, 그리고 고아

들과 난민 아동 · 청소년의 보호를 포함한다. 발달권은 정규교육과 비정규교육을 포함한 모든 종류의 교육을 받을 권리와 청소년이 신체적으로나 정서적으로, 도덕적으로나 사회적으로 성장하는 데 필요한 평균수준의 생활을 누릴 권리를 포함하며 참여권은 청소년이 자신과 관련된 모든 일에 대해 자신의 의사를 자유롭게 표현할 수 있는 권리를 의미한다. 일부 조항은 권리유형에서 중첩되기도 하지만, 보호권에 관한 내용이 가장 많고, 그 다음은 발달권, 참여권, 그리고 생존권 등의 순으로 볼 수 있다.

그러나 이러한 권리분류는 권리의 성격에 따라 구분한 것이며, 기준을 어떻게 정하는가에 따라 달라질 수 있다. 따라서 권리 유형에 따른 관련 조항의 수가 많고 적음으로 그 권리의 중요도가 다르다고 생각하는 것은 잘못된 것이다. 예를 들면, 생존권의 조항은 제6조와 제24조의 2개 항에 관련된다고 나타나지만, 생존권이 확보되어야만 보호권, 발달권, 참여권이 의미를 가진다고 보면, 가장 중요한 조항의 하나라고 볼 수 있는 것이다. 또한 보호권에 대한 항목이 많지만 그 해당 항목의 권리를 침해받고 있는 사람이 모두가 아니라는 점을 고려할 필요가 있으며, 불법 해외이송과 미귀환, 고문과 자유의 박탈, 난민아동 등은 그 당사자에게는 매우 중요하지만, 일반적인 아동 · 청소년에게 적용하기는 쉽지 않을 수 있다.

제2부(Part II)는 아동권리협약의 이행감시기구인 아동권리위원회의 설립, 구성, 권한, 기능 및 운영과 관련된 사항들을 정하고 있다. 예를 들면, 제42조는 "당사국은 이 협약의 원칙과 규정을 적절하고 적극적인 수단을 통하여 성인과 아동 모두에게 널리 알릴 의무를 진다", 제43조는 "이 협약상의 의무이행을 달성함에 있어서 당사국이 이룩한 진전 상황을 심사하기 위하여 이하에 규정된 기능을 수행하는 아동권리위원회를 설립한다"고 규정하고 있다.

〈표 3-3〉 아동권리협약의 '제2부 이행'의 주요 내용

• 성인 및 아동에게 알릴 의무(제42조) • 10명의 전문가로 구성되는 '아동권리위원회 설립(제43조), 당사국으로부터 비준 후 2년, 그 후에는 매 5년마다 아동의 권리실현을 위한 조치와 그 진척 상황에 대한 보고서를 제출받기(제44조) • 당사국은 보고서를 일반인에게 널리 알려야 한다(제44조 제6항). • 위원회는 아동의 권리와 관련된 특별한 주제를 수행하기 위한 연구제안, 유엔총회 및 관련 당사국에 평가요청(제45조) • 유엔의 전문 기구(ILO, WHO, UNESCO, UNICEF)가 위원회 회의에 참석, 유엔의 자문역을 하는 비정부 간 기관(NGOS), 유엔난민고등판무관(UNHCR)과 같은 유엔 기관을 포함한 적절한 단체들이 위원회에 관련된 정보들을 제출할 수 있고, 협약의 적절한 이행에 대한 자문을 요청받을 수 있다(제45조). • 당사국은 협약에 담겨진 권리를 실현하기 위해 할 수 있는 모든 것을 해야만 한다(제4조).

그리고 제3부(Part III)는 아동권리협약의 서명(signature), 비준(ratification), 가입(accession) 및 효력발생에 관한 사항, 개정에 관한 사항, 철회에 관한 사항 등이 포함되어 있다(제46~54조).

협약이 정한 의무에 따라 가입국 정부는 가입 뒤 2년 안에 1차 보고서를, 그 뒤 5년마다 아동의 인권상황에 대한 국가보고서를 제출해야 한다. 유엔아동권리위원회는 당사국이 제출한 보고서를 심의해 아동의 인권보장의 장애요인을 분석하고 그 대안을 해당국 정부와 함께 모색한다. 이러한 제안과 일반적 권고는 단순히 권고적 효력만을 가지며 당사국에 대하여 법적인 구속력을 가지지는 않는다.

2) 협약의 일반원칙

유엔아동권리협약의 각 조문은 동 협약의 몇 가지 주요 원칙들과의 관련 상황에서 고려하는 것이 중요하다. 주요 원칙들에는 아동 이익 최우선의 원칙(제3조), 아동의 능력발달에 상응하는 방법(제5조), 아동 존엄성의 존중(전문) 등이 있으며, 이 밖에도 차별금지의 원칙(제2조), 생명, 생존 및 발달의 권리(제6조), 그리고 아동 의사표현의 권리(제12조) 등이 언급된다. 특히 아동권리위원회

는 1991년 제1차 회기에서 당사국 정부의 제1차 보고서의 작성 방법에 관한 지침을 마련하면서 아동권리협약의 토대를 이루는 기본적 가치 기준을 마련했다. 이를 '일반원칙(general principles)'이라고 하는데, 일반적으로 차별금지의 원칙, 아동 이익 최우선의 원칙, 생존·보호·발달권 보장의 원칙, 아동의사존중의 원칙 등의 네 가지를 들고 있다(김태천, 1996).

협약의 핵심은 아동 이익 최우선의 원칙이라 할 수 있으며, 모든 권리의 보장에 있어서 이 원칙은 가장 우선적으로 고려되어야 한다. 협약은 이를 위해 반드시 아동의 의사를 반영하는 것을 전제로 모든 일이 논의되고 결정되어야 함을 강조하고 있으며, 이때에는 어떠한 차별도 있어서는 안 된다. 협약은 또한 아동 이익 최우선의 원칙과 의사표현의 권리를 규정하면서, '아동을 위한 것'이라는 이유로 아동과 관련한 사항을 어른이 마음대로 결정하고 행동하는 것을 인정하고 있지 않다.

(1) 차별금지의 원칙(제2조)

유엔아동권리협약은 당사국은 자국의 관할권 안에서 아동 또는 그의 부모나 후견인에 대하여 어떠한 종류의 차별도 하지 않고 평등하게 대우하여야 한다고 규정한다(제2조 제1항). 협약은 차별의 예로 인종, 피부색, 성별, 언어, 종교, 정치적 또는 기타의 의견, 민족적, 인종적 또는 사회적 출신, 재산, 무능력, 출생 또는 기타의 신분에 따른 차별을 들고 있다. 핵심은 모든 아동은 차별 없이 그들의 권리를 향유할 수 있어야 함을 의미하는데, 곧 평등권, 즉 기회의 평등을 강조한 것이다. 여아는 남아와 동일한 기회를 보장받아야 한다. 난민아동, 외래인, 원주민이나 소수집단에 속한 아동은 다른 아동과 동일한 권리를 지닌다. 장애아동도 적절한 생활수준을 누릴 수 있는 평등한 기회를 보장받아야 한다. 다시 말하면, 협약에서 규정된 모든 아동의 권리는 어떠한 경우라도 모든 아동들에게 차별 없이 보장되어야 한다는 것을 강조하고 있다.

(2) 아동 이익 최우선의 원칙(第3条)

유엔아동권리협약은 “공공 또는 민간 사회복지기관, 법원, 행정 당국, 또는 입법기관 등에 의하여 실시되는 아동에 관한 모든 활동에 있어서 아동의 이익이 최우선적으로 고려되어야 한다”고 규정하고 있다(제3조 제1항). 그런데 아동권리협약상의 ‘최선의 이익’이란 매우 주관적이며 불확정적인 개념이다. 일반적으로 최선의 이익은 ‘권리보호’와 ‘복지증진’을 의미한다. 즉, 의사결정권자가 아동의 이익에 관한 어떠한 결정을 함에 있어서 아동의 권리보호와 그들의 복지증진을 고려하여야 함을 의미한다. 공공이나 민간 사회복지기관, 법원, 행정 당국, 입법기관 등을 통해 이루어지는 아동에 관한 모든 정책과 활동에 아동의 이익을 최우선으로 고려해야 한다는 것이다.

(3) 생존 · 보호 · 발달권 보장의 원칙(第6条)

이 원칙은 “모든 아동이 생명에 관한 고유의 권리를 가지고 있다”(제6조 제1항)는 인식에 바탕을 두고 있다. 따라서 당사국은 가능한 한 최대한도로 아동의 생존과 발전을 보장하여야 할 의무가 있다(제6조 제2항). 모든 아동은 생명에 관한 고유한 권리를 가지고 있으며, 당사국은 아동의 생존과 발달을 위해 최선의 환경을 제공해야 함을 강조하고 있다. 여기서 생명권은 단순히 아동이 죽음을 당하지 않는 것에 그치는 것이 아니라 아동의 생존과 발달을 포함한다. 이때 ‘발달’이란 신체적 건강뿐만 아니라 정신적 · 인식적 · 사회적 · 문화적 발달 모두를 의미하는 것으로 해석해야 한다.

(4) 아동의사존중의 원칙(第12条)

의견 존중의 원칙은 자신의 견해를 형성할 능력이 있는 아동에 대하여 본인에게 영향을 미치는 모든 문제에 있어서 자신의 견해를 자유롭게 표시할 권리를 보장해야 한다는 것으로 규정된다(제12조 제1항). 이러한 아동의 견해는 아동의 연령과 성숙도에 따라 정당하게 존중받아야 한다는 점에서 아동의 자기결정권을 의미하고, 아동 자신의 참여를 의미한다. 특히 아동은 자신에게 영향을 미치는 모든 사법적·행정적 절차에서 직접 또는 대표자나 적절한 기관을 통해 진술할 기회를 보장받아야 한다. 이 경우, 아동에게는 "직접 또는 대표자나 적절한 기관을 통하여 진술할 기회가 국내법적 절차에 합치되는 방법으로 주어져야" 한다(제12조 제2항). 이 원칙은 사회적 관습과 맥락에서 여러 가지를 고려하여 그 범위 내에서 지켜지도록 하고 있다(이혜원, 2006).

〈표 3-4〉 아동권리협약의 기본 원칙

구 분	내 용
무차별의 원칙 (제2조)	모든 아동은 부모님이 어떤 사람이건, 어떤 인종이건, 어떤 언어를 사용하건, 부자건 가난하건, 장애가 있건 없건 모두 동등한 권리를 누려야 한다.
아동 최선의 원칙 (제3조)	아동에게 영향을 미치는 모든 것을 결정할 때는 아동의 이익을 최우선으로 고려해야 한다.
생존과 발달 보장의 원칙 (제6조)	생애 시기에서 특별히 생존과 발달을 위해 다양한 보호와 지원을 받아야 한다.
의견 존중 원칙 (제12조)	책임감 있는 어른이 되기 위해 아동 자신의 능력에 맞게 적절한 사회활동에 참여할 기회를 가지고 자신의 생활에 영향을 주는 일에 대하여 의견을 말할 수 있어야 하며 그 의견을 존중받을 수 있어야 한다.

3) 협약의 이행규정과 한국의 이행상황

우리나라는 제1차 및 제2차 국가보고서를 제출(1994. 8., 2000. 5)하였고, 유엔아동권리위원회는 각 보고서에 대한 권고문을 공표(1996. 2., 2003. 5)하였다. 이후 유엔아동권리위원회는 자체심사일정 등을 고려하여 제3·4차부터 통합국가보고서 형태로 제출하도록 요청하였다. 이에 제3·4차 통합국가보고서를 제출(2008. 12)하였고, 협약 제44조 제4항에 따른 위원회의 추가정보 요청에 대해 제3·4차 추가보고서를 제출(2011. 7)하였으며 이에 대해 유엔아동권리위원회는 권고문을 공표(2012)하였다. 제5·6차 통합국가보고서는 제3·4차 권고사항 이행결과를 협약 조항별로 작성하여 제출(2017. 12)하였으며, 이에 대한 위원회의 심의(권고)가 2019년 9월에 진행되었다.

제1차 최초 국가보고서 심의(1996)에서 제7차 경제사회개발 5개년계획(1992~1996)에 아동을 위한 국가 행동 계획이 포함되어 있음을 높이 평가하였으나, 비준 시 유보한 조항에 대한 철회 및 협약에 대한 적극적 홍보 등을 권고하였다. 제2차 국가보고서 심의(2003)에서 유엔아동권리위원회는 「가정폭력범죄의 처벌 등에 관한 특례법」 제정(1997), 청소년 보호법 제정(1997), 국가인권위원회의 설립(2001) 등 아동권리의 향상을 위한 대한민국 정부의 노력을 높이 평가하였다. 그러나 아동권리협약 일부조항 유보 유지, 다양한 부처에서 운영되는 아동 관련 정책 및 제도 등을 조정할 상설중앙기구 미설치, 정책수립단계에서의 시민사회와의 협력 부족, 아동권리협약 인지도 향상을 위한 홍보 미흡 등에 대해 우려를 표명하였다.

이러한 유엔아동권리위원회의 권고를 반영하여 정부는 '어린이보호·육성종합계획(2002)', '아동안전 종합대책(2003)', '제3차 청소년육성 기본계획(2003~2007)' 등 아동 관련 종합대책 수립, 청소년 복지 및 권리보장을 위한 청소년복지지원법 및 청소년활동진흥법 제정(2004), 아동정책조정위원회 설치 및 아동학대신고의무자를 확대한 아동복지법 개정(2004~2007) 등 유엔아동권리협약의 이행 수준을 높이기 위하여 다양한 노력을 전개하였다.

제3·4차 통합국가보고서 심의(2012)에서 유엔아동권리위원회는 아동학대 신고의무자 범위 확대 및 아동학대 현장 출동 시 아동보호를 강화한 아동복지법 개정(2011), '여성에 대한 차별철폐에 관한 협약 선택의정서' 및 '장애인 권리협약' 비준(2006, 2008), '제2차 학교폭력예방 및 대책 5개년 기본계획' 수립(2010) 등을 높이 평가하였으나, 유보조항 철회를 위한 노력, 교과 과정 내 아동권리 및 인권 관련 교육 확대, 아동권리협약에 대한 국민 인식 제고 등을 권고하였다.

이러한 위원회의 권고를 반영하고자 제3·4차 추가보고서 제출 이후 아동·청소년정책의 추진성과와 진전 상황 등을 포함하여 제5·6차 통합국가보고서는 2017년 12월에 제출되었다. 국·내외 입양 모두 법원의 허가를 받도록 입양특례법 전부개정(2011. 8), 입양허가 절차 도입을 위한 민법 개정(2012. 2) 등 입양제도를 보완하였다. 또한 협약의 기본 원칙인 '아동 이익 최우선의 원칙(제3조)'을 실질적으로 이행하고자 '제1차 아동정책기본계획'을 수립하였고, 「아동의 빈곤예방 및 지원 등에 관한 법률」(2011. 7), 「아동학대범죄의 처벌 등에 관한 특례법」(2014. 1), 「학교 밖 청소년 지원에 관한 법률」(2014. 5) 등 아동 관련 법령의 제·개정을 추진하였다. 협약에 대한 인식을 제고하기 위해 유엔아동권리협약 홍보 포스터 및 소책자 등을 제작하여 전국 초·중·고등학교 및 아동 관련 시설에 배포(2016)하였으며, 협약의 정신을 반영한 '아동권리헌장'을 제정(2016)하였다.

제5·6차 통합국가보고서 심의 전 협약 제44조 제4항에 따라 국가보고서 및 조항별 변경 사항 및 추가 이행 현황 등에 대한 추가 보고서를 제출하였으며, 2019년 9월에 진행된 제5·6차 국가보고서 심의에 참석하여 우리 정부의 아동권리 증진을 위한 관심과 진전을 효과적으로 보여주었다. 주요 권고사항으로는 아동예산 확대, 차별금지법 제정, 체벌 금지 등과 관련한 법적 조치가 제기되었고, 한부모가족 아동양육비 지원, 아동·청소년성보호법 개정, 온라인 성매매 아동 보호, 청소년 건강권·근로권·참정권 등 다양한 영역에 걸친 질의가 이루어졌다.

제5·6차 최종견해는 ① 「국제연합 초국가적 조직범죄 방지협약을 보충하는 인신매매, 특히 여성과 아동의 인신매매 방지, 억제 및 처벌을 위한 의정서」(2015) 비준, ② 「국제적 아동탈취의 민사적 측면에 관한 협약」(2012) 가입, ③ 법안의 제정(「아동학대범죄의 처벌 등에 관한 특례법」(2014), 「공교육 정상화 촉진 및 선행교육 규제에 관한 특별법」(2014), 「학교 밖 청소년 지원에 관한 법률」(2014)), ④ 아동권리보장원 신설, ⑤ 아동정책영향평가, 온라인 출생신고 제도 및 아동수당의 도입 등을 긍정적인 변화로 평가하였다.

반면 유엔아동권리협약의 8개 권리영역(일반이행조치, 일반원칙, 시민적 권리와 자유, 아동에 대한 폭력, 가정환경·대안양육, 장애·기초보건·복지, 교육·여가·문화적 활동, 특별보호조치)에서 38개의 쟁점에 대해 우려·권고사항 등을 제시하였다. 특히 ① 비차별(차별금지법, 모든 아동의 출생등록·보육·교육·보건복지 동등한 접근 보장, 학교에서의 성취도 기반 차별 예방·근절), ② 생명·생존·발달권(아동 자살 예방·

근본원인 제거, 가습기살균제의 건강손상 조사 · 피해아동 적절한 구제 · 배상, 보육 · 교육환경, 실내공기질 · 위험물질), ③ 아동에 대한 폭력(국가 데이터베이스 설립 및 사례 종합평가, 간접체벌 및 훈육 등 체벌 금지, 학교에서의 비폭력대화 · 갈등중재 및 비폭력적 · 참여적 아동양육 증진, 예방 및 피해아동 회복 · 사회복귀 프로그램 개발), ④ 성적 학대(온라인 성매매 · 그루밍 · 교사에 의한 성희롱 예방, 온라인 그루밍 불법화, 성범죄자 기소 · 적절한 제재), ⑤ 교육(사교육 의존 감소, 의무교육 보장, 장애아동 통합교육 · 합리적인 편의제공, 자퇴의 원인 해결노력 강화 및 모든 대안학교 인가 · 학력인정, 연령적합한 성교육 제공, 학업성취도 기반 차별 예방 · 철폐, 휴식 · 여가 · 놀이 인식제고 · 접근보장), ⑥ 소년사법(소년전문법원, 형사책임 최저연령 14세 유지, 조사단계부터 법적 조력 제공 보장, 우범소년 규정 삭제, 소년법상 구금기간이 최종형벌에 포함되도록 하고 최후의 수단이자 최소기간 동안 이루어지는 조치가 되도록 할 것, 성인과 함께 수용되지 않도록 할 것) 등에서 특히 시급하게 조치가 취해져야 함을 강조하였다.

한편 한국은 유엔아동권리협약의 가입과 동시에 협약 제9조 면접교섭권, 제21조 (a)항의 입양허가제 및 제40조 제2항 (b)호 (v)의 규정인 상소권 보장과 관련한 규정에 대하여 유보하였는데, 이후 차례로 유보를 철회하게 된다. 첫째, 협약의 발효 후 2007년 12월 21일 민법 제837조의2(면접교섭권)의 개정에 따라 2008년 10월 16일 조약 제1913호로 협약 제9조 제3항에 대한 유보를 철회하였다. 유엔아동권리협약 제9조 제3항은 “당사국은 아동의 최선의 이익에 반하는 경우 외에는, 부모의 일방 또는 쌍방으로부터 분리된 아동이 정기적으로 부모와 개인적 관계 및 직접적인 면접교섭을 유지할 권리를 가짐을 존중하여야 한다”는 규정이다.

둘째, 입양허가제에 관한 유엔아동권리협약 제21조 (a)항과 관련하여 한국정부는 2011년 8월 입양특례법을 전부 개정하여 국내 · 외 입양 모두 법원의 허가를 받도록 하였다. 또한 2012년 2월 민법에 ‘미성년자의 입양에 관한 가정법원의 허가’ 조항을 신설하였다. 정부는 2013년 7월 가사소송법에 ‘입양허가의 절차’를 도입하여 가정법원이 입양의 허가 심판을 할 때 양자가 될 사람이 13세 이상인 경우에는 당사자의 의견을 듣도록 하였다. 이와 같이 입양제도를 보완함에 따라 정부는 2017년 8월에 협약 가입 당시 유보하였던 제21조

(a)항을 비준하고 유보철회 절차를 완료하였다(제5·6차 유엔아동권리협약 국가보고서, 2017).

셋째, 상소권 보장과 관련한 유보 철회가 있었다. 대한민국 헌법의 '비상계엄하의 군사재판'과 군사법원법의 '전시·사변 시의 특례규정' 관련 조항에 따라 간첩죄, 유해음식물 공급죄, 초병 및 포로에 관한 죄 등에 대해 단심제를 적용하고 있어서 정부는 협약 제40조 제2항 (b)호 (v)를 유보해 왔다. 정부는 1987년 대한민국 헌법 개정으로 사형을 선고하는 경우에는 상소권을 보장할 수 있게 하였고, 군사법원법 또한 비상계엄 단심제 재판에서 관할관이 한 번 더 심사하여 형을 감경하거나 집행을 면제할 수 있는 규정을 두어서 상소권 제한으로 인한 불이익을 최소화하고자 노력하였으며 현재의 안보상황이나 군 입대 연령 등을 감안할 때 협약 제40조 제2항 (b)호 (v) 유보는 철회해도 무방하다는 의견이 제기되었고 정부에서는 동 조항에 대한 유보철회를 검토하였다.

3. 청소년기에 대한 유엔아동권리협약의 기본 인식

유엔아동권리협약은 아동을 18세 미만의 모든 인간으로 정의하고 협약에서 구체화된 권리를 존중하고 보장해야 한다고 강조한다. 특히 유엔아동권리위원회는 2016년 아동권리협약을 청소년기에 적용하는 것을 주요 내용으로 한 일반논평(General comments on the implementation of the rights of the child during adolescence) 20호를 발표하여 청소년기의 중요성에 대한 기본 인식과 청소년이 누려야 할 권리를 밝히고, 청소년기의 권리 향유를 보장하는 데 필요한 조치들을 제시하였다(Stamm & Striek, 2017).

1) 청소년기에 대한 기본 인식

유엔아동권리위원회는 청소년기는 성장 기회, 특별한 역량, 열망, 에너지, 창의성 등의 특성을 가지는 삶의 단계이지만, 취약성(vulnerability)도 갖는 시기로 보고 당사국들이 청소년기의 긍정적 발달에 초점을 두고, 이 특별한 삶의 시기가 갖는 가치와 기회를 고려하는 것을 강조한다. 당사국이 청소년인권을 보장하고 그들의 발달을 지지하는 최적의 환경을 창출하는 것이 중요하다고 본다. 이것은 그들로 하여금 자신들이 가진 가족, 지역사회, 국가를 위한 변화의 원동력(agents of change)으로서의 의미와 긍정적인 기여를 할 수 있는 잠재력을 지닌 핵심 자산이자 자원으로 인식하게 해준다. 전 세계적으로 청소년들은 보건 및 교육 캠페인, 가족 지원, 또래 교육, 지역사회 개발 이니셔티브, 참여 예산(participatory budgeting) 및 창의 예술(creative arts)을 비롯한 다양한 영역에서 긍정적으로 참여하고 평화, 인권, 환경적 지속가능성(sustainability) 및 기후 정의(climate justice)에 기여한다. 많은 청소년들이 교육, 문화 및 소셜 네트워크에서 점점 더 중심적인 역할을 하는 디지털 및 소셜 미디어 환경의 최첨단(at the cutting edge)에 서 있으며 정치 참여 및 모니터링 책임성 측면에서 잠재력을 지니고 있다(일반논평 20호 2항).

또한 유엔아동권리위원회는 당사국들이 청소년들이 권리를 향유하기 위해 필요한 조치를 인식하거나 투자하지 않기 때문에 청소년의 잠재력이 널리 개발되고 있지 못하고 있음을(widerly compromised) 확인한다. 연령, 성별 및 장애에 따라 분류된 데이터는 대부분의 국가에서는 활용이 어렵고 청소년들에게 정책을 알리고 격차를 확인하며 적절한 자원 배분을 지원하는 데 사용되지 못하고 있다. 아동이나 청소년을 대상으로 한 일반적인 정책은 청소년의 다양성에 대처하지 못하고 권리 실현을 보장하기에 부적절하다. 무조치(inaction)와 실패의 비용은 크다. 정서적 안전, 건강, 섹슈얼리티(sexuality), 교육, 기술, 레질리언스(resilience)와 권리에 대한 이해 등의 여러 측면에서 청소년기에 정립된 기초는 개인의 최적 개발(optimum development)뿐만 아니라 현재와 미래의 사회적·경제적 발전을 위해서도 중요한 의미(profound implications)들을 갖는다(일반논평 20호 3항).

이러한 인식을 바탕으로 유엔아동권리위원회는 유엔아동권리협약을 청소년기에 적용하는 것과 관련한 일반논평 20호의 목적을 다음과 같이 제시한다.

① 각국에 권리의 실현과 일치하는 포괄적인 청소년 발달(youth development)을 촉진시키는 데 필요한 법률, 정책 및 서비스에 관한 지침을 제공한다.
② 청소년기가 갖는 기회와 직면하는 도전에 대한 인식을 제고한다.
③ 청소년의 진화하는 능력에 대한 이해와 존중을 강화하고 그들의 권리 실현을 위한 함의를 증진한다.
④ 청소년의 가시성(visibility)과 인식을 보다 증진시키고 그들이 삶의 과정에서 권리를 실현할 수 있도록 투자를 강화한다.

특히 유엔아동권리위원회에서는 청소년인권에 관심을 가져야 하는 이유로 ① 청소년 시기가 생애과정의 한 부분임을 인식하고, ② 도전적 환경 속에 살고 있으며, ③ 건강의 위험부담을 갖는 시기라는 세 가지 점을 강조한다. 첫째, 청소년기는 생애과정의 한 시기임을 인식한다(recognizing adolescence as part of the life course). 어린 시절에 모든 어린이가 최적으로 발달되도록 하기 위해서는 각 단계의 삶이 미치는 영향을 알아야 한다. 청소년기는 소아기의 귀중한 시기이지만 생활의 기회를 개선하기 위한 전환기와 기회의 중요한 시기이기도 하다. 긍정적인 조기 아동 개입과 경험은 어린 자녀가 청소년이 될 때 최적의 발달을 촉진한다. 그러나 젊은이들에 대한 투자는 청소년기의 권리에도 적절한 주의를 기울이지 않으면 낭비될 위험이 있다. 또한 청소년기에 긍정적인 도움을 받을 수 있는 기회는 어린 시절의 고통으로 인한 결과를 상쇄하고 미래의 피해를 줄이기 위해 회복력을 구축하는 데 사용될 수 있다. 그러므로 위원회는 생명과정 관점의 중요성을 강조한다(일반논평 20호 11항).

둘째, 청소년기는 도전적인 환경 속에 사는 시기이다(challenge environment). 청소년기에 도달하는 것은 물질 사용 및 중독, 폭력 및 학대, 성적 또는 경제적 착취, 인신매매, 이주, 급진주의 또는 갱단 또는 민병대로의 채용을 포함하여 디지털환경에 의해 강화되거나 악화된 다양한 위험에 노출될 수 있음을 의미한다. 청소년들이 성인이 되면 어른들과 마찬가지로 빈곤과 불평등, 차별, 기후 변화와 환경 파괴, 도시화와 이주, 고령화 사회, 학교에서의 수행 및 안보 위기의 고조 등의 지역적이고 세계적인 도전 과제를 해결할 수 있도록 적절한 교육과 지원을 제공하는 것이 필요하다. 세계 이주의 증가에 따라 보다 다양한 이질적 상황과 다민족 사회를 살아가기 위한 이해와 관용, 공존을 위한 더 많은 역량이 필요하다. 이러한 어려움을 극복하거나 완화하고 청소년을 배제하고 소외시키는 사회적 요인을 해결하는 도전과 변화하는 사회적, 경제적 및 디지털 환경에 직면할 수 있도록 청소년들의 역량 강화를 위한 투자가 필요하다(일반논평 20호 12항).

셋째, 청소년기는 건강의 위험부담을 갖는 시기이다(period of health risks). 청소년기는 일반적으로 다른 연령 집단에 비해 사망률이 상대적으로 낮다는 특징이 있지만 출산, 안전하지 않은 낙태, 도로 교통사고, 성병과 같은 예방 가능한 원인을 포함하여 사망과 질병을 경험할 수 있는 현실이다. 이 밖에 HIV, 대인관계 부상, 정신 건강 및 자살 등 위험이 되는 모든 것은 특정 행동과 관련되어 있으며 이를 해결하기 위한 부문 간 협력이 필요하다(일반논평 20호 13항).

2) 아동권리협약의 핵심 원칙과 청소년인권

유엔아동권리협약에서는 일반원칙으로 비차별(제2조), 아동 최상의 이익(제3조). 생명, 생존, 발달(제6조), 피표명권(제12조) 등을 제시하고 있다. 청소년기 권리에 대한 일반논평에서도 “협약의 일반원칙은 이행 과정을 검토해야 하는 렌즈를 제공하고 청소년기 권리 실현을 보장하는 데 필요한 조치를 결정하기 위한 가이드 역할을 한다”(제14항)고 명시한다. 따라서 이들 조항은 청소년기에도 적용될 수 있으며, 발달권(right to development), 비차별(non-discrimination), 최상의 이익(best interests) 및 의견청취권과 참여권(right to be heard and to participation)을 강조하고 있다.

(1) 발달권(right to development)

협약의 일반원칙을 청소년기에 적용함에 있어 발달권은 "적극적이고 총체적인 접근(positive and holistic approach)"과 "진화하는 능력의 존중(respect for evolving capacities)"이라는 두 가지로 구분하여 설명하고 있다. 우선 발달권은 유엔아동권리협약의 제6조와 관련된다. 제6조는 아동의 생명, 생존 및 발달권을 포함한다. 당사국은 아동의 생존, 성장 및 발달을 보장하는 의무를 진다. 청소년기는 다른 연령 집단에 비해 낮은 사망률을 보이지만, 출생 시의 합병증(complications), 도로 교통사고, HIV/AIDS, 자살 등과 같은 사망으로 이끄는 예방 가능한 원인들이 있다. 당사국들은 이러한 것을 찾아내고 청소년들을 충분히 보호하기 위한 적절한 조치들을 반드시 취해야 한다(Stamm & Striek, 2017).

① 적극적이고 총체적인 접근(positive and holistic approach)

유엔아동권리위원회는 발달권을 강조한다(제6조). 여기에서는 청소년들의 레질리언스와 건강한 발달을 위한 특정 요인들을 핵심으로 본다. 이들 중에는 우정을 형성하고 지속하는 기회뿐만 아니라, 핵심 성인들과의 강한 관계성, 문제 해결과 대처 기술, 안전하고 건강한 지역 환경 및 개인성에 대한 존중 등이 포함된다. 유엔아동권리위원회는 "청소년기와 그와 관련한 아동기의 긍정적 발달 단계로서의 특성을 값지게 보는 것의 중요성을 강조한다. 청소년기를 그들의 인권을 보장하는 최적의 환경을 마련하고 신체적, 심리적, 영적, 사회적, 정서적, 인지적, 문화적, 경제적 능력의 발달을 지지하는 것보다는 오히려 좁은 문제 중심(problem-focused)의 개입과 서비스로 나아가도록 부정적으로 특징화하는(negative characterization)하는 것이 만연한 점에 유감을 갖는다"(일반논평 20호 15항).

그리하여 "국가는 비국가 행위자와 함께 청소년과의 대화와 참여를 통해 청소년기의 본질적 가치를 인정하는 환경을 증진하고 그들이 번영하고(thrive), 정체성 형성(emerging identities), 신념, 섹슈얼리티 및 기회를 탐색하며, 위험부담과 안전의 균형을 이루어 자유롭고, 정보에 입각한 긍정적인 결정과 삶의 선택을 할 수 있는 역량을 구축함으로써, 성인기로의 전환을 성공적으로 이끌어

내도록 돕는 조치들(measures)을 조성해야 한다. 이러한 조성은 강점(strengths)에 입각해야 하며, 청소년들이 자신의 삶과 다른 사람들의 삶에 가져올 수 있는 공헌을 인정하면서, 그러한 기회를 저해하는 장벽에 대처하는 접근 방식(approach)이어야 한다"(일반논평 20호 16항).

유엔아동권리위원회는 청소년의 레질리언스와 건강한 발달을 증진시키는 것으로 알려진 요소를 (a) 주요 성인과의 강한 관계와 그들의 삶에서의 지원, (b) 참여 및 의사결정 기회, (c) 문제 해결 및 대처 기술, (d) 안전하고 건강한 지역 환경, (e) 개성에 대한 존중, 그리고 (f) 우정을 쌓고 유지할 기회 등으로 제시하고 있다. 유엔아동권리위원회는 청소년들이 사회 자산을 만들고 그로부터 이익을 얻을 수 있는 기회가 신체적·정신적 건강을 유지하고 위험한 행동을 피하며 역경에서 회복하고 학교에서 성공하며, 관용성을 갖고, 우정을 쌓고, 지도력을 함양하는 것 등을 포함하여 자신들의 권리 실현에 기여할 수 있는 능력을 향상시킬 것이라고 강조한다(일반논평 20호 17항).

② **진화하는 능력의 존중**(respect for evolving capacities)

유엔아동권리협약의 제5조는 부모의 지도와 편달에 초점을 둔다. 일반논평에서는 아동의 점진하는 능력을 고려한다는 것이 무엇을 의미하는지를 설명한다. 아동이 더 많이 알고 이해할 수 있게 될수록 견해도 발달하며, 부모는 역량을 아동에게 더 많이 전하게 된다고 본다(일반논평 20호 18항).

유엔아동권리위원회는 또한 책임 수준을 높이는 권리가 국가의 보호 의무를 면제하지 못한다는 점을 강조한다. 상대적으로 경험과 힘이 부족한 상황에서 가족이나 다른 양육 환경에 의한 보호가 조금씩 이루어진다면(gradual emergence) 청소년은 자신의 권리를 침해당하기 쉽다. 따라서 청소년들이 잠재적 위험을 식별하고 이를 완화할 프로그램을 개발하고 시행함으로써 보다 효과적인 보호를 유도할 것을 강조했다. 의견제공권을 보장받고, 권리 침해에 도전하고 구제책을 찾음으로써 청소년들은 자신의 보호하에 점진적으로 대리권(agency)을 행사할 수 있다(일반논평 20호 19항).

청소년의 진화 능력에 대한 존중과 적절한 보호 수준 사이의 균형을 유지하고자 할 때, 관련된 위험의 수준, 착취의 가능성, 청소년 발달과 역량에 대한 이해가 모든 분야에서 반드시 같은 속도로 똑같이 발달하지 못한다는 것을 인식해야 하고 개인의 경험과 역량에 대한 인식 등을 포함하여 의사결정에 영향을 미치는 다양한 요인을 고려해야 한다(일반논평 20호 20항).

(2) 비차별(non-discrimination)

비차별의 원칙은 유엔아동권리협약 제2조에서 규정하고 있으며, 모든 청소년들을 포함한다. 위원회가 지적하고 있듯이 청소년들이 위험하거나 적대적으로 취급되는 경우 청소년기 그 자체가 차별의 원천이 될 수 있다. 당사국들은 직접적이거나 간접적인 차별을 초래하는 조건들을 제거하거나 무력화시키기 위해 적극적 우대조치(affirmative action)를 취하도록 촉구한다(Stamm & Striek, 2017). 유엔아동권리위원회는 "역설적이게도 청소년들은 종종 무능하고 자신의 삶에 대한 결정을 내릴 수 없는 것으로 취급된다. 위원회는 모든 청소년의 권리가 평등한 존중과 보호를 받을 수 있도록 보장하고 포괄적이고 적절한 차별 철폐 조치가 모든 집단에 대해 직접 또는 간접 차별을 초래하는 조건을 줄이거나 없애기 위해 도입되도록 촉구한다"(일반논평 20호 21항).

(3) 최상의 이익(best interests)

최상의 이익은 유엔아동권리협약의 제3조와 관련된다. 이것은 해석적, 법적 원칙이면서도 본질적 권리로서 이해되어야 한다. 청소년의 삶에 영향을 주는 조치들이 이루어지게 될 때면 언제나 그들의 최상의 이익을 고려해야 한다. 이것은 예컨대, 청소년의 최상의 이익을 중심으로 입법, 정책, 경제적 사회적 계획과 예산 결정 등에 관심을 갖는 것이다 그래서 "최상의 이익이 모든 행동에서 주요 고려 사항이 되도록 보장하는 절차를 따라야 한다". 유엔아동권리위원회는 최선의 이익을 결정할 때 청소년의 견해를 고려해야 한다고 강조한다. 그들의 진화하는 능력과 일치하고 청소년의 특성을 고려해야 한다. 당사국은 청소년들이 이해와 성숙을 얻을 때 청소년의 견해에 적절한 무게가 주어지도록 보장해야 한다(일반논평 20호 22항).

(4) 의견청취권과 참여권(right to be heard and to participation)

의견청취권과 참여권은 유엔아동권리협약의 제12조와 조화를 이루어, 아동의 견해는 반드시 청취해야 하며, 그들의 모든 관심사에 대해 고려하여야 한다는 내용을 가진다. 그들의 견해는 연령과 성숙 정도에 따라, 예컨대 그들의 교육, 건강, 성, 가족 생활 및 사법적, 행정적 절차와 관련한 의사결정에서 동일한 비중이 주어져야 한다(Stamm & Striek, 2017).

① 의견청취권(right to be heard)

유엔아동권리위원회는 "당사국은 협약 제12조에 따라 청소년의 연령 및 성숙도에 따라 관심 있는 모든 문제에 대해 의견을 표명할 권리를 보장하고 청소년들에게 적정한 비중(due weight)을 제공할 수 있는 조치를 취해야 한다. 교육, 건강, 성, 가정 생활 및 사법 및 행정 절차와 관련한 결정에 있어 각국은 청소년들이 학교, 지역사회, 국가 및 국제 수준에서 자신의 삶에 영향을 미치는 모든 관련 법규, 정책, 서비스 및 프로그램의 개발, 실행 및 모니터링에 참여하도록 해야 한다. 온라인 환경은 참여를 강화하고 확장하기 위한 중요한 새로운 기회를 제공한다. 이 조치는 청소년이 제기한 청구를 판결할 권한과 보조금 또는 무료 법률 서비스 및 기타 적절한 지원을 받을 수 있는 안전하고 접근 가능한 불만 및 구제 수단의 도입을 수반해야 한다고 규정하였다(일반논평 20호 23항).

② 참여권(right to participation)

모든 청소년들은 자신의 지역사회에서 활발하게 참여하는 것은 대단히 중요한 일이다. 이것은 정치적 참여와 시민적 관여의 하나의 수단이다. 이를 통해 청소년들은 자신의 권리의 실현을 옹호할 수 있는 것이다. 참여를 통해 청소년들은 또한 국가가 책임이 있음을 안다. 청소년의 의미 있는 참여를 위해서는 수많은 질적 필요조건들이 충족될 필요가 있다. 청소년들이 참여하는 과정은 청소년친화적이 되고 그들의 필요와 경험에 관련될 필요가 있다(Stamm & Striek, 2017).

유엔아동권리위원회는 각국이 적극적인 시민권 개발에 도움이 되는 정치 참여 기회를 늘리는 정책을 채택해야 한다고 본다. 청소년이 동료와 연결되고 정치 프로세스에 참여할 때 정보에 입각한 의사결정과 선택을 할 수 있는 활력감(sense of agency)을 높일 수 있으므로 디지털 매체를 비롯한 다양한 수단에 참여할 수 있는 조직을 형성하도록 지원해야 한다. 국가가 투표 연령을 18세 이하로 낮추기로 결정한 경우 청소년이 시민권 및 인권 교육을 통한 적극적인 시민으로서의 역할을 이해하고 인식하고 이행할 수 있도록 지원하고 청소년의 참여 및 장애에 대한 장벽을 파악하고 해결해야 한다고 규정한다(일반논평 20호 24항).

유엔아동권리위원회는 또한 청소년들의 참여 권리에 대한 성인의 이해와 인식은 청소년들이 그 권리를 향유하는 데 중요하며, 특히 청소년, 정책입안자 및 의사결정자에게 부모와 양육전문가들, 함께 일하는 관련 전문가들의 훈련과 인식 증진에 투자할 것을 권장한다. 성인이 멘토와 촉진자가 되어 청소년들이 자신의 삶과 주변 사람들의 삶에 더 큰 책임을 질 수 있도록 지원해야 한다고 제시한다(일반논평 20호 25항).

4. 청소년기 성숙의 중요성과 당사국의 책임과 의무

1) 청소년인권을 위한 성숙의 중요성

유엔아동권리협약의 중요한 특징은 어떤 권리의 행사는 역량 발달에 따라 부모로부터 아동에게 옮겨간다는 의미에서(유엔아동권리협약 제5조) 아동의 자율성 성장을 인정하고 있는 점이다. 당사국은 최소 법적 연령 제한을 소개하도록 격려된다. 이러한 연령제한은 경직되어서는 안 되며 제한 연령 아래에 있는 아동들에게 적용하도록 되어야 하지만 충분한 이해를 함께 제시할 수 있어야 한다. 예를 들면, 중요한 이슈의 하나로 건강 서비스에 대한 동의를 들 수 있다. 실천가들은 청소년 환자들로부터 이해받을 수 있는 소통양식을 개발해야 한다. 이것은 그들에게 정보를 알고 결정할 수 있도록 해준다(Stamm & Striek, 2017).

당사국은 또한 18세라는 제한 연령이 엄격하게 적용되어야 하는 어떤 영역들이 있다는 점을 상기해야 한다. 여기에는 결혼, 음주와 흡연, 무장군인 충원 등이 포함된다. 위험하고 착취적인 일은 근본적인 인권 문제이며 18세 미만의 모든 아동에게 금지되어야 한다. 이러한 것들은 유엔아동권리협약이 보장하는 보호가 중요하다는 것을 보여주고 있으며 당사국들이 연령 제한을 낮춤으로써 약화시키지 않아야 하는 모든 이슈들이다.

청소년은 자신의 작고 큰 삶의 선택에 관한 책임이 증가하는 수준을 연습하도록 격려되어야 한다. 경험 부족과 권력 결여는 청소년들로 하여금 자신의 권리를 침해받도록 한다. 청소년들은 잠재적 위험과 취약성을 제거하는 프로그램의 개발뿐만 아니라 그것을 찾아내는 과정에 참여해야 한다. 이러한 목적은 점진하는 청소년들의 역량에 대한 존중과 보호의 수준과 적절한 균형을 이루어야 한다. 청소년들은 의견을 청취하는 피청취권이 보장될 때 자신을 보호하는 활력을 실행할 수 있게 된다. 따라서 청소년들이 권리 침해에 도전하고 구제될 수 있도록 해야 한다는 것이다(Stamm & Striek, 2017).

2) 청소년기 인권을 위한 당사국의 책임과 의무

유엔아동권리위원회는 일반논평을 통해 당사국의 책임과 당사국의 의무에 대해 다음과 같은 핵심권고를 제시하고 있다. 먼저, 당사국의 책임과 관련하여서 다음과 같은 몇 가지를 강조하고 있다.

① 청소년들이 직면하는 권리 위반과 관련한 구조적인 사회적, 경제적 토대인 종합적 국가전략을 개발하고,

② 청소년들이 당면하는 권리와 욕구를 보장하기 위한 실행을 모니터링하고,

③ 청소년들의 삶을 지지해 주는 분산된 데이터들을 수집하고,

④ 경쟁하는 소비 우선순위를 균형 잡을 때 아동 최상의 이익을 기본적으로 고려한다는 점을 보장해 주는 투명한 예산과정을 수립하고,

⑤ 아동과 청소년과 함께 일하고 그들을 위해 일하는 전문가들을 훈련하고,

⑥ 협약에 관한 접근 가능한 정보의 보급과 한계적 상황에 있는 청소년들에게 미치는 특별한 노력과 이러한 권리를 행사하는 방법, 그리고

⑦ 미래 보건 정책, 프로그램 및 공공 보건 전략을 위한 기반으로서 청소년의 건강문제의 본질과 정도를 검토하고,

⑧ 아동과 청소년을 특별히 취약한 상황에서 보호하기 위해 고안된 두 개의 선택 의정서인 '아동의 군사갈등 개입에 관한 선택 의정서'와 '아동 판매, 아동 매매춘, 아동 포르노그라피에 관한 선택 의정서'를 비준하는 것이다.

다음으로 유엔아동권리위원회는 일반논평을 통해 당사국의 의무에 대해서 다음과 같은 내용을 강조하고 있다.

① 모든 청소년인권에 대한 약속(commitment)의 중심에는 그들의 고결성과 활력(agency), 임파워먼트와 적극적 참여 및 최적의 건강, 웰빙 및 발달의 증진 등에 대한 인정과 존중이 있어야 한다.

② 청소년들이 교육을 중단하지 않도록 하고, 교육에서의 출석을 개선하고 조기 학교 탈락을 감소시키는 것을 어렵게 하는 모든 요인들에 대응하는 종합적이고 적극적인 조치를 안내하고,

③ 청소년들과 그 가족에게 기초 소득 보장, 경제적 쇼크 보호 및 건강 돌봄에 대한 접근과 다른 사회보장 조치들을 제공하는 사회적 보호 장치(floors)를 만들고,

④ 모든 유형의 폭력을 종식시키는 종합적 조치를 소개한다. 예방과 보호를 동시에 제공하는 프로그램을 고안하는 데 청소년을 개입시킨다. 그리고

⑤ 이주민과 망명 추구자들은 특별히 취약하다. 이들은 범법자가 되거나 억류되지 않아야 한다.

3) 유엔아동권리협약의 청소년기 적용의 의미

유엔아동권리협약은 아동과 청소년의 '마그나 카르타(Magna Carta)'라고 불린다. 청소년의 피부양적 지위, 정치적, 민주주의적 과정에서의 목소리의 결여, 초기 박탈과 권리 위반이 전 생애에 미치는 영향 등은 아동과 청소년이 구체적인 권리와 보호가 필요한 존재임을 말해준다. 유엔아동권리위원회는 청소년시기가 아동과 다른 특징을 가진다고 보고 아동권리협약을 청소년에 적용하는 것을 주요 내용으로 한 일반논평 20호를 발표하였다. 그 핵심적 권고내용은 청소년발달을 위해 협력하는 당사국의 실천가들에게 도움이 되는 조언을 제공하는 것이었다.

그러나 일반논평 20호의 가치는 청소년기라는 명시적인 용어를 통해 그들에게 필요한 인권의 내용과 기존의 유엔아동권리협약을 청소년에게 적용하는 데 따른 유의사항들을 규정하고 있다는 점에서 중요한 의미를 갖는다. 즉, 청소년에 대한 긍정적 접근과 지역사회에서의 역할을 강조하고 있으며, 강점에 입각하여 구축되는 접근법을 필요로 한다는 점을 명시하였다. 또한 다수의 청소년들은 상당한 역경을 가지고 있으며, 빈곤, 경제적 쇼크 및 가족 상황은 청소년들이 힘든 선택을 하도록 강요하고 있음도 알 수 있다.

이러한 도전들에도 불구하고 유엔아동권리협약의 내용은 많은 청소년들이 가족과 지역사회의 지지를 통해 성공적으로 성인기로 이행할 수 있다는 점을 설명하고 있다는 점에서 청소년기의 구체적인 적용 가능성을 제시하는 주요한 시사점을 갖는 것으로 평가된다.

CHAPTER

04 청소년인권의 범주와 유형

인권은 역사적 발전과정을 통하여 다양한 형태로 제시되어 왔으며 아동인권과 구분되는 청소년인권의 내용도 그러한 과정 속에서 함께 형성되어 왔다. 인권은 국제조약이나 국제적 선언에서 폭넓게 규정하고 있으며, 유엔에서는 아동권리협약의 내용을 청소년기에 적용하는 것에 대한 검토가 있었고 청소년기에 특성에 맞게 원용하는 내용의 일반논평 20호를 발표하였다. 유엔아동권리협약은 제1부의 실제적 권리에 관한 규정을 통해 크게는 총체적인 이행방법과 관련한 일반원칙, 시민적 권리와 자유, 가정환경과 부모의 보호, 기초보건과 복지, 교육·여가 및 문화적 활동, 그리고 특별한 보호 조치 등의 영역으로 구성되어 있음을 확인할 수 있다.

여기에서는 청소년인권의 종류와 유형을 이해하기 위해 아동인권에 대해 그동안 제시되어 왔던 다양한 분류방법들을 고찰하고 유엔아동권리협약의 주요 내용을 중심으로 권리영역을 구분하고, 그 내용을 청소년기에 적용하는 것을 중심으로 소개하기로 한다. 인권의 내용에 어떤 것이 포함되는가는 다양한 견해가 존재하며, 어떤 하나의 견해가 절대적인 것이라고 평가하기 어렵다(신정은, 2012). 그러나 청소년인권의 영역을 설정하는 것은 청소년인권에 대한 기본적 이해는 물론, 인권의 내용을 어떻게 실제로 적용할 것인지에 대해 단초를 제공해 준다는 점에서도 매우 중요한 의미를 가진다.

1. 청소년인권의 영역구성

청소년인권의 구성과 내용은 역사적 산물이라는 점에서 청소년인권에 대한 최초의 국제적 문서인 '제네바 선언'에서 청소년인권에 대한 기본적 내용을 살펴볼 수 있다. 그 이후의 역사적 발전은 인권의 내용이 대상별, 영역별, 분야별로 점차 풍부해지고 보다 확고해지는 과정이라는 의미를 갖는다. 제네바 선언은 먼저 전문에서 "아동은 최선의 것을 받아야 한다"고 규정하고 있으며, 본문에는 다음과 같은 규정이 포함되어 있다.

- 아동은 신체적·정신적으로 정상적 발달에 필요한 여러 수단을 가져야 한다(제1조).
- 굶주린 아동은 음식, 병을 앓고 있는 아동은 치료, 발달이 늦은 아동은 도움을 받아야 하고, 비행을 저지른 아동은 갱생되고, 고아와 부랑아는 주거를 얻고 도움을 받아야 한다(제2조).
- 아동은 위험한 때에는 먼저 구제를 받아야 한다(제3조).
- 아동은 생계를 세울 수 있는 지위에 놓이고, 또한 모든 형태의 착취로부터 보호되어야 한다(제4조).
- 아동은 그 재능을 인류 동포에게 봉사하기 위하여 기여하여야 한다는 자각 밑에서 육성되어야 한다(제5조).

제네바 선언은 기본적으로 아동을 권리의 주체로서보다도 불우한 조건하에 있는 아동에게 특별한 보호를 해야 한다는 시혜적 성격을 가졌다는 점에서 아동의 권리를 적극적으로 주장했다기보다는 소득, 보건, 교육, 주거, 고용 등에서 사회적 욕구가 있는 아동과, 사회문제를 일으키는 아동을 적극 보호할 필요가 있음을 규정한 것으로 본다(정태수, 1991; 길은배, 2001).

아동과 청소년의 권리는 세계인권선언의 구성내용을 반영한다고 볼 수 있는데, 모든 인간의 권리를 규정한 것이므로 아동과 청소년을 포함하는 것으로 볼 수 있다. 세계인권선언(The Universal Declaration of Human Rights)은 '인권(human rights)'이라는 용어를 사용한 첫 번째 국제적 성명서이며, 짧은 내용이지만 전체적으로는 총 50개 인권적 내용이 제시되어 있다(Fletcher, 2016).

전문을 통해서는 인간의 존엄과 권리가 세계의 자유·정의 및 평화의 기초라는 것, 인권의 무시와 경멸이 야만 행위를 가져오고, 언론·신앙의 자유가 있고 공포와 결핍이 없는 세계가 사람들의 최고 소원이라는 것, 법의 지배로 인권을 보장한다는 것, 국민 간의 우호관계의 발전, 기본적 인권·인간의 존엄과 가치 및 남녀의 동등한 권리, 생활수준의 향상, 인권 빛 기본적 자유의 존중, 권리와 자유에 대한 공통의 이해, 세계인권선언의 지도·교육 및 점진적 조치 등이 선언되어 있다.

본문 30개 조항은 크게 자유권적 기본권(제1~21조)과 사회권적 기본권(제22~30조)으로 구성되어 있다. 첫째, 자유권적 기본권에는 자유·평등(제1조), 차별금지(제2조), 생명·자유·신체의 안전(제3조), 노예·고역의 금지(제4조), 고문·잔학한 처우·형벌의 금지(제5조), 사람으로 인정받을 권리(제6조), 법 앞의 평등(제7조), 기본권의 침해 구제(제8조), 인신의 보호(제9조), 공개 재판(제10조), 죄형법정주의(제11조), 프라이버시 등의 보호(제12조), 이전·거주의 자유(제13조), 피난권(제14조), 국적을 가질 권리(제15조), 혼인·가정을 가질 권리(제16조), 재산소유권(제17조), 사상·양심·종교의 자유(제18조), 표현의 자유(제19조), 집회·결사의 자유(제20조), 참정권(제21조) 등이 있다. 둘째, 사회권적 기본권에는 사회보장권(제22조), 노동권(제23조), 휴식·여가권(제24조), 생활보호·모자보호(제25조), 교육권(제26조), 문화생활권(제27조), 권리·자유를 실현하는 질서의 권리(제28조), 타인의 권리·자유의 존중과 권리의 제한(제29조), 권리·자유의 파괴 금지(제30조) 등이 있다.

아동과 청소년의 권리는 세계인권선언 이후 '아동의 권리 선언'에 의해서 강조되었다. 이 선언의 전문은 모두 6개 단락으로 되어 있는데, 유엔헌장의 기본 원칙(제1단락), 세계인권선언의 정신 확인(제2단락), 신체적·정신적으로 미숙한 아동의 법률상 특별 보호(제3단락), 특별보호에 대한 국제적 선언과 국제기구의 규약에 의한 인정(제4단락), 아동에 대한 최선의 의무(제5단락), 모든 개인과 집단의 아동권리의 인식과 준수를 위한 노력(제6단락) 등을 포함하고 있다. 본문은 모든 아동의 차별금지(제1조), 아동의 최선의 이익(제2조), 성명과 국적을 가질 권리(제3조), 사회보장의 혜택을 받을 권리(제4조), 장애아동의 특별한 치료・교육・보호(제5조), 가정보호와 가정이 없는 아동의 특별보호(제6조), 교육을 받을 권리(제7조), 가장 먼저 보호와 구제를 받을 권리(제8조), 모든 형태의 학대와 연소고용의 금지(제9조), 모든 형태의 차별적 관행으로부터의 보호(제10조) 등을 규정하였다. 제네바 선언과 비교하면, 아동의 권리 선언에서는 아동의 권리가 매우 구체적으로 정리되고, 아동의 '최상의 이익'을 보장하기 위한 '법률제정'을 강조하였다는 점에서 큰 의의를 찾을 수 있다. 또한 선언의 심의과정에서 논의된 많은 사항들이 이후 '유엔아동권리협약'에서 실현되었다.

2. 청소년인권의 범주와 4대 영역

1) 청소년인권의 범주

아동과 청소년인권은 모든 인권을 수용하고 있는 헌법 기본권의 분류에 따라서 적용할 수 있다. 우리나라의 헌법상 기본권 중에서 아동의 인권 역시 인간의 존엄과 가치 및 행복추구권을 토대로 하여 자유권(재산권 포함), 평등권(헌법 제11조)과 사회권으로 구성된다고 볼 수 있다. 자유권은 우선 신체의 자유권(헌법 제12조)을 기본으로 하여 자유권 제반(헌법 제13~23조)이 인정된다. 사회권은 교육받을 권리(헌법 제31조), 근로의 권리(헌법 제32조), 인간다운 생활을 할 권리(헌법 제34조 제1항), 환경권(헌법 제35조 제1항 및 제2항), 주거권(헌법 제35조 제3항), 가정 및 모성보호, 건강권(헌법 제36조) 등이 포함될 것이다.

청소년인권은 기회, 자유, 권리와 책임 등을 포함한다. 우리 모두가 공유하는 사회의 점진하는 본질(evolving nature)뿐만 아니라 청소년의 점진하는 역량(evolving capacities)을 인정한다는 점에서 아동인권과는 다르다. 플레처(Fletcher, 2016)는 전통적으로 옹호해 온 청소년권리의 영역으로 다음과 같은 세 가지 범주를 제시한다. 첫째는 제공(provision)과 관련한 인권으로 음식, 의복, 보금자리, 교육 등과 같은 특별한 것에 대한 청소년의 접근을 보장하는 것이다. 둘째는 보호(protection)와 관련한 것으로 청소년들이 신체적, 정신적, 심리적 학대를 포함하는 학대로부터 안전하도록 한다. 셋째는 참여(participation)에 관련한 인권으로 청소년에게 사회 전반을 통해 자신들에게 영향을 미치는 의사결정을 하고 이끌고 평가하며 비판하는 기회를 제공한다.

청소년인권은 또한 소극적 자유권, 적극적 자유권, 평등권, 복지권, 자기결정권 및 참여권으로 분류하기도 한다(이혜원 외, 2008). 첫째, 소극적 자유권은 자신이 하려는 바를 행하는데 타인으로부터 방해나 침해를 받지 않을 권리를 의미하며, 이는 모든 권리의 향유와 행사의 초석이 된다는 점에서 존중될 필요가 있다. 한 인간이 하고자 하는 일을 하는 데 필요한 제반 조건이 방해 받는다면 그 일을 할 수 없게 되기 때문이다. 동료 청소년으로부터 폭력을 당하는 일이나 주변인으로부터 폭력을 당하는 일 등과 같은 인권침해의 문제는 일차적으로 청소년의 소극적 자유권과 관련되는 문제이다.

둘째, 적극적 자유권은 청소년이 스스로 선택하고 계획한 현재와 미래의 삶에 요구되는 일체의 것을 자율적으로 판단해 영위하는 권리와 그러한 삶을 계획할 권리 등을 총칭한다. 여기에서는 적극적인 행동의 자유, 학문의 자유, 표현의 자유, 집회 및 결사의 자유가 해당한다.

셋째, 평등권은 모든 청소년을 평등하게 대우해야 하며 평등을 저해하는 일체의 차별에서 보호해야 한다는 의미이다. 부모의 사회적, 경제적 지위에 따른 차별을 받지 않을 권리, 교육상의 동등한 대우를 받을 권리, 동등한 공교육을 받을 권리, 동등한 교육상의 기회에 접근할 권리, 성으로 인한 차별을 받지 않을 권리, 신체적 사유로 인한 차별을 받지 않을 권리, 학업부진으로 인한 교육기회를 박탈당하지 않을 권리 등 매우 포괄적인 내용을 포함한다.

넷째, 복지권은 최소한의 생활을 보장받을 권리뿐만 아니라 장애아동, 소수민·원주민아동 등이 처한 특정의 결핍상태에서 벗어날 수 있는 권리를 의미한다.

다섯째, 자기결정권은 행복추구권과 관련된 중요한 권리이며, 참여권은 자기결정권의 또 다른 표현으로 본다.

한편 국내의 주요 청소년인권과 관련한 연구에서는 유엔아동권리협약과 관련하여 8개 영역으로 구분하거나 생존권, 보호권, 발달권, 참여권 등의 4개 권리로 분류한 접근을 많이 찾아볼 수 있는데, 그중에서도 국내의 대표적인 분류는 유엔에서 주로 사용하고 있는 4대 권리영역에 따른 것으로 유엔아동권리협약이 담고 있는 내용을 생존권, 보호권, 발달권, 참여권으로 구분하여 이해한다(Limber & Flekkoy, 1995; 한국아동권리협회, 1998; 한국보건사회연구원, 2005). 이에 따라 여기에서는 먼저 유엔아동권리협약을 중심으로 4대 권리영역으로 구분한 내용을 고찰하기로 한다.

2) 유엔아동권리협약의 4대 권리영역

(1) 생존권

생존권(survival rights)은 기본적인 삶을 누리는 데 필요한 권리를 말한다. 적절한 생활수준을 누릴 권리, 안전한 주거지에서 살아갈 권리, 충분한 영양을 섭취하고, 기본적인 보건서비스를 받을 권리, 최상의 건강과 의료급여를 받을 권리 등 기본적인 삶을 누리는 데 필요한 권리를 포함한다. 유엔아동권리협약에서는 우선 "당사국은 모든 아동이 고유의 생명권을 가지고 있음을 인정한다"고 규정하고 있으며(제6조 제1항) 이를 전제로 가능한 한 최대한도로 아동의 생존과 발달을 보장할 것을 규정한다(제6조). 생존권에는 건강·의료에의 권리(제24조), 의료시설에서 치료받고 있는 아동에 대한 정기적인 심사(제25조), 사회보장에의 권리(제26조), 그리고 생활수준에의 권리(제27조) 등이 해당된다.

생존이란 "다른 모든 인권의 전제조건(prerequisite)"이다(Donnelly & Howard, 1988 : 217). 생존권은 생명권뿐만 아니라 적합한 생활수준을 누릴 권리와 건강 등 생명을 유지하는 권리들을 포함한다. 이 점에서 생존권은 시민적 인권은 물론 정치적 인권, 경제적 인권, 사회적 인권, 그리고 문화적 인권 등과도 불가분의 관계가 있다(LeBlanc, 1995). 다른 인권조약에 생존권(the right to survival)이라는 개념이 명시적으로 나타난 것을 찾기는 어렵다. 그러나 비슷한 의미를 지닌 생명권(the right to life)은 근본적인 인권의 하나로서 모든 시민적, 정치적 권리에 관한 보편적 또는 지역적 문서에서 찾아볼 수 있다. 생명권을 보장하는 가장 중요한 조항은 세계인권선언 제3조에서도 적시하고 있다. 그래서 생명권은 일반 국제법상의 이른바 강행법규(jus cogens)의 하나로 주장된다(Detrick, 1999). 아동과 청소년의 생명, 생존 및 발달에 관한 권리는 그들에 관한 모든 인권 가운데 가장 토대가 되는 것이다. 이에 유엔아동권리협약의 네 가지 일반 원칙의 하나로 규정되었다. 생명권에 대한 존중과 적절한 보호 및 이행 없이는 협약의 모든 여타 권리들도 의미가 없게 된다.

생존권을 별개의 하나의 조항으로 하자는 제안은 당시 너무나 많은 아동과 청소년들이 예방 가능한 원인으로 죽어가고 있다는 현실인식에 입각한 것이었다(Hodgson, 1994). 생존권에 대한 조항은 유엔아동권리협약 제정을 위한 실무협의 과정에서 "건강한 성장(healthy growth)"이라는 용어로 대체할 것이 주장되기도 했으며 일부 대표단들은 생존이라는 개념이 국제법에서 규정된 바 없다는 점에서 반대하기도 했다. 그렇지만 생존이라는 용어가 유엔의 상황에서는 특별한 의미를 갖는 것으로 받아들여졌고, 특히 세계보건기구(WHO)나 유니세프(UNICEF) 등의 유엔기구들에게는 더욱 의미있는 것으로 이해되었다. 성장이라는 용어는 생존이라는 개념의 일부만을 포함할 수 있으며 이미 받아들여지고 있는 여러 기준에서 한발 후퇴하는 것으로 논의되었다(Nowak, 2005). 더욱이 생명과 생존이란 개념은 상호배타적이 아니라 상호보완적인 것이라는 점에서 생명권에 관한 구체적 조항을 담게 된 것이다.

한편으로 생존권은 생명권보다 더 긍정적인 의미를 가지는 것으로 해석된다. 즉, 아동의 생명을 연장시키기 위한 긍정적인 조치를 취하는 권리를 의미하는 것이다. 이 점에서 생존은 성장 모니터링(monitoring), 질병 통제, 설사로 인한 탈수증 완화(oral rehydration), 모유수유(breastfeeding), 예방접종, 식량 및 여성 문맹 등을 포함한다. 유엔아동권리협약 제6조는 생존권의 의미를 가장 분명하게 규정하고 있는 조항이다. 그러나 유엔아동권리협약 제6조에 있는 생명권은 단순한 아동생존권 보호 차원을 훨씬 넘어서는 것으로 제6조에서 확인할 수 있는 이 원칙들은 협약의 다른 몇 개 조항으로 더욱 명료해지고 또 강화되고 있다. 이들 조항 중 일부(예컨대 사형선고를 내릴 수 있는가 여부)는 전통적으로 보면 생명권에 속하며 다른 조항들(예컨대 적합한 생활수준과 보건복지를 제공할 필요성)은 아동의 생존과 발전이라는 개념을 강조함으로써 확대된 개념이다.

〈표 4-1〉 아동권리협약의 생존권의 내용(조문)

제6조 생존과 성장의 권리
제7조 출생신고·성명·국적을 취득할 권리와 부모를 알고 보호받을 권리
제8조 신분을 보유할 권리
제9조 부모와 별거 당하지 않을 권리
제10조 외국에 있는 부모와의 만남을 유지하기 위한 출입국의 권리
제11조 해외로의 불법이송을 당하지 않을 권리
제18조 부모의 1차적 양육책임과 국가의 후원
제24조 건강 및 의료에 관한 권리
제39조 희생된 아동의 심신회복 및 사회복귀

생존권의 문제는 인간의 생명을 유지하기 위한 기본적인 욕구이자 권리이다. 모든 청소년들에게 중요하지만 청소년들이 처한 위기상황에 따라서 심각성의 정도는 차이가 있다. 특히 빈곤과 가출 등의 상황은 청소년의 기초적인 욕구 충족을 어렵게 하여 의식주, 보건·의료 등의 문제를 심각하게 발생시킨다. 집 없는 청소년과 가출 청소년들은 부적절한 숙식과 길거리 생활로 인하여 종종 심각한 건강문제를 겪는다. 노여움과 우울증 등의 정신장애뿐만 아니라 성과 관련한 질병 등도 발생하고 있다. 또한 빈곤은 인간에게 필요한 기본적인 의식주 생활을 불가능하게 하며 유해하고 불결한 환경에서 생활하도록 한다. 부적절한 영양 상태와 의료혜택의 부재로 인해 건강한 삶을 유지하기 어렵다.

(2) 보호권

보호권(protection rights)은 청소년이 모든 형태의 유해한 것으로부터 보호받을 권리를 말한다. 학대와 방임, 차별, 폭력, 고문, 징집, 부당한 형사처벌, 과도한 노동, 약물과 성폭력, 괴롭힘, 정서적 혹은 성적 학대, 전쟁 등으로부터 보호받을 권리 등이 해당한다. 유엔아동권리협약 제19조 제1항에는 "당사국은 아동이 부모, 법정후견인 또는 기타 아동 양육자의 양육을 받고 있는 동안 모든 형태의 신체적·정신적 폭력, 상해나 학대, 유기나 유기적 대우, 성적 학대를 포함한 혹사나 착취로부터 아동을 보호하기 위해 모든 적절한 입법적·행정적·사회적 및 교육적 조치를 취하여야 한다"라고 규정하고 있고, 그 외에도 '보호받을 권리'를 위한 여러 조항을 두고 있다. 부모에 의한 학대·방임·착취로부터의 보호(제19조), 경제적 착취·유해노동으로부터의 보호(제32조), 마약·향정신성 약으로부터의 보호(제33조), 성적 착취·학대로부터의 보호(제34조), 유괴·매춘·매매의 방지(제35조), 기타 모든 형태의 착취로부터의 보호(제36조), 자유를 빼앗긴 아동에 대한 적절한 보호(제37조), 소년사법에 관한 권리(제40조) 등을 포함한다.

유엔아동권리협약에서는 청소년의 성장을 위협하는 요인들과 이로 인해 청소년이 입게 되는 위기의 결과가 보호권의 내용으로 구성되어 있다. 청소년에 대한 위협요인들로 경제적 착취, 신체, 정서, 성학대, 방임과 유기, 전쟁, 혹사, 차별대우를 적시하고 있다. 이로 인하여 위법행위를 한 청소년, 돌봐주는 사람이 없는 청소년, 학대를 당하는 청소년, 성적 상품이 된 청소년, 거리의 청소년, 재난을 당한 청소년(전쟁, 자연재해로 인한 난민 아동) 등이 발달적 위기에 해당된다.

이 밖에도 유엔아동권리협약은 모든 형태의 차별이나 처벌로부터의 보호, 착취에 대한 보호, 위기와 응급상황에서의 보호 등을 광범위하게 규정하고 있다. 그러나 보호권의 개념이 광범위하여 오히려 이에 해당하는 청소년들이 많지 않아 청소년 보호권을 실제로 평가하기가 어렵다는 우려가 있다. 보호권 중 일부의 내용은 국가에 따라서는 전혀 해당되지 않기 때문에 대표성의 문제가 제기되기도 한다.

〈표 4-2〉 아동권리협약의 보호권의 내용(조문)

조문	내용
제16조	프라이버시의 보호
제19조	부모 등의 학대로부터의 보호
제20조	가족이 없는 아동의 보호
제21조	입양 시의 보호
제22조	난민아동의 보호 및 지원
제32조	경제적 착취와 유해한 노동으로부터의 보호
제33조	마약 등으로부터의 보호
제34조	성폭력 및 성적 학대로부터의 보호
제35조	아동유괴 및 매매 등의 방지
제36조	모든 형태의 착취로부터의 보호
제37조	고문·부당한 대우·부당한 처벌 등으로부터의 보호
제38조	무력충돌 시의 보호
제40조	형사절차상의 아동의 권리

(3) 발달권

발달권(development rights)은 아동의 가능성과 잠재능력을 최대한 발휘하는 데 필요한 권리를 말한다. 교육받을 권리, 여가를 즐길 권리, 문화생활을 하고 정보를 얻을 권리, 생각과 양심과 종교의 자유를 누릴 권리, 자유롭게 뛰어놀 수 있는 권리 등을 포함한다. 유엔아동권리협약은 또한 당사국들로 하여금 아동과 청소년의 긍정적 발달을 지지할 것을 격려하고 있다. 가족환경의 중요성에 대한 전문의 언급에 이어, 적합한 생활수준(제27조), 교육에의 권리(제28조, 제29조), 휴식·여가·문화적, 예술적 생활에의 참여권(제31조) 등이 있다. 잠재능력을 최대한 발휘하는 데 필요한 권리는 교육받을 권리, 여가를 즐길 권리, 문화생활을 하고 정보를 얻을 권리, 생각과 양심과 종교의 자유를 누릴 권리 등이 있다.

유엔아동권리위원회는 아동발달(development of the child)을 1986년 유엔발달권 선언(UN Declaration on the Right to Development) 제1조에 규정되어 있는 인간발달(human development)이라는 개념과 유사한 하나의 전체적 개념(holistic concept)으로 인식한다. 발달(development)은 모든 인간의 시민적, 정치적, 경제적, 사회적 및 문화적 권리의 완전한 실현을 목적으로 하는 하나의 종합적 과정으로 정의된다. 유엔아동권리협약 제6조 제2항에서는 "당사국은 가능한 한 최대한도로 아동의 생존과 발달을 보장하여야 한다"고 규정하고 있는데, 여기서 적시된 당사국의 의무는 자국의 사법관할권에 있는 모든 아동들이 건강하고 보호받으며, 공포와 결핍(want)에서 벗어나며, 각자의 인성(personality)과 재능 및 정신적 신체적 능력을 최대한 개발할 수 있도록 하는 환경을 만들어 주어야 한다는 것이다. 더욱이 당사국들은 급속히 지구화되는 국제사회에서 다른 국가와 지역, 특히 빈곤한 개발도상국에 있는 아동의 건강한 발달을 위해 국제적 협력과 지원을 제공해야 하는 의무를 가진다.

발달을 권리의 관점에서 해석하지 않고 성장이라고 하는 생물학적 과정으로만 해석할 경우 발달은 인위적인 개선과정이라고 할 수 있는 개발과 구별될 수 있다. 그러나 발달을 권리의 시각에서 바라볼 경우 생물학적 성장과 더불어 청소년이 건강하게 성장·발달하기 위한 제반 여건과 환경의 개선도 포괄하고 있다는 점에서 발달권은 개발의 의미도 함께 가지고 있는 광범위한 개념이라고 할 수 있다. 생태학적 발달이론에서는 청소년발달을 청소년과 환경 간의 상호작용에 의해서 설명한다. 즉, 청소년발달은 어떤 특정한 단일한 요인에 의해서 이루어진다기보다는 청소년과 가정, 청소년과 학교, 지역사회 규범과 가치 등과 같은 다양한 환경적 요인에 의해서 영향을 받는다. 또한 이러한 환경 내에는 청소년발달에 부정적인 영향을 미치는 위험요인과 비행이나 범죄를 예방하고 억제할 수 있는 보호요인이 함께 존재한다. 가정에서의 부적절한 지도·감독, 가족구성원 사이의 갈등, 부모의 비행행동, 부적절한 친구관계, 부정적인 학업경험, 지역사회 친밀도 및 지역사회 조직화의 저하 등은 청소년발달에 위험요인으로 나타난다. 반면 또래 및 성인들과의 긍정적인 관계 형성, 안전하고 매력적인 장소의 제공, 적절한 생활기술의 개발, 지역사회 참여기회의 제공, 안전한 환경에서의 새로운 도전 기회의 제공 등은 청소년발달에 도움을 준다.

프리만(Freeman, 1996)은 유엔아동권리협약을 크게 네 가지 권리로 분류하고 그중 발달과 복지에 관한 권리의 내용에 합리적인 생활수준에 대한 권리, 건강과 기본서비스에 관한 권리, 사회보장에 관한 권리, 교육과 여가에 관한 권리가 포함되는 것으로 보기도 하였다. 발달권의 개념을 종합하면 우선 발달권은 청소년의 건강한 성장을 목적으로 성장주기에 따라 각 발달과정의 과업수행에서 요구되는 과제들에 대한 권리라는 점이다. 둘째는 청소년의 건강한 발달을 위해서는 생존에서부터 문화적 권리의 향유에 이르기까지 다양한 권리의 실현이 요구된다는 점이고 무엇보다도 적절한 교육과 여가, 문화와 자유에 대한 권리가 기본적으로 보장되어야 한다는 점이다. 셋째는 청소년의 건강한 발달은 청소년 개인은 물론이고 가족과 지역사회 그리고 국가의 청소년권리에 대한 인식을 전제로 공동의 책임과 의무로 실현된다는 점이다.

〈표 4-3〉 **아동권리협약의 발달권의 내용(조문)**

제23조 장애아동의 권리
제25조 보호시설에 수용되어 있는 아동의 정기적 검진을 받을 권리
제26조 사회보장의 혜택을 받을 권리
제27조 적당한 생활수준을 향유할 권리
제28조 교육을 받을 권리
제29조 교육의 목적
제30조 소수민족 및 원주민 아동의 문화에 대한 권리

(4) 참여권

참여권(participation rights)은 자신의 생활에 영향을 주는 일에 대하여 의견을 말하고 존중받을 권리를 말한다. 표현의 자유, 양심과 종교의 자유, 평화로운 방법으로 모임을 자유롭게 열 수 있는 권리, 사생활을 보호받을 권리, 유익한 정보를 얻을 권리, 의견을 갖고 지역사회와 문화 속에서 참여할 권리, 단체에 가입하거나 평화적인 집회에 참여할 수 있는 권리 등이 해당된다. 또한 참여권에는 의사표현권(제12조), 표현・정보의 자유(제13조), 사상・양심・종교의 자유(제14조), 결사・집회의 자유(제15조), 사생활・통신・명예의 보호(제16조), 매체

접근권(제17조), 그리고 휴식과 예술 활동에의 참가(제31조) 등이 관련된다. 여기서 특히 사생활의 권리와 관련한 제16조는 보호권에 속하기도 하지만, 청소년 참여를 위한 기본적인 의사의 존중이라는 측면에서 참여권으로 볼 수 있다.

유엔아동권리협약과 관련한 참여권은 특히 시민권적 개념으로 이해할 수 있다. 현대적 의미의 시민권은 지리적, 사회적 지역의 명확한 구분을 기반으로 한 국가의 구성원으로서의 소속, 자유, 평등, 거주권, 참정권 등을 보장함을 의미한다. 또한 그 국가의 구성원으로서 납세나 국방 등의 책임도 제도적, 법적으로 규정한다. 즉, 시민권은 국가와의 관계 내에서 정의되는 것이다(최원기 외, 2003). 시민권의 개념은 사회참여에 필요한 기본적인 조건을 제시한다는 점에서 청소년 참여권 논의의 중요한 출발점이 된다. 청소년의 참여에 대한 권리도 다른 시민과 동등하게 주어져야 하기 때문이다. 청소년들은 지역사회 참여기회를 통해서 다양한 가치를 실현할 수 있다. 실제 청소년들이 지역사회 이슈와 같은 긍정적인 일의 참여를 통해서 책임감과 리더로서의 역할, 의사결정의 기회를 가지게 될 때 문제행동의 가능성을 줄이고 다양한 가치를 개발할 수 있다.

유엔아동권리위원회는 각 국가의 의원, 공무원, 전문가 집단, 청소년과 그 부모에게 청소년의 시민적 권리에 대해 교육함으로써 청소년이 시민적 권리가 있음을 완전히 받아들이도록 해야 한다고 역설한다. 또한 입법적 조치를 통해 청소년이 시민적 권리와 자유를 마음껏 누릴 수 있도록 보장해야 한다고 제안하고 있다(Hodgkin & Newell, 2002). 지역사회 관련 조직에서 청소년들에게 민주적으로 참여할 수 있는 기회를 제공함으로써 자기 정체성, 지역사회 정체성, 사회적 효능성과 기능, 자기결정성 등 청소년 개인의 가치뿐만 아니라 지역사회의 가치를 개발할 수 있다. 하지만 우리나라 청소년들의 참여경험을 보면 봉사활동을 제외한 문화활동, 경제활동, 인권활동 등의 참여는 저조하며, 장애청소년, 근로청소년 등의 소외청소년의 경우에는 참여기회가 더욱 제한되어 있다(이용교 · 천정웅 · 김경준, 2009).

〈표 4-4〉 아동권리협약의 참여권의 내용(조문)

第12조 의사를 표명할 수 있는 권리
第13조 표현의 자유
第14조 사상·양심·종교의 자유
第15조 자유로운 교제와 집회에 참가할 수 있는 자유
第16조 프라이버시의 보호
第17조 정보에 대한 접근권
第31조 휴식과 예술 활동 등에 참가할 권리

3. 유엔아동권리협약의 청소년기 적용에 따른 권리영역

유엔은 2016년 청소년기 유엔아동권리협약의 이행에 관한 일반논평 20호를 통해 18세 이상의 청소년에게도 아동의 권리 실현을 보장하기 위해 필요한 조치들을 제시하면서 청소년의 존엄성과 권위에 대한 인정과 존중을 포함하는 인권기반 접근의 중요성을 강조하였다. 주된 내용으로 청소년의 권한 부여, 시민권 및 그들 자신의 삶에서의 적극적인 참여, 최적의 건강 증진, 복지 증진과 발달, 차별없는 인권 증진 등에 관한 내용을 담고 있다. 여기에서는 앞에서 제시한 일반논평의 네 가지 일반원칙과 국가의 이행 책임과 의무 등에 관한 내용에 이어서 청소년인권과 관련하여 구체적으로 제시하고 있는 시민적 권리와 자유(civil rights and freedoms), 아동·청소년 폭력(violence against children), 가족환경과 대안돌봄(family environment and alternative care), 기본적인 건강과 복지(basic health and welfare), 교육, 레저 및 문화활동(education, leisure and cultural activities), 특별보호조치(special protection care) 등과 관련한 내용을 알아보기로 한다.

1) 시민적 권리와 자유(Civil Rights and Freedoms)

시민적 자유와 권리 영역은 출생신고, 표현의 자유, 종교의 자유, 결사의 자유, 사생활과 비밀보장, 정보접근권 등에 대해 제시하고 있다.

(1) 출생신고

출생 신고가 이루어지지 않으면 기본 서비스 거부, 국적 증명의 어려움, 신원 확인 서류를 받지 못하고, 착취 또는 인신매매의 위험에 노출되는 등 상당한 어려움을 겪게 된다. 형사 사법과 이민 시스템 및 미성년자 징병에 대한 정보를 제공해야 하며, 출생 시 또는 출생 직후에 미등록 청소년에게도 출생 증명서와 시민 등록증을 무료로 제공해야 한다(일반논평 20호 41항).

(2) 표현의 자유

유엔아동권리협약 제13조는 아동・청소년은 표현의 자유에 대한 권리를 가지고 있으며, 그 권리 행사는 제13조 (2)에 규정된 제한을 조건으로 할 수 있음을 확인할 수 있다. 부모와 보호자는 진화하는 청소년의 능력에 따라 적절한 지침을 제공할 의무가 있으나 청소년의 표현의 자유를 침해해서는 안 된다. 청소년은 정보와 아이디어를 찾고, 받고, 전달할 권리가 있으며, 수화, 이미지 및 예술 작품과 같은 비언어적 표현을 포함하여 다양한 표현수단을 사용할 수 있다. 여기에는 서적, 신문, 팸플릿, 포스터, 배너, 디지털 및 시청각 매체, 의복 및 개인 스타일 등이 포함된다(일반논평 20호 42항).

(3) 종교의 자유

유엔아동권리위원회는 당사국들로 하여금 협약 제14조에 대한 유보 조항을 철회하도록 촉구한다. 유엔아동권리협약 제14조는 종교의 자유에 대한 권리를 강조하고 부모 및 보호자의 권리와 의무가 청소년의 진화하는 능력(제5조 참조)에 따라 점차 감소함을 보여준다. 즉, 종교의 자유에 대한 권리를 행사하는 것은 부모가 아닌 아동이며, 청소년이 청소년기 전반에 걸쳐 선택의 행사에서 점점 더 적극적인 역할을 수행하게 된다는 것이다. 종교의 자유는 종교의 교육, 수업에 출석하는 것에 대한 선택을 포함하여 학교 및 기타 기관에서도 존중되어야 하며 종교적 신념에 근거한 차별은 금지되어야 한다(일반논평 20호 43항).

(4) 결사의 자유

일반적으로 청소년들은 또래들과 함께 더 많은 시간을 보내고 싶어 한다. 이는 성공적인 사회적 관계, 고용 및 지역 사회 참여, 특히 감성적 소양, 소속감, 갈등 해소와 같은 기술 및 신뢰와 친밀성 강화의 기초가 되는 역량함양에 기여한다. 따라서 청소년기의 또래관계는 발달의 주요 요소이며, 그 가치는 학교와 학습 환경, 레크리에이션 및 문화 활동, 사회, 시민, 종교 및 정치 참여 기회에서 인정되어야 한다(일반논평 20호 44항). 또한 유엔아동권리협약에 따르면 제15조 제2항에 규정된 바와 같이 모든 형태로 청소년의 결사의 자유와 평화적 집회에 대한 권리가 존중되도록 보장해야 한다. 청소년들은 안전한 공간제공을 포함하여, 자신의 협회, 클럽, 조직, 의회와 포럼을 학교 내외에 설립하고, 온라인 네트워크를 형성하고, 정당에 가입하고, 노동 조합에 가입할 수 있어야 한다. 특히 청소년 성별에 따른 위협과 폭력에 직면한 여아를 보호하기 위한 조치가 도입되어야 한다(일반논평 제20호 45항).

(5) 사생활과 비밀보장

사생활에 대한 권리는 청소년기에 더욱 중요한 의미를 가진다. 유엔아동권리위원회는 기밀 의료 자문과 관련하여 반복적으로 사생활 침해에 대한 우려를 제기했다. 기관의 청소년 공간과 소지품, 서신 및 기타 의사소통의 보호, 형사 절차와 관련된 사람들에 대한 노출 등 사생활과 비밀보장이 침해되어서는 아니 된다. 또한 프라이버시 권리는 청소년들이 교육, 건강관리, 양육・보호 서비스 및 사법 시스템이 보유한 기록에 접근할 권리를 포함한다. 이러한 정보는 적법한 절차, 보증 및 법에 따라 권한을 가진 개인에게만 접근 가능해야 한다. 각국은 청소년과의 대화를 통해 디지털 환경에서의 개인적 참여와 상업 및 기타 단체의 데이터 사용과 관련하여 개인정보 침해가 발생한 장소를 확인해야 한다. 또한 국가는 진화하는 능력에 따라 데이터의 기밀성과 청소년의 사생활을 강화하고 존중하도록 모든 적절한 조치를 취해야 한다(일반논평 20호 46항).

(6) 정보접근권

청소년의 정보접근권은 모든 형태의 미디어를 포함하지만, 모바일 기술을 점점 더 많이 사용하고, 소셜 및 디지털 미디어가 정보를 전달하고 수신하고, 생성하고 보급하는 주요 수단이 됨에 따라 디지털 환경에 특히 주의를 기울여야 한다. 청소년은 특히 자신의 정체성을 탐구하고, 배우고, 참여하고, 의견을 말하고, 놀이하고, 사회화하고, 정치적으로 참여하고 취업 기회를 발견하기 위해 온라인 환경을 사용한다. 또한 인터넷은 온라인 건강 정보, 보호 지원 및 조언 및 상담에 대한 접근 기회를 제공하며 의사소통 수단으로 활용할 수 있다. 정보접근능력은 평등에 긍정적 영향을 줄 수 있다. 각국은 모든 청소년이 장애가 있는 청소년을 위해 접근 가능한 형식을 홍보하는 것을 포함하여 다양한 형태의 언론 매체에 차별 없이 접근하고 디지털 시민권을 평등하게 이용할 수 있도록 조치를 취해야 한다. 청년들을 위한 디지털, 정보 및 미디어 및 사회 문맹 퇴치 기술을 개발할 수 있도록 기본 교육 커리큘럼의 일부로 교육 및 지원을 제공해야 한다(일반논평 20호 47항).

또한 디지털 환경은 온라인 사기, 폭력 및 적개심이나 증오심 표현, 소녀와 레즈비언, 게이, 양성애자, 성전환자와 청소년 간의 성희롱, 사이버 괴롭힘, 성적 착취, 인신매매와 아동 포르노그라피와 같은 위험에 청소년을 노출시킬 수 있다. 그러나 청소년이 디지털 환경에 접근하는 것을 제한해서는 안 되며, 대신 온라인 위험 및 온라인 위험에 관한 디지털식 자력 증진, 온라인에서의 학대를 막기 위한 법률 및 법 집행의 강화, 자녀와 함께 일하는 부모 및 전문가 교육 등을 포함한 전체론적 전략을 통해 안전을 장려할 필요가 있다. 각국은 또래 멘토링을 포함하여 온라인 안전 육성을 목표로 한 사업 계획 및 실행에 청소년들이 적극적으로 참여할 수 있도록 보장해야 한다. 예방과 보호, 지원과 지원의 가능성에 대한 기술적인 해결책 개발에 대한 투자가 필요하다. 국가는 디지털 미디어 및 정보 및 통신 기술을 사용할 때 아동의 권리에 대한 위험의 영향을 확인하고 방지 및 완화하기 위해 기업이 아동 권리 실사를 수행하도록 요구하는 것이 바람직하다(일반논평 20호 48항).

2) 아동 · 청소년폭력(Violence Against Children)

청소년은 모든 형태의 폭력으로부터 보호받을 권리가 있다. 이를 위해 유엔아동권리위원회는 당사국들에게 2011년에 발간된 「모든 형태의 폭력으로부터의 자유에 관한 아동 권리 일반논평 13호(The right of the child to freedom from all forms of violence)」와 2014년에 발간된 「포괄적 입법, 행정적, 사회적 및 문화적 권리에 관한 유해한 관행에 관한 유엔여성차별철폐위원회(31호) 및 아동권리위원회(18호) 공동 일반논평 18호(Joint general recommendation/general comment No. 31 of the Committee on the Elimination of Discrimination against Women and No. 18 of the Committee on the Rights of the Child on harmful practices)」를 통해 의견을 제시하였다. 이에 따라 당사국은 모든 환경에서 체벌을 법적으로 금지하는 것을 포함하여 모든 형태의 폭력을 종식시키고 모든 유해한 관습을 변형시키고 종식시키는 교육적 조치를 취하여야 한다. 당사국은 예방 및 재활과 청소년 희생자의 사회적 재통합에 관한 제도적 프로그램을 확대할 수 있는 기회를 창출해야 한다(일반논평 20호 49항).

3) 가족환경과 대안돌봄(Family Environment and Alternative Care)

가족환경과 대안돌봄은 부모와 보호자를 위한 지원, 대안돌봄에서의 청소년, 청소년 중심의 가족 등의 세 가지 측면으로 제시되어 있다.

(1) 부모와 보호자를 위한 지원

청소년들에게 안전, 정서적 안정, 격려 및 보호를 제공하는 부모와 보호자의 역할은 청소년기에 매우 중요하다고 보고 유엔아동권리협약 제18조 (2)와 (3)에 명시된 바와 같이 부모와 간병인에게 적절한 지원을 제공하고, 학부모에게 필요한 지원 및 생활 조건을 제공하는 것을 돕는 국가의 의무를 강조한다. 또한 그러한 지원은 청소년의 권리와 진화하는 역량과 그들의 자신의 삶에 대한 기여도를 존중해야 한다. 각국은 전통적 가치의 명목으로 폭력을 용인하거나 묵인하지 말고, 가족환경 내에서 불평등한 권력 관계를 강화시키지 않아야 한다(일반논평 20호 50항).

또한 유엔아동권리위원회는 청소년들이 살고 있는 환경, 디지털 시대와 세계화가 특징인 환경, 그리고 부모나 보호자가 자라난 환경 사이의 갈수록 커지는 격차의 중요성에 대한 당사국들의 관심을 이끌어 낸다. 청소년들은 세내간 이해를 저해할 수 있는 부모 또는 지역 사회의 가치에 의해 매개되거나 규제되는 세계적인 상업 세계에 노출되어 있다. 이는 부모와 보호자가 청소년과 효과적으로 의사소통하고 현재의 삶의 현실을 고려하여 지침과 보호를 제공할 수 있는 역량을 가지고 있는지에 대한 문제를 제기한다(일반논평 20호 51항).

(2) 대안돌봄에서의 청소년

장기간의 교육을 받는 청소년뿐만 아니라 대안 돌봄을 받는 청소년은 양육이나 소그룹 치료와 같은 다른 형태의 대체 치료에서도 빈약한 결과를 낳을 수 있다는 중요한 증거가 있다. 이 청소년들은 교육 수준이 낮고 사회복지에 의존하며 노숙자, 투옥, 원치 않는 임신, 어린 나이에 부모가 되거나, 약물 남용, 자해 및 자살 위험이 높다. 대안돌봄을 받는 청소년은 일반적으로 16~18세가 되면 시설을 나가야 하며, 성적 학대 및 착취, 인신매매 및 폭력에 취약하며 시스템이나 보호 장치가 부족하고 기술과 역량을 습득할 기회가 없다(일반논평 20호 52항). 국가는 이러한 청소년을 지원하는 데 더 많은 노력을 기울이고 투자해야 한다. 위탁 가정 등에 대한 선호는 차별 문제를 해결하고, 청소년의 개인 상황에 대한 정기적인 검토와 교육지원 및 영향을 미치는 과정에서 실제 목소리를 낼 필요가 있다. 각국은 제도화가 최후의 수단으로만 사용되도록 보장하고 기밀 민원 메커니즘 및 정의에 대한 접근을 포함하여 기관에 거주하는 모든 아동의 적절한 보호를 보장해야 한다(일반논평 20호 53항). 또한 청소년들이 보호에서 벗어나기 전에 전환 준비, 취업, 주택 및 심리적 지원에 대한 접근, 가족과의 재활에 최선을 다하고 후속 양육 서비스 이용을 위한 지침에 따라 재활에 참여하는 것을 지원해야 한다(일반논평 20호 54항).

(3) 청소년 중심의 가족

청소년가장 가족(adolescent-headed families)에 대한 것으로 상당수의 청소년은 부모가 되었거나 부모가 사망했거나 사라졌거나 부재했기 때문에 가족의 주요 부양자가 되기도 한다. 유엔아동권리협약 제24조 및 제27조는 청소년기 부모 및 보호자에게 아동 건강, 영양 및 모유 수유에 대한 기본 지식과 책임 수행에 도움이 되는 적절한 지원을 하도록 요청하고 있다. 청소년보호자에 대하여 필요한 경우 물질적 도움과 영양, 의복 및 주택과 관련하여 교육, 놀이 및 참여에 대한 권리를 향유하도록 추가적으로 지원할 필요가 있다(일반논평 20호 55항).

4) 기본적인 건강과 복지(Basic Health and Welfare)

기본적인 건강과 복지와 관련하여 건강보호(health care), HIV/AIDS, 청소년 약물사용, 부상과 안전한 환경, 적절한 생활수준 등에 대해 제시하고 있다.

(1) 건강보호(health care)

청소년의 건강 결과는 주로 개인, 동료, 가족, 학교, 지역사회 및 사회 수준에서 행동과 활동에 중재된 사회·경제적 결정 요인 및 구조적 불평등의 결과이다. 따라서 청소년들을 위하여 미래의 포괄적인 건강 정책, 프로그램 및 공중 보건을 위한 기초로서 청소년 건강문제의 성격과 범위 및 서비스에 대한 접근을 가로막는 장애물에 대해 검토해야 한다(일반논평 20호 57항).

또한 자살, 자해, 식이 장애 및 우울증과 같은 정신 건강 및 심리적, 사회적 문제는 청소년, 특히 취약 계층의 건강 상태, 병적 상태 및 사망률의 주요 원인이 되며 그러한 문제는 유전적, 생물학적, 인격적, 환경적 원인의 복잡한 상호작용에서 비롯된다. 탄력성과 건강한 발달을 촉진하고 정신 건강을 방지하는 요인으로는 성인과의 강한 유대 관계, 긍정적인 역할 모델, 적절한 생활수준, 양질의 중등 교육에 대한 접근, 폭력과 차별에서의 자유, 영향 및 의사결정, 정신건강 인식, 문제해결 및 대처기술, 안전하고 건강한 지역 환경이 필요하다(일반논평 20호 58항).

유엔아동권리위원회는 청소년들에게 그러한 정보, 상품 및 서비스에 대한 불평등한 접근이 차별에 해당된다는 점을 강조하면서, 각국이 포괄적인 성 및 성에 민감한 보건정책을 채택할 것을 촉구한다. 그러한 서비스에 대한 접근성이 부족한 청소년은 임신 및 출산 시 사망 또는 심각한 상해를 입을 위험이 가장 큰 집단이다. 모든 청소년은 가족 계획, 피임, 예방, 진료 및 치료를 포함하여 보건 서비스, 정보를 직접 사용할 수 있어야 한다(일반논평 20호 59항).

또한 사춘기 소녀, 장애 소녀, 레즈비언, 게이, 양성애자, 트랜스젠더 및 성교육 청소년이 경험하는 낙인과 공포의 장벽을 극복하기 위해 특별한 노력을 기울일 필요가 있다. 유엔아동권리위원회는 여성들이 낙태를 비범죄화하여 낙태 및 낙태 후 서비스에 접근할 수 있게 하고, 임신한 청소년의 최대 이익을 보장하고 낙태 관련 결정에 항상 그들의 의견을 경청하고 존중할 것을 보장하는 입법을 검토하도록 촉구한다(일반논평 20호 60항).

과학적 증거 및 인권 기준에 기초하고 청소년과 함께 개발한 연령적합적이고 포괄적인 보건 교육은 학교 교과과정의 필수가 되어야 하며 학교 밖 청소년에게도 해당되어야 한다. 성 평등, 성적 다양성, 성적 건강 및 재생산 건강권, 책임있는 부모 및 성행위 및 폭력 예방뿐만 아니라 조기임신 및 성병 예방에 주의해야 한다. 모든 청소년, 특히 장애가 있는 청소년들에게 접근성을 보장하는 정보가 제공되어야 한다(일반논평 20호 61항).

(2) HIV/에이즈

청소년은 에이즈로 인한 사망이 증가하는 유일한 연령 집단이다. 청소년은 치료에 대한 접근성 확보와 치료 지속에 어려움을 겪을 수 있다. HIV 관련 서비스에 접근하기 위해 보호자의 동의를 얻어야 하는 것은 장애 요인이 된다. 사춘기 소녀는 새로운 감염의 3분의 2를 차지한다. 레즈비언, 게이, 양성애자 및 트랜스젠더 청소년, 재정적 필요 등으로 성관계를 하는 청소년, 마약을 하는 청소년도 HIV 감염의 위험이 더 높다(일반논평 제20호 62항). 유엔아동권리위원회는 청소년의 다양한 현실을 인정하고 HIV 검사 및 상담 서비스, 청소년의 사생활에 대한 권리를 존중하는 훈련된 요원이 제공하는 증거 기반 HIV

예방 및 치료 프로그램에 청소년들이 접근할 수 있도록 할 것을 장려한다(일반논평 20호 63항).

(3) 청소년 약물사용

청소년기 마약 사용이 시작될 가능성이 높고 성인보다 마약 관련 위험이 더 높을 수 있으며 청소년기에 시작된 마약 사용은 의존성이 더 높게 나타난다. 마약 관련 위험이 가장 큰 것으로 밝혀진 사람들은 거리 청소년, 학교 밖 사람들, 트라우마, 가족력 또는 학대 경력이 있는 사람들, 약물 의존적인 상황에 처한 가족과 함께 사는 사람들이다. 당사국은 청소년을 마약 및 향정신성 물질의 불법적인 사용으로부터 보호해야 할 의무가 있다. 당사국은 담배, 알코올뿐만 아니라 그러한 물질의 사용과 관련하여 청소년의 건강권을 보장하고, 차별없이 충분한 예산을 통해 예방과 치료서비스를 제공해야 한다. 물질 사용으로 인한 피해를 예방하고 최소화하기 위해 청소년들은 과학적 근거에 의한 정확하고 객관적인 정보를 제공받아야 한다(일반논평 20호 64항).

(4) 부상과 안전한 환경

폭력으로 인한 의도하지 않은 부상 또는 상해는 청소년의 주요 사망 원인이다. 의도하지 않은 상해의 대부분은 교통사고, 익사, 화상, 낙상 및 중독에 의한 결과이다. 위험을 줄이기 위해 당사국은 보호 장비의 사용을 요구하는 법, 음주 및 음주 운전에 관한 정책, 교육 프로그램, 기술 개발 및 행동 변화, 환경에 대한 적응 및 보육 등에 관한 규정을 포함하는 전략을 개발해야 한다(일반논평 20호 65항).

(5) 적절한 생활수준

청소년기에는 빈곤의 영향이 심오하며 때로는 극심한 스트레스와 불안정을 경험하고 이는 사회적, 정치적 배제로 이어질 수 있다. 경제적 어려움을 해결하기 위해 청소년들은 학교를 그만두고, 강제 결혼, 성적 착취, 인신매매, 위험하거나 착취당하는 일에 연루되거나 교육을 방해받거나 갱단이 되는 일을 경험할 수 있다(일반논평 제20호 66항). 국가는 모든 아동이 신체적, 정신적, 도덕적, 사회적 발전을 위한 적절한 생활 수준에 있어야 함을 상기시키며, 청소년과 그 가족에게 기본적인 소득 보장, 사회적 보호를 제공하도록 촉구한다(일반논평 20호 67항).

5) 교육, 레저 및 문화활동(Education, Leisure and Cultural Activities)

교육, 레저 및 문화활동 영역과 관련해서는 교육, 교육훈련 또는 취업 전환, 레저・레크리에이션 및 예술 등의 세 가지가 제시된다.

(1) 교육

보편적이고 질적이며 포괄적인 교육에 대한 권리 보장은 국가가 청소년의 즉각적이고 장기적인 발전을 보장하기 위해 할 수 있는 가장 중요한 단일 정책 투자이며, 긍정적인 영향이 많다. 특히 각 국가는 모든 사람들에게 널리 중등 교육을 도입하고 모든 적절한 수단을 통해 능력에 기반하여 모든 사람들이 고등 교육에 접근할 수 있도록 격려한다(일반논평 20호 68항).

유엔아동권리위원회는 여아를 초등 교육 이상으로 유지하는 데 많은 국가가 어려움을 겪고 있다고 본다. 그러나 여아의 중등 교육에 대한 투자는 유엔아동권리협약 제2조, 제6조 및 제28조를 준수하기 위해 필요한 것이며, 아동의 강제결혼, 성 착취 및 조기 임신으로부터 소녀를 보호하고 여성의 미래 경제적 잠재력 확보에 기여한다. 그리고 학교 안팎에서의 성적인 또는 성에 기반한 폭력이 생기지 않도록 해야 하며 여성에게 장벽이 되는 법적, 정치적, 문화적, 경제적 및 사회적 요인을 극복하기 위해 여성의 긍정적인 역할 모델, 가족 지원 및 경제적 권한을 부여할 것을 장려한다(일반논평 20호 69항).

유엔아동권리위원회는 빈곤 상태의 청소년과 같이 중등 교육의 기회를 지속해서 받을 수 없는 상황에 처한 청소년에 대해 우려를 표시한다. 레즈비언, 게이, 양성애자, 트랜스젠더 및 인터섹스 청소년, 소수민족에 속한 청소년, 정신・사회적, 감각적 또는 신체적 장애가 있는 청소년, 이주 청소년, 무력 분쟁 또는 자연 재해에 처한 청소년, 거리에 놓인 상황이나 일하는 청소년들이 여기에 포함된다. 소수민족 및 원주민 문화를 존중하며 모든 종교 공동체의 어린이를 존중하고, 장애 아동·청소년을 위한 포괄적인 교육을 장려하며, 집단 내에서 괴롭힘과 차별적 태도에 대처하는 등의 소외계층 차별 종식을 위한 사전 조치가 필요하다(일반논평 20호 70항).

아직 문맹 상태이거나 자격을 얻지 못한 상태에서 조기에 학교를 그만두는 일이 생기지 않도록 학교에 참여하는 것을 지속적으로 방해하는 장애물에 대해 청소년과 상담하기 위한 노력이 필요하다. 이러한 장애물에는 수수료 및 관련 비용, 가족의 빈곤과 적절한 건강보험을 포함한 적절한 사회보장 계획의 부족, 소녀들을 위한 충분하고 안전한 위생 시설의 부족, 임신한 여학생 및 사춘기 어머니의 배제, 잔혹하고 비인간적이고 굴욕적인 처벌의 지속적인 사용, 학교에서 성희롱을 제거하기 위한 효과적인 조치의 부족, 소녀들의 성적 착취, 소녀들의 안전에 도움이 되지 않는 환경, 부적절한 교수법, 관련이 없거나 시대에 뒤떨어진 커리큘럼, 학생들이 자신의 학습에 참여하지 못하거나 따돌림을 받는 일 등이 모두 포함된다(일반논평 20호 71항).

유엔아동권리위원회는 2001년에 발간된 「교육의 목표에 관한 일반논평 제1호(the aims of education)」에 주목하여, 교육이 청소년 중심적이고 친화적이며 권한부여적일 필요가 있다고 주장한다. 중등 교육 커리큘럼은 청소년들의 적극적인 참여, 인권과 기본적 자유에 대한 존중의 개발, 시민 참여 증진, 그리고 청소년들이 자유 사회에서 책임감 있는 삶을 영위할 수 있도록 준비되어야 한다. 청소년의 최대한의 잠재력을 개발하고 학교에 계속 남게 하려면 학습 환경을 설계하는 방법, 청소년의 학습 능력, 동기부여, 경험학습, 탐구와 학습에 집중할 수 있도록 고려해야 한다(일반논평 20호 72항).

(2) 교육훈련 또는 취업 전환

상당수의 청소년은 교육, 훈련 또는 고용에 참여하지 않아 성인이 되어 갈수록 실업, 불완전 고용 및 착취에 노출될 수 있다. 유엔아동권리위원회는 교육과 노동법의 일관성을 보장하는 것을 포함하여 양질의 일자리로의 전환과 장래 고용을 촉진하기 위한 정책을 채택하기 위해 각국이 적절한 시기에 학교 밖 청소년을 지원할 것을 촉구한다(일반논평 20호 73항).

공식 및 비공식 교육과 훈련은 연수 및 양도 기술을 커리큘럼에 통합하는 것을 포함하여 현대 노동시장에서 요구되는 21세기 기술을 고안하여야 한다. 경험적이고 실용적인 학습을 위한 기회 확대, 노동시장 수요에 기초한 직업 훈련 개발, 기업가 정신, 인턴십 및 견습을 위한 공공 민간 부문 파트너십 구축 등이 포함된다. 각국은 또한 노동조합 및 전문직 조합의 회원권과 관련한 권리를 포함하여 고용 권리에 관한 정보를 보급해야 한다(일반논평 20호 74항).

(3) 레저 · 레크리에이션 및 예술

청소년들은 휴식과 여가, 놀이, 레크리에이션 및 예술 활동에 온라인과 오프라인으로 자유롭게 참여하고 참여할 수 있는 권리가 있으며 자신의 문화를 탐색하고 새로운 예술적 형식을 만들고 관계를 형성할 수 있다. 여가, 휴양 및 예술은 청소년들에게 인간의 존엄성, 최적의 개발, 표현의 자유, 참여 및 사생활에 대한 권리에 기본이 되는 독창성을 부여한다. 유엔아동권리위원회는 이러한 권리가 청소년기, 특히 소녀들에게 무시되기 쉬운 점을 유감스럽게 생각한다. 공공장소의 청소년에 대한 두려움과 적대감, 사춘기 친화적인 도시 계획이나 교육 및 여가 인프라의 부족은 레크리에이션 활동과 스포츠에 참여하는 자유를 방해할 수 있다. 따라서 유엔아동권리협약 제31조에 명시된 권리와 2013년에 발표된 「휴식, 여가, 놀이, 여가활동, 문화 생활 및 예술에 대한 아동 · 청소년의 권리에 관한 일반논평 17호(The right of the child to rest, leisure, play, recreational activities, cultural life and the arts)」의 권고에 대한 국가의 주의 환기가 필요하다(일반논평 20호 75항).

6) 특별보호조치(Special Protection Care)

특별보호조치에는 이주, 인신매매, 분쟁 및 무력위기, 군대 및 단체 모집, 아동 노동, 청소년 사법 등의 여섯 가지가 포함된다.

(1) 이주

많은 사람들에게 이주는 중요한 사회적, 경제적 기회를 제공한다. 그러나 한편으로 육체적 피해, 심리적 트라우마, 차별, 외국인 혐오증, 성적 및 경제적 착취, 국경을 넘을 때의 이주민 습격과 구금 등의 위험에 노출되기도 한다. 많은 사춘기 이민자들은 교육, 주거, 건강, 오락, 참여, 보호 및 사회 보장에 대한 접근이 거부된다. 법률이나 정책에 의해 서비스에 대한 권리가 보호되는 경우에도 청소년은 신원 확인 서류 또는 주민등록번호 요구 사항을 비롯하여 그러한 서비스에 대한 접근에서 여러 가지 어려움에 직면할 수 있다. 해롭고 부정확한 연령 결정 절차, 재정 및 언어 장벽, 서비스에 대한 접근성 등이 구금 또는 추방을 초래할 위험이 있다(일반논평 20호 76항).

유엔아동권리협약 제22조는 난민 및 망명 희망자가 국제 난민 보호 체제를 통해 그들에게 부여된 추가적인 안전장치로부터 그들의 권리를 향유하고 이익을 얻으려면 특별한 조치가 필요하다는 것을 인정한다. 이 청소년들은 희망국에 입국하도록 하며 최대한의 이익을 향유하고 국제 보호의 필요성이 확정되기 전에 거절되어서는 안 된다. 상태와 관계없이 유엔아동권리협약 제2조에 따른 의무를 준수하고, 지위와 상관없이 각국은 비동반자와 분리된 난민 및 망명 희망 청소년에 관한 입법을 연령과 성별에 민감하게 규정하도록 도입하며, 이민자 지위 결정에 대한 보호 필요성 평가의 우선순위 결정, 출입국 관련 구금 금지 및 2005년에 발간한 「출신국의 외부에 있는 동반되지 않고 분리된 아동에 대한 대우에 관한 일반논평 6호(Treatment of unaccompanied and separated children outside their country of origin)」의 권고안을 참조해야 한다. 각국은 또한 청소년들의 이주를 촉진시키는 요인들과 학교 밖의 아동 퇴학, 아동 노동, 폭력 및 범죄 행위에 대한 취약성 및 부담스러운 국내 책임을 포함하여 부모가 이주할 때 남겨진 청소년들이 직면하는 권리 침해의 취약성에 대한 조치를 강구해야 한다(일반논평 20호 77항).

(2) 인신매매

많은 청소년들이 경제적 이유 또는 성 착취로 인신매매 당할 위험에 처해 있다. 국가는 아동 매매와 납치 등에 관한 자료 수집을 위해 포괄적이고 체계적인 메커니즘을 수립하고, 특히 가장 취약한 상황에 처한 어린이들에게 주의하도록 촉구한다. 또한 국가는 아동 피해자를 위한 재활 및 재통합 서비스, 그리고 심리사회적 지원에 투자해야 하고, 성에 근거한 취약성과 착취의 차원에 주의를 기울여야 한다. 부모와 자녀가 국내외 인신매매의 위험성을 인식하게 하기 위해서는 소셜 미디어를 통한 인지 증진 활동이 필요하다. 각국 정부는 아동 판매, 아동 매춘 및 아동 포르노그라피에 관한 유엔아동권리협약의 선택 의정서를 비준하고 이에 따라 법률을 조화시키는 것이 바람직하다(일반논평 20호 78항).

(3) 분쟁 및 무력위기

무력 충돌과 인도적 재난의 상황은 사회적 규범과 가족 및 지역사회 지원 구조의 붕괴를 가져온다. 실향민과 위기에 처한 많은 청소년들은 성인의 책임을 지고 성에 기반한 폭력, 아동의 강제 결혼 및 인신매매의 위험에 노출되도록 강요받는다. 또한 그러한 상황에 처한 청소년들은 교육, 기술 훈련, 안전한 고용 기회 및 적절한 성/생식 보건 서비스 및 정보에 대한 접근이 차단되고 차별과 낙인, 정신 건강 및 위험을 감수하는 행동에 직면할 가능성이 있다(일반논평 20호 79항).

유엔아동권리위원회는 청소년의 특정한 필요와 권리를 다루기 위한 인도주의 프로그램의 실패에 대해 우려한다. 이에 당사국들이 청소년들에게 보호 시스템 및 화해와 평화 구축 프로세스를 개발하고 설계하는 일에 적극적으로 참여할 수 있는 체계적인 기회를 제공하도록 한다. 분쟁 후 재건축에 대한 투자는 경제적·사회적 발전, 회복력 구축과 평화로운 국가 전환에 청소년들이 기여할 수 있는 기회로 여겨져야 한다. 또한 청소년의 취약성과 보호, 그리고 지역사회를 지원하고 위험을 완화시키는 데 도움이 될 수 있는 잠재력을 인식하여 비상 사태에 대비한 프로그램을 청소년을 대상으로 진행해야 한다(일반논평 20호 80항).

(4) 군대 및 단체 모집

유엔아동권리위원회는 소셜 미디어, 국가 군대, 무장 단체 및 민병대의 사용을 포함하여 사춘기 소년소녀들이 모집되고 있다는 사실에 대한 깊은 우려를 표명하고, 모든 당사국들에게 "무력 충돌 아동의 참여에 관한 아동권리협약 선택의정서"를 비준하도록 촉구한다. 또한 테러리스트 선전, 극단주의자 견해 및 테러 활동 참여로 유혹받는 청소년의 취약성에 관심을 갖고 그렇게 되는 요인들을 탐구하기 위한 연구가 수행되어야 하며, 국가는 사회적 통합을 촉진시키는 조치에 특히 주의를 기울여 그 결과에 대한 적절한 조치를 취해야 한다(일반논평 20호 81항).

국가는 이주 상황에 처한 아동을 포함하여 군대와 집단에 고용된 청소년의 회복과 성별에 따른 재통합을 보장해야 하며, 모든 전쟁에서 청소년의 고용과 활용하는 일 등을 금지해야 한다. 각국은 평화운동에 청소년들이 참여할 수 있는 기회와 지역사회에 뿌리를 두고 있는 비폭력 분쟁 해결을 위한 또래 대 또래(peer to peer) 접근법을 지원하여 중재의 지속 가능성과 문화적 적합성을 보장해야 한다. 유엔아동권리위원회는 당사국들에게 갈등 관련 성폭력, 성적 착취와 학대 및 기타 청소년에 대한 인권 유린 사건이 신속하고 정당하게 다루어지도록 확고한 조치를 취할 것을 촉구한다(일반논평 20호 82항).

유엔아동권리위원회는 세계의 많은 지역에서 청소년들이 합법적인 방법으로 목표를 달성할 수 있는 기회가 부재한 가운데 종종 사회적 지원, 생계 수단, 보호 등을 위해 갱단에 소속되기도 한다고 본다. 그러나 불안, 폭력은 청소년권리의 실현을 위협하고 청소년이 이주하게 되는 주요 요인이 된다. 이에 따라 적극적인 법 집행보다는 청소년 범죄와 폭력 조직의 근본 원인을 제거하는 포괄적인 공공정책 개발에 보다 중점을 둘 필요가 있다. 학교에 중점

투자하고, 가족과 함께, 위험에 처한 청소년을 위한 예방 활동에 개입할 필요가 있다. 유엔아동권리위원회는 폭력과 관련된 이유로 자국을 떠나고 난민이 되도록 내몰리는 청소년들에 대해 적절히 고려할 것을 촉구한다(일반논평 20호 83항).

(5) 아동 노동

유엔아동권리위원회는 모든 청소년이 경제적 착취와 최악의 형태의 아동 노동으로부터 보호받을 권리를 가지며, 국가들에게 협약 제32조 (2)의 규정을 이행할 것을 촉구한다(일반논평 20호 84항). 연령에 적합한 형태의 일을 하는 것은 청소년의 삶에서 중요한 발달적 역할을 하며, 기술을 갖추고 책임감을 배우고, 필요한 경우 가족의 경제적 안녕에 기여한다. 교육에 대한 접근, 아동 노동에 대한 조치는 학교-직장 전환, 사회 및 경제 개발, 빈곤퇴치 프로그램 및 초·중등 교육에 대한 보편적이고 자유로운 접근 등과 같은 포괄적인 조치를 포함해야 한다. 청소년이 국제 표준 및 의무 교육에 부합하는 국가의 법적 최저 근로 연령에 도달하면 청소년은 적절한 조건하에 가벼운 업무를 수행할 권리가 있으며 이들의 교육에 대한 권리와 휴식, 레저, 놀이, 오락활동, 문화생활 및 예술에의 권리를 존중해야 한다는 점을 강조해야 한다(일반논평 20호 85항).

유엔아동권리위원회는 청소년들이 차별없이 의무 교육을 받을 권리를 보장하면서 청소년들의 삶에서 긍정적인 역할과 균형을 이루기 위한 과도기적 접근 방식을 채택할 것을 권고한다. 양질의 직업에 대한 소개와 학교교육은 청소년의 생활과 그러한 일을 규제하기 위해 도입된 효과적인 메커니즘에 따라 청소년을 촉진하고 청소년이 착취의 희생자가 되었을 때 교정할 수 있도록 조정되어야 한다. 18세 미만의 모든 아동·청소년의 위험한 작업으로부터의 보호는 특정 유해한 작업에 대한 명확한 목록과 함께 규정되어야 한다. 가사 노동에 종사하는 소녀들에게 특히 주의를 기울여 유해한 작업과 근로 조건을 방지하도록 이들을 위한 노력을 우선시해야 한다(일반논평 20호 86항).

(6) 청소년 사법

청소년은 법률 위반, 범죄 피해자 또는 증인, 보호, 양육권 또는 보호와 같은 기타 사유로 사법 제도와 접촉할 수 있으며, 청소년이 희생자와 범죄 가해자가 되는 취약성을 줄이기 위한 조치가 필요하다(일반논평 20호 87항). 유엔아동권리협약 제40조와 일치하는 사회적 요인과 근본 원인을 해결하기 위해 사법 절차에서 회복적 정의를 강조하는 포괄적인 청소년사법 정책, 구금에 대한 대안 조치 및 예방을 촉구한다. 2007년에 발간된 「청소년사법에서의 아동의 권리에 대한 일반논평 10호(Children's rights in Juvenile Justice)」의 권장 사항에 따라 청소년을 위한 재활 및 재통합이 필요하다. 구금은 최후의 수단으로 그리고 가장 짧은 적절한 기간 동안만 사용해야 하며, 성인과 별도로 구금되어야 한다. 사형을 금지하고 18세 미만의 범죄로 유죄 판결을 받은 자에 대한 종신형을 금지하는 것이 중요하다. 유엔아동권리위원회는 형사 책임 연령을 낮추려는 국가들에 대해 우려하고 범죄 성년 연령을 18세로 유지하도록 당사국에 촉구한다(일반논평 20호 88항).

4. 청소년기 인권 내용의 확장

청소년들이 일반적인 인권 문서를 통해서는 충분히 보호받지 못한다는 생각을 가지는 때가 있었다. 청소년은 그들이 보호받고 있지만, 자신의 권리가 일상적으로 침해받고 있다는 생각도 여전히 가지고 있다. 따라서 청소년의 권리를 확장하기 위한 다양한 문서들이 여러 사람들과 인권기관들로부터 지속적으로 제시되고 있다. 유엔아동권리협약도 그러한 노력의 하나이며, 보다 광범위한 의미에서 청소년인권과 관련한 이슈들을 논의하고 있다고 본다.

한 예로, 미국의 청소년인권 옹호 프로젝트인 프리차일드 프로젝트(Freechild Project)는 청소년에게 필요한 인권유형을 '전통적(traditional) 청소년인권'과 '비전통적(non-traditional) 청소년인권'으로 구분하여 제시하고 있다. 우선 전통적 청소년인권은 그동안 청소년에게 주어진 것이거나 지난 백여 년 동안 옹호되어 온 것이며 그 목록은 다음과 같은 11가지로 제시되고 있다(Fletcher, 2016).

① **학대 없는 삶**(abuse-free living) : 모든 청소년은 정서적, 신체적, 정신적 학대와 같은 어떤 형태의 학대(abuse)도 없는 자유로운 삶을 살 권리를 갖는다. 경제적, 사회적, 문화적, 종교적 및 개인적 착취로부터도 자유로워야 한다.

② **창조성**(creativity) : 모든 청소년은 언어, 표현 및 행동에서의 창의성에 대한 자유를 갖는다. 여기에는 타인의 웰빙(well-being)이나 창의성에 대한 자유를 침해함이 없이 공유할 수 있는 신체적, 영적, 지적 및 정서적 창의성을 포함한다.

③ **교육**(education) : 비형식적 또는 형식적 방법으로 모든 청소년은 의무교육과 보통교육을 받을 권리를 갖는다. 이러한 교육에는 사회의 민주적 참여를 위해 필수적인 모든 것을 포함한다.

④ **고용**(employment) : 도처의 모든 청소년은 청소년으로서의 각자의 목표를 충족하는 일을 자유롭게 선택해야 한다. 청소년은 또한 노동에 대한 정당한 대가와 혜택을 받을 권리를 갖는다.

⑤ **식품**(food access) : 건강하고 지속가능하며 필수적인 식생활을 위한 권리는 건강과 웰빙을 보장하기 위해 도처의 모든 청소년이 가져야 하는 것이다.

⑥ **건강관리**(healthcare) : 건강관리에 대한 권리는 모든 청소년에게 필수적이다. 여기에는 정신적, 신체적, 영적 건강을 포함하며, 청소년의 소득에 따라 제한받지 않아야 한다.

⑦ **레크리에이션**(recreation) : 모든 청소년은 형식적 또는 비형식적인 레크리에이션에의 자유를 갖는다. 시간과 물리적 공간은 휴식을 위한 구조화된 기회와 비구조화된 기회로 모두 보장되어야 한다.

⑧ **보호장소**(shelters) : 청소년은 원가족과 함께 있거나 적정한 다른 상황에서 함께 안전하고 보안이 보장되는 지속적인 보호처를 가질 권리가 있다. 보호장소는 성인의 승인이나 조작으로 제공되지 않아야 한다.

⑨ **청소년인권**(youth rights) : 청소년은 학교 건물에 있는 문 뒤에 권리를 두고 떠나서는 안 된다. 그렇듯이, 민주주의 참가자이며 학습자로서 청소년은 자신의 권리를 행사하는 차별적 자유와 책임을 가지는 교육적 환경에 있어야 한다.

⑩ **이동**(movement) : 청소년은 이동권을 가지며 어떤 제약이 있어서는 아니 된다. 이는 걸을 수 있고, 자전거를 탈 수도 있으며, 교통수단을 이용할 수 있다는 것을 의미한다. 다른 사회구성원들과 동일하게 대중교통수단에 접근하는 것을 제약받아서는 아니 된다.

⑪ **투표**(voting) : 청소년은 자신과 각자가 속한 전체 사회에 영향을 끼치는 법을 제정하거나 폐기하는 권리뿐만 아니라 선거기구에서 정치적 대표권을 갖는다. 이것은 투표와 정치적 참여를 통하여 이루어진다.

또한 연령차별, 야간통행금지부터 교육개혁 등의 '비전통적 청소년인권 이슈'들은 청소년인권이 개인적 삶의 영역에서부터 사회경제적 영역까지 모든 영역에 존재하며, 단 하나의 의제로 만들어지는 것이 아니라는 점을 나타낸다(김도영 · 이혜경 · 노지은, 2019). 이러한 접근은 전 세계 청소년들의 다양성을 반영하는 청소년인권의 많은 의제를 이루고 이를 보장하고 증진시키는 움직임으로 이어지고 있다. 비전통적인 청소년인권 이슈들에는 다음과 같은 몇 가지가 포함된다.

① **접근**(access) : 잠재적인 위험이나 위해 때문에 특정 정보를 접근을 금지하는 것과 별개로 연령 때문에 전체 웹사이트와 정보 유형에 대한 접근을 제한하는 것은 임의적이고 냉소적인 것이다. 청소년은 배울 권리를 가지고 있다는 것을 알고, 성장하고 진화하는 것은 오늘날의 청소년인권에 절대적인 것이다.

② **연령차별**(age discrimination) : 사회 전반에 존재하는 성인주의(adultism)에서 벗어나 청소년들은 연령으로 인해 차별받지 않고 살 권리가 있다.

③ **야간통행금지**(curfews) : 청소년들은 시간에 대한 임의의 제한 없이 원할 때 자신을 표현하거나 일을 하거나 자유롭게 이동할 수 있는 권리가 있다.

④ **행동수정캠프**(behavior modification camps) : 행동수정캠프와 같이 자신을 위해 가장 좋은 것을 스스로 선택할 수 없는 상황은 청소년들로 하여금 모든 권리를 박탈하도록 한다.

⑤ **시민청소년관여**(civic youth engagement) : 청소년에게는 투표권, 정치출마, 선거운동을 자유롭게 할 수 있는 권리와 함께 봉사활동, 사회단체 참여 등 시민활동을 할 수 있는 권리가 있다.

⑥ **범죄화**(criminalization) : 청소년들은 청소년이라는 특성 자체로 인해 언론이나 정책에 의해 범죄, 피해자 그리고 그와 관련한 처벌에 연관되지 않을 권리가 있다.

⑦ **음주연령**(drinking age) : 청소년들은 음주에 대한 제한과 분리 대신 절제(moderation)와 교육을 통해 음주를 배울 권리가 있다.

⑧ **운전연령**(driving age) : 임의적 연령이 능력을 결정하지 않는다면 청소년들은 신체적, 정신적으로 능력이 있기 때문에 자동차를 운전할 자유가 있다.

⑨ **경제**(economics) : 청소년들은 자신이 선택한 방식으로 돈, 시간, 에너지를 사용할 자유가 있다. 또한 본인의 의지로 경제기관을 이용하고, 세금납부에 대해 표현할 수 있다.

⑩ **교육개혁**(education reform) : 청소년은 교육 시스템 전반에 걸쳐 교육을 평등하고 의미 있는 파트너로 바꿀 권리가 있다.

⑪ **친권해제**(emancipation) : 법적 부모(보호자)로부터 독립할 권리는 청소년의 안전과 행복 그리고 건강을 위해 중요하다.

⑫ **엔터테인먼트**(entertainment) : 엔터테인먼트에 대한 접근과 소비 가능한 미디어의 창조는 모든 청소년이 누리는 권리이다. 원하는 것에 대한 소비, 생산, 참여는 나이가 아니라 선택 능력에 따라 결정되어야 한다.

⑬ **소년사법**(juvenile justice) : 청소년은 법의 관점에서 평등하고 공정한 대우를 받을 권리가 있다. 사법처리는 모든 청소년에게 동일한 것이 아닌 개인적인 성장과 능력을 반영해야 한다.

⑭ **미디어 노출**(media representation) : 모든 청소년은 나이로 인해 언론에서 부당하게 묘사되어서는 안 되며, 공정하게 대표될 권리가 있다. 즉, 나이, 인종, 사회경제적 지위, 교육 수준 등의 요인으로 인해 정형화되어서는 안 된다.

⑮ **프라이버시**(privacy) : 청소년은 가정에서, 학교에서 그리고 공적으로도 개인적 프라이버시에 대한 권리가 부인되고 있다. 인터넷은 사용자에 프라이버시권에 차별적이며, 청소년은 성인들의 임의적이고 주관적인 의견을 훨씬 더 받기 쉽다. 청소년의 프라이버시는 다양한 상황에서 다양한 방법으로 존중되어야 한다.

또한 미국의 청소년인권 옹호단체들은 학생의 권리에 대한 논의를 통해 교육 현장의 개혁을 요구하고 있다. 자유 표현, 안전과 웰빙, 적법 절차 등은 물론, 사회 변화에 따라 새롭게 강조될 필요가 있는 유형들을 포함하여 다음과 같은 11가지 학생 추동적 중요 조항(11 student-driven amendments)을 교육의 미래를 바꾸기 위해 필요한 것으로 제시하고 있다(Martin, 2015).

① **자유 표현**(fee expression) : 학생들이 자유롭게 말하도록 하는 것은 시험에만 의존하는 것보다는 훨씬 더 많은 통찰적이며 구체적인 답변을 하는 데 도움이 된다. 학생들은 자신의 생각을 표현하고 두려움이나 억압을 받지 않고 경험을 말해야 한다.

② **안전과 웰빙**(safety and wellbeing) : 많은 학생들이 이전보다 더욱 학교에서 안전하지 않다고 느끼고 있다. 자살은 청소년들의 사망원인에서 세 번째로 높게 나타나고 있으며 청소년의 11%는 18세가 되기 전에 우울증을 경험한다. 학생들은 학교에서 신체적, 정신적으로 안전하고 지원받아야 한다.

③ **적법 절차**(due process) : 대부분의 사람들은 자녀가 성공적으로 성장하도록 돕기 위해 학교에 보내지만, 여전히 혐오스러운 학대들이 많이 존재하고 있다. 학생들은 강압과 두려움에서 벗어나 공정하고 정당한 대우를 받을 권리를 갖는다.

④ **개별 학습**(personal learning) : 미국의 경우 학교 내에서 학생과 상담사 비율은 478대 1로 나타나는데 더욱 심각한 것은 고등학교 5개 중 1곳은 상담사를 두고 있지 않다는 것이다. 이러한 지원의 결여는 특히 저소득 학생들에게는 매우 부담이 되는 것이다. 물론 개별 학습은 지도 상담사보다는 훨씬 더 광범위한 것이지만, 학생들을 개별적으로 먼저 지원하는 것을 의미한다. 교육은 표준화하는 것이 아니라 각 학생과 지역사회의 욕구에 맞게 개인화하고 고객화하는 것이다.

⑤ **제도적 활력**(institutional agency) : 학생권리에 관한 모든 논의는 학생과 함께 논의할 필요가 있다. 학생들은 정책에 대해 알고 의사결정에 기여할 필요가 있기 때문이다. 교육에 있어서 실험하기(experimenting)와 혁신하기(innovating)의 차이는 학생을 실험용 동물인 기니피그(guinea pig)로 보는 것과 변화의 진정한 동반자로 보는 것의 차이와 같은 것이다.

⑥ **정보와 프라이버시**(information and privacy) : 정보와 프라이버시는 쌍방향 통행과 다름없다. 디지털 시대에서는 우리는 학생들이 자신의 정보를 통제할 수 있도록 보장하고 학생들을 프라이버시 침해와 오남용(intrusions or abuse)의 가능성으로부터 보호해야 한다.

⑦ **고용 가능성**(employability) : 교육은 더 높은 목적 이전에 모든 시민들에게 의미 있는 일자리를 찾을 수 있는 기회를 제공하는 경제를 유지하는 것이다. 학생들은 학교에 머무르는 동안 직업을 찾을 준비를 할 필요가 있다.

⑧ **시민참여**(civic participation) : 학생은 자신의 지역사회와 사회를 개선함으로서 배울 권리를 갖는다. 일을 더 잘하게 되기 위해 졸업 후까지 기다려야 할 필요는 없는 것이다.

⑨ **공정한 평가**(fair assessment) : 평가는 우리가 공교육에 전제되어 있는 것들을 전달하도록 보장하며, 누구도 뒤처진 채로 남겨져서는 안 되는 것이 사실이다. 평가는 우리를 끌어올리도록 되어야 하며 뒤떨어지도록 해서는 안 된다. 학생들은 유일한 학습자로서 존중받고 지원받으면서 학업을 완성하는 권리를 가진다.

⑩ **기술**(technology) : 여기에서 '디지털 원주민(digital natives)' 논쟁을 뒤바꿀 여지는 없지만, 스마트폰과 Instagram과 같은 SNS 계정을 갖고 있다는 것이 우리 세대가 지금의 세기적 개혁을 이끌도록 적절히 준비가 되어 있다는 것을 의미하지는 않는다. 우리는 학교에서 초고속 인터넷 접속, 장치, 최신 소프트웨어를 필요로 하고 그것도 지금 필요로 한다.

⑪ **다양성과 포용**(diversity and inclusiveness) : 우리 세대는 국가의 개념을 재정의하는 문화적 인구사회학적 파도(wave)를 타고 있다. 학교는 언제나 그러했듯이 이러한 변화를 먼저 볼 것이다. 우리는 지금과 같은 인종주의, 성별주의, 계급주의, 동성애 혐오(homophobia) 및 그 밖의 우리 사회를 얽어매는 악습(vices)들로 인해 지치게 되지 않도록 확실히 해야 한다. 교실은 모든 사람들이 함께 모여 배우는 특별한 장소가 되어야 하는 것이다.

한편 미국시민자유연맹(American Civil Liberties Union)은 헌법으로 인해 보호받는 학생 청소년의 권리임에도 불구하고 학교 관계자들이 잘 모르거나 무시하는 학생 청소년들의 권리를 6가지로 제시하고 있는데, 여기에는 전통적 권리인 ① 의견표현의 자유(speech rights), ② 복장규정(dress codes), ③ 장애인의 권리(disability rights) 등과 함께 새로운 권리영역으로 ④ 이민자의 권리(immigrant rights), ⑤ 성소수자의 권리(LGBT rights), 그리고 ⑥ 임신으로 인한 차별금지(pregnancy discrimination) 등이 함께 제시되고 있다(Tashman, 2017). 미국의 청소년인권 단체들은 이러한 학생의 권리들이 미국의 '헌법'과 '연방법' 등에 의해 보호되고 있다고 알리고, 학교가 이러한 학생들의 인권을 존중하도록 옹호하는 노력을 지속하고 있는 것이다(김도영 · 이혜경 · 노자은, 2019).

PART

02

청소년참여의 이론적 기초

CHAPTER 05 청소년참여의 개념
CHAPTER 06 청소년참여의 의미와 효과
CHAPTER 07 청소년참여의 영역과 청소년의 역할
CHAPTER 08 청소년참여의 이론적 모형

CHAPTER

05 청소년참여의 개념

1. 청소년참여의 발전

청소년들이 자신들에게 영향을 미치는 의사결정에 참여해야 하며, 필요한 경우에는 스스로 행동을 주도해야 한다는 개념이 점차 가치 있게 받아들여지고 있다. 인터넷과 SNS 사용을 일상화하는 디지털시대를 살고 있는 오늘날의 청소년참여는 정보와 소통, 그리고 표현권의 실현 등과 관련하여 더욱 중요하게 이해되고 있다. 세계 각국에서 청소년들이 사회적, 정치적 생활에 활발히 참가하는 수많은 사례를 찾아볼 수 있으며, 의사결정 과정에서 청소년참여를 촉진하는 일은 국가의 청소년정책에서 우선순위로 자리잡고 있다(Clark & Percy-Smith, 2006; Hart, 1997; Lansdown, 2001; O'Kane, 2003).

청소년참여를 강조한 추세는 이미 국제적으로 유엔이 '세계 청소년의 해'로 선포한 1985년의 상황으로도 확인할 수 있다. 당시 유엔에서는 그 해의 주제를 '평화, 발전, 참여'로 채택하면서 청소년에게 사회발전에 참여할 수 있는 기회를 제공함으로써 동반자적 관계 속에서 평화로운 미래를 건설해 가고자 하는 희망을 제시한 바 있다(김영지, 2007). 그 후 1998년에는 '세계청소년관계장관회의'가 개최되어 청소년참여의 중요성을 인식하는 정책과 프로그램을 확산시키는 계기를 마련하게 되었으며, 주요 선진국과 유럽연합 등을 중심으로 청소년참여기구 확대 등 전반적인 부분에서 균형 있는 성장을 도모하는 다양한 청소년 참여활동들이 지역사회에서도 실시되었다(홍정희, 2016).

한국의 경우에도 1990년 이후 집단적 의사결정 과정에서 청소년참여에 큰 변화가 있어 왔으며, 청소년의 사회구성원으로서의 역할에 대한 인식도 그에 상응하여 변화되어 왔다. 1991년에는 유엔아동권리협약을 비준하였으며, 1998년에는 국가청소년정책에서 청소년참여가 본격적인 정책의제로 포함되었다. 청소년의 정책참여 기회 확대, 청소년의 시민권 신장 등을 주요 목표로 제시하면서 청소년특별회의, 청소년운영위원회 등 다양한 사업들을 추진하기 시작하였다. 이는 정보화의 가속화, 대중문화의 발달, 문화다양성 관점의 수용 등의 사회적 분위기와 함께, 그동안 성인 주류 사회 속에서 주로 보호 대상으로 인식되었던 청소년에 대한 기존의 패러다임이 변화를 주도하는 주체로 청소년을 새롭게 인정하는 새로운 패러다임으로 변화하게 된 것을 의미한다. 이러한 변화는 저출산와 고령화에 따른 부양 노인인구의 급증, 생산가능인구의 조세 및 사회보장 비용 부담의 증가 등의 상황을 볼 때, 미래사회의 발전을 위해서는 현재의 청소년들을 어떻게 성인기가 되도록 준비시키는 것이 바람직할 것인가라는 시대적 과제에 대한 하나의 방향제시였던 것이다(홍정희, 2016). 천정웅(2021)은 추구하는 미래사회가 발전적이고, 민주적인 사회로 성장하기 위해서는 현재의 청소년들을 시민으로서 적극적인 자세로 참여할 수 있도록 준비시키는 일이 중요한 관건이며, 의미 있는 국가 사회적 책무라고 강조하였다.

청소년참여의 최근의 흐름은 청소년의 자율적 참여활동과 사이버 참여활동 등을 포함하고 있으며, 청소년들이 자신들에게 직접적으로 관련되는 활동뿐만 아니라, 사회정치적 문제에 이르기까지 광범위하게 참여하고 있으며, 오프라인과 온라인을 넘나들며, 개별적으로 때로는 연대하여, 적극적으로 자신들의 의견을 개진하고 있고, 필요한 경우 직접적인 행동을 표출하기도 한다. 이러한 일련의 변화와 함께, 청소년참여의 개념과 목적, 청소년의 성장과 사회발전을 위한 의미 등에 대한 논의가 지속되었다. 특히 어디까지, 어떤 형태로 참여하는 것이 청소년참여의 본질이며, 참여에서 성인들과의 관계는 어떠한가 등에 대한 관심이 일어나면서, 청소년참여의 유형화에 대한 이해가 중요한 의미를 가지게 되었다. 하트(Hart)의 참여사다리 모형을 비롯하여, 체코웨이(Checkoway)의 단계이론, 플레처(Fletcher)와 바브러스(Vavrus)의 원형 모형 등이 소개되면서 청소년참여의 수준(level)과 구조(mechanism) 등에 대한 인식을 확대하게 되었다.

그러나 다른 한편, 우리 사회에서 청소년참여, 특히 사회참여에 대해서는 매우 제한적으로 허용되어 왔으며, 청소년참여에 관한 논의도 대체로 부정적인 견해가 지배적이었다. 청소년은 단순 가담자, 감정적 동조자 혹은 부재자로 간주되어 왔으며, 기성세대의 지배질서에 대한 청소년의 반감이나 집단적 저항, 대안적 역량 등은 간과되어 왔다(정건희, 2020). 이러한 부정적 관점은 대체로 청소년을 보호의 대상으로 간주하는 경향을 띠면서 청소년세대를 주로 문제의 차원에서 이해한다(윤명희, 2009). 이러한 문제적 차원의 다른 한편에서는 선거나 정당, 전통적 사회조직에 대한 관심이 줄어들고 청소년참여가 감소하여 민주주의가 위기라고 보는 시각도 있다. 동시에 청소년참여와 관련하여 정치참여의 변화된 형태는 이전 세대들과는 다른 새로운 참여방식을 증가시키고 있다는 관점이 나타나기도 한다(정건희, 2020).

우리나라에서 청소년침여 개념의 도입은 국가청소년정책 수립과정과 밀접한 관련이 있다. 1998년 정부가 확정한 '청소년육성 5개년계획(1998~2002)'을 통하여 청소년참여가 국가 청소년정책의 기본 방향으로 처음 설정되었고 그 이후로 지속되면서 현재까지 주요한 정책영역으로 발전되고 있기 때문이다. 청소년정책에서 청소년참여의 중요성을 주장한 초기에는 '청소년정책에 있어서 청소년의 소외'(최충옥, 1991), '청소년의 권리와 사회적 불평등'(한국청소년연구원, 1992) 등에 대한 논의가 제기되었으며, 1995년 이후, '청소년과 지역사회참여'(천정웅 · 김경준 · 김영지, 1995), '지방청소년육성사업 활성화 방안 연구'(천정웅 · 황진구 · 신선미 · 김정주 · 김영지, 1996) 등의 주제가 국가청소년정책연구기관에서 연구되었다.

또한, 1995년 12월 한국청소년개발원에서 발간한 '청소년육성청서(21세기 주인공, 우리 청소년 어떻게 이끌 것인가?)'를 통해 청소년인권센터 설치, 청소년 인권의식 고양, 청소년인권지표 개발 및 청소년인권백서 발간, 아동권리에 관한 국제협약에 배치되는 청소년인권 관계법령 및 제도 개선 등의 과제가 제안되었다. 또한 이 과정에서 청소년대표자회의(서울시내 고교학생회장 모임 추진)와 청소년주장대회와 청소년에 의한 정책제안 아이디어 공모전인 청소년창안제 등의 사업이 시범적으로 시행되었다(김영지, 2016).

청소년참여에 대한 정책적 관심은 뒤를 이어 1997년도 '청소년참여 증대방안 연구'(천정웅 · 김영지, 1997)와 '청소년참여의 세계적 동향'(천정웅 · 김영지 · 임지연, 1997) 연구를 통해 촉발되면서, 연구에서 제안된 정책과제들이 당시의 김대중 정부의 출발과 함께 1998년 제2차 청소년육성 5개년계획의 국가정책과제로 대부분 활용됨으로써 청소년참여정책의 기초를 형성하게 된다(김영지, 2016). 또한 1997년과 1998년 당시는 국가적으로 IMF 상황 극복이 최대의 현안이 되면서 청소년의 역할에 대한 새로운 관점이 대두되는데, 'IMF시대 청소년참여의 방향과 과제 : P이론의 가능성 탐색'(천정웅, 1998)에 대한 논의와 함께 청소년의 소외와 참여에 관한 학술적 담론들이 생산되는 상황으로 이어지게 된다.

이 시기는 그 주요 흐름을 볼 때, 논란이 되거나 쟁점이 되는 내용보다는 사회환경 변화에 따라 청소년의 참여와 인권이 중요하고 필요하다는 주장으로 모아진 것으로 평가한다. 구체적으로는 청소년참여기구나 청소년인권센터 등의 조직이 정책과제로 제안되기도 하였으며, 그 대부분은 그 이후 정책화되어 현재까지 지속되고 있다(김영지, 2016). 그러나 청소년참여의 정책화에도 불구하고 청소년참여가 활성화되기 위해서는 해결해야 할 많은 과제가 남아있다. 청소년참여에 대한 의식이 청소년분야 현장에 널리 확산되어 있으나 사회 전반적인 합의가 아직 부족하고 또한 청소년참여에 대한 논의나 실천적 사례, 구체적인 실천 기법 등이 개발되어 있지 못하고 있는 점 등이다. 이에 비하여 서구에서는 이미 오래전부터 청소년참여에 대한 논의가 활발하고 청소년참여를 실천하기 위한 다양한 기법이 개발되어 있다.

서구에서의 청소년참여에 대한 관심은 서로 다른 배경을 가진 두 가지로 나누어 볼 수 있다(Ewen, 1994). 첫 번째는 개발도상국가에서 정치적, 문화적, 경제적 필요에 의해서 개발과정에서 청소년의 동력화 필요에 의해서 청소년참여에 관심을 갖는 경우이다. 두 번째는 선진국들에서 1960년대에 청소년들의 반전운동과 징집문제에 대한 회의, 대항 문화적인 도전, 그리고 교육과 사회

체제에 대한 회의감으로 인해 교육받은 청소년들이 권력 자체에 도전하기 시작하였으며, 자신들을 위하여 권력을 공유하기를 요구하게 되는 경우이다. 이러한 배경에서 청소년참여에 대한 개념규정, 참여모델의 개발, 청소년참여의 적용기법 등이 다양하게 개발되고 이에 대한 연구도 활성화되어 왔다.

2. 청소년참여의 개념

청소년참여에 대한 개념적 이해는 청소년참여의 이론과 실제를 한 단계 앞으로 나아가게 하기 위해서 중요하다(Theis, 2007). 참여의 개념은 연구자들의 학문적 관심과 대상 활동에 따라 차이를 보이고 있으며 다양한 의미로 사용되고 있다.

1) 참여의 개념적 이해

(1) 참여의 일반적 정의

참여(participation)라는 말의 사전적 의미는 '같이 한다(share)' 혹은 '부분을 취한다(take part)'는 것이다. 일반적으로 참여(participation)의 개념은 두 가지로 해석된다. 우선 어떤 활동에 단지 '참가하는 것'을 의미하거나 임파워먼트(empowerment)의 한 형태로서 자신에게 영향을 미치는 '의사결정에 진짜 참여하는 것'을 의미할 수 있다. 의사결정에 관여하거나 영향을 주는 과정으로 보는 것이다. 청소년참여 논의의 주요 관심은 두 번째 정의에 있지만, 첫 번째 것도 쉽지 않은 일이다. 예컨대 장애 청소년들의 경우에는 일상적 활동에 참여하기도 쉽지 않기 때문이다(McNeish & Newman, 2002).

(2) 학문적 관점에 따른 정의

참여의 개념은 관점에 따라서 다르게 규정되는데, 일반적으로 정치학자들은 의사결정에 관여하는 것과 선거에서의 유권자의 참여에 중점을 두고 있으며, 경제학자들은 경제활동에서의 혜택(benefit)의 측면에서 고려하고 있고, 행정학자들은 의사결정 과정에서의 개입 면에서 참여를 보고 있다(천정웅, 1998). 사회심리학자들은 참여의 개념을 '관여(involvement)'나 '영향(influence)'과 같은 것으로 본다. 또한 브룸(Vroom)은 "개인이 의사결정 과정에서 느끼는 영향력의 정도"라고 하였으며, 월(Wall)과 리쉐론(Lischeron)은 "참여는 단일한 개념이 아니라 의사결정과정에서 현저하게 나타나는 상호연관된 영향(influence), 상호작용(interaction), 정보공유(information sharing) 등의 요소로 구성되어 있다"고 하였다(Chell, 1985).

(3) 참여민주주의와 관련한 정의

참여민주주의에서 말하는 참여의 개념은 "사회의 보통 구성원이 의사결정의 결과에 영향을 미치거나 영향을 미치고자 하는 행동"으로 정의된다(김대환, 1997 : 16). 이러한 개념에서 참여의 주체는 '사회의 보통 구성원'으로서 직업적인 의사결정자가 의무나 권한으로서 의사결정 과정에 영향을 미치는 것은 여기서 말하는 참여가 아니다. 참여의 목적은 '의사결정 과정에 영향을 미치는 것'으로 목적의식에서 이루어지는 행동이 참여이며 그 목적은 개인적인 것이 아니라 적어도 몇 사람 사이에 공유되는 것이어야 한다. 그리고 참여는 '행동(action)'을 의미한다. 심리적인 개입(involvement)이나 동조(sympathy), 관심 혹은 선호 등과 같은 것은 참여적 행동의 근거는 될 수 있으나 그 자체가 곧 참여는 아니며, 경우에 따라서는 행동을 기피하거나 필요성을 희석시킬 수도 있다.

(4) 정치적 참여와 사회적 참여

정치적 참여와 사회적 참여가 구분되기도 하는데, 카스텐밀러(Castenmiller, 1989)는 정치적 참여를 '정치적 의사결정 과정에 직접적 또는 간접적으로 영향을 미치고자 하는 시민의 행동'이라고 정의하였다. 또한 사회적 참여는 형식적인 정치적 과정을 고려하지 않고 자신의 삶에 직접적으로 관련되는 정책에 영향을 주는 것으로 정의하고 있으며, 주로 지역사회 수준에서 정책결정에 미치는 영향을 예로 들고 있다. 주성수(2006)는 일반적으로 사회참여는 정치참여와는 달리 시민들의 참여활동이 정치적 목적을 위한 것이 아니거나 정치적 성격을 갖지 않은 활동으로 본다. 정치참여 활동을 정당이나 정치단체 등의 정치적 영역이나 정치적 목적을 가진 활동으로 본다면, 사회참여란 비정치적인 사회복지단체, 교육, 문화예술단체, 레크리에이션, 보건의료단체의 회원으로 활동하는 것을 지칭한다.

그럼에도 사회참여를 정치적 의미와 관련되지 않은 활동이라고 보기는 쉽지 않다. 사회참여를 '시민사회' 참여에 초점을 맞춘 시각에서 시민사회란 "가족과 친지, 경제적 생산과 교환, 혹은 국가에 근거하지는 않지만 정치적으로 관련되는, 공식적이건 비공식적이건 조직화된 사회적 활동의 앙상블"로 보게 된다. 시민사회를 구성하는 이런 결사체, 조직, 제도들의 앙상블(ensemble; 어울림, 조화)은 상황이 규정되고 이해 주장들이 표출되며, 패권적 영향력이 행사되는 복잡한 커뮤니케이션의 네트워크뿐 아니라 불균등한 권력관계의 패턴을 형성한다(Rueschenmeyer, 1998 : 18).

2) 청소년참여의 정의

청소년과 관련한 참여의 개념을 보면 또 다른 내용을 가진다. 여기서 논의하려는 것은 우리의 경험에 비추어 가족 활동, 스포츠 클럽, 청소년 조직, 훈련 등 청소년에게 유익한 목적으로 조직된 활동에 참여하는 것을 말하는 것이 아니라 분담된 책임, 적극적 관여에 관한 것이다. 참여는 실제의 행위 행동을 동반하지만, 관여라는 것은 자세 태도, 즉 관심을 가지고 책임감을 가지는 태도를 말한다(천정웅 · 김영지 · 임지연, 1997). 여기에서는 참여를 "특정 사회 구성원으로서의 일정 집단이 개인 또는 공동의 목표를 달성하기 위하여 다른 개인 또는 집단과 의도적으로 지속적인 상호작용을 가지면서 이룩하는 모든 활동"으로 보고 청소년참여의 개념을 정의할 필요가 있다.

(1) 청소년을 보는 관점과 관련한 정의

청소년참여의 개념은 사회적으로 청소년을 어떻게 보는가와 깊은 관련이 있는데, 청소년을 보는 관점은 청소년을 '자원으로 보는 관점(youth as resources)'

과 '희생자로 보는 관점(youth as victims)'으로 구분된다(Checkoway, 1999). 청소년을 자원으로 보는 관점은 청소년들이 자질 있는 시민으로서, 지역사회에 참여할 권리가 있고 지역사회를 위하여 봉사할 책임이 있다고 본다. 따라서 청소년들이 자신의 장점을 개발하도록 하기 위해서 구체적인 편익(benefit)을 제공하고 보다 건전한 지역사회 개발에 기여하도록 하여 변화를 만들어 낼 수 있도록 한다(making difference). 이와 달리, 청소년을 희생자로 보는 관점은 청소년이 사회의 나약한 구성원으로서 자신이 통제할 수 없는 힘에 의하여 자주 희생된다고 본다. 따라서 청소년들을 구호하고, 청소년의 권리를 보호하며, 청소년을 점점 악화되는 환경으로부터 보호해야 한다고 생각한다.

청소년참여에서는 사회발전을 위한 자원으로서 또는 사회변동의 주체로서 청소년의 역할과 기여를 기대한다. 1998년 8월 8~12일까지 포르투갈 리스본에서 열린 세계청소년장관회의에서는 「청소년정책과 프로그램에 관한 리스본 선언문」을 통하여 "청소년들이 사회의 긍정적인 힘이며, 사회의 발전과 진보에 기여할 수 있는 무한한 가능성을 가졌다는 것을 인정하며…", "청소년들이 국가와 지방 청소년정책 · 프로그램 · 실천계획의 형성 · 실행 · 평가에 적극적으로 기여하게 하며, 청소년들이 처한 상황과 청소년들의 필요를 파악하고, 청소년들 자신의 우선순위를 이런 과정에 포함시킨다"라고 선언하고 있다(한국청소년개발원, 1998). 청소년이 자신의 삶의 주체로서 그리고 지역사회의 구성원으로서 자율성을 갖는 독립된 존재라는 인식에 근거하여 지역사회에 참여할 권리가 있고 동시에 지역사회 발전에 참여해야 할 책임이 있다는 것이다.

(2) 학제적 · 실천적 개념 정의

청소년참여의 개념은 학자와 기관에 따라서도 다양하게 나타난다. 윈터(Winter, 1997)는 참여를 "청소년들이 능동적으로 자신의 생활환경에 참여하는 기회"라고 정의하였으며, 하트(Hart, 1997)는 청소년참여를 기본 권리라고 하고, "자신의 삶에 영향을 주는 그리고 자신이 살고 있는 지역사회에 영향을 주는 의사결정을 공유하는 과정"으로 정의하였다. 유럽위원회(Council of Europe, 1993)에서는 청소년참여를 “책임과 의무를 떠맡고 자신의 의사결정을 할 수 있도록 포함되고, 허용되고, 촉진되어야 할 청소년의 권리”라고 정의하였다. 참여는 민주적인 방법으로 청소년이 자신의 삶과 관계가 있는 과정에 영향을 주는 것이고, 지역사회의 청소년정책 개발에 관여하는 것 두 가지를 의미한다.

전국청소년자원위원회(National Commission on Resources for Youth, 1975)에서는 “참여자 자신뿐만 아니라 다른 사람에게도 영향을 주는 기획이나 의사결정 활동에 청소년이 책임감 있고 진취적으로 참여하는 것”이라고 정의하였다. 호주청소년재단(Australian Youth Foundation, 1999)에서는 청소년참여를 “삶의 모든 영역에서 청소년들과 성인 간의 협력개발”이라 정의하고, 참여를 통해서 청소년들이 사회에서 가치 있는 지위를 가질 수 있으며 동시에 청소년들의 기여, 아이디어, 에너지로부터 청소년 자신과 지역사회가 모두 이득을 얻을 수 있다고 하였다. 또한 청소년참여의 개념을 보다 명확히 이해하기 위해 세부적으로 살펴보면 다음과 같이 크게 세 가지 수준에서 사용된다고 지적하였다.

첫째, 광범위한 수준(broad level)에서 청소년이 시민으로서 사회적, 문화적, 정치적, 경제적 생활에 완전하게 참여할 수 있는 권리를 갖는다는 점을 인식하는 데 사용된다. 예를 들어, 청소년들이 교육, 훈련, 고용, 정치생활 등과 같은 영역에서 참여할 수 있음을 말하는 것이다.

둘째, 조직수준(organizational level)에서 청소년들을 지원하기 위하여 계획된 정책, 프로젝트, 프로그램에 관한 의사결정에 참여하는 권리를 기술하는 데 사용된다. 예를 들면, 청소년들이 청소년 프로젝트에서 자문이나 운영에 참여하는 것이다.

셋째, 개인적인 수준(personal level)에서 자신의 삶에 영향을 미치는 의사결정에 관여하거나 정보를 얻게 되는 권리를 기술하는 데 사용된다. 청소년들이 가족생활이나 정부의 보호를 받는 경우 청소년서비스의 고객(client)으로서 의사결정에 관여되거나 정보를 받는 경우이다.

위와 같은 다양한 개념을 통해서 볼 때 청소년참여는 ‘청소년이 자신의 삶에 영향을 미치는 의사결정 과정에 관여하는 과정’으로 정의할 수 있으며, 청소년참여는 지역사회 모임에 참여하는 것에서부터 선거참여나 항의시위 참여에 이르기까지 매우 다양한 형태로 나타난다고 할 수 있다(Checkoway, 1998).

(3) 청소년참여의 실제적 정의

청소년참여에 대한 이러한 개념적 인식은 지금까지 청소년의 삶과 관련된 대부분의 의사결정이 청소년 자신의 의견을 고려하지 않고 성인에 의해서 일방적으로 결정된 것이 많다는 데에서 출발한다. 특히 청소년정책과 같이 청소년들의 삶에 광범위한 영향을 미치는 의사결정 과정에 청소년이 배제되는 상황이 지속되었다는 점에서 의사결정 권한을 청소년이 갖도록 하는 일은 청소년참여의 핵심적인 개념으로 이해되고 있다(천정웅 · 김정주, 2009). 이와 같이 청소년참여(youth participation)의 개념을 '의사결정 권한의 공유'라는 관점에서 보면, 청소년이 그러한 권한을 갖게 하는 의미를 가지며, 이를 위한 방법은 권한을 가지고 있는 성인의 양보나 권한 이양을 통하는 방법과 청소년이 권한부여(empowerment)되거나 스스로의 권리에 대한 자각을 통해서 권한을 획득하는 방식이 있을 것이다(김정주, 1999).

실제 현실을 보면, 청소년참여의 개념은 더욱 복잡함을 알 수 있다. 참여는 일상에서부터 하나의 특별한 이벤트까지 각기 다른 수준에서의 의사결정에 적극적으로 참여하는 것을 포함하는 다층적 개념이기 때문이다(Clark & Percy-Smith, 2006), 이런 점에서 테이스(Theis, 2007)는 청소년참여를 실제 현실에서는 실행(performance), 권리(right), 그리고 시민권(citizenship)으로서의 참여 등의 세 가지로 정의하면서, 다양한 수준으로 반영되고 있다고 본다.

첫째, 실행(performance)으로서의 참여는 청소년을 청소년단체를 통해 동원하는 형태와 관련된다. 주로 청소년들 간에 강한 시민적 책임감을 개발하는 목적으로 지역사회 서비스, 특히 정부의 정화캠페인 같은 일에 동원하는 것이다. 둘째, 권리(right)로서의 참여는 유엔아동권리협약의 참여권과 관련된다. 이는 모든 청소년은 표현, 정보, 결사, 사상과 종교, 사생활 등의 시민적 권리를 가진다는 것이다. 이러한 '참여권'은 청소년들이 스스로 생존, 발달, 보호할 수 있도록 돕는다. 셋째, 민주적 시민권(citizenship)으로서의 참여는 청소년이 정치, 정책 논의 등에 참여하는 것이며 대부분 일회성 이벤트(컨퍼런스)에 국한되거나, 청소년의회(youth parliaments), 청소년위원회(youth council) 등에 참여하는 것과 관련된다.

기존의 노력은 대부분 조직, 메커니즘 및 과정에 참여시키는 것이라기보다는 청소년의 견해를 정책과 정부의 결정(예컨대, 예산 등)에 반영되도록 하는 것에 초점을 맞추는 것이었다는 점에서 이들을 정치적으로 활발하게 되도록 하는 것과는 거리가 있다.

(4) 참여세대와 행동주의적 정의

청소년참여는 또한 참여세대(P세대)와 관련한 논의를 통해서 이해할 수 있다. 참여세대를 P세대로 규정한 것에는 참여(Participation), 열정(Passion), 잠재적 힘(Potential power)의 세 가지 의미를 포함하고 있으며, 이러한 특징을 가지고 패러다임의 변화(paradigm shift)를 일으키는 세대를 의미한다. P세대는 정치적 민주화와 정보화로 출현하고 인터넷과 스마트폰 활용에 따라 다양한 소통(communication)과 정보가 생활의 중심이 되는 세대이다(이창호 · 이윤주, 2020).

인터넷의 발달은 사회운동의 영역 자체를 확장시켰고 운동방식이나 조직형태도 급격히 변화시키면서 중요한 정치참여의 수단이 되었다. 온라인 서명운동이나 캠페인, 시이비 시위, 배너날기 등 인터넷 공간에서의 독자적 운동방식이 출현했으며 이러한 동향은 여러 가지 사회적 이슈에서 인터넷을 통한 정치참여의 모습을 갖게 되면서 새로운 전자민주주의의 한 형태로 논의되었다. 이창호(2020)는 이 과정에서 청소년들의 참여와 역할이 컸는데, 청소년들의 직접적인 의견 표현이 시작되면서 온라인과 오프라인을 통해 두발자유화운동, 촛불시위, 18세 선거권운동으로 이어진 것으로 본다.

(5) 디지털세대와 관련한 정의

청소년의 디지털과 관련한 세대적 논의는 탭스콧(Tapscott)이 컴퓨터와 친숙한 청소년들을 '네트 제너레이션(net generation)'을 의미하는 'N세대'로 불렀던 때로 소급된다. N세대는 디지털 기술을 자유자재로 활용하면서 사이버공간을 삶의 중요한 무대로 인식하고 있는 집단이며, 컴퓨터나 스마트폰을 이용한 '접속'을 중요시하는 네트워크 세대이다. 이들에게 가상공간은 현실공간과 같은 또 하나의 삶의 중요한 공간이다(황상민, 2004). 김호기(2008)는 이처럼 적극적인 사회참여를 보이고 있는 지금의 10대들을 '2.0세대'로 규정하면서 누구나 정보를 생산 · 공유하는 '웹 2.0' 시대에 살고 있기 때문에 사이버공간에서 쌍방향 소통을 통해 자아의식과 사회의식을 스스로 형성하고 있다고 주장한다. 그리고 이들은 개인주의적이면서도 소통을 중시하는 열린 공동체의 지향, 모바일과 인터넷을 자신의 표현수단으로 삼는 '디지털 유목민(노마드; nomad)', 자아실현을 소중히 하는 '탈물질주의 가치'의 세대, 그리고 부모세대로부터 사회비판의식을 학습한 '격세유전'적 특징 등을 지닌 세대적 특징을 가진 것으로 본다.

(6) 청소년참여의 실용적 정의

청소년참여는 청소년운영 프로그램을 설명하기 위하여 사용되는 용어이다. 청소년자원위원회(National Commission Resources for Youth : NCRY)에서는 청소년참여 프로그램의 네 가지 핵심 요소를 통하여 청소년참여를 실용적으로 설명하고 있다(Swinebart, 1992).

첫째, 청소년들이 의미 있는 의사결정에 대한 책임을 가져야 한다. 청소년들은 프로그램을 통해서 자신들에게 관심 있는 문제를 파악하고 대안을 개발하고 요구를 충족시킬 수 있는 서비스를 전달해야 한다. 또한 청소년들은 프로그램의 기획, 실행, 평가의 모든 과정에 활동적으로 참여해야 한다.

둘째, 지역사회의 진정한 욕구를 만족시켜야 한다. 이는 청소년참여 프로그램과 명목적인 청소년참여를 구별한다. 실제로 많은 프로그램들이 평가과정에 청소년을 참여시킴으로써 실제적인 욕구가 파악될 수 있도록 하고 있다.

셋째, 청소년참여는 성인들과 협력관계 형성을 통해 이루어져야 한다. 청소년참여 프로그램에서 청소년과 성인들은 공동목표를 위해 협력관계로 함께 일하게 된다. 상호 간 책임을 동등하게 공유하며 경험, 창의적 아이디어, 물질자원, 지역사회와의 연계 등 필요한 자원도 성인 또는 청소년들로부터 나온다. 성인과 청소년 간에는 엄격한 역할이 있기보다는 필요에 따라 성인들은 방향을 설정하지만 청소년들은 동료로서 함께 일하게 된다.

넷째, 정규적인 기회 제공을 통해 청소년들이 활동에 대해 반성하고 관련한 기능을 배울 수 있게 해야 한다. 청소년참여 프로그램은 청소년들이 자신과 지역사회에 대해서 배울 수 있는 좋은 기회이며 집단토의, 개인적 피드백 등 비판적인 성찰과정을 통하여 이러한 학습을 증진시킬 수 있다(김경준, 2005).

(7) 파트너십 형성으로 보는 정의

청소년참여의 개념을 '청소년과 성인의 파트너십 형성'으로 보는 입장이 있다. 이는 청소년들이 의사결정 권한을 어느 정도 가져야 하는가에 대한 논의로 청소년－성인 파트너십(youth-adult partnership)에 대한 인식에서 출발한다. 청소년－성인 파트너십이란 "기존의 청소년－성인의 관계에서 벗어나 청소년과 성인이 강력한 공동체를 이룸으로써 함께 일하고(work together), 권한을 공유하고(sharing power), 서로에게서 배우는 것(learning each other)"을 의미한다(Justinianno & Scherer, 2001). 파트너십은 기본적으로 상호 간의 동등한 관계와 동등한 권한, 상호존중을 전제하는 것이다. 이는 청소년실천 현장에서 나타나는 청소년－지도자 파트너십 논의와 유사하다(김정주, 1999).

3) 청소년참여 개념의 핵심 요소

박세일(2003 : 7-9)은 참여란 "자신 삶의 조건과 환경에 영향을 미치는 집단적 의사결정 과정에 자신들의 생각과 주장을 반영시키려는 노력"으로서, 청소년참여란 "청소년의 삶의 조건과 환경에 영향을 미치는 국가정책의 결정과정, 지역사회의 각종 결정, 학교 혹은 가정의 여러 결정과정에 청소년이 스스로의 생각과 주장을 가지고 참여하여 정책 결정과정에 영향을 미치려는 노력"이라고 정의하였다.

일반적으로 '참여'라는 개념은 주체성과 자발성이란 속성을 갖고 있다. 모든 참여가 주체적이거나 자발적이라고 할 수 없기도 하고, 주체적이지 않지만 자발적으로 참여하는 경우도 있으며, 주체적이지만 자발적이거나 또는 주체적이지만 비자발적인 경우도 있다. 그러나 참여를 중요한 권리로 인정하면서 오늘날 청소년참여는 '청소년'이 주체가 되는 자발적인 활동으로 합의하고 있다. 이 점에서 성인주도의 청소년참여는 변화가 필요하다. 청소년 자신의 삶에 영향을 주는 요인들에 대해서는 성인에 의한 것이 아닌 청소년에 의해 주도되고 요구되어야 한다는 것이다(홍정희, 2016).

최창욱(2013)은 청소년참여를 연구하는 학자들이 제시한 청소년참여의 개념을 몇 가지로 정리하였다. 첫째, 능동성, 즉 주체적 참여로 청소년들이 다른 사람들의 영향으로 참여하는 것이 아니라 자신들의 판단에 따라 주체적으로 참여한다는 것이다. 청소년의 주체적 참여라는 개념에는 청소년 개인의 의미와 더불어 청소년이 살고 있는 지역사회의 구성원으로서 참여가 담겨 있다. 참여의 주체로서 자신들의 삶과 관련된 각종 정책이나 계획, 그리고 지역주민의 의견이 요구되는 경우에는 청소년의 욕구나 의견도 표출되고 반영되어야 한다는 것이다.

둘째, 영향력 행사를 통해 변화를 도출하는 것이다. 참여를 통해 청소년 자신과 자신이 살고 있는 지역사회, 기관, 시설에 영향을 미친다는 것은 공통된 요소로 나타난다. 청소년참여의 영역은 청소년이 무엇에 참여하는가에 관한 것인데 청소년참여 영역을 넓은 차원에서 보면 청소년 발달에 영향을 주는 모든 생활환경이 대상이 된다. 즉, 청소년참여는 지역사회의 모임부터 선거참여나 항의 시위 참여에 이르기까지 매우 다양하다(천정웅, 2000). 그러나 최근 청소년의 사회적 발언 기회가 많아지고 시민적 존재가치를 드러내는 다양한 형태의 참여유형이 나타나고 있는데 이는 청소년을 문제적 존재나 사회 의존적 존재가 아닌 민주시민의 참여 주류자 관점으로 이해할 필요성을 제시하고 있다(김영인, 2010).

셋째, 참여는 의사결정 과정의 공유와 관련된다. 참여는 책임과 의무를 가지고 스스로 의사결정할 수 있도록 포함하고, 허용하고, 촉진되어야 할 청소년의 권리로 보는데, 이는 의사결정에서 청소년이 직접적으로 관여하는 것을 의미하는 것이다. 적극적이고 직접적인 관여는 청소년들이 자신의 삶과 그들이 생활하고 있는 지역사회에 영향을 미치는 결정을 공유하는 과정으로 정의할 수 있다(Hart, 1997). 그러나 진정한 의미의 참여는 단순한 의사결정 과정에만 참여하는 것이 아니다. 그 과정 속에 내포되어 있는 내용(text)과 맥락(context) 모두에서 청소년들이 참여하고 있어야 하는 것이다. 단순히 어떤 활동에 참석하거나, 행사에 동원되는 것과 같은 형식적인 참여가 아닌 참여하는 청소년들이 서로의 의사결정 과정을 공유하는 과정이 함께 수반되는 명시적인 참여가 실질적 참여인 것이다. 이렇게 보면, 청소년 참여의 개념 속에 공통되는 요소는 청소년들이 능동적이며 주체적으로 참여하는 것, 영향력을 통해 변화를 일으키는 것, 그리고 청소년들이 의사결정 과정을 공유하는 것으로 볼 수 있다(홍정희, 2016).

황여정(2017)은 청소년참여에 대한 개념적 정의는 다양하지만, 이를 관통하는 핵심 개념은 '영향력의 발휘', '의사결정 과정에의 참여'로 집약할 수 있다고 보고 청소년들이 실질적인 영향력을 행사하고 의사결정을 공유함으로써 변화를 도출해 가는 것을 청소년참여의 본질로 표현하였다. 즉, 이러한 개념 정의에 따르면, 단순히 일반적 활동에 참가하거나 행사에 동원하는 것은 참여로 보기 어렵다는 것이다(천정웅, 2011). 또한 청소년참여에 대한 개념적 인식은 지금까지 청소년의 삶과 연계된 대부분의 의사결정이 청소년과 유리되어 이루어졌다는 데 문제의식을 두고 있으며, 청소년정책과 같이 청소년들의 삶에 광범하게 영향을 미치는 의사결정 과정이 청소년 중심으로 이루어지지 못했다는 점에서 의사결정의 권한을 청소년이 갖도록 하는 것이 청소년참여의 핵심적인 개념이라고 보았다(김정주, 1999). 바로 이러한 이유로 청소년참여는 의사결정에 청소년이 직접적으로 관여하는 것을 의미하며, 이러한 맥락에서 성인 의사결정자가 다양한 수단을 활용해 청소년의 견해를 구하는 '자문'과는 차이가 있다고 설명한 바 있다(정건희, 2013).

청소년참여에 대해 김영인(2007)은 일반 청소년들이 공적 영역의 공공문제나 인물 선택에 관한 의사결정에 직·간접적으로 영향을 미치려는 명시적이고 자발적인 행위라고 했다. 공적 영역은 국가적 영역과 사회적 영역으로 구분하여 설명할 수 있다. 국가적 영역의 참여는 정책참여, 선거참여, 정책 및 선거에 영향을 미치고자 하는 집회와 시위 등과 같은 정치참여를 포함하고 사회적 영역의 참여는 봉사활동, 시민사회 및 지역사회 참여, 수련시설 운영 참여 등과 같은 사회참여를 의미한다. 청소년참여에 대하여 김 민(2005)은 청소년참여는 자신의 삶과 사회에 대한 주체적이고 적극적인 관여이며, 특히 자발적 참여는 자동적으로 청소년들의 담론 형성을 가능하게 한다고 하였다.

한편 김영지(2005)는 청소년참여는 스스로를 대변하고 자신의 상황을 변화시킬 수 있는 수단으로 강조한다. 이런 점에서 보면, 청소년참여가 본격화되기 위한 핵심은 청소년의 삶과 관련된 쟁점들을 어떻게 이끌어 낼 것인가에 있는 것으로 볼 수 있다. 청소년참여는 청소년이 의사를 표현하는 것으로만 생각하고 표현된 의사는 의사결정에 반영되어야 한다고 보는 것으로 인해 참여를 오해하거나 말주변이 없으면 참여할 수 없는 것이라는 인식을 갖게 한 것도 사실이다. 그래서 참여가 누구에게나 주어져야 하는 것이지만, 학업적 우세에 있는 특정 청소년들에게 편향되는 현상도 나타나기도 하는 것이다.

따라서 청소년 참여는 단순하고 획일적이며 동원하는 방식을 의미하지 않지만, 청소년의 의견이 반드시 의사결정 과정에 반영되어야만 하는 것이라는 단정도 바람직하지 않다. 암묵적으로 내재되어 있는 청소년 자신의 삶에 대한 쟁점들을 능동적이면서 실질적으로 현실적 상황에서 제기하는 하나의 실천 과정으로 보는 것이 필요하다. 이런 맥락에서 보면 청소년참여의 개념은 우선 참여를 "특정 사회 구성원으로서의 일정 집단이 개인 또는 공동의 목표를 달성하기 위하여 다른 개인 또는 집단과 의도적으로 지속적인 상호작용을 가지면서 이룩하는 모든 활동"으로 보고 정의할 필요가 있으며, 그 개념적 이해를 위한 전제로서, "청소년들이 자신들의 삶과 지역공동체, 넓게는 사회생활에 영향을 끼치는 의사결정 과정에 관여하여 영향력을 행사하는 것"으로 규정한다.

〈표 5-1〉 청소년참여에 대한 개념적 정의와 핵심 요소

구 분	청소년참여 개념 정의	핵심 요소
Hart(1997)	자신의 삶에 영향을 주고, 자신이 살고 있는 지역사회에 영향을 주는 의사결정을 공유하는 과정	영향력의 발휘 의사결정의 공유
Winter(1997)	청소년들이 능동적으로 자신의 생활환경에 참여하는 기회	능동성 참여의 영역으로 생활환경 강조
Checkoway(1998)	자신의 삶에 영향을 미치는 의사결정에 개입하는 것	영향력의 발휘 의사결정에의 개입
천정웅(2011)	자신들의 삶과 지역공동체, 넓게는 사회생활에 영향을 끼치는 의사결정 과정에 관여하거나 영향력을 행사하는 것	영향력의 행사 의사결정 과정에 관여

출처 : 황여정(2017), p. 18.

3. 청소년참여의 유사개념

1) 개입과 임파워먼트

청소년참여와 유사한 개념으로 개입(involvement)과 임파워먼트(empowerment) 등이 사용되는데 그 의미는 다소 차이가 있다. 첫째, '개입(involvement)'은 관심을 가지고 책임감을 가지는 태도를 말하는 것으로, 실제 행위를 수반하는 참여와는 구분된다(천정웅, 1998c). 다른 한편으로 통제의 권한이 누구에게 있는가에 따라 구분된다는 견해도 있는데, 예를 들어 시민참여(citizen participation)의 경우 그 통제를 시민이나 정부 어느 쪽에서 가지고 있거나 혹은 시민과 정부 쌍방이 통제를 평등하게 분담한 상태로 이루어지는 여러 활동을 포함하는 넓은 개념으로 사용하는 반면, 시민 개입(citizen involvement)은 참여의 과정이 정부에 의해서 통제되고 있는 시민참여의 한 형태로 본다(이승종 · 유희숙, 1994). 이렇게 보면, 청소년개입(youth involvement)은 청소년참여(youth participation)의 한 형태로서 청소년서비스 제공기관이나 행정기관 등에서 청소년참여의 과정을 주도하는 경우를 의미한다고 볼 수 있다.

둘째, 청소년 '임파워먼트(enpowerment)'도 청소년참여와 유사한 개념으로 사용되고 있다. 여기서 '권한부여' 또는 임파워먼트는 불평등하고 형평성이 결여된 사회와 억압받고 짓눌린 개인의 변화를 도모하기 위해 박탈당하거나 상실한 권리 · 기회 · 자원 · 서비스를 되찾고 자신과 환경에 대한 통제력을 회복하는 것이다(김성이 · 조학래 · 노충래, 2004). 청소년 '권한부여(empowerment)'는 두 가지 의미로 이해할 수 있다(Sensen, 1997). 첫째는 '동등한 영향과 개인의 자율성(equal influence and individual autonomy)'으로 보는 경우이다. 이는 집합적 의사결정 과정에서 개인들의 자율성이 유지되고 동등한 영향력을 공유할 수 있게 사회의 제도가 모든 시민들의 동등한 영향력을 보장하고 집합적 통치과정을 통제하여야 한다는 관점이다. 둘째는 '개인을 시민이 되게 하는 것(transforming individuals into citizen)'으로 보는 관점이다. 각각의 개인이 사회적 지배에 대한 총체적인 관점을 내면화하고 자신들의 사회적, 지적 역량을 개발하는 능력을 증가시키는 것을 의미한다. 즉, 권한부여도 청소년참여와 마찬가지로 청소년이 사회에 기여할 수 있는 책임과 능력이 있다는 관점에서 이들이 사회에 영향을 주는 의사결정을 할 수 있는 권한(power)을 갖도록 하는 데 관심을 가진다.

한 가지 짚고 넘어갈 것은 청소년참여가 주어진 환경 내에서 청소년의 의사결정 권한을 증진시키는 데 관심을 갖는 데 비하여, 권한부여는 성차별이나 인종문제 같은 문제를 다루기도 하지만 일반적으로 고도로 구조화된 경험을 통하여 청소년들이 특정한 문제에 대해 사고하는 능력을 개발하고 그러한 문제에 대해 개인으로서뿐만 아니라 집단의식을 가지고 대응할 수 있도록 개인을 개발하는 데 중심을 두고 있는 점이다(Bamber & Murphy, 1999).

2) 지역사회 참여와 시민적 관여

(1) 지역사회 참여

청소년참여와 관련한 주요한 개념으로 청소년의 지역사회 참여(community participation)와 청소년의 시민적 관여(civic engagement in youth)의 개념을 고찰할 필요가 있다. 우선, 지역사회는 자신이 거주하는 일정 지역의 공간이며, 시설이나 기관까지 포함하는 개념으로 그 안에서 관계를 형성하고 소속감, 애착심 같은 심리적 유대감을 공유하며 살아가는 장소를 말하는 것으로 일반적으로 지역적 공간(area), 공통된 유대감(common tie), 그리고 사회적 상호작용(social interaction)과 같은 세 가지 구성요소를 가진다(천정웅, 2011). 황여정(2017)은 이러한 지역사회의 개념정의를 통해 청소년의 지역사회 참여는 '청소년들이 자신이 살고 있는 지역에서 자신들의 삶에 영향을 미치는 의사결정 과정에 참여'하는 것으로 규정한다. 청소년들의 일상적 삶은 지역사회 안에서 이루어진다는 점을 고려하면, 결국 청소년참여는 지역사회 안에서 이루어지며 따라서 지역사회야말로 청소년참여가 이루어지는 가장 가깝고도 중요한 장(場)이 된다.

이는 지역 중심의 참여가 청소년들이 생활거점이며 관습과 태도, 가치관을 길러주는 실천적 현장에 참여하는 것을 의미한다고 보는 것과 유사한 접근이다(김정주 · 길은배 · 정화수, 1999). 하트(Hart, 2008)는 청소년들이 지역공동체에서의 자기 조직화를 통해 비형식적 참여에 종사할 기회를 갖는 것이 중요하다는 점을 인정할 필요가 있다고 말한 바 있다. 이를 통해 당면 이슈에 관한 자기류의 개념에 따라 형식적 의세에 잠여할 수 있는 기반을 갖기 때문이다. 청소년의 지역사회 참여는 또한, 지역사회를 구성하는 모든 생활세계의 영역에서 다양하게 이루어지는 일련의 참여 활동으로 이해할 수 있다(이채식 · 박은식, 2007). 청소년들은 지역사회를 매개로 다양한 활동에 참여함으로써 더불어 사는 태도를 함양하고, 사회에 대한 관심을 실천하게 된다는 인식이다(이장현, 2002).

청소년의 지역사회 참여에 관심을 기울인 연구들은 공통적으로 지역사회 참여가 청소년발달에 긍정적 효과를 발휘한다고 주장한다(황여정, 2017). 지역사회 참여는 청소년들이 지역사회에 애착을 갖는 데 도움을 준다. 청소년들이 이웃이나, 학교 또는 지역사회 이슈에 관한 프로그램에 관여하게 되면 사회적 책임감, 자신이 살고 있는 지역사회와의 연결감, 자존감의 증진, 그리고 사회 이슈에 대한 이해를 높이게 된다. 청소년들이 지역사회를 참여활동의 토대로 인식하고, 활동을 하게 되면 청소년에게 내재되어 있는 지역사회에 대한 애착심과 심리적 유대감을 불러일으킬 수 있으며, 지역사회 구성원으로서 자신이 수행해야 할 역할을 명료하게 인식하는 데도 도움을 준다는 것이다(홍정희, 2016). 아울러 청소년기의 지역사회 참여 경험은 사회구성원들의 시민성 함양에도 긍정적인 영향을 발휘함으로써 궁극적으로 그 사회의 전반적인 시민참여 수준을 제고하는 데 도움을 주며 이에 따른 청소년의 시민·사회적 참여는 그 후의 생애 기간의 시민적 활동과 정치적 활동을 촉진한다고 본다(김태준·오민아·이은경, 2015).

정책분석가들과 이론가들은 청소년의 비관여(disengagement)에 따른 사회적 비용(costs)에 또 다른 관심을 갖는다. 청소년의 사회참여를 장려하는 것은 청소년의 비관여에 따른 비용을 줄이는 의미를 갖는다는 것이다. 사회문제에 대한 해결책을 찾는 데 관심이 없는 청소년들의 경우는 성인이 되어서도 보다 큰 사회에 대한 책임감과 의무감을 느끼지 않게 될 가능성이 많다. 더욱이 사회변화 노력과 관련성이 적은 청소년들은 성인기에 도달하는 데 필요한 지식과 기술이 제한되기 쉽다. 이와 달리 지역사회 청소년단체에 참가하는 청소년들은 그들이 속한 지역사회 또는 크게는 사회 전체에 변화를 초래하는 미래적 노력에 대하여 더 많이 알 수 있는 기회를 갖는다(천정웅, 2014). 즉, 지역사회 참여를 통해 청소년도 성장하지만, 청소년들을 보호받아야 하는 수동적 존재로 간주하기보다는 성인들과 함께 주도적 역할을 하는 동반자적 존재로 인정하고 참여기회를 제공함으로써 지역사회도 구성원들 간 유대가 강화되고 시민적 관여가 제고됨으로써 발전을 경험하게 된다는 것이다(황여정, 2017).

(2) 시민적 관여

청소년의 지역사회 참여와 함께 청소년의 시민적 관여가 우리 사회의 현실이 되고 있으며 민주주의 국가로서의 정치적·경제적 발전과 함께 청소년들의 사회적·시민적 관여는 더욱 증대될 것임을 이해할 필요가 있다. 실제로 청소년 분야에서 청소년의 권리와 자율적인 참여는 이미 10여 년 전부터 중요한 국가적 과제가 되어 왔으며, 청소년의 긍정적 발달(positive development)과 적극적 관점의 역량개발(competence development)이 강조되면서, 청소년행동주의(youth activism)에 대한 관심도 점차 높아지고 있는 것이 사실이다(Cheon, 2009).

우선, 청소년의 시민적 관여와 관련된 유사용어들이 많이 있다는 점에서,

이 책에서는 civic engagement는 '시민적 관여' 또는 '시민관여'로 사용하고, 청소년참여(youth participation), 청소년 개입(youth involvement), 시민성(citizenship) 등과 구분하여 그 개념을 이해하기로 한다. 시민적 관여(civic engagement)라는 용어는 성인들의 경우에는 시민적 영역(civic domain)에 영향을 주는 지역적, 국가적, 지구적 활동에 참가(participation)함으로써 초래될 수 있는 행동들을 포함한다(Sherrod & Lauckhardt, 2008). 그러나 청소년은 이러한 활동에의 참가가 제한되는 발달적, 사회적 제약요건들을 가지고 있기 때문에 청소년의 사회적 관여에 대한 개념 정의는 정치학자와 발달심리학자들 간에 논쟁거리가 되어 온 것이 사실이다.

정치학자들은 청소년의 형식적 정치제도에 대한 투입(investment)과 기여(contribution)를 관여(engagement)로 본다. 그리고 이러한 관여를 증대하기 위해서 청소년들은 정치에 대한 기술과 지식을 습득해야 한다고 주장한다(Galston, 2001). 반면 발달심리학자들은 관여를 보다 넓게 정의하여 지역사회 청소년단체 등과 같은 집단들에 대한 청소년들의 투입과 기여를 관여로 본다. 따라서 청소년들이 이러한 단체에 가입하는 기회를 증대시키고 책임을 느끼게 하는 것이 필요하다고 믿는다(Sherrod, 2007).

시민적 관여는 여러 가지 요소들을 가진 다차원적인 구성임을 알 수 있다. 실제로 시민적 관여의 구성요소는 여러 가지로 이야기될 수 있지만, 대체로 네 가지 구성요소를 가지는 것으로 논의할 수 있다(Flanagan & Faison, 2001; Sherrod & Lauckhardt, 2008). 첫째는 시민적 지식(civic knowledge)과 문해(literacy)이다. 민주적 과정과 개념에 대한 지식을 갖는 것을 말한다. 둘째는 시민적 기술(civic skills)과 의견(voice)으로, 정보를 얻고, 비판적으로 사고하며, 아이디어를 논의하는 능력을 말한다. 셋째는 시민적 태도(civic attitude)와 애착(attachment)이다. 사회 또는 지역사회에 정서적인 연결을 갖는 것을 의미한다. 넷째는 시민적 행태(civic behaviors)와 참여(participation)이다. 지역사회의 일에 개입(involvement)하거나 시간과 재정을 들여 문화적, 사회적, 정치적 또는 종교적 명분에 기여하는 것이다. 좋은 시민(good citizens)이란 정치, 민주주의 그리고 현재 일어나고 있는 사건들에 대해 잘 알고 있을 필요가 있다. 좋은 시민은 의사소통능력과 분석적 능력을 가지고 있어야 하고, 공공선(common good)에 대해 관심을 가지고 있어야 하며, 변화를 신봉하고 여러 가지 일에 관련을 맺고 있어야 한다는 것이다.

청소년의 시민적 관여에 대해 정건희(2020)는 최근 우리 사회에서 청소년들의 사회적 발언과 참여 현상이 다양한 형태로 나타나고 있다는 것에 주목하면서 그 이유는 청소년 스스로 시민으로서의 존재 가치를 드러내고 시민으로서 지위와 권한을 요구하는 것 때문이라고 주장한다. 청소년들이 자신의 삶과 관련된 정책과 공공의사결정에 있어서 스스로가 주체임을 사회 참여와 발언을 통해서 드러내고 있다는 것이다. 공동체 의사결정의 주체로서 지위와 권한을 지니는 시민에게는 포함과 배제의 문제가 수반되는데, 성인들은 시민 범주에 포함되지만, 청소년들은 제외되어 있기 때문에 이런 기성세대 중심의 사회구조에 이의를 제기하고 자신들도 시민임을 주장한다고 본다(정건희, 2020).

4. 청소년참여의 개념적 관점

청소년참여의 개념을 논의하기 위해서는 다음과 같은 점을 고려할 필요가 있다. 우선 청소년이 영향력을 전혀 발휘할 수 없는 현존하는 사회구조에 통합하려는 목적에서의 청소년참여는 위험한 것으로 지적되고 있으며, 이러한 것들은 오히려 청소년의 사회적·문화적 창조성이 박탈당할 수 있는 위험성이 있는 것으로 지적되고 있다. 구소련에서 청소년을 공산주의 체제의 원칙에 따라 사회화하는 수단으로서 허용되었던 청소년단체 콤소몰(Komosol)에의 참여나, 나치 독일의 히틀러 유겐트(Hitler-Jugend) 등이 그 예이다(Winter, 1997). 그리고 청소년의 노동시장참여, 군대참여 등과 같은 경우는 여기에서 말하는 참여에 포함되지 않는다는 점이다. 위와 관련하여 참여의 기본 개념에는 아래로부터의 목적 추구와는 상관없이 위로부터 정치적 목적을 위한 '동원(mobilization)'이나 개별적 효용극대화를 위한 시장참여 등은 그 용어에도 불구하고 여기서 말하는 목적의 참여와는 동떨어진 것으로 보고 있다(김대환, 1997). 또한 청소년참여는 청소년들에게 단순하게 자신들의 목소리를 갖게 하거나 권한부여만을 의미하는 것이 아니라 동시에 성인들이 청소년들의 목소리를 경청할 수 있도록 하는 것을 포함한다. 청소년참여는 민주주의, 사회참여, 시민권, 정책참여 등과 같은 네 가지 관점과도 매우 관계가 깊다(천정웅, 1998b).

1) 민주주의와 참여

참여는 민주주의와 관련된 개념이다. 민주주의와는 개인의 역할 정의와 관련해서도 여러 견해가 있기 때문에, 청소년 특유의 권리와 책임이라고 하더라도 정치 체제에 따라 의미가 다르게 나타나기도 한다. 그러나 참여는 자신의 삶을 좌우하는 과정에 민주적 방식으로 영향을 미치고 관여하는 것을 의미한다는 데에는 이론이 없다. 청소년참여는 국가와의 관계를 기준으로 보면 국가 권력을 토대로 하는 국가 기능에 직접적으로 관련한 것이다. 이는 국가 공직자의 선출에서부터 국가의 공공정책의 형성이나 집행과정에 관여하는 것으로 '정치참여'로 범주화된다.

원래 민주주의이론에 따른 정치적 참여의 문제는 참여와 배분, 정통성과 효율성, 그리고 수단과 목적에 대한 신념적 갈등에 의해 대체로 ① 완전한 절차이기는 하지만 결정에 유효한 절차를 강조하는 입장과, ② 정책결정을 중요시하는 입장이라는 두 가지 견해가 대립된다. 민주적 참여과정을 통해서 당연히 산출해야 할 결과가 배분적 정의와는 상반된다고 하는 것이다(Gutmann, 1980). 나이(Nye)와 버바(Verba)(1975)는 참여를 시민들의 필요와 욕구에 대처해 나가기 위해서 한 사회 내에서의 이익의 배당을 극대화하는 방법으로 목표를 설정하고 그와 같은 목표달성에 필요한 수단을 선택하는 하나의 과정으로 본다.

이러한 참여과정을 통해서 그들의 욕구가 정책결정에 반영된다고 하는 효과감의 증진에 의해서 정부에 대해서는 물론 자기 자신의 역할에 대해서도 만족하게 되는 것이다. 이렇게 보면 참여는 수단적 가치 이상의 것이며, 그 자체가 하나의 목적이다. 즉, 민주주의에서는 참여는 필수이며, 참여 능력의 결핍은 구성원 자격의 완전한 상실을 의미하는 것이다.

정치참여는 정치와 참여의 합성어이다. 정치(politics)는 국가 또는 정치 공동체의 일이라는 의미로 보면, 청소년의 정치참여는 '청소년이 상호작용적 또는 도구적 차원에서 정치공동체(국가)의 공직자를 선택하거나 공공정책의 형성·집행과정에 직·간접적으로 관여하는 자발적인 행동'이라고 할 수 있다(Ayto, 1990). 청소년의 정치참여의 모습은 다양하며, 장소적 수준에 따라서는 중앙정부를 대상으로 하는 전국적 정치참여와 지방정부를 대상으로 하는 지방적 정치참여로 구분할 수 있으며, 권리 실현의 직접성 여부에 따라서는 대표자를 뽑는 선거참여와 직접적으로 의사결정을 하거나 영향을 미치는 비선거참여로 나눌 수 있다.

이들 중 선거참여는 국민투표나 주민투표 등과 관련하여 법률로 제도화될 때 참여가 가능하며 선거가 있을 때만 참여하는 일회적 성격을 지닌다. 그러나 제도화 여부를 떠나 청소년들은 자신들의 정치적 의사를 표출하고 정책과정에 영향력을 행사하기 위해서 정치 집회 및 시위, 정치적 결사체의 형성, 공직자 접촉 및 로비, 정당활동, 인터넷상의 모임과 토론 등을 통해 정치에 참여하기도 한다. 특히 인터넷상의 모임과 토론은 디지털세대로서 청소년들의 장점을 살리고, 청소년들이 공간적, 경제적, 시간적 제약 없이 쉽게 접근할 수 있다는 점에서 오늘날 많이 나타나고 있다. 인터넷상의 모임과 토론 및 SNS를 통한 소통 등을 통해 온라인과 오프라인의 연계가 가능하며, 정치성 집회와 시위, 정치적 결사체의 형성 등도 증가하고 있다.

2) 청소년의 사회참여

청소년참여는 사회참여라는 개념으로 이해할 수 있다. 청소년참여의 중요성은 오늘날 '청소년은 성인들의 책임을 통해 보호되어야 한다'로부터 '청소년들의 참여는 바로 사회변화의 원동력이다'라는 것으로 변화하고 있다는 점에서도 잘 나타나고 있다. 사회참여는 국가 기능과 직접적인 관련성을 갖지는 않지만 다수의 삶과 관련한 사회공동체의 기능과 관련되는 것이다. 즉, 국가영역 외의 공적인 영역으로서 시민사회, 지역사회 등의 의사결정이나 일에 관여하는 것이다. 사회참여는 비정치적 영역의 참여라고 볼 수 있으며, 청소년 자원봉사활동 등의 개인 차원의 활동뿐 아니라 환경, 공동체, 동아리, 그리고 최근에는 사이버 공동체에서 활성화되는 각종 참여 활동 등을 들 수 있을 것이다. 사회참여는 시민사회 단체를 통한 참여활동, 정기적 또는 비정기적 자원봉사 활동, 사이버 공동체 참여 활동, 가정에서의 참여, 진로 탐색·체험 등 직업능력 개발, 문화활동 참여 등으로 유형을 구분할 수도 있다. 지역사회에서의 청소년참여 유형을 강조하기도 한다.

사회참여는 정치참여와 명확히 구분되는 것이 보통이다. 정치참여는 '직접 또는 간접으로 정치적 의사결정 과정에 영향을 미치는 데 목표를 둔 시민의 매우 적극적인 행동'으로 정의된다. 사회참여는 공식적, 정치적 과정보다는 이를테면 이웃 수준에서 직접적으로 일상생활에 관련된 정책에 영향을 미치거나 교육제도 또는 작업환경에 개입하는 것과 관련된다. 1960년대 이후 성인들에 의한 적극적 사회참여는 여러 서방 국가들의 경우 주요 사회적, 정치적 주제가 되어 왔다. 이것은 다양한 집단들이 그들 자신의 이해관계가 걸린 의사결정에 보다 목청을 높이는 민주화 과정과 관련되었다. 1980년대 말 이후 여러 국가에서 공공 참여에 대한 관심이 무척 높아졌음을 알 수 있다. 권한과 자금을 지방 분권화함으로써 제도와 대중들 사이에서의 간격을 좁히려고 시도하는 것도 한 예이다. 많은 사람들이 아동과 청소년의 사회참여가 이루어지는 수준에 관해서 결코 동의하지는 않지만 성인의 참여가 그동안 진전되어 왔던 것과는 좋은 대조가 되는 것이 사실이다.

청소년의 사회참여는 단순히 형식상의 참여가 아닌, 청소년 자신이 자발적으로 역할을 수행하며 이를 통해 집단이나 사회를 자신의 것으로 한다는 인식을 갖게 되는 자발적 선택의 과정으로 볼 수 있다. 오늘의 청소년은 사회에의 주체적 참가에 의해, 자신을 사회 안에 자리매김하고, 혹은 사회를 자신의 안으로 받아들임으로써 자신이란 무엇인가 라고 하는 확실한 자기 인식을 터득하게 된다. 이 점에서 청소년 사회참여의 목표는 이러한 참여과정(process)에 의해 정체감(identity)을 확립하는 것이 된다. 이 지점에서 참여 목표달성 과정은 다섯 가지 단계를 갖는 것으로 볼 수 있는데 ① 집단이나 조직에 참가하는 단계, ② 그 집단이나 조직에 귀속 의식을 갖는 단계, ③ 집단의 일원으로서 활동에 참가하는 단계, ④ 그 집단보다도 훨씬 넓은 사회에 관계되어 가는 단계, ⑤ 다른 사람을 배려해 주거나 상대방을 위해서 또한 자신을 위해서 무언가를 하는 단계 등이 그것이다.

한편으로 청소년의 사회참여는 정치참여의 위기문제와 정치적 안정이라는 개념과 밀접한 관련을 갖는다. 민주정치이론에서 제시하고 있는 참여의 중요성에도 불구하고 참여능력을 갖추지 못한 채 참여 폭발에 따른 정치문화의 변화를 경험하는 경우 정치적 참여의 위기문제에 직면하게 되는 것이다. 대부분의 안정된 서구 민주국가들은 대체로 시민의 정치적 참여를 위한 요구가 증가한 결과로서 민주정치의 제도화가 가능하였던 것이다. 특히 선거권의 확대와 결사의 자유와 같은 제도적 변화는 시민의 참여요구에 대한 반응으로 나타난 결과였다.

3) 시민권 논의와 참여

청소년참여의 개념은 청소년들의 사회참여의 맥락으로 변모하고 있는 '시민권(citizenship)'의 관행과도 밀접한 관련을 가진다. 시민권의 개념은 지난날의 보수주의적 색채 때문에 많은 사람들에게 위협을 주지만, 오늘날은 개인과 사회 사이의 관계(바람직한)를 설명하고 해석하기 위해 다양하게 사용된다. 다렌도르프(Dahrendorf)는 시민권을 "모든 사회 구성원들에 대한 보편적인 권리부여의 총합"이라고 설명한다(Winter, 1997 재인용). 하트(Hart)는 참여를 기본적인 시민권이라고 정의하면서 "시민의 생활과 시민이 살고 있는 공동체의 생활에 영향을 미치는 결정을 공유하는 과정"이라고 설명했다. 그것은 민주주의를 만드는 수단이며, 민주주의를 측정하는 척도이다(Hart, 1992). 유럽 지역 청소년 정책보고 회의에서 청소년참여는 '업무와 책임을 떠맡고 자율적 결정을 내리기 위해 포함, 허용, 권장되는 청소년의 권리'로 정의된다.

후자의 이러한 정의가 실제로는 하트(Hart)의 정의와 크게 다르지 않지만 그 강조점은 전혀 다르다. 하트(Hart)는 청소년의 능력이 중요한 역할을 함을 강조한 유럽보고서를 통해 민주적 교육의 측면을 크게 강조한다. 그 보고서는 청소년의 중요한 사회적 능력을 확장해 주지 않는 교육적인 청소년정책을 위험하다는 이유로 거부하며 청소년들이 전혀 영향력을 미칠 수 없는 기존 사회 구조에 청소년을 통합시키기 위해 청소년참여가 활용될 경우의 위험성을 경험에 비추어 지적하였다.

그러나 숨은 일면은 참여가 청소년을 통제에 복종시키기 위해, 달리 말해 그들의 능력을 중화시키기 위해 극단적이지 않으면서 간접적인 방식으로 사용될 수 있다는 것이다. 푸코(Foucault)를 인용하면서 유럽회의 보고서는 엄격한 규율에 따른 '숨겨진 교과 과정'은 청소년 정책에 영향을 미친다고 주장한다. 청소년을 위한 조직화된 레저 활동들이 도덕성과 훌륭한 행동을 함양하기 위한 보다 은밀한 목표를 가지고 있다고 해서 이상할 게 전혀 없다. 이 접근법의 결과는 규율상의 참여 제도 아래에서 자라난 동유럽 청소년들 사이에서 찾아볼 수 있다. 결국 유럽보고서 작성자들에 따르면 진정한 참여는 청소년들에게 중요한 영향을 제공하는 것을 의미한다. 이것은 청소년들이 자신의 삶을 설계하는 방식, 그들의 삶의 조건, 그들을 향해 추구되는 정책에 대해 영향을 미치는 것이다.

권리는 '일상적인 정치의 변덕으로부터 보호받기 위한 권리'이며 정치적 권리와 사회적 시민권으로 구분된다. 투표권과 피선거권, 언론의 자유, 집회의 자유는 전자의 예이고, 사회적 서비스, 보건 서비스에의 접근은 후자의 예이다. 그에 의하면 청소년과 정신 질환이나 범법 행위 때문에 시민권이 일시적으로 박탈된 사람들은 정치적 권리를 제한받는다. 그들의 시민권은 주로 착취와 학대로부터 보호받을 수 있는 권리로 이루어진다.

따라서 적극적인 시민권 이념을 추구하고자 하는 사회는 사회적, 교육적 도전에 직면해 있다. 청소년들은 형성 과정에 있는 시민들이며 따라서 그러한 시민권을 성장시키기 위한 기회를 부여받아야 한다. 점차로 이러한 관점은 어느 정도 국제적 인정을 받고 있다. 유엔아동권리협약에서 참여는 비록 제약이 따르기는 하지만 시민권으로 설정되었다.

4) 청소년의 정책참여

청소년참여는 청소년정책에의 참여라는 개념으로 이해될 수 있다. 청소년의 참여는 지극히 다양한 범위로 사용된 개념이지만 청소년정책의 영역에서도 시대적으로 변화하면서 청소년참여의 개념이 사용되고 있음을 알 수 있다. 정책참여는 청소년이 정책과정에 직접 참여하여 발언하고 의제설정을 해 나가는 것으로서 법률로 제도화될 때 가능하지만 대체로 지속적인 성격을 갖는다. 오늘날 청소년 정책의 입안, 집행, 평가와 관련하여 이해당사자인 청소년의 참여를 활성화하기 위해 정책참여가 강조되고 그 비중이 높아지고 있는 추세는 사실이다.

청소년정책과 참여의 주제에서 중요한 점은 '어느 정도로, 어떤 방법으로, 청소년들이 청소년정책에 참여할 수 있으며, 또 어떤 조건하에서 청소년들이 정책과정에 참여 가능할 것인가'라는 점이다. 우선 정책결정에서의 청소년참여의 유형은 참여활동의 정도를 기준으로 다음과 같은 네 가지로 구분한다(Winter, 1997).

① 정보전달적 참여(information) : 정책 계획 수립 시에 청소년의 욕구가 무엇인지를 알아보고 정책내용을 청소년들에게 알리는 것

② 비형식적 협의(informal consultation) : 청소년의 의견수렴을 위해 비형식적 협의모임을 구성하는 정도의 참여

③ 형식적 협의(formal consultation) : 공식적인 청소년과의 협의기구를 통한 참여유형

④ 정책결정 과정의 참여(participation in decision-making) : 정책결정기구와의 협의에서 청소년들이 평등(equality)에 입각하여 참여하는 수준

부르트만(Voortman)은 1945년부터 1990년까지 발간된 청소년에 관한 정책 문서의 내용분석으로부터 '참여'라는 것이 실제로 세 가지의 각기 다른 방법으로 사용되었다고 결론지었다.

① **적응시키기** : 청소년의 사회적응(fitting young people into society)이 중심 테마가 되는 단계가 있다. 여기서의 참여개념은 청소년을 지역사회 구성원으로 전환시키는 것을 목적으로 하던 시기에 적합하며 독립적 청소년 업무를 통한 충분하고 적절한 여가활동에 관한 조치들이 많이 이루어졌다.

② **자문협의** : 참여에서의 관심은 의사결정에서의 협의와 참여라는 의미에서 크게 증대되었다. 청소년의 기성세대의 기존 질서에 대한 저항과 불만족이 많았던 시기에 나타나게 되며 청소년 자신의 희망과 욕구에 더 많은 관심이 주어진다.

③ **형성교육** : 최근의 참여정책은 형성교육(formative education)을 점점 더 강조하게 된다. 참여는 개인적 발달과 자기표현에 대한 수단이 된다. 청소년들은 자신들의 생각을 발전시킬 기회를 가져야 하며 스스로의 책임감을 갖고 미래사회에 관하여 자신들이 선택하는 것을 배워야 하는 것이다(Winter, 1997 재인용).

특기할 점은 청소년정책에서 참여의 세 가지 의미, 즉 적응시키기, 자문협의 및 형성교육 등의 요소들이 현대 예방전략에 모두 연계되어 있다는 점이다. 시민권을 강화하는 것, 이 경우에서는 청소년의 권리가 협의되고 좋은 교육에 대해 성인들로부터 보호하고 지원하고 존중하는 정보를 잘 제공받는 것이 '청소년이 초래하는 문제'를 중단시키고 공공지출 증대 부담을 줄이는 하나의 중요한 수단으로 간주된다. 이 점에서 청소년의 참여는 예방적이며 그만큼 더 좋아진다는 사회경제적 효과를 갖는 것이 당연하다.

CHAPTER

06 청소년참여의 의미와 효과

1. 청소년참여의 목적과 중요성

1) 청소년참여의 목적

참여는 민주주의와 공동체의 발전을 위한 핵심적 요소이며 덕목이다. 참여는 공동체를 구성하는 시민이 자신의 주체성을 나타내는 경로인 동시에 그 요구하는 바를 투입할 수 있는 방법이기도 하기 때문이다. 이는 또한 국제기구와 선진국가들이 청소년참여에 관심을 가지고 유엔아동권리협약을 근간으로 각국의 실정에 맞는 정책·제도적 지원을 위해 노력하고 있는 이유와도 관련된다.

참여는 또한 민주정치의 실현과 관련하여 다음과 같은 의미를 가진다고 본다(이승종·김혜정, 2018). 첫째, 참여는 민주주의의 세 가지 가치 요소 중 핵심적 사항이라 할 수 있는 '시민에 의한'에 부합하는 주권적 시민의 당연한 권리 및 의무의 행사, 즉 국민주권의 실현수단으로 중요한 의미를 가진다. 둘째, 참여는 적정히 이루어지는 경우에는 민주정치의 목적으로서의 '시민을 위한'이라는 목적 가치에 기여할 수 있다. 그러나 과잉참여나 과소참여와 같이 적정히 이루어지지 않을 경우에는 사회불안을 초래하거나 권위주의를 조장할 수 있다. 셋째, 참여는 역설적으로 이루어지지 않고 있는 상황을 생각하면 보다 쉽게 그 의미를 인식할 수 있다. 참여는 기본적으로 정부에 대한 시민의사, 즉 여론이 투입되는 과정이며 감시하는 의미를 갖기 때문이다.

청소년참여의 목적과 이유에 대해서는 다양한 논의가 있다. 예컨대, 싱클레어(Sinclair)와 프랭클린(Franklin)(2000)은 참여의 목적을 ① 인권을 지키고, ② 법적 책임감을 완수하며, ③ 서비스를 개선시키고, ④ 의사결정을 개선시키기 위해, ⑤ 민주주의를 증대하며, ⑥ 보호 증진과, ⑦ 청소년의 기술 향상, 그리고 ⑧ 자기존중감을 높이기 위해서인 것 등 8가지로 제시한 바 있다.

맥노튼(MacNaughton), 휴즈(Hughes)와 스미스(Smith)(2007)는 성인들이 청소년을 의사결정 과정에 참여시키는 이유는 일반적으로 윤리적 이유, 탁월성의 이유, 실용성의 이유 등의 세 가지 중 하나 이상과 관련된다고 지적하고 있다. 첫째, 청소년을 의사결정에 포함시키는 결정은 그들이 자문협의를 받을 권리와 자신들에게 영향을 끼치는 결정에 참여할 권리를 가진다는 윤리적 신념을 표현한다. 둘째, 청소년을 프로그램에 참여시키는 일은 그들의 욕구와 원하는 바를 충족할 가능성을 증대시킨다는 점에서 탁월성의 이유를 가진다. 셋째, 실용적 이유는 청소년은 자신들이 참여한 정책을 더 많이 지지할 것이라는 점과 관련된다.

하트(Hart, 1997)는 청소년들이 참여하는 기술이나 책임감에 대한 경험 없이 성인 연령이 되어 갑자기 책임감 있고 참여하는 성인으로 되기를 기대하는 것은 비현실적이라고 본다. 청소년참여를 통해서 청소년이 성장·발달하고 더 나아가서 능동적으로 자신의 생활환경을 개선하는 데 참여하여 지역사회 전체를 활성화하는 촉매가 될 수 있다는 점을 강조한다.

참여는 또한 청소년의 삶의 질을 높이고, 권한 부여를 가능하게 하고, 정신적·사회적 복리를 격려한다(Thomas, 2007). 매튜스(Matthews, 2003)는 시민성을 위한 교육적 취지와 청소년을 사회에 적응시키고, 청소년들의 성인에 대한 신분을 강화한다는 등의 세 가지 측면에서 청소년 참여의 목적을 구분한다. 이들은 각각 참여가 모든 민주주의 사회에서 삶의 질을 높이는 필수적이며 도덕적인 요소라는 점, 임파워먼트를 가능하게 하고, 배제하지 않고 포함하는 느낌을 제공한다는 점과 관련된다고 지적한다.

2) 청소년참여의 필요성

그러면 청소년참여가 필요한 이유와 참여의 사회적 의미를 어떻게 생각할 수 있는 것인가? 여기에서는 다음과 같이 몇 가지로 구분하여 이해하기로 한다.

(1) 사회적 발달과업 성취

청소년참여가 필요한 첫째 이유는 발달심리학적 관점에서 논의된다(Hart, 1992). 청소년이 필요한 숙련기술이나 책임감을 기르지 않은 채 그들이 갑자기 책임감을 갖게 되어 16세, 18세 또는 21세에 어른이 된다고 생각하는 것은 무리이다. 청소년들이 일상생활을 통해 사실들(social facts)에 대한 판단과 행동의 기준을 설정하게 되고 자신의 세계를 보다 넓은 사회적 영역으로 확산시키기 위한 능력과 실천을 경험하면서 성인사회로 들어가는 것이 필요한 것이다. 특히 사회적 발달과업이란 한 개인이 집단이나 사회의 구성원으로서 참여를 위한 지식, 기술 및 태도를 학습하게 되는 것을 말하는 것으로 청소년의 사회화를 위한 과정은 인간발달 과정에서 나타나는 신체적, 심리적 특성과 사회·문화적 성격과의 관계 속에서 다양한 형태로 이루어진다는 점에 주목할 필요가 있다.

(2) 기존 틀에서 벗어나기

청소년참여는 또한 그들 자신의 자아정체감에 대한 혼란을 극복하고 창조적 정신의 배양을 위해서 절대적으로 요청되는 것이다. 급격한 사회변동으로 인한 가치관의 혼란, 산업화에 따른 도시화, 가정의 본질적 기능의 약화, 기성세대와 청소년의 세대적 격차, 입시경쟁에서 패배한 청소년들의 상대적 박탈감 등이 청소년들의 올바른 자아정체감 확립과 사회참여를 저해하는 결정적 요인이 되고 있음에 유의해야 한다. 오늘날 우리가 규정하고 있는 청소년문제들은 사실 청소년들이 자신을 발견하려는 충분한 노력도 기울이지 못할 뿐만 아니라 청소년들 자신의 실제적인 검증작업도 없이 기성세대가 만들어 놓은 틀에 맞추어 지내온 결과라고 할 수 있다. 청소년들의 창의적인 정신배양을 위해서도 청소년의 참여는 절대적으로 필요한 것이라고 볼 수 있는 것이다.

(3) 사회통합과 경제발전 기여

참여란 민주주의의 제1원칙이며 사회통합의 중요한 요소이다. 이를 위해 그리고 사회의 평화적 발전과 번영을 위해, 젊은 세대를 사회와 정치의 장에서 계속적으로 통합해 가는 것은 불가결한 것이다. 스스로 자진해서 책임 있는 일을 하려고 하는 청소년은 사회에 있어서도 직장에 있어서도 그 나름의 자신의 장소를 확보하는 것이 되며 비행이나 기다 문제의 여시가 줄어드는 것이다. 특히 직장에서는 개개의 구성원에게 높은 유연성, 창조성, 책임감이 요구되고 있으며 결정 과정에 참여해서 문제에 몰두하고, 책임을 가지고 행동하는 것이 전문적인 직업인으로서의 조건이 되고 있다. 참여는 경제발전의 기본적인 조건이라고도 볼 수 있는 것이다.

(4) 교육, 훈련, 문화, 봉사 등에서의 자주적 결정 강화

청소년으로서의 자기개발과 발전을 위한 역할실험을 위해서도 참여는 필수적이다. 젊은이들이 자신의 인생의 주역이 되어 재능, 흥미 관심을 펼쳐서 사회 안에서 자신의 위치를 확보할 수 있도록 하지 않으면 안 된다. 이를 위해 사회는 교육과 직업훈련 기회를 제공할 필요가 있다. 삶의 질이라고 하는 것도 중시해야 하는데, 스포츠, 문화생활, 청소년활동 등에 참가하는 것은 풍요로운 인생을 위해서 필요하다. 특히 활동의 종류와 내용을 자주적으로 청소년이 결정해 가는 것이 대단히 중요할 것이다. 또한 청소년들은 자신이 무엇을 할 수 있느냐를 발견하기 위해 여러 가지 일을 해볼 수 있는 기회를 가져야 한다. 하고 싶은 일은 관념적으로가 아니라 직접 하지 않더라도 가까이에서 보거나 경험하는 것이 보다 정확한 역할 실험이 될 것이다. 예를 들어, 지도자의 일을 수행해 본 후에 자기의 지도력에 대한 자신감을 가질 수 있으며 실제 봉사활동을 통해서 자기가 할 수 있는 봉사의 뜻을 깨닫는 일은 이런 의미에서 중요한 일이다.

(5) 공적 · 정치적 의사결정에의 참여

공적, 정치적 참가 요컨대 의사결정에 참여하는 것이 중요하다. 이것은 지금까지도 청소년이 요구하고, 기성세대는 크게 반응을 보이고 있지 않은 부분이다. 대중의 의사를 실행한다고 하는 근대 민주주의의 개념 틀에서 생각했을 때, 이 참여 요구는 확실히 정치적 문제를 해결하는 데에 청소년이 보다 민주적이며 효과적으로 할 수 있다는 점은 의심의 여지가 없다. 그런데도 민주주의 제도 속에서부터 청소년은 대상에서 제외되어 왔다. 그러나 청소년을 민주적 과정(process)으로부터 배제하는 것이 틀린 것이라는 것은 확실하다. 공적인 사항을 결정하는 곳에 참여시켜, 이해를 도모하는 것은 청소년 자신을 위해서뿐만 아니라, 정치적 제도 전체의 발전을 위해서도 중요하다. 직접적인 관계자의 목소리가 반영되지 않고서는 민주주의는 존립할 수 없기 때문이다. 따라서 청소년의 사회참여를 장려하고 추진해 가는 것은 정치가 또는 행정당국의 관심사가 될 필요가 있다. 고위 정치 차원의 공식적인 결정 과정에 대해서만이 아니라 오히려 가장 가까운 지역사회, 지방의회 그 밖의 기관, 학교, 청소년단체, 직장 등 어른들의 공통 관심사가 다루어지는 곳 모든 곳에 대해 참여가 장려될 필요가 있다.

(6) 생활공동체, 인류공동체(기아, 환경 등) 발전에 기여

청소년들의 참여는 공동체 발전에 중요한 역할을 한다. 생활환경의 개발에 참여하는 활동은 지역사회를 하나로 결속시켜 주는 촉매제가 될 수 있다. 국가 · 사회가 당면하고 있는 제반 문제들은 이미 기성세대의 노력만으로는 해결하기 어려운 점이 많으며 청소년을 비롯한 국민 전체의 적극적인 참여를 필요로 하고 있다. 우리의 경우 역사적 상황에서 청소년들은 국가적 위기를 극복하는 데 중요한 역할을 수행해 왔을 뿐만 아니라 새로운 문물을 적극적으로 받아들여 창조적으로 국가건설에 이바지하는 데 노력해 왔다. 특히 현재의 세계는 개별 국가 간의 장벽을 허물고 하나의 생활공동체로 나아가고 있으며 국가 간의 교류가 과거 어느 때보다도 활발히 진행되고 있다. 이러한 시기에 청소년들이 국제적 안목을 키우고 기아해방운동, 환경보전운동 등 인류 미래를 좌우하는 중요한 일에 참여하는 기회를 갖는 것은 당연한 일이다.

3) 청소년참여의 중요성

'청소년참여'의 중요성은 청소년정책과 관련 업무 및 실천현장에서의 구체적인 상황에서 확인될 수 있다. 우선, 청소년참여는 개인적·사회적 측면에서 다양한 이득이 있다는 점에서 청소년정책의 주요 가치로 받아들여진다. 청소년들로 하여금 정책형성 과정의 각 단계, 즉 토의·형성, 설계, 실행, 평가 과정에 참여하도록 하는 것이 중요하게 받아들여지고 있는 것이다. 청소년참여는 아동기에서 성년기로 변환되는 과정을 보다 자연스럽게 도움으로써 보다 더 책임 있는 시민이 되도록 돕는다. 또한 청소년을 역량 있고 자주적이며 책임감 있는 시민으로 성장할 수 있는 기회를 부여하며, 청소년의 사회적 영향력과 권한을 강화한다(Winter, 1997). 또한 청소년참여는 실천현장에서의 청소년을 위한 프로그램에 청수년들의 욕구나 관심이 효과적으로 다루어지게 하기 위해서도 중요하다. 청소년 프로그램과 서비스는 청소년이 참여할 때 보다 더 제 기능을 발휘할 수 있기 때문이다. 즉, 청소년의 사회·문화적 상황에 대한 청소년의 전문적 지식을 얻을 수 있으며, 청소년이 새로운 관점을 제시하여 새롭고 창의적인 방법으로 결과에 영향을 미칠 수 있다.

따라서 청소년을 그 설계나 전달과정에 있어 참여시키는 정책이나 프로그램은 보다 더 효율적이며 효과적이 될 수 있으며, 청소년의 적극적이고 생산적인 참여는 청소년의 이미지를 개선하여 사회 속에 오랫동안 계속되어 오고 있는 청소년에 대한 부정적인 고정 관념을 깰 수도 있다(Australian Youth Foundation, 1999). 김정주(1999)는 청소년활동에서 청소년참여의 중요성을 ① 청소년참여가 프로그램 개발 및 운영의 기본 원리로서 당연시되는 측면과, ② 최근의 청소년문화의 변화에 따라 청소년참여가 더욱 강조되고 있는 측면으로 크게 구분하여 검토한 바 있다.

첫째, 청소년활동의 개발 및 운영의 기본 원리로서 청소년활동의 기획에서부터 최종 평가에 이르는 전 과정에서 청소년참여를 당연한 원리로 보는 것이다. 청소년활동은 활동의 주체인 청소년들의 요구와 흥미에 맞는 프로그램을 개발하고 청소년들이 활동주체가 되는 방식으로 운영되어야 한다. 청소년은 활동의 주체로서 또는 프로그램의 대상자로서 청소년이 기획, 운영, 평가의 전반적인 과정에 참여함으로써 프로그램의 효과성과 효율성을 높일 수 있다.

둘째, 청소년참여는 청소년문화가 성인들의 지도나 교육을 수동적으로 따르기보다는 청소년 스스로의 참여를 통해 변화를 만들어 문화로 진화해 가고 있다는 점에서 중요하다는 것이다. 이러한 청소년문화의 변화가 청소년활동의 개발과 운영의 전반적인 과정에서 변화를 요구하게 될 것으로 본다. 청소년문화는 자율과 창조, 그리고 자발적이고 주체적인 참여라는 특징을 가진다는 점에서 청소년들은 어른 중심으로 기획하여 일방적으로 제공되는 활동과 프로그램보다는 스스로의 참여를 기반으로 성인지도자들의 전문성과 결합하여 운영되는 청소년활동을 더욱 선호하고 있기 때문이다.

실제로 청소년활동에서 청소년참여는 최근에 나타난 새로운 개념이 아니라 프로그램 개발과 운영의 기본 원리와 관련하여 이미 오래전부터 있었던 것으로 볼 수 있다(김정주, 1999). 즉, 청소년활동의 주체로서 또는 프로그램의 수요자인 청소년들의 요구에 부합하는 프로그램을 개발하고, 청소년들의 특성에 맞게 프로그램을 운영하며, 참여 청소년들의 의견을 통해 프로그램의 성과와 문제점을 파악하여 개선대책을 마련하기 위해서는 청소년활동의 기획과 운영 및 평가의 전반적인 과정에 청소년들이 참여하는 것이 당연하고 자연스러운 것이다.

2. 청소년참여의 의미와 기능

1) 청소년참여의 의미

그러면 청소년 분야의 새로운 패러다임으로 '청소년참여'의 개념이 중요하게 인식되어야 한다는 것은 어떤 의미인가. 그리고 청소년의 역할과 참여의 중요성을 논한다는 것은 무엇을 뜻하며, 이는 어떠한 내용의 논의를 가능하게 하는가(천정웅, 1998). 이를 위해 두 가지 점을 생각해 볼 필요가 있다. 우선 '정책의 대상'으로서 청소년의 지위와 '정책의 주체'로서의 청소년의 역할에 대해서 알아보는 것이다. 다음으로, '현재' 어려움을 겪고 있는 '문제의 피해자'로서 그들에게 사회가 해주어야 하는 대책과 '지금' 이 사회에 참여하면서 '미래'를 이끌어 나갈 '문제 해결의 주체'로서 그들의 능력과 자질을 북돋워 주기 위한 방안들에 대한 내용이 그것이다. 이는 다음과 같은 세 가지 정도의 함의를 가진다.

(1) 정책관심대상에서의 소외와 동등하게 행복할 권리

청소년들이 정책관심에서 소외되어 왔다는 것으로 이 사회를 구성하고 있는 동등한 구성원임에도 불구하고 청소년들은 항상 어른 중심의 정책 흐름 속에서 등한시되거나 부차적으로 여겨져 온 점이다. 그러나 모든 사회구성원들은 동등하게 그 가치를 인정받고 행복할 권리를 주장하고 누리며 살 권리를 가지고 있으며, 사회구성원 그 누구나 시대적 상황이 부여하는 삶의 무게를 똑같이 느끼고 있음을 생각할 필요가 있다. 나이가 더 어리다고 해서, 유권자로서의 권리가 없는 존재라고 해서 그들이 경제적 압박과 심리적 고통을 덜 느끼는 것은 아니다. 오히려 더 큰 어려움과 상처에 직면할 가능성이 더 높을 수 있다는 점에서 더욱 큰 관심과 배려를 필요로 한다. 아울러 청소년들은 자신들의 지위향상과 권익보호를 위해 얼마나 각성을 하고 정당한 요구와 주장을 하기 위해 준비하고 노력해 왔는지, 그리고 이러한 주장을 위해 스스로의 행동에 대해 얼마나 책임을 지고 의무를 다해왔는지를 겸허하게 돌아보는 것도 함께 고려해야 할 것이다.

(2) 정책결정 과정에서의 소외와 잠재력의 개발

청소년들은 정책의 대상으로뿐만 아니라, 정책결정 과정에서도 소외되어 왔다. 청소년과 관련된 문제임에도 불구하고 어른들은 자신들의 관점과 시각에서 정책을 결정하여 일방적으로 제시해 옴으로써 정작 정책의 주 대상인 청소년의 요구와 관심을 배제해 왔다. 만약 어른들이 청소년들을 위해 제공하고자 하는 많은 정책들이 실제로는 청소년들에게 필요하지 않거나 또는 청소년들의 입장에서는 별로 중요하지 않거나 청소년들에게 오히려 부작용을 일으킬 수 있는 내용이라면 어떻게 할 것인가? 똑같은 어려움에 대해서도 청소년집단은 그 특유의 감수성과 제반 특성으로 인해 성인들과 다르게 느끼고 성인들과는 다른 생각을 할 수도 있음을 유념해야 한다.

이제는 그들의 입장에서 보고자 노력하지 않으면 결코 보이지 않는, "감추어진 1cm"를 찾아야 할 때이다. '청소년참여'적 시각으로 문제를 인식하고 바라보았을 때 '청소년'들에게 진정 필요한 정책이 가능한 것이다. 일반적으로 말하는 의미의 '청소년문제'나 이슈들은 인류역사가 이어져 온 이래로 끊임없이 있어 왔으며 동시에 그에 따른 '대책'들도 끊임없이 이어져 왔다. 그러나 그러한 노력에도 불구하고, 아직도 그 '문제'나 이슈들이 사라지지 않고 오히려 시간이 갈수록 '더욱 심각해지고' 있으며, 새로운 양상과 이슈들이 나타나고 있는 이유 중의 두 가지일 것이다. 첫째는 그 문제나 이슈가 어른들이 생각할 때 '문제'나 이슈였던 것일 수 있으며, 둘째는 문제를 해결하기 위해서 그 당사자인 '청소년'들의 의견과 생각을 들어보거나 반영하지 못하여 진정 필요한 '대책'을 마련하지 못한 것일 수 있다는 것이다.

(3) 문제 해결의 주체로서 청소년 역할 강화

청소년을 문제해결의 주체로서 생각할 필요가 있다. 청소년은 지금 피해자이자 도움을 필요로 하는 문제의 담지자이지만, 동시에 과거의 IMF 관리체제의 어려움이나 2020년 이후의 COVID-19 팬데믹(pandemic)이라는 코로나 감염병의 전 세계적 대유행과 같은 어려운 상황을 극복하거나 미래의 우리 사회를 이끌어 갈 집단이라는 점을 심각하게 인식해야 하며, 바로 지금도 나름대로의 책임과 역할을 수행하는 잠재력 풍부한 하나의 시민집단임을 인정해야 한다는 점이다. 청소년들의 참여가 공동체 발전에 중요한 역할을 한다는 것은 역사적·사회적으로 다양한 사례를 통해서도 확인할 수 있으며, 청소년들의 열정과 새로운 것에 대한 도전과 패기는 올바른 사회가치를 세우는 데 큰 역할을 해온 것이 사실이다. 국가·사회가 당면하고 있는 제반 문제들은 이미 기성세대의 노력만으로 해결하기 어려운 점이 많으며 청소년을 비롯한 국민 전체의 적극적인 참여를 필요로 한다. 지금의 어려움을 계기로 어른들은 청소년들의 의젓한 모습에서 그들의 잠재능력과 가능성을 확인할 수 있었으며, 동시에 모든 문제를 어른 집단 독자적으로 해결할 수 없다는 것을 절감함으로써 청소년의 역량이 우리사회의 발전을 위해 반드시 필요함을 인식해야 하는 것이다. 그래서 '청소년참여'의 중요성은 힘들고 어려운 시기일수록 더욱 그 빛을 발한다.

2) 청소년참여의 기능

참여의 기능에 관한 다양한 견해를 종합하고 청소년의 특수성을 고려하면 청소년참여의 기능은 공동체에 대한 것과 참여자 자신에 대한 것으로 나누어 볼 수 있다. 구체적으로 공동체에 대한 것으로는 투입적 기능, 통제적 기능, 통합적 기능이 있으며, 참여자 자신에 대한 것으로는 본질적 기능, 시민교육적 기능, 인권보장적 기능을 들 수 있다(김헌태·김영인·고 원·허동원, 2006; 송선숙·전명기·김경은·조계형, 2017).

(1) 공동체적 측면의 기능

① 정책과정 투입적 기능

청소년참여는 청소년들의 다양한 의견, 아이디어, 에너지 등을 정치과정, 정책과정에 투입하는 기능을 한다. 청소년들은 자신들에 관한 정책이나 법·제도에 대해서 다양한 의견과 아이디어, 열정을 가지고 있으며 이는 참여를 통해서 전달된다. 정책입안자나 입법가 등에게 있어서는 청소년들의 참여는 청소년정책이나 법·제도를 어떤 방향으로 결정해야 하는지를 알려주는 신호가 된다. 참여를 통해서 청소년들의 요구와 의견, 에너지가 청소년정책으로 수렴됨으로써 생산적인 정책형성이 가능해지는 것이다.

② 권력남용 통제적 기능

청소년참여는 소수 권력자, 정책입안가, 입법가들의 사적 이익 추구 및 권력남용을 통제하는 기능을 한다. 이러한 권력남용에 대한 통제효과는 인권보장과 시민 다수의 이익보장이라는 측면에서 민주주의 등장 이후 중요시되어 왔다. 민주주의에서 통제적 효과는 주로 견제와 균형의 원리에 입각한 권력분립제도와 주기적인 선거제도에 의하여 제도적으로 보장되어 왔다. 특히 주기적인 선거에서 시민들의 주권행사를 통한 심판은 권력자들의 자의적인 권력행사에 대한 강력한 통제적 효과를 발휘하였다. 오늘날은 이 외에도 일상적이고 다양한 참여에 의한 권력의 통제와 견제 효과가 참여민주주의자들을 중심으로 부각하고 있다. 선거참여 외에도 일상생활 속의 직접 참여는 시민사회의 비정부기구, 인터넷, 직장, 지역사회 등에서 다양하게 나타나는데, 시민주도성과 일상성이 떨어지는 선거참여에 비해 일상적 참여는 시민 주도성과 일상성이 크기 때문에 지속적으로 권력에 대한 통제적 효과를 발휘할 수 있다. 일상생활 속에서 청소년참여도 동일한 효과를 얻을 수 있는 것이다.

③ 사회통합적 기능

청소년참여는 참여 경험에 의하여 청소년들의 공동체에 대한 소속감이 증진되고 결속력이 강해지며 정책에 대한 정당성이 제고되는 사회통합적 기능을 수행한다. 아리스토텔레스(Aristoteles, 1996)의 “서로 다른 자들이 정치참여 과정을 통해서 각각 다른 부분을 이해하고 이것이 모여 전체를 이해할 수 있기 때문에 … (중략) … 이를 통해서 시민들은 스스로 통치하고 통치받는 최선의 국가를 이룬다”라는 말처럼 청소년들은 참여를 통해서 공동체에 대해 높은 이해와 일체감을 가지게 됨으로써 공동체의 통합성과 청소년의 공동체의식은 높아질 수 있게 된다.

(2) 개인적 측면의 기능

① 본질적 기능

청소년참여는 청소년으로 하여금 자신의 가치와 존엄에 대한 인식을 제고시키고 더 나아가서는 스스로에 대한 자부심을 느끼게 하는 기능을 한다(김대환, 1997). 이러한 참여의 본질적 기능은 인간의 본성과 관련된 내면적인 것이다. 이는 참여를 통해서 살아 있다는 느낌을 가지고 공동체의 구성원으로서 자신이 중요하다는 것을 느끼게 되는 것과 관련된다. 이러한 기능은 실제로 참여하는 자만이 느낄 수 있는 것으로서 참여하는 자만이 그 가치를 자각하고 참여하지 않을 때는 그에 대한 취향마저도 잃게 되는 덕목과 같은 것이라고 할 수 있다. 이는 고대 그리스에서는 공적인 일에 참여하지 않는 자를 쓸모없는 자로 여기며 이디오테스(idiotes)로 표현하였던 것이 오늘날 바보라는 의미의 이디오트(idiot)의 어원이 되었다는 것에서 보듯이, 참여는 인간 존재에 있어서 불가분의 본질적 측면의 하나라는 것을 알 수 있다(Mulgan, 1990).

② 시민교육적 기능

청소년참여는 청소년의 심리와 행동에 영향을 줌으로써 정치적 지식, 태도, 가치관 등의 시민성을 형성하고 시민으로서 적합한 행동을 하도록 하는 시민교육적 기능을 가진다. 리차드슨(Richardson, 1983)에 의하면, 참여는 참여자의 자기존중과 존엄성 획득, 참여자의 지적 능력과 자신감 개발, 사회적 존재로서 자신 발견 등의 시민교육적 기능을 갖는다고 한다. 시민교육적 기능은 참여가 참여자인 청소년에게 다양한 경험을 제공하여 '참여 → 자기개발 → 존재양식의 발전적 변화'라는 동태적 과정을 형성하는 것이라 할 수 있다(김대환, 1997). 여기에서 '존재양식의 발전적 변화'라 함은 청소년이 민주사회의 시민으로 성장해 가는 것을 의미한다. 이런 시민교육적 기능은 참여민주주의자들이 주장하는 참여의 핵심적인 기능이다.

③ 인권보장적 기능

청소년참여는 공동체의 구성원으로서 청소년의 참여권을 실현하는 기능을 한다. 자신의 삶과 미래에 관련된 의사결정이나 정책에 대해서 참여하여 발언하고 표결할 수 있는 권리는 인간이 지닌 당연한 인권이다. 18세 미만의 아동에 대한 인권내용을 집대성한 유엔아동권리협약에서 참여의 권리를 아동의 당연한 인권의 하나로 들고 있는 것도 참여의 인권적 측면을 잘 나타내고 있는 것이다. 민주주의 역사를 보면, 참여권은 시민권 중 핵심을 차지한다. 민주주의 역사는 어떤 사람을 공동체의 의사결정과 정책결정에 참여시키고 배제시킬 것인가 하는 문제를 둘러싼 논쟁과 투쟁의 경험이라고 할 수 있다. 오늘날 민주주의에서 여전히 참여에의 포함과 배제의 문제는 논쟁적으로 남아 있고 배제된 자들이 존재하는데, 청소년은 그 대표적인 집단이다. 오늘날 세계적인 추세는 청소년들의 참여권을 인정하여 참여의 기회를 확대하는 것이다. 청소년들이 참여를 요구하는 것은 자신의 문제에 관련된 국가 정책과 의사결정에 참여하여 발언하고 결정에 관여하는 것은 당연한 인권이라는 주장인 것이다.

(3) 정책형성과 참여문화적 기능

① 참여의 정책형성적 4대 기능

프레드먼(Fredman, 2008)은 참여는 정책형성에서 정당성과 효과를 늘리기 위한 수단이 되기도 한다고 보고, 참여의 기능과 관련하여 그 도구적 의미에 대해 정보를 나누어 주고, 정보를 전달하고, 의사결정에 영향을 끼치고, 인권 의무를 준수하게 하는 등의 네 가지 역할을 하는 것으로 제시하고 있다.

첫째 기능은 의사결정의 영향을 받을 사람들에게 정보를 전달하는 역할을 한다. 투명성과 정치적 책무성 달성에 기여한다는 것이다. 적절한 정보가 없으면 공공의 토론이 일어날 수 없기 때문이다. 또한 공공의 의사결정을 공식적으로 공개하는 것을 규정하는 것은 투명성을 확보하기 위한 하나의 방법이다.

둘째 기능은 의사결정의 영향을 받을 사람들로부터 정보를 수집하는 것이다. 의사결정의 질을 높이기 위해서다. 차별을 당하는 처지에 있는 사람들이야 말로 차별을 인지하고 해법을 제안하기에 가장 좋은 위치에 있는 것이다.

셋째 기능은 의사결정 자체에 영향을 끼치는 것이다. 의사결정 과정은 이익 집단 협상으로부터 심의적인 윤리로 나아가야 하는데, 그 과정에서 의사결정자들이 자신의 목표를 논의와 토론을 통해 재정의할 수 있어야 한다. 이런 점에서 참여는 전통적인 대의제적 의사결정 과정에서 소외되어 있던 집단의 목소리를 촉진하게 되는 것이다. 그래야 새로운 관점을 소개할 수 있고, 결정의 결과를 수정할 수도 있다.

넷째 기능은 정책의 효과적 수행 또는 달성의 한 부분이다. 의사결정에 영향을 받을 개인들의 의무준수 메커니즘(mechanism)을 이끌어 가는 것은 아니지만, 그들은 평등 의무를 준수해 달라고 요구할 수 있는 좋은 위치에 있다. 참여적 기능은 지역사회가 내부적으로 조직되지 않은 상태에서 사회 서비스 혹은 여타 공공기능을 제공하는 것보다, 협의구조가 이미 마련되어 있는 상태에서 NGO들이 관여하거나 또는 직장 내에서 노동자들이 협의에 참여할 경우에 더 잘 수행될 수 있다.

② 참여문화의 인권기여적 3대 방법

아이프(Ife, 2015)는 지역사회 문화개발의 가장 중요한 측면 중의 하나는 사람들이 스스로를 표현하고 지역사회의 일부를 느끼며 지역문화를 '소유'할 수 있도록 도와주는, 지역사회 기반의 참여문화를 장려하는 것이라고 보고 참여문화가 지역사회 기반의 인권에 기여하는 세 가지 방법에 대해 서술하고 있다.

첫째, 지역사회의 참여문화가 인권에 기여할 수 있는 방법은 인권교육의 형태를 통해서이다. 연극, 미술, 음악, 춤, 그리고 스토리텔링(story telling)은 모두 인권 메시지를 전달하고 사람들이 자신의 용어로 자신들의 인권을 표명하는 것을 돕는 데 이용할 수 있다.

둘째, 지역사회의 참여문화가 인권에 기여하는 방법은 소외집단 혹은 배제된 집단을 포용하는 능력을 통해서이다. 예를 들면, 노숙인, 정신건강 문제를 가진 사람들을 포함하여 구성한 호주의 하낙스(Har Knocks)합창단의 사례를 들 수 있는데, 보고 듣는 방법을 통해 그들의 인권을 확고히 하고 의심할 나위 없이 더 넓은 지역사회에서 그들을 인정하여 받아들이게 하였으며 동시에 그들의 인간성도 고양시켰다. 이 외에도 신체적 그리고 지적 장애를 가진 사람들, 정신건강 문제를 가진 사람, 저소득 지역에서 온 사람 등을 포함하는 수

많은 유사 프로젝트들이 있다. 참여적 문화는 자존감, 자신감, 그리고 '인간복지(human well-being)'를 향상시키는 데 매우 강력한 동력이 될 수 있다는 점에서 인권 차원의 중요성을 가진다.

셋째, 참여적 문화가 인권을 진전시키는 데는 트라우마 회복 영역이 있다. 트라우마를 경험한 사람들, 특히 청소년은 보통 연극, 그림, 음악, 춤을 통해 자신들에게 일어났던 것을 받아들이고 자신들의 이야기를 말할 수 있게 되는데, 그것은 음악치료와 미술치료를 통해 유용한 것으로 확인되었다.

③ 청소년참여에 따른 중요 7대 기능과 자각

한편 글렌(Glenn)은 청소년참여는 청소년들이 그들의 삶에서 의미와 목적, 중요성을 경험할 수 있는 기회이고, 오늘날 청소년들이 직면하고 있는 가장 큰 이슈라고 말한다. 또한 이러한 기회가 제공되지 못하게 되면 실업률, 임신, 비행, 약물남용 등이 증가하게 될 것이라고 말하고 있다(김경준, 2005 재인용). 청소년을 독립적이고 유능한(capable) 사람으로 개발하기 위한 일곱 가지 중요기능 및 지각(significant seven)을 확인하였으며, 이는 청소년참여를 통해서 발달적인 욕구를 충족시킬 수 있음을 보여주는 것이라고 말한다(Swinebart, 1992).

a. **개인적 능력**(personal capabilities)**에 대한 지각**(나는 유능하다) : 청소년참여는 청소년들에게 문제해결자로서의 능력을 발휘할 기회를 주게 된다. 성인에 의한 인정과 강화를 통하여 그들 스스로를 유능하게 지각하는 것으로 강화된다.

b. **일차적 관계**(primary relationships)**의 중요성에 대한 지각**(나는 의미 있게 기여하고 있고 정말로 필요한 사람이다) : 청소년참여는 청소년들에게 그들의 기여가 의미 있고 가치 있는 것이라는 명확한 메시지를 주게 된다. 이것은 학교나 지역사회에서의 실질적인 욕구를 파악하게 하는 데 있어서 청소년들의 참여의 중요성을 강조하게 된다.

c. **자신의 삶에 대한 개인적 권력 및 영향**(personal power and influence)**에 대한 지각**(나는 나에게 일어난 일에 영향력을 행사할 수 있다) : 청소년참여 프로그램에서 청소년들은 자신들의 노력에 대한 긍정적인 결과를 실제로 볼 수 있다. 청소년들은 자기 스스로를 그들의 통제를 넘어선 상황의 불행한 희생자로서가 아니라 자신의 삶이나 주변에서 일어나는 일에 대해서 책임을 지는 사람으로 보기 시작한다.

d. 개인 내적인 기능(intra-personal skills)(개인적 정서를 이해하는 능력으로 자기수양과 자기통제 개발에 대한 이해를 사용하고, 경험을 통하여 배우게 된다) : 청소년참여 프로그램은 청소년들이 그들 스스로에 대해서 배울 수 있는 지원적이고 안전한 환경을 제공한다. 이것은 감정과 행동에 대한 개인적인 피드백과 자기반성의 결합에 의해서 강화될 수 있다.

e. 대인간 기능(inter-personal skills)(타인과 함께 일하고 커뮤니케이션, 협력, 협상, 공유, 감정이입, 청취 등을 통하여 우정을 개발하는 능력) : 청소년참여는 다양한 집단의 청소년들이 공통의 목표를 향하여 함께 협력하는 것을 필요로 한다. 프로그램은 팀 구축 연습과 청소년들에게 직접적으로 커뮤니케이션 기능을 가르침으로써 이러한 경험을 강화할 수 있다.

f. 조직적인 기능(systemic skills)(책임감, 적응성, 유연성, 통합성을 가지고 일상생활의 한계와 결과에 대응하는 능력) : 청소년참여는 청소년들에게 그들의 경험을 반성하고 잘못으로부터 배우도록 격려한다. 포기나 남을 탓하는 것 대신에 청소년들로 하여금 그들의 목표를 향하여 인내할 수 있도록 지원한다.

g. 판단 기능(judgmental skills)(지혜를 사용하고 적절한 가치에 따라 상황을 평가하는 능력) : 판단기능은 성인과의 대화와 협력, 의사결정자로서의 역할 기회, 선택 기회, 반성 경험 등을 통해서 개발된다. 참여를 통해서 이러한 네 가지 경험을 가질 수 있으며 자기 자신이나 지역사회에 대한 책임감과 같은 가치를 강화한다.

3. 청소년참여의 가치와 이점

청소년참여에는 단순히 의견을 제시하는 소극적인 참여에서부터 정책결정 과정에 하나의 권한을 갖는 존재로서의 적극적인 참여까지 여러 수준이 있을 수 있으며, 정치적인 참여 형태뿐만 아니라 경제적 참여, 사회적 참여 등 다양한 형태가 있다. 그러면 참여는 어떤 가치를 지닌 것이며 지금의 우리 사회에서 강조되는 의미는 무엇인가? 이는 청소년참여가 청소년과 청소년이 속한 집단 또는 사회에 어떠한 이점을 줄 수 있는가의 문제와도 관련된다.

1) 참여의 일반적 가치

참여의 일반적 가치는 본래적 가치, 자기개발적 가치, 도구적 가치 등의 세 가지로 논의된다(김대환, 1997). 첫째, 참여는 본래적 가치를 가진다. 참여는 곧 소외로부터 벗어난 사회적 정체성의 획득을 의미하고 그 자체가 자아실현의 통로가 된다는 것이다. 사회적 존재로서의 인간은 소외를 견디지 못하며 오직 참여를 통하여 이를 극복할 수 있다는 것으로 참여는 그 자체로서 자신의 가치와 존엄에 대한 인식을 제고시키고 스스로에 대한 자부심을 느끼게 하며 동시에 자신이 속한 사회에 대한 귀속감을 증대시켜 일체감을 가져오는 개인적 만족감을 가져다주기 때문이다(김대환, 1997).

둘째, 참여의 본래적 가치와 연관되면서도 그보다 더 중요한 것은 참여를 통해 스스로가 발전하는 자기개발의 가치 또는 교육적 가치가 있다. 이는 실제 참여과정을 통하여 개개인의 인식지평이 확대됨과 동시에 새로운 가치체계, 태도, 기술, 신념 등을 획득함으로써 참여자를 발전적으로 변화시키는 것을 말한다. 그중에서도 핵심적인 것은 좀 더 값진 가치체계를 체득함으로써 얻게 되는 사회구성원 스스로의 발전적인 변화이다. 참여의 가치가 개인적인 것으로만 매몰되지 않고 다양한 사회적 효과를 낳게 되는 것이다.

셋째, 참여는 도구적 가치 또는 공리적 가치를 가진다. 참여는 또한 사회구성원 스스로의 이익을 보호하는 한편 그 사회의 민주주의 발전을 심화하는 수단으로 기능한다. 사람들은 참여한다는 사실 그 자체로부터 만족감을 얻고 참여의 과정에서 자기개발을 하지만 실제 참여는 그 자체나 과정보다는 어떤 공리적 목표를 위한 수단이나 방안으로 이루어지는 것이 보통이다. 참여함으로써 더 큰 힘을 행사할 수 있고 따라서 더 많은 것을 획득할 수 있기 때문이다. 정부가 국민의 요구에 응하고자 하더라도 그들이 원하는 바가 무엇이고 그들 삶의 조건이 어떠하며 정부의 정책이 실제로 작동되고 있는가를 잘 알지 못하면 그 직능을 제대로 수행할 수가 없다. 참여는 이러한 정부와 국민의 의사소통의 수단인 것이다.

그러나 여기서 우리는 참여의 도구적 가치, 그중에서도 더 많은 사람의 참여가 더 좋은 결정을 가져온다는 명제에 대해서는 실제적인 관점에서 몇 가지 비판이 제기되고 있다는 사실을 지적할 필요가 있다. 크게 보면 이들 비판은 인간, 즉 개별 참여자의 능력 및 행동원리와 관계된 차원과 의사결정의 효율성과 관련된 차원의 두 가지로 정리될 수 있다. 전자는 참여자의 능력에는 한계가 있고 인간은 공익이 아닌 자신의 사익을 위해 행동하기 때문에 다수의 참여가 오히려 좋지 못한 결과를 가져올 수 있다는 것이고 후자는 다수의 참여는 많고도 다양한 요구를 낳아 행정과 자원에 과도한 부담을 주어 오히려 바람직한 의사결정을 저해한다는 것이다.

참여의 도구적 가치에 대한 이러한 비판은 나름대로의 설득력을 가지고 있지만 참여의 가치는 도구적인 측면만을 떼어서 보아서는 안 되며 세 가지 가치가 긴밀히 연관되어 있다는 점을 알아야 한다. 실제로 참여자의 능력에 문제가 있다고 하더라도 참여활동을 통하여 자기개발을 해 나감으로써 도구적 가치는 증대될 것이며, 참여의 정도나 규모의 문제도 시간이 경과하고 경험이 쌓임으로써 스스로 조정되어 나살 수 있다는 것이다. 이것은 다시 참여자의 만족감과 사회적 일체감을 증진시켜 사회적 안정을 가져오고 동시에 자기개발의 효과도 증폭시킨다.

2) 청소년참여의 이익

체코웨이(Checkoway, 1999)는 청소년들의 참여로 인한 이익(benefits)을 개인적 발달(personal development), 조직개발(organizational development), 지역사회 개발(community development) 등 세 가지 측면에서 폭넓게 검토하고 있다(김정주 · 길은배 · 정화수, 1999). 첫째, 개인적 발달의 측면에서 현실세계 삶의 문제해결을 통해서 실질적인 지식과 유용한 기술을 증가시킴으로서 학력성취를 증가시킬 수 있다. 즉, 자신의 상황을 주어진 것으로 수용하는 것과는 대조적으로 참여자들은 자신들의 환경에 대해 보다 더 비판적 사고와 능동적 도전을 하게 된다.

둘째, 조직개발의 측면에서 보면 청소년들이 사람들을 모으고, 그 사람들에게 우선순위 설정과 의사결정을 내리는 것을 가르치고, 조직을 위하여 기여할 수 있는 프로그램을 기획할 수 있게 한다. 참여자들은 자신을 집단의 일원으로 보지 않는 청소년들에 비하여 집단행동에 기여하고 스스로 차별화를 준비하게 하는 역할을 한다. 이러한 역할은 특히 위기에 처한(at-risk) 청소년이나 경제적으로 불리한 청소년에게 중요하다.

셋째, 지역사회 개발의 측면에서는 청소년참여는 지역사회개발에 기여할 수 있다. 청소년들이 학교에서 가르치고, 병원에서 자원봉사하고, 노숙자 수용시설에서 일하고, 간이식당에서 음식을 나르고, 버려진 건물을 재단장하고, 지역사회의 재건을 위한 전략을 세울 때, 청소년들은 자신의 발달뿐만 아니라 지역사회를 개발하는 것이다.

한편 유엔 세계청소년보고서에서는 청소년참여에 대한 이점을 청소년을 중심으로 해서 보다 자세히 설명하고 있다(UN, 2004). 첫째, 청소년참여를 통하여 보다 나은 의사결정과 결과를 유도할 수 있다. 청소년들의 지식과 아이디어가 효과적인 공공정책 및 긍정적인 성과를 거두는 데 도움이 된다는 것이다. 청소년은 자신의 상황에 대한 특수한 경험을 통하여 자신의 견해와 아이디어를 가지고 있으며, 자신의 문제에 건설적인 해결능력을 소유하고 있다. 청소년 프로그램에서 자신들의 경험을 적절히 개입시켜서 효과를 보는 경우가 많이 있다. 즉, 보다 나은 결과를 위해서 청소년들의 지식과 아이디어가 필수적이다.

둘째, 청소년참여는 청소년복지와 청소년개발을 증진시킬 수 있다. 청소년들의 능력개발과 자신감, 열망 등은 청소년들이 스스로의 의견을 표현하고 그것이 받아들여짐으로써 이루어진다. 청소년들이 의미 있는 참여기회를 많이 가지면 가질수록 보다 많은 경험을 하고 유능하게 되며, 그에 따른 보다 효과적인 참여가 이루어지고, 결국 청소년 개발이 촉진된다는 것이다.

셋째, 청소년참여를 통해 인권과 민주주의에 대한 관심과 이해를 촉진한다. 민주주의 사회에서는 청소년들에게 민주주의적 의사결정과 인권에 대한 존중을 경험하게 하는 것이 필요하다. 이러한 경험은 민주주의를 위협하는 갈

등과 긴장에 직면하는 나라에서 더욱 중요하다. 자신들의 권리와 의무를 이해하고, 다른 사람들의 권리와 자유에 의해서 자신들의 자유가 제한되고, 동시에 자신들의 행동이 다른 사람들의 권리에 영향을 미치는 것에 대하여 배울 필요가 있다.

넷째, 청소년참여는 청소년보호를 위해서도 가치가 있다. 청소년보호에 대한 전통적 접근은 어른들이 청소년을 보호하고 청소년들에게 선택하게 하면 제대로 된 의사결정과 행동을 하지 못한다는 믿음을 가지고 있다. 그래서 청소년에게 정보를 주지 않음으로써 해로운 것에의 접근을 차단한다는 견해를 갖게 된다. 그러나 청소년들이 발언권을 가지고 권위 있는 성인들의 지원을 받게 되면 시설에서의 청소년에 대한 폭력, 학대, 인종차별 및 각종 매체에서의 청소년에 대한 편견 등에 효과적으로 맞설 수 있다.

다섯째, 청소년참여는 기본적 인권으로서 청소년인권 향상과 관련된다. 청소년을 포함한 모든 사람들은 자신의 삶에 직접적으로 영향을 미치는 의사결정에 자신의 의견을 표현할 권리를 가진다. 학교 규칙, 고용연령제한 관련법, 청소년에 관한 매체표현, 공공지출에서의 우선순위 등에서 청소년들은 관심을 표현하고 정책개발에 참여하고 자신들의 의견을 심각하게 고려받을 만한 자격이 있다. 참여는 청소년들로 하여금 스스로를 대변하고 그들의 상황을 변화시킬 수 있는 수단이 되는 것이다.

3) 청소년참여의 가치론적 의미

청소년참여의 가치는 청소년들이 상호작용을 하고 있는 형태를 통해 이해할 수 있다. 일반적인 경우 청소년들은 정치, 경제, 사회적 제도 과정에 직접 참여하기보다는 가정, 학교 및 여타의 공동체적 생활 속에서의 상호작용을 통해 참여하고 있다. 특히 청소년의 사회참여는 가정 안에서 각자 적극적으로 역할을 다한다고 하는 의미에서 가정 내의 사회참여도 생각할 수 있으며 동료집단으로의 사회참여, 학교에 있어서의 참여, 직장에 있어서의 참여, 청소년단체나 그룹에의 참여, 혹은 지역사회(community)에의 참여, 국민으로서의 참여 및 국제사회로의 참여 등 여러 가지 영역에서 이루어지고 있는 것으로 볼 수 있다. 우리나라의 경우 청소년들이 역사적, 사회적 발전에 일익을 담당하고자 노력하는 과정과 자신의 자아정체감(identity)을 탐색하는 과정이라는 두 가지 측면에서 참여가 이루어진다고 볼 수 있다. 최근의 경향은 주로 학교, 청소년단체를 통한 사회참여라는 몇 가지 측면에서 강조되고 있으며 점차 봉사활동을 통한 지역사회참여와 국제사회로의 참여가 강화되고 있는 경향으로 보인다(천정웅, 2021). 자신을 발견하려는 청소년들의 노력은 단지 관념적인 사고의 틀 속에서 머물려는 것이 아니라 이를 실제적인 현실 속에서 검증하고자 하는 구체적인 작업 속에서 참여가 이루어지고 있음을 지적할 수 있다. 그러면 이러한 청소년들의 참여활동을 통한 상호작용의 가치론적 의미는 어디에 있다고 볼 수 있을 것인가?

(1) 능력개발의 가치

청소년참여는 청소년의 잠재력과 자기개발 의욕을 평가하는 긍정적 시각을 제공한다. 청소년참여는 기본적으로 "문제로서의 청소년"으로부터 "잠재력으로서의 청소년"으로 시각을 전환하는 것이다(Winter, 1997). 역사적으로나 전통적으로 사회는 청소년에 대하여 부정적 태도를 취해 왔다고 볼 수 있다. 그러나 이제는 아무도 청소년이 국가·사회에 영향을 미칠 수 있는 가능성과 능력을 소홀히하지 않는다. 청소년에 대한 많은 연구결과는 대체로 "청소년의 대부분인 약 80~90%는 여러 가지 측면에서 잘 지내고 있으나 약 10~20%는 어떤 문제를 가지고 있다"는 방식으로 유사하게 나타나고 있다. 이러한 현상으로 인해 "오늘의 청소년들이 대체로 잘 지내고 있다"고 결론짓거나 "문제가 많아서 걱정된다"고 보는 차별적 해석을 하게 된다는 점에 유의할 필요가 있다. 여기서 중요한 것은 청소년을 문제가 있다고 보는 경우의 시각은 선입견으로 작용할 수 있으며 청소년에 대한 현재의 사회·정치적 풍토로 작용할 수 있다는 점이다. 매스 미디어 역시 청소년 시기를 "자유, 모험, 건전하고 밝은 모습"으로 나타내기도 하지만 동일한 미디어가 문제행동, 물질주의, 학업주의 및 범죄성과 관련되는 모습으로 청소년을 그리고 있기도 하다.

그러나 '청소년들이 문제를 일으키고, 청소년들은 문제를 가지고 있다'는 말을 인정한다고 하더라도 청소년을 문제집단으로 일반화하여 받아들이는 것은 비판할 필요가 있다. 이는 청소년집단이 어떤 문제도 가지고 있지 않다거나 경시해도 좋다는 것이 아니라 사회가 청소년들을 문제-색안경(problem-tinted spectacles)을 통해 보는 것은 청소년들의 긍정적 자질과 잠재성을 간과하게 되는 어리석음을 범하게 된다는 것이다. '문제로서의 청소년'의 이미지의 가장 큰 단점은 청소년들이 가지고 있는 능력과 이를 행사할 필요성을 명백하게 부정한다는 점이다. 이 점에서 청소년을 참여적으로 보는 시각은 이에 대한 대안적 접근법이며 청소년들의 잠재적인 능력과 욕구를 토대로 하여 인정하거나 발전적으로 지원하는 사회적 태도와 관행이 될 수 있다(Winter, 1997).

(2) 역할존중을 통한 청소년 중심의 가치

청소년참여는 청소년에 대한 기성세대의 인식을 점차 성인 중심에서 청소년 중심으로 변화시킨다. 한 예로 디마우스(Lloyd DeMause, 1974)는 청소년에 대한 어른들의 인식이 역사상 어떻게 발전되어 왔는가를 연구하면서, 특히 부모들의 자녀에 대한 행태를 중심으로 크게 5단계로 구분짓고 있다.

① 13세기 이전까지는 '소유'의 단계로 보는데 부모들은 상황에 따라 자기 자녀를 남에게 맡기거나 유기하는 일은 물론이고 죽이는 일도 드문 일이 아니었다.

② 17세기까지는 '관심과 예속'의 단계로 부모의 감정이입이 커지게 되는데, 점차 자녀를 위하는 감정이 큰 부분이 되면서 교육을 통해 실천되는 것으로 변화된다.

③ 18세기는 '통제'의 단계로 자녀들에 대한 관심은 가치 있지만 어린 자녀들의 충동적 행태는 통제되고 복종을 강요하게 되었다.

④ 19세기에 이르러서는 이러한 '통제적 강제'가 점차 '사회화'로 대체된다. 자녀들은 교육을 통해 사회화함으로써 성인기로 진입하게 되며 어린 자녀들은 사회에서의 기대와 요구에 부응하는 것을 배우게 된다.

⑤ 마지막 단계는 제1차 세계대전 이후 시작되었으며 부모들이 점차 자녀 욕구에 대해 이야기하고 그들을 돕고 보살펴 주는 역할을 하게 된다는 것이다.

오늘날에도 이러한 단계적 특징이 혼재되어 있으나 점차 자녀의 욕구에 부응하는 방향으로 가는 행태가 지배적인 경향이 되고 있음을 볼 수 있다.

(3) 청소년권익 신장과 인권운동촉진의 가치

청소년참여는 청소년에 대한 사회적 관심을 점차로 청소년의 법적, 사회적 지위와 인권에 관한 논의로 발전시키게 된다. 청소년인권의 개념은 청소년이 인간으로서 기본권을 가진 존재로 인식되어야 하며 청소년에 대한 그 어떤 대책과 제도들이 이러한 청소년의 권리를 신장하는 방향으로 나아가야 한다는 것이다. 즉, 청소년은 올바르게 성장할 권리, 놀이할 권리, 안전할 권리, 교육을 받을 권리 등을 가지고 있다.

청소년인권에 대한 관심 변화는 역사적 상황, 국가별, 사회별, 정치체제별로 그 진척 정도가 다르게 나타나지만 여성의 인권, 아동권 논의로부터 비롯하여 금세기 안에 세계적 보편화 경향을 띠어 가고 있는 것이 대체적인 방향이다. 청소년인권은 인권논의가 그 모태가 되며 청소년의 인권을 보호한다는 데 그 정당성을 두고 있다. 이 점에서 청소년들에게 지역사회 문제해결에 적극적으로 참여하게 하여 스스로 지역사회 문제해결자가 되도록 할 필요가 있다는 논리가 의미를 갖는 것이며 오늘날의 청소년권의 논의에서 청소년 자율성 혹은 자율적 요소를 강조하는 목소리가 점차 드세지는 것은 오히려 당연한 현상이라 할 수 있을 것이다.

(4) 청소년자율성 확대의 가치

청소년참여는 청소년의 법적·사회적 지위가 '보호와 간섭'의 성격이 상대적으로 축소되면서 '자율'이 점차 확대되는 방향으로 위치 지운다. 오늘날의 청소년 관련 논의들의 입장도 청소년에게 보다 폭넓은 재량이 주어져야 한다는 것과 이들에 대한 보호와 선도가 더 강화되어야 한다는 것의 두 가지로 크게 구분할 수 있다. 청소년에 관한 문제에 청소년 자신의 목소리가 반영되어 자신의 손에 의해 결정되어야 한다고 하는 한편, 그것은 사회가 알아서 결정해 줄 문제라고 한다. 논의의 초점은 청소년의 '자율'과 청소년에 대한 '보호 · 간섭' 사이의 갈등인 것이다.

청소년인권 논의의 모태가 되고 있는 인권을 보면 자율과 보호의 시대적 가치의 면모는 확연히 드러난다. 자연권적 인권으로서의 인권개념이 출현하기 시작하는 중세 말 이전까지 인권은 '요구권'이 아니라 신이나 절대왕권 국가가 부여하여 '보호'하는 수혜권적 의미로 이해되었다. 그러나 홉스(Hobbes)는 물론 로크(Locke)의 '시민정부론' 이후 점차 '자유' 개념을 중심으로 발전되었으며 오늘날 '생명권', '재산권', '행복추구권' 그리고 이들 권리 행사에 필요한 확대된 '자유권'이 점차 자리를 굳혀가게 되었다. 이의 결과가 '개인주의'의 확립이었고 중산층의 정치적 성장과 여성의 정치 참여권 확대였던 것이다. 인권 개념의 '자율'적 요소가 '보호'적 요소를 극복하고 날로 그 범위와 세력을 진전시켜 간 발자취를 볼 수 있다. 이 점에서 청소년의 자율을 확장하는 것이 시대사적 조류이며 인권적 요소가 확대 발전하면서 점차 청소년 자신의 시각과 가치판단이 폭넓게 수용되는 시기를 맞이하고 있는 것이다.

(5) 지방자치제 효율성 제고의 가치

지방자치제 실시는 각 부문의 참여행정을 촉진하는 데 기여한다. 지방자치의 본질은 지역의 문제들을 지역주민이 참여하여 자율적으로 해결해 나간다는 것으로 자치행정에 대한 시민들의 참여행위이다. 참여민주주의 이론에서는 이미 루소(Rousseau)는 소규모의 공동체에서, 밀(Mill)은 지역사회로부터 국가적인 수준으로의 확대과정에서, 그리고 코울(Cole)은 현대산업사회의 모든 사회집단에서 참여과정을 통하여 민주시민의 정치적 능력을 산출할 수 있음을 주장한 바 있다. 이러한 참여민주정치 이론가들이 일관하여 강조하고 있는 것은 오늘날과 같이 교통, 통신이 발달한 대규모의 사회에 있어서도 지역사회나 사회하부구조의 참여과정에 의해서만 민주정치의 실현이 가능하다는 것이다.

그러나 우리 사회는 오랫동안 성장과 개발을 위하여 중앙집권적인 행정체제를 가질 수밖에 없었고 중앙집권적 관료행정하에서 지역주민들은 지역사회발전에 주도적으로 참여하는 시민으로서가 아니라 국가발전을 위한 국민의 한 구성원에 불과했던 것이 사실이다. 더구나 청소년들의 참여에 관해서는 더욱 부정적인 목소리가 컸으며 청소년들은 단지 보호 또는 선도의 대상으로서만 취급당해 왔다. 또한 청소년들의 대부분은 선거에 참여할 나이가 안 되어 유권자로서의 영향력이 없다는 이유로 그 어느 집단보다도 정책과정에서 무시되어 온 경향이 있었다. 재산에 따른 차등 투표를 철폐하고 여성에 대한 참정권을 허용한 뒤 몇 세부터 투표권을 줄 것인지는 어느 나라에서나 '보통선거 확대'와 관련해 가장 중요한 쟁점이었다. 우리나라도 세계적 추세에 맞추어 2019년 이후 18세로 정해졌으나, OECD 국가 중에서 오스트리아는 투표연령을 16세로 하고 있으며, 많은 국가들에서 연령을 하향하려는 입법시도들이 이루어지고 있다는 점에서 선거권 연령에 대한 논의는 지속될 것이다(정익중, 2016).

청소년 분야도 정책의 수립과 수행, 그리고 평가의 전 과정에서 정책의 대상이자 서비스 소비자인 청소년들의 관심과 요구를 어느 정도로 반영하고 그들의 기대와 가치에 얼마나 부응하는지가 지방자치시대의 정책의 효과와 의미를 판단하는 중요한 기준으로 등장하였다. 이 점에서, 우리나라에도 지방자치제 실시 이후 지역주민 참여확대의 일환으로 청소년들의 참여를 도모하는 정책과 제도에 대한 관심이 확대되고 있어 매우 고무적으로 평가되고 있다(천정웅 · 김영지, 1997). 아직까지는 여러 가지 사회적 여건이 청소년들의 참여를 제한하는 조건을 가지고 있고 미흡하지만 앞으로 청소년참여는 다양한 형태와 방법으로 확대되어야 할 것으로 볼 수 있다.

(6) 청소년우위의 관점에 따른 다양한 정책 강화의 가치

청소년정책은 궁극적으로 청소년을 위한 정책을 지향하며 청소년집단이 도움이나 이득을 얻기 위하여 적극적으로 참여할 때 정책의 실효성이 증대될 수 있다. 그러나 그간 청소년정책의 주인공이라고 할 수 있는 청소년들이 무엇을 바라고 있는지, 어른들이 제시하는 정책이나 사업을 어떻게 생각하고 있는지에 대한 관심은 많은 경우 배제되어 왔던 것이 사실이었다(최충옥, 1991). 정책수립이나 의사결정 과정에 은연중에 성인의 시각들이 침투되어 청소년을 위한 정책이 도리어 성인들의 이익에 이바지한다든지 청소년들은 이를 통제로 받아들이고 자발적이고 주체적인 참여의욕이 떨어져 무력감을 느끼고 그 정책으로부터 소외를 느끼게 된다든지 그 정책을 도외시하거나 배척하기도 한다는 것이다. 특히 관료제적 행정의 특성으로 정책집행이 획일적이고 업적주의, 형식주의, 전시적으로 수행된다면 그 속에서 청소년들은 수동적·소극적·비자발적 동원(mobilization)이라는 갈등과 불만족을 경험할 수 있는 것이다.

우리나라의 경우에 청소년참여 증진을 위한 다양한 정책적 노력을 지속하여 청소년참여위원회, 청소년운영위원회를 비롯하여 청소년들이 정책과 관련하여 직접적인 의견을 제시할 수 있는 참여기구와 참여활동 들이 점차 활발하게 이루어지고 있는 상황이다. 그러나 여전히 그 운영실태를 보면, 형식적 운영이나 프로그램적 운영 등으로 명실상부한 참여가 이루어진다고 보기 어려운 경우도 있으며, 당국의 정책 내용을 알게 하거나(지방언론이나 학교를 통해) 또는 자신들의 의견을 발표하는 기회가 주어지는 정도에 그치고 있음을 알 수 있다. 이러한 참여유형은 청소년참여의 수준적 측면에서 보면 외견적, 전시적 수준에 지나지 않는 것이다.

그러나 세계적 경향은 이미 매우 높은 참여적 수준에 이르고 있음을 알 수 있는데, 많은 국가들이 청소년들이 정책과정에 참여할 수 있도록 하는 다양한 제도적 장치를 마련하여 청소년들이 자신과 관련된 지역사회 문제에 대해 의견을 제시하고 대안을 마련하며 구체적으로 다양한 사업의 축소 또는 확대 요구, 그리고 필요로 하는 새로운 사업 제안 등을 할 수 있도록 하고 있고 이러한 추세는 더욱 확산되고 있다. 독일의 경우 청소년대표의 정책결정 과정에의 참여기회가 법제화되어 있으며 청소년방송정책에 있어서도 청소년대표자가 참여하는 추세에 있다. 이러한 활동을 통해 청소년들은 욕구와 부담, 권리와 책임을 조화시키는 훈련을 하고, 참여를 통해 얻는 정책에 대한 이해를 바탕으로 정책의 결정 및 시행에 필요한 협조를 할 수 있으며, 정책집행 차원에서는 청소년의 합의를 통해 정책집행에 추진력과 탄력을 얻게 되며 정책의 시행착오를 예방하게 되는 등 다양한 정책강화 효과를 얻게 된다.

(7) 청소년활동 방향전환의 가치

청소년참여 강화는 오늘날 청소년활동의 개념을 청소년의 '지역사회 참여경험 확대'를 강조하는 방향으로 변화하도록 뒷받침한다. 청소년활동의 개념은 '학교교육의 보충 수단'에서 일탈 등 '부적응 청소년'에 대한 관심으로 이어졌으며, 청소년의 '현실적 삶의 장에서의 실질적 경험'을 강조하는 것으로 발전하고 있다. 이러한 청소년활동 개념은 '청소년들로 하여금 그들이 살고 있는 사회적 상황에 건설적인 비판적 안목을 가지고 참여하여 실제로 살아보는 경험'을 제공하는 것에 기본적인 의미를 둔다. 청소년의 자발성, 책임성을 강조하며 지역사회에의 적극적 경험을 통하여 공동체의 의미를 파악하고 참여하는 등 '공동체 속의 가치 있는 개인'을 주된 목표로 하는 것이다(문용린, 1993).

청소년활동의 실제에 있어서도 청소년의 긍정적 문화에 주목하고 보다 조화스럽고 바람직하게 살 수 있도록 돕는 시도가 많아지고 있으며 공동체적 삶에 적극적으로 기여하는 태도, 가치관, 지식, 기능을 주된 내용으로 하는 '성숙을 촉진시키는 프로그램'이 많아지고 있다. 아무리 훌륭한 프로그램이라도 참가 청소년들의 특성과 욕구에 부합하지 않으면 성공을 가져올 수 없다. 청소년을 위한 프로그램은 일반적으로 어른에 의해 준비되고 있지만 어떤 경우에는 청소년 스스로 만든 프로그램이 그들에게는 더 많은 즐거움을 주고 감동을 일으키며 깊은 영향을 준다. 청소년 주최의 프로그램이 모두 다 유익하고 가치 있다는 것은 아니라 하더라도 충분한 의미는 있는 것이다.

(8) 민주주의 운동 촉진의 가치

청소년이 그동안 역사적, 사회적으로 매우 중요한 역할을 해 왔다는 인식이 강화되면서 최근 지구촌의 환경운동, 평화운동 등의 영역에서 청소년들의 참여사례가 확대되고 있는 것도 청소년들이 민주주의 운동을 촉진하는 데 선도적인 역할을 수행하고 있음을 말해준다. 역사적으로 세계 어디에서나 청소년들은 자유를 얻기 위한 운동의 선봉에 서 왔다. 청소년들의 열심과 정열, 새로운 것에 대한 집착, 시도의 자세는 지속적으로 억압적인 세력에 대응해 왔으며 지금도 사회발전을 위한 다양한 운동들이 청소년들의 책임하에 성공적으로 수행되고 있음을 볼 수 있다. 전체주의와 독재적인 체제에서 벗어나, 새로운 민주주의 건설 등 역사적인 변혁이 연이어 일어난 동유럽의 경우, 청소년을 비롯한 젊은 사람들이 민주화 운동의 주역을 담당했던 것은 엄연한 사실이다. 이런 의미에서 청소년의 사회 참여는 새로운 장을 열었다고 말할 수 있을 것이다. 동유럽의 여러 국가와 정부는 참여민주주의라고 하는 새로운 사회를 확립해 가지 않으면 안 된다고 하는 책무에 직면하여, 젊은 사람들을 내적으로 받아들여 가면서, 그들이 투쟁까지 해서 요구했던 권리와 책임의 수행이 가능한 사회를 건설하고 있다.

(9) 디지털시대 민주주의 실험의 가치

인터넷의 발달과 다양한 디지털 매체의 보급으로 청소년들의 의사소통수단도 이제 사이버공간이라는 새로운 국면에서 이루어지고 있으며 디지털과 함께 사는 Z세대(Z generation)라는 용어로 특징화되고 있다. 디지털 시대 오늘날의 청소년들은 인터넷은 물론 SNS, 유튜브(YouTube) 등에서 자신의 일상생활 문제부터 교육개혁, 입시 위주 교육문제, 대형 재난과 경제문제, 청소년인권문제에 이르기까지 전 분야의 사회현상에 대해 자신의 주장을 펼치고 사회 속에서 사람들과 무한 소통하고 있다. 이러한 통신망을 활용한 청소년참여는 국가나 지역사회의 정책과정에 빠른 시간 내에 자신의 의견을 제안할 수 있는 기회를 제공했다.

더욱이 주목할 만한 사실은 10대 청소년들이 직접 1인 미디어 방송의 크리에이터(creator)로 활동하고 있으며, 청소년문화의 모습이 웹툰과 1인 미디어로 대표되는 시대 속에서 일상과 여가 속에서 끊임없이 생산되는 콘텐츠를 이용하며 살아가고 있다는 점이다. 이는 과거와 현재를 비교하는 가장 확연한 차이점이며, 청소년들이 스스로 모든 것을 기획하고 자신들의 시각에서 사회현상을 바라보고 문제를 분석하며 내용을 만들어 가고 있다는 것을 확인해 주고 있다. 더욱이 학업으로 인한 바쁜 일상 속에 생기는 자투리 시간을 소비하기에 웹툰과 1인 방송은 손 안에 있는 스마트폰으로 어디서든 손쉽게 접할 수 있으며, 자신의 흥미를 끄는 주제들을 자유롭게 시청할 수 있다는 점에서 청소년들에게 인기를 얻을 수밖에 없을 것이다.

아직 이러한 현상을 진단하고 평가하기에는 이른 점이 있지만 자신들의 사고와 판단에 따라 주장을 하는 청소년들의 움직임이 여기저기에서 진행되고 있다는 점은 사회와 기성세대가 결코 간과해서는 안 될 점이다. 이러한 자유로운 움직임들이 가상공간에서뿐만 아니라 실제 삶의 영역에서도 자연스럽게 표출되어 건강하게 전환될 수 있도록 그 통로를 만들어 주는 것은 기성세대의 몫이라고 할 수 있겠다.

4. 청소년참여의 효과와 오해

1) 참여의 효과

(1) 참여의 일반적 효과

참여는 청소년 발달의 전반적인 과정을 통하여 활발하게 참여할 수 있는 기회의 제공, 숙고하며 학습하고 행동하는 과정으로서 이해할 수 있어야 한다(Taylor & Percy-Smith, 2008). 능동적이고 적극적인 참여야말로 청소년을 둘러싼 환경을 변화시키는 변화의 촉매제가 될 수 있다는 것을 간과해서는 안 된다. 청소년참여를 강조하는 것은 미래세대로서 청소년을 준비시키는 것과도 관련된다. 이는 참여를 통해 청소년의 에너지를 긍정적이면서 균형 있는 성장으로 이끌고, 나아가 사회통합에 기여할 수 있는 역량을 지닌 청소년으로 변화시키는 데 유용한 것으로 간주하는 것이다.

먼저, 참여는 참여하는 과정 그 자체로 사회에 다양한 긍정적 기능을 하는 것으로 알려져 있다. 정책과정에 시민의 관점을 투입하고 타인과의 협력이나 합의를 형성하는 참여과정은 긍정적인 사회 환경적 변화를 가져온다는 것이다. 먼저 참여의 기능적 측면에 역점을 둔 실천적 효과를 살펴보면 다음과 같다.

① 참여는 사회적 형평성을 증대시키는 효과를 지닌다. 실천적으로 참여의 확대는 소외계층의 참여를 증대시킴으로써 사회적으로는 이들의 이익이 반영된 형평적인 정책적 산물이 도출될 가능성이 높아진다.

② 참여는 의사결정의 질을 개선하고 그에 따라 정치행정적 효과성을 증대시킨다. 시민의 수요와 선호를 정확하게 파악하고 정책의 목표를 분명하게 하는 데 도움을 주며, 시민들의 아이디어를 통해 문제해결을 위한 새로운 대안을 창출하게 될 가능성도 있다.

③ 집행의 실현 가능성 및 용이성을 높인다. 시민은 의사결정에 참여함으로써 결정된 정책에 주인의식과 책임감을 갖게 된다. 그러므로 참여를 통해 결정이 이루어지면 시민은 그 의사결정이 효과적으로 작동되도록 협조하게 될 것이다.

④ 대의정치의 한계를 참여를 통해 보완할 수 있다. 시민은 주로 문제제기의 역할을 하고, 의회가 해결책을 찾는 과정에서 시민들의 참여는 바람직한 안을 선택하는 데 협조적이고 보완적인 기능을 한다.

⑤ 비용의 절약이다. 시민참여는 물론 시간이 소요되는 과정이긴 하지만 일방적인 결정은 시간적으로는 신속할 수 있을지 모르나 정책집행 과정에서 저항이나 장애물에 직면하게 되었을 때 결과적으로는 오히려 더 많은 시간과 비용이 들어가게 됨을 고려할 때 효율적일 수 있다는 것이다.

⑥ 행정책임성을 높여 행정의 민주화를 토착화하도록 돕는다. 정부와 시민 모두의 책임의식을 증대시켜 시민의 특수이익에 대한 편향 및 정부의 일방적 의도의 관철 등을 막는다는 점에서 사회적 민주성을 높인다.

⑦ 최악의 갈등 상황에서 벗어날 수 있다는 점이다. 일단 이슈에 대한 논쟁이 거세지고 적대적으로 되면 그 이슈는 해결하기가 더욱 어려워지는데 시민참여는 당사자에게 적대적 감정 없이 수요와 관심을 사전에 표현할 기회를 제공하므로 정책과정에서 고통스러운 갈등에 직면하게 될 가능성을 줄여준다.

⑧ 시민의 신뢰를 높이고 합법성을 유지한다. 논쟁적 사안에 대한 의사결정이 이루어져야 하는 상황에서 참여는 합법성을 달성하고 유지하는 과정을 시민들이 직접 경험하게 함으로써 결정과정을 신뢰하게 한다.

⑨ 시민참여는 시민의 교육 효과를 발생시킨다. 참여자는 특정 주제에 대해 배울 뿐 아니라 정보가 어떻게 의사결정을 하는지, 왜 하는지에 대해 알게 된다. 이 과정에서 미래의 지도자를 양성 또는 훈련시킬 수 있고, 타인과의 연합을 형성하는 과정도 배우게 된다. 참여를 통해 시민들은 책임성을 갖추게 되고, 개인의 창조적 역량을 개발시킬 수 있을 뿐만 아니라 정치과정에 대해 더 많은 정보를 얻게 됨으로써 이로운 학습과정을 형성하게 된다는 것이다.

(2) 참여를 통한 청소년 발달

청소년 프로그램과 청소년참여에 관한 문헌들은 대부분 최근의 과학적 교육개혁의 목표, 학습과 교수법의 발달, 학생에 의한 과학적 인식의 향상을 목표로 한다. 사회이익을 위한 문제해결 역시 교육개혁의 목표이기는 하지만 그 중요성이 덜 인식되고 있다. 청소년 프로그램과 청소년 참여에 관한 문헌들도 이러한 교육개혁에서 추구하는 바와 똑같은 부분을 고려한 것이다. 지역사회 발달이나 사회문제해결에 대해 언급하지만 주요 초점은 청소년의 개인적 발달에 있다. 실제로 청소년 참여활동과 관련하여 청소년참여의 효과는 다음과 같은 몇 가지가 강조되고 있다(정효진 · 김희성 · 우정자, 2004).

첫째, 기술 습득의 효과가 있다. 합법적인 주민참여의 이론에서 학습은 지역사회 참여의 요소가 지역사회의 성숙한 구성원으로서의 정체성의 발달이라고 본다. 개인은 중재의 기술을 사용하여 지식을 발전시키고, 특정한 목표나 원하는 지점과 연관된 실천 활동에 함께한다. 더욱이 특정한 정치성의 기술은 특정한 상황에의 적용을 통해 배우게 된다. 젊은 사람들이 계획자와 사회와 지역사회의 변화의 실행자로서 자신의 정체성을 발전시키는 것은 실제 사회문제를 풀어나갈 수 있는 기술과 활동과 계획의 기술을 배운다는 의미가 있다.

둘째, 청소년들은 참여활동을 통해 심리사회적 발달을 하게 된다. 개인적이고 사회적인 책임감의 증가와 연관, 다른 사람에 대한 긍정적인 태도, 인간관계를 위한 깊은 이해와 존중, 자기 존중감과 자기 효능감, 개방적 마음가짐뿐만 아니라 미래행동의 동기에 영향을 준다.

셋째, 참여활동을 통한 청소년의 발달은 청소년의 사회적 인식을 포함하게 된다. 청소년은 참여활동을 통해 시민의 의무와 이타주의를 조금씩 배우게 된다. 도움이 필요한 욕구를 인식하고, 자원봉사의 의미, 민주주의의 의미를 인식한다. 청소년 참여활동은 참여자가 사회문제를 체계적으로 분석하는 능력과 습관을 향상시키고, 사회상황과 문제에 영향을 주는 근본에 대해 이해하고 논리적으로 표현할 수 있도록 한다. 뿐만 아니라 사회 내에서의 변화를 추구하는 열망과 능력을 갖게 된다. 변화에 대한 인식은 비판적인 문제의식과 비슷하다. 이러한 변화인식은 개인적 임파워먼트를 시작하는 구성요소가 된다.

실제로 팬서 등(Pancer, Rose-Krasnor & Loiselle, 2000)는 청소년의회에 참여했던 청소년의 소감을 소개한 바 있는데, 실제적인 참여활동에서 청소년들이 갖게 된 효과에 대해 알려주는 것으로 볼 수 있다.

① **자기인식과 개인적 성장** : 자기 자신에 대해 많이 알게 되었고, 청소년의회에 참여하는 과정을 통해 논의 이슈에 대해 많이 생각하게 되었으며 새롭게 알게 된 것이 많다.

② **임파워먼트** : 청소년이 미래이고, 변화를 만들어 낼 사람이 바로 우리 자신이며, 더 좋고 안전한 사회를 만들기 위해 함께 활동해야 한다는 것을 알았다. 또한 우리가 실제로 정부에 뭔가 말할 수 있다는 사실이 매우 기뻤다.

③ **인식향상** : 지역사회가 직면하고 있는 문제에 대해 알게 되었고 행동으로까지 이어질 수 있었다. 그리고 내가 알게 된 것을 내 주변 사람들에게도 가르쳐 주려고 한다.

④ **미래에 대한 희망** : 우리가 고안한 프로젝트가 잘 이행될 것이라는 희망이 있고 청소년의회에 또 참여하고 싶으며, 함께한 친구들도 다시 만나고 싶다.

⑤ **사회적 관계**(흥미와 우정) : 처음에는 낯선 사람을 만난다는 것이 두려웠지만 함께 지내면서 새로운 사람들을 만나고 친구를 사귈 기회를 얻어서 행복했다.

⑥ **사회적 관계**(사람 등을 함께 이끄는 가치와 신념) : 사람들 사이에서 서로의 관점을 공유하는 것과 서로 다른 의견에 대해 귀담아듣는 것이 얼마나 중요한지도 알게 되었다.

2) 청소년참여의 한계와 오해

참여는 앞에서 제시한 바와 같이 다양한 기능적 편익과 효과를 지니지만 동시에 그 한계도 지적되고 있다. 이에 따라 청소년참여에 대한 소극적, 부정적 견해가 나타나기도 한다. 가장 대표적으로 지적되는 것은 참여의 현실적 곤란성이며, 이는 참여 과정에 대한 접근성이나 절차상의 문제 및 참여 성립상의 어려움에 기인하여 발생하는 문제들에 관한 것이다. 다음으로 참여 자체의 부작용에 관한 문제로 여기에는 참여의 대표성과 불평등 문제 및 형식적 참여의 문제 등이 포함된다.

우선, 참여의 현실성과 관련하여 가장 많이 제기하는 부문이 바로 참여자의 역량과 자질에 관한 문제이다. 역량문제는 참여 행정에 대한 지식이나 전문성 부족에 관한 차원과 시민의식 및 참여의식의 저조로 인한 문제가 포함된다. 특히 일반 시민의 참여가 의미 있는 것으로 되기 위해서는 시민이 충분한 지식과 경험, 시간, 정보, 기술을 지니고 있어야 하는데, 일반적으로 전문적 지식과 경험을 지니지 못하는 경우가 많다. 시민의 전문성 문제에 더하여 시민의식과 시민의 주요 관점에 관한 문제 역시 제기된다. 시민의 참여를 주장하는 기본 논리 속에 암묵적으로 전제되어 있는 것이 참여활동을 하는 시민의 의식 기저에는 시민들이 지역사회 발전을 위해 자신의 사적 이익을 초월할 수 있는가라는 것이다. 시민은 자칫하면 무책임한 권리주장을 하기 쉽고 지역이기주의나 개인의 사익에 편향될 수 있다는 것이다. 그러나 시민의 전문성 부족이나 자원 부족의 문제는 오늘날 많은 양의 행정정보를 시민에게 지속적으로 공개 및 제공하는 것이 정부 부문의 새로운 역할로 강조되고 있다는 점에서 어느 정도 해결이 가능하다는 반론이 있다.

또한 참여 자체의 부작용에 관한 문제로는 참여의 대표성의 정당성과 불평등 문제, 참여로 인한 갈등과 위험의 증대, 행정 지체와 질 저하 문제, 그리고 형식적 참여 또는 시책의 정당화 수단으로서 활용하는 문제 등이 지적된다. 시민참여를 적극적으로 활용하고 있는 시민은 대다수가 시민을 대표하기보다는 특별 이익을 대표하는 주민 엘리트인 경우가 많다. 이 경우 참여하는 시민은 일반 시민 전체를 대표하는 것이 아니며, 단지 특정의 이익이나 관심을 대표하고 있는 데 불과하다. 그러나 이러한 지적에 대하여 참여의 대표성이나 불공평성 문제는 참여의 역기능이라기보다는 참여 저조로 인한 한계로 보아야 한다는 반론도 있다. 형식적 참여의 문제는 시민참여가 공직자들이 자신들의 결정을 정당화하기 위한 방편으로 악용될 수 있다는 것과 관련된다. 주로 형식적 공청회나 전문가의 의견을 명목상으로 제시하여 시민의 형식적 참여를 통해 합의를 유도하는 경우가 여기에 해당한다. 이 경우 참여의 긍정적 효과는 달성하지 못한다는 점에서 참여는 실패하게 되고 시민의 불만족은 오히려 증가하게 될 수 있다, 시민참여는 단지 현재의 정치·경제적 질서를 안정시키고 정당화하려는 의식(ritual)에 불과하다는 것이다. 그러나 이러한 논의는 참여의 부작용이라기보다는 참여의 내용이 실질화되지 못한 형식적 참여로 인하여 발생하는 문제이다. 형식적 참여의 문제를 해결하는 방법은 참여를 실질화시키는 형태로 진전하는 것이지 참여 자체를 인정하지 않는 것이 적절한 해결책은 아닐 것이다.

참여의 한계에 관한 이러한 논의를 보면 참여의 부작용에 대한 지적은 일응 타당하다고 볼 수 있다. 참여는 사회적·개인적으로 많은 효용을 지니고 있는 한편, 참여를 실질화시키는 과정에서 여러 가지 한계와 비용 등이 수반될 수 있다. 이러한 점에서 참여는 사회적 변동을 위한 유일한 해법도 아니고 만병통치약도 아니다 그러나 이러한 지적들이 반드시 옳은 것은 아니라는 점에서 참여가 지닌 무한한 잠재성과 장점을 과소평가해서는 안 된다. 시민참여에서 발생하는 역기능의 문제는 참여의 적정화로 해소 가능할 것이다.

청소년참여에 관하여서도 이와 같은 논리가 적용될 수 있다. 참여의 현실적 곤란성과 참여 자체의 부작용에 대한 문제 등은 특히 청소년의 정책참여와 관련하여 유사하게 적용할 수 있으며, 참여자의 역량과 자질의 문제 등은 청소년연령이나 청소년참여권과 관련한 논의와도 직접적으로 관련되는 내용이다. 그러나 청소년참여에 대한 비판은 오히려 참여를 통해 청소년의 성장과 역량을 증진시켜야 한다는 세계적인 추세로 설명할 수 있으며, 청소년참여를 강조하는 분위기로도 비판이 의미가 없음을 알 수 있다. 청소년참여의 실제에 있어서는 그보다도 청소년참여를 통해 개발되어야 할 필수적인 핵심역량에 대한 논의도 다양해지고 있으며 참여활성화를 통해 소외계층 청소년의 이익을 더 많이 반영하는 노력이 필요하다는 점이 더욱 강조되고 있음을 기억할 필요가 있다. 그러나 청소년에게 아무리 참여가 중요하다고 해도 모든 청소년들이 동일한 참여 능력을 갖는 것은 아니며 어떤 연령대에서 뭔가를 할 수 있거나 할 수 없다는 보편적인 생각을 해서는 안 된다. 오히려 청소년 참여능력은 계속 발달한다고 생각하고 이를 최대한으로 발달하도록 하기 위한 다양한 방법을 제공할 필요가 있다(이혜원, 2008).

이를 위해서는 우선 청소년참여와 관련하여 우리가 흔히 믿고 있는 신화, 즉 청소년에 대한 근거없는 믿음이 무엇인지 아는 것이 중요하다. 오도노휴

(O'Donoghue), 커쉬너(Kirshner), 맥로린(McLaughlin)(2002)은 이를 다음과 같은 네 가지로 설명하고 있다.

첫째, 청소년을 위원회나 회의에 배치함으로써 청소년참여가 이루어진다고 보는 식의 잘못된 인식이 있다. 많은 학교나 비영리조직, 지역사회의 각종 위원회에서는 청소년 대표자들을 위한 자리를 만들고 있는데, 이는 청소년참여를 위해 문을 개방한다는 점에서 중요한 첫 단계로 볼 수 있지만, 청수년들이 관여할 수 있는 데에는 한계가 있으며, 그러한 참여에는 명목성(tokenizm)과 배타성(exclusivity)이라는 두 가지 문제를 수반하게 된다.

한 명이나 소수의 청소년을 성인들이 만든 또는 성인들이 추진하는 과정에 투입하는 것은 의미 있는 참여나 실질적인 영향력의 기회를 배제한 채 참여 청소년들을 명목화(tokens)하거나 장식화(decorations)할 위험성이 있다. 참여의 진정한 과정은 단지 성인들에 의해서 결정되는 과정이 아니라 청소년들에게 참여할 수 있는 다수의 공간이 필요한 것이다. 이를 통하여 청소년들이 흥미, 열정, 재능 등을 발휘할 수 있으며, 자신의 삶에 영향을 미치는 제도를 재설계하고 재창조할 수 있는 공간을 청소년들에게 개방할 수 있는 것이다.

또한 명목주의(tokenism)의 위험성에 덧붙여서 대규모의 집단에 소수의 청소년 대표자들을 참여시킴으로써 발생할 수 있는 배타성(exclusivity)의 위험이 있는데, 이것에 의해서 가장 특혜 받거나 재능 있는 청소년만이 참여할 수 있게 된다. 대중 참여 이론가들은 진정한 청소년참여(authentic youth involvement)에 있어서 고려되어야 할 중요한 문제들을 제기하고 있는데, 가장 중심적인 문제는 폭넓고 포용적인 참여를 어떻게 의도적으로 이끌어 낼 수 있는가에 관한 것이다. 즉, 이것은 특혜적인 배경이 없거나 재능이 없는 청소년들도 참여할 수 있도록 지원하는 구조(structures)와 관례(practices), 문화(cultures)를 구축하는 것을 의미한다. 또한 포용적 참여(inclusive participation)를 만들어 나간다는 것은 대표성(representativeness)에 대한 생각을 극복하는 것을 의미한다.

둘째, 청소년참여 보장은 성인들이 지도자나 교육자로서의 역할을 포기하는 것이라는 보는 잘못된 인식이 있다. 오히려 청소년참여에 어른들은 필요한 정보를 제공하고 자원을 연계해 주며, 비판적 역할을 도맡아야 한다. 청소년참여에 대해서 논의하게 될 때 성인들의 지지자 및 교육자로서의 역할에 대해서 침묵하는 경우가 자주 있다. 그러나 이러한 성인들의 역할은 청소년참여에 매우 중요한 기여를 하게 된다. 청소년참여 프로젝트는 성인들이 청소년들을 전문적인 세계로 사회화시키는 몇 개의 영역 중의 하나이다. 이러한 프로젝트에서 청소년참여의 지지자들은 청소년들에게 발언하거나 기여할 수 있는 문을 개방해야 하지만, 청소년들로 하여금 공공분야의 규범이나 청소년들이 참여하기 희망하는 분야의 구체적인 사례를 인식할 수 있는 방법을 배울 수 있도록 도와야 한다. 이는 청소년들이 이러한 규범을 채택하는 것이라기보다는 보다 폭넓은 분야를 형성하는 데 효과적일 수 있다는 것을 의미한다. 또한 성인들은 시민참여나 정치적 행동주의를 지향하는 프로젝트에서 종종 비판적 지도자로서의 역할을 하게 된다. 즉, 정치적 과정에 관한 지식이나 공공문제에 대한 비판적 의식이 필요한 지역사회 영향력 행사 과정 등에서 성인들은 청소년들에게 필요한 정보와 자원을 연결하고 지도하는 역할을 수행하게 된다.

셋째, 성인들은 청소년참여를 위해 준비되었다고 생각한다. 그러나 이러한 가정은 청소년참여에서 가장 다루기 힘든 문제를 발생시키게 된다. 가장 준비가 잘 되었다고 하는 성인조차도 청소년참여의 의미를 이해하지 못하는 경우가 있다. 성인들은 청소년 이상은 아니더라도 청소년만큼 청소년참여에 적응할 필요가 있다. 이것은 청소년들을 지원하고 그들의 역할을 수행하는 데에 있어서 성인들의 지속적인 훈련과 개발을 필요로 한다. 청소년과 성인 간의 성공적인 파트너십을 위해서는 효과적인 청소년참여에 영양분을 제공하는 성인학습과 변화를 지원하는 것에 대한 중요성을 인정하는 것이 필요하다. 그러나 청소년에 대한 이해와 청소년과 함께 일하는 방식 등 성인들의 틀을 변화시켜야 한다는 커다란 도전이 있다. 청소년을 개발하고 그들에게 서비스하기 위해서 만들어진 기관에서조차도 실제적인 의사결정과 실천과정에서 참여하는 청소년들의 능력에 대하여 청소년들은 성인들로부터 양면가치를 보게 되는 경우가 종종 있다. 어떤 어른은 청소년을 세상의 변화에 영향을 줄 '실제적인 사람'으로 보지 않기도 하는데, 무엇보다 필요한 것은 바로 청소년에 대한 어른들의 이해의 틀을 바꾸는 것이다. 따라서 진정한 참여는 깊숙이 간직하고 있는 성인들의 신념의 변화를 의미하며, 가장 기초적인 수준에서 변화되려고 하는 의지(willingness to be changed)를 필요로 한다.

넷째, 청소년들은 참여할 준비가 되어 있고 단지 참여기회만을 필요로 한다고 생각하고 있다. 그러나 성인들이 지원과 훈련을 필요로 하는 것과 같이 청소년들에게도 효과적으로 참여하는 데 필요한 기능을 개발하기 위한 시간과 공간이 주어질 필요가 있다. 그렇다고 선교육 후 나중에 참여한다는 것을 의미하는 것이 아니라 참여과정 동안에 지속적인 훈련과 지원이 필요하다는 것이다. 이러한 훈련에는 분야별로 세부적인 기능을 포함한다. 가령, 프로그램 평가에 청소년을 참여시키는 프로젝트에서는 정규적인 학교 교과과정보다는 인터뷰나 자료 분석과 같은 조사방법을 훈련할 필요가 있다는 것이다. 또한 청소년참여는 폭넓은 기능의 개발을 포함한다. 청소년들을 의사결정 과정에 의미 있게 참여시키기 위해서는 촉진, 대중 연설, 협동과정에 관한 워크숍 및 연습과정을 필요로 한다. 청소년들에게도 가능성에 대한 그들의 틀(frames)을 변화시키는 경험을 필요로 한다. 청소년들이 볼 수 있는 지역사회나 공공영역에서의 실제 세계의 문제나 프로젝트 참여가 그들의 가능성을 배울 수 있는 가장 최선의 방법이다.

결국 청소년참여 역량의 발달을 지원하기 위해서는 청소년참여와 관련한 신화를 극복하고, 올바른 역할을 할 수 있는 어른이 있어야 한다. 어른은 구색 맞추기식의 청소년참여 방식이 아닌 평범한 청소년들이 자신들의 일상적인 삶에 영향을 주는 과정 속에 참여할 수 있는 길을 마련해 주어야 한다. 그리고 처음에는 비록 능력이 부족하더라도 참여과정에서의 실수나 실패에서도 배운다는 교육적인 가치를 인정하고 그들을 믿어주어야 한다. 이것을 위해서는 어른 자신이 청소년을 어떻게 바라보고 있는지에 대한 뼈아픈 성찰이 필요하다. 청소년에게 역할과 책임감과 자율성을 주는 것이 진정한 참여의 출발인 것이다(이혜원, 2008).

CHAPTER 07 청소년참여의 영역과 청소년의 역할

1. 청소년참여 영역의 이해

청소년참여의 영역은 청소년이 무엇(in what)에 참여하는가에 관한 것이다. 청소년의 삶에 영향을 미치는 의사결정 과정에의 참여라고 하는 개념정의와 같이 청소년참여는 모든 생활환경에 대한 참여가 된다. 다시 말해 청소년발달에 영향을 주는 환경과 맥락(context)이 곧 청소년참여의 영역으로 볼 수 있다. 그러나 청소년참여에 대한 이해를 위해 세부적으로 구분하면, 구분기준에 따라서 청소년참여의 영역은 매우 다양하게 제시될 수 있다. 청소년참여는 가정, 학교와 같은 일상생활 영역에서의 참여도 있고, 청소년위원회나 청소년협의회와 같은 공공 영역에서의 참여도 있다. 또는 제도화된 청소년단체의 참여도 있으며 조직이나 단체가 없어도 자발적 결사체로서의 청소년참여도 있다. 이와 같이 청소년참여는 참여주체, 제도화 여부, 참여 영역 등에 따라서 다양하게 전개된다. 공공영역에서의 청소년참여와 관련하여 국가 정책사업의 대표적인 것은 청소년특별회의, 청소년참여위원회, 청소년운영위원회 등 각종 청소년위원회 활동이 있다(김영지, 2007).

제도(institution)적인 측면에서 청소년참여의 영역을 구분하면 가족, 근린지역, 지역사회, 학교, 경제, 정치적 과정, 대중매체, 지역사회개발, 정부, 복지서비스, 문화 등 다양한 형태로 구분할 수 있다. 또한 문제나 이슈(issue) 중심으로 구분하면 교육문제, 환경문제, 보건문제 등과 같이 구분할 수 있다. 일반적인 경우 청소년들이 정치, 경제, 사회적 제도 과정에 직접 참여하기보다는 가정, 학교 및 여타의 공동체적 생활 속에서의 상호작용을 통해 참여하고 있다. 최근의 경향은 주로 학교, 청소년단체를 통한 사회참여가 강조되면서 점차 봉사활동을 통한 지역사회참여와 국제사회로의 참여가 강화되고 있는 경향으로 보인다.

우선, 청소년참여 영역에 관한 가장 협의적 논의는 정책적 의사결정 과정에 참여하는 것만을 참여로 보는 입장에서 찾을 수 있다. 정책적 의사결정 과정에 참여하는 선거권 혹은 투표권의 행사를 참여로 간주하는 것이 대표적이다. 정책과 관련한 참여를 중요하게 보면서, 좀 더 시각을 확장하여, 청소년참여에 다양한 영역을 포함시키는 입장이 있다. 천정웅(1998)이 제시한 청소년참여의 다섯 가지 영역(또래중심 참여, 지역중심 참여, 정책과정 참여, 단체자율 참여, 사이버 참여)이 대표적이다(김정주 · 길은배 · 정화수, 1999). 유사한 맥락으로 김영인(2007)은 청소년참여는 일반 청소년들이 공적 영역에서의 의사결정 과정에 직 · 간접적으로 영향을 미치려는 명시적이고 자발적인 행위라고 보고, 청소년참여를 국가적 영역과 사회적 영역으로 구분하면서 전자는 정책참여, 선거참여, 정책 및 선거에 영향을 미치고자 하는 집회와 시위 등과 같은 정치참여를 의미하는 것으로 보고, 후자는 봉사활동, 시민사회 및 지역사회 참여, 수련시설 운영참여 등을 의미하는 것으로 본다.

또한 이채식 · 박은식(2007)은 청소년참여의 범위를 일상적 문제에 대한 참여, 사회참여, 정치참여 등 세 가지로 구분하여 제시했다. 일상적 문제에 대한 참여는 이웃과 마을공동체를 중심으로 일상적으로 일어나는 여러 일이나 문제에 관심을 가지고 활동에 참여하는 것이며, 사회참여는 제도와 정책에 영향을 미치거나 환경과 여건을 변화시키려는 참여 방식을 뜻한다. 정치참여는 직 · 간접적으로 정치적 의사결정 과정에 영향을 미치는 참여 방식이다. 최근 홍정희(2016)는 청소년참여의 범위를 의사결정 과정에 참여하는 것만으로 제한하기보다는 청소년들이 자신의 삶의 공간 안에서 변화를 도모하고, 자발적으로 이에 동참하는 것까지도 청소년참여에 포함해야 한다고 본다. 청소년참여의 영역을 광의적 관점에서 이해하는 주장으로 볼 수 있다.

한편 청소년참여의 영역과 관련하여 주목해야 할 것은 '학교'를 참여의 범위에 포함하는 논의이다. 이는 그동안의 청소년참여에 관한 논의가 주로 공적 영역, 정책 영역에 집중하는 참여를 강조하는 양상을 나타냄으로써 청소년의 참여활동이 주로 청소년특별회의, 청소년참여위원회, 청소년운영위원회 등을 통해 이루어지고 있는 것에 관심을 갖게 되는 것과 관련된다. 같은 맥락에서 청소년참여와 관련한 전달체계나 운영 주체와 관련해서도 청소년수련관, 청소년문화의집 등 기존의 청소년시설을 중심으로 논의됨으로써 청소년들의 일상생활과 관련한 가족, 또래, 학교 및 지역사회 전체를 아우르는 접근이 부족하였다는 지적이 있다(홍정희, 2016; 황여정, 2017).

특히 학교는 대다수 청소년의 일상적 삶이 이루어지는 곳이라는 점에서 청소년참여와 관련한 주요한 영역이며 범주로 볼 수 있을 것이다. 뿐만 아니라, 종래에는 학업 중심의 교육을 제외한 여타 활동이 주로 학교 밖에서 이루어지는 것으로 인식되었지만, 창의적 체험활동, 자유학기제 등을 통해 학교도 점차 다양한 활동 프로그램의 운영 주체가 됨으로써 학교와 청소년 분야의 경계가 명확히 구분되지 않는 양상도 나타나게 되었음을 염두에 두어야 한다(황여정, 2017).

2. 청소년참여의 주요 영역

1) 청소년참여의 5대 영역

여기서는 우선, 청소년참여와 관련한 구체적인 정책영역을 확보한다는 측면에서 대표적으로 논의되는 다섯 가지 영역, 즉 또래 중심의 참여, 지역 중심의 참여, 정책과정의 참여, 단체자율참여, 사이버참여 등에 대해 각 영역별 의미를 밝히고 주요한 청소년참여 활동 동향과 대표적 프로그램들을 고찰하기로 한다.

(1) 또래 중심 참여활동

또래집단 참여가 청소년기에 건강한 정체성 발달에 필수적이라는 주장은 많이 논의된다. 십대 청소년들이 또래집단에 참여하는 것은 흥미와 관념을 개발하고 친밀한 또래와의 관계를 형성하는 자신들의 능력을 시험하고 아직도 자녀에 대해 소유의식을 가지고 있는 부모에 대한 심리적 의존심을 버리도록 도와주기 때문이다. 또래집단의 근본적인 기능은 또한 사회적 활동을 조직화하는 것이다. 청소년참여에 의한 또래집단 활동은 그 중요성과 유용성에도 불구하고 특별한 도움장치나 단체의 협력 없이 이루어지는 경우는 매우 드물다. 확인할 수 있는 프로그램으로는 자신들의 주장과 의견을 자율적으로 제시하거나 동료집단끼리 프로그램을 구성해서 참여하는 형태 그리고 동료들 간의 상호작용에 기반을 두는 또래상담과 자율법정 활동 등의 경우를 생각할 수 있다.

(2) 지역 중심 참여활동

지역 중심의 참여는 지역사회가 구체적이고 원천적인 생활의 거점이고 청소년들의 관습과 태도, 가치의식을 길러주는 실천적 현장이라는 두 가지 측면에서 의미가 있다. 지역사회는 청소년들의 생활양식, 행동 등에 중요한 영향을 주고 있으며 이런 측면에서 볼 때 지역사회의 본래적 기능회복을 위한 각종 기관 단체, 시설들의 노력은 청소년 성장·발달을 위한 사회적 조건을 개선 발전시키는 중요한 의미를 가진다. 청소년참여가 지역사회 중심으로 이루어져야 하는 것은 결국 청소년들은 지역사회에서 태어나서 그곳에서 성장하며 문제가 발생한 곳이나 문제를 해결해야 할 곳도 바로 그 지역사회이며 또한 청소년들이 역사적, 사회적으로 지역사회에서 매우 중요한 역할을 수행해 왔다는 인식과도 관련된다. 실제로 어느 지역사회이든 전체 지역 인구의 약 1/3이 청소년 계층이며, 청소년들은 대부분 지역 내에서 생활하면서 가장 많은 시간을 보내는 계층이며, 중요한 행정수요계층이다. 청소년은 지역에서 관리하는 각종 공공시설물(지역순환버스, 공원, 도로, 도서관, 독서실, 종합복지관 등)의 주 이용자이면서도 기성세대가 만들어 놓은 시설과 제도에 대해 단순히 수용할 것만 강요받을 뿐 청소년이 직접 행정에 의견을 개진할 통로는 거의 없었다. 지역 중심 참여활동의 예로 다양한 형태의 자원봉사활동을 통한 참여활동과 지역사회 문제해결을 위한 참여활동, 프랑스의 청소년과 성인 민주포럼(Les Forums Démocratiques Jeunes · Adultes) 및 미국의 타운미팅 등을 들 수 있다.

(3) 정책과정 참여활동

청소년 참여활동을 정책과정 참여의 의미에서 보면, 청소년들이 자신들의 생활에 영향을 주는 지역사회와 국가의 청소년 관련 정책이나 행정과정에 관심을 가지고 그에 대해 의견을 제안하고 건의함으로써 정책결정 과정에 개입하고 영향을 미치고자 하는 활동이라고 할 수 있다. 넓은 의미에서 볼 때, 청소년들의 권한과 역할이 정책결정 과정에 영향을 미치고 개입하는 정도와 수준에 관계없이 청소년들이 자신과 관련된 제반 사회문제에 대해 주장을 밝히는 여러 단계의 활동을 모두 포함한다고 할 수 있을 것이다. 정책참여에서 중요한 것은 청소년들이 의사결정 권한을 어느 정도 갖는가 하는 점이다. 청소년들이 의사결정 권한을 실질적으로 갖지 못한다면 청소년참여에서 가장 우려되는 형태인 명목참여(tokenism)가 될 가능성이 매우 많다.

(4) 단체자율 참여활동

단체자율참여활동은 우리나라 청소년정책의 핵심 내용인 청소년단체나 청소년시설 등을 통한 조직적·집단적 활동과 체험적 생활을 전제한 것이다. 청소년단체는 일정한 회원을 대상으로 정기적인 활동을 조직적, 체계적으로 실시하고 운영은 가입회원의 회비 중심으로 한다. 또한 청소년시설은 일정한 규모의 활동공간을 중심으로 다수 청소년을 대상으로 비정기적·단기적으로 체험활동을 실시하며 운영은 주로 시설이용자의 사용료를 통해 이루어진다. 이들 기관은 청소년의 건전한 성장·발달을 돕는 프로그램들을 청소년에게 직접 제공한다는 점에서 공통점이 있다. 청소년단체나 청소년시설에서의 집단적 단체활동은 개인차의 고려라는 측면과 더불어 사회성의 개발이라는 측면을 조화시킬 수 있다. 참여자의 자율성과 자발성이 강조되면서도 집단 전체의 목적을 달성하는 데 필요한 협동성, 자주성, 책임감, 소속감, 봉사정신 등 민주시민으로서의 자질을 획득하는 일이 중시되는 것이 단체활동이기 때문이다. 중요한 것은 이러한 집단적 단체활동 또한 실질적인 청소년의 자율적 참여를 기반으로 모든 활동이 이루어져야 진정한 의미가 있다는 점이다.

(5) 사이버(cyber) 참여활동

사이버참여는 사이버공간이 정보화 사회의 중요한 의사소통 수단으로 대두되고 있고 청소년들은 그 주역으로 부각되고 있는 현실에 바탕하여, 청소년들이 사이버공간을 통하여 참여하는 것을 말한다. 최첨단 디지털 사회로 나아가고 있는 지금, 멀티미디어의 발전과 다양한 통신망 구축 등으로 청소년들의 의사소통수단도 이제 사이버공간이라는 새로운 국면에서 이루어지고 있다. 이러한 통신망을 활용한 청소년의 참여는 국가나 지역사회의 정책과정에 빠른 시간 내에 자신의 의견을 제안할 수 있는 기회를 제공했다. 주목할 만한 사실은 과거와 현재의 미디어를 비교해 보았을 때 확연하게 다른 차이를 보이는 것으로 SNS와 유튜브의 활용, 그리고 웹툰과 1인 방송 문화 콘텐츠에 대한 청소년들의 관심과 활용의 확산 정도이다. 10대 청소년들이 직접 편집장과 기자를 담당한 청소년편집국을 결성하여 직접 기획하고 가상공간 속에 청소년들의 웹진(Webzine : 인터넷 잡지)을 제작하고 있었던 것이 불과 10여 년 전의 모습이었다(천정웅, 2021). 손안의 스마트폰으로 언제 어디서나 소통하고 콘텐츠를 만들고 있는 10대들의 모습은 사이버공간을 통한 선거운동과 토론 등으로 전자민주주의(electronic democracy)적 모습과 함께 중요한 참여활동으로 부각되고 있다(이유진, 1997).

2) 청소년참여의 영역별 특성

지금까지 고찰한 청소년참여의 5대 영역은 청소년참여에 대한 인식이 부족하고 참여활동이 미흡한 우리나라에서의 청소년참여를 활성화시켜야 할 정책적 필요성이 매우 크다는 점을 생각할 때 중요한 의미를 가진다(김정주 · 길은배 · 정화수, 1999). 여기서 제시된 청소년참여의 주요 정책영역별 여러 가지 활동 동향과 프로그램의 내용은 국내외를 포함하여 자치단체뿐만 아니라 청소년단체와 청소년시설 등 다양한 집단과 조직 내에서 청소년의 지위를 향상시키고 그들의 발언권을 존중하며 참여를 이끌어 낼 수 있는가에 대해 구체적인 시사점을 제공해 준다. 어른들이 만들어 그대로 따르도록 제공해 주는 정책이 아닌 청소년들 스스로 생각하고 고민해서 만들어 낸 정책은 더욱 지지받고 적극적인 참여를 이끌어 낼 수 있는 것이다. 중요한 점은 성공적인 참여활동으로 평가되는 경우에는 공통되는 특징을 가지고 있는데, ① 청소년들의 의사결정을 필요로 한다는 점, ② 청소년들이 반드시 성인지도자와 함께 활동한다는 점, ③ 청소년들의 활동이 지역사회의 욕구를 충족시킨다는 점, 그리고 ④ 이런 활동들이 스스로 평가하고 관련 기술을 배우기 위해서 규칙적인 기회를 제공하고 있다는 것 등이 발견된다(Kohler, 1982).

〈표 7-1〉 청소년참여 5대 영역별 주요 활동

영역	내 용	국내외 주요 동향	특 성
동료 집단 참여	의견주장 자율제시 프로그램 개별제시 동료 상호작용 문제 예방과 해결	또래상담 : 갈등관리, 약물예방 젊은이의 도전(프랑스) 청소년법정활동(미국)	자주 / 자립적
지역 중심 참여	원천적 생활거점 지역사회 청소년운동 지역특성부응 지역환경 개선발전	지역 내 자원봉사활동 지역문제 자율해결활동(독일) 생활화된 봉사활동(미국) 청소년 민주포럼(프랑스)	책임 / 협력적
정책 과정 참여	지역행정 수요계층 행정과정 정책제안 정책입안 자료원 정책토론, 협의 참여기구의 제도화	청소년참여위원회 활동 청소년위원회(미국) 지역청소년위원회(영국) 청소년자문위원회(프랑스)	직접 / 쌍방적
단체 자율 참여	조직적 집단적 활동 체험활동의 전제 청소년자치 활동	청소년운영위원회 청소년토론회(미국) 청소년자율운영신문(네덜란드)	자생 / 정기적
사이버 참여	정보사회 소통수단 정책과정참여 신속성 전자민주주의 공간	SNS 및 1인 미디어 활동 다양한 웹진 활동(미국) 활발한 인터넷 토론(영국) 사이버 상담	공개 / 자유적

3. 청소년참여의 유형과 형태

1) 지역사회 청소년참여 유형

청소년들이 지역사회에서 경험하는 참여 활동은 다양한 기준을 적용해 분류하고 유형화할 수 있다. 예를 들어, 청소년참여를 주도하는 주체가 정부기관인지 여부에 따라 '정부 주도'와 '비정부기관 주도'로 구분하기도 하고, 참여활동과 조직 구성, 운영 측면에서 '제도화된 참여'와 '비제도화된 참여'로 구분할 수도 있다(정건희, 2013). 체코웨이(Checkoway, 1998)는 지역사회를 중심으로 청소년참여 유형을 구분했는데, 다음과 같은 청소년행동집단, 청소년개발기관, 근린지역중심 청소년사업, 근린지역 개발조직, 시민행동집단 등의 다섯 가지를 포함한다(김정주 · 길은배 · 정화수, 1999).

(1) 청소년행동집단(youth action groups)

청소년행동집단(youth action groups)은 지역사회 수준에서 청소년 주도로 자신을 조직화하는 과정으로, 자생적인 청소년조직이라 할 수 있다. 이러한 조직을 통하여 청소년 스스로가 문제를 해결하고 프로그램을 기획하고, 서비스를 제공할 수 있다. 우리나라의 경우 청소년조직화는 대부분 자생적인 동아리활동과 같은 형태로 나타난다. 이러한 청소년 조직화는 청소년들이 집중되는 학교나 지역사회센터 등과 같은 기관에서 발생할 수 있으며, 청소년 자신에 의한 자생적인 것이 될 수도 있다. 청소년들의 자생적인 조직화를 통하여 청소년들이 성인들의 지원을 얻을 수 있지만, 그러나 상대적으로 성인들로부터 독립을 유지할 수 있고, 또한 외부 기관으로부터 지원을 얻을 수도 있다.

청소년행동은 교육, 환경, 기아, 노숙, 인종주의, 또는 빈곤 등과 같은 문제들을 대상으로 할 수 있다. 청소년 행동은 그 형태가 각기 다를 수 있지만, 일반적으로는 청소년들 스스로의 고유한 행동을 보이게 된다. 청소년행동은 사람들이 지역사회 참여를 찾는 일에는 조직화가 중심이라는 신념에 기반을 둔다. 다원주의 정치이론에서는 개별적 이해관계는 자유롭게 집단을 조직할 수 있으며, 의사결정에 영향을 행사할 수 있다고 전제한다. 그러나 실제에 있어서는 이해관계에 따라 더 많은 정치적 자원을 동원하는 경우도 있으며, 그에 따라 다른 경우보다 더 많은 영향력을 행사하기도 한다. 예를 들면, 성인들은 자신들을 위해서는 청소년들이 스스로를 위해서 하는 것보다는 더 많은 정치적 자원을 동원할 수 있다. 따라서 특별한 상황이 없는 경우에는 성인들은 가장 강력한 정치적 투입을 행사할 수 있으며, 그런 까닭에 지역사회 의사결정을 지배하게 된다. 이러한 견해에 의하면, 청소년들이 더 많은 영향을 가지려고 한다면, 청소년들이 조직화하는 것이 유일한 방법인 것이다(Checkoway, 1998).

청소년행동에는 다음과 같은 다섯 가지의 형태가 포함된다. 첫째는 '풀뿌리 조직화(grassrots organizing)'로 청소년들이 사회적 행동과 정치적 행동을 위해 조직화하는 것이다. 여기에는 '전쟁 중지(stop the war)', '폭탄 금지(ban the bomb)', '인종주의 종식(end racism)', '굶주림에 대한 식량 제공(feed the hungry)' 그리고 '환경보존(save the environment)' 등과 같은 청소년 조직화의 역사가 있다. 둘째는 '지역사회 계획(community planning)'으로 청소년들이 지역사회 수준에서의 프로그램을 계획하는 것이다. 셋째는 '대중 옹호활동(public advocacy)'으로 청소년들이 기존의 제도적 영역에서 입법가들에 대한 로비나 기관에 책임을 묻거나 청소년을 지원하는 연합체를 만드는 방법을 통해 옹호적인 활동을 하는 것이다. 넷째는 '지역사회 교육(community education)'으로 청소년들이 '세상을 바꾸기(transform the world)' 위해 스스로의 자신감, 역량 및 의식을 강화하는 것이다. 다섯째는 '지역사회 봉사(community service)'로 청소년들이 아동돌봄센터(childcare centers) 일을 돕거나, 부모들의 자녀 예방접종을 환기시키거나 청소년들의 학업을 가르치는 것과 같은 지역사회를 위한 봉사활동에 참여하는 것이다(Checkoway, 1998).

그러나 지역사회 중심의 청소년 자신에 의한 조직화는 많은 장애요인들이 있다. 우선 청소년들이 지역사회체제나 성인의 지배유형, 청소년이 지역사회에 공헌하는 유형 등에 관한 정보가 적다. 둘째는 청소년들이 주도로 조직화하는 경우 자원이 적다. 성인들은 조직, 제도적 기반, 사회참여 수단 등을 가지고 있는 데 비하여 청소년들은 때로는 개인적으로 행동하여야 하고, 오랫동안 지속할 조직체도 없으며, 성인들의 기관에 참여할 기회가 적고, 참여한다 하더라도 영향력이 매우 적다. 셋째는 청소년들의 활동에 대한 성인들의 저항이 있다. 성인들의 저항은 조직자를 징계하거나 동료들로부터 격리하는 것, 청소년들의 제도에 대한 접근을 거부하거나 개혁을 부정하는 것, 상징적인 수준에서 청소년의 참여를 허용하는 것, 반대파를 재통합시키는 방법을 찾는 것 등 매우 다양한 형태로 나타난다. 이러한 자생적인 청소년조직에서 청소년은 조직자, 옹호자, 운동가로서 역할을 수행할 수 있게 된다.

(2) 청소년개발기관(youth development agencies)

청소년개발기관(youth development agencies)은 청소년의 결점을 극복하기 위한 것보다는 청소년의 긍정적인 발달을 촉진하기 위한 노력을 전개하는 조직들이다. 이러한 조직들은 청소년이 욕구를 충족하고, 성인기를 준비하여, 생산적인 삶을 살 수 있도록 청소년 자신의 자신감과 능력을 강화하는 환경을 조성하는 것을 목적으로 한다. 이것은 가족, 친구, 이웃, 학교, 지역사회집단, 그리고 다른 지원을 중요한 것으로 인식한다. 우리나라의 경우 청소년시설이나 청소년단체를 예로 들 수 있는데, 이러한 조직들은 청소년들의 결점을 극복하기 위한 목적을 갖는다는 점에서 다른 목적, 예컨대 가정폭력, 십대임신, 약물 및 알코올 남용, 학교부적응, 청소년비행 등 청소년의 병리적 현상을 다루는 기관들과 구분된다.

청소년개발기관들은 청소년들을 지역사회를 위하여 기여할 수 있는 잠재적인 생산성과 책임감이 있는 긍정적인 자원으로 간주한다. 청소년을 '청소년을 지원하는 청소년(youth serving youth)'이라는 관점으로 청소년들을 참여시키는데, 예컨대 공부 잘하는 학생이 개인교사로 활동하거나 갱단의 멤버로서 경험이 있는 청소년이 멘토로 활동하는 경우, 프로그램 수료자들이 프로그램의 운영에 참가하는 경우들이다. 이러한 개념은 '프로그램의 수혜자로서 청소년(young people as recipients of services)'과 대조적으로 조직 내에서 청소년들의 역할을 통해 영향력을 증가시키는데, 프로그램의 기획과 운영에 청소년대표를 위원회 위원으로 참여시키거나 다른 방법으로 참여시킨다. 이러한 참여를 통하여 청소년들은 자신의 지식을 개발하고 자신의 직업발달에 도움을 얻는다.

반면에 권한 없는 참여로부터 오는 좌절감을 경험할 수도 있다. 그러나 이러한 기관들의 청소년참여는 청소년권한부여의 형태로 일어나는 것이 아니라 서비스전달이나 치료적 개입의 형태로 나타나는 것이다. 청소년들이 단지 위원회에 참여하거나 회의에 참여했다는 것으로 의사결정에 영향을 주었다고 볼 수 없다. 이러한 조직의 직원들이 청소년들이 정보를 소유하지 못하고 있고 자신들의 권위에 도전한다고 생각할 때, 그리고 청소년들의 목소리를 강화하는 것에 반대할 때 청소년참여는 장애가 된다. 또한 청소년들이 자신들을 잠재력을 갖는 정치적 집단이라는 점을 인식하지 못하거나 자신들에 대한 성인들의 통제를 당연한 것으로 수용할 때, 지역사회를 변화 가능성이 있는 것으로 인식하기보다는 주어진 것으로 받아들일 때에도 청소년참여가 어려워진다. 이러한 청소년개발조직에서 청소년들은 프로그램의 고객이 될 수도 있고, 다른 청소년을 위한 멘토, 후견인, 또래상담자 등의 역할을 수행할 수 있다.

오늘날 청소년개발기관들은 '근린으로 돌아가는 것(back to the neighborhood)'에 대해 보다 많은 관심을 보이고 있다. 한두 개의 서비스에 초점을 두는 기관들도 있지만, 여러 가지 서비스들을 운영하면서 근린지역 수준에서 광범위한 활동들을 포괄하는 단계에 도달한 기관들도 많이 나타나고 있다. 청소년을 근린지역 중심으로 활동하도록 하는 기관의 노력은 경제적으로 불리한 청소년에게는 특히 중요하다. 예를 들면, 청소년집단, 스포츠 팀, 지역사회 센터, 댄스단, 교회프로그램과 사교 클럽 등과 같은 근린지역중심 단체와 관련하여 활동하는 것은 이들에게 많은 도움이 될 수 있기 때문이다. 그러나 청소년의 근린지역 활동을 위해 노력하는 대부분의 기관들은 권한부여(empowerment)의 형태를 의도하지 않는다. 그 보다는 청소년에게 힘이나 권력(power)을 이전하지 않는 형태의 서비스 전달(service delivery) 또는 치료적 개입(therapeutic intervention)을 목적으로 하는 것이 많다(Checkoway, 1998).

(3) 근린지역중심 청소년사업

근린지역중심의 청소년사업(neighborhood-based youth initiatives)은 청소년의 긍정적인 발달과 근린 지역사회 개발을 동시에 촉진하는 사업이다. 여기에서는 청소년들이 '실제적 활동(real work)'과 '실천적 학습(practical learning)'을 필요로 하고 근린 지역사회는 물리적 개선과 인간서비스가 필요하므로 이 두 가지 목적이 같은 프로그램에서 동시에 추구되어야 하는 것으로 인식한다. 따라서 교육, 고용, 서비스를 조합하여 청소년들이 지역사회를 변화시키면서 동시에 청소년 자신도 변화할 수 있도록 한다.

우리나라의 경우 이러한 예들을 찾아보기 매우 어려운 실정인데, 지역사회 개발사업에 청소년을 고용하여 구체적인 업무를 담당하게 하는 것이다. 이러한 방법을 통하여 청소년들이 책임감 있는 작업에 참여할 기회를 제공하고, 다양한 형태의 직무를 경험하게 하며, 규칙과 근로습관을 개발하고, 미래의 취업을 준비하게 할 수 있다. 또한 교육적 측면에서는 독해나 쓰기 같은 기본적인 학습기회를 제공하고, 직업적 성숙, 비판적 사고 및 팀워크 등을 개발할 수 있다. 사회적 발달 측면에서는 개인들이 상호지원을 형성할 수 있는 기회를 제공하고, 사회적 책무성을 강화하며, 지역사회 서비스에 헌신할 수 있도록 할 수 있다.

이러한 근린 지역사회 중심의 청소년사업은 청소년참여의 가치를 인정하기는 하지만, 이것이 조직에 대한 청소년의 영향력의 증가를 의미하지는 않는다. 또한 고용과 교육을 사회적 발달에서 필수적인 것으로 인식하지만, 이것이 청소년의 의사결정 과정에 대한 영향력 증대를 의미하지는 않는다. 즉, 근린 지역사회 중심의 청소년사업에서 청소년들이 때로는 위원회의 구성원으로 참여하거나 약간의 의사결정에 참여하기는 하지만 주로 고용된 사람으로서 건설자, 노동자, 학생 등의 역할을 수행하게 된다.

근린지역중심 청소년사업은 근린지역의 욕구에 기여하지만, 반드시 프로그램에 대해 지역적 통제를 보장하는 것은 아니다. 프로젝트에서 근린지역 조직들과 공동협력을 하지만, 행정관리와 통제는 근린지역의 주민들에 대해 이루어지는 것이 아니라 기관 내 직원들(agency officials)에게 해당된다. 실제로는 이러한 청소년사업들은 대체로 지역주민들이 자신들을 위해 계획하는 의미에서의 근린지역중심(neighborhood-based)이라고 하기보다는 지역적으로 분산되어 있는 기관들이 기능을 분산시키고 근로자(workers)들을 지역 내 하위지역(subareas)으로 전개하는 의미에서 근린지역 지향(neighborhood-oriented)으로 볼 수 있을 것이다(Checkoway, 1998).

(4) 근린지역 개발조직

근린지역 개발조직(neighborhood development organization)은 근린 지역사회 수준에서 주민들 자신이 문제를 해결하고 프로그램을 적용하는 과정이다. 주로 주택재개발, 경제개발, 물리적 환경개선 등과 같은 다양한 활동을 포함하고 있다. 이러한 조직에서는 기본적으로 참여의 이념을 신봉하며, 리더십 개발의 중요성을 인식하고, 인간자원을 요구한다. 그러나 대부분의 경우 청소년참여를 촉진하는 데 별로 관심이 없다. 단지 고용이나 주택 관련 프로그램에 대한 청소년참여에 관심이 있으나 실제적인 활동 참여에는 관심을 기울이지 않는다. 청소년들은 단지 거주자로서 인식될 뿐이다.

근린지역 개발조직은 1950년대 이래로 점차 범위가 확대되고 질적 수준이 향상되어 왔으며, 오늘날은 그 수와 역량이 증가하고 있다. 이들 조직은 구조와 역할, 책임성(responsibilities) 및 내적 역량과 외부 재정지원 등에서 다양하게 나타나고 있으며, 근린 지역사회 수준에서 자체적 개발 프로그램을 실행할 수 있다는 것을 공통적으로 확인해 주고 있다. 근린개발조직들은 공공 기관(public agencies)과 민간 기관으로부터 재정지원을 받을 수 있으며, 전국적 협의체(national coalitions)와 지원 네트워크(support networks)를 통해 지원을 받을 수 있지만, 본질상 주로 지역적으로 통제된다(Checkoway, 1998).

일부 근린지역 개발조직은 저소득 주민이나 여성 및 기타 집단들의 참여증진을 위한 특별한 노력을 기울이지만, 예외적인 경우로 볼 수 있으며, 심지어 청소년이 아니라 성인들을 대변하는 것이 전형적인 모습이다. 그러면 이러한 인종, 계급, 성차별 문제에 대해 진보적인 근린지역 활동가들이 청소년참여라는 문제에 대해서는 보수적인 경향을 갖는 것은 무슨 이유인가? 참여에 대한 분석가들은 이에 대해 ① 참여자의 문화적 특징의 수준이 불균등(uneven levels)하다는 것에 그 원인을 돌리거나, ② 집단들 간의 조직적 자원의 불균형(imbalances) 또는 ③ 사회 내의 권력과 부의 정치경제(political economy)에 원인이 있는 것으로 본다(Checkoway, 1998).

(5) 시민행동집단

시민행동(citizen action)은 지역사회 수준에서 보다 강력한 시민이나 조직을 형성하여 변화를 창출하는 것을 목적으로 한다. 이것은 조직화를 통하여 사람들의 삶을 개선할 수 있다고 확신하며, 사람들이 자신의 힘에 대하여 보다 더 알게 하고, 지역사회에서 권력관계를 변화시킴으로써 가능하다고 믿는다. 시민운동에서는 참여자들에게 권력의 의미를 알게 해주고, 사람들 사이의 권력관계를 변화시키고, 지역사회 변화를 창출할 수 있다. 청소년들도 참여하기는 하지만 주로 성인들이 참여하고, 또한 참여자들이 반드시 시민으로서 역할을 완전하게 수행하는 것은 아니다.

시민행동은 지역사회 캠페인을 조직화하는 데 다양한 요소를 결합한다. 조직가들은 보다 주요한 이슈에서 승리하기 위해 집단을 확대하기 전에 초기 이슈에서 승리하기 위해 소규모 집단을 만든다. 이러한 전략에는 ① 그들의 행동이 지향하는 '목적(goals)', ② 특정 주민들에게 호소하는 '이슈(issues)', ③ 문제를 해결할 수 있는 '목표(targets)', 그리고 ④ 사람들을 이슈에 관해 행동하도록 하는 '전략(tactics)' 등이 포함된다. 시민행동은 몇 가지의 전략적 집단들이 있지만, 이러한 요소들은 대부분의 집단들에게 공통적인 것이다(Checkoway, 1998).

실제로 가장 많이 대두된 흥미로운 노력들을 보면 지역사회는 주민들이 동일한 사회적 문화적 특징을 갖는 '단일문화적(monocultural)'인 것이 아니며, 조직화에 따른 전략과 전술에서 집단 간과 집단 내에서 그 신념과 행동이 다른 차이가 있는 '다문화적(multicultural)'이라는 것을 인식하게 된다. 2000년경에는 미국 인구의 3분의 1은 아프리카, 아시아, 히스패닉(Hispanic)이거나 원주민들이었으며, 시민행동집단들은 이러한 다양성(diversity)에 대해 이해해야 하는 것이다. 그러나 시민적 행동에 '반억압적(antioppressive)'이며 '문화적 역량 있는(culturally competent)' 또는 '다문화적(multicultural)' 접근을 개발하고자 하는 성인들의 노력은 반드시 청소년에게 권한부여적(empowering)인 것은 아니었다. 이러한 유형은 이전의 단일문화적 접근법에서는 벗어난 것이지만, 대부분은 청소년보다는 여전히 성인들에 초점을 두는 것이다(Checkoway, 1998).

〈표 7-2〉 지역사회에서 청소년참여의 유형

구 분	청소년 행동집단	청소년개발 기관	근린지역중심 청소년사업	근린지역 개발조직	시민행동 집단
1. 지역사회 운동의 목적	사회변화를 위해 청소년에게 권한부여	청소년의 긍정적인 발달 촉진	청소년개발과 지역사회개발을 동시에 추진	지역 내에서 주택공급, 경제적·물리적 개발	사회변화를 위해 시민들에게 권한부여
2. 지역사회의 구조와 문제 상황에 대한 가정	청소년이 다른 집단에 비하여 활동 중인 조직이나 정치적 자원이 적음	지원체계의 부족, 사회적, 경제적 문제	부적절한 고용과 교육, 물리적·사회적 요구의 충족 미흡	근린지역사회에 대한 저투자, 부적절한 서비스, 지역적 문제	불균형과 사회적 불공정
3. 기본 전략	사회적·정치적 운동을 위한 지역사회 조직	요구를 충족하고 지원을 강화하는 환경 창출, 종합적 서비스 전달체제, 보충교육	교육, 고용, 물리적 개선과 사회적 서비스의 통합	지역수준에서 프로그램 기획 및 자원개발	사회적·정치적 운동을 위한 지역사회 조직화
4. 활동적인 성인 실천가의 역할	조언자, 협력자, 기금제공자, 목표집단	제공자, 상담자, 격려자, 교사	감동자, 교사, 지원자	기획자, 주택개발자, 서비스제공자	조직자, 운동가, 지지자
5. 중간 또는 단위 활동	자생적 청소년집단, 몇몇 학교	청소년 개인, 가족, 소집단, 사회지원체계	지역 집단, 공공기관, 청소년단체	근린지역조직, 비영리집단	지역사회 조직
6. 청소년인구 집단의 개념	시민	자원, 위기, 사회적 지원 필요	자원, 교육과 고용을 필요로 함	희생자, 수취자, 거주자	단일한 개념 없음
7. 청소년의 역할에 대한 개념	조직자, 옹호자, 운동가	고객, 멘토, 후견인, 또래 상담자	건설자, 노동자, 학생	거주자	단일한 개념 없음
8. 청소년참여의 기법	조직화, 기획, 옹호	위원회에 때때로 참여, "청소년을 위한 청소년"	위원회에 때때로 참여, 약간의 의사결정	적거나 없음	적거나 없음

출처 : Checkoway(1998), p. 773에서 번역함.

2) 청소년참여의 형태

청소년참여가 실제로 이루어지는 형태는 다양하다. 최근 유엔에서는 청소년과 기후변화를 주제로 하는 세계청소년보고서를 통해 기후변화에 대한 대처와 청소년참여 문제를 중점적으로 다루면서 세계 각지에서 기후변화에 대처하는 노력에 참여하는 청소년들의 구체적인 사례를 정리하여 다음과 같은 아홉 가지를 대표적인 유형으로 제시하였다(UN, 2010).

첫째, 정보제공과 청소년교육에 참여하는 것이다. 청소년이 주요한 사회적 이슈에 참여하려면 이슈와 성공적 활동 둘 다를 모두 배워야 한다. 더 많은 지식내용을 익히는 일이 필수적이며, 청소년은 또한 데이터를 해석하고, 위험, 확률, 기회를 평가하는 법도 배워야만 한다. 그런데 이 단계에서 참여는 위에서 밑으로 내려오는 일방향의 커뮤니케이션으로 끝날 수도 있다. 즉, 청소년이 자기 역량을 키우는 데에는 거의 도움이 되지 않는데도 전문가들이 당연히 알아야 한다고 생각하는 바를 청소년에게 이야기해 주는 식이 될 수 있는 것이다. 그렇지만 청소년들이 공식, 비공식 상황에서 서로 적극적이고 성공적으로 가르치는 사례도 많다. 분야에 따라서는 동료 교육을 정성적으로 평가한 자료를 보면 청소년은 잘 짜이고 적절한 감독을 받는 동료 교육을 인정해 주며 긍정적 영향을 더 많이 받는 것으로 나타났다. 동료 교육가의 역할을 맡은 청소년은 자신의 지식과 기술을 높이고 또한 일반적으로 도전과 보상이라는 두 가지 경험을 할 수 있는 기회를 얻는다.

둘째, 정보를 나누며 역량을 키우는 청소년들이 있다. 청소년들은 세계 각지에서 수많은 포럼에 참여해 기후변화에 관한 정보와 관점을 나누어 왔다. 그러면서 그들은 이 문제에 대응하는 사회적 능력을 키워온 것이다. 홍보/교육과 정보 나누기/역량 키우기를 언제나 명확하게 구분할 수 있는 것은 아니지만 참여의 단계로 볼 때 뒤엣것이 조금 더 높은 단계에 있다고 볼 수 있다. 왜냐하면 정보공유와 능력배양에는 능동적 학습과 공유, 그리고 발전이 뒤따르기 때문이다. 능력 배양은 의식을 높이는 일과 연관될 뿐 아니라 분석 기술을 키우고 의사결정 능력을 높이는 일도 포함한다.

셋째, 정보통신 기술을 활용하는 청소년들이 있다. 커뮤니케이션 네트워크는 계속 확장하면서 사람, 조직, 국가를 전례 없는 방식으로 이어주며, 시민적 참여를 확장하는 데 엄청난 잠재력을 보여주고 있다. 그렇지만 지구촌의 인터넷 사용은 매우 불균등하다. 지구촌 디지털 격차(인터넷에 접근할 수 있는 사람들과 접근권이 없거나 현재의 기술을 사용할 능력을 갖추지 못한 사람들 간의 격차)는 더 벌어지고 있다. 그러나 인터넷은 세계를 잇는 네트워크, 협력적 파트너관계, 청소년주도의 토론 포럼 등의 발전을 촉진하고 있음이 사실이다.

넷째, 정보를 모으고 분석하는 청소년들이 있다. 사회적 지표와 물리적 환경에 관한 지역의 데이터를 수집하고 데이터베이스를 만들며 활동계획을 설명하고 여러 연구물들을 분석한다면, 세계 각지의 청소년들은 주어진 이슈에 관한 연구에 도움이 되고 영향을 복원하는 지역의 능력을 높이는 데도 쓰이는 데이터를 수집하는 활동을 주도하거나 활발히 참여하고 있다.

다섯째, 캠페인, 로비, 지지활동에 참여하는 청소년들이 있다. 캠페인, 로비, 주장과 네트워크 활동에 참여하는 청소년단체들은 매우 널리 퍼져 있으며, 아마도 세계 각지의 기후변화와 관련한 흐름의 경우를 보면, 가장 강력한 형태를 띠는 청소년참여 기후변화 운동을 보여주고 있다. 이런 단체들은 목표를 이루기 위해서 다양한 전략을 구사한다. 일부 단체는 청소년환경 활동가들한테 행동을 향해 첫 걸음을 내디디라고 북돋우는 데 초점을 맞추며, 다른 단체는 국가 차원에서의 녹색 가치의 완성을 촉진하기 위하여 직접 정부 당국과 함께 활동한다. 많은 청소년단체들은 법적 과제처럼 특정 분야에 활동을 집중한다. 점점 더 많은 단체들이 자기 노력의 효과를 극대화하고 자기 목소리를 더 널리 알리기 위해 필요한 역량을 키우고자 직접 행동하면서 인터넷 활동에도 참여하고 있다.

여섯째, 자문활동에 참여하는 청소년들이 있다. 앞에서 말한 국제적인 틀과 활동들은 청소년이 발언권을 얻을 수 있는 많은 기회를 만들어 냈다. 마찬가지로 몇몇 국가의 정부와 국제기구도 청소년의 관점을 끌어내기 위해 청소년 자문위원회나 그 밖의 여러 자문 활동계획을 마련했다. 그러나 자문활동이 얼마나 의미 있는 청소년참여로 이어질지는 아직 불분명하다. 진정한 참여를 위해서는 청소년에게 자기 견해를 밝힐 공간과 기회가 제공되어야 하며 기관과 단체는 청소년이 관심사에 반응하려고 노력하여야 한다.

일곱째, 활동을 이끄는 청소년들이 있다. 세계 각처에서 청소년 개인과 단체는 기후변화에 능동적으로 대처하고 있다. 청소년은 자신이 사는 세계를 보호해야 한다는 개인적이고 사회적인 책임감을 갖고 있다. 지역 환경의 복원 능력을 높이고 인간과 자연환경의 관계를 굳건하게 하는 목적의 여러 가지 활동과 운동에 참여한다.

여덟째, 정책개발에 참여하는 청소년들이 있다. 정책개발은 일반적으로 한 차례의 활동보다 더 폭넓은 영향을 끼칠 수 있는 제도를 만들어 낸다. 정책을 좇아서 국지적, 전국적, 국제적 수준의 예산, 결정, 행동이 만들어지기 때문이다. 지난 수십 년에 걸쳐 지속적으로 청소년들은 기후변화와 관련한 정책 개발과 의사결정 과정에서 더 큰 발언권을 달라고 요구했으나 그동안 대체로 외면당했다. 그렇지만 주목할 만한 몇 가지 예외도 있다. 청소년은 여러 가지 다른 수준의 기후변화 정책을 개발하는 일을 도우며, 능력을 길러왔다. 일부 사례에서는 청소년이 이런 시도를 주도했으며, 다른 사례에서는 관리조직이 청소년참여를 도왔다. 두 경우는 모두 같은 결과를 낳았다. 즉, 청소년이 마침내 권력의 걸림돌을 넘어서기 시작했으며, 몇 년 안에 자신들에게 영향을 끼칠 수 있는 정책을 서로 협력해 만드는 일에 참여하기 시작했다.

아홉째, 정책결정 과정의 동반자인 청소년들을 확인할 수 있다. 청소년이 쟁점을 정리하고 대안을 개발하며 해결책을 찾는 일을 도울 수 있다면, 청소년은 의사결정의 결과물에 의미 있는 기여를 할 수 있고, 거기에 상당한 영향을 끼칠 수도 있다. 이런 수준의 청소년참여는 점점 더 늘어나는 것으로 보이지만, 여전히 드문 편이다. 이보다 훨씬 드물기는 하지만, 청소년이 최종 결정 과정에 참여하는 경우도 생기고 있으며, 그렇게 이루어진 결정을 시행하겠다는 공약도 생겨나고 있다. 이런 두 경우에 청소년은 권한을 인정받는 협력적 의사결정에 참여할 수 있게 된다.

4. 청소년활동참여와 청소년의 역할

1) 지역사회참여를 통한 청소년의 역할

청소년활동에서 청소년이 참여할 수 있는 방법은 다양하다. 우선, 지역사회에서의 청소년참여 유형과 관련하여 청소년참여의 영역에서 청소년들이 실제적으로 담당할 수 있는 역할은 매우 다양하며, 그중에서 의사결정자, 기획자, 상담자, 교육자, 모니터 및 평가자, 옹호자 등을 중요한 것으로 제시하고 있다.

(1) 의사결정자

의사결정자(decision-makers)로서 역할은 청소년이 정책과정이나 프로그램 수준의 활동에 참여하여 의사결정 권한을 행사하는 것을 말한다. 청소년들이 의사결정자로서 참여하는 경우는 위원회의 구성원으로서 성인들과 동등한 투표권을 행사하거나 청소년들로 구성된 자생적 조직에서 의사결정을 하는 경우에 의사결정자로서 역할을 수행한 것으로 볼 수 있다. 현실적으로 청소년들이 전적으로 의사결정 권한을 갖는다는 것은 매우 드문 일이기는 하지만, 의사결정 과정에 어느 정도 관여하는가 또는 의사결정 권한을 어느 정도 소유하는가 등이 청소년참여의 정도를 파악하는 준거가 된다는 점에서 매우 중요한 의의를 가진다.

(2) 기획자

기획자(planner)로서의 역할은 청소년들이 자신이나 또래를 위하여 고안된 프로그램의 활동을 기획하는 것을 지원하는 것을 말한다. 청소년들이 성인과 함께 기획활동에 참가하여 청소년들의 의견, 아이디어를 제시하고 반영하는 경우이다. 청소년들이 기획자로서 참여하는 경우 청소년들의 요구와 흥미, 관심을 반영할 수 있고, 동시에 참여한 청소년의 주인의식을 개발할 수 있다.

(3) 상담자

상담자(counsellor) 또는 또래지원자(peer to peer support)로서 역할은 청소년들이 상담자로서 훈련을 받고 또래들의 약물남용이나 알코올, 성 문제, 부모-자녀 관계, 또래압력, 학교에서의 문제, 기타 분노나 우울의 원인에 대해 이야기를 듣고 조언(listen and advise)을 하는 역할을 수행하는 것이다. 이러한 또래상담자는 문제를 상담하는 데 있어서 또래들로부터 성인보다 더 깊은 신뢰관계를 형성하기도 한다.

(4) 교육자

교육자(educators)로서 역할은 청소년들이 자기보다 어린 청소년들을 위한 멘토(mentor)가 되거나 성인들을 위한 교육활동에 참여하는 것을 볼 수 있다. 예를 들어, 청소년들이 자기보다 어린 청소년들의 학습을 도와주거나, 문맹 성인을 위한 교육활동, 컴퓨터 활용교육 등에 교육자로서 참여하는 것을 말한다.

(5) 평가자

모니터 및 평가자(monitoring and evaluation)로서의 역할은 청소년들이 현재 운영 중인 정책이나 프로그램의 목적과 활동에 대한 평가와 모니터링(monitoring)을 지원하는 경우이다. 이러한 평가자로서 활동은 기획과정에 참여하는 경우에 더 잘 나타난다고 볼 수 있는데, 우리나라의 경우 구정평가단과 같은 것을 들 수 있다.

(6) 옹호자

옹호자(advocates)로서의 역할은 청소년이 자신들의 권리를 주장하거나 시급한 사회적 문제나 이슈에 대한 실천을 요구하는 것을 말한다. 청소년들이 공공집회 및 캠페인, 정책보고서나 공공토론 등을 통하여 결집된 청소년 자신들의 요구를 주장하거나 지역사회 문제 등에 대하여 주장을 전개하는 것이다.

(7) 행정가 등

이 외에도 청소년들이 구체적인 업무를 위임받아 수행하는 행정가(administrators)로서의 역할이나 소득을 올리는 소득원(income generator)으로서의 역할 등 다양한 형태로 기여할 수 있다.

2) 청소년활동에서의 역할과 참여

저스티니아노(Justinianno)와 쉐러(Scherer)(2001)는 청소년활동에서의 청소년들의 역할은 프로그램 기획자, 프로그램 지도자, 프로그램 평가자 등으로 참여할 수 있다고 보고, 보다 광범위한 의미에서는 청소년시설 운영과 관련하여 대표단, 청소년자문위원, 운영위원 등의 영역과 형태로 다양하게 참여할 수 있다고 하였다.

(1) 청소년활동에서의 역할

① 프로그램 기획자

청소년들은 청소년활동과 관련하여 프로그램 기획자(program planner)로서 참여할 수 있다. 청소년들이 프로그램의 기획과정에 참여함으로써 프로그램의 비전과 목표설정에 기여할 수 있다. 또한 프로그램과 관련된 청소년의 요구의 확인, 실천계획과 일정의 개발, 자원봉사자 확보, 프로그램의 전개, 프로그램 성과의 평가 등에서 역할을 담당할 수 있으며 지도자들과 공동으로 프로그램을 구상하고 적용함으로써 프로그램에 대한 주인의식과 성취감을 경험할 수 있게 된다.

청소년이 프로그램 기획자로서 참여할 수 있도록 하기 위해서는 참가희망자의 파악, 청소년 역할의 명료화, 청소년에 대한 기대와 책임의 규정, 참여에 필요한 일정 및 연락방법 등과 같은 사항에 대한 대처, 기획과정에 적극적으로 청소년을 개입시키는 일 등이 필요하다.

② 프로그램 지도자

청소년은 프로그램의 지도자(program staff)로서 참여할 수 있다. 청소년들이 자신이 갖고 있는 능력과 장점을 바탕으로 프로그램의 스텝으로 또는 또래지도자로서 참여함으로써 커뮤니케이션과 리더십 기술을 개발하고 정교화할 수 있다. 청소년들도 적절한 훈련과 지원을 받으면 프로그램의 요구를 사정하고, 프로그램을 설계하고, 청소년이나 성인을 지도할 수 있다.

청소년들이 지도자로서 참여할 수 있도록 하기 위해서는 지도자가 될 수 있는 잠재력을 가진 청소년의 파악, 훈련과 오리엔테이션 실시, 필요시 성인 파트너의 지정, 프로그램에 대한 연습과 피드백, 다양한 여러 청소년의 참여, 모범적인 지도자의 모델 따라 해보는 일 등의 여러 가지 지원이 필요하다.

③ 프로그램 평가자

청소년은 프로그램의 평가자(program evaluator)로서 청소년활동에 참여할 수 있다. 청소년은 프로그램의 평가과정에 참여함으로써 프로그램의 효과성을 분석하는 데 기여할 수 있다. 청소년들은 설문조사의 실시, 면접조사의 실시, 조사결과의 정리 등과 같은 평가 관련 작업에서 역할을 수행할 수 있다. 이러한 활동을 통해 청소년들은 작문능력이나 커뮤니케이션 능력을 개발할 수 있다. 또한 청소년들은 프로그램이 자체의 목적이나 목표를 달성했는지 여부를 이해하는 데 기여할 수 있다. 이 과정에서 청소년들에게 평가에 관한 고도의 전문성을 반드시 필요로 하는 것은 아니다.

프로그램의 평가과정에 청소년들이 참여할 수 있도록 하기 위해서는 참가대상자의 파악, 평가방법의 결정, 평가계획 수립, 참여청소년에 대한 교육, 라포(rapport) 형성, 또래들에 대한 면접조사 실시, 필요시 자료처리에 대한 교육 실시 등이 필요하다.

(2) 청소년시설운영에서의 참여방법

① 대표단 참여

청소년은 대표단(youth summits)으로 참여할 수 있다. 청소년 대표단은 특정 문제나 논점에 관계되는 조직이나 지역으로부터 청소년을 한군데 모아서 이루어지는 청소년회의이다. 이 방법은 관련된 청소년들에게 중요한 이슈에 관하여 청소년들이 모여서 토론하고 실천할 수 있도록 할 수 있는 수단으로서 의의가 있다. 이를 통해서 청소년들이 자신들의 목소리를 낼 수 있는 기회와 가능한 대안을 찾아보는 기회를 갖게 된다. 또한 다른 청소년들과 네트워크를 구축할 수 있고, 다양한 생각과 자원을 공유하고, 청소년과 성인이 서로의 관점에 대해 이해의 폭을 넓힐 수 있게 된다.

청소년대표단을 실행하기 위해서는 청소년 참여자를 확보하여 위원회를 조직하고 운영하는 데 필요한 인력과 시설 공간 등의 자원 확보, 목적과 의제의 설정, 예산계획의 수립, 사업의 실행, 다양한 홍보를 통한 공론화, 행사결과의 정리 및 평가, 다음 단계의 작업 확인 등의 절차가 필요하다.

② 자문위원 참여

청소년은 자문위원(youth advisory councils)으로서 참여할 수 있다. 청소년자문위원회는 청소년들로 구성된 집단으로서, 특정한 이슈나 프로그램과 관련된 의사결정 지원, 성인들로 구성된 집단에 대한 자문이나 통찰력의 제공 등의 기능을 담당하게 된다. 자문위원회의 형태는 매우 다양하게 구성될 수 있는데, 성공적인 자문위원회가 되기 위해서는 위원회의 목적, 역할, 구성원 등이 매우 신중하게 고려되어야 한다.

청소년자문위원회를 구성하기 위해서는 조직과 성인들의 준비 정도 분석, 자문위원회의 체계 구성, 필요한 자원의 확보, 성인 담당자의 지정, 청소년과 성인 담당자의 역할과 책임의 명확한 규정, 오리엔테이션과 훈련 실시, 실행계획의 수립과 적용, 반성적 사고(reflection)의 기회 제공, 자문위원회 위원에 대한 인정감 부여 등이 필요하다.

③ 운영위원 참여

청소년은 기관과 조직의 운영위원(youth governance)으로서 참여할 수 있다. 청소년들을 역량을 갖춘 자원으로 인식하고 조직 안에서 청소년의 의견을 존중하는 경우에는 청소년들이 운영위원회나 이사회 등과 같은 의사결정기구에 참여하여 투표권을 행사할 수 있도록 하는 것이 가능하다. 이러한 운영위원회 참여는 청소년이 조직의 예산, 인사권, 전략 또는 사업계획 수립 등과 관련된 의사결정권을 공유하는 것을 의미한다.

특히 청소년을 운영위원회에 참여시키는 것은 매우 중요한 역할을 담당하게 하는 것으로 신중한 접근이 필요하다. 이를 실행하기 위해서는 다음과 같은 사항을 고려하여야 한다.

첫째, 왜 청소년을 운영위원회에 참여시키려고 하는지를 명확히 하여야 한다. 청소년을 운영위원회에 참석시키는 것은 하나의 프로그램뿐만 아니라 조직 자체에도 영향을 미치게 된다. 따라서 청소년의 운영위원회 참여가 어떻게 조직에 도움이 되는지를 명확하게 하는 것이 필수적이다.

둘째, 조직의 경영관리자로부터 지원을 얻어야 한다. 운영위원회 또는 이사회와 직원들이 추가적인 훈련이나 멘토링, 진행 등을 위해서 추가적인 시간과 비용이 필요하게 될 수 있다는 것을 확실하게 인식하여야 한다.

셋째, 청소년을 운영위원회에 지속적으로 참여시킬 수 있도록 구조를 만들어야 한다. 이를 위해서 필요하면 정관이나 관련 규정을 변경하여야 하고, 운영위원들의 임무에 대한 명확한 검토가 필요하다. 또한 관련된 상위 법령들에 대한 철저한 분석과 정리가 필요하다.

넷째, 필요한 자원을 확보하여야 한다. 청소년들이 참여하게 됨으로써 추가적인 비용이 필요할 수 있다. 특히 청소년은 운영위원으로 활동하는 데 있어서 성인들보다 더 많은 제한과 비용이 필요할 수 있다.

다섯째, 청소년참여자를 신중하게 선발하여야 한다. 조직이 지향하는 핵심적인 가치를 이해하고 있으며, 조직에 기여할 수 있는 잠재력, 경험, 동기를 가지고 있는 청소년을 선발하여야 한다. 이미 조직에서 서비스의 수혜자나 공급자로서 참여하고 있는 청소년을 찾는 것이 중요하다.

여섯째, 참여청소년에게 운영위원회의 위원의 역할과 기대를 명확하게 전달하여야 하고, 동의서에 서명하도록 한다.

일곱째, 운영위원회, 조직의 구조와 정책 등에 대하여 참여청소년에게 오리엔테이션과 교육을 실시하여야 한다.

여덟째, 청소년참여자에 대하여 지속적인 지원을 하여야 한다. 청소년 운영위원들은 회의를 사전에 준비할 시간이 필요하고, 회의 후에는 검토할 시간이 필요하다. 운영위원회의 위원과 직원들은 공식적이든 비공식적이든 청소년 운영위원에 대한 멘토 역할을 수행하여야 한다.

아홉째, 적어도 두 명 이상의 청소년을 참여시켜야 한다. 운영위원회에 한 명의 청소년만을 참여시키는 경우 명목적인 참여가 된다.

3) 청소년참여자 선정 방식

청소년활동의 기획, 운영 및 평가에 참여할 청소년을 선정하는 방식은 여러 가지로 나누어 볼 수 있다. 하이드 등(Haid et al., 1999)이 청소년이 의사결정 과정에 참여하는 방식을 분석한 결과 선거에 의한 선정, 위원회에서 선정, 순환참여, 집단대표참여 등의 네 가지 방식으로 구분한 바 있다. 한편 청소년시설에서 프로그램의 운영과 평가에 관련된 프로그램기획단을 구성하여 운영하는 방법도 있다. 여기에서는 이를 바탕으로 선거모델, 위원회선정 모델, 순환모델, 프로그램기획단 모델 등으로 구분하여 소개하고자 한다.

(1) 선거모델

선거모델(election model)은 프로그램의 운영이나 평가에 참여할 청소년을 투표를 통하여 선정하는 방식이다. 투표에 의한 방식은 참여청소년의 대표성을 확보한다는 측면에서 가장 좋은 방법이라 할 수 있을 것이다. 또한 보다 명확한 자신의 가치관과 리더십을 가지고 있는 청소년이 선출될 가능성이 높기 때문에 청소년참여의 의의를 좀 더 높일 수 있는 장점이 있다.

반면에 청소년참여자를 선정하는 데 많은 시간과 비용이 필요한 단점이 있다. 특히 선거대상자의 범위설정, 선거에 대한 홍보, 출마자의 선정, 투표 및 개표장소의 선정 등 많은 선거절차와 선거관리업무가 파생되며 이로 인한 많은 시간과 비용이 소요된다.

따라서 이러한 선거방식에 의한 청소년참여자 선정은 단위 프로그램의 운영에 필요한 청소년참여자 선정방식으로는 부적절하다고 볼 수 있다. 다만, 청소년시설의 운영을 위한 운영위원회나 청소년위원회 등의 구성을 통해 청소년시설의 전반적인 프로그램의 기획과 운영 및 평가에 영향을 주는 경우에 도입하는 것을 고려해 볼 필요가 있다. 외국의 경우, 이 모델에 따라 지방자치단체에서 청소년위원회를 선거에 의하여 구성하는 사례를 발견할 수 있다.

(2) 위원회선정 모델

위원회선정 모델(board selection model)은 프로그램의 운영과 관련된 위원회에서 청소년참여자를 선정하는 방식이다. 즉, 다양한 청소년을 대상으로 필요한 자료를 수집하고 이를 바탕으로 위원회를 소집하여 참여자를 결정하는 방식이다. 청소년참여가 필요한 사업에서 사업담당자가 적합한 청소년을 선정하거나 추천하여 참여자를 결정하는 방식으로 비교적 쉬운 방법으로 널리 쓰이고 있는 방식이다. 특히 단위 프로그램의 운영과 평가의 과정에 청소년참여자를 선정하는 방식으로 적절하다.

이 방식은 청소년 참여자를 신속하고 편리하게 결정할 수 있고, 평소에 청소년수련시설이나 프로그램에 대한 관심을 가지고 있었던 청소년을 대상으로 후보자를 파악하게 되므로 참여청소년의 능력을 사전에 파악할 수 있다. 반면에 청소년 참여자를 광범위하게 탐색하기 어렵고 또한 청소년참여자의 대표성도 낮아지는 단점이 있다.

(3) 순환모델

순환모델(rotation model)은 여러 청소년집단이 순서를 정해서 돌아가면서 프로그램 운영 및 평가과정에 참여하는 방식이다. 예를 들어, 청소년수련관의 경우 많은 청소년동아리가 구성되어 있는데, 이들 동아리들이 순서대로 돌아가면서 프로그램의 운영 및 평가의 과정에 참여하는 것이다.

이 방식은 보다 많은 청소년들이 참여하여 다양하게 의견을 제시할 수 있다는 장점이 있다. 반면에 참여청소년이 단계별로 달라짐으로써 사업의 일관성을 유지하기 어렵고, 참여자가 바뀔 때마다 사업의 전반적인 과정을 설명하고 이해를 시키는 반복적인 작업이 필요하게 되는 단점도 있다.

(4) 프로그램기획단 모델

청소년 프로그램기획단을 구성하여 참여하는 방식은 지도자들과 공동으로 프로그램의 기획에서 운영과 평가를 담당할 청소년의 조직(팀)을 만들어 운영하는 방식이다. 이 방식은 특정 프로그램에 관심을 가지고 직접 운영해 보고자 하는 청소년을 모집하여 프로그램기획단을 구성하고 지도자와 청소년이 파트너십을 이루면서 프로그램을 공동으로 기획하여 운영하는 방식이다. 또한 프로그램기획단을 운영하는 과정에서 프로그램의 기획과 운영에 대한 교육과 다양한 체험의 기회를 청소년에게 제공하고 역량을 개발함으로써 향후 청소년 스스로 프로그램의 기획과 운영 능력을 갖게 하려는 독립적인 프로그램의 성격도 가진다.

이 방식은 청소년들에게 적극적인 교육과 체험의 기회를 제공하여 청소년 스스로의 프로그램 운영 및 평가에 관한 역량을 개발하는 측면과 청소년과 지도자가 공동으로 프로그램을 만들어 간다는 측면에서 매우 큰 장점을 가진다. 반면에 진행과정에서 필요한 다양한 교육과 체험의 기회를 제공하는 등 청소년참여 자체가 하나의 프로그램으로서 성격을 갖기 때문에 많은 시간과 비용이 요구될 수 있는 단점이 있다.

CHAPTER

08 청소년참여의 이론적 모형

청소년참여의 개념이 실제에서 어떤 의미를 가지는지를 이해하는 것은 여러 가지로 접근할 수 있지만, 청소년참여의 모형에 대한 논의들을 분석하는 것이 하나의 방법이 될 것이다. 실제로 청소년참여의 분류의 틀과 수준 등에 대해서는 다양한 논의가 있다. 또한 어떻게 하면 참여를 촉진시킬 수 있는가에 대해서는 합의된 바가 없지만, 청소년참여의 수준을 높이기 위해서 성인들과 힘을 분배해야 한다는 주장이 이론적 모형과 함께 제시되기도 한다. 청소년참여의 관점과 참여수준 등을 객관화하여 정의하기는 쉽지 않지만, 청소년참여에 관한 기존의 모형들은 크게 문헌을 통해 알 수 있는 단계적 계층화 모형과 비계층적 연속형 모델으로 구분할 수 있으며 이를 절충하기 위한 노력도 나타나고 있다(천정웅, 2011).

1. 단계적 계층화 모형

청소년참여는 완전한 참여를 지향한다. 여기서 완전한 참여란 완전자치를 실현하는 단계를 의미한다. 따라서 청소년에게 실질적인 의사결정권을 부여하지 않는다면 이는 명목적 참여에 불과할 가능성이 많다(이해주 외, 2008). 이런 측면에서 청소년참여의 모델 중에서 점차적으로 완전자치를 할 수 있도록 도와주어야 한다고 주장하는 접근이 있다. 청소년참여에 단계가 있다고 보고, 이를 단계별로 유형화하여 제시한 모형으로는 하트(Hart, 1997), 체코웨이(Checkoway,

1998)가 제시한 모형이 대표적이다. 단계적 계층화 모형은 아른스타인(Arnstein, 1969)의 주민참여 모형에 기초를 두고 있다(천정웅, 2011).

1) 시민참여 모델(Arnstein)

단계적 계층화 모델을 이해하기 위해서는 먼저, 아른스타인(Arnstein, 1969)의 시민참여 모델에 대해 고찰할 필요가 있다. 아른스타인(Arnstein)은 미국의 공공기획 과정에서의 실제적인 시민참여의 단계를 설명하기 위하여 참여의 단계 모델을 처음으로 개발했다. 이는 성인 중심의 참여모델로 볼 수 있으나, 하트(Hart)의 참여사다리 모형과 체코웨이(Checkoway)의 8단계 모형 등 대부분의 단계적인 청소년참여 유형들이 시민참여 모델에 기초하고 있다는 점에서 중요한 의미를 가진다.

아른스타인(Arnstein)은 시민이 정책결정에 참여하는 실질적인 수준을 ① 조작 단계(manipulation) ➡ ② 치료 단계(therapy) ➡ ③ 정보 제공 단계(informing) ➡ ④ 자문 단계(consultation) ➡ ⑤ 유화 단계(placation) ➡ ⑥ 공동 협력 단계(partnership) ➡ ⑦ 권한이양 단계(delegated power) ➡ ⑧ 시민통제 단계(citizen control)의 8단계로 나누고 있다. 아른스타인(Arnstein)의 8단계 구분은 미국의 각 지방자치단체의 도시개발 사업, 시범도시 사업, 빈곤퇴치 사업 등에 대한 연방정부의 보조사업 집행에 대한 시민참여의 구체적 사례를 바탕으로 논의한 것이다.

아른스타인(Arnstein)의 모형은 참여의 실질적 수준을 중심으로 보면, ① 조작 단계와 ② 치료 단계는 참여가 이루어지 않은 수준(non participation : 비참여수준)이며, ③ 정보 제공, ④ 자문, ⑤ 유화 단계는 형식적으로 참여가 이루어져 실질적으로 권한을 행사한다고 보기 어려운 명목참여의 수준(degrees of tokenism : 형식적 참여수준), 그리고 ⑥ 공동 협력, ⑦ 권한이양, ⑧ 시민통제 단계는 실질적인 참여가 이루어져 권한의 행사가 이루어지고 있는 시민참여 수준(degrees of citizen power : 실질적 참여수준)이라고 할 수 있다. 물론 비참여수준보다는 형식적 참여수준, 형식적 참여수준보다는 실질적 참여수준이 참여자의 자율적인 의견의 반영, 주체로서 실질적인 권한 행사라는 점에서 볼 때 바람직할 것이다.

2) 참여사다리 모형(Hart)

다음으로 하트(Hart, 1997)는 아른스타인(Arnstein)의 단계 모형을 활용하여 14세 이하 청소년이 정책 또는 의사결정에 참여하는 수준을 8가지 발판 가로장(rung)으로 구분하여 제시하고 있다. 직접적인 참여를 통해서만 청소년은 진정한 민주주의 가치와 자신의 유능감, 책임감을 개발할 수 있다고 보고, 청소년참여 정도를 설명하기 위해 은유적인 기법으로 사다리 모양의 가로장(rung)을 활용한 것이다(Hart, 2008).

하트(Hart)의 사다리 8개 가로장(rung) 모형은 ① 성인들이 이용하는 조작(manipulation) ➡ ② 장식(decoration)처럼 동원 ➡ ③ 명목상(tokenism)으로 참여 ➡ ④ 성인들이 지시하고 역할을 부과하며 정보 제공(assigned but informed) ➡ ⑤ 성인들의 자문과 정보 제공(consulted and informed) ➡ ⑥ 성인주도로 청소년과 의사결정 공유(adult-initiated, shared decision with children) ➡ ⑦ 청소년이 주도하고 감독(child-initiated and directed) ➡ ⑧ 청소년주도로 성인과 의사결정 공유(child initiated, shared decisions with adults) 등의 8개의 가로장(lung)으로 구성되어 있다.

	단계	
8	청소년주도로 성인과 의사결정을 공유하는 단계 (Child–initiated, shared decisions with adults)	참여 (degree of participation)
7	청소년이 주도하고 감독하는 단계 (Child–initiated and directed)	
6	성인주도로 청소년과 의사결정을 공유하는 단계 (Adult–initiated, shared decision with children)	
5	성인들이 자문과 정보를 제공하는 단계 (Consulted and informed)	
4	성인들이 지시하고 정보를 제공하는 단계 (Assigned but informed)	
3	명목상으로 참여하는 단계 (Tokenism)	비참여 (non-participation)
2	장식처럼 동원되는 단계 (Decoration)	
1	성인들이 이용하는 단계 (Manipulation or deception)	

| 그림 8–1 | 청소년참여의 사다리 모형(Hart)

(1) 성인들이 이용(조작 · 조정 당함)

참여의 가장 낮은 단계로 어른들이 의도적으로 청소년의 목소리를 이용하는 단계이다. 성인이 주도하고 청소년들과 함께 운영하지만 청소년들은 그 사안이나 행동에 대한 이해가 없다. 또한 청소년들과 의논하지만 피드백이 전혀 없고, 성인들은 청소년들이 참여하는 것처럼 꾸미는 단계이다. 청소년들이 문제나 사안에 대한 이해 없이 플래카드를 들고 시위에 참여하는 단계이다. 즉, 어린이들이 정치적인 구호를 적은 머리띠나 어깨띠를 두르고 시위에 참여하는 경우로 어린이는 문제의 내용이나 자신의 역할을 이해하지 못하는 단계이다. 또한 어른들이 이를 어린이의 의견인 것처럼 이용하는 경우도 이 단계에 속한다.

(2) 장식처럼 동원(장식품)

성인들이 주도하고 청소년과 함께 운영하지만 청소년들은 그 사안에 대한 이해가 적고, 조직화과정에서 참여도 없다. 성인들이 청소년이 주도하는 것처럼 꾸미지는 않지만 청소년들을 이용하는 단계이다. 이 단계는 어린이에게 관련된 주장이나 내용을 담은 티셔츠를 입히는 단계로 이러한 상황의 전개과정에서 어린이는 자신의 의사를 말할 수 있는 기회가 주어지지 않는다.

(3) 명목상으로 참여(토컨이즘 : tokenism)

성인들이 주도하고 청소년들이 자신의 '목소리'를 가진 것처럼 보이지만 주제에 대한 선택권이 없고 자신의 의견을 형성할 기회가 없다. 명목적 참여 단계는 다루기가 매우 어려운 단계이고 구분하기도 어려운 단계이다. 이 단계에서는 청소년들이 회의에 참석할 수 있도록 초청되고 의견을 말할 수 있는 기회도 주어지나 토의의 주제 선정이 발표의 형식이 제한되며, 자신들의 의견을 형성하거나 다른 친구들과 협의할 기회가 주어지지 않는 단계이다. 흔히 제도나 규정에 따라 어린이들이 어른들에 의하여 선발되어 초청받는 경우로 그들이 다른 어린이들을 대표하는 것으로 의미를 부여하는 경우가 많다. 하트는 제3단계까지는 실질적으로 청소년참여로 보지 않는다.

(4) 성인들이 지시하고 정보를 제공(결정한 후 통보)

성인주도로 운영하지만 청소년들이 그 의도를 이해하고, 누가 그리고 왜 의사결정을 내리는지를 이해하며, 이후에 의미 있는 역할을 담당하거나 자원봉사를 할 수도 있는 단계이다. 이 단계에서는 청소년의 참여와 비참여가 구분되는 단계로서 청소년이 활동의 취지를 이해하고 있는가? 청소년들은 누가 결정을 내리는지, 그리고 그 이유가 무엇인지를 이해하고 있는가? 청소년이 진정한 역할을 담당하고 있는가? 청소년들이 자발적으로 참여할 수 있도록 활동의 내용이 충분히 설명되었는가? 등이 고려되는 단계이다.

(5) 성인들이 자문과 정보를 제공(의견수렴 후 통보)

성인들에 의하여 계획되고 운영되지만 청소년들이 그 과정을 이해하고, 자신들의 의견이 신중하게 고려된다는 것을 아는 단계이다. 예를 들어, 청소년들을 대상으로 하는 조사의 경우 청소년들이 조사목적을 이해하고, 조사결과의 분석과 결과에 대한 논의에 청소년들이 참여하는 경우를 들 수 있다. 이 경우에 최소한으로 청소년들이 조사목적을 완전히 이해하고, 청소년들에게 조사를 위한 자원봉사활동을 요구하고, 그 결과에 대해서 청소년들에게 완전하게 정보가 주어져야 한다.

(6) 성인주도로 청소년과 의사결정을 공유(성인주도 청소년 참여함)

진정한 참여가 시작되는 곳이다. 여기에서는 성인들이 주도하지만 의사결정 과정에 청소년의 참여가 이루어지는 단계이다. 지역사회에서 수행되는 대부분의 프로젝트는 대개 특정 연령집단이 아닌 모든 지역사회 구성원을 대상으로 하기 마련이다. 그러나 이와 관련된 의사결정은 대개 25세 이상의 연령층이 가장 많은 권한을 갖는 것이 일반적이다. 청소년참여에서 제6단계는 매우 중요한 의미를 갖는데, 성인들이 청소년참여에 대한 유능성이나 확신을 갖지 못하면 다음 단계로 넘어가기 어렵게 된다. 실제적으로 의사결정의 공유가 가능하도록 하기 위해서는 청소년들이 모든 과정에서 어느 정도의 참여가 필요하다. 대개 청소년들은 개념적인 구성단계에서 참여하고 그 다음 단계의 기술적이거나 구체적인 사항은 청소년들이 관여할 바가 아니라 성인들이 기술자나 건축가 같은 전문가들과 합의하여야 하는 것으로 인식하기 쉽다. 그러나 청소년들이 이 과정에서 의견을 제시할 수 없다 하더라도 그 합의가 어떻게, 왜 이루어졌는지를 이해할 수 있어야 한다.

(7) 청소년이 주도하고 청소년들이 감독(청소년주도 및 관리)

청소년들이 성인들의 참여 없이 자신들의 프로젝트를 시작하고 운영하는 단계이다. 그러나 실제에서는 청소년들의 놀이(play)의 세계를 제외하고는 현실적으로 발견하기 어려운 단계이다. 이러한 경우에도 성인들은 관찰자로서 존재하면서 청소년들의 활동에 대해 인식을 하지만 통제하지 않는 단계이다. 그러나 청소년들은 이러한 단계의 활동을 성인들 몰래 수행하거나 시작할 때부터 성인들의 눈을 피하는 경향이 있는데, 이는 성인들이 청소년들의 욕구나 능력에 대한 이해가 부족한 것을 걱정하기 때문이다.

(8) 청소년주도로 성인과 의사결정을 공유(청소년주도 및 성인과 함께 결정)

청소년주도로 성인과 의사결정을 공유하는 단계로 실제로는 매우 드문 경우이다. 왜냐하면 어른들이 청소년의 특별한 관심에 대한 이해나 적응이 어렵기 때문이며, 어른들을 참여시킬 수 있는 활동을 기획하기 위해서는 앞서 논의된 단계의 훈련이 요구되기 때문이다. 이 단계에서는 대개 나이 많은 청소년과 성인을 포함하여 프로젝트를 기획하고 운영한다. 이 단계는 여전히 청소년들과 함께 성인들의 참여가 이루어지고 있기 때문에 참여의 가장 높은 단계가 아니라는 주장이 제기되기도 한다. 그러나 청소년참여의 목적이 '청소년들의 권력(power of youth)'을 개발하는 데 있는 것이 아니고 또한 청소년들이 지역사회로부터 완전히 독립된 자신들만의 영역을 운영하도록 하는 데 있는 것이 아니라는 점을 고려해 볼 때, 청소년이 주도적으로 프로젝트를 개발하고 이를 수행하는 데 성인들과 협력한다는 것은 청소년이 지역사회의 구성원으로서 역할을 수행하는 데 충분한 능력과 자신감을 가지고 있다고 볼 수 있다는 점에서 바람직한 청소년참여의 유형으로 받아들여지고 있다.

여기에서 중요한 것은 ① 조작, ② 장식, ③ 명목참여 단계는 청소년의 참여가 이루어지는 수준이라기보다는 청소년들이 성인 정책결정자나 의사결정자들에게 이용당하는 비참여수준이라 할 수 있다. 즉, 이 단계에서 청소년은 겉을 치장하는 장식물 정도로 여겨지며 청소년의 참여는 사실 명목일 뿐이어서 청소년은 이미 정해진 결과로 나아가도록 조작되는 대상일 뿐이다(UN, 2010). 그러나 사다리의 네 번째 이상의 중간과 위쪽 가로장에서는 청소년의 참여가 이루어지고 진정한 능력배양으로 나아가는데, 여기에는 ④ 역할부과와 정보 제공, ⑤ 자문과 정보 제공, ⑥ 성인주도하에 의사결정 공유, ⑦ 청소년주도 및 감독, ⑧ 청소년주도 및 성인과 의사결정 공유 등이 포함된다. 그러나 이 중에서도 ④, ⑤단계는 청소년의 참여가 형식적 차원에서 존중되지만 실질적인 의사결정권은 성인 정책결정자나 의사결정자가 가지는 형식적 참여수준이라 할 수 있다. ⑥, ⑦, ⑧단계는 청소년이 실질적으로 의사결정권을 가지거나 영향력을 행사하는 실질적 참여수준이라 할 수 있다.

하트(Hart)는 참된 참여(genuine participation)를 위해서는 아동 프로그램들은 아동 개개인의 수준 또는 능력에 따라 최대로 참여를 촉진하도록 계획할 필요가 있다고 보았다. 청소년참여의 원리로 정보를 제공받고 선택하는 것(informed choice)이 가장 중요하다는 점을 지적하고 참된 참여는 자신이 참여하고 있다는 사실을 알고, 논의하고 이상적으로는 의사결정을 하고 관리할 수 있어야 한다는 것이다(청소년위원회, 2005).

3) 청소년참여 8단계 모형(Checkoway)

아른스타인(Arnstein)의 모형이 주민참여의 일반적 단계를 설명한 모형이라면, 체코웨이(Checkoway, 1998)는 아른스타인(Arnstein, 1969)의 주민참여 단계를 청소년에게 적용시켜 청소년참여 8단계 모형을 제시했다. 8번째 단계에서 아른스타인(Arnstein)의 시민통제(citizen control)를 청소년통제(youth control)로 바꾼 것 외에는 동일한 용어를 사용하여 설명하고 있다. 조작(manipulation) 단계와 치료(therapy) 단계는 그 본래의 목적이 청소년을 참여시키는 것이 아니라 참여자를 교육하거나 치료하는 것이 필요하다는 전제하에 청소년의 참여를 촉진하는 것으로 이 단계는 비참여(non-participation)로 본다.

정보 제공(information)과 자문(consultation) 단계는 참여자에게 정보를 제공하고, 참여자들이 의견을 제시할 수 있지만 그 의견이 받아들여진다는 보장이 없는 단계로 명목적인 참여 단계라 할 수 있다. 유화(placation) 단계는 명목적인 참여보다는 높은 단계로서 참여자들이 조언을 할 수는 있지만 의사결정은 여전히 권력소유자가 하는 단계이다. 공동협력(partnership) 단계는 청소년과 권력소유자 간의 교섭을 통하여 권력이 재분배되고 청소년과 결정의 권한과 책임을 분담하게 되는 단계이다. '권한이양(delegation)' 단계와 '청소년통제(youth control)' 단계는 청소년 참여자가 대부분의 의사결정을 맡게 되거나 전체 권한을 갖게 되는 경우이다. 공동협력, 권한이양 및 청소년통제의 세 단계는 청소년들이 권력을 갖게 되는 단계이고 동시에 청소년들이 '권한부여(empowerment)'된 단계이다.

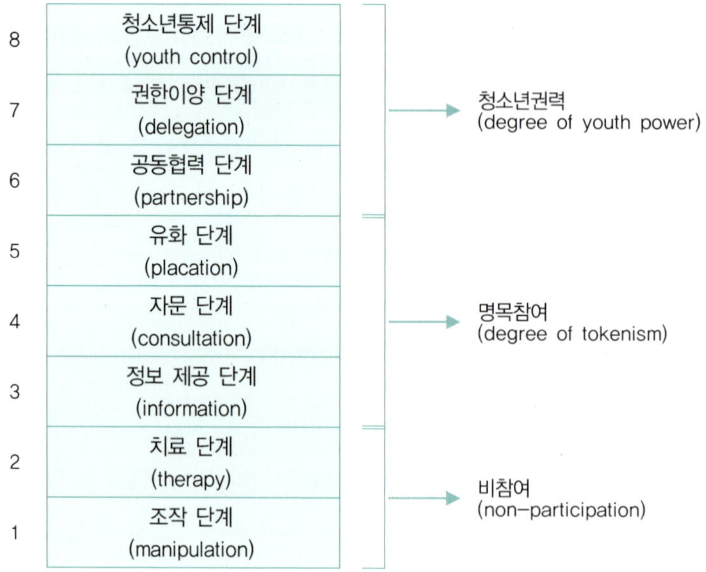

| 그림 8-2 | 청소년참여의 8단계(Checkoway)

4) 참여의 10단계 모형(Franklin)

단계적 계층화 모형과 관련한 논의 중에는 하트(Hart)의 참여사다리 모형을 재구성한 것이 있다. 예를 들면, 프랭클린(Franklin, 1997)은 하트(Hart)의 사다리 모형에서 낮은 단계의 참여를 제거하는 대신 그 아래에 두 개를 덧붙여 10개로 하였다—즉, '성인지배'와 '유사 성인지배'를 추가하였다. 프랭클린(Franklin)은 또한 상위에 있는 단계의 순서를 바꾸었는데, '청소년이 맡아 하는 단계(children in charge)'를 맨 위에 놓고, 그 아래에 '청소년이 주도하고 성인이 지원하는 단계(children lead, adults help)'와 '공동의사결정(joint decision)'을 배치시켰다. 그렇게 함으로써 프랭클린(Franklin)의 사다리는 아동의 완전한 힘으로부터 아동의 힘이 결여된 것에 이르는 전 범위를 포함하였다.

5) 참여의 통로 모델(Shier)

쉬에(Shier, 2001)는 하트(Hart)의 모델을 참고하여 참여의 통로(pathways to participation) 모델을 제안했다. 우선, 실천가들이 참여과정의 각기 다른 측면을 이해하도록 돕기 위해 다음과 같은 5개의 단계를 제시하였다. 즉, ① 의견을 경청한다(경청), ② 자신의 견해를 표현하는 것을 지원한다(견해표현), ③ 견해를 중요하게 고려한다(견해고려), ④ 의사결정 과정에 포함한다(의사결정), ⑤ 의사결정에 대한 권력과 책임을 공유한다(권력과 책임 공유)는 것 등이다.

중요한 것은 이러한 5개의 단계에서 개인이나 단체는 권한부여(empowerment)의 과정에서 각기 다른 정도로 관여하게 된다는 점이다. 각 단계에는 또 다시 세 가지 과정적 측면이 있는데, 착수(openings), 기회 제공(opportunities), 책무수행(obligations) 등이다. 첫째, 각 단계에는 착수 과정이 있는데, 성인 참여자들이 해당 단계에서 참여과정을 운영할 준비가 되어 있을 때 일어난다. 참여 과정이 관련되는 일을 어떻게 하겠다는 개인적 언질을 주거나 의도를 말하는 것이다. 둘째, 각 단계에는 기회 제공의 과정이 있는데, 성인참여자나 해당 단체가 실제로 프로그램을 실행하려는 욕구를 충족하는 과정을 말한다. 이러한 욕구는 자원(직원의 시간투입을 포함하여), 기술 및 지식, 새로운 절차의 개발 또는 기존의 과업에 대한 새로운 접근법 등을 포함한다. 셋째, 각 단계에는 책무수행 과정이 있는데, 청소년참여가 어떤 단체의 합의된 정책이 되거나 직원들이 이 단계에서 실행해야 하는 상황(setting)에서 발생한다. 직원들의 입장에서는 반드시 해야 하는 일이므로 하나의 책무가 되는 것이다. 특별한 방법으로 일하게 됨으로써 청소년의 특정한 참여 단계를 가능하게 하며 이렇게 함으로써 시스템을 갖추게 된다.

쉬에(Shier)의 이러한 참여모형은 5개의 각 단계에서 세 가지 과정적 측면마다 하나씩의 질문을 제공한다. 이 질문에 대답함으로써 현재의 입장을 결정하고 참여의 단계를 올리며 다음 과정으로 진행한다. 실제에서는 성인 직원이나 단체가 전체 참여 단계와 과정상의 어떤 단일한 지점에 있다는 것을 알기는 쉽지 않다. 직원별로 각기 다른 단계의 각기 다른 과정에 있을 수 있기 때문이다. 자신들이 하고 있는 일의 측면이나 과업의 상황에 따라서 각기 다른 입장에 있을 수 있는 것이다.

이와 같이, 쉬에(Shier)의 모델은 왼편에 수직적으로 앞서 말한 5개의 참여의 수준(경청, 견해표현, 견해고려, 의사결정, 권력과 책임 공유 등)을 제시하고 오른편으로는 각 단계별로 3개의 과정(착수, 기회 제공, 책무수행)을 표시한다. 첫 번째 수준인 경청하는 단계의 착수 과정에서부터 다섯 번째 수준인 권력과 책임을 공유하는 단계의 책무수행 과정까지 15개의 통로를 갖게 된다.

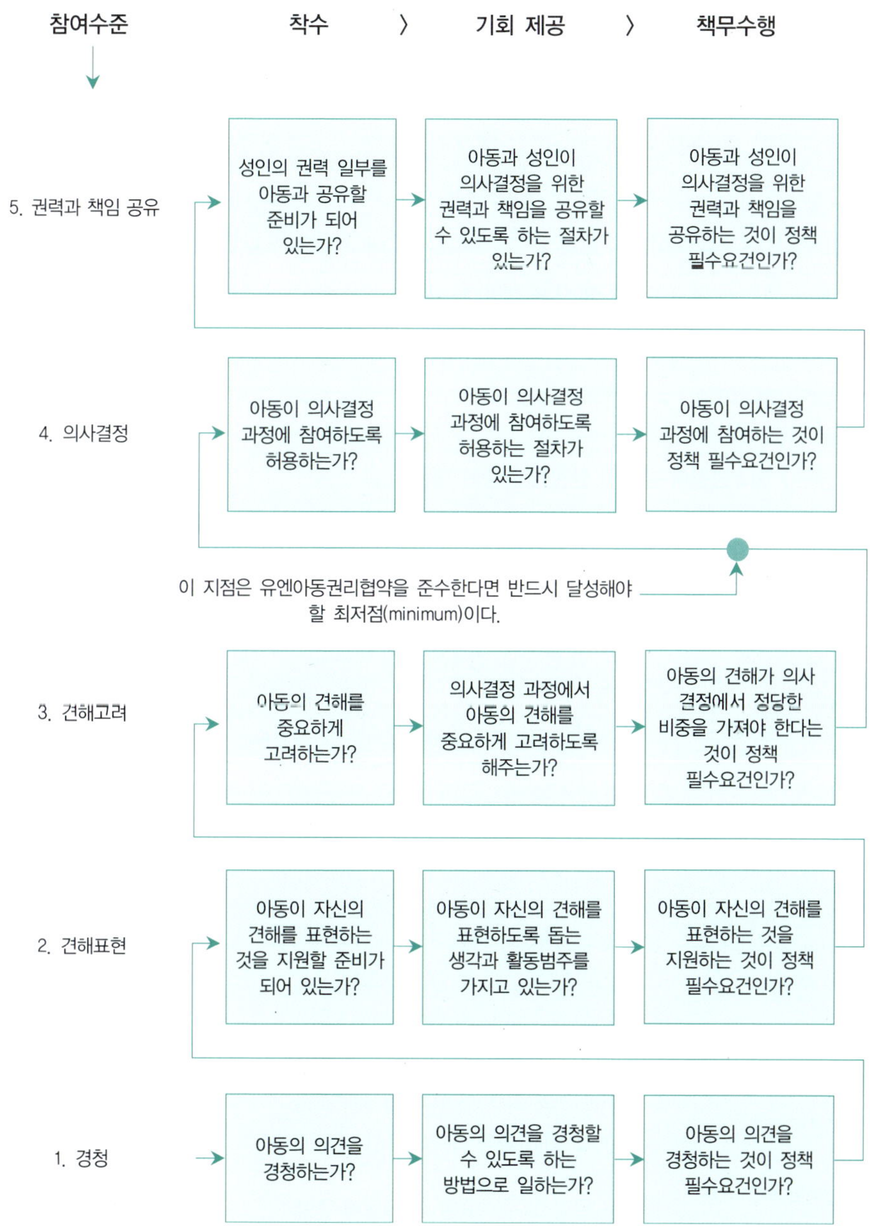

| 그림 8-3 | 청소년참여의 순환모델(Shier)

6) 참여의 4대 수준모델(Alderson & Montgomery)

이 밖에도 앨더슨(Alderson)과 몽고메리(Montgomery)(1996)는 청소년이 참여할 수 있는 4개의 수준을 정의했다. ① 내용을 알고, ② 견해를 표명하며, ③ 결정에 영향을 끼치고, ④ 주요한 결정가되기 등이다. 이를 고려하면 모든 수준은 참여의 중요한 수단이며, 처음의 세 가지가 네 번째 것보다 선행되고 있다. 처음의 세 가지 내용은 유엔아동권리협약에도 포함되어 있으며, 아동이 정보를 이해하고(①), 견해를 가지며(②), 의사결정 과정에 유용한 견해를 형성할 수 있도록(③) 할 것을 고려하고 있다.

〈표 8-1〉 **청소년참여 유형의 단계적 계층화 모형 비교**

구 분	주요 내용	비 고
시민참여 모델 (Arnstein, 1969)	① 조작 ② 치료 ③ 정보 제공 ④ 자문 ⑤ 유화 ⑥ 공동협력 ⑦ 권한이양 ⑧ 시민통제	성인 중심
참여사다리 모형 (Hart, 1992; 1997)	① 조작 ② 장식 ③ 명목참여 ④ 역할부과와 정보 제공 ⑤ 자문과 정보 제공 ⑥ 성인주도하에 의사결정 공유 ⑦ 청소년주도 및 감독 ⑧ 청소년주도 및 성인과 의사결정 공유	14세 이하 아동 적용
8단계 모형 (Checkoway, 1998)	① 조작 ② 치료 ③ 정보 제공 ④ 자문 ⑤ 유화 ⑥ 공동협력 ⑦ 권한이양 ⑧ 청소년통제	시민참여 모델과는 8단계가 다름
참여의 10단계 모형 (Franklin, 1997)	① 성인지배 ② 유사 성인지배 ③ 조작 ④ 장식 ⑤ 명목참여 ⑥ 역할부과와 정보 제공 ⑦ 자문과 정보 제공 ⑧ 공동의사결정 ⑨ 청소년주도, 성인지원 ⑩ 청소년 책임	Hart의 사다리 모형 응용
참여의 통로모형 (Shier, 2001)	① 경청 ② 견해표현 ③ 견해고려 ④ 의사결정 ⑤ 권력과 책임 공유 등 5단계별 3개 과정, ① 착수 ② 기회 제공 ③ 책무수행, 적용	총 15개 통로
참여의 4대 수준 (Alderson & Montgomery, 1996)	① 내용 알기 ② 견해표명 ③ 결정에 영향 ④ 정책결정가 되기	유엔아동권리협약

2. 비계층적 연속형 모델

비계층적 연속형 모델은 주로 청소년참여의 종류나 방법을 중심으로 유형화하는 것으로 하트(Hart)와 체코웨이(Checkoway) 등에 의한 단계적 모델이 수직적 개념을 준다는 점과 달리, 청소년참여를 저위수준의 참여(low level of participation)와 고위수준의 참여(high level of participation)의 컨티뉴엄(continuum), 즉 연속선상에서 이루어지는 하나의 형태 또는 종류를 의미하는 것으로 이해한다.

1) 3단계 수평연속체 모형(Fitzpatrick, Hastings, & Kintrea)

먼저 피츠패트릭(Fitzpatrick)과 해스팅스(Hastings) 및 킨트리아(Kintrea)(1998)는 청소년참여 수준을 자문(consultation), 공동관리(joint management), 통제(control) 등의 세 가지로 구분하면서 수평적 연속체상에 위치하는 것으로 제시하였다. 저위수준에는 자문이 포함되고, 고위수준에는 통제가 포함되면서 그 중간에 공동관리유형이 있는 것으로 보았다.

피츠패트릭(Fitzpatrick) 등은 각 수준별 청소년참여의 방법에 대해서도 몇 가지를 제시하였다. 첫째, 자문수준에서는 청소년대상 설문조사(survey)와 청소년회의, 그리고 포커스 그룹(focus group)을 포함한다. 청소년 설문조사는 청소년들의 욕구와 희망을 알아보기 위해 구조화된 설문지를 사용하는 것이다. 청소년회의는 40~80명의 청소년을 대상으로 하여 하루 정도 이벤트로 개최되는 것이며 역량개발을 구성요소로 하면서 정치적 영향을 주는 기회를 제공한다. 포커스 그룹은 역량개발을 목적으로 하는 것은 아니다. 둘째, 공동관리의 수준에서는 특정 프로젝트에서의 관리이사회에 대표로 참여하는 것을 포함한다. 여기에서는 실제적 참여수준을 결정하기 어렵고 프로젝트를 청소년이 공동소유하는지 아닌지에 대해서도 파악하기 어렵다고 본다. 공동관리에는 청소년포럼도 포함되는데, 청소년들은 투표를 하는 구성원으로서나 상호 대등한 관계의 소규모 집행위원회에 참여하는 기능을 한다. 셋째, 통제수준에서는 위임권(delegated power)과 청소년소유 프로젝트(youth owned projects)가 포함되는데,

위임권은 성인에 의해 청소년에게 해당 프로젝트에 대한 통제권이 주어질 때 발생하며, 청소년소유 프로젝트는 청소년이 시작하고, 개발하고 프로젝트 재정까지도 확보하는 경우에 해당한다.

저위수준의 참여 ←——→ **고위수준의 참여**

	자문	공동관리	통제
수준	최저 수준의 관여, 역량개발 기회 및 개인적 상호작용을 제공한다. 그러나 다른 수준의 참여와 달리 수적으로 더 많은 청소년을 포함할 수 있다.	명목주의의 위험이 있으며, 적은 수의 청소년들이 참여한다. 그러나 역량개발의 기회가 증대되고 청소년에 의한 프로젝트 '소유성'을 느낄 수 있다.	청소년이 프로젝트에 대해 위임받은(delegated) 의사결정권을 가지든가 프로젝트가 청소년 스스로에 의해 받아들여지고 운영된다.
방법	청소년 서베이	프로젝트 운영위원회의 청소년대표	위임권
	청소년회의(conference)	파트너십 이사회와 지역사회 포럼에서의 청소년대표	청소년소유 프로젝트
	포커스 그룹	–	–

| 그림 8-4 | 3단계 수평 연속체 모형(Fitzpatrick, Hastings, & Kintrea)

2) 청소년관여 4유형 모델(Laidlaw Foundation)

레이드로 재단(Laidlaw Foundation, 2000)은 특히 레크리에이션 서비스 제공기관에서의 청소년관여(youth engagement)와 관련한 메커니즘에 대하여 청소년관여 방법을 제시하고 있다. 청소년운영 프로그램(youth-run programs), 청소년위원회/상임위원회(youth/councils committees), 그리고 이사회/거버넌스 기구 청소년참여(youth on boards/governance bodies) 등의 세 가지로 구분한다. 첫째, 청소년운영프로그램은 청소년지도자에 의해 촉진된다. 청소년이 레크리에이션 프로그램을 계획하고 실행한다. 옹호, 관리, 재정모금, 직원모집 등과 같은 다양한 역할을 맡아 한다. 둘째, 청소년위원회/상임위원회는 직원에 의해 촉진되며, 레크리에이션뿐만 아니라 모든 청소년 이슈와 관련된다. 보통 다른 위원회, 상임위원회 또는 이사회 등에 자문하는 역할을 한다. 셋째, 이사회 등의 참여는 청소년이 공식적인 의사결정기구에서 일하는 성인들과 함께 일한다는 것을 의미한다.

레이드로 재단(Laidlaw Foundation)은 이후 다시 네 가지 방법으로 구분하게 되는데, 이는 위에서 두 번째로 제시된 청소년위원회/상임위원회 유형을 '청소년지배단체(youth governed organizations)'(youth councils)와 '지배에 대한 청소년자문(youth advisory to governing)'으로 나누었기 때문이다. 따라서 청소년관여의 수단을 ① 지배에 대한 청소년 자문(youth advisory to governing), ② 지배기구에의 청소년참여(youth on governing body), ③ 청소년지배 프로그램(youth-governed programs), ④ 청소년지배 단체(youth-governed organization) 등으로 제시하였다.

레이드로 재단(Laidlow Foundation)은 이러한 유형화에 대해 더 자세히 설명하고 있지는 않지만, 이와 같이 참여방법을 구분한 것은 어떤 방법이 성인 정책결정가를 필요로 하는가를 나타내기 위한 목적으로 이해된다. 첫 번째 ① 지배에 대한 청소년 자문은 청소년이 성인 정책결정가들에 대해 자문한다. ② 지배기구에의 청소년참여는 청소년이 성인 의사결정자와 함께 정책을 만들기 위해 일한다. ③ 청소년지배 프로그램은 정책을 만들기 위해서는 성인 의사결정가를 필요로 하지만, 청소년들이 프로그램을 계획하고 실행하도록 권한부여(empowerment) 된다. 그리고 ④ 청소년 지배 단체는 청소년이 권한부여되어 스스로 정책결정을 하기 때문에 성인 의사결정가를 필요로 하지는 않는다.

3) 의사결정 과정 연속체 모델(Van Linden & Fertman)

다음으로 반 린든(Van Linden)과 퍼트만(Fertman)(1998)은 의사결정 과정의 참여와 리더십 개발의 관점에서 청소년의 역할을 구분한 바 있다. 즉, 의사결정 과정에서 담당하는 역할이 중요할수록 청소년의 리더십 개발의 기회가 많다고 하면서 참여의 연속체를 5가지로 제시하였다. 이 연속체는 ① 청소년들이 자신에게 영향을 미치는 의사결정에 전혀 참여하지 못하는 경우, ② 선택된 청소년들이 의견을 제시하는 경우, ③ 성인들의 집단에 청소년들이 형식적으로 참여하는 경우, ④ 청소년과 성인이 의사결정을 위한 투표권의 대부분을 갖는 경우, ⑤ 청소년과 성인이 의사결정에 대한 합의에 도달하는 경우 등으로 구분하였다.

이러한 연속체에서 청소년들이 의사결정 과정에서 중요한 역할을 담당할수록 청소년들이 리더십을 개발하고 지도자로 성장하는 것을 촉진하는 환경이고, 반면에 청소년들의 역할이 적어질수록 청소년들의 리더십 개발을 방해하는 환경이라고 지적하고 있다. 청소년이 의사결정 과정에 참여하여 중요한 역할을 담당할수록 리더십이 개발된다는 점을 지적하고 있다.

청소년들이 의사결정에 의견을 제시하지 못함	선택된 청소년 집단이 의견을 제시함	청소년이 형식적인 구성원으로 참여	청소년과 성인이 의사결정을 위한 투표권의 대부분을 가짐	청소년과 성인이 의사결정에 대한 합의에 도달함

←――――――――――――――――――――→

청소년이 지도자로 성장하는 것을 저해하는 환경	청소년이 지도자로 성장하는 것을 지원하는 환경

| 그림 8-5 | 의사결정 과정 연속체 모델(Van Linden & Fertman)

4) 원형순환모델(Flecher & Vavrus)

한편 플레처(Fletcher)와 바브러스(Vavrus)(2006)는 청소년참여가 다섯 가지의 순환적 과정을 통해 이루어지는 것으로 보고 원형(circle) 모델을 제시했는데, 청취(listen), 타당화(validate), 승인(authorize), 실행(act), 성찰(reflect)로 구성된다. 이 모형은 실제로 청소년참여를 통한 사회변화를 추구하는 활동을 기획하고 평가하는 데 적용하였다.

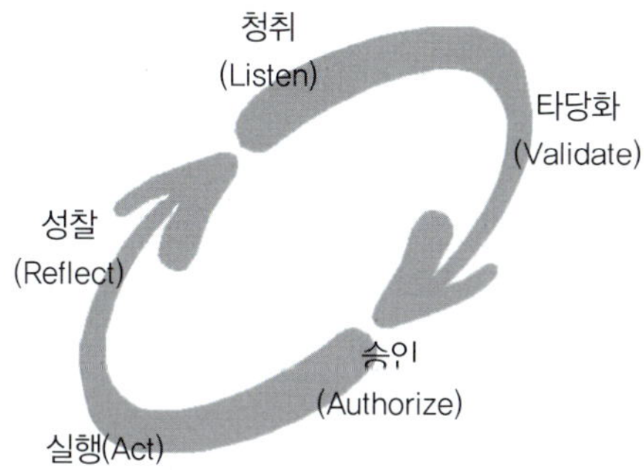

|그림 8-6| **원형순환모델**(Flecher & Vavrus)

① **청취**(listen) : 청소년들의 의견을 듣는 과정이다. 사회변화에서 성공적인 청소년참여는 청소년들의 의견을 듣는 것이 필수적으로 요구된다. 개인적인 가정, 조직의 장애요소, 문화적인 기대 등이 청소년들의 의견에 주목하는 것을 방해하기도 한다. 그러나 일대일의 대화, 집단토론, 청소년들의 실천연구, 청소년들이 만들어 낸 매체, 예술적인 표현 등을 통해 청소년들의 의견을 들을 수 있게 된다.

② **타당화**(validate) : 청소년들의 의견에 타당성을 부여하는 과정이다. 이것은 단순히 청소년의 의견에 고개를 끄덕여 주는 것을 의미하는 것이 아니며 청소년들의 의견을 무조건 수용해야 한다는 의미도 아니다. 청소년들의 의견에 신중하게 반응하고 비판하고 피드백을 주는 것이 중요하다. 그리고 청소년들의 의견에 대해서 동의하지 않을 때에는 청소년들에게 그 의견을 충분하게 들었고 그것에 대해서 신중하게 생각해 봤다는 것을 알게 해야 한다. 지도자도 의견이나 지식을 가지고 있을 때 그것을 청소년들과 공유하는 것이 중요하다.

③ **승인**(authorize) : 청소년들에게 권한을 주는 과정이다. 이는 청소년들이 변화에 영향을 줄 수 있도록 청소년을 훈련시키고, 지위를 만들어 주고, 공간을 허용해 주는 것을 말한다.

④ **실행**(act) : 청소년이 실천하는 과정이다. 수동적인 참여자에서 능동적인 변화촉진자나 지도자로 전환시키는 것은 청소년 스스로가 변화를 창출하기 위한 실천에 참여하는 것을 말한다. 성인들 사이에서도 청소년을 사회변화의 파트너로 인식하여야 한다.

⑤ **성찰**(reflect) : 청소년참여를 통한 사회변화에 대한 반성적 사고의 과정이다. 청소년참여로 이루어진 변화의 가정, 반응, 산출, 변화 등에 대해서 청소년과 성인이 함께 신중하게 검토하고 그것을 통해서 배우려는 책임감을 가져야 한다. 반성적 사고를 통해서 얻은 것을 청소년참여의 원형모형에 적용할 것인지를 청소년과 성인이 함께 작업해야 한다.

5) 연속선 7유형 모델(Pretty)

다음으로 프리티(Pretty, 2002)는 외부자의 통제와 청소년통제를 연속선상에 두고 수동적 참여, 정보 제시 참여, 협의적 참여, 인센티브 참여, 기능적 참여, 상호작용적 참여, 자율적 참여 등의 7개의 유형으로 구분하였다.

① **수동적 참여** : 청소년들이 어떤 일이 일어나고 있고 또 어떤 일이 일어났는지를 듣는 형태의 참여이다. 행정기관이나 프로젝트 관리들이 청소년의 견해를 경청하지 않고 일방적으로 발표하는 형태가 이에 해당된다.

② **정보 제시 참여** : 설문조사나 이와 유사한 방식의 조사에서 청소년이 답하는 참여유형이다. 조사 내용의 구성이나 조사결과가 청소년에게 공유되지 않고, 다만 정보만 제시되어 청소년이 참여하여 영향력을 행사할 수 없다.

③ **협의적 참여** : 청소년들의 견해를 듣고 자문을 구하는 외부기관의 요청에 응하는 참여유형이다. 자문의 과정은 정책결정에 참여하는 역할이 없고 참여한 청소년들의 견해를 정책결정자나 전문가들이 수용할 의무도 없다.

④ **인센티브 참여** : 청소년들이 자원봉사, 대학입시활용, 자문비 등 인센티브를 받는 대가로 노동과 시간 등의 자원을 제공하며 참여하는 형태이다.

⑤ **기능적 참여** : 청소년들이 단체를 조직해서 자신들의 이해와 목표를 달성하기 위해 참여하는 형태이다. 외부 기관에 대한 의존도가 강하며, 자율성이 미약한 것이 특징이다.

⑥ **상호작용적 참여** : 외부 기관과의 상호작용을 통해 공동으로 참여하는 것이며, 외부기관에 대한 의존성과 자율성이 균형을 이루는 특성을 가진다.

⑦ **자율적 참여** : 외부기관의 개입 없이 청소년들이 주도적으로 프로젝트를 개발, 운영하는 참여유형이다. 청소년 행사를 주관하며 주도적으로 프로젝트를 개발하고 운영하는 자원에 대해서도 통제권을 행사한다(청소년위원회, 2005).

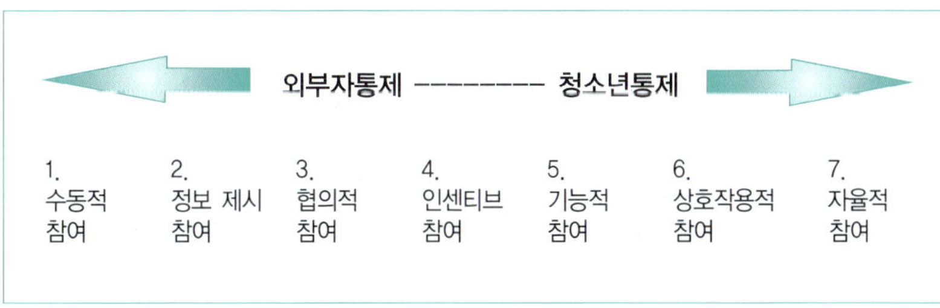

그림 8-7 연속선 7유형 모델(Pretty)

6) 참여 정도에 따른 원형모델(Treseder)

한편 비계층적 연속체 모형과 관련하여 하트(Hart)류의 단계적 계층화 모델을 활용하여 그 수직적 요소를 완화시키는 방법으로 비계층적 연속체적 모형을 제시하는 경우가 있다. 트레세더(Treseder, 1997)는 하트(Hart)의 사다리에서 우선 '비참여' 부분을 제외시켰다. 그후 수직적 요소를 없애기 위해 사다리를 납작하게 만들고, 다섯 가지를 참여의 유형 또는 '정도'로 하여 원형으로 배치하였다. 즉, 하트(Hart)의 모형 중에서 역할부여와 정보 제공, 자문과 정보 제공, 성인주도하에 의사결정 공유, 청소년이 주도하고 성인과 의사결정 공유, 청소년주도와 감독 등의 다섯 가지를 배치하였다. 이렇게 생각한 것은 각기 다른 상황과 환경에는 그에 따라 종류가 다른 참여활동이 관련되는 것이 적절하다고 보았기 때문이다.

트레세더(Treseder)의 모델은 청소년과 성인이 주도하는 참여라는 개념을 사용한다는 점에서 하트(Hart)의 모델과 유사하지만 트레세더(Treseder)는 참여할 수 있기 위해서 권한을 부여받을 필요가 있으며 기관들은 이러한 것들을 지원해야 한다고 주장한다. 트레세더(Treseder)는 참여의 정도(degrees of participation)를 다음과 같이 다섯 가지로 구분하고 있다.

① **성인이 역할을 부여하고 정보 제공**(assigned but informed) : 성인들이 프로젝트를 결정하고 거기에 청소년들이 참여한다. 청소년들은 프로젝트를 이해하고 누가 결정하였는지를 안다. 성인들은 청소년들의 견해를 존중한다.

② **성인이 자문하고 정보 제공**(consult and informed) : 프로젝트가 성인들에 의해서 설계되고 운영되지만 청소년들은 자문을 받게 된다. 청소년들은 그 과정에 대한 완전한 이해를 하고 그들의 의견이 신중하게 받아들여진다.

③ **성인이 주도하고 청소년과 의사결정 공유**(adult-initiated, shared decisions with children) : 성인들은 발의를 하지만 청소년들은 기획과 실행의 모든 단계에 참여한다. 청소년들의 견해가 고려될 뿐만 아니라 의사결정에도 참여한다.

④ **청소년이 주도하고 성인과 의사결정 공유**(child-initiated, shared decisions with adults) : 청소년들이 아이디어를 내서 프로젝트를 시작하고 성인들에게 자문과 지원을 받는다. 성인들은 지시하지 않고 청소년들에게 전문적인 견해를 제공한다.

⑤ **청소년이 주도하고 감독**(child-initiated and directed) : 청소년들이 발의하고 프로젝트의 수행에 대해서 결정한다. 성인들은 이용할 수 있지만 책임을 맡지는 않는다.

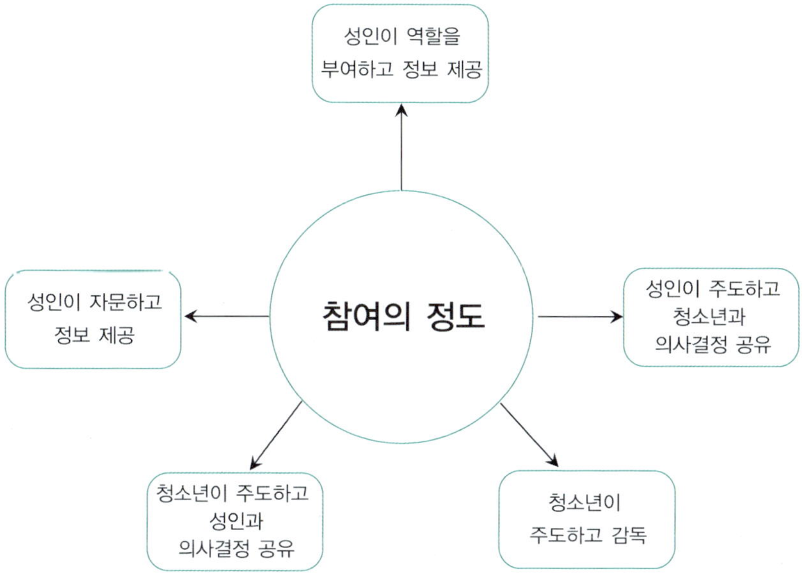

❙그림 8-8❙ 참여 정도에 따른 원형모델(Treseder)

〈표 8-2〉 청소년참여 유형의 비계층적 연속형 모델 비교

구 분	주요 내용	비 고
3단계 수평연속체 모형 (Fitzpatrick et al., 1998)	① 자문 ② 공동관리 ③ 통제	참여 방법 제시
청소년관여 3차원 4유형 모델 (Laidlaw Foundation, 2000)	① 청소년운영프로그램(청소년지배 프로그램) ② 청소년위원회 / 상임위원회 ③ 이사회 / 거비넌스 기구 참여(지배기구에의 청소년참여)	서비스 제공기관 중심
의사결정 과정 연속체 모델 (Van Linden & Fertman, 1998)	① 미참여 ② 선택적 의견제시 ③ 성인집단의 형식적 참여 ④ 의사결정 공유 ⑤ 의사결정 합의 도달	리더십 개발
원형순환모델 (Flecher & Vavrus, 2006)	① 경청 ② 타당성 부여 ③ 권한부여 ④ 실천 ⑤ 반성적 사고	서클(circle) 형태
연속선 7유형 모델 (Pretty, 2002)	① 수동적 참여 ② 정보 제시 ③ 협의적 참여 ④ 인센티브 참여 ⑤ 기능적 참여 ⑥ 상호작용적 참여 ⑦ 자율적 참여	외부자통제 청소년통제 연속선
참여 정도에 따른 원형모델 (Treseder, 1997)	① 역할부과와 정보 제공 ② 자문과 정보 제공 ③ 성인주도, 의사결정 공유 ④ 청소년 주도, 성인과 결정 공유 ⑤ 청소년주도와 감독	Hart모형의 비참여 제외

3. 청소년참여 유형의 비판적 논의

청소년참여에 관한 유형화 논의는 단계적 계층화 모형과 비계층적 연속체적 모델들로 구분하여 이해하였다. 많은 학자들과 청소년기관들이 각기 다른 이론적 기반과 실제적 경험을 바탕으로 참여의 유형을 제시하고 있다. 가장 대표적인 것은 하트(Hart)류의 단계적 접근을 통한 유형화로 볼 수 있지만, 전체적으로 볼 때, 참여수준과 관련한 문제, 성인 중심의 참여영향 요인의 문제, 그리고 주 대상으로 하는 연령에 대한 차이 등에서 각각의 모형과 모델 등은 유사점과 상이점이 있음을 알 수 있다. 여기에서는 단계적 계층화 모형과 비계층적 연속체 모델로 구분하여 청소년참여 유형화 모델의 기여점과 문제점 등에 대해 고찰한다.

1) 단계적 계층화 모델의 비판

첫째, 하트(Hart)류의 사다리 모형의 가장 큰 기여점이며 동시에 문제점으로 제기되는 것은 청소년참여를 수준별로 단계적인 것으로 이해하는 점이다. 아른스타인(Arnstein)과 하트(Hart)의 참여단계 모델을 보면 참여자가 정책이나 의사결정에 실질적인 영향력 또는 결정권을 가지게 될 때 참여수준은 높아지고 바람직한 것으로 보인다. 아른스타인(Arnstein)에 있어서는 시민이 전적으로 정책을 지배하고 결정권을 행사하는 시민통제 단계를 가장 높은 참여수준으로 보았다. 이에 비해서, 하트(Hart)는 청소년이 일방적으로 주도하는 단계보다는 성인과 청소년이 정책에 대한 영향력과 권한을 공유하는 동등한 파트너십을 가장 높은 참여수준으로 보았다.

이러한 차이는 아른스타인(Arnstein)의 참여모델에서는 성인 시민이 참여자이며 하트(Hart)의 참여모델에서는 청소년이 참여자이기 때문에 비롯된 것이다. 하트(Hart)는 청소년이 참여자라는 점을 고려하여 청소년이 전적으로 주도하고 성인은 보조만 하는 수준을 청소년과 성인의 동등한 파트너십을 기반으로 한 참여수준보다 낮게 보고 있다. 청소년참여에서 참여수준을 판단하는 기준으로 본다면, 하트(Hart)의 참여단계모델이 아른스타인(Arnstein)의 모델보다는 적합성이 높은 것으로 볼 수 있다. 청소년의 참여, 특히 정책참여에서 청소년의 주도성, 자율성 등은 보장되어야 함과 동시에 정책참여의 과정에서 청소년들이 성인들의 경험과 전문지식을 학습할 기회를 가져야 하는 것으로 볼 수 있기 때문이다.

그러나 단계적 계층화 모델이 참여수준을 강조함으로써 청소년참여에 대한 체계적 이해를 제공하고 있지만, 참여수준이 사다리의 형태로 제시됨으로써, 최고수준의 단계로 도달하여야 하는 하나의 수직적인 구조를 제시하고 있다는 비판을 제기할 수 있을 것이다. 참여사다리 모형은 개별상황을 배제한 채 일반적인 단계만을 나타내고 있어 많은 학자들은 참여사다리에 대해 실제를 지나치게 단순화·일반화하고 있다는 점을 지적한다(Franklin & Sloper, 2005). 또한 단계가 높을수록 청소년의 참여 정도가 높다는 것을 나타내지만, 언제나 가장 높은 단계를 지향해야 하는 것을 의미하지는 않는다는 점에 유의할 필요가 있다. 수준별 참여 단계가 지향하는 의미는 청소년 스스로 최고 능력 수준으로 참여할 수 있도록 단계를 선택할 기회를 최대한 제공해 주어야 한다는 것이다. 그리고 성인 촉진자는 청소년이 어떤 단계를 선택하든지 제대로 활동할 수 있도록 하는 여건을 조성해 주어야 한다.

실제로 아른스타인(Arnstein)은 사다리의 은유를 통해 공공기획 과정상 실제적인 시민참여 단계를 제시했지만, 자신이 만든 참여 단계 모델의 주요한 한계를 강조했는데, 8단계의 모델이 실제 세계에서는 상황에 따라 수백 개의 단계가 될 수도 있다고 했다. 또한 하트(Hart)는 최근, 그가 처음 사다리 모양의 가로장(rung)을 활용한 은유를 제시할 당시에는 “단지 그 주제에 대해 비판적 관점을 도출하기 위한 하나의 도안으로서 제공한 것이었다”고 하면서, 어떤 종합적인 평가도구로서 사용하려는 의도는 없었다고 밝힌 바 있다(2008 : 21). 오히려 청소년의 참여가 항상 가장 높은 단계에서 이루어져야 하는 것은 아니라고 지적하고 있다. 즉, 청소년의 참여를 촉진하는 데 있어서 가장 높은 8단계를 지향해야 하는 것이 아니라, 참여하는 청소년들의 능력에 맞는 최상의 단계를 선택하는 것이 바람직하다고 본다. 참여에 대한 청소년들의 능력은 청소년참여에 대한 문화적인 태도, 나이, 청소년 개인의 자질 등 여러 가지 요인에 의해 좌우된다는 것이다.

둘째, 참여의 단계적 계층화는 최고 수준의 단계로 도달하는 것을 의미하지는 않는다. 적어도 참여와 비참여에 대해서는 분명히 구분하고 있다는 점은 평가할 필요가 있다. 청소년이 의사결정 과정에 어느 정도 참여하는가를 중심으로 청소년참여 단계를 구분할 수 있다는 점에서, 청소년참여 수준은 실제적인 참여와 명목적인 참여를 구분할 수 있는 준거가 된다.

그러나 아른스타인(Arnstein)과 하트(Hart)의 참여의 수준에 대한 이해는 많은 차이점이 있다. 하트(Hart)는 보다 낙천적인 것으로 보이며, 더 많은 참여수준을 제시하고 성인들은 의사결정력을 포기하고 청소년에게 주어야 한다고 믿는다. 반면에 아른스타인(Arnstein)은 비참여의 수준을 더 많이 제시하였으며 힘을 가진 자(the powerholders)들이 그렇지 않은 주변적인 위치에 있는 자(the marginalized)들을 완전히 독자적으로 행동하도록 충분히 권한부여(empower)할 수 있다고 믿지 않는다. 하트(Hart)는 가장 높은 참여의 수준에서는 청소년은 성인을 프로젝트에 개입하도록 할 수 있을 정도로 충분히 권한부여할 수 있다고 믿는다. 반면에 아른스타인(Arnstein)은 힘을 가지지 못한 자들은 다수의 목소리를 가질 만큼은 권한부여될 수 있지만, 힘을 가진 자들을 개입할 수 있게 하는 선택을 할 수 있을 정도로는 되지 않을 것으로 보고 있다.

이 점에서 하트(Hart, 1997)는 또한 청소년의 참여능력은 계속 발달한다는 것을 마음에 새기고 그것을 최대화하기 위한 모든 방법을 제공할 필요가 있다고 지적한다. 물론 청소년들은 참여할 준비가 되어 있고 단지 참여 기회만을 필요로 한다고 보는 것은 잘못된 생각이다. 그보다는 청소년에게는 참여에 필요한 기술을 배울 시간과 공간이 필요하다. 그렇다고 선교육 후참여를 말하는 것이 아니라 참여과정에서 지속적인 훈련과 지지가 필요하다는 것이다.

셋째, 하트(Hart)류의 사다리 모형에 대한 가장 큰 약점은 그것이 성인을 위해 성인들에 의해 구성되었다는 것이다. 하트(Hart)는 청소년은 종속적이며 수동적이라고 전제한다. 이러한 구조의 이중성은 청소년들은 주도권을 가진 담론 속에 존재하는 구조를 받아들이든가, 다른 가능한 구조를 포함하도록 확장할 수 있는 사람들로 인식하고 있음을 의미한다. 이러한 청소년들의 행동은 이러한 구조에 의해 설정된 경계를 재강화하거나 확장할 수 있다. 아른스타인(Arnstein)은 이 문제를 위임권한 단계에서 언급하고 있는데, 이 단계에서는 힘이 없는 사람들은 힘이 있는 자들과 함께 일을 할 수 없다면 경계 밖으로 나가는 것을 선택할 것으로 본다. 아른스타인(Arnstein)은 힘을 가진 자들이 권력 재배분에 반대할 수 있으며 힘이 없는 사람들에게 그들이 필요로 하는 자원(지식, 정치, 재정 자원 등)을 제공하지 않을 수 있다고 말하고 있다.

한편 쉬에(Shier)의 참여의 통로모델은 아동이 성인과 따로 의사결정을 하는 분리된 단계들이 없다는 점에서 하트(Hart)의 모델과는 다르다. 이러한 참여에의 통로에 이르는 과정은 놀이 프로젝트의 경우에는 항상 볼 수 있는데, 실제로 성인들의 도움을 받지 않고 놀이를 하는 기회를 갖는 모습에서 주로 볼 수 있다. 청소년의 독자적인 의사결정을 위한 기회를 제공해야 하는 것이 중요하다는 점은 인정되어야 하지만, 하트(Hart)의 모델이 성인과 청소년 간의 상호작용이라는 방식을 통해 참여의 수준을 알 수 있다는 점에서 통로모델과 동일하다고는 할 수 없다.

이 외에도 참여사다리는 청소년의 참여수준에 영향을 끼치는 성인 이외의 다른 요인들은 포함하고 있지 않다. 그러나 실제에 있어서는 참여자의 사회경제적 지위와 문화적 지위가 포함된다는 점에서 이러한 요인들은 청소년이 희망하는 수준에서 참여하는 것을 방해할 수 있으며, 그렇기 때문에 참여의 수준을 개선시키는 방법을 찾기 위해서 사다리 모형의 논의에서 반드시 언급될 필요가 있다는 것이다.

2) 비계층적 연속형 모델의 비판

첫째, 비계층적 연속형 모형은 하트(Hart)류의 단계적 계층화 모형의 영향을 받았으며, 그에 대한 보완 또는 대안을 찾는 과정에서 제시된 것이 많다. 비계층적 모형으로 제시된 피츠패트릭(Fitzpatrick) 등의 3단계 수평적 연속체 모형, 레이드로 재단(Laidlaw Foundation)에 의한 청소년관여의 세 가지 방법 모델, 프리티(Pretty)의 연속선상의 7개 참여형태의 유형화 등은 모두 단계적 모델의 수직적 계층화에 대한 비판과 관련하여 제시된 것이다.

실제로 하트(Hart)가 아른스타인(Arnstein)의 '시민참여 사다리'를 청소년참여에 관한 생각을 위한 도구로서 처음 채택하였을 때, 그는 그것이 하나의 실천모델이 되리라고는 기대하지 않았다. 그러나 '사다리 모형'이 실천가들 사이에서 논의되면서 비판이 제기되었으며, 이에 따라 하트(Hart)의 사다리 모형을 보완하거나 그것과는 다른 어떤 것을 고안하려는 목적을 가지고 대안적인 분석틀이 개발되었다.

사다리모형을 청소년의 개인적 삶에 관한 사적 의사결정의 상황에 적용하려는 시도도 이루어졌으며(Thomas 2007), 프랭클린(Franklin, 1997)과 트레세더(Treseder, 1997)의 변용 모델 등이 제시되었다. 하트(Hart)의 사다리는 원래 맨 위가 아동과 성인이 의사결정을 공유하는 것이었지만, 트레세더(Treseder)는 그 단계들이 원형으로 보이도록 재구성하였다. 대조적으로 프랭크린(Franklin)의 모델은 힘이 성인에게서 청소년에게 양도되는 정도를 중심으로 제시하였다. 유사하게 쉬에(Shier)가 말하는 완전한 참여(full participation)도 성인이 자신의 힘을 공유하겠다는, 즉 힘의 일부는 주겠다는 분명한 약속(commitment)을 필수적으로 요구한다.

이러한 필자들이 사다리 모델의 오해받는 부분을 개선하기 위해 노력하는 것은 이해하지만, 각기 다른 참여형태들이 동일하다고 생각하지는 않는다는 것을 강조할 필요가 있다. 사다리의 위 단계들은 청소년의 참여의 각기 다른 '정도'를 표현한 것으로 보인다. 이 점에서 하트(Hart, 2008)의 사다리 모형은 실행수준이 아니라, 일종의 역량의 규모로 이해할 필요가 있다. 청소년들은 사다리 모형의 어떤 단계에서 벗어나 다른 사람과 관련하는 '역량'과 자신감을 가지고 있다고 볼 수 있기 때문이다.

둘째, 피츠패트릭(Fitzpatrick) 등의 청소년관여 유형화 또한 몇 가지 문제를 가지고 있다. 이 모델은 우선, 참여의 수준을 비참여(non-participation)와 참된 참여

(genuine participation)로 구분하지 않는다는 점에서 청소년참여 과정이 청소년에게 어떤 의사결정권도 제공하지 않을 경우가 있다는 점을 인식하지 못하고 있다. 이 모델의 추가적 약점은 지나치게 모호하며 명료하게 정의되지 않고 있다는 것이다. 각 수준 간에 차이가 너무 크다.

이와 관련하여, 비계층적 연속형 모형을 통해 참여(participation)와 자문협의(consultation) 간에도 자이점이 있으며, 잠여의 수순은 특정 시기에 사회 내에서의 역할, 기대 및 관계성에 의해 상당히 영향을 받는다는 점을 알게 되었다(Smith, 2007). 일반적으로 '자문협의'가 참여의 하위범주로 이해되기도 하며, 하나의 별개의 범주로 간주되기도 한다. 예컨대 싱클레어(Sinclair, 2004)는 실제 상황에서 참여는 단지 의견을 듣거나 협의를 하는 것으로 사용되는 것이 많다고 하면서, 이를 청소년들이 자신들의 개입이 뭔가 다른 차이를 가져온다고 믿는 적극적 참여(active participation)와 구별한다. 또한 쉬에(Shier, 2001)는 자문협의는 의사결정이 실제로 이루어지는 단계에 참여하는 것과는 다르다고 본다.

셋째, 참여의 비계층적 유형화 모델에 관해 지적할 또 다른 점은, 참여와 참여권은 청소년이 반드시 핵심결정자가 되어야 한다는 것을 의미하는 것은 아니며, 청소년들이 자신의 부모나 다른 성인들을 그 의사결정 과정에서 배제하기 원하는 것도 아니라는 점이다(Lansdown, 1995; 2001). 또한 청소년들은 자신의 자율성의 한계를 인정하고 있으며, 성인의 지도와 지지에 대한 필요성을 받아들이고 있다(Flanklin & Sloper, 2005).

예를 들면, 레이드로 재단(Laidlaw Foundation, 2000)에 의한 청소년관여의 유형화 논의는 자세히 설명하고 있지는 않지만, 여러 가지 유형 중에서 어떤 방법이 성인 정책결정가를 필요로 하는가를 제시하고 있다. 즉, 레이드로 재단(Laidlaw Foundation)은 청소년관여의 세 가지 방법을 제시하면서 청소년위원회/상임위원회 유형을 이후 다시 '청소년관리단체(youth-governed organizations)'와 '관리에 대한 청소년자문(youth advisory to governing)'으로 구분하였는데, 이에 따라 청소년관여 수단이 네 가지로 유형화된다. ① '관리에 대한 청소년 자문'의 경우는 청소년이 성인 정책결정가들에 대해 자문한다. ② '관리기구에의 청소년참여(youth on governing body)'는 청소년이 성인 의사결정자와 함께 정책을 만들기 위해 일한다. ③ '청소년관리 프로그램(youth-governed programs)'은 정책을 만들기 위해서는 성인 의사결정가를 필요로 하지만, 청소년들이 프로그램을 계획하고 실행하도록 권한이 부여된다. 그리고 ④ '청소년 관리 단체'는 청소년에게 권한부여되어 스스로 정책결정을 하기 때문에 성인 의사결정가를 필요로 하지는 않는다.

이와 관련하여 오도노휴(O'Donoghue), 커쉬너(Kirshner)와 맥로린(McLaughlin)(2002)이 언급한 청소년참여와 관련한 몇 가지 신화(myth)는 중요한 의미를 가진다. 우선, 청소년참여 보장은 성인이 지도자나 교육자의 역할을 포기하는 것이라고 보는 신화이다. 그러나 실제는 오히려 청소년참여에 성인들은 필요한 정보를 제공하고 자원을 연계시켜 주며, 비판적 역할을 도맡아야 한다. 다음으로 성인은 청소년참여를 위한 준비가 되어 있다고 보는 신화가 있다. 그러나 성인에게도 청소년의 참여를 지지하고 올바른 역할을 하기 위한 지속적인 훈련이 필요하다. 또한 어떤 성인은 청소년을 세상의 변화에 영향을 주는 '실제적 사람'으로 보지 않기도 하는데, 이 점에서 청소년에 대한 성인들의 이해의 틀을 바꾸는 것이 필요함을 알 수 있다.

4. 청소년참여의 대안 모형

청소년참여의 유형화 모델을 단계적 계층화 모델과 비계층적 연속형 모델의 두 가지로 구분하여 고찰함으로써 청소년참여는 수직적 단계로 이해하거나 수준과 방법이 다른 형태와 방식으로 이해되는 특성을 가지고 있음을 알 수 있다. 또한 단계적 계층화 모델과 비계층적 연속형 모델에 대한 비판적 분석을 통해서 청소년참여는 실행수준이라기보다는 일종의 역량의 규모로 이해될 필요가 있음을 알 수 있다. 청소년의 발달단계나 능력에 따라 가장 접합한 단계 또는 종류, 형태를 선택하는 것이 바람직하다는 것이다.

1) 통합 분수형 참여모델(참여수준-형태별 연속체 대안모델)

이런 점에서, 두 가지 모델유형을 절충한 대안적 모형으로 통합 분수형 참여모델, 즉 '참여수준-형태별 연속체 모형'을 제시할 필요가 있다. 이 모형은 첫째, 참여수준을 저위수준(low level)과 고위수준(high level)으로 구분하고 그 수직적 연속선상에 각 유형이 위치하는 것으로 본다. 둘째, 참여형태를 기준으로 청소년의 발언권과 성인과의 협력 정도를 연속선상에 두고 각 유형이 위치하는 것으로 배치하였다. 셋째, 청소년참여의 형태로는 ① 정보 제공과 경청, ② 견해표명과 발언 고려, ③ 청소년에 의한 결정과 실행, ④ 성인주도 의사결정 공유, ⑤ 청소년-성인 공동협력, ⑥ 청소년주도와 성인지원의 여섯 가지로 구분하였다. 넷째, 모형의 가운데에는 청소년에 의한 의사결정과 실행을 완전한 참여의 형태로 보아 제시하였다. 따라서 이 모형은 청소년관리에 의한 의사결정과 결정내용의 실행을 가장 이상적인 참여의 형태로 본다. 다섯째, 발언권 중심의 기준으로 보면, 정보 제공과 경청, 견해표명과 의견 고려, 청소년에 의한 결정과 실행을 하나의 단계로 볼 수 있다. 또한 청소년과 성인과의 공동협력을 기준으로 보면, 성인주도 의사결정 공유, 청소년-성인 공동협력, 청소년주도와 성인지원, 그리고 청소년에 의한 결정과 실행을 또 다른 단계로 볼 수 있다.

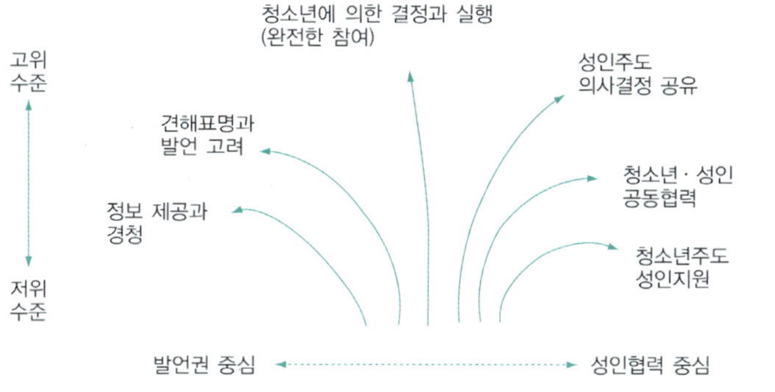

┃그림 8-9┃ 통합 분수형 참여모델 : 참여수준-형태별 연속체 대안 모델

출처 : 천정웅(2011), p. 43.

통합 분수형 참여모델은 모든 참여형태가 완전한 참여를 지향하는 것으로 보면, 단계적 계층화 모형의 특성을 가지고 있다. 그리고 고위수준과 저위수준의 연속체와 발언권중심과 성인의 협력이라는 연속체를 나타내고 있는 점에서 보면, 비계층적 연속체 모델의 특성을 가진 것으로 볼 수 있다. 대안적 모형은 우선 시각적인 형태 면에서는 매니언(Mannion, 2003)이 제시한 형태를 참고하고, 형태의 내용 면에서는 하트(Hart, 1992; 1997)류의 참여사다리 모형과 이를 원용한 프랭클린(Franklin, 1997)의 단계구분을 활용하고 있다. 발언권과 성인과의 협력을 고려한 점은 레이드로 재단(Laidlaw Foundation, 2000), 반 린든(Van Linden)과 퍼트만(Fertman) (1998), 플레처(Fletcher)와 바브러스(Vavrus)(2006)의 모형들을 활용한 것으로 볼 수 있다. 하트(Hart)류에서 볼 수 있는 비참여 부분을 제외하였다는 점에서는 트레세더(Treseder, 1997)의 모형도 고려하였으며, 저위수준과 고위수준의 참여연속체를 활용하고 있으므로 피츠패트릭 등(Fitzpatrick et al., 1998)의 모델도 참고한 것이다.

이 장에서는 청소년참여의 본질을 앞 장에서의 개념분석을 통해 이해하고, 청소년참여의 유형화에 대한 논의들을 분석하며 그 기여점과 문제점을 비판(criticize)하였다. 청소년참여의 개념과 유형화에 대한 다양한 국내외 문헌들을 분석하고 특성들을 비교적으로 논의하였다. 청소년참여의 유형화는 크게 하트(Hart)류의 단계적 계층화 모델과 비계층적 연속체 모형으로 구분하였다.

요약하면, 단계적 계층화 모델은 아른스타인(Arnstein), 하트(Hart), 체코웨이(Checkoway), 그리고 쉬에(Shier) 등에 의해 제시되었으며, 전체적으로 사다리 모형을 이용하여 설명함으로써, 이해하기 쉽다는 장점은 있지만, 사다리의 한 단계에서 다른 단계로 나아간다고 가정하는 것과 관련된다는 점에서 최고 수준의 단계로 도달하여야 하는 하나의 수직적인 구조를 제시한 것으로 비판된다. 그러나 청소년참여의 실제에서의 단계적 모델의 의미는 가장 높은 최상의 단계를 지향하는 것이 아니라 청소년의 발달단계나 능력에 따라 가장 적합한 단계를 선택하는 것이 바람직하다는 것으로 이해할 수 있다.

비계층적 연속체 모형은 피츠패트릭(Fitzpatrick) 등의 3단계 수평적 연속체 모형, 레이드로 재단(Laidlaw Foundation)에 의한 청소년관여의 세 가지 방법 모델, 프리티(Pretty)의 연속선상의 7개 참여형태 모델 등이 있다. 전체적으로 하트(Hart) 류의 단계적 모델의 수직적 계층화에 대한 비판과 관련하여 이를 보완하거나 대안으로 제시되었다. 이들 모형들은 참여와 비참여를 구분하는 대신에 참여의 형대와 종류를 중심으로 구분하고 유형화하였다. 또한 침여과정에시는 부모나 성인들의 참여 속에서 의사결정을 공유하는 것을 강조하면서 청소년이 반드시 핵심결정자가 될 필요는 없다는 입장을 갖는다.

또한 청소년참여의 유형화에 대한 이러한 단계적 계층화 모델과 비계층적 연속체 모형의 특성을 절충한 대안으로 통합 분수형 참여모델, 즉 '참여수준-형태별 연속체 모형'을 제시하였다. 저위수준과 고위수준을 하나의 연속선상에 두고, 청소년의 발언권 중심의 형태와 청소년-성인의 협력관계를 또 다른 연속선상으로 하여 청소년참여의 수준과 형태를 여섯 가지로 구분하여 제시한 것이다. 청소년에 의한 의사결정과 실행을 완전한 참여형태로 보고 구성하였다.

지금까지 살펴본 단계적 계층화 모델과 비계층적 연속체 모델은 두 가지 모두 청소년참여에 있어서 성인의 역할과 사회경제적·문화적 요인의 중요성을 공통적으로 강조하고 있음을 기억할 필요가 있다. 특히 청소년들이 참여에 필요한 기술을 배울 수 있는 기회를 주고, 더 나아가 성인이 가진 권한의 일부를 공유하는 일은 매우 중요하다. 진정한 청소년참여가 이루어지기 위해서는 성인들이 만들어놓은 과정과 공간에 청소년을 유입시키는 것이 아니라, 청소년들이 스스로의 삶에 영향력을 행사할 수 있도록 다양한 기회를 제공해 주는 것이 중요하다.

분명한 것은 청소년을 위원회에 배치함으로써 청소년참여가 이루어진다고 보는 것은 신화에 지나지 않는다는 것이다(O'Donoghue, Kirshner, & McLaughlin, 2003). 이는 청소년참여를 위해 중요한 첫 단계이지만, 청소년들을 토큰(token)이나 장식물(decoration)로 끌어들일 위험이 있다. 따라서 진정한 청소년참여를 위해서는 어른이 만들어 놓은 과정과 공간이 아닌 그들의 삶에 영향을 주는 것을 스스로 다시 설계하고 창조할 수 있는 다양한 공간을 제공해 주어야 한다. 또한 참여기술이 없고 청소년대표로 선택되지 못한 청소년들을 지원할 구조와 문화를 만들 필요가 있을 것이다.

2) 참여 나무 모형

쉬에(Shier)는 주요 선진국에서의 청소년참여 논의가 하나의 구체적인 측면, 즉 공공정책과 관련한 자문에 초점을 두는 경향이 있다고 보고, 많은 분석들이 그러한 참여가 촉진될 수 있는 각기 다른 이름이 붙여진 모델과 모형에 집중하고 있다고 지적한다. 그러나 개발도상국가인 니카라과(Nicaragua)에서의 커피(coffee) 산업 분야에 종사하고 있는 어린이와 청소년들의 생활과 일의 세계를 보면 공공정책은 거의 없는 상태이지만 선진국에서와 다른 접근을 하고 있는 단체와 기관을 보게 되는데, 이들에게서는 보다 다양하고 발전된 형태의 참여유형을 지지·증진하는 다른 실천 모델을 알게 된다고 한다. 이런 맥락에서 청소년들은 발전에 영향을 줄 수 있는 공적 행위자(public actor)로 널리 받아들여지고 있다고 주장한다. 다음에 제시하는 참여 나무(participation tree) 그림은 체세스마(CESESMA)라는 단체가 경험한 청소년참여의 실제가 앞서 제시된 그 어떤 분석보다도 더 크고, 넓으며 다양하고 복잡하다는 것을 보여준다. 체세스마(CESESMA)의 경험에서 보면, 청소년참여를 달성하는 방법은 청소년들이 배우고, 조직화하고 동원되는 과정에서 점진적인 '아래로부터의 접근과정(bottom-up process)'이 중요하다는 것을 알 수 있다.

참여 나무 모형을 이해하기 위해서는 나무의 밑뿌리에서부터 출발할 필요가 있다.

① **나무가 잘 자라는 비옥한 토양**(fertile soil) : 나무의 뿌리가 비옥한 땅에서 잘 자라듯이 참여는 인권 포커스(focus, 초점)를 기반으로 하며 이를 보장하는 법적 준거인 유엔아동권리협약에 토대를 둔다.

② **나무 줄기**(the trunk) : 전체 나무를 받치고 있는 가운데의 큰 줄기와 같이 참여는 청소년들이 자신들의 권리를 지각하고 자아존중감을 증대시키

고, 스스로 사회의 구성원이며 권리보유자(rights-holder)로 자각하며, 자신을 표현하고 조직하는 능력을 포함하여 삶의 어떤 것도 성취할 수 있는 역량과 유능성을 가지고 있다고 자각하는 모든 배우는 과정으로 이루어진다.

③ **나무의 가지들**(the branches) : 청소년들이 지식과 경험의 성장에 따라 점차 적극적이며 사전예방적인(pro-active) 참여를 개발할 수 있는 다양한 활동집단(groups)과 공간(spaces)을 비유한 것이다.

④ **나무의 잎**(leaves of the tree) : 청소년의 권한부여된(empowered) 상태를 의미한다. 청소년은 지역사회 교육자, 어려움에 처한 다른 사람들의 지지자, 새로운 세대의 지역사회 지도자, 갈등의 중재자, 환경의 보호자이며 방어자, 지역 민주주의의 대변자이며 대표자, 전통문화의 개선자이며 옹호자, 청소년인권의 옹호자 등의 역할을 한다. 또한 청소년은 지역사회 개발, 교육정책과 계획, 소속 집단과 조직, 사회변화를 위한 직접적 행동, 미디어와 커뮤니케이션에 참여하며 아동 학대와 착취를 보고한다.

⑤ **나무에 열리는 열매**(the fruits) : 존중, 평등, 인권 존중, 발달, 평화를 의미한다.

⑥ **나무가 성장하는 종자**(the seed) : 가족이 있는 집(family home)으로 볼 수 있다. 아동과 청소년이 참여를 배우고 공동체의 일부가 되는 것을 배우는 최초의 장소(setting)이다.

⑦ **성장하는 묘목**(the growing seedling) : 집 밖에서의 조직화된 활동에 참여함으로써 강화된다. 다시 말하면, 아동과 청소년이 '참여자(participant)'가 되는 것이다.

| 그림 8-10 | 참여 나무(Participation Tree)

출처 : Shier(2010), p. 227.

PART

03

인권과 참여의 상보적 실제

CHAPTER 09 학생인권과 인권조례
CHAPTER 10 디지털환경과 청소년인권
CHAPTER 11 청소년참여정책과 참여활동의 동향
CHAPTER 12 참여적 인권과 청소년참여권

CHAPTER

09 학생인권과 인권조례

1. 학교와 학생인권의 대두

학교는 학생들이 일상생활 중 가장 많은 시간을 보내는 공간이라는 점에서 청소년인권과 관련하여 중요한 의미를 가진다. 학교는 학생에 대한 교육과 보호의 일차적 책임을 지며 학생은 학교 내의 삶 속에서 주체적 발달의 과업을 이루어 간다. 청소년으로서 학교를 다니게 되면 학생이 되고 학교의 다양한 학업적인 환경에 노출되며 그것이 일상생활의 중심이 되기도 한다. 학교에서의 학업 수행은 학교의 제도적 상황과 교육의 사회구조적 상황 속에서 이루어지면서 청소년이라는 용어와 다른 학생이라는 신분에 따른 책임과 의무를 수반하게 된다. 우리의 교육적 현실에서 보면 대체로 학교는 학생을 관리의 대상으로 보아왔고, 특히 입시를 앞둔 고등학생의 경우 점수를 위해 에너지를 집중하는 삶을 강요당하고 있으며, 인간으로서 누릴 수 있는 많은 욕구를 유보하고 있다고 본다.

이런 점에서 지금의 학교는 권위주의적으로 학교 교칙에 복종하는 학생들을 요구하고 있으며, 권리의 주체로 인정하기보다는 통제와 보호의 대상으로 인식하고 있다는 비판을 받고 있다. 전인적 인간으로서의 존재로 성장하여야 할 청소년시기를 보호, 통제, 억압의 부정적 대상인 학생 신분으로 인식함으로써 청소년인권과 다른 학생인권의 개념을 부각시키고 있다. 배경내(2008)는 학생으로서의 청소년들은 여전히 입시 성공이라는 미래를 위해 오늘을 희생해야 하는 존재가 되고 있으며, 학교는 보호와 지도를 명분으로 학생들의 규율 준수를 요구한다고 본다. 대학입시의 압력 속에서 청소년연령의 학생들은 학교 선정, 교사 선택, 학급 편성, 교과서와 교과목의 선정 등의 학교 내에서의 의사결정 과정에서 배제되고, 학교가 요구하는 태도와 가치 등 집단적 기준에 따를 것을 요구받는다. 이른바 '좋은 성적'과 '규율 준수'를 중심으로 보는 '학생다움'의 모습이 학교 내는 물론, 가정과 사회 등 모든 학생들과 관련한 환경에서 적용되고 있다. 그 결과 학생이라는 보편성의 강조는 있지만, 개성이나 자유로운 의사표현이 많은 경우 '반항'으로 여겨진다는 것이다(배경내, 2008).

특히 학교에서의 집단 따돌림과 학생 간 폭력 등의 학교폭력 문제는 사회문제로 인식되고, 두발과 교복 자율화 등과 관련한 사회적 논쟁이 지속되었으며 교사에 의한 성차별, 성폭력 등을 고발하는 스쿨 미투 사례와 함께, 학생에 의한 교권침해 사례들도 나타남으로써 학교와 관련한 인권 논의가 중요한 사회적 관심사가 되고 있다. 더욱이 학생인권조례 제정과 18세 선거권에 따른 학생 참정권 문제 등은 청소년 인권문제를 또 다른 차원에서 제기하고 있다.

우리 사회에서 학생인권 문제는 침해사례들이 발생할 때마다 일시적인 사회적 문제가 되기는 하지만, 학생인권보장의 사회적 논쟁으로 확장하지는 못하는 특성을 가진다. 이는 크게 몇 가지 측면에서 그 원인을 생각할 수 있다(박효정 · 유성상, 2006).

첫째, 학생 인권을 보장하는 것이 기존의 학교운영 체제(권한 관계)에 대한 도전으로 이해되고 있다는 점이다. 이는 최근 학생 인권조례를 두고 발생한 찬반 논쟁의 주요 논거로도 나타난다. 학생의 인권을 보장하는 것이 교권을 약화시키고 궁극적으로 학생 교육에 지장을 줄 것이라는 비판이 있다. 그러나 이러한 논쟁의 이면에는 학생을 성장하는 과정에 있는 미성숙한 존재로 간주하여 교육을 받아야 할 대상으로 바라볼 것인지, 그렇지 않으면 학생 역시 인간의 보편적인 권리를 행사할 수 있는 자율적 학습 주체로 바라볼 것인지에 대한 인식의 차이가 자리잡고 있다고 본다.

둘째, 학생 인권 문제가 발생할 때 이를 사회 전반의 현상 또는 교육 시스템의 문제로 접근하기보다 개별 교사의 자질과 도덕성 문제, 개별 학생의 비행 문제, 단위 학교의 불법 행위 등으로 분리하여 대응하고 있다는 점이다.

셋째, 인권교육이 국가구성원으로서 개인에게 요구되는 책임 또는 시민으로서의 의무를 강조하는 가치교육 등과 혼돈되고 있다는 점이다,

넷째, 인권을 보장하는 것이 학생의 학업 성취에 부정적인 영향을 줄 것이라는 비판적 인식이 있다. 이러한 현상들은 학생인권 보장을 위한 제도적 장치들이 마련되어 있어도, 실질적인 학생인권 보장으로 연결되는 데는 한계가 있음을 나타내 준다. 학생인권보장을 위해서는 궁극적으로 사회구성원의 인식은 물론 문화의 변화까지 수반되어야 한다는 입장이 있다.

학생인권은 인간으로서의 존엄성을 보장받고 헌법은 물론 유엔아동권리협약 등과 같은 국제인권규범에 의해 보장되는 인간다운 삶을 위해 반드시 필요한 권리를 말한다. 학생이라는 이유로 마땅히 누려야 할 권리를 제한하거나 박탈하는 것이 아니라, 스스로가 권리를 이해하고 실천하는 과정에서 온전한 사회구성원으로서 책임과 역할을 다할 수 있도록 지원해야 한다는 것이다. 학생인권에 대한 관심은 유엔아동권리협약의 제정과 비준 및 발효에 따른 청소년의 인권에 대한 관심을 물론, 보다 구체적으로는 2001년 나이스(NEIS)의 학생 인권 침해 가능성, 2002년 학생생활규정(안)에 대한 국가인권위원회의 권고, 2004년 사립학교 종교 자유의 문제제기 등과 함께 지속되어 왔다(강명숙, 2012). 다음은 이러한 흐름과 관련한 우리나라 학생인권의 주요 발전과정을 정리한 것이다(이정연 외, 2018).

① 1989년 11월 유엔아동권리협약 채택과 1991년 11월 우리나라 아동권리협약 가입 비준

② **1996년 3월 유엔아동권리위원회 아동권 보장 1차 권고** : 가정, 학교에서 교육의 방법으로 인정되는 체벌에 대해 우려하며, 모든 형태의 체벌을 금지할 것을 권고

③ **1997년 교육기본법에 학생인권 존중 조항 명시** : 학생을 포함한 학습자의 기본적 인권은 학교 교육 또는 사회교육의 과정에서 존중되고 보호된다(교육기본법 제12조).

④ **2002년 9월 국가인권위원회 「학교생활규정안에 대한 의견 표명」** : 체벌금지, 적법절차에 따른 징계, 학생자치 보장, 외모 등 자기결정권 최대 보장, 알 권리 및 정보접근권 보장이 필요하다고 권고

⑤ **2003년 1월 유엔아동권리위원회의 아동권 보장 2차 권고** : 학생의 표현과 결사의 자유를 제한하는 법령 · 교칙을 개정할 것. 아동의 존엄성을 침해하는 체벌을 명백히 금지하고 학교와 가정에서 체벌을 대신하는 긍정적이고 비폭력적인 징벌이 이루어질 수 있도록 촉진할 것을 권고

⑥ **2005년 3월 국가인권위원회 초등학교 일기장 검사 관련 의견표명** : 초등학교에서 일기를 강제적으로 작성 · 검사 · 평가하는 것은 아동의 사생활의 비밀과 자유, 양심의 자유 등 기본권을 침해할 우려가 크므로 이를 개선하고 초등학교의 일기쓰기 교육을 아동인권에 부합하는 방식으로 개선할 것

⑦ **2005년 5월 대한민국 정부 유엔아동권리협약 제3, 4차 통합 보고서** : 원칙상 체벌 금지, 교육목적상 불가피한 경우에 한해 예외적으로 신체적 고통을 가하지 않는 방법으로만 학생지도 가능, 학생에게 심한 폭행이나 욕설 등 사회통념상 지나친 체벌을 한 교원 처벌 강화

⑧ **2005년 6월 국가인권위원회 학생 두발 제한 관련 제도 개선 권고** : 두발 자유는 학생의 기본권으로 보호되어야 하며, 두발제한 관련 학칙의 제정 시 학생의 자율적 참여 보장 필요

⑨ **2006년 3월 제17대 국회 학생인권법안**(초 · 중등교육법 개정안) **제출** : 학생인권 보호조항에 대한 법제화 논의

⑩ 2007년 5월 국가인권위원회 학생운동선수 인권 보장 마련 권고

⑪ 2007년 초 · 중등교육법에 학생인권 보장 의무 조항 신설

⑫ 2010년 10월 경기도 학생인권조례 공포

⑬ 2011년 11월 광주광역시 학생인권조례 공포

⑭ 2012년 1월 서울특별시 학생인권조례 공포

⑮ 2013년 7월 전라북도 학생인권조례 공포

한편 2017년 12월 대한민국 정부는 유엔아동권리협약 제5, 6차 통합국가보고서를 제출하였으며, 유엔아동권리위원회는 2019년 9월에 이를 심의하고, 「유엔 초국가적 조직범죄 방지협약을 보충하는 인신매매, 특히 여성과 아동의 인신매매 방지, 억제 및 처벌을 위한 의정서」(2015) 비준, 「아동학대범죄의 처벌 등에 관한 특례법」(2014), 「공교육 정상화 촉진 및 선행교육 규제에 관한 특별법」(2014), 「학교 밖 청소년 지원에 관한 법률」(2014) 등의 제정과 아동권리보장원 설립, 아동영향평가제도, 온라인 출생신고제도, 아동수당제도 도입 등을 긍정적인 변화로 평가하였다.

그러나 이와 동시에 유엔아동권리협약의 8개 권리영역 중 38개 쟁점에 대해 우려와 권고 사항 등을 제시하였다. 여기에는 비차별, 생명·생존·발달권, 아동에 대한 폭력, 성적 학대, 교육, 소년사법 등과 관련한 내용이 포함되며 체벌을 포함하여 모든 폭력과 학대의 근절과 회복대책, 성적 착취 및 학대방지와 처벌 강화, 경쟁적 입시 위주 교육의 개선과 휴식과 놀이시간과 시설의 보장, 소년사법 분야의 인권개선 등은 시급한 조치가 필요하다고 보았다. 특히 교육과 관련하여 사교육 의존의 감소, 의무 교육 보장, 장애아동 통합교육, 합리적인 편의제공, 자퇴의 원인 해결노력 강화 및 모든 대안학교 인가와 학력인정, 연령적합한 성교육 제공, 학업성취도 기반 차별 예방과 철폐 등에 대해 구체적으로 강조하고 있다(유엔아동권리위원회, 2019).

학생인권과 관련한 이러한 발전과정과 최근의 유엔아동권리위원회의 견해와 권고사항 등은 학생들의 학교생활에 직접적인 영향을 주는 체벌금지, 강제야간자율학습뿐만 아니라 교육행정과 교육과정 영역에까지 점차 인권이라는 기준이 교육정책을 판단하는 데 중요하게 적용된다는 것을 보여준다. 그러나 다른 한편, 2010년 이후 공포된 학생인권조례들은 학생인권 보장을 위한 성과이기는 하지만 그것으로 학생인권 보장체계가 확립되고 완성되었다고 볼 수는 없으며 지속적으로 보완하고 발전시켜야 할 필요성을 제기한다(강명숙, 2012; 이정연 외, 2018).

현행의 법률체계를 보더라도, 학교의 설립자·경영자와 학교의 장은 헌법은 물론, 각종 국제인권조약에 명시된 학생의 인권을 보장하도록 되어 있다.

초·중등교육법 제18조의4는 학생의 인권보장을 구체적으로 규정하고 있는 내용으로 이루어져 있다. 이러한 측면에서 학생인권이란 보편적 인간존재로서 학생들이 마땅히 누려야 할 기본적 권리이며 이는 학생들이 학교라는 공간에서 향유할 수 있는 자유권과 복지권 그리고 이러한 권리를 차별없이 평등하게 누릴 수 있는 평등권으로 구성된다. 이 같은 학생인권은 학생도 권리의 주체로서 신분, 지위, 능력에 상관없이 인간으로서 동등하고 정당한 대우를 받아야 한다는 점에서 그 의의가 있다(주석진 외, 2016).

또한 교육기본법 제12조(학습자)에서는 "학생의 기본적 인권은 학교교육과정에서 존중되고 보호된다"라고 규정하고 있다. 하지만 학교현장에서 불가피하게 학생의 인권을 제한하거나 통제할 필요가 있을 때에는 헌법과 협약의 이념과 정신에 입각하여 기본적 인권보장의 틀 안에서 ① 교육목적상 불가피한 경우인지(목적의 정당성), ② 학생, 보호자, 교사 참여로 제정된 학칙(학교규칙)의 절차를 따르고 있는지(방법의 적정성), ③ 교육목적 최대 실현을 위한 수단으로 적정한지(수단의 적정성), ④ 권리의 본질적 내용을 훼손하지 않았는지(침해의 최소성)를 고려해야 한다. 인권의 보편성의 원칙에 따라 학생도 인권의 주체이지만, 권리의 크기에 비례하는 책임도 따른다(황옥경·구은미·이은주·김형욱, 2017).

학생인권의 중요성은 장애학생인 경우에 더욱 취약하다는 점으로도 이해할 수 있다. 미국의 경우 장애아동의 교육권은 '장애아동의 교육적 결과개선은 장애인에게 기회의 평등, 완전한 사회참여, 독립적 삶의 영위, 경제적 자족성을 보장하고자 하는 국가 정책의 본질적 요소의 하나'로서 연방법률로 보장되고 있다. 그러므로 장애아동과 그 가족에 대한 '무상의 적절한 공교육(a free appropriate public education)' 제공이 이루어짐으로써 장애학생이 향후 독립적이고 생산적인 삶을 이룰 수 있도록 교육권을 보장하고 있다. '무상의 적절한 공교육'은 공적 비용으로 장애아동을 위한 모든 서비스가 이루어지며, 이와 같은 '관련서비스'에는 교통서비스, 교정서비스, 발달서비스 및 기타 지원서비스(supportive service)가 포함된다. 학교사회복지서비스는 이와 같은 관련서비스 내에 포함되어 있으며, 기타 지원서비스에는 물리치료, 직업치료, 레크리에이션치료, 청력치료, 언어병리치료, 심리치료, 상담치료 등이 포함되어 있다(한국학교사회복지사협회, 2006).

특히 학생인권은 최근 학교와 사회의 문화적 가치와 환경의 변화에 따라 새로운 영역의 학생인권에 대한 관심이 높아지고 있어 더욱 주목할 필요가 있다. 앞에서 언급한 장애학생의 관심과 보호 증대는 물론, 다문화가정 자녀의 증가, 성소수자를 비롯한 다양한 하위문화와 소수자집단의 출현, 스마트폰을 비롯한 일상이 디지털생활과 디지털 세대화된 현대 청소년의 특성변화, SNS 소통의 일반화 등은 학생인권보장을 위한 영역의 확대를 요청하고 있다. 더욱이 중등학교 교육 현장에서의 입시 위주 학교운영이나 실적관리는 해외 다른 국가들의 교육현장에서 제기되는 학생인권 쟁점들과는 다른 쟁점들을 창출하고 있다(국가인권위원회, 2016).

2. 학생인권의 내용

학생인권은 청소년인권이라는 개념과는 다른 중요한 의미를 가진다. 이는 학생인권이란 학교생활과 관련한 청소년기의 인권에 관한 내용과 관련되기 때문이다. 이에 따라 학생인권의 내용은 다양하게 논의되고 있다. 심성보 등(2002)은 학생으로서의 권리를 인간으로서의 권리와 교육받을 권리의 두 가지로 구분한다. 전자는 자치권, 사생활 보호, 적법절차에 의해 보호받을 권리, 기타 인간으로서 보호받아야 할 권리 등을 말하며 후자는 차별없는 기회제공권, 교육 환경의 정비 요구권, 유의미한 교육을 받을 권리, 교육 내용의 선택 결정에 참여할 수 있는 권리, 체벌을 받지 않을 권리 등을 포함한다. 이수광(2002)은 학생 인권을 자유권, 복지권, 사회적 지위권의 세 가지로 구분하였으며 그 내용은 표에 제시한 바와 같다.

〈표 9-1〉 학생 인권의 내용

자유권	복지권	사회적 지위권
1. 선택의 자유 2. 인간관계 참여의 자유 3. 사생활의 자유 4. 종교의 자유 5. 양심 표현의 자유 6. 집회 및 결사의 자유	1. 신체보존권 – 자신의 신체 및 정상적 정신 상태를 보존할 권리 2. 최소 목적 행위 – 자신의 능력 발현과 여건 마련을 방해받지 않을 권리 3. 목적 증가 권리 – 스스로의 능력 개발과 여건을 개선할 수 있는 권리	1. 교육받을 권리 2. 표현의 자유를 보호받을 권리 3. 사적 비밀을 보호받을 권리 4. 적법 절차를 보호받을 권리 5. 평등한 대우를 받을 권리 6. 기타 보호받아야 할 권리

또한 학생인권을 학생이 학교사회에서 누려야 할 자유권, 평등권 및 사회적 지위권으로 범주화하기도 한다. 자유권에는 표현의 자유를 보장받을 권리가 포함되며 교육활동, 교육과 관련한 언론, 출판, 집회, 결사의 자유와 사적 관심사 및 이익과 관련된 표현의 자유가 포함된다. 평등권은 법 앞의 평등으로 차별대우를 금지하며, 특히 성별, 신앙, 사회적 신분 등에 의하여 교육을 받을 기회를 차별받지 않을 것을 의미한다. 사회적 지위권은 '학생'이라는 지위를 강조하는 내용을 담고 있다. 학생은 청소년이라는 자연적 신분과 학교와 교육을 위해 계약관계가 맺어진 사회적 신분관계를 가진다는 것이다(한국학교사회복지사협회, 2006).

이해주(2007)는 학생인권의 내용은 인간으로서의 본질적인 권리와 함께 학생이라는 제한된 사회적 지위에서 갖게 되는 특정적 권리를 동시에 가진다는 점에서, 자유권과 복지권 및 사회적 지위권을 가진다고 본다. 또한 학생의 사회적 지위와 관련하여 학생이라는 신분이 사회제도에 의해 생겨난 것임을 감안할 때, 학생이라는 개념이 지니게 되는 '사회적 합목적성'과 '사회적 지위권'은 학생으로 하여금 학교에 대한 권리와 의무를 동시에 갖도록 한다고 본다. 여기서 문제는 '사회적 합목적성'이 고정불변으로 작용하여 학생들의 교육이나 선도를 위해서가 아닌, 인권의 규제와 간섭의 수단으로 오용될 수 있다는 점에서 이에 대한 논의가 필요하다고 할 수 있다.

이상의 분류들은 학생인권에 대해 유사하거나 다르게 구분하고 있지만, 학생인권의 내용을 이해하는 데 도움이 되는 분류 틀을 제시한 것으로 볼 수 있다. 그러나 이러한 분류는 청소년의 다양한 삶의 모습을 포괄하기에는 더 많은 내용을 필요로 하고, 소외 청소년의 인권 보장과 관련한 내용은 잘 드러나지 않는 문제도 지적된다. 학생인권의 내용이 청소년인권 개념과 다른 분명한 특징은 학생을 '배움을 목적으로 한 특수집단'으로 볼 때, 우선적으로 교육목적을 추구하는 데 요구되는 특별한 권리가 보장되어야 한다는 점을 알 수 있다. 사실 교육의 본질은 학습자에 대한 인권의 존중으로부터 시작한다고 볼 수 있다. 학습자의 인권이 존중되지 않는 상황에서 학습자의 잠재력과 자발성에 기초한 교육을 기대하기는 어렵기 때문이다. 마찬가지로 교육과정에서 학습자의 인권을 존중하지 않는다면 교육을 통해 민주시민을 길러내는 것과 같은 목적달성도 불가능한 것이다(하승수, 2003).

따라서 학생인권은 자유권이나 복지권 또는 평등권에 대한 논의에 추가하여, 재학관계라는 특수한 상황에서 보호받아야 할 '사회적 지위권'에 특별히 주목할 필요가 있다. 학생은 국가를 비롯한 교육당국, 학교, 교사, 부모, 동료 및 선후배 등과 같은 각각의 교육 관련 주체에 대해 일정한 권리를 갖게 되는 것이다. 이런 점에서 각 교육 관련 주체와의 관계에서 학생의 권리는 다음과 같이 제시될 수 있다(이수광, 2000, 홍봉선 · 남미애, 2018 재인용).

첫째, 사회 및 국가에 대하여 갖는 권리가 있다. ① 교육의 기회 균등, ② 무상 의무교육, ③ 공교육비의 공적 부담, ④ 교육 및 문화환경 조성(학교 주변에 대한 강화, 올바른 청소년문화 정책 추진), ⑤ 사회참여권 등이 포함된다.

둘째, 교육 당국에 대하여 갖는 권리가 있다. 여기에는 ① 교육내용의 적절성 보장(교육내용 선정과 조직), ② 학교를 선택할 수 있는 권리(학생들의 희망, 능력, 통학거리 등 고려), ③ 공정하고 일관성 있는 교육제도 운영, ④ 과밀 학급 해소 및 분교(分校) 유지, ⑤ 부실하고 무능한 교사 퇴출 등이 포함된다.

셋째, 학교에 대하여 갖는 권리가 있다. 구체적으로는 ① 적성과 능력에 따라 수강 과목 및 특별활동을 선택할 수 있는 권리, ② 교육활동에 충실할 것을 요구할 수 있는 권리, ③ 적합한 학습환경을 갖추어 주도록 요구할 수 있는 권리(학생들의 체격을 고려한 책 · 걸상, 교실의 온도, 위생, 크기, 학생들의 다양한 욕구를 충족할 수 있는 공간과 시설), ④ 교육과정의 정상적 운영을 요구할 수 있는 권리(HR, 예체능과목 등), ⑤ 표현의 자유(예술작품, 학교신문, 동아리 활동, 학생회 활동 등의 자유), ⑥ 부당한 검열이나 수색, 단속을 받지 않을 권리, ⑦ 부당한 복장 및 두발 단속을 받지 않을 권리, ⑧ 가정환경, 성적, 성, 외모, 종교 등으로 인해 차별받지 않을 권리 등이 있다.

넷째, 교사에 대하여 갖는 권리가 있다. ① 교육의 전문성을 요구할 수 있는 권리, ② 인격적 대우를 받을 권리(폭력 및 폭언, 성적 괴롭힘, 성, 장애, 성적, 경제력 등에 따른 차별대우, 부당한 심부름 금지) 등이다.

다섯째, 부모에 대하여 갖는 권리가 있다. ① 학부모의 대리만족 수단이 되지 않을 권리, ② 성적으로 인한 압박을 받지 않을 권리, ③ 무리한 과외활동을 거부할 권리 등이다.

여섯째, 또래 및 선후배에 대하여 갖는 권리가 있다. ① 동등하게 학교생활에 참여할 수 있는 권리, ② 폭력, 폭언, 따돌림 등의 피해로부터 보호받을 수 있는 권리를 생각할 수 있다.

학생인권과 관련하여 주목할 것의 하나는 학생인권과 교사의 권리와 교육권의 문제이다. 교사는 자신의 전문적 소신에 근거하여 학생을 가르칠 권리를 가진다. 교사의 교육권은 학생의 학습권을 보장하기 위해 인정되는 권리이며, 교사의 교육권에는 수업내용, 교육방법, 교재의 선정, 성적평가 등의 전문적 사항을 정하는 많은 권리가 포함된다(이혜원 외, 2009). 이러한 교사의 교육권은 다른 주체의 권리 또는 권한과 충돌할 수도 있다. 학부모의 권리와 갈등을 빚을 수도 있고 수업내용이나 교육방법에까지 개입하려는 학교설립자나 학교관리자와 충돌할 수 있다. 그러나 교사의 교육권과 학생인권은 서로 모순되거나 충돌하는 것은 아니라는 점을 기억할 필요가 있다. 교육이 지향하는 이상은 교사의 교육권과 학생인권이 조화롭게 실현되는 것이기 때문이다. 교사는 학생의 인권을 존중하면서 교육하고 학생은 그런 교육을 통해 교육받은 인간으로 성장해 나가는 것이 가장 이상적인 모습일 것이다(이혜원 외, 2009).

3. 학생인권 관련 논의

학생인권의 내용과 관련하여 다양한 이슈들이 논의되고 있다. 양심의 자유, 종교의 자유, 표현의 자유, 폭력(체벌, 학교 폭력 등)으로부터 보호받을 권리, 두발의 자유, 사생활의 비밀과 자유, 휴식권, 차별받지 않을 권리, 학생의 참여권과 자치활동 등은 대표적인 주제로 나타나고 있다. 실제로 국가인권위원회(2017)에 의해 결정된 학교 관련 인권사례들을 보면, 크게 학교생활, 학교폭력대책자치위원회, 운동선수 인권 등의 세 가지 영역으로 구분하여 제시되고 있음을 알 수 있다. 여기에서 학교생활 관련 내용을 보면, 체벌, 두발, 자율학습, 휴대전화, 징계, 학교 앞 유인물배포, 흡연단속 등의 주제들이 가장 많은 사례로 제시되어 있다. 학생인권과 관련한 이슈들에는 학생의 권리를 제한하는 학교규칙의 효력과 관련한 문제들이 많이 나타나고 있는데 이는 학교는 규칙을 통해 학생들에 대한 여러 가지 제한규정을 가지고 있으며, 위반 시 그에 따른 징계가 이루어지고 있기 때문이다. 이는 국민의 기본권은 법률에 의해서만 제한한다는 우리 헌법의 규정에 비추어 볼 때 학교규칙에 의해 학생인권의 보장이 제한된다는 측면에서 적합성에 대한 논란을 지속적으로 제기하고 있다.

법치주의 원리상 학생의 기본권을 제한하기 위해서는 법률의 근거가 있어야 함에도 실제로는 학교규칙이나 학교생활규칙 등의 이름으로 학생들의 집회결사의 자유, 복장, 두발 등을 제한하고 있다. 현행 학교규칙의 제정 근거는 초·중등교육법 제8조에 있으며, 학칙이나 학교생활규칙은 민주적, 합리적 절차를 통해 제정 또는 개정될 필요가 있다. 특히 학생들이 자신들의 권리에 영향을 미치는 규칙이 제·개정되는 과정에 참여하지 못하는 것도 문제이다. 학교규칙은 학생들에게 영향을 미치게 된다는 점에서 제·개정 과정에 학생들의 참여를 보장하고 학생들의 의견을 수렴하는 것을 가장 먼저 고려해야 할 것이다(이혜원 외, 2009). 여기에서는 학생인권의 내용과 관련한 논의를 자유권, 평등권, 복지권 등의 측면으로 구분하여 알아보기로 한다.

1) 자유권과 관련한 논의

(1) 표현의 자유

기본권이란 개인의 자아실현은 물론, 민주주의 발전을 위해서 매우 중요한 의미를 갖는다. 세계인권선언(제19조)에서도 규정하고 있듯이 모든 사람들은 기본적으로 의견과 표현에 대한 자유를 가지며, 이를 제한하는 것은 엄격한 법적 기준을 필요로 한다. 또한 학생도 마찬가지로 국민의 일원으로서 이 같은 권리를 가지고, 또 가져야 한다는 것은 명백한 사실이다. 그러나 학교 현실을 보면 학습 내용이나 수업 운영과 관련한 학생들의 의견표명의 기회는 제한적일 뿐만 아니라 부당하게 취급되는 사례가 적지 않다. 학교문제 또는 사회문제에 대해 의견을 표현했다는 이유로 학교에서 징계를 당하거나 그러한 행위를 하지 못하도록 제지하는 일도 발생하는 경우가 있다(최윤진, 2000).

학생인권과 관련한 표현의 자유를 보장하는 것에 대해서는 유엔아동권리협약 제13조에서도 보장하도록 규정하고 있으며, 다만, ① 타인의 권리 또는 신망의 존중, ② 국가안보공공질서, 공중보건 또는 도덕의 보호를 위해 필요한 경우에서만 법률에 의해서 제한할 수 있도록 하고 있다(이혜원 외, 2009). 미국의 경우도 팅커(Tinker) 사례를 통해 미 연방 대법원은 학생에게도 헌법적인 표현의 자유가 보장되어야 하고, 학교에 대한 피해 및 타 학생에 대한 권리침해에 한해서만 제한이 가능하며, 상징적 표현도 표현의 자유로 인정되어야 한다는 판결을 내림으로써, 이들의 자유를 최대한 넓게 인정해 주어야 한다는 결론을 내린 바 있다. 학생의 '표현의 자유'가 어떤 기준에 의해, 어느 정도의 범위까지 허용될 수 있는지 알아볼 수 있는 좋은 예시라고 할 수 있다.

(2) 출판, 집회, 결사의 자유

출판, 집회, 결사의 자유는 표현의 자유로부터 이어지는 것이다. 학생자치활동과 관련한 교지의 사전검열이나 동아리 활동의 제재 등은 이러한 자유를 침해하는 사례라고 할 수 있다. 학생자치활동은 학생들의 기본적 인권보장과 민주시민으로서의 자질 함양과 관련해 매우 중요하다고 할 수 있는데, 우리나라의 경우 1997년 초・중등교육법에 보호조항을 신설하여 학교당국의 역할을 규명한 바 있다. 그러나 대다수의 학교에서는 원칙과 다르게 여러 가지 이유로 문집발간을 금지하거나 사전검열을 하는 등으로 출판의 자유가 제한되는 일이 발생하고 있는 것이 사실이다(최윤진, 1998).

집회, 결사의 자유에 대해서는 유엔아동권리조약에도 명시하고 있는데, 출판의 자유보다 집회나 시위는 더 많은 제한을 받고 있는 현실이다. 학생의 정치활동을 불법시하고 자치활동을 꺼리거나 제한하는 경우는 결과적으로 학생회나 동아리 활동과 같은 학생자치활동의 원래의 취지에 어긋난다는 점에서 자율권을 침해하는 것으로 볼 수 있다. 미국의 경우에도 집회와 시위는 다른 권리에 비해 내용 자체보다는 시간이나, 장소, 방법에 대해 제한을 하고 있으며, 학생들의 집단적 행위는 사전에 학교 측의 승인을 받도록 하는 절차를 마련하고 있다. 우리나라의 경우 절차도 없이 학생들의 시위나 결사행위 자체를 불법화하려는 경향이 있는 편이다.

(3) 두발 및 복장 등 개성의 자유

개성의 자유는 헌법 제10조에서 보장하고 있는 인간으로서의 존엄과 가치, 행복추구권과 관련되며 헌법재판소도 개성의 자유로운 발현권이 행복추구권의 한 내용이라고 본다. 두발이나 복장은 인간이 개성을 표현하는 가장 기본적인 방식과 관련된다는 점에서 보면, 이는 최대한 보장되어야 한다(이혜원 외, 2009). 특히 강제 이발에 대해서는 해당 학생에게 인격적 모멸감을 줄 수 있는 인권침해라는 점에서 재발방지 조치를 권고하기도 했다.

학생이 자신의 외양을 선택하는 것과 관련하여, 미국에서는 이를 헌법에 의해 보호되는 개인의 자유권으로 보아 침해할 수 없다고 보았고, 일본에서는 이를 행복추구권의 한 내용인 자기결정권의 문제로 보고 역시 인정해야 한다고 보았다. 한편 학생의 소지품 검사와 관련하여 그 합법성 여부가 오랜 논쟁의 대상이 되고 있는 미국의 경우 아직 합의가 이루어진 것은 아니지만, 합리적인 근거와 보다 교육적인 방법으로 이루어져야 한다는 점에서는 이의가 없다.

(4) 사생활의 자유와 비밀보장

학생의 프라이버시권 또는 사생활과 관련하여 자유를 방해받지 않을 권리도 많이 제기되는 이슈이다. 프라이버시권은 사생활을 공개당하지 않을 권리, 사생활의 자유로운 형성과 전개를 방해받지 않을 권리, 자신에 관한 정보를 스스로 관리, 통제할 수 있는 권리를 포함하는 개념이다(이혜원 외, 2009). 그러나 학교에서는 생활지도라는 명목하에 학생 사생활의 비밀이 관행적으로 무시되거나 침해되는 경우가 많다. 가방검사, 소지품검사, 일기검사 등 각종 검사와 관련하여 지속적인 문제제기가 있어 왔다. 생활지도의 목적이 학생들의 학교 규율 내면화와 문제행동 방지에 있다 하더라도 학생들은 수시로 검열을 받는다는 점에서, 엄밀한 의미에서 분명한 기본권 침해행위로 보는 것이다.

사생활의 자유와 비밀보장의 문제는 전산시스템의 발달 등과 같은 디지털 환경의 변화로 인해 정보 관리와 정보누출의 우려에 따른 문제와도 연결된다(이혜원 외, 2009). 학생에 대해 학교가 수집한 정보는 교육자와 피교육자 간의 깊은 신뢰관계를 전제로 하고 있고, 그 성격상 개인의 성장과 병력 등과 관련한 민감한 정보를 많이 담게 된다는 점에서 보면, 이러한 정보가 성인이 된 후에도 타인에 의해 악용되지 않도록 보호하는 인식개선과 제도보장이 요청되는 것이다. 따라서 학교는 학생들의 사생활에 대한 자유권을 인정해 주어야 하며, 학생들을 위한 생활지도 역시 헌법이 보장하고 있는 여러 권리 등을 보장하면서 행해져야 한다. 학교에서 이루어지는 모든 검열과 개인정보는 학생들의 의견을 최대한 반영하고, 합당한 이유와 방법상의 원칙이 엄격하게 이루어지면서 행해져야 할 것이다.

(5) 양심의 자유와 종교의 자유

사상, 양심의 자유와 종교의 자유는 학생에게도 당연히 인정되는 기본적 인권이다. 문제는 학교에서 이루어지는 특정한 종교를 위한 종교교육에 있다. 특히 사립학교가 문제가 되는데, 중・고등학교의 경우 본인의 의사와 무관하게 추첨에 의해 학교가 배정됨에 따라 해당 학교가 종교재단이 설립한 학교인 경우에 문제가 발생할 수 있다. 만약 학생 개인의 신앙의 자유가 학교의 선교의 자유와 마찰을 빚을 경우에는 학생의 신앙의 자유가 더 우선적으로 보장될 수 있도록 해야 하는 것이다(최윤진, 2007).

2) 차별과 평등권에 대한 논의

(1) 성적과 경제력에 의한 차별과 평등권

학생은 부당한 차별을 받지 않을 권리를 가진다. 성적이나 외모, 부모의 직업, 재산, 장애 등을 이유로 부당한 차별을 받지 않을 권리가 있는 것이다. 그러나 학교에서는 성적이나 경제력이 있는 학생 위주로 교육이 이루어지는 등 그렇지 못한 학생은 소외되거나 차별되는 것이 현실이다. 입시 위주의 한국 교육과 사교육 등과 관련한 현실적 상황은 이를 잘 나타내고 있다. 학생들의 자치활동과 관련하여 회장이나 반장 자격으로 일정 수준의 성적을 요구하는 경우 등과 같은 성적에 따른 차별도 나타난다(이혜원 외, 2009). 따라서 성적이 낮거나 가난한 부모를 가진 학생들은 단지 이것을 이유로 기본권을 침해당하고 있는 것이다.

그러나 모든 인간에게 있어 교육권은 중요한 의미를 지니고, 단순 기회 제공만이 아닌 교육의 내용과 결과에 있어서도 평등의 원칙은 보장되어야 한다. 미국에서는 법적으로 수준별 학급 편성을 가능하도록 하였지만 몇 가지 점에서 논란이 제기되어, 결과보다는 의도를 중시하는 방향으로 평등보호조항의 보호를 받을 수 있도록 하고 있는데, 우리의 경우도 헌법에 명시되어 있는 교육권이 실질적으로 작동하기 위해서는 모두가 자신이 원하는 바를 교육받을 수 있는 여건을 조성할 수 있도록 해야 할 것이다.

(2) 성별에 의한 차별과 평등권

성별에 의한 차별은 학생인권과 관련하여 다양하게 논의될 수 있다. 가장 먼저 생각할 점은 성역할과 관련한 교과서와 교과과정의 문제 그리고 교실 상호작용에서 성차별 문제에 관한 것을 생각할 수 있다. 첫째는 교과과정 속에 은밀히 스며들어 있는 '남성다움'이나 '여성다움'과 같은 전통적 성역할은 이들로 하여금 양성적 성정체감 형성을 방해하고, 남녀 모두에게 하나의 억압이 될 수 있다는 지적이다. 최근의 교육과정에 의해 집필된 교과서에는 양성평등을 지향하려는 단원들이 이전과 비교하여 늘어났다는 긍정적인 변화를 확인할 수 있지만, 남성의 가정 내 출현 비율이 낮거나 정형적인 여성의 직업을 소개하는 등과 같이 세부적인 내용에는 여전히 성차에 대한 편견과 남녀평등의 문제가 해소되고 있지 않으며, 이는 엄밀한 의미에서 학생들의 평등권을 침해하는 행위로 볼 수 있는 것이다.

성별화된 이미지는 교실 내에서의 교사와 학생 간 상호작용에서도 나타나고 있는데, 대표적인 예로는 학생들이 선호하는 교과목과 관련한 교사와의 상호작용을 들 수 있다. 교사와의 상호작용에서 언어영역에서는 여학생이, 수리영역에서는 남학생이 각각 높은 것으로 나타났고, 전체적으로 성역할의 고정관념적 틀 속에서 재사회화가 이루어지고 있음을 알 수 있다. 학교 내에서는 교사들의 일상생활 지도나 무의식중에 사용하는 언어를 통해 나타나는 성차별도 지속적으로 지적되고 있으며, 이러한 일들은 결국 학생들에게 주어진 삶의 역할을 강요하게 됨으로써 자유로운 인성발달을 방해하는 결과를 초래하는 것이다(최윤진, 2007).

(3) 장애자에 대한 차별과 평등권

장애학생에 대한 차별도 문제가 되고 있다. 장애학생을 배제하거나 거부하는 경우, 정당한 사유 없이 장애를 고려하지 않는 기준을 적용하여 장애학생에게 불리한 결과를 초래하는 경우 등이 모두 해당한다(이혜원 외, 2009). 사실 청소년뿐만 아니라, 모든 장애인은 장애라는 특성으로 인해 더 많은 교육을 필요로 함에도 불구하고, 이들에게 충분한 교육의 기회가 주어지지 못하고 있다. 대표적으로 학습권 보장, 분리교육, 그리고 이동권 보장과 정보접근권, 직업선택권과 직업재활권 등과 관련한 문제 등을 들 수 있다.

우선, 장애청소년은 일반인에 비해 더 많은 배려가 필요하지만, 현실에서는 추가비용에 따른 입학 거부나 교육여건 부족으로 인한 중도탈락 문제들이 발생하고 있다. 1994년 특수교육진흥법을 개정하여 장애학생과 비장애학생의 통합교육을 의무화시켰으나, 실제 학교에서는 지도상의 불편함을 이유로 이를 준수하지 않는 경우가 많다. 또한 이동권 보장이나 정보접근권에 대해서는 장애인복지법에 규정이 있지만, 구체적이고 실천적인 대안은 마련되어 있지 않다. 직업선택권과 직업재활권 보장과 관련해서도 관련법에 근거가 마련되어 있으나, 성인 장애인을 주된 대상으로 하고 있으며 청소년 장애인에 대해서는 적절한 서비스가 부족한 실정이다. 미국의 경우 사회복귀법이나 장애아동교육법 등을 통해 장애학생들의 실질적인 보호를 위한 노력이 강화되고 있는데, 우리의 경우 여러 측면에서 장애학생 교육권이 미흡한 수준에 있다는 점에서 국가의 보다 적극적인 교육기회와 지원 제공이 요청된다.

(4) 학교 안의 소수자에 대한 차별

학생인권 중에서도 학교 안 소수자가 겪고 있는 차별문제는 제대로 다루어지지 못하고 있다는 점에 주목할 필요가 있다(배경내, 2000). 학교는 성별, 장애, 성 정체성, 종교, 출신 국가, 가족 형태 등에 따른 소수자들이 학생 구성원 가운데 함께 존재하고 있다는 점에 대해 제대로 인식해야 한다. 학생들이 가진 차이를 고려하지 않고 학교의 정책, 특정 정체성을 용납할 수 없는 것인 양 취급하는 차별적 태도 등은 소수자가 학교생활을 감당하기 힘든 것으로 만들 수 있다.

3) 복지권에 대한 논의

(1) 열악한 학교환경과 청소년권리

학교는 과밀학급이나 거대학교, 학교 시설 노후화, 유해 환경 등의 문제에서 자유롭지 못하다. 우선, 거대학교나 과밀학급의 경우는 교사 위주의 주입식 교육이 주로 이루어지다 보니 학생 개개인의 특성에 맞는 지도가 어렵고,

통제 중심의 생활지도가 나타나기 쉽다. 학교시설 노후화 문제도 학생들의 신체적 성장을 고려하지 않은 책·걸상의 문제부터 급식환경과 관련한 문제까지 다양하게 관련된다. 학생들의 학습권 보장과 관련하여 도서관 실태도 문제가 되지만, 학교환경과 학습시설의 문제는 인권문제와 직접적으로 관련됨은 물론 학생들의 적극적 탐구와 학습참여를 위해서도 매우 중요한 요인이라 할 수 있다.

(2) 가중한 학습부담과 건강권

학교에서 금연지도나 비만치료 등 학생의 건강을 위한다는 목적으로 학생의 의사를 무시한 강제행위가 함부로 이루어지는 것도 문제이다. 아무리 좋은 동기에서 출발한 것이라고 하더라도 당사자의 의사가 최우선적으로 존중되어야 하기 때문이다. 학교가 학생의 건강을 위한다면 가장 먼저 학습부담부터 낮추어야 하고 학습시간의 제한도 생각해야 한다는 것이다(이혜원 외, 2009). 이와 관련하여 학생들의 휴식권도 제기되고 있다. 0교시 수업, 반강제적 야간자율학습으로 인해 고등학생은 하루의 절반 이상을 학교에 있어야 한다. 과도한 사교육으로 학교가 끝난 후에 다시 학원을 가야 하고 새벽까지 계속 공부하는 것이 현실이다. 이러한 상황은 과도한 경쟁시스템과 교육열에 따른 구조적인 문제도 있지만, 학생인권의 문제와 연결하는 적극적인 인식과 문제해결을 위한 노력이 필요한 것이 사실이다.

(3) 학교에서의 안전사고와 청소년권리

학교에서의 안전사고 문제는 명확한 법적 규정이 없어 책임 문제가 쟁점이 되고 있다. 학교안전사고란 초·중등교육법에 명시되어 있는 학교에서 위험의 가능성 및 사고를 제거하려고 하였으나, 무의도적으로 작용된 외적 에너지에 의해 인적·물적 손상을 초래한 현상(한승희, 1998)으로 정의할 수 있으며, 그 유형을 학교 안과 밖, 시간, 장소, 내용, 원인, 형태 등에 따라 구분할 수 있다. 학교안전사고는 사고 피해자가 성장기에 속해 있는 청소년이라는 점에서 책임의 주체(학생, 학부모, 교원, 학교)에 대한 논란이 항상 발생한다. 이는 학교

안전사고가 다른 산업재해사고와는 달리 사고 당사자인 학생들이 민법상 법률행위 무능력자라는 점과 학교라는 특수성, 우리나라 학교현실의 문제 등의 특징을 동시에 가지고 있다는 점과 관련된다.

(4) 체벌과 폭력에서 자유로울 권리

체벌은 당연히 학생의 인권, 특히 신체의 자유나 행복추구권에 대한 침해행위이다. 그러나 체벌 금지와 관련하여 교육상 불가피한 경우에는 신체적 고통을 가하는 체벌도 할 수 있는 것으로 되어 있다(이혜원 외, 2009). 실태조사들을 보면, 청소년들이 보고한 비인격적인 인권침해 1위는 교사들의 '폭언과 체벌'인 것으로 나타나고 있는데, 학교체벌이 지속되고 있음을 알 수 있다. 그러나 헌법 제12조 제1항에 따르면 학교에서의 적법한 절차에 의하지 않은 체벌은 분명 위헌임을 알 수 있으며, 초・중등교육법에도 이와 관련한 조항이 있다. 다만, '교육상 불가피한 경우에는 체벌을 허용할 수 있다'는 단서조항이 있으며, 이는 계속 문제점으로 제기되어 왔다. 이에 대해 체벌을 지지하는 입장은 체벌을 '교육적 필요'에 의한 불가피한 요소임을 근거로 하여 다수의 아이들을 통제해야 하는 상황에서 불가피하다는 현실론을 내세운다. 반대하는 입장은 체벌이 교사의 주관적 판단이나 합리적 근거 없이 이루어지면, 체벌이 아닌 '폭력'으로 변질될 수 있으며, '대중효과'와 '불쾌한 감정'을 남길 뿐이라는 점에서 이의를 제기한다.

다른 나라의 사례를 보면, 스웨덴은 세계 최초로 '아동체벌금지법'이라는 법안을 제정하여 엄격히 금지하고 있으며, 미국의 경우도 주(州)에 따라 다르지만 일정한 범위 내의 이성적인 체벌은 인정하되, 부작용을 최소화하기 위한 한계를 명확히 규정하고 있다. 이런 점에서 보면, 가급적 체벌을 자제하는 분위기를 조성하고, 학생들이 인권과 관련된 문제가 발생했을 때 이를 상담할 수 있는 학생인권센터를 설치하는 것이 중요한 일이 될 수 있다. '교육상 불가피'라는 이유로 이를 별로 대수롭지 않게 여기는 사회적 분위기를 개선하는 노력이 필요할 것이다. 실제로 국가인권위원회는 체벌을 허용한 조항을 삭제하고 체벌을 금지할 것을 권고한 바 있다. 체벌과 관련해서는 현실론이 존재하지만, 언제까지 그러한 현실론으로 정당화할 수는 없다. 무엇보다 체벌이 사라지기 위해서는 법의 정비와 함께 인권친화적 학교문화가 조성되도록 할 필요가 있을 것이다(이혜원 외, 2009).

4. 학생인권조례와 청소년인권조례

1) 학생인권조례의 의미와 내용

학생인권조례는 세계인권선언 및 유엔아동권리협약을 토대로 학생의 인권이 학교교육과정 운영에서 실현될 수 있도록 함으로써, 학생의 존엄과 가치 및 자유와 권리를 보장하기 위해 제정된 각 교육청들의 조례이다. 학생인권조례의 제정은 우리 사회에서 소수자로 머물고 있던 학생들에게도 인간의 보편적 권리, 즉 인권이 있음을 공식적으로 인정한다는 점에서 의미가 있다. 학생도 한 인간으로서 사상과 표현의 자유와 같은 자유권을 가지며 나아가 학업성적 혹은 경제적 차이에 의해서 차별받지 않을 권리, 그리고 보다 나은 환경 속에서 학습하거나 교육을 받을 권리를 가지는데 학생인권조례는 이를 공식적으로 인정하는 것이다(고영남, 2009).

우리나라는 1991년 유엔아동권리협약을 비준한 이후 여러 차례의 제도개선을 위한 노력이 있었지만 큰 변화가 없었으나 각 시·도에서 학생인권조례를 제정하고 2010년 경기도교육청을 시작으로, 2011년 광주광역시, 2012년 서울특별시, 2013년에는 전라북도교육청이 공포해 시행 중에 있다. 하지만 학생인권조례 제정 과정에서 체벌금지, 임신 출산, 성소수자, 학교자율권 등 주요 조항 하나하나가 논란이 되었고 그 결과 일부 조항이 원안에서 수정되거나 지역별로 차이가 발생하였다. 또한 '학생인권교육센터'라는 기구를 설치하는 데 있어서도 4개 시·도교육청에서 다양한 차이가 나타나기도 하였다(임이랑, 2012).

〈표 9-2〉 학생인권조례

제정목적	학생의 인권이 학교교육과정에서 실현될 수 있도록 함으로써, 학생의 존엄과 가치 및 자유와 권리를 보장하기 위해 제정
시행 중인 시·도교육청	경기(2010년), 광주(2011년), 서울(2012년), 전북(2013년)
주요 내용	• 차별받지 않을 권리 • 폭력으로부터 자유로울 권리 • 정규교과 이외의 교육활동의 자유 • 두발, 복장 자유화 등 개성을 실현할 권리 • 소지품 검사 금지, 휴대폰 사용 자유 등 사생활의 자유 보장 • 양심·종교의 자유 보장 • 집회의 자유 및 학생 표현의 자유 보장 • 소수 학생의 권리 보장 • 학생인권옹호관, 학생인권교육센터의 설치 등 학생인권침해 구제
법적 근거	상위법 위반 논쟁이 있었으나 2015년 5월 14일 대법원 "학생인권조례안 유효" 판결

출처 : 오동선·강은숙(2019).

여기서 한 가지 밝혀둘 점은 학생인권조례와 관련하여 제정과정에서 논란이 된 조항들이 있는데, 이는 우리나라에서 최초의 학생인권과 관련한 논의가 있었던 1998년 학생인권선언(안) 제정을 위한 과정에서도 제기되어 온 것이다. 오늘날까지 학생인권조례의 제정에 따른 내용을 마련하는 일에서 주요한 논쟁을 불러일으키는 현안으로 작용하고 있다. 1998년 10월 24일 당시의 교육부에서는 '학생인권선언' 선포계획을 발표한 뒤 13명의 학생인권선언제정위원회를 구성하여 실무초안 작성에 들어간 바 있는데, 동 위원회는 전문가의 조언과 교사, 학생, 학부모 등의 여론을 수렴하여 '학생인권선언 실무초안'을 작성하였으며, 이는 11월 10일 학부모·시민단체 간담회에서 내부 검토자료로 공개되었다. 그러나 이후 당초 시안과 달라진 교육부 수정안이 마련되었고, 이에 11월 21일 '학생인권선언' 공청회에서는 달라진 개정시안을 둘러싼 논쟁이 치열하게 전개되었다.

인권단체 대표들은 체벌금지, 청문기회 제공 등의 초안 내용이 크게 후퇴했다고 지적하였으며, "학생은 자유롭게 생각하고 다양한 사상에 접할 수 있으며"나 "학생은 자신의 소지품이나 신체에 대한 부당한 압수나 수색을 당해서는 안 되며 학교기록이나 신상명세서의 자의적인 유출로부터 보호받아야 한다", "학생의 두발형태나 복장 등은 합리적 기준 없이 함부로 규제받아서는 안 된다" 등의 내용은 교육부 개정시안에서 삭제되었다. 이에 교사와 학생, 학부모가 구체적으로 실천할 수 있는 세칙을 마련하여 공포하는 것이 중요하다는 지적이 있었다. 논란 끝에 교육부는 1999년 3월에 '교육발전 5개년계획(시안)'을 발표하면서 그 내용에 학교에서의 인간존중 풍토 조성을 위해 가칭 '학생권리보호헌장'을 1999년에 제정할 것이라고 제시한 바 있다. 1998년 당시의 학생인권선언(안) 마련을 위한 과정을 통해 12월 10일 제시된 선언의 내용은 상징적인 의미를 가진 것이지만, 문구작성과 관련하여 많은 논란이 있었으며, 이는 이후의 자치단체에서의 학생인권조례 제정과 관련한 내용을 구성하는 논의에서도 또 다른 양상으로 지속적으로 제기되었음을 기억할 필요가 있다.

2) 청소년인권조례

청소년인권조례로서 학생인권조례가 제정되었지만, 청소년의 생활영역이 학교 내에만 머무르지 않고 가정, 시설, 학원 등의 다양한 생활공간과 관련되어 있으며, 학교에 다니고 있지 않은 청소년의 경우 학생인권조례의 대상에 포함되지 못하여 사각지대가 생기는 문제를 고려해야 한다. 이에 따라 실질적인 청소년 권리보장을 위해서는 학생과 학생 아닌 청소년을 모두 포괄할 수 있는 제도적 장치가 필요한 것이다(최승원 · 최윤영, 2014). 이에 따라 서울특별시는 학생인권조례를 2011년 제정하였고, 2012년에는 「서울특별시 어린이 · 청소년 인권 조례」를 제정하였으며, 뒤이어 2016년에 「부천시 아동 · 청소년 인권조례」와 2019년에 「동해시 아동 · 청소년 인권보장에 관한 조례」가 제정되었다. 인권보장이라는 원칙이 제대로 실현되기 위해서는 공간과 실체의 범위가 작을수록 실현 가능성이 커질 수 있으므로, 자치단체 단위의 이와 같은 조례 제정은 해당 지역에 속한 모든 아동과 청소년을 대상으로 자유와 평등의 조화를 통한 인권 적용과 실현을 위한 노력으로 볼 수 있다.

최근 전명순(2021)은 청소년인권조례의 실효성을 분석하면서, 서울특별시, 부천시, 동해시 등 세 곳의 조례를 비교하면서 서울특별시 조례가 다른 두 곳보다 더 많은 규정내용을 포함하고 있다고 보았다. 세 자치단체가 공통적으로 규정하고 있는 것은 건강, 인권보장, 책무, 폭력으로부터의 자유, 사생활의 권리, 교육받을 권리, 문화・예술・체육 활동에 참여할 권리, 노동인권, 소수자의 권리 보장, 인권위원회, 종합계획 수립 등이며, 서울특별시 조례는 인권보장의 내용에서 가정・시설・학교・지역사회에서 인권보장을 위한 협력과 지원, 상담, 참여 및 적정절차 등의 내용을 추가하여 규정하고 있다는 것이다. 청소년이 속해 있는 영역에서 인권보장에 관해 규정한 내용을 통하여 가정에서의 학대행위나 시설에서의 폭력행위, 지역사회에서의 환경과 관련한 인권문제 등과 청소년들이 직접 참여하는 인권 관련 참여위원회를 통해 청소년 스스로 권리주장을 할 수 있는 장을 마련하고 있다.

이와 같이 지방자치단체에서 인권조례를 제정하는 것은 지역 차원의 인권보장과 복지증진을 위해 매우 고무적인 일이다. 인권조례의 제정은 지역공동체 차원에서 인권을 보호하고 증진하기 위해 강구할 수 있는 여러 수단 중 하나의 형태이다. 인권조례는 지역공동체 구성원들의 인권의식을 고양하고 인권을 자각할 수 있도록 지역사회문화를 만드는 것이며, 인권이 생활실천 기준으로 자리잡도록 함으로써 지역공동체의 실제적 통합을 지향하는 것으로 볼 수 있다(조소영, 2009). 이런 의미에서 자치단체에서의 청소년인권조례의 제정은 지금까지 보호의 객체로만 인식되던 청소년이 권리의 주체임을 국가적인 차원에서 나아가 지방자치단체 차원에서 인정하여 실질적인 권리 보장을 도모한다는 중요한 의미를 가진다(최승원・최윤영, 2014).

3) 인권조례의 내용목록

먼저, 학생인권조례의 경우에는 상위법에 따라 학생들이 학교에서 갖는 권리들을 구체적으로 제시하는 경우가 많다. 학생인권조례 제정과 관련한 논의에서 학생이 자신의 권리에 대한 주체임을 밝히고 있지만, 실제로 학교현장에서는 학생들의 인권침해 현상에 대한 문제제기가 지속됨에 따라서 사회적으로도 학생 또한 독립적인 인격체로서 권리를 더 보장받아야 한다는 논의가 확산된 것이 학생인권조례 도입의 시작이라 할 수 있다(김영인 · 구정화, 2020).

학생인권조례의 핵심적인 부분은 학생인권을 구체적으로 예시하는 부분이다. 그 내용은 인권의 범위가 넓은 만큼 다양할 수밖에 없고, 조례의 특성상 지방자치단체에 따라 다를 수밖에 없다. 그 모든 인권을 다 망라할 수 없기 때문에 때로는 추상적으로 규정되거나 또 때로는 정책적으로 규정되는 조항이 담기게 된다. 각 지역별 학생인권조례에서 제시하는 권리목록에는 차이가 나타나지만, 대체로 학생들이 학교라는 상황에서 누려야 할 권리로 평등권, 신체의 자유, 학습권과 휴식할 권리, 개성을 실현할 권리와 자기결정권, 사생활의 자유와 보호, 종교의 자유, 표현의 자유, 학생자치권, 복지지원을 받을 권리, 적법절차 보장과 권리 구제를 받을 권리 등을 포함하고 있다(구정화, 2014; 조재현, 2012).

오동석(2011)은 경기도 학생인권조례의 경우를 통해 학생 인권은 ① 학생 인권의 확인 및 학생 인권의 구체화, ② 학교에 대한 금지의무 부여, ③ 학교 및 교육감의 노력의무 부과 등의 세 가지 차원으로 구체화된다고 본다.

첫째, 헌법상 기본권을 학생에게 구체적으로 확인하는 것이다. 예를 들면, "학생은 복장, 두발 등 용모에 있어서 자신의 개성을 실현할 권리를 가진다"(제12조 제1항)는 조항이 그것이다. 이것의 헌법적 근거조항은 사생활의 자유, 인간의 존엄과 가치, 행복추구권 등이다. 법률의 구체적 근거 없이 학교가 학생들에게 교복 착용이나 파마와 염색 등을 규제할 수 있는지 의문이지만, 학생 스스로 개인의 자유를 침해하지 않는 범위 내에서 일정 정도 기준을 정하는 것은 허용된다고 볼 수 있다.

둘째, 학교에 대하여 일정한 내용의 구체적 금지의무를 부과하는 것이다. 예를 들면, 경기도학생인권조례는 학교에 대하여 두발의 길이를 규제할 수 없도록 명시하고 있다(제12조 제2항). 왜냐하면 두발에 대하여 길이로써 제한하는 것은 교육의 목적과 무관하며, 최소한 그것을 정하는 문제만큼은 학생의 의사에 전적으로 맡겨야 한다고 판단했기 때문이다. 그것은 학생 인권의 최소한의 보장내용이며 인권의 수비범위로서 학교에 대하여 구체적 금지의무를 부과한 것으로 본다.

셋째, 학교 또는 교육감에 대하여 적절한 노력을 다할 의무를 부과하는 것이다. 예컨대 "학생은 건강하고 쾌적한 환경에서 교육을 받을 권리를 가진다"(제22조 제1항)는 규정이다. 이것은 헌법이 보장하는 교육을 받을 권리와 환경권을 확인한 것인데, 어느 정도의 수준으로 권리를 보장할 것인지를 조례로써 규정하는 것은 쉽지 않다. 때로는 이것을 뒷받침하는 예산이 확보되지 않으면 공허한 권리가 될 수 있기 때문이다. 따라서 "학교는 적정한 양과 질의 도서 및 도서관 공간 확보, 청결한 환경의 유지, 화장실과 적절한 탈의 및 휴게 공간의 확보, 적절한 냉난방 관리, 녹지 공간 확대 등 최적의 교육환경 조성을 위하여 노력하여야 한다"(제22조 제2항)고 그 구체적 예시를 들어가며 일정한 내용의 시설을 갖출 의무를 '법적으로는 느슨하게' 부과한 것이다.

다음으로 청소년인권조례의 경우 현재 서울특별시를 비롯하여, 부천시, 동해시 등 세 곳 모두 '누려야 할 인권'과 '인권침해와 관련한 구제'에 대해서는 많은 규정을 두고 있으나, 인권보장과 관련해서는 서울특별시 조례 외에는 중요한 내용을 많이 포함하고 있지 않다. 그러나 세 곳 모두 어린이·청소년 인권위원회에 대해서는 그 구성과 운영에 대해 기본적 규정을 마련하고 있다. 다만, 어린이·청소년 참여위원회에 대해서는 서울특별시 조례에서만 설치, 구성, 지원, 위원장의 직무, 회의·운영, 의견 수렴, 수당 등에 대해 세세하게 규정하고 있다. 청소년인권조례의 기본 내용에 대해서는 앞에서 서술했기 때문에 여기에서는 가장 많은 규정을 담고 있는 서울특별시 조례를 중심으로 조례의 내용을 간략히 소개하기로 한다. 청소년인권조례의 인권목록이 자치단체별로 어떻게 규정되고 있는지를 확인할 수 있을 것이다(최승원·최윤영, 2014).

먼저 「서울특별시 어린이·청소년 인권 조례」는 유엔아동권리협약과 헌법을 비롯한 아동복지법, 청소년기본법, 청소년복지지원법, 청소년활동지원법 등에 근거하여 서울특별시 어린이·청소년의 인권 실현을 목적으로 제정되었다(제1조). 제2조에서는 용어를 정의하고 있는데, 청소년은 만 12세 이상 만 19세 미만의 사람을 말하는 것으로 하고 만 12세 미만을 어린이로 규정하였다. 여기에 서울특별시에 주소 또는 거소를 두거나 체류, 노동, 교육을 하고 있어야 한다는 조건이 붙는다. 제3조는 책무규정으로서 시장뿐만 아니라 시설의 장, 보호자, 일반 시민, 민간사업자나 단체 등이 인권보장을 위한 노력을 해야 한다고 규정한다.

제3장에서는 구체적으로 가정, 시설, 학교, 지역사회에서의 인권보장의 내용과 방안을 명시하고 있다. 가정과 시설에서의 보호자와 시설설치관리자는 인권보장을 위해 노력해야 하고, 체벌을 포함한 신체적, 정신적, 언어적 폭력을 해서는 아니 된다. 지역사회 차원에서는 시장이 공간을 충분히 확보하고 이를 이용하기 위한 운영 기준을 마련하여 관련 정보를 당사자들에게 제공하여야 한다. 노동인권을 위해 사업장에 대한 우대 및 지원을 할 수 있으며, 노동을 하는 과정에서 다치거나 인권을 침해당한 청소년을 법률적으로 지원하기 위해 노력해야 한다. 그리고 탈가정 어린이·청소년과 학교 밖 청소년에 대한 지원 프로그램을 마련하고 지역사회에서 차별받지 않도록 하는 조항도 함께 규정하였다.

제2장에서는 유엔아동권리협약에서 정하고 있는 일반원칙들과 관련한 내용을 반영하고 있는데 무차별의 원칙, 최선의 이익의 원칙, 생존 및 발달 보장의 원칙, 그리고 참여의 원칙 등이 포함된다. 제2장 제2절부터 제8절은 청소년의 인권을 7개 분야로 나누어 보장하는 헌법상, 유엔아동권리협약상 권리들을 조례의 형식으로 구체화·실정법화하고 있다(최승원·최윤영, 2014). 서울특별시 조례는 또한 청소년 인권보호를 위한 인권위원회, 참여위원회, 시민인권보호관을 설치하도록 규정하였다. 두 위원회는 정책관련자문과 심의를 수행하고, 시민인권보호관은 인권침해사건의 조사와 해결을 담당한다. 시장은 또한 어린이·청소년 인권종합계획을 수립하고 인권 관련 실태조사를 2년의 주기로 실시하며 그 결과를 인권종합계획 수립에 반영하여야 한다.

〈표 9-3〉「서울특별시 어린이 · 청소년 인권 조례」 내용구성

장	절	조 항
총 칙	–	목적(제1조), 정의(제2조), 책무(제3조), 국가 등에의 요청(제4조), 다른 조례 및 자치구 조례와의 관계(제5조)
누려야 할 인권	원칙	인권의 주체성과 인권보장의 원칙(제6조), 차별금지의 원칙(제7조)
	성장환경과 건강에 관한 권리	성장환경에 관한 권리(제8조), 건강(제9조)
	폭력 및 위험으로부터 자유로울 권리	폭력으로부터 자유로울 권리(제10조), 안전하게 생활할 권리(제11조)
	양심과 표현의 자유 등을 보장받을 권리	양심과 종교의 자유(제12조), 개성과 표현의 자유(제13조)
	사생활의 자유와 정보에 관한 권리	사생활의 자유 등(제14조), 정보에 관한 권리(제15조)
	교육 · 문화 · 복지에 관한 권리	교육에 관한 권리(제16조), 놀이 및 쉴 권리(제17조), 문화 · 예술 · 체육활동에 관한 권리(제18조), 복지에 관한 권리(제19조)
	노동에 관한 권리	노동인권(제20조), 어린이 · 청소년 노동의 보호(제21조), 시장의 책무(제22조)
	자기결정권 및 참여의 권리	자기결정권(제32조), 참여권(제24조), 권리보장을 위한 권리(제25조)
인권보장	가정에서의 인권보장	보호자 등에 의한 인권의 보장(제26조), 양육의 지원(제27조), 학대 및 폭력의 금지(제28조), 학대로부터의 구제 및 그 회복(제29조)
	시설에서의 인권보장	환경의 정비 등(제30조), 학대 및 폭력의 금지 등(제31조), 어린이 · 청소년 간 폭력의 방지 등(제32조), 상담 등(제33조), 어린이 · 청소년의 정보관리(제34조), 참여 및 적정 절차(제35조)
	학교에서의 인권보장	협력과 지원(제36조)
	지역사회에서의 인권보장	어린이 · 청소년을 위한 공간의 확보와 관리(제37조), 정보에 관한 권리 보장(제38조), 탈가정 어린이 · 청소년(제40조), 학교밖 어린이 · 청소년에 대한 차별 금지 및 지원(제41조), 비인가 대안교육기관에 대한 지원(제42조), 시민참여 및 협력(제43조)

인권보장	빈곤 · 장애 · 소수자 어린이 · 청소년의 권리보장	빈곤 · 장애 · 소수자 어린이 · 청소년의 권리보장(제44조)
	어린이 · 청소년 인권위원회	어린이 · 청소년 인권위원회(제45조), 위원회의 구성(제46조), 위원회의 운영(제47조), 인권정책협력체계(제48조), 운영세칙(제49조)
어린이 · 청소년 참여위원회	–	설치(제50조), 구성(제51조), 지원(제52조), 위원장의 직무(제53조), 회의 · 운영(제54조), 의견 수렴(제55조), 수당 등(제56조)
인권침해에 대한 구제	–	상담 및 구제기관(제57조), 상담 및 구제절차(제58조), 준용(제59조)
	인권교육과 홍보	서울특별시 어린이 · 청소년 인권의 날(제60조), 홍보(제61조), 인권교육(제62조), 시민활동의 지원(제63조)
	실태조사와 평가 등	어린이 · 청소년 인권종합계획의 수립(제64조), 연도별 시행계획 및 실태조사(제65조), 인권실태조사(제66조)

출처 : 전명순(2021), pp. 26-28 수정 보완.

4) 인권조례의 내용적 특성

우리나라의 학생인권조례는 유엔아동권리협약에 준거해 보면, 빠진 부분도 있고 더 발전시킨 부분도 있다고 본다. 최근 오동선과 강은숙(2019)은 유엔아동권리협약에 의거한 시 · 도교육청 학생인권조례의 비교 · 분석한 결과를 제시한 바 있는데, 그중에서 유엔아동권리협약의 4대 권리영역인 생존권, 보호권, 발달권, 참여권을 중심으로 비교하여 정리한 것을 살펴보면 다음과 같다.

첫째, 아동권리협약에 준거한 생존권 영역에 따라 인권조례를 비교 · 분석하면 유엔아동권리협약은 아동의 출생과 성장, 사회적 신분, 양육, 건강 등 태어나면서부터 아동기까지 살아갈 수 있는 최소한의 조건을 충족시키기 위한 노력을 조항으로 정해놓았다. 그에 비해 학생인권조례는 아동 · 청소년(태어나면서부터 18세까지)의 개념이 아니고 학생을 위한 조례에 한정되다 보니 학교에 소속된 학생이 학교생활을 하면서 필요한 인권, 안전, 교육환경, 급식, 건강 등의 내용을 담고 있음을 알 수 있다. 이런 점에서 보면, 유엔아동권리협약과 인권의 보편성 원칙을 살리는 차원에서 학생인권조례의 보완을 넘어 학교 밖 청소년 및 영 · 유아 아동을 포함하는 '아동 · 청소년 인권조례'나 '아동 · 청소년 인권법'으로까지 확장이 필요하다. 시·도교육청에서 주요하게 다루고 있는 학생에만 한정된 인권조례는 영·유아 아동이나 학교 밖 청소년에게까지는 그 영향을 미치지 못하고 있다.

둘째, 아동권리협약에 준거한 보호권 영역을 비교·분석하면 아동권리협약의 주요 내용을 한국 학교의 특성에 맞게 적용하였으며 오히려 협약보다 구체적이고 세세한 내용을 포함하고 있는 것으로 평가될 수 있다. 다만, 이러한 권리의 영역은 학생신분을 유지하고 생활하는 학교에서뿐 아니라 가정과 학원, 학교 밖에서도 함께 이루어져야 하고, 학교 밖에서 이루어지는 권리침해에 대해서도 구제받을 수 있도록 장치를 마련해야 한다. 전북을 제외하고 다른 지역에서는 기술하지 않고 있음은 추후 조례를 제정하는 지역이나 개정하려는 지역에서 보완해야 할 점이라 할 수 있다.

또한 '차별받지 않을 권리'에 대해서 지역별 상이한 기술을 하고 있다는 점은 또 다른 개선점이라 할 수 있다. 4개 시·도교육청 학생인권조례는 모두 차별받지 않을 권리를 조항에 두어 기술하고 있다. 서울과 경기도는 차별의 항목 모두를 기재하고 있으나, 광주의 경우 차별의 종류를 간략히 기술하였고 전북의 경우는 "국가인권위원회법 제2조 제3호의 차별행위의 정의에 해당하는 이유"로 논란을 우회하여 기술하였다. 이 부분은 차별논란을 우회하거나 회피했음을 보여주는 것이어서 추후 개정되어야 할 것이다.

셋째, 아동권리협약에 준거한 발달권 영역을 비교하면 학생인권조례에서는 주로 오랜 시간 동안 한국 사회에서 학생이기 때문에 침해당해 왔던 권리를 보완하는 내용 중심으로 조항이 만들어져 있고, 우리나라 교육의 부작용을 인권적으로 보완하고자 하는 의의를 가지고 있다. 즉, 학생인권조례에서는 공부도 인권을 보장하면서 실시하고 자유로운 학습권이 보장되어야 함을 명시했다는 점에서 그간의 학력에 대한 새로운 패러다임을 제시한 것으로 유의미하다고 볼 수 있다. 이러한 학력관은 조례가 제정된 4개 시·도교육청의 범위를 넘어 국가적 아젠다가 되어야 한다. 아동·청소년이 민주사회의 구성원으로 자라기 위해 필요한 능력이라는 지적이며 점수로 계량화하는 학력이 아니라 지덕체가 조화롭게 발달하도록 학습하는 능력을 키우는 것으로 변화시켜

가는 것이 더 인권우호적이기 때문이다. 다만, 아동권리협약에 준거해 봤을 때 보호시설에 수용되어 있는 아동의 건강권이나, 학생도 사회보장의 혜택을 받을 수 있도록 하는 권리, 적당한 생활수준을 향유할 권리 등의 내용이 조례에서 빠져있는 것은 고려해야 할 것으로 지적할 수 있다.

넷째, 아동권리협약에 준거한 참여권 영역을 비교·분석하면 아동권리협약이 기본권 중심의 기술에 국한된 한계를 가지고 있다면 학생인권조례는 협약보다 한 발 더 구체적으로 나아갔다는 큰 의미가 있다. 특히 기본적으로 협약의 내용을 모두 담고 있으면서도 거기에 더해 학생은 민주시민의 자질 함양을 위해 학생자치활동을 할 권리가 있고, 학칙 등 학교 생활규정의 제·개정에 참여할 권리가 있으며, 교육정책결정에 참여할 권리가 있음을 명시하고 있다는 것과, 이를 위해 학생(참여)위원회라는 조직을 구성하여 시스템을 마련하는 데까지 발전시킨 것은 매우 주목할 만하다. 이는 인권의 보장을 넘어 확장을 위해서는 민주적 자치역량을 키워가는 것이 교육의 목적에 더 부합하고 대한민국 공교육이 나아가야 할 방향임을 천명했다는 큰 의미를 가지는 것으로 평가할 수 있으며 향후 더욱 확장되어야 할 부분이다.

〈표 9-4〉 유엔아동권리협약을 기준으로 한 학생인권조례 비교

분류기준	유엔아동권리협약	학생인권조례
생존	아동·청소년 전체를 대상으로 함	• 학생만을 대상으로 함
보호	아동·청소년의 전 생활공간에서 적용되는 기본권 권리를 제시함	• 학교 안에서만 보호받음 • 보호의 영역을 협약의 내용보다 더 다양하고 구체적으로 기술함 • 차별을 유지하며 권리의 제한을 가능하도록 한 악용 가능성이 있는 조항들이 있음
발달	아동·청소년기 전 생애, 전 공간에서 시민으로 성장할 수 있는 기본 권리를 제시함	• 학습권의 개념을 한국 특성에 맞게 협약보다 확대하여 해석 및 적용함 • 복지권의 개념 확장 및 적용이 필요함
참여	기본적 권리 중심으로 기술함	협약을 뛰어넘어 학생참여 및 자치를 권리의 영역으로 확장함

출처 : 오동선·강은숙(2019), pp. 19-20.

CHAPTER
10 디지털환경과 청소년인권

오늘날 우리는 2000년 이전에 태어난 세대를 밀레니얼 세대 또는 Y세대로 보았던 것과 달리, 그 이후 2010년 초반까지 출생한 세대를 Z세대(Z generation)로 새롭게 규정하고 있다. Z세대의 가장 큰 특징은 유년시절부터 디지털환경에서 자라온 디지털 세대라는 점이며, 디지털 원주민(digital native)라는 말은 그래서 Z세대를 규정하는 가장 대표적인 용어가 되고 있다(Schroth, 2019). Z세대는 인터넷을 통하여 상품이나 서비스 정보, 신문기사를 검색하여 정보를 획득하고, 동영상, 영화, 이미지, 음악, 게임, 인터넷, 쇼핑몰 구경 등과 같은 여가생활을 하면서, 인터넷 쇼핑몰 구매, 인터넷 뱅킹과 같은 소비금융활동을 한다. 뿐만 아니라 카카오톡 등과 같은 인스턴트 메시지는 물론 SNS 콘텐츠를 이용한 커뮤니케이션이 매우 활발하다는 것이다(채희주 · 이진숙, 2020).

유엔아동권리협약은 각종 아동인권을 규정하면서 여타의 인권규범들이나 국내 법률들과 같이 그 적용영역을 오프라인으로만 제한하는지 아니면 온라인에도 함께 적용하는지에 대한 사항을 분명하게 하지 않고 있다(장민영, 2020). 이는 여타의 인권규범들이나 국내 법률들에서도 마찬가지인 상황으로, 청소년들이 첨단 기술을 보다 적극적으로 수용하고 쉽게 적응하는 특성을 갖는다는 점에서 중요하게 논의될 필요가 있다. 실제로 청소년들의 디지털 기기 활용은 점차 증가하고, 다양해지고 있으며, 사용연령과 디지털환경에서의 청소년 활동이 점차 확대되고 있는 추세이며, 디지털 기술에 대한 청소년의 건전한 접근과 활용은 미래세대의 기초 역량이 되고 있다. 이런 점에서 최근, 유엔아동권리위원회와 유럽평의회(Council of Europe) 등과 같은 주요한 아동인권 관련 국제기구는 디지털환경에서의 아동인권의 보장 원칙을 인권의 보편성의 측면에서 재확인하고 구체적인 이행방안들을 제시하고 있다.

본 장에서는 디지털 환경과 청소년의 특성에 대한 이해를 바탕으로 디지털 환경과 청소년인권과의 관계에 대해 알아보고 디지털 생활을 촉진하고 있는 COVID-19와 관련한 청소년인권 상황을 검토한 후 이러한 환경에서의 청소년 인권 보장을 위한 이행조치에 대해 고찰하기로 한다. 이를 위해 디지털환경에서의 인권 보장에 관한 구체적인 협약의 해석과 그 이행방안을 제시하기 위해 최근 유엔아동권리위원회가 발간한 "디지털환경과 관련한 아동권리(Children's Rights in relation to Digital Environment)"라는 제목의 '일반논평 25호(General Comment No. 25)'의 핵심 내용을 파악하기로 한다.

1. 디지털환경의 개념과 디지털 원주민(Digital Native)

일상생활이나 각종 문서에서 다양하게 사용하고 있는 '디지털' 또는 '디지털환경'이라는 용어에 대한 합의된 개념정의를 찾기는 쉽지 않다. 흔히 디지털이라는 용어를 아날로그와 대조적으로 사용하는데, 디지털은 사전적으로는 "여러 자료를 유한한 자릿수의 숫자로 나타내는 방식"을 의미하며 보통 0과 1의 숫자의 연속으로 만들어진다. 반면 아날로그는 "어떤 수치를 길이라든가 각도 또는 전류라고 하는 연속된 물리량으로 나타내는 일"을 뜻한다(국립국어원, 2020). 유엔아동권리위원회는 디지털환경과 관련된 아동권리에 대한 일반논평 제25호(General Comment No. 25 : Children's Rights in relation to Digital Environment)에서 디지털환경을 폭넓게 인식하였으며, 다음과 같이 규정하고 있다. 디지털 환경이란 "인터넷 및 모바일 기술, 디지털 네트워크, 콘텐츠, 서비스 및 애플리케이션, 미디어·통신·정보를 위한 구체제와 신체제, 연결된 장치 및 환경, 가상현실과 증강현실, 머신러닝을 비롯한 인공지능, 로봇공학, 자동화 시스템과 데이터 분석, 생체인식기술과 생명공학을 포함한다"(일반논평 25호 2항).

실제로 디지털환경이 오늘의 청소년들과 관련하여 갖는 의미는 인터넷, 스마트폰, SNS 활용 등을 통한 디지털 기술에 의해 만들어진 사이버공간의 주체로서의 다양한 활동과 밀접한 관련을 갖는다. 세계적 동향의 측면에서 보면, OECD 회원국 통계는 15세 아동의 인터넷 및 디지털 기기 사용비율이 2006년 75%에서 2015년 95%까지 증가하였음을 보여준다. 우리나라는 전체가구 중 가구 내 인터넷 접속 가능 가구가 99.7%로 나타나고 있다. 디지털 기기의 종류도 기존의 TV, 데스크탑 컴퓨터에서 최근에는 노트북, 태블릿PC, 스마트폰, 인터넷연결 장난감 등으로 다양해지고 있다. 디지털환경에서의 활동도 TV나 영상 시청 및 게임을 하던 것에서 점차 SNS를 통한 소통과 교류, 학업 및 연구, 스트리밍서비스 이용 및 영상 제작과 업로딩 등으로 그 범주를 넓혀가고 있다. 디지털 공간에서 활동하는 청소년의 스펙트럼도 다양해지고 있는데, 디지털 기기의 활용이 10대 청소년 중심에서 점차 유아 또는 초등학생들로 접근층이 낮아지고 있으며, 활용 시간도 증가하고 있다(과학기술정보통신부·한국지능정보사회진흥원, 2021; 한국청소년정책연구원, 2019).

디지털환경의 양상과 청소년들의 활용 추세에 대해서는 긍정과 부정의 평가들이 공존하고 있으며 그에 따른 대응도 다르게 나타나고 있다. 우선 긍정적 측면에서는 새로운 기술을 통해 창조력을 발달시키고 자기표현과 사회화를 촉진하는 점 등이 제기되고 있으며, 반면 부정적 입장으로는 디지털 기기에의 과몰입에 따른 비만율 증가, 현실 만족감 저하, 우울증 증가 등의 신체적·정신적 건강문제와 유해정보, 사이버 따돌림 등의 사회적 문제 등이 지적되고 있다(장민영, 2020). 이러한 상황에 대한 대응에 있어서도 긍정적 측면의 경우는 청소년들의 활용영역을 디지털환경에서도 보다 확장시키고 이들의 권리가 실현될 수 있도록 하는 방향을 강조하고 있으며, 부정적 측면에 대해서는 디지털환경의 접근과 활용 차단 등의 노력을 통해 지속하고 있다.

그러나 분명한 사실은 디지털시대는 이미 도래하였으며, 청소년들은 디지털 기술이 보다 고도화, 보편화, 심화되는 미래 사회에서 살아가는 핵심 구성원이라는 점이다(장민영, 2020). 무엇보다도 중요한 것은 2020년도 이후 전개되고 있는 COVID-19의 상황에서 디지털환경은 청소년뿐만 아니라 우리 인류의 삶에서 없어서는 안 되는 중요한 플랫폼이 되고 있다는 점이다. 디지털 기기가 아니라면 온라인을 통한 수업은 물론, 친구 등과의 인적 소통도 불가능할 수 있기 때문이다. COVID-19의 상황은 디지털환경을 활용한 유익 활동과 정보 접근을 가능하게 하고 새로운 교육 프로그램 제공에 대한 논의를 통해 디지털 역량을 청소년들의 핵심역량으로 강화할 것을 요구하고 있는 현실이다(장민영, 2020).

팰프리(Palfrey)와 가서(Gasser)(2008)는 디지털 세대가 직면할 수 있는 위험을 서술하면서 디지털 세대에 대해 제대로 아는 것이 중요하다고 강조한다. 디지털 세대는 물리적 세상과 디지털 세상에서 동시에 정체성을 가진다. 결국 디지털 세대는 사회를 더 발전시킬 무한한 가능성을 가지고 있다(여성가족부, 2010). 인터넷의 핵심적 요체는 소통과 관계라고 할 수 있는데, 그 대표 체계는 소셜미디어로 볼 수 있을 것이다. 소셜 미디어는 사람들이 자신의 생각과 의견, 경험, 관점 등을 서로 공유하고 참여하기 위해 사용하는 개방화된 온라인 도구이며 미디어 플랫폼이다. 더구나 온라인 공간에서 모바일(mobile)로 변모했으며, 트위터(twitter), 페이스북(facebook) 등의 모바일 SNS 미디어의 주요한 사례가 되고 있다.

디지털환경과 관련한 사이버 공간의 확장은 청소년참여에 있어서 디지털 민주주의(digital democracy)와 온라인 행동주의(online activism) 양상의 확산 가능성을 넓혀주고 있는 점도 주목할 필요가 있다(천정웅, 2014; 최윤진, 2016). 디지털 환경에서 성장한 디지털 청소년들은 자신의 일상생활 문제부터 교육개혁, 입시 위주 교육문제, 경제문제, 청소년의 인권문제 등 다양한 사회현상에 대한 자신들의 주장을 온라인을 통해 펼치면서 세상과 소통하고 있다. 디지털 민주주의란 새로운 정보기술을 기초로 경직된 구조에서 탈피하여 빠르게 변화하는 경제와 문화의 속도에 맞추어 효율적인 정보의 흐름을 통해 기존의 하향적, 일방적 의사결정을 중심으로 하는 대의 민주주의의 한계를 극복하고 쌍방향적 평등한 의사결정 참여의 가능성이 확대하는 민주주의라는 의미를 가진다(김영인 · 최윤진 · 구정화, 2014). 또한 온라인 행동주의란 온라인상에서의 정보 교류나 의사 표현이 보다 조직적 행동으로 활성화되는 현상을 의미한다.

그동안 온라인상의 활동을 통해 다양한 시민적 행동과 연대활동이 활발히 전개되어 왔으며 이것이 조직화와 행동화로 이어지면서 다양한 사회운동이 이루어져 온 것이 사실이다.

그 대표적인 사례는 2002년 효순·미선 장갑차 압살 사건 때 인터넷상의 확산을 통해 10만여 명이 모인 촛불집회가 이루어졌고 이것이 다시 온라인상에 소개되면서 확대되고 지속될 수 있었던 일을 들 수 있다. 또한 2008년 광우병 미국산 쇠고기 수입 반대 집회 시에는 '촛불 소녀'라 불린 당시 중고생의 사이버 공간 이슈 제기가 오프라인의 촛불문화제로 이어지고 이것이 다시 확산되면서 조직적인 행동화 양상으로 나타난 것을 생각할 수 있다. 이와 같이 사이버 공간은 청소년의 참여권 행사와 이를 보장하는 것에 중요한 의미를 갖고 있으며 온라인과 오프라인에서의 참여의 선순환적 상호작용 과정 속에서 사회변화의 실천이 가능하게 하는 온라인 행동주의의 역량 형성과도 밀접히 관련되어 있다(최윤진, 2016).

2. 디지털환경과 청소년인권의 관계

디지털환경과 청소년인권과의 관계에 대해서는 크게 두 가지 입장, 즉 '보호와 발달의 지원'이라는 측면과 '자율과 참여의 증진'이라는 견해가 공존하고 있다. 다시 말하면, 전자는 디지털환경이 청소년에게 끼치는 부정적 영향을 강조하고 각종 유해환경으로부터 보호하기 위해 그 접근과 활용을 제한하는 다양한 조치들이 필요하다는 입장이며, 후자는 디지털 기기에 대해 청소년의 접근을 지나치게 제한하는 것은 디지털환경에서의 청소년의 평등권과 최상의 이익, 의견표명권, 정보 접근권 및 표현의 자유, 사생활의 자유 등의 보장을 저해 또는 위축시킬 수 있다는 것이다(장민영, 2020).

최근에는 디지털환경에서의 청소년의 교육권, 사생활 보호권, 표현의 자유, 의견청문권 등을 보다 적극적으로 실현할 것을 강조하고 있으며, 청소년인권은 오프라인에서뿐만 아니라 온라인 영역에서도 지켜지고 향유될 수 있다는 점을 분명히 하고 있다. 대표적으로 유엔아동권리위원회는 디지털환경과 관련된 아동권리에 대한 일반논평 제25호를 통해 디지털 기술이 점차 발전하고 확대되어 가고 있을 뿐 아니라 여러 영역에서 청소년의 현재와 미래의 생활에 중요한 수단이 되고 있다는 점에 주목하면서, 일반논평 25호를 발표하는 목적을 "디지털환경에서 아동의 권리에 대한 기회와 위험, 그리고 도전을 고려하여, 아동권리협약 및 협약 선택의정서에 따른 의무의 완전한 준수를 보장하기 위해 입법, 정책, 그 밖의 적절한 조치에 대한 안내를 제공한다"고 밝히고 있다(8항). "청소년은 디지털 기술을 사용하는 데 따른 이점을 발견한다"고 하면서, "디지털 기술에 대한 안전한 참여를 지원, 촉진, 보호할 조치를 요구한다"는 것이다(1항).

일반논평 제25호를 위해 2019년에 진행된 청소년과의 협의모임에서 캐나다, 크로아티아, 브라질, 가나, 크로아티아, 영국, 포르투갈 등의 13세 이상의 청소년들의 발언을 인용하고 있는데, 그 내용은 다음과 같이 디지털환경과 관련한 여러 가지 측면에 대한 것임을 알 수 있다.

"나는 세상을 바라보는 내 눈을 통해 중요하다고 여겨진 것들을 [온라인에서] 표현한다."

"나는 학교와 재미를 위한 기술이 필요하다."

"슬플 때, 인터넷은 즐거운 것을 볼 수 있도록 도와줄 수 있다."

"온라인에서 신뢰할 수 없는 정보를 관리할 수 있도록 정부, 기술 회사, 교사들이 도와주었으면 좋겠다."

"[부모님이] 내 사진을 올리기 전에 허락을 요청하길 바란다."

"구체적으로 어떤 회사에서 나의 데이터를 사용하고 있는지에 대해 더 알고 싶다."

디지털환경과 관련하여 우리나라 청소년권리현황을 법령과 제도를 중심으로 분석한 장민영(2020 : 158)은 구체적으로 규율하는 법제들이 포함하고 있는 청소년권리에 대한 내용은 범위가 매우 한정적이며 다음과 같은 다섯 가지 권리와 관련된 것이 대부분인 것으로 밝히고 있다. ① 디지털 기기 및 인프라에 대한 접근권, 그중에서도 물리적 접근권 보장과 관련된 법령, ② 취약계층에 대한 물리적 디지털 접근권 보장을 중심으로 하는 차별금지에 관한 법령, ③ 개인정보보호와 관련된 내용을 중심으로 한 사생활 보호권의 범주에 속하는 법령, ④ 정보교육 실시와 관련한 사항을 규정한 교육권 범주의 법령, ⑤ 폭력으로부터의 자유에 해당하는 것으로 성범죄 등으로부터 보호받을 권리, 사이버 따돌림이나 폭력으로부터 보호받을 권리 등을 규정한 법령 등이다. 청소년인권과 관련한 유형들은 이 외에도 사생활 보호권, 의견표명권, 표현의 자유, 건강 및 피해구제권 등이 다양하게 존재하지만, 우리나라의 경우에는 아직 이러한 청소년권리는 규율하고 있지 않다.

장민영(2020 : 158)은 또한 우리나라 디지털환경과 관련한 청소년인권의 취약성을 설문조사 결과를 통해서도 확인하고 있는데, "디지털환경에서의 접근권 보장에 있어서 디지털 기기에 대한 물리적 접근성은 상당한 수준에 도달한 것에 비하여 아동·청소년친화적 언어, 콘텐츠, 플랫폼 등 환경 조성에서는 미흡한 것으로 나타났다". 이 밖에도 장애청소년, 이주배경 청소년, 저소득 청소년 등의 경우 디지털환경에 대한 물리적 및 실질적인 접근성이 열악한 것을 지적하고 있으며, 청소년의 사생활 보호권에 대한 인식도 낮은 것으로 분석하고 있다.

특히 COVID-19 상황과 관련한 교육권 보호도 다른 권리에 비해 낮은 수준이며, 디지털환경에서의 의견표명권 보장은 다른 청소년인권 기본 원칙들에 비해 낮게 나타났다. 이는 표현의 자유 보장과 관련한 청소년의 인식이 낮은 것과도 관련이 있으며, 사회적·정치적 이슈에 대한 표현권은 기회 부족이나 방법의 어려움으로 제대로 실현되지 못하고 있다고 인식하는 것으로 나타났다. 이 밖에도 디지털환경에서의 청소년친화적 피해구제 절차의 미비, 피해구제 방법에 대한 이해 부족, 피해를 대수롭지 않게 생각하는 청소년의식 등이 디지털환경에서의 피해구제가 효과적으로 이루어지지 못하게 하는 원인으로 제시되었다.

그러나 우리나라와는 달리 글로벌 인권규범은 청소년의 권리가 아날로그 환경뿐만 아니라 디지털환경에서도 충분히 보장되어야 한다는 점을 강조하고 있다. 생명권이나 보호권과 같은 전통적인 청소년에 대한 특별보호 영역을 포함하는 것은 물론이며 발달권과 참여권의 경우도 디지털환경에서 향유할 수 있어야 한다고 본다(장민영, 2020). 특히 청소년의 진화하는 능력에 비례하여 권리보호가 점차 확대할 수 있도록 하는 제도적 설계의 중요성을 강조하고 권리 보장을 위한 규제 프레임워크를 체계적으로 수립·이행하고 국가는 그에 따른 적절한 조치들을 취할 것을 요청하고 있다. 즉, "디지털 기술의 혁신은 광범위하고 누적적이며 상호의존적인 방식으로 그들의 삶과 권리에 영향을 미친다.

디지털 기술에 대한 의미 있는 접근은 청소년이 자신의 시민권, 정치권, 문화권, 경제권, 사회권, 문화·환경적 정치·사회권의 모든 범위를 실현하도록 지원할 수 있다. 그러나 한 국가 내 청소년 간 디지털 불평등, 그리고 다른 국가에 사는 청소년들과의 디지털 불평등은 그들이 자신의 권리를 향유하는 데 해로운 영향을 미칠 수 있다. 디지털 포용이 개선되지 않으면 기존의 불평등은 더욱 악화될 가능성이 크다"고 본다(3항).

유엔아동권리위원회는 또한 디지털 환경이 평상시뿐만 아니라 위기의 경우에도 청소년의 삶에 많은 영향을 미치고 있다는 점에 주목하면서 디지털환경으로 인한 혜택과 부수적으로 발생하는 역기능의 양자 간 균형을 이루는 것이 중요하다고 본다. 즉, "그들의 안녕과 권리에 대한 디지털환경의 장·단기적 영향은 불확실하다. 따라서 디지털환경에 관여함으로써 혜택을 받도록 하고, 사회적으로 혜택받지 못한 환경이나 취약한 환경에 있는 아동·청소년을 비롯하여 관련 피해를 완화하도록 하는 것이 중요하다"고 밝히고 있다(5항).

3. 디지털환경 청소년인권의 주요 내용

유엔아동권리위원회의 일반논평 25호는 총 14개 부분으로 구성되어 있다. 여기에서는 '일반논평 25호'의 주요 내용 중에서 주로 우리나라에서 취약하거나 부족한 것으로 논의된 내용들을 중심으로 살펴보기로 한다.

1) 디지털환경과 관련한 일반원칙

일반논평 제25호 '디지털환경과 관련한 청소년인권'과 관련하여, 일반원칙(general principles)에서 밝히고 있는 전체적인 내용을 간략히 살펴보면, 먼저 유엔아동권리협약 제2조와 관련한 청소년에 대한 차별 금지(the right to discrimination), 제3조와 관련한 청소년 이익 최우선의 원칙(the best interests of the child), 제6조와 관련한 생명, 생존 및 발달권(right to life, survival and development), 제12조와 관련한 의견표명권(the right to be heard)의 관점에서 디지털환경에서의 청소년권리 보장의 중요성을 언급하고, 유엔아동권리협약에 따른 다른 모든 권리의 이행을 살펴보는 기준을 제공하고 있다. 이 원칙들은 디지털환경과 관련하여 청소년의 권리 실현을 보장하는 데 필요한 조치를 결정하는 지침의 역할을 한다. 또한 청소년 역량의 발달적 속성을 이해하여 보호와 자율성 간의 균형이 필요하다는 점을 강조하고 있으며 기업과 관련하여서도 디지털환경에서 청소년의 안전보장, 청소년인권 영향평가의 실시 등을 포함한 법적, 정책적 조치의 필요성을 언급하고 있다(김영지 · 황세영 · 최홍일 · 이민희 · 김신호, 2020).

특히 유엔아동권리협약의 제12조와 관련한 의견표명권을 제고할 수 있는 도구로서의 디지털환경의 중요성과 관련하여 청소년들로 하여금 의견표명권이 무엇인지 알 수 있도록 하여야 할 뿐만 아니라 의견표명권을 향유할 수 있도록 훈련과 지원을 하며, 특히 이를 위하여 청소년친화적 플랫폼의 접근이 가능하도록 제도화할 것을 강조하였다. 주의할 점은 청소년 의견표명권 행사로 인하여 부당한 감시나 데이터 수집 등의 불이익이 발생하지 않도록 각 국가들이 조치하도록 요청하고 있다. 즉, 일반논평 제25호에서는 "당사국은 디지털환경을 활용하여 관련 입법 및 정책 개발에 아동과 협의할 것이 권장되지만, 아동의 참여가 그들의 사생활에 대한 권리를 침해하는 부당한 모니터링이나 데이터 수집을 초래하지 않도록 해야 한다. 당사국은 또한 디지털 기술에 접근하지 못하는 아동도 협의 과정에 포함되도록 보장해야 한다"고 제시하고 있다(일반논평 25호 18항).

더 나아가 디지털환경에서의 청소년권리 보장을 위한 법률, 정책, 프로그램, 서비스 및 교육 등의 정책들을 논의함에 있어서 디지털환경에 취약한 청소년들의 의견을 적극 수렴함으로써 차별 해소를 위한 방안들이 마련되도록 적극 권장하고 있다. 특히 불우한 또는 취약한 상황에 놓인 청소년과 디지털환경에 관련된 위해로 피해를 본 청소년을 참여시켜, 그 요구를 경청하고, 그 견해에 적절한 비중을 부여해야 한다고 하였으며 당사국은 디지털 기술 및 서비스의 설계자와 제공자가 적절한 안전장치를 적용한 상태에서 청소년들을 적극 참여시키고, 서비스 개발에 이들의 견해를 충분히 고려하도록 보장해야 한다고 명시하고 있다(일반논평 25호 19항).

2) 진화하는 능력

일반논평 25호에서는 유엔아동권리협약에서 규정한 진화하는 능력(evolving capacities, 제5조)과 관련하여 3개의 항목을 제시하고 있다. 첫째, 당사국은 아동·청소년이 역량, 이해력, 주체성 등을 점진적으로 획득하는 과정을 다루는 권능 부여의 원칙으로서 이들의 진화하는 능력을 존중해야 한다. 이 과정은 부모와 양육자의 감독에서 벗어나 독립적으로 참여할 수 있는 디지털환경에서 특히 중요하다(일반논평 25호 20항). 둘째, 디지털환경에서의 권리 이행을 위해 채택된 정책은 보호와 자율성 사이의 적절한 균형을 반영하기 위해 아동·청소년의 진화하는 능력에 따라 달라져야 한다. 즉, 정책 부문에서 영유아기에서 청소년기까지 디지털환경에 참여하는 기본 틀을 설계할 때, 당사국은 현대 세계에서 그들의 주체성이 차지하는 위치의 변화, 기술과 활동의 모든 영역에 걸쳐 고르지 않게 발전하는 이들의 역량과 이해력, 회복탄력성 발달을 위해 지지되는 환경에서 위험을 감수하는 일의 중요성과 균형을 이루는 데 따르는 위험의 성질, 그리고 개별적인 경험, 능력 및 환경 등을 고려해야 한다. 당사국은 디지털 제공자가 이들에게 아동·청소년의 진화하는 능력에 적합한 서비스를 제공하고 있는지 또는 제공하도록 요구해야 한다(일반논평 25호 21항). 셋째, 부모와 양육자가 양육의 책임을 이행할 때 이에 적절한 지원을 제공해야 하는 당사국의 의무에 따라, 당사국은 아동·청소년의 자율성 및 능력의 발달과 사생활의 필요성을 존중하도록 부모와 양육자의 인식을 높여야 한다. 당사국은 디지털 환경과 관련하여 이들을 돕기 위해 부모와 양육자가 디지털 기술을 습득할 때 정보와 지원을 제공해야 한다(일반논평 25호 22항).

3) 시민권 권리 및 자유

일반논평 25호에서는 시민적 권리 및 자유(civil rights and freedoms)와 관련하여 유엔아동권리협약의 제1조와 제17조와 관련한 정보 접근, 표현의 자유(제13조 관련), 사상, 양심 및 종교의 자유(제14조 관련), 결사 및 평화로운 집회의 자유(제15조 관련), 프라이버시권, 즉 사생활 보호(제16조 관련), 그리고 제7조와 제8조와 관련한 출생 등록과 신분권 등에 관한 내용을 제시하고 있다. 특히 다음 몇 가지는 디지털환경과 관련하여 보다 중요한 의미를 가진다.

(1) 정보 접근

유엔아동권리협약 제13조 및 제17조와 관련하여 디지털환경이 청소년의 정보접근(access to information) 그리고 자신만의 콘텐츠를 창조하고 확산하는 권리 실현에 독특한 기회를 제공한다고 전제하면서, 회원국들로 하여금 청소년친화적이고 연령에 적절한 디지털 콘텐츠를 제작하고 제공하며 이들이 다양한 정보에 접근할 수 있도록 보장할 것을 요청하였다. "당사국은 아동의 진화하는 능력에 따라 아동을 위한 아동 친화적이고 연령에 맞는 디지털 콘텐츠를 제공하고 그 제작을 지원해야 하며, 아동이 공공기관이 보유한 정보를 비롯해 다양한 매체와 그 밖의 출처에서 문화, 스포츠, 예술, 건강, 시민 및 정치 문제, 그리고 아동의 권리에 관한 정보 등 다양한 정보에 접근할 수 있도록 보장해야 한다. 관련 정보에 접근할 수 있는 이러한 능력은 평등에 상당한 긍정적인 영향을 미칠 수 있다(일반논평 25호 52항)." 특히 이러한 콘텐츠는 장애청소년 및 인종적, 언어적, 기타 소수 청소년들을 위해서도 접근이 가능해야 하며, 당사국은 상업적 또는 정치적 이해와 관계없는 콘텐츠를 포함하여, 청소년들이 다양한 양질의 정보를 온라인에서 쉽게 찾을 수 있도록 하며 자동 검색 및 추천 시스템은 “상업적 또는 정치적 동기를 가진 온라인 인플루언서가 있는 유료 콘텐츠를 우선시하지 않도록 보장하여야 한다”(일반논평 25호 54항).

또한 당사국은 “거짓된 건강 치료법이나 거짓된 신앙 공동체 이야기 등의 거짓 이야기, 오정보, 허위정보뿐만 아니라 편향되고, 성, 차별, 인종차별, 증오, 폭력, 음란 및 착취적 정보”와 같은 유해한 정보들이 청소년에게 악영향을 미치지 않도록 하기 위하여 사업자들로 하여금 자율적인 가이드라인을 만들어서 활용할 수 있는 정책들을 마련하여야 한다. 구체적으로 “기업과 그 밖의 디지털 콘텐츠 공급자가 아동이 다양한 콘텐츠에 안전하게 접근할 수 있도록 하는 지침을 개발하고 시행하도록 요구해야 한다. 인터넷 기반의 전자적 또는 그 밖의 정보 보급 시스템 운영에 관한 모든 제한은 협약 제13조와 양립하는 범위에서만 허용된다”고 제시하고 있다(일반논평 25호 55항).

한편 유해 정보로부터 청소년들을 보호하기 위한 기술적 수단들이 마련되어야 하지만 주의하여야 할 점은 이러한 것들은 청소년의 권리들, 특히 표현의 자유 및 사생활 보호권과 적절하게 조화될 수 있는 것이어야 한다. 즉, 당사국은 디지털 공급자가 관련 지침, 규범, 강령을 준수하며, 자체 커뮤니티 콘텐츠 규칙을 시행하고, 게시된 약관을 준수하기에 충분한 콘텐츠 조정을 제공하도록 보장해야 하며 부모의 관리 수단과 학교 필터링 시스템, 인터넷 기반의 전자적 또는 그 밖의 정보 보급 시스템 운영에 대한 제한 등의 콘텐츠 통제 장치 등을 사용해서 청소년들이 디지털환경에 접근하는 것을 제한해서는 안 된다는 것이다. 이러한 콘텐츠 통제 장치들은 유해한 자료가 유입되는 것을 방지할 목적으로만 사용해야 하며 청소년의 권리, 특히 표현의 자유와 사생활에 대한 권리와 균형을 유지해야 한다는 것이다(일반논평 25호 57항).

(2) 표현의 자유

표현의 자유(freedom of expression)의 중요성에 대하여 확인하면서 표현의 자유에 대한 청소년의 권리는 선택하는 모든 미디어를 사용하여, 모든 종류의 정보와 사상을 찾고, 받고, 전달하는 자유를 포함한다. 이러한 기술이 청소년의 아이디어, 의견, 정치적 견해를 표현하는 데 중요한 범위를 제공한다고 규정하면서 불리하거나 취약한 청소년들에게는 "자신의 경험을 공유하는 타인과 함께 하는 온라인 참여가 자신을 표현하는 데 도움이 될 수 있다"고 본다(일반논평 25호 59항). 디지털환경에서의 표현의 자유를 보장하는 것과 함께 이에 대한 제한은 법률로써 필요한 경우 비례원칙에 따라 이루어져야 한다고 명시하고 있다. 그래서 "당사국은 타인의 권리와 존엄성을 존중하며 증오와 폭력의 선동에 관련된 법규 등을 비롯한 여러 법규를 위반하지 않으면서 표현의 자유에 대한 권리를 효과적으로 행사하는 방법, 특히 디지털 콘텐츠를 만들고 공유하는 방법에 대한 정보를 제공해야 한다"(일반논평 25호 60항).

청소년이 디지털환경에서 정치적인 의견들을 발표하면 비난이나 위협 또는 처벌을 유발하는 경우가 있는데, 국가는 이러한 온라인 괴롭힘, 위협이나 검열, 데이터 침해, 디지털 감시 등으로부터 청소년을 보호하여야 한다. 청소년이 "디지털환경에서 자신의 의견을 표현했다는 이유로 기소되어서는 안 된다"는 것이다(61항). 또한 특정 세계관을 촉진하기 위한 상업적, 정치적 동기가 존재하는 디지털환경을 고려할 때, 당사국은 자동화된 의사결정시스템의 사용이 디지털환경에서 자신의 의견을 형성하고 표현하는 청소년의 능력을 대체, 조작 또는 침해하지 않도록 하여야 한다(일반논평 25호 62항).

(3) 결사와 평화로운 집회의 자유

디지털환경에서도 결사 및 평화적 집회의 자유(freedom of association and peaceful assembly, 제15조)를 보장하여 청소년이 "자신의 사회적 · 종교적 · 성적 · 정치적 정체성을 형성하고, 공적 공간은 물론 관련 공동체에 참가하여 숙의, 문화교류, 사회 화합과 다양성을 도모할 수 있도록 한다"는 점을 일반논평 25호에서 확인할 수 있다. 이를 제한하기 위해서는 필요한 경우에 비례원칙을 준수하여야 한다고 적시하고 있다. 온라인 공간은 또래, 의사 결정자, 그리고 자신들의 관심사를 공유하는 다른 사람들과 만나서 논의하는 소중한 기회를 청소년에게 제공한다(일반논평 25호 66항). 당사국은 당사국의 법률, 규정, 정책 등이 부분적 또는 배타적으로 디지털환경에서 운영되는 사회, 시민, 정치, 종교, 환경 및 문화 단체에 참가하는 청소년의 권리를 보호해야 하며, 청소년이 디지털 환경에서 결사나 집회에 참여한다고 해서 학교에서 배제당하거나, 장학금 박탈 또는 경찰 프로파일링 등과 같은 부정적인 결과를 경험하지 않도록 해야 한다(일반논평 25호 67항).

(4) 사생활 보호권

일반논평(안)은 사생활 보호권(right to privacy, 제16조)이 청소년의 행동, 존엄성과 안전을 위해, 그리고 그 권리 행사를 위해 필수적인 요소라고 인식하면서, 디지털환경에서 사생활에 대한 위협은 부모, 양육자, 다른 가족, 또래 아동, 교육자 또는 낯선 사람이 청소년의 사진이나 기타 정보를 온라인으로 공유하는 등 타인의 행동에 의해 발생할 수 있을 뿐만 아니라 스스로가 디지털환경에서 하는 활동에서도 발생할 수 있다고 본다. 개인정보 수집 및 처리 등을 통해 프라이버시에 대한 위협이 증폭되고 있음을 주목하고 "사생활에 대한 위협은 해킹과 신분 도용과 같은 범죄 활동에서는 물론, 공공기관, 기업, 그 밖의 조직 등에 의한 자료 수집과 처리에서도 발생할 수 있다"고 보았다(일반논평 25호 69항). 또한 데이터 자동 처리, 행동 기반 광고, 신원 확인 의무, 대량 감시 등의 디지털 관행이 일상화되고 있고, 그러한 결과는 청소년의 인생 후반기로 확대될 수 있으며, 사생활에 대한 권리에 자의적 또는 불법적 간섭을 가져올 수 있다. 청소년은 "자신의 사생활을 걱정하고 있으며 자신의 데이터가 어떻게 수집되고 사용되는지 더 잘 이해하기를 바라고 있다"(일반논평 25호 70항).

일반논평(안)에 따르면, 국가는 데이터를 처리하는 모든 조직과 환경에서 청소년의 사생활이 존중되고 보호될 수 있도록 입법적 및 여타의 조치들을 취하도록 요청받고 있다. "그러한 법률은 강력한 안전장치, 독립적인 감독 및 구제 접근성을 포함해야 한다." 또한 "당사국은 정기적으로 그러한 법률을 검토하고, 절차와 관행이 사생활을 고의로 또는 우발적으로 침해하는 일을 방지하도록 해야 한다." 당사국은 아동과 청소년의 연령과 성숙도에 따라서 부모와 양육자가 충분한 정보를 가진 상태에서 자유롭게 데이터 처리에 동의하고, 데이터가 처리되기 전에 그 동의를 얻을 수 있도록 보장해야 한다"(일반논평 25호 72항). 나아가 "당사국은 데이터 통제관이 데이터 처리에 대한 합법적이고 우월한 근거를 제시하지 못할 경우, 최소한 아동이 개인정보처리에 대한 자신의 동의를 철회하고 데이터 처리에 반대할 권리를 보장해야 한다"(일반논평 25호 73항). 또한 "처리된 데이터는 적법절차를 보장하도록 준수하며, 사례별 처리를 원칙으로 데이터를 수령, 처리, 사용할 수 있도록 법이 정한 기준에서 당국과 개인만이 접근하도록 해야 한다"(일반논평 25호 74항).

특히 아동권리위원회는 교육 및 돌봄 환경에서, 온라인으로든 오프라인으로든 지속해서 이루어질 수 있는 디지털 감시에 대한 우려를 표명하면서, 모든 감시는 그와 관련된 개인정보의 자동 처리와 함께, 정기적이거나 비차별적이거나 청소년의 인지 없이 이루어져서는 안 되며, 청소년의 사생활권이 존중되어야 한다고 보았다. 즉, "일상적으로, 무차별적으로, 또는 아동이 모르게, 또는 아동이 너무 어린 경우에는 그 부모나 양육자가 모르게, 그리고 그 어떤 상황에 해당하든 그러한 감시에 반대할 권리가 없는 상태에서 실시되어서는 안 된다"(일반논평 25호 76항). 이와 관련하여 부모 및 보호자 그리고 대중에게 아동의 사생활 보호권에 대해 권고하는 노력을 경주하여야 한다. 이러한 권고는 청소년의 인터넷 사용에 대한 모니터링이 진화하는 역량을 감안하여 비례적으로 이루어지도록 해야 한다(일반논평 25호 77항).

청소년들이 온라인 아바타나 온라인 별명을 사용하는 경우 이러한 익명성의 관행이 사이버 따돌림이나 혐오표현과 같은 유해한 혹은 불법적인 행위들을 숨기기 위하여 정례적으로 사용되는 일이 없도록 조치를 취하여야 한다. 많은 청소년이 "자신의 신분을 보호하는 온라인 아바타나 이름을 사용하고 있으며, 그러한 관행은 사생활 보호에 중요할 수 있다. 당사국은 따돌림 또는 혐오표현과 같은 유해하거나 불법적인 행위를 감추기 위해 익명성 관행이 일상적으로 사용되지 않도록 익명성에 대하여 안전 중심 설계(safety-by-design) 접근방식을 취해야 한다." 여기서 안전 중심 설계는 온라인 플랫폼 회사가 그 게시 약관에서 그러한 행동을 금지하며 자사의 표준을 준수하지 않는 사용자는 차단하도록 권장하는 내용을 포함할 수도 있다. 디지털환경에서 사생활을 보호하는 일은 부모나 양육자 자신이 자녀의 안전에 위협을 가할 때나 양육권이나 접근권을 놓고 갈등을 겪을 때 특히 중요할 수 있다(일반논평 25호 78항).

4) 장애 청소년

유엔아동권리협약 제23조의 장애아동・청소년(children with disabilities)과 관련하여 일반논평 25호는 디지털환경에서의 차별금지에 대해 강조하고 있다. 디지털환경은 장애 청소년들이 교우관계, 정보 접근 및 공적 의사결정에 참여할 수 있는 새로운 길을 열어주고 있기 때문에, 당사국은 이러한 새로운 길을 모색해야 하며 디지털환경에서 장애청소년들이 직면하는 장벽을 극복하기 위한 조치들을 취하여야 한다(일반논평 25호 96항). 장애청소년의 경우 가정이나 학교에서 또는 또래와의 문화, 놀이 및 의사소통과 관련하여 디지털환경에 접근하기 위한 보조적인 기술들이 충분하지 않은 상황이다. 정보 전달과 접근을 위해 디지털 기기에 크게 의존할 수 있지만, 일부 환경에서 디지털 전화 사용을 금지하는 등 장애 청소년에게 차별적 영향을 미치는 정책에 직면할 수 있다. 이에 더하여 많은 웹사이트, 애플리케이션, 게임 그 밖의 디지털 서비스가 접근성을 보장하기 위한 보편적 설계 요건(universal design requirements)을 충족하지 못하고 있다(일반논평 25호 97항).

각국은 적정 가격으로 폭넓은 범위에서 청소년이 저렴한 보조 기술 및 물리적/가상적 참여에 접근할 수 있도록 해야 한다. 당사국은 청소년이 적절한 디지털 기술을 이용하도록 지원하기 위해 충분한 교육을 받을 수 있도록 학교 및 기타 관련 환경의 종사자에게 적절한 기술을 활용・지원하는 충분한 교육에 대한 안내와 자원을 제공해야 한다. "당사국은 또한 기술이 보편적 접근성을 위해 설계되도록 하여, 모든 청소년이 예외 없이 기술을 사용할 수 있도록 해야 한다"(일반논평 25호 98항). 또한 장애청소년들은 디지털환경에서의 괴롭힘을 비롯한 여러 가지 온라인 위험에 더 많이 노출될 수 있다. 따라서 각국은 역기능을 근절하기 위하여 디지털환경 포럼과 관련된 안전 정보, 보호 전략, 공공 정보, 서비스 및 포럼 등을 접근 가능한 형식으로 제공하여 디지털환경이 장애청소년에게 안전하도록 보장하는 조치를 취하여야 한다(일반논평 25호 100항).

5) 기본적인 건강 및 복리

유엔아동권리협약의 제24조와 관련하여 청소년의 기본적 건강과 복지(basic health and welfare)에 대한 디지털환경의 중요성을 강조한다. 디지털 기술은 산모·신생아·아동·청소년의 신체 및 정신적 건강과 영양에 대한 진단 및 치료와 같은 서비스와 정보에 접근하는 것을 쉽게 할 수 있고 취약한 환경, 외딴 지역에 있는 집단(remote community)에 중요한 기회를 제공한다. 예를 들면, 공중 비상사태나 인도주의적 상황에서는 디지털 기술을 통하여 보건 서비스 및 정보에 접근하는 것만이 유일한 선택지일 수 있다"(일반논평 25호 101항).

청소년의 경우 건강과 웰빙, 그리고 사춘기, 섹슈얼리티, 임신 등과 같은 신체적, 정신적, 성적 건강 및 생식 보건 등에 관한 정보와 지원을 온라인에서 검색하는 것을 중요하게 생각한다. 청소년은 특히 정신 건강, 성적 생식 보건 등을 위한 서비스에 무료로, 비밀을 보장받으며, 연령에 맞게, 차별 없이 온라인으로 접근할 수 있기를 원한다. 따라서 각국은 청소년이 "심리 상담 서비스를 포함하여 신뢰할 수 있는 건강 정보와 서비스에 안심하고 안전하게 비밀을 보장받는 상태에서 접근할 수 있도록 해야 한다. 디지털환경과 관련된 이러한 서비스는 전문가 또는 적절한 교육을 받은 사람이 제공해야 하며, 규제를 받는 감독 장치도 있어야 한다"(일반논평 25호 102항).

한편 각국은 해를 끼칠 수 있는 잘못된 정보, 정신적 또는 신체적 건강을 해치는 물질, 실감 나는 디자인, 과도한 게임 플레이, 연령에 적합하지 않은 기능 등을 통해 성장을 방해하는 서비스 등의 확산을 방지할 수 있도록 이미 알려진 위해는 규제하고 새로운 연구 및 공중보건에 대한 증거는 적극적으로 검토해야 한다(104항). 또한 당사국은 신체적, 사회적 활동을 비롯하여 건강한 생활방식을 증진하기 위해 디지털 기술의 사용을 권장해야 한다. 각국은 건강에 좋지 않은 음식과 음료, 술, 마약, 담배 및 기타 니코틴 제품의 홍보에 아동이 노출되는 것을 방지하기 위해 고안된 표적형 또는 연령에 맞지 않는 광고, 마케팅 또는 서비스를 규제해야 한다. "당사국은 디지털환경과 관련된 그러한 규제에 있어 오프라인 환경의 규제와 양립하며 서로 보조를 맞추어야 한다"(일반논평 25호 105항).

6) 교육, 레저, 문화활동

디지털환경과 관련한 일반논평 25호에서는 유엔아동권리협약의 제28조, 제29조 및 제31조와 관련한 교육, 레저 및 문화 활동(education, leisure and cultural activities)에 대하여 교육권(right to education)과 문화, 레저 및 놀이권(right to culture, leisure and play)에 대한 내용을 제시하고 있다.

(1) 교육권

우선, 교육 접근성 향상에서 디지털 기술이 차지하는 중요성을 강조하면서 양질의 교육에 대한 청소년의 접근 가능성을 제고하는 디지털환경의 긍정적인 측면에 주목한다. 디지털환경은 정규교육, 비정규 교육, P2P 방식 학습, 자기 주도형 학습 등을 위한 자원을 비롯하여 양질의 교육에 청소년이 접근할 수 있게 한다는 것이다(일반논평 25호 107항). 각국은 온라인 교육을 향상시키는 한편, 필요한 경우 온라인 교육에 대한 참여를 증명하는 증명서를 수여하도록 권장해야 한다(일반논평 25호 108항). 각국은 다양한 디지털 및 양방향 교육 자원을 활용할 수 있는 자료실, 도서관, 박물관 등과 같은 교육 및 문화 기관을 제공할 수 있도록 지원해야 한다(일반논평 25호 109항). 학교에 다니는 경우 디지털 교육 기술들이 선생님 그리고 친구들과의 교류를 지원할 수 있어야 하고 물리적으로 학교에 있지 않거나, 외딴 지역에 거주하거나, 불리하거나 취약한 환경에 있는 경우에는 원격 또는 모바일 학습 프로그램이 제공할 수 있는 충분한 자원을 확보하도록 해야 한다(일반논평 25호 110항).

당사국은 교육 기술 및 자료의 조달과 사용을 담당하는 학교 및 기타 기관에 대한 증거기반 기준과 지침을 개발하여, 이 기관들이 가치 있는 교육 혜택을 제공하도록 해야 한다. 디지털 교육 기술에 대한 기준은 디지털 교육 기술의 사용이 청소년의 권리를 증진하고, 이들의 활동을 기록하여 본인들의 동의 없이 디지털 기술이 사용되거나 폭력, 차별, 개인정보 오용, 상업적 착취 또는 기타 권리침해 등에 노출되지 않도록 하는 것이다(일반논평 25호 112항). 당사국은 학교에서 저학년일 때부터 기초 교과 과정의 일부로서 디지털 사용능력을 가르치도록 해야 하며, 그러한 교육의 결과를 평가해야 한다. 이 교과 과정은 넓은 범위의 디지털 도구와 자원을 다루는 기술과 콘텐츠, 창작, 협업, 참가, 시민 참여 등과 관련된 기술을 포함해야 한다. 또한 이러한 교과 과정은 사이버 괴롭힘과 기타 형태의 폭력 등 잠재적인 위해 콘텐츠에 노출되고, 접촉하며, 행동할 위험에 대해 인식하게 하고, 위해를 줄이고 청소년의 회복 탄력성을 기르기 위한 대응 전략 등에 대한 인식을 높이는 것이어야 한다(일반논평 25호 113항).

(2) 문화, 레저 및 놀이권

당사국은 디지털환경에서 문화, 여가 및 놀이의 기회를 촉진하는 것이 청소년이 생활하는 물리적 위치에서 매력적인 대안을 제공하는 것과 균형을 이루도록 해야 한다. 특히 청소년에게는 신체 활동, 단체 운동, 그 밖의 야외 오락 활동 등을 포함하는 놀이 및 오락이 기능적·사회적 기술뿐만 아니라 건강상의 이점을 제공할 수 있다(일반논평 25호 118항). 디지털환경은 문화, 여가 및 놀이에 대한 청소년의 권리를 증진하며, 청소년은 자신이 선택한 다양한 미디어에 참여함으로써 즐거움, 흥미, 휴식을 찾는다고 본다(115항). 디지털 형태의 문화, 오락 및 놀이는 청소년에게 혜택을 주어야 하며, 다양한 문화적 정체성, 언어, 유산을 반영하고 증진해야 한다. 이는 청소년의 사회적 기술, 학습, 표현, 음악과 미술 같은 창조 활동, 소속감, 그리고 문화 공유를 촉진하는 것이다(일반논평 25호 116항).

각국은 청소년의 여가 활동을 위한 디지털 기술과 서비스가 이들의 문화, 여가 및 놀이 기회를 향상시키는 방식으로 설계, 배포 및 사용될 수 있도록 전문직 종사자와 부모에 대한 지침을 규제하여 제공해야 한다(일반논평 25호 17항). 디지털환경에서 보내는 여가로 인해 청소년은 은밀한 광고, 또는 설득력이 아주 높거나 심지어 도박과 같은 것과 같은 유해한 위험에 노출될 수 있다. 당사국은 데이터 보호, 안전 중심 설계, 그 밖의 규제 조치 등을 도입하거나 사용하여, 기업이 상업적 이익을 우선하는 기법 등을 사용하지 않도록 해야 한다(일반논평 25호 118항). 당사국이나 기업이 특정 형태의 디지털 놀이 및 오락에 대해 지침, 연령 등급, 라벨 표시 또는 인증 등을 제공하는 경우, 이러한 조치가 디지털환경 전체에 대한 청소년의 접근을 제한하거나 여가 기회를 방해하지 않도록 하여야 한다(일반논평 25호 120항).

7) 디지털환경 청소년인권의 이행조치

각종 권리 및 자유는 보편적 인권규범과 국내법에 따라 보장될 뿐만 아니라 기본적으로 오프라인은 물론 온라인 영역에서도 향유할 수 있는 것이다. 인권은 모든 사람에게 차별 없이 인정되는 것이므로 청소년의 경우에도 적용되어야 한다. 특히 청소년인권은 나이와 성숙도에 맞도록 인식하고 향유하는 경험을 가질 때 핵심 역량으로서 함양될 수 있다.

실제로 소셜 미디어와 정보통신기술이 청소년과 깊은 관련을 가지고 있다는 점에 대해서는 유엔인권체계에서도 중요하게 인식하고 있다. 디지털환경에 따른 위험과 가능한 해악으로부터 청소년을 보호하면서 온라인 활용을 극대화하기 위한 권리기반(rights-based) 전략들을 개발하는 논의들이 폭넓게 이루어지고 있다. 특히 최근 유엔총회에서는 디지털 시대의 사생활 보호권은 청소년에게도 보장되어야 한다는 것을 전제로 각 회원국들이 그 침해와 남용에 대응할 수 있는 방안들을 마련하도록 요청하는 "디지털 사회에서 사생활 보호권에 관한 결의안(UN General Assembly, Resolution : The right to privacy in the digital age, A/RES/71/199)"을 채택한 바 있다.

영국의 경우, 디지털 시대에 유엔아동권리협약의 이행이 다자간 인터넷 거버넌스를 통해 연동되어야 한다고 강조하였다. 기업들이 아동과 취약계층을 포함한 사용자의 온라인 안전에 책임을 다하도록 온라인피해 백서 안에 다양한 죄들을 포함하였다. 청소년을 위한 온라인 미디어 리터러시 교육 또한 강조되고 있다. 아일랜드 정부의 경우 아동에 대한 데이터 처리와 관련하여 아동들에게 직접 의견을 묻는 형식의 컨설팅 조사를 실시하였으며 디지털 리터러시 교육을 위해 학교 디지털 전략(2015~2020)을 수립하고 학교 교육과정에 관련 내용을 포함하였다(김영지 외, 2020). 우리나라는 디지털환경에서의 청소년들의 활동영역의 확장과 권리 실현을 위한 노력이 부족한 편이지만, 온라인에서 이루어지는 아동에 대한 성착취 및 성매매, 혐오표현, 사이버 따돌림 등 사이버폭력으로부터 아동을 보호하기 위한 노력들이 이루어지고 있다(장민영, 2020).

청소년인권적 측면에서 볼 때, 청소년 보호와 관련한 이슈와 청소년의 자율권과 참여권 관련 이슈에 대한 접근이 다름을 알 수 있다. 전자에 대해서는 호의적이고 적극적인 반면 후자의 경우는 상대적으로 부정적이고 소극적인 경향이다. 디지털환경에서의 청소년 교육권, 사생활 보호권, 표현의 자유, 의견표명권 등은 여전히 그 권리실현을 위한 기반 마련이 미약한 것이 사실이다. 우리나라의 경우도 디지털환경에서의 청소년 인권 실현을 위하여 보다 적극적인 입법적·행정적 조치를 강구하여 국제인권체제가 강조하고 있는 흐름에 맞추어 갈 필요가 있을 것이다. 특히 디지털환경의 역기능을 완화하면서도, 디지털 기기를 효과적으로 활용하여 청소년들의 권리 실현을 위한 보다 적극적인 권리 보장 기반을 구축하는 것이 중요하다. 특히 아동친화적 플랫폼 등 청소년친화적 디지털환경을 구축함으로써 디지털 기기에 대한 접근성을 높이고 활용의 효율성을 증진하면서 이를 위한 교사나 부모의 역할 제고의 중요성을 강조하는 방향을 고려할 수 있을 것이다(장민영, 2020).

유엔 일반논평 25호에서도 당사국의 유엔아동권리협약의 일반이행조치(제4조 관련)와 관련하여 "디지털환경에서 아동·청소년의 권리 실현과 보호를 위한 기회는 예방 조치를 비롯하여 광범위한 입법, 행정 및 그 밖의 조치를 필요로 한다. 당사국은 디지털환경에 관한 아동·청소년의 권리에 영향을 미치는 정책과 관행 개발에 있어 아동·청소년, 부모 및 양육자와 협의해야 한다"고 밝히고 있다(일반논평 25호 23항). 회원국의 일반이행조치(general measures of implementation)와 관련하여 11가지 항목을 제시하고 있는데, 특히 그중에서 포괄적인 정책 및 전략(comprehensive policy and strategy), 상업 광고 및 마케팅(commercial advertising and marketing), 그리고 피해구제(remedies)와 관련한 내용을 확인할 필요가 있다.

(1) 포괄적 정책 및 전략

당사국은 청소년인권과 디지털환경의 발전과 관련한 국가 정책이나 전략과 이에 상응하는 모든 행동계획 등이 디지털환경과 관련된 청소년의 권리문제를 다루도록 보장하며 정기적으로 갱신되도록 해야 한다(25항). 규제, 산업 코드 및 설계 표준 외에도 이러한 행동계획은 특히 부모와 양육자, 관련 전문가 및 대중을 위한 훈련과 지침, 그리고 청소년의 디지털 기술 및 접근 기회의 발전을 위한 프로그램을 수립하고 촉진해야 한다. 이러한 조치는 온라인상의 성적 학대와 착취 등으로부터 아동을 보호하고, 피해자를 위한 구제 및 지원을 제공하며, 관련 소수 언어로 번역된 자료 마련 등 불리하거나 취약한 환경에 있는 아동의 필요를 충족시켜야 한다(일반논평 25호 26항). 그리고 당사국은 유치원, 학교, 사이버 카페, 청소년 센터, 대안양육 환경 및 생활기관 등 청소년이 디지털환경에 접근하는 모든 환경에서 온라인 보호 및 안전을 위한 효과적인 정책이 운용되도록 보장해야 한다(일반논평 25호 27항).

(2) 상업 광고 및 마케팅

광고, 마케팅, 수익 창출 또는 유료 콘텐츠를 겨냥한 개인정보 처리가 아동의 디지털 경험에 의도적으로 그리고 의도치 않게 영향을 미치기 때문에 디지털환경에는 그러한 개인정보 처리에 재정적으로 의존하는 기업이 포함되어 있다. 이러한 처리는 예컨대, 아동의 행동을 예측하여 더 많은 행동으로 유도하는 기능 또는 더 극단적인 콘텐츠, 또는 광고나 그 밖의 상업적인 목적의 콘텐츠를 보내기 위해 수면을 방해하거나 아동의 개인정보나 위치를 사용할 수 있는 자동 알림 등을 광고 디자인에 포함시키는 것 등 다수의 상업적 파트너를 포함하고 있고, 상업적 활동의 공급망을 형성하여 아동의 권리를 침해할 수 있는 개인정보 처리가 포함되어 있다(일반논평 25호 40항). 따라서 당사국은 광고와 마케팅이 연령에 적합하며 상업적 목적을 가진 모든 형태의 콘텐츠가 다른 콘텐츠와 명확하게 구별되도록 해야 한다(일반논평 25호 41항).

(3) 피해구제

일반논평 25호에서는 디지털환경에서 발생하는 피해가 청소년에게 평생에 걸쳐 씻지 못하는 상처를 남길 수 있다는 점에 주목하면서, 피해구제를 위해서는 변상, 배상, 변제 등을 포함하여, 사과, 시정, 불법적인 내용의 삭제 또는 기타 조치를 포함하는 적절한 보상을 요구할 수 있다고 밝히고 있다. "보상은 지속적인 미래의 피해를 제한하기 위해 시기적절해야 한다. 당사국은 관련 법률 및 정책의 개혁과 효과적인 시행 등으로 침해 재발을 방지하도록 보장해야 한다"(일반논평 25호 47항).

이를 위해 피해구제와 신속하게 효과적으로 구제하기 위한 구체적인 지침들을 제시하고 있다. 피해구제는 아동친화적 환경에서 실시되어야 하며, 침해구제에 대한 "정보는 부모, 양육자, 교육자, 그리고 아동과 함께 아동을 위해 일하는 사람들에게 제공되어야 한다"(일반논평 25호 50항). 또한 당사국은 아동과 그 대리인이 디지털환경과 관련된 아동의 권리 침해에 대한 적절하고 효과적인 사법 및 비사법적 구제 절차를 신속하게 이용 및 접근할 수 있도록 보장해야 한다. 절차를 무료로 이용할 수 있어야 하고 널리 알려져 있어 누구든지 어렵지 않게 접근할 수 있어야 하며, "안전하고, 기밀이 보장되는 관련 기관에 대한 아동 친화적인 진정 및 신고 메커니즘을 포함해야 한다"(일반논평 25호 45항).

4. COVID-19와 디지털 청소년인권

유엔은 최근 발간한 "COVID-19와 인권 유엔 사무총장 정책 보고서"(2020. 4. 23)를 통해 "인권은 COVID-19 대응과 회복에 있어서 매우 중요하다"고 지적하면서 COVID-19의 대응에 최우선적으로 고려되는 인권으로 ① 생명권 및 생명보호의 의무, ② 건강권 및 의료서비스 이용의 권리, 그리고 ③ 이동의 자유에 대한 핵심 제약 등의 세 가지를 제시한 바 있다. 이와 관련하여 여섯 가지 핵심 인권메시지를 제시하고 있는데, 그중 두 번째 메시지에서 "코로나 바이러스는 차별하지 않지만, 그 영향력은 차별적으로 발생한다"고 언급하고, 불평등, 차별 배제와 관련해서 대두된 인권문제로 청년이 코로나 바이러스에 감염되고 사망할 수 있으며, "전 세계 아동들은 교육권이 제한되고 부모와 보호자로부터 강제로 분리되어 폭력이나 위기 관련 트라우마를 겪을 위험에 직면해 있다"고 강조하고 있다.

또한 COVID-19 인권 보호 지침(OHCHR)을 통해 청소년과 청년에 대해 다음과 같은 내용을 제시하고 있다. 우선 아동·청소년은 COVID-19의 징후가 적고 사망률도 낮게 나타나고 있는 것으로 보이지만, 예방조치와 봉쇄 등을 위해 취한 조치들에 따라 가장 많은 보호적 위기 상황을 보이고 있다. 각국은 감염병 대응과 회복 계획을 수립하고 이행할 때 아동·청소년 보호에 필요하고 권리보장을 위한 일에 더 많은 관심을 기울여야 한다. 아동 최선의 이익은 기본적인 고려사항이 되어야 하고 COVID-19 대응의 중심 원칙이 되도록 해야 한다. 188개국이 학교폐쇄 조치를 취하였고 15억 이상의 아동이 교육을 받을 권리가 침해되고 있는 실정이다.

또한 COVID-19 이전에는 세계 청소년 5명 중 1명이 고용, 교육 또는 훈련을 받지 않았으며, 실업률은 나머지 노동 인구보다 약 3배가 높았다면 COVID-19 상황은 2007년 세계금융위기 때와 같이, 청소년과 청년들이 특히 비공식 경제에 고용되거나 저임금에 노출될 가능성이 더 높고, 여성들에게는 더욱 불안정하고 취약한 상황이 나타나게 된다. 각 국가는 감염병의 영향을 완화하고 해결하기 위한 노력으로 젊은이들의 특정한 상황에 대응하고 적절한 직업과 사회 보호의 제공을 통해 그들의 권리 유지가 보장되도록 해야 한다.

한편 유엔은 '유니세프-인도적 차원에서 아동보호 연합' 공동으로 "COVID-19와 자유박탈 상황 아동인권 지침"을 제시하였다. 과거 전염병 발병의 경험을 통해 볼 때, COVID-19 확산을 방지하고 통제하기 위한 대책뿐 아니라 COVID-19의 직접적 영향으로 인해 새로운 아동 보호 리스크가 부각될 것을 예상할 수 있다. 이러한 상황은 일부 계층을 더욱 취약하게 하는데, 아동 보호 리스크는 더욱 악화될 가능성이 있다. 특히 자유를 박탈당한 어린이들은 사회·심리, 신체·정신건강 문제를 포기하고 혼잡하고 비위생적인 공간에서 생활하며, 학대와 방치에 더욱 취약하게 되는 것이다.

따라서 COVID-19 세계적 대유행병에 대처함에 있어, 각국은 자유를 박탈당한 모든 아동들의 인권이 존중되고, 보호받으며 실현될 수 있도록 해야 한다. 충분한 보살핌과 유해한 것으로부터 보호, 그리고 초과 수용된 감금 시설의 감소 등을 위한 구체적인 대책을 실행해야 한다. 가족 또는 지역사회 환경에서 안전하게 살아갈 수 있도록 하는 것이 필요하다. 이는 아동에 관한 모든 결정과 행동은 아동의 최선의 이익이라는 원리를 기반으로 실행해야 하며 생명, 생존, 성장의 권리가 반영되어야 한다는 것을 의미한다.

한편 국제노동기구(ILO)는 최근 「청소년과 COVID-19 : 직업, 교육, 인권 및 정신복리에 관한 영향(Youth and COVID-19 : Impacts on Job, Education, Rights and Mental Well-being)」 보고서를 통해 18~29세를 대상으로 코로나 바이러스의 전 세계적 감염으로 인한 삶의 영향에 대한 글로벌 서베이(Global Survey)를 실시한 결과를 발표하였다. 전 세계 112개국 12,000명을 대상으로 한 설문조사 결과, COVID-19로 인한 팬데믹 현상과 그와 관련한 안전 조치들은 청소년들을 위한 인권적 접근에 있어서의 취약성을 더욱 악화시키고 있으며 정신적 웰빙(mental well-being) 수준이 낮은 청소년들에게는 그 영향이 더욱 크다는 점을 밝히고 있다(ILO, 2020).

유엔아동권리위원회는 2020년 4월 전 세계적인 COVID-19 팬데믹과 관련하여 청소년의 신체적, 정서적, 심리적 영향을 우려하는 성명서를 발표하고 각 국가들에게 다음과 같은 의무를 요청하였다.

① 공중보건을 위해 인권 규범이 제한될 수 있음을 인지하면서도 최소한의 조치로 이루어져야 하며, 재정 자원의 분배에 있어 아동 이익 최우선의 원칙을 반영하여야 한다.

② 청소년의 휴식, 여가, 문화 또는 예술 활동 등을 보장하고 그들의 권리를 누릴 수 있도록 거리두기와 위생 규칙을 포함한 야외 활동에 대한 지침 등의 대안을 마련하여야 한다.

③ 온라인 학습이 기존의 불평등을 가속화하거나 학생-교사 간 소통을 대체하지 않도록 보장하는 대안을 마련한다.

④ 학교 급식이 유일한 영양식이었던 청소년들에게 영양가 높은 음식을 제공할 수 있도록 즉각적인 조치를 취한다.

⑤ 의료 시스템과 자원 부족의 한계 속에서도 보건, 수도, 위생 및 출생등록을 포함하여 건강과 직결되는 기본 서비스와 의료 서비스 공급을 유지한다.

⑥ 제한된 생활을 하는 아동을 위한 가정방문 및 전문적인 정신건강 서비스 제공을 포함하여 학대 아동·청소년, 장애청소년 등이 이용할 수 있는 필수적인 보호 서비스를 명확히 한다.

⑦ 장애, 빈곤, 가출, 이주, 난민청소년 등 감염병 대유행으로 인해 악영향을 받을 수 있는 상황이 더욱 높아진 취약계층 아동에 대한 차별 없는 보호를 실행한다.

⑧ 모든 형태의 구금 아동·청소년을 가능한 한 석방하고, 석방될 수 없는 경우는 가족과 장기적으로 연락할 수 있는 수단을 제공한다.

⑨ COVID-19와 관련한 국가지침, 정부 조치 등을 위반한 청소년의 구금과 체포를 금지하고, 체포되거나 구금된 모든 청소년은 즉시 가정으로 돌려보낸다.

⑩ COVID-19와 관련한 정확한 예방 정보를 모든 청소년이 접근 가능한 다양한 언어와 형태로 아동 친화적인 형식으로 보급한다.

⑪ COVID-19와 관련한 의사결정 과정에 청소년의 견해를 경청하고 적절히 반영할 수 있는 기회를 제공한다.

유엔아동권리위원회의 이러한 권고는 기존에 발표된 10개 조약기구의 각 성명에 추가하여 국가의 다양한 조치들이 아동·청소년의 인권을 존중하는 방향으로 이루어질 것을 촉구하는 내용으로 볼 수 있다. 특히 청소년의 경제·사회·문화적 권리 보장을 위한 당사국의 역할을 강조하고 있으며, 이는 COVID-19 팬데믹에 대응하는 국가의 일정한 개입이 아동·청소년을 둘러싼 공적 환경으로 볼 수 있는 부모의 노동환경, 교육과 의료, 보건서비스와 같은 공공시스템 운영 등을 축소시키는 결과를 우려한 것이다(김영지 외, 2020). 전 사회적으로 경제불황이 심화되면서 비정규직 노동환경에 있는 양육자는 유급병가나 유급휴가를 쓰지 못하고 직업을 잃을 가능성도 크다. 특히 유치원, 초등학교 저학년 학생들의 경우 온라인 수업 참여에 어려움을 겪게 되는데, COVID-19로 인해 나타나는 학습격차는 디지털환경에의 의존도와 접근 가능성 및 디지털 상황에 대한 보호자의 지원 정도에 따라 달라지게 되고 디지털 생활의 지속기간이 길어질수록 더욱 심화될 수 있다는 것이 우려되고 있다(강내중, 2020).

CHAPTER

11 청소년참여정책과 참여활동의 동향

1. 청소년참여의 정책제도화

한국의 청소년정책은 소관부처가 청소년 관련 업무를 확장하고 제도화하는 과정에서 형성되어 왔으며 1980년대 중반 전담부서가 설치되고 '한국청소년기본계획'이 수립된 이후 독자적 영역을 갖는 수준으로 발전되었다. 청소년헌장의 제정·공포(1990. 5. 12), 전담부서인 청소년국의 청소년정책조정실로의 확대개편(1990. 9. 10), 체육부 명칭의 체육청소년부로의 변경(1990. 12. 27), 한국청소년기본계획 수립(1991. 6. 27), 청소년기본법의 제정(1991. 12. 17), 청소년육성 5개년계획(1992~1997, 제1차)의 수립과 시행, 문화체육부 청소년정책실 설치(1993. 3. 6), 청소년보호법의 시행과 청소년보호위원회 설치(1997. 7. 1), 문화관광부 청소년국 설치 및 국무총리실 청소년보호위원회의 설치(1998. 2. 26) 등은 정책제도화와 관련한 대표적인 일로 볼 수 있다.

한국의 청소년정책은 이러한 과정을 통해 교육정책과는 어느 정도 차별화되는 정책영역으로 자리매김되면서 업무내용을 청소년활동을 중심으로 청소년복지 등에 관한 사업시행을 제도화하였다. 특히 1998년에는 1998~2002년을 기간으로 하는 제2차 청소년육성 5개년계획을 수립·시행(1998. 7. 28)함으로써 청소년정책의 방향을 청소년을 보호·선도·지도하는 종래의 입장에서 '청소년참여'를 기본 이념으로 하는 정책으로 획기적으로 전환하게 된다. 동 계획에서는 '청소년권리증진과 자율참여'를 중심으로 참여적 맥락에서의 '청소년문화'와 '청소년정보화'의 영역을 새롭게 추가함으로써 '청소년참여'를 영역화하였다(천정웅, 1998c). 이와 같이 우리나라 청소년정책에서 '인권'과 '참여'가 정책 의제화되어 새로운 정책비전과 목적으로 설정되고 구체적인 사업내용으로 실현되면서 이러한 정책기조는 2003년 제3차 기본계획에서도 반영되었으며 그 후에도 계속 이어져서 현재의 제6차 청소년정책기본계획으로 지속되고 있음을 알 수 있다(김영지, 2016).

특히 당시의 제2차 '청소년육성 5개년계획'은 '청소년참여'를 주요 정책 특성으로 하면서 청소년에 대한 기존의 인식을 대전환하여 청소년정책의 중점을 전인적인 청소년을 육성하기 위한 수련활동과 함께 "청소년육성 · 보호 · 지원문제와 관련해서 그들이 주체적으로 참여해서 문제해결에 일조할 수 있도록 한 것으로" 평가된다(김동일, 1998). 이와 같이 '청소년참여'의 정책제도화는 청소년의 권리보장과 자율활동을 통한 "청소년의 삶의 질 향상"과 청소년 정책수립 · 집행 및 평가과정에 청소년을 참여시킨다는 의미를 가진다. 청소년육성 5개년계획 전반을 통해 청소년참여적 특성이 이념화되고 있고 반영되고 있으나 대표적인 것으로는 '청소년의 권리보장과 자율적인 참여확대'와 관련한 정책과제를 중심으로 전개되었다.

이는 이후의 제3차 청소년육성 5개년 계획에서 참여, 인권과 복지의 지속적인 확대를 주요 과제로 하여 청소년 정책과 사업 추진체계를 정비하는 성과로 나타났으며, 제4차 청소년정책기본계획(2008~2012)에서는 시민역량 증진 및 인성교육 강화를 기반으로 청소년의 권리 및 참여에 대한 정책이 추진되었다. 제5차 청소년정책기본계획(2013~2017)에서는 3대 중점과제를 추진하였는데, 그 내용은 청소년의 참여활성화, 청소년의 건강권 보호, 그리고 청소년의 권리증진 기반조성의 세 가지로 제시되었다. 그리고 2018년에 수립된 제6차 청소년정책기본계획(2018~2022)에서는 '청소년 참여 및 권리증진'이라는 목표하에 청소년의 참여를 확대하고 청소년을 존중하는 사회적 기반을 강화하는 방향으로 설정하였으며, 청소년이 주도하는 활동을 확대하고 내실화하는 과제 등을 통해 제4차 산업혁명에 대처할 수 있는 역량을 신장한다는 적극적인 정책 기조를 강조하면서, 이에 대한 구체적인 과제를 추진하고 있다(여성가족부, 2020). '제6차 청소년정책기본계획'에서는 '현재를 즐기는 청소년, 미래를 여는 청소년, 청소년을 존중하는 사회'를 비전으로 '청소년 참여 및 권리증진', '청소년 주도의 활동 활성화', '청소년 자립 및 보호지원 강화', '청소년정책 추진체계 혁신'의 4대 정책목표를 설정하였으며, 그 첫 번째 정책목표인 청소년 참여 및 권리증진을 달성하기 위해 청소년 참여 확대, 청소년 권리증진 기반 조성 및 청소년 민주시민 성장 지원을 중점과제로 설정하고 있으며 주요 내용은 다음 몇 가지로 요약할 수 있다.

① 청소년참여를 확대하기 위해 청소년 참여제도를 내실 있게 운영하도록 컨설팅, 운영모델 제공, 모니터링 등을 지원하며, 청소년 사회참여 활성화를 위한 청소년 의회 등의 설치 및 운영에 관한 조례를 제정하고, 청소년 참여예산제 운영 매뉴얼을 보급한다.

② 청소년 어울림마당과 동아리 활동을 지역사회와 연계하여 운영함으로써 지역 청소년 문화의 활성화를 도모하고, 사회참여 및 자기개발 관점의 자기주도형 자원봉사모델을 확산한다.

③ 청소년 참여기구의 위원 구성 방법을 다원화하여 청소년의 대표성을 강화하고, 청소년이 스스로 실천하고 공유하는 활동을 지원함으로써 청소년참여를 내실화한다.

④ 학교에서의 참여 및 권익을 증진시키기 위해 학생 대표의 학교운영위원회 참관 및 의견 제안 등 학교 공동의 의사결정 과정에 학생의 참여를 보장하고, 청소년 참여기구를 통해 교육정책에 대한 의견을 수렴함으로써 학생 자치활동 및 교육정책에 대한 참여를 활성화하며, 학생자치법정의 운영을 확대한다.

⑤ 청소년참여 방식을 다변화하기 위하여 온·오프라인상의 청소년 의견 수렴을 활성화하고, 청소년 관련 정책의 심의·협의 조정 등을 위한 위원회에 청소년(19~24세) 위원의 위촉을 권고하며, 청소년특별회의가 제안하는 정책을 적극적으로 검토·수용하는 등 청소년의 정책 참여를 활성화한다(여성가족부, 2020).

2. 청소년참여활동과 참여기구

1) 청소년참여활동의 의미

청소년참여활동은 단어 의미 그대로 수련활동, 체험활동 등을 말하는 일반적 의미의 청소년활동과는 구별하여 사용된다. 청소년참여활동은 정치적 참여의 기회가 많은 성인의 참여활동과는 다르다. 즉, 현실적으로 청소년들은 정치에 참여한다거나 경제적 이익을 위해 참여하는 것 등이 매우 제한되어 있고 그 기회마저 드물다. 사실상 우리 사회에서 청소년참여활동은 공공영역에 관련되어 있거나 지역사회에서 청소년 스스로가 만든 자발적 모임의 참여에서부터 선거참여나 항의시위에 참여하는 것 등에 이르기까지 매우 다양한 형태의 참여활동이 나타날 수 있다(홍정희, 2016). 청소년참여활동은 정책참여활동, 교육현장 참여활동, 사회참여활동, 정치적 참여활동, 문화적 참여활동, 경제적 참여활동 등으로 구분할 수 있다(김도영 외, 2019).

남화성(2009)은 청소년참여활동은 개인이 소속된 집단에 귀속의식을 가지며 집단 속에서 하나의 구성원으로서 자신의 입장을 인식하는 것과 관련된다고 하였다. 이후 참여활동을 위한 역할을 수행하는 단계를 거쳐 집단 내 활동에 국한되는 것이 아니라 집단구성원으로서 광범위하게 사회와 관련성을 지니는 것으로 본다. 즉, 청소년참여활동은 청소년이 자신의 삶이 펼쳐지고 있는 제한적 영역에서 자신을 포함하여 다른 사람들이 관련된 의사결정 과정에 영향을 미치거나, 현재 상태보다 더 좋아질 수 있도록 하기 위해 실질적으로 관여하는 활동이라고 정의할 수 있다(홍정희, 2016). 이와 같은 의미의 청소년참여활동을 예로 들자면, 학교 안의 경우 학교나 학급에서의 학생회 등 자치활동과 동아리활동, 교과학습과 관련된 봉사활동 성격의 사회참여활동이 해당될 수 있고, 학교 밖에서는 정부 혹은 지방자치단체가 주도하는 청소년위원회 활동, 시민단체 소속의 참여활동, 자발적으로 구성된 청소년 사회참여동아리 등이 있다.

여기서 청소년의 사회참여활동은 일상생활에 관련된 정책이나 이슈에 영향을 미치거나 교육제도 또는 작업 환경에 개입하는 것과 관련된다(Castenmiller, 1997). 시민이 직·간접적으로 의사결정 과정에 영향을 미치기 위한 적극적 행동으로 볼 수 있는 정치참여라는 개념과는 구별된다(천정웅 외, 1997). 의사결정 과정에의 참여라는 행위는 좀 더 구체적으로 청소년이든 성인이든 모든 연령의 사람들이 그 기회를 보장받고 마땅히 행사해야 하는 공식적인 것으로 인정되는 것이다(홍정희, 2020). 지역사회에서의 청소년참여활동의 경우를 예로 들면, 진정한 참여활동은 지역사회의 상황에 대한 기초적 이해를 비롯하여 지역사회 문제를 파악하고, 이를 해결하기 위해 서로의 의견과 경험을 나누고 결론에 도달하려는 노력을 하는 등의 다양한 활동이 수반되어야 하는 것이다(천정웅·김경준·김영지, 1995).

박가나(2008)는 청소년 참여활동에 대하여 직접적으로 청소년들이 공식적으로 의사결정 과정에 참여하는 것뿐 아니라 다른 청소년 구성원들과 의사소통을 하거나 그 과정을 공유하는 것, 그리고 자신의 의사를 좀 더 적극적으로 표현하기 위하여 구체적인 행위를 하는 것이라고 하였다. 청소년참여활동은 단순히 청소년이 자신의 의사표현을 하는 것에만 의미 있는 것은 아니다. 청소년참여활동은 최종적으로 자신의 의견을 알리기 위한 움직임보다는 그러한 움직임이 가능하도록 참여를 원하는 청소년에게 자신의 의사를 표현하고 발언할 수 있는 기회를 제공하는 차원뿐 아니라, 참여하는 청소년들에게 자신의 삶의 주변을 통찰할 수 있는 관점의 인식과 기존의 패러다임을 전환할 수 있는 기회가 되어야 한다.

남화성(2016)은 청소년참여활동 영역에서 다음과 같은 몇 가지 공통점을 제시할 수 있다고 하였다. 첫째, 참여활동 영역별로 각기 다른 내용의 참여활동이라고 하더라도 그 참여활동을 청소년이 직접 자발적으로 선택해야 한다. 자발적인 참여야말로 청소년 자신이 원하는 분야에서 적극적인 활동과 연결되는 촉매제이며, 앞으로 다양한 참여활동으로 나가는 데 중요한 동기가 된다. 둘째, 청소년참여활동이 지닌 공공성이다. 청소년참여활동이 개인의 흥미에 따라 선택되기도 하지만 자원봉사활동이나 아르바이트, 진로교육 등과 같이 지극히 개인적인 요소에만 머무른다면 진정한 의미의 참여활동이라고 할 수 없다. 참여활동의 시작 수준이 청소년 개인의 상황에 따른 선택일지라도 청소년이 속해 있는 사회의 청소년 누구에게나 관련되어 있으며, 영향력 있는 활동이라고 할 때 공공성과 관련된 요소들을 발견할 수 있다. 셋째, 청소년참여활동 자체가 지니고 있는 능동성이다. 청소년은 자칫 수동적 존재이고 보호받는 존재로만 대상화하기 쉬운데, 청소년참여활동은 매우 능동적인 것을 요구한다. 이는 청소년의 적극성과 관련되며, 결과적으로 능동적인 참여를 통해 새로운 시도와 변화가 가능하게 된다.

하트(Hart, 1997)는 청소년들이 참여하는 기술이나 책임감에 대한 경험 없이 성인 연령이 되어 갑자기 책임감 있고 참여하는 성인으로 되기를 기대하는 것은 비현실적이라고 보고 있다. 민주시민사회에서는 청소년도 시민으로서 성인기로 접어들기 이전부터 참여하는 기술과 책임감에 대한 경험을 갖도록 충분한 기회가 있어야 함을 강조하는 것이다. 이용교 등(2009)은 청소년이 더 긍정적으로 성장 발달하고 능동적으로 자신의 삶을 둘러싸고 있는 환경을 개선하는 데 참여함으로써 지역사회 전체를 활성화하는 촉매가 될 수 있다는 점에 주목한다.

청소년참여활동은 정부주도, 비정부기관 주도로 구분하거나(정건희, 2013), 참여활동과 조직구성, 운영 측면에서 제도화된 참여의 형태와 비제도화된 참여의 형태로 구분할 수 있으며(김형주 외, 2003; 조혜영 · 최창욱, 2008), 그 의미에 따라 다양한 참여활동을 찾아볼 수 있다. 대체로 한국에서 전개되는 청소년참여활동은 크게 두 가지로 나눌 수 있다. 첫째는 정책적 차원에서 정부나 지방자치단체, 학교에서의 참여활동과 같이 정부가 주도하는 경우이며, 주로 법제도적 근거를 가진다. 둘째는 비정책적 차원, 즉 사회시민단체가 중심이 되거나 혹은 청소년 자신들의 요구에 의해 자생적으로 조직된 청소년참여활동이 있다. 온-오프라인(on-off line) 상관없이 자발적인 공동체로서 청소년 권리나 정치적 참여의식, 더 나아가 청소년 삶의 질 향상과 관련된 주제를 중심으로 참여활동을 하는 것이다.

김영지(2005)는 국내의 청소년참여활동이 변화되어 온 모습을 통해 자생적 차원, 시민단체 차원, 그리고 국가 및 지방자치단체 차원 등의 세 가지로 제시하고 있다. 첫째, 자생적 차원의 청소년참여활동은 청소년이 자발적으로 운영하는 인권단체나 동아리 등이 해당된다. 자생적 참여활동은 주로 온라인(on line) 중심으로 활동하고 있으며, 청소년의 인권신장과 자치, 정치참여를 목적으로 하는 단체들이 만들어지기도 하였다. 둘째, 시민단체 차원의 청소년참여활동은 대규모 단체나 지역사회 중심의 시민사회단체가 주도하는 경우에 해당된다. 청소년과 직접적으로 관련된 사안을 핵심 쟁점으로 다루거나 혹은 분과를 설치하여 다수의 청소년이 참여할 수 있도록 관련된 프로그램을 개발하여 보급하는 추세로 발전되고 있다. 이러한 차원의 청소년참여활동은 오프라인(off line)에서만 구성되고 전개되는 것이 아니라, 점차 새로운 참여공간으로서 온라인(on line)에서의 참여활동을 활발히 전개하고 있다. 온－오프라인을 통해 참여활동을 전개하는 것은 자발적인 청소년 모임 혹은 시민사회 단체에 의해 구성된 모임 등이 있다. 제16대 대통령선거 당시 18세 청소년 선거권 운동모임 '낮추자'는 청소년들이 직접 온라인과 오프라인을 통해 모의선거를 실시하는 등 청소년의 직접적 참여를 유도하는 활동을 전개한 바 있다(김영지, 2005). 셋째, 국가 및 지방자치단체 차원의 청소년참여활동은 청소년정책 계획을 실현하는 차원에서 청소년정책의 주체인 청소년이 직·간접적으로 참여할 수 있다. 1998년 청소년위원회 설치를 시작으로 현재 중앙정부 주도의 '청소년특별회의' 및 각 지방자치단체 등으로 '청소년참여위원회' 설치가 확산되고 있는 추세다. 그리고 국가 및 지방자치단체가 아니어도 일반 청소년단체나 시설에서 청소년이 참여하도록 하기 위해 '청소년운영위원회'를 설치하였다. 이처럼 국내 청소년참여활동은 자생적 차원에서 점차적으로 법적 제도적 참여 보장을 강화하는 차원으로 변화되어 온 것을 알 수 있다.

2) 청소년참여 기구와 제도

청소년참여기구는 우리나라의 대표적인 청소년참여정책의 내용으로 논의되고 있다. 선진 외국에서는 이미 오래전부터 청소년 관련 의사결정 과정에서의 청소년참여의 중요성을 인식하고 이를 제도했던 것에 비하면 늦은 출발이지만 우리 사회가 오랜 동안 규제와 통제의 대상으로 인식해 온 청소년을 동등한 사회구성원으로 인식하고 그들의 목소리를 듣고자 했다는 것은 획기적인 진전이 아닐 수 없다.

공식적인 청소년참여기구로는 청소년특별회의, 청소년참여위원회, 청소년운영위원회, 청소년옴부즈맨, 청소년의회 등이 있다. 이 가운데 청소년특별회의, 청소년참여위원회, 청소년운영위원회 등은 가장 활발하게 청소년참여기구로서의 면모를 갖추고 있다. 청소년특별회의는 전국적인 범부처적인 특성을 갖는 참여기구로 분류할 수 있고, 청소년참여위원회는 정부 및 지방정부의 정책참여기구의 성격을 띠며, 청소년운영위원회는 청소년 관련 시설과 단체의 정책 및 프로그램 참여기구의 성격을 갖는다.

이러한 참여활동은 아직 어려움과 한계가 많은 것이 사실이지만, 청소년정책을 수립하고 시행하는 과정에서 주 대상인 청소년의 관점과 욕구에 관심을 가지고 이를 반영해야 한다는 인식을 갖게 하는 데 중요한 역할을 하고 있다. 물론 청소년들은 그동안 권리행사 경험이 부족했던 만큼 활동과정에서 많은 시행착오를 거치고 때로는 패배감과 실망감을 느끼기도 하는 것이 사실이다. 명목적 보여주기식 정책으로 운영된다면 '청소년위원회는 없어져야 한다'고 주장하는 청소년도 있다.

그러나 최소한 적극적으로 참여하는 청소년들에게는 자율·자치활동과 사회참여활동 체험의 장으로서 의미 있는 시민교육과 인권교육의 기회로 활용되고 있는 측면이 있는 것이 사실이다. 그동안 청소년정책이 무엇이고 어떻게 운영되고 있는지, 어느 행정부처·부서에서 시행하는지조차 모르고 있던 청소년들이 청소년정책에 대한 관심을 가지고 자신들의 목소리를 모아 주장하기도 하며 이 사회에서 청소년의 존재와 권리에 대해, 그리고 사회문제와 청소년문제에 대해 고민하고 생각해 보는 계기를 갖기도 한다. 청소년들이 머리를 맞대고 아이디어를 나누며 새로운 사업을 기획하고 준비하며 시행하는 과정에서 자신감과 뿌듯함을 느끼고 청소년의 힘을 경험하기도 한다. 실제로 자치활동에 참여한 청소년들은 “새로운 경험과 맞닥뜨리면서 많은 시행착오를 겪었고 실망할 때도 있었지만 스스로 어떠한 일을 기획하고, 일을 펼치고 평가하는 과정 속에서 큰 의미와 자신감을 느끼게 되었다”고 입을 모은다.

(1) 청소년특별회의

청소년특별회의는 청소년기본법에 의하여 17개 시・도 청소년과 청소년 분야의 전문가가 토론과 활동을 통해 청소년이 바라는 정책과제를 발굴하고, 정부에 제안하여 정책화하는 전국 규모의 청소년참여기구이다. 2004년 시범사업을 거친 후 2005년 청소년기본법 제12조에 “국가는 범정부적 차원의 청소년 육성정책의 설정・추진 및 점검을 위하여 청소년 분야의 전문가와 청소년이 참여하는 청소년특별회의를 매년 개최하여야 한다”고 규정하여 근거규정을 마련하였다. 그 이후 매년 정기적으로 개최하는데, 선정된 정책의제에 따라 청소년 의견수렴과 토론, 워크숍, 캠페인 등을 통해 정책과제를 발굴한 후 본회의에서 이를 최종적으로 정부에 보고・제안한다.

2019년에는 청소년위원 등 450여 명이 참여하여 5~9월까지 예비회의, 본회의를 통한 논의 및 온라인 정책제안 활동을 거쳐 선정된 5개 영역 28개의 정책과제를 본회의에서 보고하였다. 2005년부터 2018년까지 14년간 492건의 정책과제를 제안한 결과 88.6%인 436건의 정책과제가 정부의 청소년정책에 수용된 것으로 나타났다. 특히 2019년에는 청소년참여포털(www.youth.go.kr/ywith)을 통한 온라인 정책제안공모를 추진하여 관심 있는 청소년은 누구나 시・공간의 제약 없이 정책제안활동에 손쉽게 참여할 수 있도록 하는 등 참여활동 관련 온라인 기반 강화를 통해 청소년들의 접근성을 용이하게 함으로써 소통을 강화해 나가고 있다. 최근 3년간 청소년특별회의에서 제안된 정책의제 및 과제들은 청소년 경제활동 등 5개 분야 및 특별과제 1건을 포함한 28개 과제 제안(2019), 청소년 참정권 확대 등 3개 분야 22개 과제 제안(2018), 진로체험 프로그램 지역사회 연계 활성화 등 3개 분야 30개 과제 제안(2017)이 이루어졌으며, 2019년 '청소년특별회의'에는 17개 시·도 총 446명의 청소년이 참여한 것으로 집계되었다(여성가족부, 2020).

청소년특별회의는 청소년들이 제안한 의제가 관련 부처의 정책대안 창출 및 추진으로 이어져 청소년정책에 청소년이 직접 참여하는 계기를 마련하였고, 관련 부처들이 청소년특별회의를 계기로 유기적인 업무연계 및 협력 네트워크를 구축하는 등의 성과를 보였다. 그럼에도 불구하고 청소년특별회의는 구성원의 대표성 문제, 정책의제에 대한 사회적 공감대 부족, 추진기구의 역할 미흡과 운영일정의 가변성 문제, 청소년특별회의 자체에 대한 홍보 부족으로 일선에서의 사업추진의 어려움 등이 문제점으로 지적되고 있다.

(2) 청소년참여위원회

청소년참여위원회는 중앙부처나 지방자치단체의 청소년들로 구성되어 청소년정책이나 활동에 대한 정책자문 및 건의와 다양한 자율·참여활동을 시행하는 청소년자치기구이다. 청소년참여위원회는 사례별로 차이가 있으나, 정기 및 임시회의를 통한 청소년정책 모니터활동 및 청소년 의견제안과 정책자문, 워크숍 개최와 리더십 훈련 프로그램 등을 실시한다. 청소년참여위원회는 1998년 '제2차 청소년육성 5개년계획'에 따라 1998년 11월 문화관광부 내에 청소년위원회가 설치된 이후 국가청소년위원회(2007년까지), 보건복지가족부(2010년 3월까지), 여성가족부(2010년 3월 이후) 청소년참여위원회를 비롯하여 각 지방자치단체로 확대되었으며, 청소년자치위원회, 청소년회의, 차세대위원회, 청소년자치회의 등 다양한 명칭으로 운영되고 있으며 많은 경우 청소년참여위원회로 통합되었다. 청소년참여위원회는 2012년 2월에는 기본적 권리로서 청소년참여권의 중요성을 강조하여 청소년복지지원법에 있던 '청소년의 자치권 확대' 근거법령을 청소년기본법으로 이관하였으며, 이후 국가 및 지방자치단체의 청소년참여위원회 구성·운영 의무가 법제화되었다.

청소년참여위원회의 활동형태는 각 기구별 차이는 있으나 정기 및 임시회의를 통한 청소년정책 모니터 활동, 청소년의견수렴과 제안, 정책자문, 워크숍을 통한 소양교육 등을 실시하며, 이러한 청소년참여기구 활동은 개인적으로 청소년 자신의 잠재역량을 개발하고 사회성을 향상시키는 한편 사회적으로 청소년의 권리신장과 건전한 민주시민으로의 육성에 기여하고 있다. 활성화된 위원회의 경우에는 지방자치단체 조례 등을 통해 활동을 보장받고 예산 등의 체계적인 지원을 통해 활동을 진행하기도 한다. 청소년참여위원회의 위상과 활동내용에 있어서는 각 위원회별로 차이가 있을 수 있지만, 청소년 자치활동으로서 공식적인 자치기구의 구성·운영과 참여 경험은 청소년의 사회적 경험확대와 시민의식 및 자치능력 신장뿐만 아니라 사회적으로도 청소년 정책과 사업 프로그램의 발전에 기여하는 의미 있는 활동으로 밝혀지고 있다 (김영지, 2010).

(3) 청소년운영위원회

청소년운영위원회는 2000년도부터 전국 청소년수련시설 설치·운영에 대한 사업 지침 권장에 의해 구성되었던 것이 2004년 청소년활동진흥법 제정과 함께 제4조에 규정된 후 급속도로 확대되었으며, 주요 내용은 전국의 생활권 청소년수련시설(청소년수련관, 청소년문화의집 등) 사업과 관련된 의사결정 과정에 청소년이 참여하는 것이다. 청소년운영위원회의 설치 목적은 청소년수련시설을 이용하는 청소년의 의견과 욕구를 반영하여 청소년수련시설이 청소년 중심으로 운영될 수 있도록 하는 데에 있다. 이에 따라 청소년들은 시설운영 전반에 참여하는 것 이외에도 프로그램을 직접 기획, 운영하거나 청소년 대표로서 각종 지역사회 청소년 관련 행사에 참가하는 등의 다양한 활동을 전개하고 있다.

청소년운영위원회는 10인에서 20인 이내의 청소년으로 구성되며, 위원의 임기는 1년이다. 청소년운영위원회는 수련시설의 전용공간 확보 및 환경 개선, 프로그램 모니터링 및 관련 정책 제안·참여·평가, 홍보활동 등 다양한 성과를 내고 있다. 또한 2012년부터 매년 전국 청소년운영위원회 대표자 워크숍을 개최하여 청소년운영위원회 활성화 방안을 함께 모색하고, 참여 청소년들의 리더십 역량 강화를 도모하고 있다. 한편 청소년운영위원회 활성화를 도모하고자 2013년부터 전국 청소년운영위원회를 대상으로 우수 청소년운영위원회를 선발하고, 그 운영 결과와 성과를 전국 청소년운영위원회가 공유하고 있다. 청소년수련시설 청소년운영위원회는 어려운 여건에서나마 법적 근거 조항 마련, 운영비 지원, 실무간사 배치, 체계적인 평가시스템 구축과 컨설팅 프로그램, 우수시설 인센티브 부여 등의 제도적 지원조치를 마련한 것은 긍정적인 사례로 평가되고 있지만, 활성화를 위해서는 활동 인센티브 개발, 운영위원회의 다양한 교류 및 네트워크 활동 활성화 등과 같은 대안이 요청되고 있다(여성가족부, 2020).

(4) 청소년참여예산제

청소년참여예산제는 2011년 주민참여예산제가 「지방재정법」 개정을 통해 의무화되면서 지역사회 예산 편성 과정에 대한 청소년의 적극적 참여를 이끌어 내고자 일부 지방자치단체에서 도입, 운영되기 시작한 제도이다. 이 제도를 통해 청소년은 지역사회에 필요한 정책과 사업을 제안하고 정책들의 우선순위를 평가해 지방자치단체 예산 편성 과정에 참여할 수 있는 권리를 부여받게 되는데, 청소년의 정책참여를 활성화하기 위한 제도 중에서 재정 측면에서의 청소년참여 확대 노력으로 볼 수 있다. 그러나 지방자치단체 예산 편성 과정에 청소년의 참여를 확대하기 위한 정책 논의가 공론화된 이후에도 이에 대한 현황파악이나 기본적인 운영지침 등이 마련되어 있지 않아 아직까지 주요 청소년 정책 의제로 부각되지 못하고 있는 실정이다(윤민종 외, 2016).

3. 청소년우대제도

1) 청소년우대의 제도화 노력

사회생활 전반에서 청소년들이 주체적이며 자율적으로 참여하는 여건을 조성하고 직접적 또는 간접적 지원을 확대하는 것은 주요한 세계적 흐름으로 나타나고 있다. 사회 전반의 의식과 제도를 청소년인권과 복지를 강화하고 여가생활을 보장하고 청소년참여를 증진하기 위해 개선하는 노력이 전개되고 있으며, 교통수단과 각종 문화활동 및 여가시설 이용에서 청소년에게 할인과 지원금을 제공하는 등의 다양한 우대제도가 시행되고 있음을 알 수 있다(김경준 · 모상현 · 송태진, 2019; 김도영 · 이혜경 · 노자은, 2019).

우리나라의 경우에도 청소년복지 향상에 대한 사회적 욕구 증대와 청소년을 중요한 사회발전의 자원으로 보는 관점의 전환 등을 통해 역량개발과 사회정치적 참여 확대, 청소년의 시민권 신장 등이 중요하게 논의되면서, 청소년우대와 관련한 사회적 인식 제고와 제도 마련을 위한 노력이 지속되어 왔다. 1997년 이후 청소년카드제, 청소년할인제, 청소년우대정책 등에 관한 정책연구가 이루어져 왔으며, 2004년 청소년복지지원법에 청소년 우대 및 청소년증 발급에 관한 근거 규정을 마련한 후 청소년증이 제도화되고, 국가 또는 지방자치단체를 통한 수송시설, 문화시설, 여가시설 등의 청소년이용료 면제와 할인에 관한 내용이 명문화되었으며, 우대의 내용과 방법 등에 대한 연구가 최근까지 수행되고 있다(김경준 · 모상현, 2013; 김경준 · 모상현 · 송태진, 2019; 신선미, 2007; 조아미, 2006; 함병수 · 신선미, 1997).

(1) 청소년카드제도

청소년우대제도의 대표적인 형태는 청소년카드제도로 볼 수 있다. 카드를 수단으로 학업지원, 직업훈련지원, 청소년활동 및 문화활동 지원 등을 통해 경제적으로 어려운 청소년에 대한 복지적 지원뿐만 아니라, 일반 청소년의 다양한 활동에 대한 참여를 장려하기 위한 수단 등으로 사용한다(김도영 · 이혜경 ·

노자은, 2019). 1995년 국가 청소년정책의 핵심과제로 청소년카드제를 도입하기로 하고 그 기초연구를 수행한 바 있으며(조금주, 2009), 함병수와 신선미(1997)는 청소년카드제에 대한 기초연구를 통해 유럽의 사례를 포함하면서, 긍정적인 사회적 정체감과 책임의식 형성의 긍정적인 효과와 소비생활 조장 등 부작용의 발생 가능성을 제기하였다. 기술적으로는 스마트카드 기술 개발 상황과 청소년카드 운영기구 구성의 필요성을 제기하였다. 2000년에 서울시에서 쿠폰제 형태의 청소년 문화지원사업을 시행하면서, 청소년문화카드 형태에 대한 연구가 수행되었으나, 부정적인 여론과 담당자들의 업무부담에 대한 우려 등으로 실제로 도입되지는 못한 상황이 있었다. 당시의 연구에서는 청소년문화카드의 기능은 할인 기능, 교통카드 기능, 포인트 누적 기능, 전화카드 기능, 보험 기능 등으로 하고 중장기적으로는 용돈 지급 기능을 지양하고자 하였으며, 카드 형태는 직불카드로 출발하여 점차 IC카드를 도입하는 방향을 제시하였다(권이종 · 조영승 · 이철위 · 이민희 · 안승렬 · 이경희, 2001).

(2) 청소년증 제도

청소년증은 9~18세 청소년을 대상으로 2004년 1월 1일에 처음 발급되기 시작하여 신분확인과 수송시설, 궁 · 능, 박물관, 공원, 공연장 등의 시설 이용시에 면제 또는 할인을 제공하는 것으로 2004년 청소년복지지원법에 청소년 우대 및 청소년증 발급에 관한 근거 규정을 마련한 후 본격적으로 시행 중이다. 당초 비학생청소년의 불편을 해소하기 위해 출발하였으나, 모든 청소년들의 생활편의와 문화체험 기회보장을 위해 혜택을 확대하였다. 청소년증은 특별자치도지사, 특별자치시장, 시 · 군 · 구청장이 발급한다. 청소년증을 소지한 경우 국가 또는 지방자치단체가 운영하는 수송시설, 문화시설 등의 시설이용료를 면제받거나 일부 할인받을 수 있으며, 기타 민간이 운영하는 일부 시설을 이용하고자 하는 경우에도 할인혜택을 받을 수 있다. 또한 청소년증은 위의 경제적인 혜택 외에도 예금통장 개설 등 금융거래와 대학입시 · 검정고시 · 각종 경시대회에서 신분증으로 활용이 가능하다. 그러나 학생증과 차별화되지 않는 등의 이유로 청소년의 관심을 크게 받지 못하고 있으며, 청소년증의 보편적 보급, 청소년우대혜택의 통합, 지방자치단체에서의 청소년활동을 위한 활용 등을 위해 청소년증의 기능 확대가 필요한 것으로 지적되고 있다.

(3) 청소년우대할인 제도

중앙부처의 청소년우대정책은 여성가족부(청소년복지지원법, 학교 밖 청소년 지원에 관한 법률), 보건복지부(아동복지법), 문화체육관광부(문화예술진흥법, 문화패스제도), 고용노동부(청년내일채움공제제도, 청년취업성공패키지) 등에서 문화·여가시설 및 관련 활동에서의 할인, 직업체험 및 취업을 위한 수당지급 등 관련 법·제도를 만들어 시행하고 있다. 지방자치단체에서 시행하고 있는 청소년우대정책 관련 제도는 조례에 근거해서 시행되고 있다. 19세 이상 청년 및 대학생들의 구직활동을 지원하기 위한 식비, 교통비 등의 각종 수당 지원, 자유학기제에 해당하는 중학교 1학년생 및 만 13세 학교 밖 청소년의 체험활동을 지원하기 위한 각종 카드 지원, 문화소외계층 청소년의 문화예술활동 지원, 청소년시설 이용료 할인 지원 등을 위한 제도가 이루어지고 있다.

또한 우리나라의 경우에는 대중교통, 청소년시설, 문화시설 등에서 주로 중·고등학생을 대상으로 할인이 이루어지고 있으며, 시설의 종류와 지방자치단체에 따라서 24세까지 할인이 이루어지는 경우도 있다. 대중교통시설의 경우, 철도, 버스, 지하철, 선박 등에서 청소년할인이 이루어지고 있으며, 청소년들의 국·공립 문화시설과 과학시설 등의 이용을 활성화하기 위하여 청소년 이용 시 할인 또는 무료 혜택을 적용하고 있다. 그 밖에 지방자치단체의 청소년수련시설에서의 청소년할인은 연령별로 24세까지의 청소년을 대상으로 할인해 주는 시설이 있는가 하면 중·고등학생 연령대인 18세 또는 19세까지 할인해 주는 시설도 상당수 있는 것으로 나타나고 있다. 또한 시설 이용에 대한 할인율을 보면, 10% 내외에서부터 무료까지 지역이나 시설에 따라서 다양하게 이루어지고 있다(김경준·모상현·송태진, 2019).

2) 청소년우대제도의 의미

청소년을 사회적으로 우대한다는 것은 청소년들이 국가·사회적으로 특별한 대상이라는 의미와 함께 사회적으로 우대하지 않으면 건전한 성장·발달에서 어려움에 처할 수 있는 대상이라는 의미를 동시에 가진다. 따라서 청소년우대정책은 이들 어려운 청소년들의 건전한 성장·발달을 지원하고, 또한 국가·사회적 발전에 기여할 수 있도록 지원하기 위한 정책을 의미한다고 볼 수 있다. 청소년우대제도는 청소년시기에 꼭 필요한 자율적 활동을 국가사회가 지원하는 것으로, 이를 통해서 청소년정책에 대한 청소년들의 관심과 참여를 이끌어 내고 청소년정책의 효과를 극대화할 수 있다. 특히 여러 나라에서 정책적인 관심을 모으고 있는 청소년할인제도나 카드제도에 대한 종합적인 검토를 통해서 청소년정책의 실효성을 높이기 위한 방안을 모색하는 일이 필요하다. 2018년에서 2022년까지 추진되는 제6차 청소년정책기본계획에서도 문화시설, 여가시설 등에서의 청소년우대 활성화를 정책 목표로 하고 있다. 보다 구체적으로는 문화시설, 과학관, 체육시설, 평생교육기관, 자연휴양림, 수목원 등 청소년이용시설을 이용하는 경우에 이용료의 면제 또는 할인을 활성화하고, 청소년증의 홍보 및 발급 확대를 정책과제로 하고 있다(관계부처 합동, 2017). 하지만 청소년정책기본계획에서는 청소년우대정책을 청소년복지의 측면에서보다는 청소년체험활동의 활성화 측면에서 접근하고 있다.

그럼에도 불구하고, 우리나라 청소년우대정책의 내용, 즉 적용연령과 교통, 여가 등의 적용 대상과 범주, 적용방법과 수단 등이 여러 가지 측면에서 지방자치단계별 재정상황에 따라 시행의 일관성이 부족하며, 19~24세 연령은 배제되는 등의 문제점이 나타나고 있으며, 우대정책의 내용에 대한 청소년들의 만족도가 높지 않고, 청소년증의 경우에도 그 기능과 혜택이 제한적인 상황으로 청소년들의 관심이 낮다(김경준·모상현·송태진, 2019).

청소년우대에 대한 사회적 요구는 청소년은 우대할 만한 특별한 대상이며 국가 사회적으로 청소년의 건강한 성장과 발달을 위한 책임을 인식하고 성장기에 필요한 다양한 활동에 주체적이며 적극적으로 참여할 수 있도록 할 필요가 있다는 인식을 전제로 한다. 청소년기의 어려움 없는 성장을 위해서는 다양한 교육, 문화, 여가 활동에 필요한 경제적 제약이 없어야 하며 그를 위한 사회제도적 장치를 마련하는 것이 타당하다. 또한 그 내용은 청소년들이 다양하게 이용하는 교통수단, 박물관, 공원, 문화공연장 등과 같은 수단과 시설의 이용에 들어가는 비용을 면제하거나 할인하는 형태로 나타나는 것이 일반적이다.

청소년을 우대하는 것에 대해 형평성 문제나 사회적 비용부담의 문제를 제기하는 경우도 있지만, 세계의 여러 국가들이나 지역사회에서는 다음과 같은 몇 가지 이유를 청소년우대제도의 필요성으로 생각하고 있다(김경준·최인제, 2009 : 4). 첫째, 청소년의 정상적인 성장과 발달을 위한 기회를 국가·사회가 보장하기 위한 수단이라는 점이다. 청소년양육의 책임이 가정만이 아니라 사회에도 있다는 인식이 강화되고 있는 것이다. 둘째, 청소년은 사회적 약자라는 점에서 본래적 권리를 향유하도록 보장하기 위해서는 사회적, 정책적 지원이 필요하다는 것이다. 사회적으로 소외된 청소년, 경제적으로 어려움을 겪고 있는 청소년들도 건강한 성장을 할 권리가 있으며, 개별적으로 어려울 경우에는 국가·사회적으로 그러한 기회를 제공해야 한다는 것이다. 셋째, 청소년에 대한 직접적인 지원을 확대함으로써 청소년 중심의 활동을 유도하고 그럼으로써 청소년들은 자신들이 참여한 활동에 대해 보다 많은 선택과 영향력을 행사할 수 있다는 것이다. 넷째, 청소년을 우대하는 것은 청소년 분야의 업무와 활동에 대한 지역사회 차원의 관심과 지원, 그리고 청소년들의 지역사회에 대한 소속감과 자긍심을 갖도록 하는 의미를 갖는다. 청소년들에 대한 우대의 주체는 결국 청소년들의 일상생활이 이루어지는 지역단위에 있으며, 이들의 협력을 통해 실현될 수 있는 것이다.

김경준, 모상현, 송태진(2019 : 13-14)은 청소년대상에 대한 관심 확대, 청소년활동 참여의 활성화 필요성, 청소년들의 요구 확대, 직접적인 지원을 통한 정책의 효과성 제고, 청소년활동에 대한 정보의 효과적 수집과 관리, 지역사회의 다양한 청소년정책의 개발과 지역 간, 국가 간 네트워크의 발달 필요성 등의 여러 가지 측면에서 청소년우대제도가 발전되고 있다고 지적한다. 특히 청소년우대제도는 국가·사회적 요구에서 실시되는 경우가 증가하고 있지만, 최근에는 청소년들의 요구에서 출발하는 경우가 많으며, 지역의 청소년정책에 대한 관심과 박물관 등의 공공시설이나 영화관 등의 민간기업체의 적극적인 참여가 지역 청소년우대정책을 활성화하는 데 중요하다는 점을 지적하고 있다.

청소년을 우대하는 것은 또한 사회보장제도의 확대와 청소년복지 정책의 측면에서도 중요한 의미를 갖는다. 우선, 사회복지제도가 발달한 나라들의 경우 청소년에 대한 복지제도가 많이 마련되어 있으며, 청소년의 복지를 구현하는 수단으로 청소년에 대한 우대를 제도화하고 있는 경향을 알 수 있다. 청소년수당제도나 할인제도 등이 교육, 문화, 체육, 여가 등의 다양한 분야에서 발전되고 사회보장의 원칙과 관련하여 우대의 대상과 내용 및 방식 등이 규정되고 있다(김경준·최인재, 2009).

청소년우대제도와 청소년복지정책은 대체로 동일하게 취급하기도 하지만, 청소년우대제도는 청소년복지정책의 하위개념으로 볼 수 있으며, 그 관계는 다음과 같은 몇 가지로 제시되고 있다(김경준·최인재·설인자·원구환, 2007 : 18). 첫째, 두 개를 동일하게 보는 경우는 "청소년 복지정책을 주로 청소년을 대상으로 하는 우대정책으로 생각하여 청소년에 대한 할인 또는 무료지급, 각종 수당 및 장려금 지급 등을 시행하는 것을 말한다". 노인, 장애인 등의 다른 대상과 대조하여 청소년을 대상으로 하는 직접적인 사회보장서비스의 하나로 볼 수 있다는 것이다. 둘째, 청소년우대제도를 하위 개념으로 보는 경우는 청소년복지정책에는 청소년과 그 가족에 대한 서비스와 관련기관과 시설 및 프로그램에 대한 지원정책과 같은 측면에서 청소년복지정책의 한 부분이 우대제도라는 것이다. 이런 점에서는 "청소년복지 증진을 위해 청소년 가족에게 제공되는 각종 서비스나 청소년관련기관에 제공되는 시설이나 프로그램 등은 우대제도에서 제외된다"는 것이다.

청소년우대제도의 법적 존재형태가 중앙정부는 법률의 형태이며, 지방자치단체는 조례라는 점을 기억할 필요가 있다. 이는 정책의 변화에 따라서 중앙정부 차원과 지방정부 차원의 우대의 연령범주와 혜택, 시설대상과 수단 및 내용의 측면에서 제정과 개정이 해당 정부의 관할에 따라 쉽고 어려울 수 있다는 점과도 관련된다. 이는 교통수단이나 문화여가시설 등의 운영주체가 중앙정부인지 지방자치단체인지에 따라 달라질 수 있다는 것을 의미한다.

또한 청소년정책의 측면에서도 문제 중심, 일부의 문제청소년을 대상으로 하는 경우는 우대의 성격이 시혜적이고 소극적일 수 있는 반면, 청소년인권이 중요시되고 청소년참여가 강조되는 전체 청소년을 대상으로 하는 경우는 당위적이며 적극적인 우대정책의 성격을 갖게 되는 것을 알 수 있다. 즉, 청소년우대제도는 국가의 청소년정책의 성격과 정책의지에 따라 확대 또는 축소될 수 있으며, 그에 따른 청소년들의 관심과 참여 정도에도 직접적인 영향을 미침으로써 청소년정책의 효과에 밀접한 영향을 가진다(김경준 외, 2007).

4. 선거권 논의와 청소년참여의 최근 동향

1) 청소년 선거연령과 피선거권 논의

우리나라의 피선거권은 25세이며, 선거권 연령은 종전의 19세였던 것이, 2019년 12월 27일 국회 본회의에서 공직선거법이 개정됨에 따라 국회의원 총선거 등 공직선거에 투표권을 행사할 수 있는 유권자의 연령이 만 18세로 하향 조정되었다. 그동안 청소년의 참정권 확대에 대한 우려의 시각은 청소년들이 성인들에 비해서 합리적 판단능력이나 사회적 경험이 부족하여 올바른 선택이나 그에 따른 책임을 수행하기 어렵다는 점에 집중된다. 이에 따라 청소년들이 정치적 지식이나 이해가 부족하므로 정치적 판단 능력이 갖추어지지 않았고, 연령을 낮출 경우, 청소년 선거권자 중에는 고등학교 재학생이 다수 포함되어 있기 때문에 학교현장에서의 교육적 부작용을 우려하는 것으로 나타난다(남미자 · 장아름, 2020).

우리나라에서는 1990년에 청소년의 권리와 책임에 대한 규범을 제시한 '청소년 헌장'을 통해 청소년의 권리와 책임을 분명히 하고 있다. 즉, 청소년은 자신의 생각과 느낌을 자유롭게 표현하고, 자신의 삶과 관련된 정책결정 과정에 참여할 권리가 있으며, 이에 따른 공동체 일원으로서 더불어 살아가는 건전한 삶을 살아야 할 책임을 제시하였다. 이러한 청소년의 '표현에 대한 자유'와 '공동체 일원으로서의 권리와 책임'에 관한 명시는 청소년의 정치참여에 대한 근거가 된다는 점에서 의미가 있다.

공직선거법 개정 이후 만 18세 선거권자가 첫 번째로 참여하는 제21대 국회의원선거가 2020년 4월 15일에 실시되었다. 만 18세 전체 선거인수인 534,355명 중 8.6%(31,329명)를 표본 추출하여 투표율을 살펴본 결과, 67.4%(여자 66.7%, 남자 66.3%)가 투표에 참여였다(중앙선거관리위원회, 2020). 이는 우리나라 총 투표자 66.2%(전체 선거인수 43,994,247명, 실제 투표인수 29,127,311명)의 선거 참여율을 상회하는 결과이다. 이는 18세 선거권 하향에 따른 청소년들의 높은 참여율이 확인됨에 따라, 청소년들이 선거 전에 충분한 선거역량을 갖출 수 있도록 미리 준비할 필요가 있음을 시사한다. 나아가 만 18세 선거권자 중 일부 고등학생이 포함됨에 따라 청소년들을 대상으로 한 선거교육이 더욱 중요하게 되었다(김현진 외, 2020).

우리나라를 포함하여 영국, 미국, 프랑스 등 대다수의 OECD 국가에서는 18세 이상의 국민에게 선거권을 부여하고 있는데, 이는 청소년들이 보호의 대상이 아닌, 국가의 성숙된 일원으로 중요한 의사결정의 주체자가 되어 스스로의 선택과 책임을 행사할 경험과 기회를 갖고 있음을 의미한다. 우리 사회에서 '성년'의 연령 기준에 변화가 생길 수 있다는 점을 시사하는 것이다. 현재 민법상 성년의 기준은 만 19세이나, 선거권의 부여는 정치 참여의 영역에서 만 18세 이상인 자를 성년으로 본다는 의미일 수 있지만, 그동안 18세를 미성년을 전제하고 시행되던 많은 제도나 정책들이 검토될 필요성을 제시하는 것이다. 또한 고교 재학 중인 18세 학생이 공직 선거 투표에 참여할 수 있게 됨에 따라 시민양성에 기여하는 학교는 그에 따른 변화가 요청되고 있다(김현진 외, 2020).

정희옥과 정승희(2018)의 2009 국제교육성취도평가협회(IEA)가 주관한 국제시민의식 및 시민성 교육조사(ICCS)의 자료 분석 결과에 따르면, 한국 청소년들은 정치 관련 이슈에 대한 관심이 49.6%에 불과하고, 정치에 대한 신뢰도가 다른 국가와 비교하여 낮은 수준으로 나타났다. 이는 청소년의 정치참여 활성화를 통한 정치의식 제고의 필요성이 있음을 시사한다. 청소년에게 중요한 선택과 권한을 부여한 만큼, 올바른 정치의식과 판단을 할 수 있는 기반을 마련하는 것은 중요하다. 이는 학생들은 학교를 통해 민주주의 정치체계에 필요한 가치와 태도를 내면화하면서 민주시민으로서 성장한다는 점에서 보면, 학교교육을 통한 국가정책에 대한 토론과 이해, 비판적 분석과 정치 이해, 그리고 다양한 정보들에서 필요한 내용을 수집하고 올바른 판단의 근거로 활용할 수 있는 역량을 길러줄 필요가 있다는 의미이다.

2) 청소년인권과 청소년참여의 최근 동향

오늘날의 청소년들은 이전 세대와는 달리, 기술발전과 디지털 미디어에 매우 익숙한 세대로 다양한 방식으로 사회에 참여하고 있다. 이는 사회구성원으로서 청소년에 대한 사회적 인식 변화와 사회적 지위를 변화시키고 있다(노자은 · 김정민 · 조영미, 2019). 한 예로 옥스퍼드 사전(Oxford Dictionaries)은 매년 그 해의 단어(word of the year)를 선정하고 있는데, 2019년에는 기후 변화에 대한 논의의 급격한 증가에 따라 '기후비상(climate emergency)'이라는 용어와 2018년에는 '유독한'이라는 의미를 가진 '톡식(toxic)'이 선정되었으며, 2017년에는 '유스퀘이크(youthquake)'가 차지하였다. 특히 유스퀘이크(youthquake)는 '젊음(youth)'과 '지진(earthquake)'의 합성어로 청소년과 청년들의 행동과 영향력에서 발생하는 정치 · 경제 · 사회적 큰 변화를 의미한다. 영국에서는 총선거에서 젊은 층의 영향을 설명할 때 사용이 급증하고 있으며 활동적으로 사용되고 있다는 것이다. 이 용어는 1965년 한 패션잡지에서 당시 영국에서 유행하던 청소년문화가 음악, 대중, 문화, 패션 산업의 판도를 바꾸어 놓은 상황을 묘사하며 처음 사용한 것으로 청소년과 청년(young people)들의 활발한 정치적 참여가 두드러진 한 해를 서술하는 단어이며 청소년행동주의(youth activism)를 설명하는 용어로 사용되었다. 이런 측면에서 기존의 청소년정책이나 사회적 제도 속에서의 청소년 참여와 다른 비제도적인 자발적인 형태의 모습으로 전개되는 청소년들의 참여활동을 확인할 수 있다(노자은 · 김정민 · 조영미, 2019).

특히 최근에 우리나라뿐만 아니라, 국제사회에서도 청소년을 아동이나 성인과 구분되는 존재로 인식하게 되면서 아동인권과 다른 청소년인권이 주목받기 시작하였고 다양한 측면에서 청소년 주도적 참여활동이나 사회운동이 전개되고 있다(송선숙 외, 2017). 정건희(2015)는 1990년대를 기점으로 최근까지 언론기사와 문헌을 중심으로 청소년들의 시민참여 동향을 다음과 같이 분석하고 있다. 첫째, 청소년정책 변화과정에서 청소년관은 수동적 참가의 대상에서 시민참여의 주체로 설정되었으나, 주류 담론은 아직 보호·선도의 대상으로서의 문제중심적 관점이 지배적이다. 청소년정책에서는 1990년대 이후부터 청소년활동이라는 용어가 사용되었으며 1995년 중반 청소년은 미래의 주체이며 수동적 참여 존재로서 이른바 지도의 대상이었다. 1998년 참여가 정책에 명시되고 청소년헌장이 개정되어 사회구성원으로서 자율과 참여를 기반으로 청소년을 인권과 참여의 주체로서 정체성을 부여함에 따라 '권리주체로서 청소년관'이 등장하였으며 2003년 청소년참여기구가 조직된 바 있다. 그럼에도 불구하고 아직 우리 사회의 주류담론은 문제적 관점과 학생의 위치권을 강조하고 있다

둘째, 청소년들의 사회참여 과정은 1950년대 이후 반독재 민주화운동의 맥락에서 파악된다. 4·19 청년학생의 민주혁명운동, 6·3 한일협정반대운동, 삼선개헌 반대운동, 1970년대와 1980년대 이래의 통일운동과 민주화운동 등 소수 청소년과 청소년들의 실천정신은 오랜 청소년운동사에 그 뿌리를 두면서 발전되어 왔다. 2000년대에는 청소년주도의 자발적 참여가 나타나는데, 인터넷상에서 나이스(NEIS) 반대운동이 시작되고 청소년참여의 이슈들도 두발 자율화 운동, 미군 장갑차로 인한 여중생 사망사건, 18세 참정권운동, 광우병 쇠고기 수입 반대를 위한 촛불집회 등 점차 공적 영역으로 확대되었다.

셋째, 사이버 공간을 통한 청소년참여가 확산되고 있다. 청소년 권리획득에서 참여공간 변화의 동향은 오프라인에서 온라인으로 이어졌고 기기의 발달로 온·오프라인이 통합되는 과정을 거쳐 왔다. 기존 오프라인 주도의 청소년참여가 온라인 공간을 통하여 역으로 오프라인 청소년운동 조직을 결성하는 변화를 보였던 것이다. 기존의 PC통신 동아리는 점차 인터넷을 기반으로

하는 포털의 카페와 커뮤니티로 옮겨갔고 곧이어 블로그와 함께 소셜 미디어를 통해 확장된다. 이후 스마트폰으로 인터넷 활용공간이 크게 확장되는 계기를 맞이하는데, 학교 교칙문제와 두발 자율화부터 일부 사회적 이슈에 따른 청소년 촛불집회까지 공론화를 이끈 장은 온라인 공간이었다.

넷째, 청소년참여는 정치사회 및 교육정책까지 확대되어 청소년 주도의 시민참여 현상까지 나타났다. 이전의 촛불시위는 SOFA(주한미국주둔군지위협정)의 개정과 올바른 문제해결 과정 요구로 이어지고, 이후 2008년에 광우병 쇠고기 수입 반대 촛불집회가 전국으로 전개되었고 인권운동 차원에서 교육정책으로까지 확대되어 전국적인 학생인권조례운동까지 이어지게 되었다. 이 밖에 청소년들의 NGO 참여나 지역을 중심으로 한 진로활동, 옴부즈퍼슨(아동권리옹호관), 기자단 등 다양한 자치활동을 기반으로 하는 동아리활동이나 프로젝트 활동을 진행하면서 지역사회에 정책적 제안을 하고 사회변화를 도모하는 활동들도 늘어나고 있다.

김경준(2005)은 그동안 우리나라에서 주로 비제도적 영역에서 이루어져 온 인권과 평화 부문의 청소년참여 현황을 다음과 같이 분석하였다. 우선, 인권 부문에서 청소년참여는 1980년대 중반부터 본격화되기 시작한 것으로 제시한다. 1987년 6월 항쟁의 열기가 교육 민주화운동으로 확산되면서 강제 보충수업과 자율학습의 폐지, 직선제 학생회, 전교조 인정 등을 목표로 하는 청소년 조직들이 전국 각지에서 결성된 바 있지만, 당시 운동은 인권의 언어로 표출되었다기보다 '참교육'으로 대표되는 교육 민주화운동의 일환으로 전개된 측면이 강하다. 1990년대 초반 학교와 정부 당국의 탄압으로 침체의 국면에 접어들었던 청소년 운동이 인권운동으로 거듭나며 본격화되기 시작한 것은 1995년 무렵부터였다.

당시 고등학교 1학년 최우주 군이 강압적인 보충수업과 자율학습이 학생들의 신체적·정신적 건강을 위협하고 나아가 학생들의 기본권과 인간의 존엄성을 묵살하는 것이라며 헌법소원을 제기하겠다고 밝힌 것을 계기로 학생인권에 대한 사회적 논쟁이 제기되었다. 이에 따라 '중고등학생복지회'라는 청소년 인권모임이 결성되었으며, 이후 오프라인으로 '학생을 위한 학교 만들기'

캠페인을 전개하는 한편 1998년 11월 3일 '학생인권선언서'를 발표하는 등의 활동을 하였다. 이를 통해 청소년인권에 대한 사회적 관심과 논의를 향상시키는 데 기여하면서, 강제 보충 · 자율학습 방식이 방과 후 특별활동이나 여가를 즐길 권리를 빼앗은 동시에 능률적으로 학습할 권리마저 빼앗고 있음을 지적하면서 비판여론을 형성하였다. 이는 교육부 차원에서 강제 보충 · 자율학습을 금지하도록 하는 정책변화를 이끌어 내는 데 기여했다. 학생복지회는 이후 해소되었지만 그 문제의식은 각종 청소년 인권모임과 온라인을 통해 지속되고 있다. 이러한 문제의식은 학생 청소년의 학교 내 인권문제뿐만 아니라 학교 밖 청소년의 인권문제, 청소년 참정권 확보 등의 문제들까지 폭넓게 확장하고 심화되면서 직접적 행동으로 청소년을 세력화하는 것으로 전개되었다.

김경준(2005)은 또한, 우리나라에서의 청소년인권 부분에서의 참여활동을 ① 자발적 청소년 인권모임의 설립과 활동, ② 사이버공간을 통한 참여, ③ 법적 소송을 통한 참여, ④ 공동체의 문제 해결을 위한 참여, ⑤ 기존 인권 · 사회단체를 통한 참여, 그리고 ⑥ 사회체험 교육을 통한 참여 등으로 구분하여 정리하였다. 특히 인권과 관련한 청소년참여의 세계적 동향을 ① 유엔과 같은 국제기구를 통한 참여, ② 정부나 지방자치단체를 통한 참여, ③ 자발적 인권모임을 통한 참여, ④ 사이버 공간을 통한 참여, ⑤ 기존 인권단체를 통한 참여 등으로 구분하여 소개하고 있다. 이에 따라 국내 사례로는 대한민국 청소년의회, 아이두, '와 Wah', 국제엠네스티 한국지부, NGO탐구반 등이 분석되었고, 외국 사례로는 유니세프, 유네스코, 국제노동기구 등의 유엔 전문기구, 청소년위원회, 아티클 12(Article 12), 지구청소년연대(Global Youth Connect) 및 와이어 탭(WireTab) 등의 사례를 분석하였다(김경준, 2005).

청소년들이 자신의 권리를 주장하는 참여활동은 2000년대 이후 적극적인 정치활동으로도 나타났다. 청소년들에 대한 선거권 등 정치에 참여할 권리보장을 요구했으며, 직접 정당에 가입하거나 정부기구에 참여하여 활동하면서 의견을 제출하는 청소년들도 나타났다. 중대한 사회적 이슈가 발생할 때마다 시국선언을 발표하고 촛불집회의 주축이 되기도 했다. 이른바 청소년들 스스로가 주인이 되기 위한 정치활동에도 참여한 것이다(공 현 · 전누리, 2016). 2002년

효순·미선이 사건, 2004년 노무현 대통령 탄핵사건, 광우병 파동에 따른 미국산 쇠고기 수입 반대 등 사회적 이슈들에 대하여 촛불시위를 통해 자신들의 의견을 적극적으로 표현하였다.

홍정희 등(2016)은 청소년참여가 가장 두드러졌던 것은 2002년 월드컵과 관련한 것으로 보고 있다. 당시 길거리 응원에 모인 청소년들의 참여는 사회적으로 큰 화제가 될 만큼 새로운 자발적 모습이었으며 참여적인 청소년의 문화를 외현화시켰다는 점에서 주목받을 만했다. 중요한 것은 청소년들의 참여가 타자의 강요에 의해 이루어진 것이 아니라 청소년 스스로의 자발적인 결정과 능동적인 행위에 의한 것이었다는 점이다.

한편 청소년들의 참여활동은 광우병 파동에 따른 미국산 쇠고기 수입 반대 촛불문화제, 부안 핵폐기장 설치 반대 등으로 나타나면서 사회적으로 큰 파장이 되기도 하였다. 이 때의 청소년참여에 대하여 정혜원(2006)은 미성숙하고 수동적인 존재로 인식했던 청소년들이 스스로 자신의 삶을 구성하고, 저항하는 합리적 주체이자 능동적인 행위자로 변화되고 있다고 설명하였다. 또한 이창호 등(2008)은 자발적이고 능동적인 참여세대로 청소년의 참여를 설명하면서 한편으로 청소년들이 다소 거친 표현을 하거나 사회적 이슈들에 대해 막연한 생각을 가지고 있다는 점을 지적한 바 있다.

이렇게 보면, 청소년들의 참여활동은 청소년을 둘러싸고 있는 실제적 삶의 장면과 관련되는 것으로 나타나고 있음을 알 수 있다. 청소년들이 문제의식에 따라 자발적으로 참여하게 되는 경우는 실질적 참여로 이어질 가능성이 높다. 그러나 이러한 참여라고 할지라도 경계해야 할 것은 맹목적이고 비판적인 성찰이 수반되지 않는 참여라고 할 수 있다(홍정희 외, 2016). 결과적으로, 청소년의 참여활동 경험은 참여 상황이나 영역, 참여의 범위 등 그 맥락에 따라 긍정적이거나 부정적인 참여활동 경험이 될 수 있다. 사회갈등 상황에 참여하는 경험이 부정적 참여경험으로 직결된다고 할 수도 없다. 다만, 민주시민 사회로의 발전을 지향하는 사회에서 긍정적인 청소년의 참여활동 경험은 성인이 되어서도 지속적인 참여로 이어질 가능성이 높다. 이러한 측면에서 청소년들의 참여활동 경험이 청소년 자신과 사회를 성장시키는 방향으로 발전할 수 있도록 할 필요가 있다. 이에 어떠한 참여가 되어야 하는가를 숙고하는 과정이 요구되며, 반성적 성찰이 수반되는 참여활동 경험의 기회가 더욱 확대될 필요가 있다. 특히 성인 어른에게 종속된 상황에서 청소년 자신의 의견을 표출하는 것이 아니라 청소년 자신의 삶에 관련된 일면들을 주체적으로 드러내고, 소신 있게 선택할 수 있도록 하는 것이 중요한 의미를 갖는다.

이와 같이 많은 청소년들이 자신들과 관련한 정책들과 사회문제들에 대해 실제로 목소리를 내고, 집회에 참여하고 있다. 선거권만이 아니라 여러 정치적 참여를 보장하라는 목소리도 끊이지 않는다. 청소년들은 이미 우리 사회에서 어른들과 동등한 한 명의 시민으로 살아가며 행동하고 있는 것이다(공현·전누리, 2016). 유윤종(2019)은 한국의 청소년인권운동은 1990년대 중후반부터 유엔아동권리협약 가입과 시민사회의 관심을 배경으로 하여 두발자유 이슈로부터 시작된 것으로 보면서, 2000년대 초중반에 체벌 금지, 종교의 자유, 표현의 자유 등 학생인권, 학교민주주의와 참여권, 나이스(NEIS) 반대 운동과 정보인권, 청소년노동인권, 국가인권위원회의 기여, 그리고 다양한 청소년인권운동 주체들의 등장과 한계 등으로 공론화되었다고 본다. 이후 촛불집회와 온라인 시민참여와 정치계의 변화 및 청소년 참정권 요구와 '18세 선거권' 운동으로 이어지면서, 내신등급제와 입시 교육에 반발한 촛불, 두 번째 두발규제 반대운동, 대중집회의 성공, 2008년 청소년이 주역이 된 촛불집회 등으로 청소년이 정치의 광장에 서게 된 것으로 본다.

유윤종(2019)은 또한 2000년대 후반 이후는 법을 만들고 체제에 도전하는 인권운동으로 규정하고, 그 내용으로 학생인권법과 학생인권조례의 제정, 학교체벌금지와 직접·간접 체벌 논란, 아동복지법 개정과 애매한 체벌 금지 법제화 논의, 입시경쟁교육 반대 및 대학입시거부 운동, 일제고사 반대운동, 학습시간 줄이기 운동 등의 경쟁교육을 반대하는 것을 중심으로 전개된 것으로 서술하고 있다.

유윤종(2019)은 2016년에서 2017년 걸쳐 박근혜 대통령 탄핵을 이루어 내며 추진력을 얻은 이슈 중 하나로 선거권 제한 연령 기준을 낮추는 문제를 강조한다. 퇴진 운동과 탄핵의 과정에서 촛불집회와 시국선언으로 청소년들이 함께한 경험, 선거관리위원회와 국가인권위원회의 선거권 제한 연령 기준을 낮추라는 제안, 문재인 대통령의 대선 공약 등이 우호적인 환경을 만들었다. 그동안 주요 선거 때마다 모의투표, 캠페인, 헌법소원 등의 방식으로 끊이지 않고 선거권 제한 연령 기준 하향과 청소년 참정권을 요구해 온 정치적 노력의 결과였다.

공 현과 전누리(2018)는 '만 18세 선거권 운동'은 단지 선거권 연령을 바꾸자는 운동만이 아니었으며 선거권 제한 연령을 만 19세로 하는 것과 만 18세로 하는 것 사이에는 큰 차이가 있다고 본다. 18세로 정할 경우 고등학교 3학년생들이나 19세인 사람들 중 일부가 선거권을 가지게 됨으로써 참정권을 얻는 첫 출발선을 10대 청소년이 끊는다는 의미를 가진다라는 점에서 만 18세 선거권을 둘러싼 찬반 논란에는 청소년들의 정치참여를 인정하느냐 마느냐 하는 문제가 있었던 것이다. 이에 따라, 청소년 참정권 보장, 학생인권법 제정, 어린이·청소년인권법 제정을 목표로 꾸려진 '촛불청소년인권법제정연대'는 국회문을 쉼 없이 두드렸고 국회에는 정당 가입 연령 제한을 폐지하는 법안, 18세로 선거권 제한 연령 기준을 개정하는 법안 등이 발의되면서, 선거권 제한 연령 기준 문제는 선거 제도 개혁의 주요 쟁점 중 하나가 된다(유윤종, 2019).

2018년 이후에는 학교 현장에서도 성차별 문제를 비판하는 목소리가 대두되면서 '스쿨 미투' 운동이 여러 학교에서 일어나면서 성희롱 및 성폭력 문제가 제기되고 학교 안의 표현의 자유, 학생의 참여권, 교사 학생 사이의 권력위계 등에 대한 문제점도 드러나고 있다. 학교에 따라서는 페미니즘 동아리가 생기거나 청소년 성차별이나 섹슈얼리티 억압에 따른 활동이 나타나고 있다. 또한 현장실습학생 사망사고가 생기자, 특성화고권리연합회가 2017년 생기고 실습 중 안전 문제와 교육 제도 안의 차별 문제 등이 제기되었다(유윤종, 2019). 2019년 이후는 그동안의 사회적 변화와 청소년인권의 역사 위에서 청소년 참정권, 학생인권, 반(反)성폭력, 특성화고 현장실습 문제 등에 보다 나은 성과를 얻게 될 것을 기대하고 있다(유윤종, 2019).

〈표 11-1〉 청소년운동사 연표

연 도	내 용
1995	강원도 춘천고 학생 최우주 하이텔에 헌법 소원 글 게시
1997	청소년 웹진 네가진 '청소년해빙신언서' 발표
1998	중고등학생복지회 '학생인권선언' 발표
2000	노컷 운동 문화연대 등 청소년보호법 폐지운동
2001	MBC "느낌표" 등 0교시 문제 이슈화 학생인권과교육개혁을위한전국중고등학생연합 '인권을 찾자 교칙을 찾자' 운동, 학생의 학교운영위원회 참여요구 운동
2002	미군 장갑차 사고 추모 촛불집회 18세 선거권 낮추자 운동 학생인권과교육개혁을위한전국중고등학생연합 등 0교시·야간 자율 학습·보충 수업 등 법제화 반대와 체벌 전면 폐지 운동
2003	학생 체벌 금지 연대활동 NEIS 반대운동 전교조 실업교육위원회 등 실업계고 현장 실습 정상화 요구 운동
2004	서울 대광고 학생 강의석 학내 종교 자유운동 18세 선거권 운동 '진보 정당을 지지하는 청소년활동가 공동선언문' 발표 학생회 법제화 운동
2005	내신등급제 반대 촛불집회 두발 자유 운동
2006	학생인권법안 발의 '두발 자유, 바로 지금!' 거리 집회 두발 자유! 학생인권법안 통과! 파란만장 청소년 인권 전국 행진
2007	입시폐지대학평준화국민운동본부 출범 '미친 학교를 혁명하라' 거리 집회

2008	광우병 촛불집회 일제고사 반대운동 기호 0번 청소년교육감 후보 운동
2009	일제고사 반대운동
2010	경기도학생인권조례 제정 서울시 교육청 학교체벌 금지 발표 기호 0번 청소년교육감 후보 운동
2011	「초·중등교육법 시행령」 개정으로 체벌 제한적 금지 서울학생인권조례 주민발의 광주학생인권조례 제정 대학/입시 거부 운동
2012	서울학생인권조례 제정 '내놔라' 등 청소년 참정권 운동 서울어린이청소년인권조례 제정 경남/충북학생인권조례 주민 발의
2013	전북학생인권조례 제정

출처 : 공 현·둠 코(2016), pp. 328-329 재구성.

CHAPTER

12 참여적 인권과 청소년참여권

1. 청소년인권과 참여적 인권

청소년참여에 대한 관심이 증대되고 청소년들의 참여활동이 강조되는 계기는 다양하게 찾아볼 수 있다. 정보화의 가속화와 디지털환경의 변화는 가장 최근의 경향으로 논의할 수 있으며, 대중문화의 발달과 청소년문화의 대두 등으로 인한 청소년이슈의 사회화는 아주 오랜 시기를 거슬러 찾아볼 수 있는 상황으로 이해할 수 있다. 청소년참여의 추세는 또한 오늘날의 사회발전에 따른 다문화적 관점의 수용이라는 사회적 분위기와도 관련된다(홍정희 외, 2016). 이는 그동안 성인주류사회에서 수동적인 보호 대상자로만 인식했던 청소년에 대한 기존 패러다임에서 벗어나 주체적으로 사회변화를 주도할 수 있는 주도자로서의 청소년을 새롭게 인정하는 사회적 분위기가 형성되어 온 것과도 관련되는 것이다.

청소년참여와 관련하여 흔히 오해하기 쉬운 중요한 사실의 하나는 청소년참여가 유엔아동권리협약에 의해 참여권이 강조된 그 이전부터 하나의 국제적 추세로서 대두되고 형성되며 발전되어 왔다는 점이다. 이는 1985년을 유엔에서 '세계 청소년의 해'로 선포한 것에서도 나타난다. 당시 유엔은 "평화, 발전, 참여"를 중요한 주제로 채택하였으며 청소년에게 사회발전에 참여할 수 있는 기회를 제공함으로써 동반자적 관계 속에서 평화로운 미래를 건설해 가고자 하는 희망을 제시했다. 이러한 국제적 분위기는 정책적으로 참여증진을 위한 청소년참여기구의 확대 등으로 사회적 제도화가 진행되었고, 청소년참여활동은 점차 지역사회로까지 확대되는 상황으로 나타나게 된다. 이런 분위기 속에 유엔아동권리협약이 1989년에 제정되었고 그 내용에 참여권적 내용을 포함하게 됨으로써 더욱 중요하게 강조된 것으로 흐름을 이해하는 것이 보다 정확할 것이다.

청소년인권에서 참여의 의미를 부각시키는 배경은 ① 권위적 통제문화의 약화와 자율적 문화풍토의 등장, ② 디지털시대의 출현과 새로운 파워집단으로서 청소년의 등장 등이 제시된다(김헌태 외, 2006). 지식정보사회에서는 일과 여가와 공부의 경계가 와해되고 일상생활 속에서 급속히 상호 융합되어 가는 추세로 나아가게 되는데, 이에 따라 청소년은 일로부터 해방된 존재라는 관념에서 일을 해야 하고, 사회발전에 참여해서 책임을 공유하는 주체가 된다는 관념을 갖게 됨으로써 청소년의 존재혁신을 초래한다는 것이다. 이런 점에서 청소년인권이 시혜적 차원의 수동적 향유 대상이 아니라 청소년 스스로가 자신의 권리로서 이해하고 이를 실현하기 위해 적극적으로 참여하고 행동하는 주체로 인식되어야 한다는 '참여적 인권'의 개념적 중요성이 제시되는 것이다(김헌태 외, 2006).

참여적 인권 개념에서 중요한 것은 '책임(accountability)'의 가치라고 본다. 여기서는 인권이 자기 개인을 억압하는 외부적 요소에 대한 저항을 의미할 뿐만 아니라 타인과의 소통과 공감, 그리고 연대와 책임을 통해 자신의 권리에 대한 자각도 더욱 높아지는 과정을 중시한다. 이것이 중요한 이유는 청소년인권에 대한 침해가 청소년 세계 외부로부터만 오는 것이 아니라 청소년들 사이에서의 소수자에 대한 왕따, 폭력과 같은 인권차별과 유린 문제가 지속적으로 제기되고 있다는 점에서 더욱 그렇다. 바로 이런 관점으로의 전환은 청소년인권에서 참여와 체험의 가치를 증대시킨다.

유엔아동권리협약은 생존권, 보호권, 발달권, 참여권의 네 가지 영역을 담고 있다고 보는데, 이를 통해 참여권은 국제인권규범의 측면에서도 청소년에게 중요한 권리영역으로 명시된 것이다. 이 장을 통해 서설하겠지만, 유엔아동권리협약에서 담고 있는 시민적 권리와 자유는 청소년에게는 구체적으로 적용되지 않는 경우가 많을 수 있다. 이러한 권리는 국가의 구성원으로서의 권리와 책임에 초점을 두는데, 그에 따라 청소년보다는 성인에게 초점을 두기 쉽기 때문이다(김현태 외, 2006). 이에 따라 유엔아동권리위원회는 각 국가의 의원, 공무원, 전문가 집단, 청소년과 그 부모에게 청소년 시민적 권리에 대해 교육함으로써 청소년이 시민적 권리가 있음을 완전히 받아들이도록 해야 한다고 역설한다. 또한 입법적 조치를 통해 청수년이 시민적 권리와 자유를 마음껏 누릴 수 있도록 보장해야 한다고 제안하고 있다(Hodgkin & Newell, 2002).

요컨대 오늘날에 있어서 청소년 인권과 참여의 관계는 상호보완적이다. 즉, 청소년인권의 적극적 실현을 위해서도 청소년의 주체적 참여가 필요하고, 또 역으로 청소년의 참여를 촉진하기 위해서도 청소년인권에 대한 사회적 인정과 배려, 그리고 청소년 스스로의 인권에 대한 자각이 필요하다는 점에서 상호작용적이고 보완적인 관계에 놓여 있는 것이다. 여기서는 바로 이런 개념적 인식에 입각하여 참여와 관련된 청소년 인권 상황과 정책을 고찰해 보고자 한다.

청소년참여권에 대한 논의의 핵심은 의사결정 과정의 공유이며, 청소년들이 자신에게 영향을 끼치는 일에 의사를 표명하고 성인은 이런 청소년의 의사를 최대한 존중하는 것과 관련된다(천정웅, 2008). 케언즈(Cairns, 2001)는 효과적인 참여는 단지 작은 한 집단만이 아닌, 모든 아동과 청소년이 자문협의의 단계를 넘어서 책임을 지고, 결과를 성취하며, 성인들이 이를 받아들이는 것으로 이해한다.

참여권은 고전적 의미와 현대적 의미의 두 차원으로 나누어질 수 있다. 고전적 의미의 참여권은 정치적 참여권을 의미하며, 현대적 의미의 참여권은 시민으로서의 정치적 권리의 차원뿐만 아니라 인간이 자신과 관련된 일에 대해 자율적 판단에 따라 주체적으로 선택하고 결정한다는 보다 포괄적인 의미를 포함하는 개념이다. 이러한 의미의 참여권은 어떤 TV 프로그램을 시청할지 등과 같은 사소한 것에서부터 투표와 같은 비중 있는 결정에 이르기까지 인간의 모든 의사결정을 포함하는 개념이다(Franklin, 1989).

대부분의 사람들은 성인의 참여권에 대해서는 당연한 권리로 인식한다. 그러나 참여권을 행사하는 주체가 청소년일 때 이들의 참여권에 대해서는 완전한 권리의 주체로 인정하지 않는 견해들이 있다. 이러한 참여권 제한을 정당화하는 견해는 네 가지로 볼 수 있다(김한진, 2002). 첫째, 인지능력에 초점을 둔 인식론적인 청소년 이해를 기초로 하여, 청소년의 개별적 특성은 인정하지만 성인의 기준에 비추어 열등하고 불완전한 특성으로 해석하는 견해이다. 둘째, '권리'를 '의무'와 짝을 이루는 상관개념으로 이해하여, 청소년이 시민으로서 의무와 책임을 다할 능력이 없기 때문에 이에 상응하는 권리와 지위를 누릴 수 없다는 견해이다. 셋째, 청소년의 복지권과 참여권(자유권), 청소년의 양육보호와 자기결정을 대립적으로 이해하는 견해이다. 청소년의 복지권에 대한 강조는 보호를 필요로 하는 청소년의 특수성에 근거한 견해이지만 인식론적인 청소년관에 기초하여 청소년의 양육과 복지권을 강조하는 것은 적극적 자유권인 참여권을 제한하게 된다. 넷째, 청소년의 특성, 특히 보호를 강조하는 것은 권위적 간섭주의(paternalism)와 연결되어 청소년인권의 보편적 특성을 훼손할 가능성이 매우 높다.

이상의 청소년의 참여권 제한을 정당화하는 네 가지 관점을 통해, 참여권은 청소년이 권리의 주체로서 보장받아야 할 핵심적인 권리이며 청소년참여권은 권위적 간섭주의로부터 권리주체인 청소년의 실질적 이익을 지킬 수 있는 보편적 권리로서 중요한 의미를 지니고 있음을 보여주고 있다.

참여권은 성인의 권위와 힘이 절대적인 사회환경에서는 특히 중요하다. 교사, 학생, 학부모 관계를 중심으로 하는 학교환경에서의 참여권은 그래서 더욱 큰 의미를 가진다. 청소년의 시민으로서의 역할과 민주주의에 대한 이해와 자각은 참여권이 존중받는 정도에 의해 결정되기 때문이다(Cheon & Lee, 2010). 참여권은 소속감을 가져다주는 것은 물론, 청소년들에게 변화를 가져오는 방법을 가르쳐 준다는 것이다.

특히 유엔아동권리협약은 청소년의 권리를 생존권, 발달권, 보호권 등과 함께 공공영역에서의 참여권으로까지 확장하였다(Arnott, 2008). 유엔아동권리협약은 청소년의 의견존중을 일반원칙 중의 하나로 규정하였으며, 표현의 자유,

집회결사의 자유, 정보접근권 등 참여권을 명시함으로써 지금까지 선언되고 국제적으로 채택된 가장 종합적인 청소년권리문서가 되었다(Sherrod, Flanagan, Kssimir, & Syvertsen, 2006). 우리나라에서도 유엔아동권리협약을 비준하여 청소년의 인권증진을 위한 국제사회의 노력에 동참하고 있으며, 관련 법령의 제·개정 등을 통해, 청소년의 참여권을 신장하기 위한 노력을 지속하고 있다.

그럼에도 불구하고 청소년의 참여권과 관련된 인식과 제도는 여전히 많은 문제점을 가지고 있으며, 청소년집단의 사회적 위상변화와 역량을 따라가지 못하는 정책, 제도, 입시 위주, 학업 중심의 학교환경, 가정과 사회에서의 이해 부족 등이 주요한 요인으로 지적되고 있다. 특히 교내 집회 금지, 두발규제, 소지품 검사 등 주로 초·중·고의 각급 학교에서 관행적으로 이루어지고 있는 조치들에 따른 표현참여의 제한, 집회와 결사의 자유 제한, 사생활 침해 등의 인권침해 현상은 지속적으로 논란이 되어 왔으며, 학생인권조례 제정과 관련하여 학생인권, 특히 참여권에 대한 많은 관심을 불러일으키고 있다(배경내, 2003; 오동석, 2010; 이용교·천정웅·김경준, 2009).

청소년참여권의 의미를 이해하기 위해서는 다음과 같은 몇 가지 점을 주목할 필요가 있다. 첫째, 청소년이 자신들의 참여권을 어느 정도로 어떻게 보고 있는가를 이해하는 것이 필요하다. 자신들에게 주어진 참여권의 행사를 원하지 않을 수도 있기 때문이다. 캐시모어(Cashmore, 2002)는 청소년들은 반드시 자기결정을 하는 수준의 참여를 원하는 것은 아니며 자신들에 관한 의사결정에 참여하는 정도로 원하고 있다는 연구결과를 제시한 바 있다. 참여권이 청소년의 권리 가운데 어느 정도로 중요한 것으로 생각하는가를 조사한 연구에 의하면, 학생의 경우, 약 3명당 2명 정도가 참여권을 우선적으로 생각하였으며, 10명 중 한 명 정도가 보호권에 우선순위를 두는 것으로 응답하였다. 교사의 경우, 약 3분의 1 정도가 보호권을 지적했으며 참여권을 우선순위로 응답한 경우는 그보다 조금 적게 나타났다. 이 결과는 학생들이 교사들보다 참여권을 청소년에게 가장 중요한 권리라고 인식하고 있음을 말해준다(Taylor, Smith, & Nairn, 2001).

둘째, 학교에서의 참여권은 더욱 중요하며 한국 청소년의 참여의식과 욕구는 높지만 참여권의 수준은 낮게 나타나고 있다. 최근 청소년의 시민권에 대한 인식을 조사한 국제비교 연구에 의하면, 8~9세 및 14~15세의 초·중등학교 학생들의 거의 과반수가 학교에서의 참여권의 중요성에 관하여 지적하였다. 여기에는 다른 사람들에 의해 존중받고, 의사결정에서 발언할 수 있으며, 견해를 말하고, 이해받고 인정받는 것 등이 포함된다. 그러나 참여권의 중요성에 대한 인식과는 달리, 참여권의 수준은 다른 나라에 비해 낮게 나타나고 있다. 한국청소년정책연구원의 국제비교 연구결과 또한 청소년참여권 보장수준에 대해 '보장하고 있지 않다'는 응답은 한국이 49.3%로 최대치를 보임으로써 참여권 보장수준이 가장 낮게 나타났다. 이는 '보장하고 있다'는 응답의 경우에도 미국의 경우 53.9%, 스웨덴은 47.9%로 나타난 데 비해 한국은 27.2%로 나타난 것으로도 알 수 있다.

셋째, 청소년참여권을 인정하는 움직임은 아동기(childhood)나 청소년에 관한 이론을 통해서도 나타난다. 제임스(James, 2004)는 아동기에 대한 현대 서구적 관점에서의 지배적 담론은 아동을 사회적 행위자로서의 에이전트(agent)라기보다는 종속적인 존재로 보는 점을 지적한다. 사실, 아동기의 본질과 유능성에 대한 신념 등은 역사적 시대별로 그리고 문화적 상황별로 각기 다르게 나타났다. 아동기와 청소년의 욕구라는 것은 성인들을 중심으로 한 의미규정에 의해 사회적으로 구성된 것이며, 그런 점에서 많은 경우 청소년들은 유능하고 역량 있으며 책임감 있게 결정에 기여할 수 있는 것으로 이해되어 왔다고 볼 수 없다(Smith, 2007).

청소년은 독특한 관점 또는 견해를 가지고 있다. 그럼에도 그것이 무시되어 온 것은 청소년들은 유능성과 경험을 결여하고 있는 것으로 간주되고, 그들의 견해는 부모나 교사들의 생각을 그대로 반영하는 것으로 생각되었기 때문이다. 청소년의 유능성의 결여에 대한 생각은 연령과 관련하면서, 자신의 견해를 표현하거나 의사결정에 참여하기에는 불완전하다는 것으로 주장된다. 강력한 규범적 모델이 청소년이 무엇을 할 수 있으며 또 할 수 없는지에 대한 우리들의 전제를 형성한다.

그러나 유능성을 연령과 단계에 기반하여 규정하는 것에 대해서는 비판적인 연구물들이 많이 있다. 예컨대 가족, 학교, 법제도 및 사회복지제도에 관련된 청소년들에 관한 스미스, 테일러, 골롭(Smith, Taylor, & Gollop, 2000)의 연구에서는 아주 어린 청소년들도 자신의 경험을 이해하는 데 충분한 자격을 갖추고 있으며 자신을 표현하는 데 유능하다는 점을 밝히고 있다. 다비(Davie, 1996)는 영국의 법정에서 청소년의 연령에 초점을 두는 것은 부적절하며, 중요한 것은 이들이 이슈를 이해할 수 있는 정도의 수준에 있다라는 점을 지적하였다.

2. 참여권의 범주와 청소년참여권

청소년의 참여가 촉진되고 참여권의 중요성과 의미가 점차 강조되고 있지만, 참여권의 구체적인 범주와 구성요소 등에 대해서는 많은 논의가 있다. 대체로 의견존중을 바탕으로 한 의사결정 과정에의 참여와 관련한 내용을 참여권의 주요 내용으로 보고 있으며, 유엔아동권리협약의 참여권 관련 조항들을 중심으로 논의하고 있는 경향이다. 또한 유엔아동권리협약에 명시적 규정이 있지는 않지만, 청소년의 참여를 실효성 있게 담보하기 위해서 가장 중요한 것으로 참정권이 있다. 청소년이 책임 있는 시민이 되기 위해서 참정권은 그 준비과정이다. 특히 선거권과 피선거권의 연령규정을 어떻게 할 것인가는 참정권의 핵심이다.

일반적으로 유엔아동권리협약과 관련한 참여권 논의는 근거조항으로 제12조(의사표명권과 절차적 권리)를 비롯하여 핵심조항으로 제13조(표현과 매체의 자유)를 비롯하여 사상·양심 및 종교의 자유(제14조), 집회 및 결사의 자유(제15조), 사생활 보호권(제16조) 및 정보접근권(제17조) 여가, 문화예술 활동 참여(제31조) 등 시민적 권리와 자유에 관한 조항을 중심으로 이루어진다(천정웅, 2008).

1) 참여권 근거조항(의견표명권과 절차적 권리, 제12조)

유엔아동권리협약 제12조는 자신의 견해를 형성할 능력이 있는 누구나 의사를 표현할 권리가 보장되어야 함을 명시하고 있으며, 개성과 자율성, 즉 청소년의 발언에 귀 기울여야 하며, 단지 관심의 대상만이 아니라, 그들도 인간이라는 점을 인정한 하나의 근본적 구성요소로 평가된다(Smith, 2007), 제12조는 또한 참여권을 "아동 · 청소년의 삶의 가장 많은 영역에서 가장 많이 무시되고 등한시되는 것의 하나"로 지적되고 있기도 하다(Shier, 2001 : 108).

유엔아동권리협약 제12조

1. 당사국은 자신의 견해를 형성할 능력이 있는 아동에 대하여 본인에게 영향을 미치는 모든 문제에 있어서 자신의 견해를 자유스럽게 표시할 권리를 보장하며 아동의 견해에 대하여는 아동의 연령과 성숙 정도에 따라 정당한 비중이 부여되어야 한다.
2. 이러한 목적을 위하여, 아동에게는 특히 아동에게 영향을 미치는 어떠한 사법적 · 행정적 절차에 있어서도 직접 또는 대표자나 적절한 기관을 통하여 진술할 기회가 국내법적 절차에 합치되는 방법으로 주어져야 한다.

특히 제12조는 자신의 견해를 형성할 능력에 관하여 말하고 있는데, 청소년의 연령과 성숙정도에 따라 아동의 견해에 주어지는 고려가 달라질 수 있다는 것은 흥미롭다. 그런 까닭에 제12조의 해석은 성인들이 연령과 성숙 및 능력을 어떻게 구성하는가, 즉 청소년들이 가지고 있는 특별한 발달이론에 상당히 좌우되는 것이다. 청소년의 유능성과 연령에 대한 다양한 논의들을 통해 알 수 있듯이, 아동기는 시대와 장소에 따라 각기 다르게 구성되어 왔으며, 사회과학의 지배적인 담론들에 의해 상당히 영향을 받았다. 성인들이 청소년의 능력에 대해 낮은 기대를 나타내는 것은 흔히 볼 수 있다. 이런 점에서 청소년들은 자신의 견해를 형성하기 위해서 성인들의 적절한 지원을 받아야 한다는 것이 의미를 가진다(Smith, 2007).

따라서 제12조를 청소년의 법적 책임자들의 책임과 권리, 의무의 존중에 대해 규정하면서 "아동의 능력발달에 상응하는(evolving capacities of the child) 방법"으로 해야 한다고 적시한 제5조와 같이 생각해 보면, 청소년은 능력발달에 따라 관심을 갖는 의사결정에 참여하는 권리를 갖는다고 이해할 수 있다. 따라서 여기에서 언급된 견해를 형성할 능력은 최대한 넓게 측정되어야 하며, 모든 청소년이 견해를 형성할 능력이 있음을 전제로 시작되어야 한다. 견해형성 능력은 주로 연령, 장애, 언어 등으로 평가되는데 이러한 준거에 의해 청소년의 참여가 제한되어서는 안 된다는 것으로 보아야 하는 것이다(정병수, 2016).

우리나라에서도 협약 제12조와 관련하여 의사표현의 권리를 정책적으로 보장하기 위하여 관련 법률을 제・개정하여 청소년의 의사표현의 권리와 참여권 보장의 법적 근거를 마련하고 있다. 예를 들면, 아동복지법, 청소년기본법, 청소년복지지원법 등이 이를 규정하고 있다. 2007년에는 초・중등교육법을 개정하여 학생징계 시 학생 또는 학부모에게 의견진술의 기회를 부여할 것과 징계처분 중 퇴학조치에 대하여 이의가 있는 학생 또는 보호자가 재심을 청구할 수 있도록 하였다(제18조의2). 또한 「학교폭력예방 및 대책에 관한 법률」에서는 학교폭력 가해 학생에 대한 징계 시 가해학생에게 의견진술의 기회를 부여하도록 하고 있다. 또한 가정법원이 미성년자인 자녀의 친권자 지정, 양육과 면접교섭권에 관한 심판을 직권으로 하는 경우, 자녀가 15세 이상인 때에는 아동의 의견을 듣도록 하고 있다.

2) 참여권 핵심조항

(1) 표현의 자유(협약 제13조)

제13조는 표현의 자유와 "아동이 선택하는 매체를 통하여" 정보를 받고 전달할 자유에 대해 밝히고 있다. 즉, "표현의 자유를 갖는다. 이 권리는 구두, 필기 또는 인쇄, 예술의 형태 또는 아동이 선택하는 기타의 매체를 통하여 모든 종류의 정보와 사상을 국적에 관계없이 추구하고 접수하며 전달하는 자유를 포함한다"고 규정한다. 이 조항에서는 또한 "타인의 권리 혹은 명예를 존중해야 하는 경우"와 "국가안보, 공공질서, 공중보건 또는 윤리상 필요한 경우"에는 법률에 정한 규정에 의하여 "이 권리의 행사는 일정한 제한을 받을 수 있다"는 점을 말해주고 있다. 제13조의 함의는 청소년들은 다른 사람의 권리

와 명성을 존중하는 방식으로 자신들의 의사를 표현할 책임을 가진다는 점이다(Franklin, 1995). 제13조는 제12조와 함께 대표적인 참여권 조항으로 이해되고 있으며, 이러한 조항들은 청소년이 권리와 고결성을 가지고 또 자신의 주체성을 존중하는 완전한 인간이라는 것을 수용하는 것으로 이해할 수 있다.

우리나라의 경우, 학교운영의 자율성과 지역의 특성에 맞는 다양한 교육의 창의적 실시를 위해 국·공립 및 사립의 초·중·고등학교 특수학교에 '학교운영위원회'의 설치를 규정하고 있다. 학교운영위원회는 학교현장 및 학칙의 제·개정에 관한 사항 등을 심의하는 기구로 교원대표·학부모대표 및 지역사회 인사로 구성되어 있는데, 학생 생활과 밀접한 관계가 있는 사안을 심의할 때는 학생들의 의견을 수렴하고 학생대표가 회의에 참석하여 의견을 개진할 수 있도록 하고 있다. 하지만 일부 학교에서는 민주적 합의절차 없이 청소년의 표현의 자유를 침해하는 사례도 발생하고 있는데, 한 예로 교내 전단지 배포로 인한 징계 사례에 대한 국가인권위원회의 권고가 있었다.

(2) 사상·양심 및 종교의 자유(협약 제14조)

제14조는 신념의 자유에 대한 것이다. "당사국은 아동의 사상, 양심 및 종교의 자유에 대한 권리를 존중하여야 한다"고 명시하고 있으며, "보모 혹은 법적 후견인"이 "아동의 능력발달에 맞게(evolving capacity of the child)" 적절한 방향과 지도에 따를 수 있음을 분명히 하고 있다. 제14조의 함의는 종교에 관한 이슈는 특정한 종교가 선이나 사실로서 촉진될 수는 없지만, 우리의 문화와 역사에서 그 역할을 나타내 보이는 것과 같이 청소년과 관련한 학교 등의 주요 환경에서 언급될 수 있다는 점이다.

우리나라에서는 헌법에서 국민의 사상, 양심 및 종교의 자유를 보장하고 있으며 민법 제913조는 부모나 법정 후견인이 자신의 신앙에 관련하여 아동에게 종교적·도덕적 교육을 시킬 자유를 보장하고 있다. 하지만 부모는 자신의 신앙을 아동에게 강요할 수 없으며, 종교단체에서 설립한 학교에 다니는 아동은 다른 종교를 가질 수도 있다. 하지만 일부 사립학교에서 의무적인 예배참석과 관련하여 종교의 자유 침해 논란이 있었으며, 종교교육이나 신앙을 교육의 일부로 실시하고 있는 경우 종교선택의 자유와 관련해서 문제가 되기도 한다.

(3) 결사 및 집회의 자유(협약 제15조)

제15조는 결사와 집회의 자유에 대한 것이다. 이 조항을 통해 청소년들이 다른 사람들을 만나고, 결사를 형성하거나 평화적 집회에 참가하는 것이 인성된다. 그러나 이러한 권리의 측면에서 청소년들은 또한 이 권리를 안전, 보건 및 다른 사람들의 권리를 존중하는 방식으로 행사해야 할 책임감을 가진다. 이 책임성은 제15조의 의미를 반영하는 것으로, "법률에 따라 부과되고 국가안보 또는 공공의 안전, 공공질서, 공중보건, 윤리, 보호 또는 타인의 권리와 자유의 보호를 위하여 민주사회에서 필요한" 경우에는 제약을 받을 수도 있다. 제15조의 함의를 학교의 경우를 예로 보면, 청소년이 읽고, 놀고, 다른 사람과 집단활동에 참여할 경우, 이들은 다른 동료나 교사들의 안전, 보건 및 권리를 존중하는 방식으로 참여해야 할 책임을 갖는다는 것이다. 남에게 창피를 주는 일이나, 의도적으로 다른 사람의 마음을 상하게 하는 것을 하지 않는 일이 그것이다. 우리나라의 경우, 초·중등교육법 및 동법 시행령에서는 학생자치활동을 권장·보호하고 그 조직 및 운영에 관한 기본적인 사항을 학칙으로 정하도록 하고 있으며, 각급 학교의 학생생활규정의 제·개정을 통하여 학생인권을 신장하고 자치활동을 활성화하기 위해 지속적으로 노력하고 있다.

(4) 사생활 보호(협약 제16조)

제16조는 사생활 통신에 대한 자유와 명예의 보호에 대한 것이다. 이는 보호권적 내용이기도 하지만, 청소년참여의 기본 개념이 의견을 존중한다는 의미에서 보면 프라이버시, 즉 사생활에 대한 존중은 참여권의 기본 전제로 볼 수 있을 것이다. "어떠한 아동도 사생활, 가족, 가정 또는 서신 왕래에 대하여 독단적이거나 불법적인 간섭을 받지 아니하며 또한 명예나 신망에 대한 불법적인 공격을 받지 아니한다"고 명시하고 있다. 또한 "아동은 이러한 간섭 또

는 비난으로부터 법률의 보호를 받을 권리를 갖는다"고 규정한다. 즉, 제16조를 통해 아동들은 개인의 사생활, 가족, 가정 및 통신교환, 비방과 중상모략 등으로부터 보호받을 권리를 가진다는 것이다.

모든 국민의 사생활은 대한민국 헌법에 의해서도 보장된다. 교육기본법은 청소년에 관한 정보보호의 원칙(제23조의3), 초・중등교육법은 학생 관련 자료 제공의 제한(제30조의6)을 규정하여 학교에서의 청소년의 정보가 본인 및 보호자의 동의 없이 제공될 수 없도록 하고 있다. 또한 「아동・청소년의 성보호에 관한 법률」은 성범죄 피해청소년의 사생활에 관한 비밀을 공개하거나 타인에게 누설하는 것을 엄격히 금지하고 있다. 또한 정보통신서비스를 이용하는 자의 개인정보를 보호하고 있다. 그러나 학교 내에서 두발 규정 및 단속이 청소년의 권리와 사생활을 침해한다는 문제가 지속적으로 제기되고 있어 국가인권위원회는 두발자유는 학생의 기본적 권리이므로 각급 학교에서 두발 제한과 단속이 교육의 목적상 필요한 최소한의 범위 내에서 이루어질 것을 권고한 바 있다.

(5) 정보 접근(협약 제17조)

제17조는 정보접근권에 관한 것으로 표현과 매체의 자유에 대한 규정은 제13조와도 관련된다. 이는 "당사국은 대중매체가 수행하는 중요한 기능을 인정하며, 청소년이 국내외의 다양한 소식통으로부터 정보와 자료, 특히 사회적・정신적・윤리적 복지와 신체적・정신적 건강의 향상을 목적으로 하는 정보와 자료를 접할 수 있도록 해야 한다"고 함으로써 대중매체를 포함한 다양한 방법을 통해 정보에 접근하도록 해야 한다는 것을 명시하고 있다. 제17조에서는 또한 "아동 복지에 해로운 정보와 자료로부터 아동을 보호하기 위한 적절한 지침을 개발하도록 권장해야 한다"고 규정하여 유해정보로부터 보호해야 한다는 점을 밝히고 있다.

한국 사회는 정보기술의 발달로 인터넷을 활용한 아동의 정보접근 및 정보에의 참여가 활발하게 이루어지고 있으며 청소년을 포함한 모든 국민이 자유롭게 정보에 접근할 권리를 보장하고 있다. 최근에는 공공기관의 정보공개에 관한 법률에 의거하여 모든 국민은 정보공개를 청구할 권리를 갖는다. 아울러 청소년에 대한 유해정보 및 매체물은 청소년보호법과 「아동·청소년의 성보호에 관한 법률」에 의거하여 규제하고 있다.

(6) 여가, 문화 예술 활동 참여(협약 제31조)

제31조는 제30조와 같은 방식을 통해서, 모든 청소년들이 놀이와 레저는 물론 문화적, 예술적 활동에 참가할 권리를 인정하였다. "당사국은 휴식과 여가를 즐기고, 자신의 연령에 적합한 놀이와 오락활동에 참여하며 문화생활과 예술에 자유롭게 참여할 수 있는 권리를 인정한다. 당사국은 문화적, 예술적 생활에 완전하게 참여할 수 있는 청소년의 권리를 존중하고 촉진하며, 문화, 예술, 오락 및 여가활동을 위한 적절하고 균등한 기회를 제공하도록 권장해야 한다"는 규정이다. 우리나라는 청소년활동진흥법 등의 관련법의 제·개정을 통해 청소년의 다양한 문화활동 참여와 여가생활을 위한 인프라 확충과 청소년시설의 운영에 직접 참여할 수 있는 기회를 제도적으로 보장하고 있다. 또한 국민의 문화적 삶의 질 향상과 국가의 문화역량 강화를 위하여 문화예술교육진흥법이 제정되어 있다.

〈표 12-1〉 **참여권 근거조항과 핵심조항**

<table>
<tr><th colspan="2">조 항</th><th>내 용</th></tr>
<tr><td>근거
조항</td><td>(제12조) 의견표명권과 절차적 권리</td><td>개성과 자율성, 즉 청소년의 발언에 귀 기울여야 하며, 단지 관심의 대상만이 아니라 그들도 인간이라는 점을 인정한 하나의 근본적 구성요소로 평가</td></tr>
<tr><td rowspan="4">핵심
조항</td><td>(제13조) 표현과 매체의 자유</td><td>표현의 자유와 "선택하는 매체를 통하여" 정보를 받고 전달할 자유에 대해 밝히고 있음</td></tr>
<tr><td>(제14조) 사상·양심 및 종교의 자유</td><td>신념의 자유에 대한 것, 당사국은 청소년의 사상, 양심 및 종교의 자유에 대한 권리를 존중하여야 한다고 명시</td></tr>
<tr><td>(제15조) 집회 및 결사의 자유</td><td>결사와 집회의 자유에 대한 것, 이 조항을 통해 청소년들이 다른 사람들을 만나고, 결사를 형성하거나 평화적 집회에 참가하는 것이 인정</td></tr>
<tr><td>(제16조) 사생활 보호권</td><td>사생활 통신에 대한 자유와 명예의 보호에 대한 것, "어떠한 아동도 사생활, 가족, 가정 또는 서신 왕래에 대해 독단적이거나 불법적인 간섭을 받지 아니하며 또한 명예나 신망에 대한 불법적인 공격을 받지 아니한다"고 명시</td></tr>
</table>

핵심 조항	(제17조) 정보접근권	표현과 매체의 자유에 대한 것, 이는 "당사국은 대중매체가 수행하는 중요한 기능을 인정, 아동이 국내외의 다양한 소식통으로부터 정보와 자료를 접할 수 있도록 해야 한다"고 규정
	(제31조) 여가, 문화예술활동 참여	휴식과 여가를 즐기고, 연령에 적합한 놀이와 오락활동에 참여하며 문화생활과 예술활동 등에 균등하게 참여할 기회의 제공을 권장함

3) 참여권 지지적 조항들

유엔아동권리협약에는 이 밖에도 청소년참여권을 일반적으로 지지하는 관련 조항들이 있다. 여기에는 장애아동의 보호와 재활, 권리보장을 위한 국가의 책임(제23조), 교육에 대한 권리(제28조), 개인적 성장과 발달을 위한 교육의 목표(제29조) 등이 포함된다. 청소년의 참여를 지지하는 다른 권리로는 소수아동들이 자신의 문화를 향유하는 권리(제30조) 및 아동권리협약과 관련된 정보를 알게 될 권리(제42조) 등이 있다(천정웅, 2008).

(1) 장애청소년(협약 제23조)

제23조는 장애청소년의 보호와 재활, 권리보장을 위한 국가의 책임을 규정하여 정신・신체 장애청소년들이 특별한 보호와 교육을 공히 받을 권리를 인정한 것이다. 이 조항에서는 먼저 "당사국은 정신・신체장애 청소년에게 존엄성을 보장하고 자립을 촉진하며 적극적 사회참여를 조장하는 등 그들이 마음껏 품위 있는 생활을 누려야 한다는 점을 인정한다". 또한 "가능한 한 장애청소년의 전면적인 사회참여와 문화적 정신적 발전을 포함한 개인적 발전을 위해 그 청소년이 교육, 훈련, 건강관리지원, 재활지원, 취업준비 및 오락기회를 효과적으로 이용하고 제공받을 수 있도록 계획되어야 한다"고 규정하고 있다. 청소년들이 자립을 성취하고 사회에서 활발한 생활을 획득하도록 도와야 한다는 것이다. 부모나 교사와 같은 이들을 돌보는 사람들은 이 개념에 특히 민감할 필요가 있으며 청소년이 자기 자신이나 다른 사람들이 가지고 있는 다양한 능력에 대한 존중감과 수용감을 개발하도록 도울 필요가 있다. 우리나라는 2007년 5월에 장애인 및 특별한 교육적 요구가 있는 사람에게 통합

된 교육환경을 제공하고, 생애주기에 따라 장애유형, 장애정도의 특성을 고려한 교육을 실시하여 이들의 자아실현과 사회통합을 도모할 목적으로 한 「장애인 등에 관한 특수교육법」을 제정하였다.

(2) 교육에 대한 권리(협약 제28조)

제28조는 모든 청소년에게 교육을 제공하는 것에 대해 규정하고 있다. 제28조에서 "당사국은 청소년의 교육에 대한 권리를 인정하며, 점진적으로 그리고 기회균등의 기초 위에서 이 권리를 달성하기 위하여", "초등교육은 의무적이며", "일반교육 및 직업교육을 포함한 여러 형태의 중등교육의 발전을 장려하고" 그리고 "모든 사람에게 고등교육의 기회가 능력에 입각하여 개방될 수 있도록 모든 적절한 조치를 취하여야 한다"고 명시하고 있다. 우리나라의 경우 유아교육법을 제정하여 유아교육에 대한 공교육체제를 마련하였으며, 동법에 의거하여 유아교육을 무상으로 실시하고 있다. 또한 의무교육이 중학교 과정부터 실시되어 고등학교 교육까지 확대되었으며, 초·중등교육법 개정을 통해 대안학교 설립이 근거를 마련한 바 있다.

(3) 교육의 목적(협약 제29조)

제29조는 개인적 성장과 발달을 위한 교육에 관한 일반적 목적을 규정하였다. 제29조는 또한 "청소년의 인격, 재능 및 정신적, 신체적 능력을 최대한 계발한다"고 명시하고 이질문화의 존중과 "이해, 평화, 관용, 남녀평등 및 우정의 정신"을 규정하고 있다. 따라서 제28조와 제29조에 의거하여, 유엔아동권리협약은 청소년이 자신의 최고의 잠재력을 성취할 수 있는 능력발달을 육성하는 교육을 격려한다고 볼 수 있다. 우리나라에서도 제7차 교육과정을 통해 초·중·고등학교 교육목표 및 교과과정의 내용은 협약 제29조의 이념과 부합하고 있으며, 특히 청소년의 인격, 재능 및 정신적, 신체적 능력을 개발하는데 기여하고, 학교현장에서의 인권교육을 강조하고 있다.

(4) 소수집단 아동(협약 제30조)

제30조를 통해, 소수집단의 청소년은 자신의 문화적, 언어적, 종교적 전통에 참가할 권리를 가진다. "인종적, 종교적 또는 언어적 소수집단 혹은 원주민이 존재하는 국가에서 이러한 소수민족의 청소년 혹은 원주민 청소년은 자기 집단의 다른 구성원들과 함께 고유문화를 향유하고 고유의 종교를 신앙하고 실천하며 고유의 언어를 사용할 권리를 거부당하지 아니한다." 점차 사회적, 문화적으로 다양해지고, 다문화적인 학교환경이 많아지고 있는 우리의 사회 현실에서 특별히 관심을 가져야 할 조항이 되고 있다. 우리나라의 경우도 외국인 청소년의 교육권을 보장하여 초등학교 전입학 절차 내용을 법령에 규정하였으며, 중등학교 전입학에 따른 법적 근거 마련 등을 위한 법 개정 노력이 지속되고 있다.

(5) 협약 홍보(협약 제42조)

제42조는 유엔아동권리협약과 관련한 정보를 알게 될 권리를 규정하고 있다. 즉, "당사국은 이 협약의 원칙과 규정을 적절하고 적극적인 수단을 통하여 성인과 청소년 모두에게 널리 알릴 의무를 진다"고 명시하여, 성인은 물론, 모든 청소년들은 아동권리협약의 내용에 대해 고지받을 권리를 갖는다. 결과적으로 유엔아동권리협약은 다른 사람들에게 청소년들이 자신의 권리와 책임에 대해 이해하고 행사하도록 돕는 의무를 수행하도록 독려하고 있다. 실제로 한국의 유엔아동권리협약에 관한 효과적 보급정보에 대한 발전상황이 정부에 의해 보고되고 있다. 그러나 이러한 보고서와 아동권리위원회의 권고사항들이 청소년의 권리에 대한 교육 프로그램을 모든 연령의 사람들을 위해 더 많이 개발·실행하도록 권고하고 있는 점을 주목할 필요가 있다. 우리나라의 경우에도 학교인권교육 등 각종 교육을 통해 유엔아동권리협약에 대한 이해를 확산시켜 나가고 있으며, 사이버인권교육 배움터를 개통하고, 교육 프로그램을 개발하여 보급하고 있다.

3. 청소년참여권에 대한 유엔아동권리협약의 입장

청소년참여권에 대한 유엔아동권리협약의 입장은 2009년 7월에 발표된 유엔아동권리협약 제12조 의견표명권에 대한 일반논평 제12호의 내용을 비롯하여 유엔아동권리위원회가 발표한 제6호(출신국의 외부에 있는 동반되지 않고 분리된 아동에 대한 대우), 제7호(초기 아동기에서의 아동권리의 이행), 그리고 장애청소년의 권리에 대한 제9호 등의 다른 일반논평을 통해서 이해할 수 있다(김영지, 2010; 정병수, 2016). 일반논평(General Comment)은 그 자체가 구속력 있는 국제인권법은 아니나, 해당 협약에 대한 일반적 해석을 통해 인권조약의 구체적 내용이 무엇이냐를 선언함으로써 국제인권규범의 구체적 이행을 담보하는 중요한 역할을 한다(국가인권위원회, 2006).

1) 유엔아동권리협약 제12조와 일반논평 12호

유엔아동권리협약 제12조는 청소년의 의사표명권에 대해 규정한 근거조항으로 주목받고 있는데, 유엔아동권리위원회에서 발표한 일반논평 12호는 협약 제12조에 규정된 두개의 항에 대한 법적 분석을 제시하고 이 권리를 실현하는 데 따르는 요건들을 설명하며 법적·행정적 절차를 구체적으로 제시하고 있다. 협약의 제12조는 청소년이 권리의 주체이지만, 성인의 완전한 자율성은 갖추지 못했다고 보고 청소년의 법적·사회적 지위를 다루고 있다. 유엔아동권리위원회는 제12조의 청소년의 의견표명권(피청취권)을 비차별권, 생존과 발달권, 그리고 아동·청소년의 최선의 이익에 대한 우선적 고려 등의 세 가지와 더불어 유엔아동권리협약의 네 가지 일반원칙으로 본다.

일반논평 12호 외에도 일반논평 7호에서는, 초기 유년기에서의 아동권리 이행에서 영유아 시기의 아동의 발달적 특징으로 인하여 협약 제12조에 언급된 권리가 제한되는 일부 사회에 우려를 표하며, 영유아의 참여권을 '견해와 감정에 대한 존중'으로 표현하고 있다. 또한 일반논평 9호에서는 장애아동·청소년을 위해 의도된 활동은 오히려 장애아동·청소년의 고립감을 증가시키기에 장애아동 · 청소년과 비장애아동 · 청소년 모두가 함께 통합되고 참여할 수 있는 방식이 제공되어야 한다고 설명하고 있다. 연령이나 장애 등으로 인한 의사형성 능력에 대한 제한이 없다고 하더라도 자유롭게 의견을 표현할 수 없다면 참여권은 제대로 실현되기 어려운 것이다. 이에 대해 일반논평 6호에서는 출신국 외부에 있는 동반되지 않고 분리된 청소년에 대한 대우를 다루면서 청소년이 충분한 정보를 가지고 본인의 견해에 따라 선택할 수 있기 위하여 청소년의 이해의 수준과 성숙도에 적합한 방식으로 제공되어야 하는데, 이를 위해서는 무엇보다 신뢰할 수 있는 의사소통이 전제되어야 하며, 필요할 때에는 모든 절차에서 통역이 제공되어야 한다고 본다.

아울러 청소년의 견해나 의사는 연령만으로 경중을 따질 수 없다고 보는데 생물학적 연령에 의한 구분은 절대적 기준이 아니며 개별적 검토가 필요하다는 것이다(정병수, 2016). 이에 따라 일반논평 12호에서는 성숙도란 특정 문제의 영향을 이해하고 평가할 수 있는 능력, 즉 청소년이 사안에 대해 합리적이고 독립적인 방식으로 의사를 표현하는 능력을 의미한다고 본다. 일반논평 12호에서는 또한 ① 청소년이 자유롭게 의사를 형성하도록 격려하고, ② 자신의 의견표명권을 행사할 수 있는 환경을 제공하고, ③ 청소년에 의해 표출된 의견은 적절한 관점과 경험을 제공할 수 있으므로, ④ 이러한 견해가 의사결정, 정책입안, 법률 및 방법의 준비 및 평가에 반영하는 것을 '참여'라고 규정한다. 의견표명권은 이러한 과정에서 핵심적인 요소가 되는 것이다.

여기서 특별히 언급할 것은 의사표명권과 협약의 다른 조항과의 연계에 대한 내용이다. 일반논평 12호에서는 청소년의 참여권이 제12조를 중심으로 유엔아동권리협약의 다른 많은 조항들과 밀접한 관련을 가지고 있음을 분명히 하고 있다(김영지, 2010). "일반적 원칙인 제12조는 유엔아동권리협약의 다른 일반적 원칙인 제2조(차별을 받지 않을 권리), 제6조(생명, 생존, 발달에의 권리)와 관련이 있으며 특히 제3조(아동의 최선의 이익을 가장 우선적으로 고려)와는 상호의존적인 관계가 있다. 이 조항은 또한 시민권과 자유에 관한 조항들, 특히 제13조(표현의 자유권)와 제17조(정보에의 권리)와 밀접히 연관되어 있다. 더욱이 제12조는 협약의 다른 모든 내용들과도 관련이 있는데, 이는 청소년이 협약에 있는 각 조항들에 담겨 있는 권리들과 이 권리들의 실행에 대한 자기 의사의 주체로서 존중받지 못한다면 이 권리들은 온전히 실현될 수 없기 때문이다.

2) 의견표명권 이행절차 5단계

일반논평 12호에서는 의사표명권의 이행, 즉 청소년참여가 이루어지기 위해서는 ① 준비 – ② 의견표명 – ③ 능력 측정 – ④ 의견에 대한 피드백 – ⑤ 소송 · 구제 · 배상에 이르는 다섯 단계가 필요하다고 보고 이러한 절차를 상황에 맞게 적절하게 적용할 것을 제안하고 있다(일반논평 12호 40항).

(1) 준비단계

의견을 들을 책임자는 청소년이 자신에게 영향을 미치는 모든 문제에 대하여 의사를 표현할 권리가 있다는 것, 특히 사법적 · 행정적 절차에 있어서 청소년의 의견청취가 결과에 미칠 영향에 대해 분명하게 전달해야 한다. 또한 청소년은 자기 의사를 직접적으로 표명하거나 대리인을 통해 표명할 수 있는 선택권이 있다는 정보를 얻을 수 있어야 한다. 의사결정자는 청소년의 의사를 듣기 전에 언제, 어떻게, 어디에서 진술이 이루어질 것인지, 참관은 누가 할 것인지를 설명함으로써 청소년을 충분히 준비시키고 이 점에 대해서도 청소년의 의견을 고려해야 한다(일반논평 12호 41항).

(2) 의견 청취

청소년이 의견표명권을 행사하는 환경은 지지적이고 고무적이어야 하며, 이를 통해 자신의 의견을 청취하는 책임자가 자신의 의견을 듣고 이를 진지하게 고려할 것이라고 확신할 수 있어야 한다. 청소년의 의사를 청취할 사람은 청소년과 관련된 사안에 연관된 성인(예 교사, 사회복지사, 양육자)이거나 기관의 의사결정자(예 기관장, 행정가, 혹은 재판관) 혹은 전문가(예 심리학자, 의사)일 수 있다(일반논평 12호 42항).

(3) 청소년 능력의 사정

개별적 사례 분석을 통해 청소년이 자신의 의사를 형성할 능력이 있다고 판단되는 경우, 청소년의 의사는 그에 따라 존중되어야 한다. 청소년이 자신의 의견을 이성적이고 독립적으로 형성할 수 있다면 의사결정자는 청소년의 의사를 중요한 요소로 고려하여야 한다(일반논평 12호 44항).

(4) 청소년 의견의 비중에 대한 정보(피드백)

의사결정자는 청소년에게 사안의 결과와 의사가 어떻게 반영되었는지를 설명해 주어야 한다. 이러한 피드백은 청소년의 견해를 형식적으로 듣는 것이 아니라 진지하게 고려하였음을 보증해 주는 것이다. 피드백을 통해 청소년은 주장을 하거나 동의하거나 새로운 제안을 할 수 있으며, 사법 및 행정 절차에서는 항소를 제기하게 할 수도 있다(일반논평 12호 45항).

(5) 항소 · 구제 · 배상

법은 청소년이 자신의 의견표명권이나 의사를 존중받아야 할 권리가 무시되거나 침해당할 때 항소를 제기하거나 구제받을 수 있는 절차를 제공해야 한다. 청소년은 자신의 부당함을 표현하기 위하여 옴부즈퍼슨이나 학교와 어린이집(daycare center) 같은 모든 청소년기관에서 옴부즈퍼슨에 상응하는 사람에게 청원할 수 있어야 한다. 청소년은 누가 이런 역할을 하는지, 어떻게 접근할 수 있는지를 알아야 한다. 청소년의 의사를 고려하는 데 있어 가족 갈등이 발생할 경우는 지역사회 청소년기관의 누군가에게 도움을 요청할 수 있어야 한다(일반논평 12호 46항).

3) 의견표명권 실행의 11가지 상황

일반논평 제12호에서는 의견표명권의 실행과 관련한 11가지의 다양한 환경과 상황들에 대해 구체적인 입장을 다음과 같이 제시하고 있다.

(1) 가족

가족 속에서의 상황에 대한 입장은 일반논평 12호 90항부터 96항까지 제시하고 있는데 그중에서 90항의 내용을 보면, 청소년이 "자기 의사를 자유롭게 표명할 수 있고 그 의사가 일찍부터 존중받는 가족은 중요한 모델이며 이러한 가족은 청소년이 보다 큰 사회에서 자기 의견표명권을 행사하는 데 좋은 준비과정을 제공한다"고 밝히고 있다.

(2) 대리보호(alternative care)

대리보호와 관련한 상황에서 유엔아동권리협약의 제12조를 어떻게 실행해야 하는가에 대한 입장을 다음과 같이 표명하고 있다. "시설보호를 포함해 대리 보호를 받는 청소년이 자기 의사를 표명할 수 있고 청소년의 보호 선정, 수양가족이나 가정의 보호 규정, 그들의 일상생활 등과 같은 문제에 대해 청소년의 의사를 존중받을 수 있도록 하기 위한 구조가 도입되어야 한다"(일반논평 12호 97항).

(3) 보건의료

유엔아동권리협약의 조항들을 실현하기 위해서는 청소년의 자기 의사 표현권과 건강한 성장과 복지(well-being)를 추구할 권리를 존중해야 한다. 여기에는 이들의 건강정책 및 서비스 개발 참여와 개인의 건강에 대한 의사결정이 포함된다. 청소년의 건강에 관련된 프로그램과 의사결정에 참여하는 것을 존중하기 위해 고려해야 할 몇 가지 구별되지만 서로 연계된 이슈들을 파악하고 있다(일반논평 12호 98항).

(4) 교육과 학교

교육과 학교 내에서의 상황에 대해서는 일반논평 12호의 105항에서부터 114항까지 언급하고 있다(김영지, 2010). 여기에는 다음과 같은 10가지가 제시되고 있다.

① 많은 학교와 교실에 여전히 권위주의, 차별, 무시 및 폭력이 지속되고 있는 사실을 우려하고 이러한 환경은 청소년의 의사표명과 의사를 존중받을 수 있는 환경이 아님을 지적한다.

② 아동기 초기의 교육 프로그램을 포함한 모든 교육 환경에서 참여를 통한 교육에서 청소년의 능동적인 역할을 도모해야 한다고 보고, 교육 당국은 교과과정과 프로그램 설계 시에 청소년과 부모의 의견을 들어야 한다.

③ 인권교육은 청소년이 배우고 놀고 다른 청소년 및 성인들과 함께 생활하는 장소에서 인권이 실천될 때만 이들의 동기와 행동에 영향을 미칠 수 있다.

④ 교실에서 사회적 분위기를 창출하는 데는 청소년의 참여가 필수불가결하며 이러한 참여는 청소년 중심의 쌍방향 교육에 필요한 협동심과 상호 지지의 정신을 고양한다. 이 점에서 또래교육 및 상담의 확대를 환영한다.

⑤ 청소년이 학교 정책과 행동 지침의 개발 및 실행에 대해 자신의 의사를 자유롭게 표현할 수 있는 학급회의(class councils), 학생회의(student councils), 학교 이사회나 위원회의 학생 대표직 등을 통해 성취되어야 함을 명시하고 이러한 권리는 법으로 규정할 것을 강조한다.

⑥ 학교 밖에서도 회원국은 청소년 친화적인 교육 시스템, 청소년에게 "두 번째 기회"를 제공하는 비공식적 혹은 무형식적 교육 시설, 학교 교과과정, 교육 방법, 학교 구조, 규범, 예산, 청소년보호 시스템과 같은 교육정책의 전반에 대해 지역 및 국가적 수준에서 의견을 구해야 한다.

⑦ 회원국이 청소년이 교육 시스템에서 자신의 참여적 역할을 역량 있게 실행하는 데 도움을 줄 수 있는 독립적 학생기구(student organizations)를 개발하도록 도울 것을 권장한다.

⑧ 다음 단계의 학교나 과정선택과 같은 전환점의 선택은 청소년의 최선의 이익에 큰 영향을 미치므로 의견표명권은 반드시 보장하고, 행정적 혹은 사법적 검토를 받아야 한다.

⑨ 학생에 대한 징계에서는 반드시 청소년의 의견표명권을 완전하게 존중하여야 한다. 특히 학생을 교육이나 학교에서 배제시키는 경우 이러한 결정은 청소년의 교육권에 상충되는 것이므로 반드시 사법적인 검토를 거쳐야 한다.

⑩ 많은 나라에서 청소년이 사회에서 능동적인 역할을 하고 지역공동체 내에서 책임 있는 시민이 되도록 준비시켜 주는 청소년친화적 학교프로그램을 도입하여 상호작용적 환경, 돌보는 환경, 보호하고 참여를 권장하는 환경을 제공하는 것을 환영한다.

(5) 놀이, 레크리에이션, 스포츠, 문화활동

발달과 사회화를 위해서 놀이, 레크리에이션, 신체적, 문화적 활동이 필요하다. 의사를 표현할 역량이 있는 청소년들로부터 놀이 및 레크리에이션의 접근성과 적절성에 대한 의견을 구해야 한다. 자신의 의사표현이 어려운 청소년이나 장애청소년은 특별한 기회를 제공받아야 한다(일반논평 12호 97항).

(6) 직장에서

법률과 국제노동기구협약에서 허용한 나이보다 더 어린 나이에 노동하는 청소년은 배려하는 환경에서 그들이 생각하는 최선의 이익이 무엇인지에 대한 의사를 표현할 수 있어야 한다. 청소년이 일을 하고 있는 경제, 사회구조적 제약들과 문화적 상황을 존중하는 해결책을 찾는 데 이들을 참여시켜야 한다(일반논평 12호 116항).

(7) 폭력 상황

모든 형태의 폭력으로부터 보호받을 청소년의 권리를 모든 청소년에게 차별 없이 보장해 줄 책임이 있다. 유엔아동권리위원회는 회원국이 모든 형태의 폭력을 다루는 법률, 정책, 교육 및 기타 조치들의 개발 및 수행에 청소년의 의견을 구하도록 권장하고 있다. 착취된 청소년, 길거리 아동 및 난민 청소년과 같이 소외되고 혜택 받지 못한 이들에게 특별한 관심을 기울여야 하며 관련 법률과 정책 과정에 청소년의 의견을 구하는 자문 과정에 이들이 제외되어서는 안 된다(일반논평 12호 119항).

(8) 예방 전략의 개발

청소년의 의견이 권리 침해 예방에 점점 더 비중을 차지하고 있는 좋은 실천 사례들이 증가하고 있으며 그중에서도 학교 폭력 예방, 위험하고 확장된 노동을 통한 청소년 착취 저지, 길거리 청소년 보건 및 교육 서비스 제공, 청소년 사법 시스템과 같은 분야에서 증가하고 있다(일반논평 12호 122항).

(9) 이민과 보호 요청 과정

일을 찾아서 또는 난민으로 다른 나라에 온 부모를 따라 함께 온 청소년은 특히 어려운 상황에 노출되어 있다. 이민의 경우 청소년의 교육에 대한 기대 및 건강상태에 대해 이들의 의견을 구해야 하고, 보호 요청의 경우는 이에 대한 청소년의 의견을 부모의 견해에 추가하여 제출할 수 있어야 한다(일반논평 12호 123항).

(10) 비상 상황

갈등 상황이나 그 이후의 중재 및 응급 상황 후의 재건설 과정에서 청소년이 기여할 수 있는 바가 상당하다는 데 대한 증거가 증가하고 있다. 따라서 응급상황에 연루된 청소년은 그 상황과 상황 후의 미래에 대한 분석 과정에 참여하도록 되어야 한다. 이는 청소년이 자신의 삶을 다시 통제할 수 있도록 돕고 재활을 도우며 조직 기술을 개발하고 정체성을 공고히 하는 데 일조한다(일반논평 12호 125항).

(11) 국가적 상황과 국제적 상황

대부분의 청소년참여 기회는 지역공동체 수준에서 주어진다. 지역 청소년의회(local youth parliaments), 시 아동위원회(municipal children's councils), 그리고 청소년의 의사결정 과정에서 다양한 임시 자문 프로그램 등의 증가를 환영한다. 그러나 공식적인 대표로서 지역정부에 참여하는 이러한 구조는 협약 제12조를 지역 수준에서 실행하는 많은 접근법 중의 하나여야 하는데, 이는 비교적 소수의 청소년들만 이러한 방법으로 지역사회에 참여할 수 있기 때문이다. 정치인과 공무원과의 대화, 학교나 유치원의 오픈 하우스와 방문 프로그램 등은 의사소통에 추가적 기회를 창출한다(일반논평 12호 127항).

4) 의견표명권 실행의 9대 요건

청소년의 참여권을 실현하기 위해서는 그들의 의사 표현을 제한하거나 표현한 의사를 존중하지 않는 형식적 접근은 지양해야 한다. 청소년이 원하는 것을 표명할 수 있더라도 성인이 조작한 상황에 두거나 참여가 해가 될 수 있는 상황에 노출시키는 것은 도덕적이지 않으며 협약 제12조를 실행한 것이 아니라는 점을 강조한다(일반논평 12호 132항).

유엔아동권리위원회는 의미 있고 효과적인 참여가 되기 위해서는 투명성과 정보제공, 자발성, 존중성, 관련성, 친화성, 포괄성, 훈련을 통한 지원, 안전성과 위험민감성, 책무성 등 9가지의 기본 요건을 충족하는 과정이 되어야 한다(일반논평 12호 134항).

(1) 투명성과 정보제공의 요건

청소년에게 의견을 자유롭게 표현하고 그 의견에 대해서 정당한 비중을 둘 권리에 대한 정보와 이러한 참여가 어떻게 이루어지는지, 그리고 참여의 범위와 목적 및 잠재적인 영향에 대한 정보를 제공해야 하며 그 정보는 완전하고 얻기 쉽고, 다양성에 민감하며 나이에 적절해야 한다.

(2) 자발성의 요건

청소년은 자신의 의사에 반하는 표현을 강요받아서는 아니 되며, 모든 단계에서 참여를 그만둘 수 있다는 것을 알려주어야 한다. 실제로 청소년참여와 관련한 많은 활동은 청소년의 자발성보다는 부모에 의해 일방적으로 결정되는 경우가 많다.

(3) 존중성의 요건

청소년의 의견은 존중되어야 하며, 생각을 하고 활동을 시작할 수 있는 기회가 주어져야 한다. 청소년과 함께 일하는 성인은 청소년의 참여가 가정, 학교, 문화 및 업무 환경에 기여한 모범 사례를 파악하고 존중하며 이를 기반으로 삼아야 한다. 그들은 청소년의 사회경제적, 환경적, 문화적 배경 역시 이해해야 한다.

(4) 관련성의 요건

의사를 표현할 권리가 있는 일은 청소년의 삶과 실제로 관련이 있어야 하며, 자신의 지식, 기술 및 능력을 활용할 수 있게 해야 한다. 또한 청소년이 자신과 관련 있고 중요하다고 생각하는 문제에 주목하고 이에 대해 참여할 수 있어야 한다.

(5) 청소년친화성

환경과 활동 방식은 청소년의 능력에 따라 조정되어야 한다. 청소년에게 적절한 시간과 자원을 제공하여, 충분히 준비되고 자신의 의사를 공유할 자신감과 기회를 갖도록 하여야 한다. 청소년의 연령과 진화하는 능력에 따라 다른 수준의 지원과 참여 형태가 필요한 것이다.

(6) 포괄성의 요건

현존하는 차별을 행하지 않고 소외된 청소년이 참여할 수 있는 기회를 제공해야 한다. 포괄적 참여를 보장하는 과정은 쉬운 일이 아니다. 모집 단계에서 참여를 촉진할 수 있도록 별도의 준비가 필요하다. 연령과 지역, 성별, 장애, 이주 등 다양한 배경을 지닌 청소년이 참여할 수 있기 위해 다양한 경로를 통해 홍보할 필요가 있으며, 소수집단이나 배제되기 쉬운 특수한 경우에는 별도의 정보와 기회를 제공할 필요가 있다.

(7) 훈련을 통한 지원

참여활동을 처음 시작하는 청소년들에게는 멘토와 같이 성인 조력자의 지지와 지원이 필요하다. 그러나 성인 조력자의 역할은 청소년이 스스로 할 수 있도록 지켜보고, 필요한 경우 지원하고 지지하는 것으로 되어야 한다. 청소년 자신들은 효과적인 참여에 대해 훈련하고 조력하는 사람이 될 수 있다. 자신의 권리인식에 대한 효과적 참여, 회의조직, 기금 마련, 언론 대처, 연설 및 옹호와 같은 능력을 배양해야 한다.

(8) 안전성과 위험민감성의 요건

성인은 함께 일하는 청소년에 대한 책임감을 가져야 하며, 폭력, 착취 등 청소년이 참여함으로써 생길 수 있는 위험을 최소화하기 위해 모든 예방책을 취해야 한다. 특정 상황에서 의견을 표명하는 것은 위험을 동반할 수 있기 때문이다. 몇몇 집단의 청소년이 겪을 수 있는 특정 위험과 그들이 도움을 받을 때 추가적으로 직면할 수 있는 장벽을 인지하고 뚜렷한 보호 전략을 개발하는 것이 있을 것이다. 특히 다수가 참여하는 토론회나 캠프 등은 비상시 대피로, 위생상태 등을 사전에 확인해야 한다. 행사진행이나 이동 시에는 보험에 반드시 가입하며, 개인정보, 사진, 영상 등을 수집하거나 촬영할 경우 반드시 청소년과 보호자 모두에게 사전고지하거나 동의를 받아야 한다.

(9) 책무성의 요건

후속 조치를 실행하고 사후평가를 반드시 실행하는 것은 매우 중요하다. 참여가 일회성 행사로 되지 않기 위해서는 그들의 의견에 대한 피드백이 제공되어야 한다. 청소년은 본인의 참여가 결론에 어떤 영향을 미쳤는지에 대한 분명한 피드백을 받을 자격이 있기 때문이다. 적절하다면 청소년에게 후속조치나 활동에 참여할 수 있는 기회를 제공하여야 하며 함께 참여에 대한 모니터링과 평가를 해야 한다.

4. 청소년참여권의 과제

청소년의 참여는 1990년대를 통해 다시 한번 모멘텀(momentum)을 얻었다. 청소년참여의 세계적 동향이 촉진되었으며, 점차 그 자체가 하나의 권리로서 다루어지게 되고 1989년 유엔아동권리협약에서는 생존권, 발달권, 보호권 등과 함께 참여권이 아동권리의 가장 중요한 원칙이며 요소로서 규정되었다.

유엔아동권리협약 제12조는 참여권의 근거조항이며, 그에 대한 입장은 일반논평 12호에서 구체적으로 밝히면서 참여권 보장을 제도화하기 위한 전문기구 설립, 청소년전문가들에 대한 교육훈련 제공, 법에 기반한 정기적 효과평가, 대중 매체 등을 통한 참여권 증진을 위한 인식변화 등을 촉구하고 있다(정병수, 2016). "이러한 의무를 실행하는 것은 회원국에게 분명 어려운 과제일 것이다. 그러나 이 일반논평에 제시된 전략들을 체계적으로 실행하고 청소년의 의사를 존중하는 문화가 세워진다면 달성할 수 있는 목표이다(일반논평 12호 136항)"라고 결론 맺고 있다.

김영지(2010)는 청소년참여의 활성화를 위해서는 일반논평 12호 내용을 반영하여 청소년 참여권의 세부목록을 정리 및 체계화하고 참여권 현황과 변화 및 진전사항, 과제 등을 점검할 수 있는 시스템을 구축할 필요가 있다고 강조하면서 사회적 실천과제로 다음과 같은 몇 가지를 제시한 바 있다.

첫째, **의견존중과 존중전략 개발** : 초기 아동기의 의견존중(놀이, 몸짓, 표정, 낙서와 그림 같은 비언어 형태의 의사소통방법을 인식하고 존중), 장애아동, 소수인종과 이민자 자녀 등 소외되고 취약한 계층의 의견존중에 대한 관심, 청소년친화적인 사법 및 행정 절차와 환경(아동친화적 정보형태, 법정 디자인과 법조인들의 의복, 독립된 대기실 등), 대리인 인권교육, 의견표명권 이행 5단계, 아동옴부즈퍼슨 등 독립적 인권기관 설립, 여아의 의견 존중에 특별한 관심, 인권교육, 대중매체의 역할, 아동의 직접 참여(정부와 직접적 관계), 부모 인권교육, 참여기구(소수 참여만 가능) 외 다양한 청소년 의견청취 및 존중전략 개발 등

둘째, **사례 벤치마킹** : 아동권리위원회 보고과정에 참여(Get ready for Geneva Project : 아동이 직접 작성한 아동권리협약 이행보고서 제출 및 유엔아동권리위원회 프리세션 회의 참

석, 아동에 대한 선입견과 편견 등 미디어의 부정적 이미지 개선 운동), Young Equals(청소년 연령차별 반대 캠페인), You've got the Right(인권훈련, 인권변호인단의 법률 자문)

셋째, **구제기구 및 절차** : 유엔아동권리위원회 개인진정제도 추이, 영국 Children's Rights Bill : ROCK coalition(CRC의 영국법 적용), 국가인권위원회 청소년인권소위원회 가능성 검토, 인권위 진정절차에 대한 청소년 친화적 정보제공, 아동친화적 절차

넷째, **아동친화적 정보 발간 · 배포** : CRC, CRC 정부보고서, 일반논평(본 초안의 보완작업 진행, 아동 버전 자료 제작 등), 참여기술과 방법에 대한 아동친화적 자료 제작 · 배포, 인권교육 · 훈련 프로그램, 아동 친화적 형태로 제작된 중장기 정책 홍보자료

다섯째, **연구와 학술활동** : 아동과 함께하는 연구, 참여 관련 학회(2010. 5. 7. 한국시민청소년학회 창립) 등 참여 관련 연구와 학술적 토론 활성화, 일반논평 12호의 각론별 심층연구, 교육청 단위 학생인권조례, 지역인권조례 제정운동 등과 같은 학생인권 신장 노력, 그리고 참여권 관련 논쟁거리, 심층연구 과제 발굴과 연구 등이 있다.

여섯째, **자료배포와 실천방법 논의** : 유엔에서는 청소년참여권에 대한 일반논평을 번역하여 정부와 아동, 시민단체 등에 배포하고 아동 눈높이의 자료로 만들 것, 그리고 청소년의 의견표명권의 의미와 실천방법에 대한 워크숍과 세미나를 개최할 것을 권장한 바 있다.

그러나 청소년참여가 비록 국제법의 일부이며 정부의 정책적 의제가 되고 있기는 하지만, 효과적인 참여를 방해하는 수많은 장애들이 있다(Alderson, 2008). 예컨대 단체의 복잡성과 관료적 본질, 성인의 태도, 특히 청소년의 능력과 역량에 관한 것, 보호할 필요성, 성인 촉진자와 참여하는 청소년에 대한 훈련과 지지의 결여, 참여적 활동을 지지하는 연구 증거의 결여, 그리고 시간, 자원 및 재정 등과 같은 실제적 장애들이 지적되고 있다(Kirby & Bryson, 2002; Kirby, Lanyon, Cronin, & Sinclair, 2003; McNeish & Newman, 2002).

특히 청소년 자신들이 하나의 장애가 되고 있다는 점도 간과되어서는 안 된다. 청소년들은 성인들에 대해 고정된 생각을 가지고 있을 수도 있고, 또 성인들과 일반적으로 긍정적 관계를 갖고 있지 않다. 청소년들 자신이 참여하는 것을 원치 않거나 자신의 시간에 다른 중요한 우선적인 일들이 있을 수도 있다(Flanklin & Sloper, 2005). 청소년의 유능성에 대한 전제와 함께, 청소년들이 참여를 위한 준비가 되어 있지 않다는 점도 지적할 수 있다.

그럼에도 불구하고 우리는 청소년참여를 위한 참된 인권 신장의 길로 나아가야 한다. 그것은 도덕적으로 타당하고 정치적으로 필요하며, 실제적으로도 의미가 있다. 청소년참여는 청소년 자신은 물론 단체와 사회 전반에 많은 다양한 이점을 가져다준다. 더욱이 이제 참여는 세계적인 시대적 추세이며 흐름이다. 참여권 보장은 또한 청소년들에 대한 우리 인류의 국제적 약속이기 때문이다.

PART

04

청소년인권과 청소년참여의 과제

CHAPTER 13 청소년인권교육의 내용과 방법

CHAPTER 14 청소년인권지표의 개발과 적용

CHAPTER 15 청소년참여와 시민청소년운동의 함의

CHAPTER 13 청소년인권교육의 내용과 방법

1. 청소년인권교육의 의미

1) 인권교육의 개념과 중요성

(1) 인권교육의 개념

인권교육의 중요성은 각종 국제인권회의를 통해서 지속적으로 강조되고 있으며, 세계인권선언 제26조 제2항에서 모든 국가들이 모든 수준의 교육활동을 통해 인권의식을 신장시키도록 노력할 것을 권장하였다(Amnesty, 2018). 유엔아동권리협약에서도 인권교육의 중요성이 강조되어, 유엔아동인권위원회는 한국 정부에 인권교육을 권고하여 왔다. 청소년인권의 신장을 위해서는 권리와 의무의 주체인 청소년들 스스로 자신들이 향유하고 준수해야 할 인권에 대해 정확히 이해하는 것이 기본 전제가 되어야 한다. 유엔이 「새로운 약속」에서 밝힌 것처럼 "인권에 대해 배우는 그 자체가 권리이고 인권에 대해 무지를 강요하거나 내버려두는 것 그 자체가 인권 침해"이며, "교육은 인권과 자유의 머릿돌"인 것이다(김철홍, 2018 : 3).

그러면 인권교육은 어떻게 정의될 수 있는가? 우선, 세계인권선언은 세계인권의 근본적 기준들을 30개 조항으로 열거하고 있는데, 그중 제26조는 인권교육에 대한 권리를 포함한 교육권을 내용으로 한다. 교육권은 "1966년 시민적, 정치적 권리에 관한 국제규약(International Covenant on Civil and Political Rights of 1966)"(제13조)과 1989년 유엔아동권리협약 제28조 및 제29조 등의 기타 국제조약에도 포함되어 있다. 세계인권선언 제26조의 내용은 다음과 같다.

① 모든 사람은 교육에 대한 권리를 지닌다. 적어도 초등 및 기초 단계에서의 교육은 무상으로 이루어져야 하고, 초등교육은 의무적으로 주어져야 한다. 기술, 전문교육의 기회는 일반적으로 제공되어야 하며, 고등교육은 능력을 기준으로 모든 사람이 동등하게 접근할 수 있어야 한다.

② 교육은 인성을 최대한 개발하고 인권 및 기본적 자유에 대한 존중을 강화하는 방향으로 이루어져야 한다. 교육은 모든 국가, 인종 또는 종교적 집단 간의 이해, 관용 및 우호를 증진시켜야 하며, 유엔의 평화유지 활동을 증진하여야 한다.

③ 부모는 자녀에게 제공되어야 할 교육의 유형을 선택할 수 있는 사전적 권리를 지닌다.

인권교육은 인권의 실현을 위해 매우 중요하다. 인권은 사람들이 인권에 대해 알고 인권의 보호를 요구할 때만 완성되기 때문이다. 유엔이 인권교육의 중요성을 강조한 지는 오래 되었지만, 인권교육 증진을 위한 공동의 노력을 펼친 것은 비교적 최근의 일이다. 유엔총회가 1995년부터 2004년까지를 '인권교육 10개년(Decade for Human Rights Education)'으로 선포하면서, 인권교육은 중요한 국제 현안으로 새로이 부상하였다. 실제로 다수의 국가에서 '인권교육 10개년'을 맞이하여 인권교육을 학교 교과의 일부로 채택하기도 하였다(김진희 외, 2018).

1994년에 발표된 유엔인권교육 10년 계획(The United Nations Decade for Human Rights Education, 1995~2004)에서는 "인권교육은 인권과 기본적 자유를 존중하는 가치와 태도를 습득하여 개개인의 인성과 존엄성이 충분히 습득되도록 하는 교육활동이며, 동시에 이러한 변화를 통하여 인종이나 성별, 국적, 종교나 문화 및 기타 구분에 의한 사람들 간의 차별과 편견이 종식되고 평등한 관계와 관용, 이해와 우호 및 평화가 증진되는 사회 형성에 기여하는 활동이다"라고 인권교육의 개념을 정의하고 있다. 이는 인권교육이 인권을 알고, 인권을 누리며, 인권을 위한 노력을 하는 교육이어야 함을 의미하는 것이다.

2004년 유엔에서도 "인권교육은 지식과 기술, 태도 형성을 통해 인권에 관한 보편적 문화를 구축할 목적으로 이루어지는 훈련, 전파, 정보전달과 관련된 노력"으로 정의한다. 즉, 유엔은 「세계의 인권교육에 관한 프로그램」을 통해 인권교육은 인권에 대한 지식을 공유하고, 이를 위한 기술을 가르쳐 학습자가 그와 같은 태도를 형성하도록 함으로써 보편적인 인권문화를 만드는 데 목적을 둔 교육으로 보며, 다음과 같은 여섯 가지로 인권교육에 관한 개념적 특성을 제시하였다(국가인권위원회, 2016; 이정민 · 이종원, 2020).

① 인간의 권리와 기본적인 자유에 대한 존중
② 개인의 인격과 인간 존엄성에 대한 인식
③ 인종과 국적, 민족, 종교 등이 다른 집단 간의 상호이해 및 우호 증진
④ 자유민주사회의 법이 모든 사람에게 공평하게 발휘되는 것
⑤ 평화적인 사회를 만들고 유지하는 것
⑥ 인간 중심의 지속적인 발전과 사회정의를 증진하는 것

인권교육은 인권에 대한 지식, 태도, 행동 능력을 통합적으로 기르기 위한 교육과정이다. 국내외적으로 인권에 대한 인식이 점차 높아지고 있고 그 결과 인권적이지 못한 현실에 대해서는 법과 제도를 통해 개선해 나가고 있지만 무엇보다 근본적인 변화는 사람들 의식의 변화가 이루어질 때에야 가능하다. 인권교육은 바로 인권에 대한 사회적 인식, 즉 사회구성원들의 인권의식을 확장해 나가는 가장 중요한 수단이라고 할 수 있다. 인권의식은 폭력과 차별에 대한 감수성을 말하는 것이며 인권교육은 이러한 감수성을 키우는 교육이다.

리스터(Lister, 1991)는 인권교육의 개념적인 특징은 인권 내용을 전달하는 ① 인권에 관한 교육(education about human rights), ② 인권을 위한 교육(education for human rights), 그리고 ③ 인권을 통한 교육(education through human rights)이 되어야 한다고 보았다. 첫째, '인권에 관한 교육'은 학습자로 하여금 인권이 무엇인지를 알도록 하는 지식전달을 의미하고, 둘째, '인권을 위한 교육'은 학습자가 그들의 실제 삶 속에서 인권적인 행동을 할 수 있도록 교육하는 것이며, 셋째, '인권을 통한 교육'은 인권을 학습하는 당시에 학습자가 자신의 인권과 타인의 인권에 대한 실천이 가능하도록 설계해야 하는 것을 의미한다. 이러한 관점에서 인권교육 자체가 인권을 완성하는 첫 번째 지점으로 인권에 관

한 다양한 가치를 실천적으로 습득하는 과정임을 알 수 있다(이정민 · 이종원, 2020). 또한 인권교육은 생명, 자유, 평등, 정의, 사회적 책임과 연대, 평화, 자연과의 조화 등 인권이 추구하는 가치가 배움과 활동의 과정에 녹아 있을 때 경험을 통해 자연스럽게 체득할 수 있는 것이다.

인권교육은 세계인권선언을 비롯한 각종 국제적 수준의 선언과 규약에서 천명된 '인간으로서 가지는 보편적인 권리들'을 모두가 지켜야 할 가치로 인식하고, 학습자가 이를 삶 속에서 실천할 수 있는 지식과 기술을 갖추도록 하는 교육으로 정의할 수 있다(McLeod, 2014). 세계인권선언에서부터 교육을 받을 권리 자체가 인권임을 강조하고 있다. 인간은 교육을 통해 그 자신의 최대 역량을 발휘할 수 있고 역량의 신장을 통해 자신의 권리를 주장할 수 있게 되며, 인권이 침해당할 상황에 처했을 때 보호를 받을 방법을 알 수 있고, 마찬가지로 보호가 필요한 처지에 처한 사람들을 도울 수도 있기 때문이다. 따라서 인간은 교육을 통해 인권을 보장받고 타인의 인권을 수호할 수 있으므로 교육받을 권리의 중요한 일부분으로서 인권교육은 꼭 필요한 것이고 누구나 인권교육을 받을 권리가 있다고 해석할 수 있다(Tibbitts, 2015).

인권교육은 인지, 정서, 행동의 모든 측면을 아우르는 인권의식의 함양을 도모해야 한다는 점에 있어 그 교육의 방법에 대한 다각도의 접근이 요구된다. 즉, 유네스코가 주장한 바대로 인권교육은 지식의 전달을 통해서만이 아니라 인간이 삶 속에서 얻은 경험에의 통찰을 통해서도 이루어져야 하며 한 사회에서 꼭 필요한 인권에 대한 보편적인 문화를 형성하는 훈련이 되어야 한다(McLeod, 2014). 우리나라에서도 인권교육은 인권에 관한 지식과 이해에 초점을 두는 인권에 관한(about) 교육, 교수—학습 방식에 있어서 교육자와 학습자 모두의 권리 존중이 포함되는 인권을 통한(through) 교육, 그리고 자신의 권리를 누리고 행사하는 것뿐만 아니라 타인의 권리 역시 존중할 수 있도록 하는 인권을 위한(for) 교육을 망라하는 것으로 이해되어 왔다(오세희 · 김민희 · 남형후 · 박병권, 2015).

(2) 인권교육의 중요성

그러면 인권교육이 왜 중요한가? 인권교육의 중요성은 유엔인권위원회를 통해서도 지속적으로 강조해 왔다(이쌍철, 2020). 인권이 사회적 핵심 가치와 문화로 정착되기 위해서는 사회구성원이 인권을 존중하는 의식을 가져야 하는데, 그 출발점은 자신의 권리를 이해하는 것과 이를 바탕으로 인권이 침해되었을 때 인권보장을 요구하는 것에 있기 때문이다.

우선, 1994년 유엔은 인권교육이 인권보장의 중요한 수단임을 강조하며 1995년부터 2004년까지 인권교육 실천을 위한 「유엔 인권교육 10년(The United Nations Decade for Human Rights Education)」을 선언하였으며, 이를 기반으로 「세계인권교육 프로그램(World Programme for Human Rights Education)」과 이를 구체화한 「세계인권교육 프로그램 행동계획(Plan of Action : World Programme for Human Rights Education)」을 2005년부터 5년마다 수립하여 진행하고 있다(이쌍철, 2020).

우리나라의 경우 최근 사회적으로 자유와 인권의 중요성에 대한 공감대가 확산되고 있다고 볼 수 있다(조효제, 2015). 그러나 인권을 존중하고 인권에 대해서 민감노를 가지는 체감 분위기를 넘어 구체적으로 얼마나 좋아졌는가 하는 점은 사회구성원들이 속한 집단, 그리고 개인이 인권 보장을 얼마나 받는가의 문제와 연결되어 있다는 점에서 이제는 단순히 개별적 인권침해 사안에 대한 해결에 초점을 두기보다는 근본적 차원에서 사회 전체가 인권 중심의 가치관을 형성하는 데 힘을 기울여야 한다. 이런 인식 속에서 인권교육은 한 사회가 국가의 노력을 필두로 민·관이 협력하여 이루어 내야 하는 중요성을 가진 교육의 분야이며, 각국은 글로벌 보편성에 입각하되 해당 사회에 긴급하고도 절실하게 필요한 분야에 우선순위를 두고 노력하여 결국은 모두를 위한 인권교육 체계를 이루어 나가야 한다는 주장이 공감을 얻고 있다.

국가인권위원회(2011)는 인권교육의 중요성에 대해 다음과 같이 정리한 바 있다. ① 인권보호와 증진은 인권에 대한 의식과 존중이 사람들의 머리와 가슴 속에 자리잡을 때 보다 폭넓게 실현될 수 있다. ② 인권에 대한 의식과 존중은 가지고 태어나는 것이 아니라 습득되는 것이다. ③ 인권은 인권존중과 보호에 대한 인류 개개인의 도덕적 의무를 내포한다. 인권교육의 목표는 다음과 같은 역할을 해야 한다. ① 인권교육은 인권과 기본적 자유에 대한 존중을 강화하도록 해야 한다. ② 인권교육은 다양한 인간과 집단에 대한 이해와 관용, 평등과 우정이 증진되도록 해야 한다. ③ 인권교육은 인간의 존엄성에 대한 이해와 감수성이 최대한 발현되도록 해야 한다. ④ 인권교육은 모든 사람들이 자유로운 사회에서 사회적 참여를 행할 수 있도록 해야 한다.

또한 국가인권위원회(2006)는 인권교육의 필요성에 대해 다음과 같이 제시한다. ① 민주적 절차에 따른 개인의 보편적 권리가 존중될 수 있도록 교육하는 것이 필요하다. ② "누구도 타인의 권리를 짓밟을 권리는 없다(세계인권선언 제30조)"는 것을 인권교육을 통해 모든 사람들이 인식하는 것이 필요하다. ③ 획일적 가치보다는 창의성과 다양성이 존중되고 경쟁과 더불어 협력이 요구되는 현대사회의 상황에 비추어 볼 때, 대안적인 보편적 가치교육이 필요하다. ④ 인권교육은 인권을 침해받고 있는 사회적 약자들이 인권에 대해 자각할 수 있도록 하며, 다른 사회구성원들이 사회적 소수자들에 대해 공감하고, 관심을 가질 수 있도록 하기 위해 필요하다. ⑤ 우리와는 다른 문화적, 언어적, 민족적, 환경적 배경을 가진 사람들의 다양성을 인정하고 그들의 보편적 인권을 존중할 수 있도록 하는 교육이 필요하다. ⑥ 인권교육의 필요성은 교육 대상의 다양성에서도 도출된다.

이렇게 보면, 인권교육이 모든 사람을 대상으로 한다는 점에서 청소년도 예외가 아님을 알리고 특별한 소수를 위한 권리가 아니라 보편적으로 인간에게 주어지는 권리이므로 이 권리를 나와 이웃, 지역사회, 국가가 서로 보장하여 살기 좋은 공동체로 살아가는 것이 인권교육이 지향하는 바라고 할 수 있다.

2) 청소년인권교육의 의미

청소년인권교육은 청소년이 일상생활에서 경험하는 자신과 타인의 권리를 이해하고, 인권관점으로 세계를 인식할 수 있는 인권감수성을 갖도록 돕기 위해 인권친화적인 교육환경에서 청소년의 참여활동이 강조되는 교육으로 정의할 수 있다(구정화 외, 2007). 청소년인권에 대한 인지의 중요성에도 불구하고 유엔아동권리협약에 대한 부모와 청소년의 인지수준은 낮으며 청소년권리의 실천적 이행을 위해서 요구되는 각 권리 영역별 인지에서도 대부분의 부모와 청소년의 인지수준이 낮게 나타나고 있는 실정이다. 청소년인권의 실현은 그 중요성에 대한 사회적 공감대의 형성과 인권에 대한 명확한 실천적 기준이 제시되어야 한다는 점에서 청소년인권의 직접적인 이해당사자들의 인권교육이 체계적으로 이루어져야 할 필요가 있다.

인권교육은 청소년참여의 진작을 위해서도 강조될 필요가 있다. 인권교육을 통해 자신과 다른 사람의 권리를 인식하고 사람들의 권리를 침해하는 현실을 비판적으로 사고할 수 있는 능력이 향상된다면, 인권교육이 가지고 있는 자신을 삶의 주체로 세워나가며 사람들의 삶과 경험을 이해하고 변화시키는 목적을 제대로 이루는 것이다. 그것은 또한 자기 삶에 영향을 주는 현실에 대한 참여 능력의 향상으로 이어질 수 있다. 청소년에게 참여를 보장하는 것과 참여를 통해 임파워먼트되어야 하는 것은 청소년의 발달 측면에서뿐만 아니라, 민주주의의 현재와 미래를 위해서도 중요한 과제이기 때문이다. 유엔아동권리협약의 기본 원칙인 '아동 이익 최우선의 원칙'을 실현하기 위해서도 청소년 스스로 무엇이 자신에게 이익이 되는지를 판단하고 자신의 삶을 주도적으로 이끌 수 있도록 하는 참여의 기회를 보장해야 한다. 그런 의미에서 인권교육도 청소년에게 참여의 중요성을 인식시키고 청소년이 적극 참여할 수 있는 방안을 모색해야 한다. 다시 말해 참여는 인권교육의 시작이자 완성이라고 볼 수 있다(김정래, 2002).

김영인과 구정화(2020)는 청소년 인권교육의 개념과 유엔아동권리협약에서 제시한 청소년권리의 원칙을 고려하면서 청소년을 위한 인권교육의 필요성을 다음과 같이 다섯 가지로 제시하며 강조한 바 있다.

첫째, 유엔아동권리협약과 세계인권선언의 권고이기 때문에 인권교육은 중요하다. 유엔아동권리협약에서는 아동과 청소년에게 인권을 교육하는 것 그 자체가 인권임을 제26조로 규정하여 청소년인권교육의 필요성을 제안한다.

둘째, 청소년 시기는 권리에 대한 이해가 시작되는 인권교육의 결정적 시기이기 때문이다. 많은 연구자들은 초등학교 시기가 일상적인 생활 문제와 구체적인 인권문제에 대하여 관심을 가지고 인권에 대한 태도를 기르는 시기라고 말한다.

셋째, 청소년의 삶에 인권문제가 개입되어 있기 때문이다. 최근에 청소년과 관련하여 나타난 다양한 문제 – 가족 내에서의 아동학대, 학교에서의 체벌, 청소년 간의 따돌림과 폭력, 아동 대상 성범죄 등 – 를 보면 청소년은 청소년 스스로 가해자가 되기도 하고 피해자가 되기도 한다.

넷째, 인권문제는 청소년이 학교에서 배우는 학습내용과 유기적으로 연관되어 있기 때문이다. 교과서의 경우 인권 그 자체를 내용으로 담아내기도 하지만, 인권의 가치와 관점을 연관시켜 이해해야 하는 부분도 많다.

다섯째, 인권교육을 받은 청소년은 비폭력적으로 갈등을 해결하는 기술을 습득하고 사회적 타자에 대한 권리를 존중하는 기회를 가질 수 있기 때문이다. 인권교육은 타인의 권리를 더욱 잘 이해하게 하고, 타인과의 사회적 관계를 긍정적으로 보도록 하는 데 도움을 준다.

인권교육이 가진 보편성과 사회 전반을 아우르는 총체적 성격을 볼 때 인권교육을 인권의 내용을 전수하는 것, 그것도 학생들에게 전수되어야 할 교육과정의 일부로만 이해하는 것은 편협한 해석일 뿐 아니라 비효율적이라는 점이 부각된다. 즉, 인권교육은 타인과 함께, 그리고 행복하게 살기 위해 자신의 인권이 중요한 만큼 타인의 인권도 중요하다는 것을 일생을 통해 느끼고 학습하여 삶 속에서 적용할 필요가 있는 모든 연령의 시민들을 위한 것이다.

따라서 인권교육은 종종 학교교육의 일부분으로 논의되지만 이보다 훨씬 넓은 범주를 포함한다. 그렇다고 해서 학교에서 이루어져야 할 인권교육의 중요성이 줄어들지는 않는다. 사실 학교에서 학생들을 대상으로 이루어지는 인권교육은 인권교육의 영역 중 가장 중요한 부분 중 하나로 간주되어 왔는데, 그 이유는 여러 측면으로 설명할 수 있다.

일단 학교 재학 연령의 청소년은 대표적 사회적 약자 그룹 중 하나로 간주된다. 18세 미만 청소년을 대상으로 하여 이들의 생존, 보호, 발달, 참여의 권리를 명시한 유엔아동권리협약이 따로 있는 것은 이 때문이다. 청소년이 자신의 권리를 알고 스스로 지킬 수 있는 것이 중요하기 때문에 학령기 인권교육은 청소년이 그 자신의 권리를 이해하고 행사하는 데 필요한 역량을 기르는 데 중요한 역할을 한다(Tibbitts, 2015). 또한 삶의 많은 발달이 이루어지는 시기가 학령기이고 이 시기가 타인과의 관계 형성과 관련하여 중요한 발달단계라는 점, 그리고 학교가 이런 청소년의 민주적 시민성의 함양을 위한 중요한 삶의 현장이라는 점에서 인권교육의 중요성이 있다. 예를 들어, 초등학교 시기는 사회화는 물론, 사람에게 가치를 부여하고 타인과의 관계를 발전시키는 시기이므로, 이 시기에 자신과 타인을 존중하는 태도를 가질 수 있도록 인권교육을 강도있게 제공해야 한다는 것이 대다수 학자의 의견이다(Ercan, Yaman, & Demirl, 2015).

이런 이유로 인해서 초·중등교육 단계에서의 인권교육에 대한 국가의 책무가 크다. 이에 국제인권교육계획에서도 각 국가가 초·중등교육에서의 인권교육 시스템을 만들 것을 최우선으로 주장하고 가장 먼저 추진한 바 있다. 학생들이 하루의 대부분을 경험하는 삶의 공간인 학교에서 보고, 듣고, 경험하는 일들은 이들이 민주적 시민으로 성장하는 데 큰 영향력을 발휘한다. 즉, 학생 인권의식의 형성 및 성장에 있어 학교에서 이루어지는 인권교육의 영향력이 중요하다. 그래서 인권교육의 전문가로서의 교사가 중요하고, 학생에게 전수되는 교육과정이 중요하며, 학생들의 삶의 경험의 장이자 인권교육이 이루어지는 현장으로서의 '학교'라는 공간이 중요한 것이다.

특히 인권교육은 그 특성상 민주주의적 상황에서 가장 효과적으로 배울 수 있기에 '학교'라는 공간이 얼마나 민주적인가 하는 점이 인권교육을 둘러싼 중요한 지점을 형성할 수 있다(국가인권위원회, 2006b). 인권은 민주적 분위기에서 가장 잘 학습할 수 있는 반면, 혐오와 차별이 존재하는 곳에서는 잘 학습되기 어려울 것이다. 따라서 학교에서 학생이 경험하는 혐오와 차별이 점증하고 있는 현재, 우리의 학교 인권교육은 이를 별개의 것으로 치부하기보다는 학생을 비롯한 학교 구성원들이 학교에서 경험하는 혐오와 차별을 인권에 대한 학습이 필요한 상황으로 삼아, 사회 전체에 만연한 혐오와 차별의 해결을 도모할 필요가 있다. 즉, 인권은 자유롭게 자신의 견해를 드러내어 이야기할 수 있고, 학생과 교사에게 이를 가능하게 하는 표현의 자유가 주어지는 상황에서 가장 효과적으로 배울 수 있으므로 학교라는 공간의 민주성이 중요해진다.

이런 측면에서 오랜 시간 지식의 전달공간으로서의 역할이 강조되고 입시를 중심으로 한 경쟁을 일상화해 온 학교 공간에서 인권의 이름으로 이루어지는 학생인권조례제정 등과 같은 작업을 돌아볼 필요가 있다(국가인권위원회, 2006b; 김진희 외, 2018). 즉, 인권교육의 개념 정립을 위한 논의에 필요한 것은 학생과 교사를 중심으로 하는 학교사회 구성원들의 삶에 관계되는 실재적인 부분이며, 이 과정에서 교육과정도 중요하지만 이와 함께 학교의 민주적인 분위기와 교육을 담당하는 교사의 역량이 중요하게 취급되어야 한다는 판단에 이르게 된다.

2. 인권교육 논의의 동향과 특징

1) 인권교육 논의의 국제 동향

국제인권규범의 발전과 함께 인권교육에 관한 국제적 논의의 흐름도 1990년대 이후 크게 촉진되었다. 김진희 등(2018)은 인권교육에 관련된 국제적 수준의 중요 문헌을 분석하고 특징을 정리한 후 그동안 이루어져 온 인권교육에 관한 각종 연구의 흐름을 소개한 바 있는데, 1993년의 인권교육세계행동계획, 2005년의 세계인권교육프로그램, 그리고 2011년의 유엔인권교육훈련선언을 대표적인 것으로 제시하고 있다.

첫째, 국제적으로는 1993년 유네스코가 제3차 유엔인권회의에서 제시한 인권교육세계행동계획(World Plan of Action on Education for Human Rights)을 인권교육에 대한 체계적인 사고 및 후속 논의의 동력을 제공한 것으로 본다. 인권교육세계행동계획은 인권을 중요한 요소로 갖는 사회와 개인의 다차원적 삶 속의 지속적인 요소를 모든 이들이 교육을 통해 이해할 수 있도록 해야 한다는 점을 강조하면서 다음과 같은 다섯 가지 목적을 제시하였다(OHCHR, 1997).

① 인권교육을 통해 인권을 판단하는 기준이나 도구 등에 대한 정보의 이용이 가능하도록 하고 인권을 침해하는 행위에 대한 국가적·지역적·국제적 수준에서의 제재 방안에 대해서 인지하게 하며, 특히 이런 노력들이 청년층을 대상으로 이루어지도록 노력한다.

② 학습자들로 하여금 처해있는 경제적 상황과 권리를 행사할 수 있는 방법을 이해하게 하고 교육자들로 하여금 평화롭고 민주주의적인 방법으로 변화를 모색하도록 학생들을 교육할 것을 독려한다.

③ 관계자끼리의 협동과 조율로 얻는 이익에 대해 교육자의 의식을 고양시켜 인권교육에 관한 네트워크를 만들고 확장해 나가도록 격려한다.

④ 정부는 국제사회와 발맞추어 평화에 기반한 인권적 문화를 가꾸어 나가도록 적극 노력한다.

⑤ 인권에 관한 국가적, 지역적, 국제적 기제를 만들어 인권에 관한 논의가 널리 알려지도록 한다.

따라서 인권교육세계행동계획에서 인권교육은 학교교육에 국한되지 않고 직업적 훈련이나 시민사회기관, 가족, 그리고 매스미디어를 통한 비정규 교육 등 다양한 형태의 교육과 학습을 통해서 전 연령 집단의 참여가 필요한 부분이라는 해석이 가능하다(국가인권위원회, 2018).

둘째, 2005년부터 실시된 세계인권교육프로그램(UN World Programme for Human Rights Education)도 인권교육 논의에 중요한 영향을 끼쳤다. 1차 시기(2005~2009)에서는 주로 초·중등학교에서의 인권교육에 집중하였다(UN, 2006). 국제적 합의에 의해 인권교육에서 무엇을 다루어야 하는지에 대해 세부적 내용으로 포함되어야 할 요소들을 정해놓은 인권교육의 정의를 바탕으로 초·중등교육에서 다루어야 할 인권교육의 내용과 행동계획을 제안하고 있다. 이 1차 시기의 인권교육은 교육과정, 교재, 방법, 훈련을 포함한 학습의 모든 요소와 과정들이 인권을 학습하는 데 이바지하도록 보장하는 '교육을 통한 인권'과 교육

제도 안에서 모든 행위자의 인권의 존중과 권리의 실현을 보장하는 '교육에서의 인권' 두 가지 과정을 모두 포함하는 것이어야 함을 명시하고 있다. 이 시기에는 교수-학습 과정을 인권교육의 핵심적 과정으로 파악하고 학교에서의 인권교육의 활성화를 위해 교사 역량의 중요성이 주장되었다. 따라서 모든 사범교육 및 교사 직무훈련을 비롯하여 인권교육에 대한 포괄적인 훈련 정책을 채택하기를 권하며 더 나아가서는 전체 교육제도의 변화를 제안하였다(정해숙 외, 2011).

셋째, 2011년의 유엔인권교육훈련선언(United Nations Declaration on Human Rights Education and Training)은 유엔이 인권교육의 국제적 기준에 대해 공식적으로는 최초로 천명한 것이다. 유엔인권교육훈련선언의 내용은 다음과 같다(국가인권위원회, 2012).

1조 인권에 대한 알 권리로서의 인권교육
2조 인권교육의 포괄성 : 인권에 대하여, 인권을 통하여, 인권을 위하여
3조 인권교육은 평생교육
4조 인권교육은 타인의 권리의 존중에 대한 학습
5조 인권교육은 다양성의 포용
6조 인권교육의 다양한 수단과 매체
7조 인권교육훈련에 대한 국가의 책무
8조 인권교육 실행의 다양한 주체
9조 인권교육 확산을 위한 정부의 조정자 역할
10조 인권교육 관계자의 책무
11조 공적 역할 수행자에 대한 인권교육 제공
12조 인권교육훈련을 위한 국제협력
13조 인권기구의 인권교육 관련 역할
14조 인권교육훈련 선언을 수호하는 국가의 역할

스트러터스(Struthers, 2015)는 유엔인권교육훈련선언이 인권에 '대한(about)' 교육, 인권을 '통한(through)' 교육, 그리고 인권을 '위한(for)' 교육이 종합적이고 포괄적인(holistic) 인권교육의 요체임을 주장하였다고 본다.

첫째, 인권에 대해서(about) 가르친다는 것은 공식적, 비공식적 교육과정의 일부로 인권 관련 제도의 바탕이 된 규준이나 원칙, 가치나 지식을 전수하는 인권교육의 인지적인(cognitive) 측면을 말한다. 예를 들어, 앞서 소개한 쉽게 풀어 쓴 세계인권선언문이나 유엔아동권리협약 등은 아동 및 청소년의 인권교육을 위해 제작된 교육과정의 일부로 자주 활용된다.

둘째, 인권을 통해서(through) 가르친다는 것은 인권에 대해 피부로 느낄 수 있도록 교사와 학생 모두의 인권을 존중하는 방식으로 이루어지는 교수학습법을 포함한다는 뜻이다. 인권교육은 그 내용과 과정이 동일하게 중요하고 교육을 진행하는 과정이 참여적 교육 방법론(participatory pedagogy)에 기반해야 한다. 참여적 교육방법론을 구성하는 원리들로 능동적 학습(active learning), 과제 중심 활동(task-based activities), 팀워크(team work), 양방향적 학습(interactive method), 비판적 사고(critical thinking) 등을 들 수 있으며, 이런 교수학습법에 의해 인권교육이 이루어지는 교실은 인지적인 지식 향상을 넘어선 공감 형성의 장이 될 수 있다. 이는 인권의식의 세 영역 중 정서 영역과 밀접한 관계가 있다.

셋째, 인권을 위해서(for) 가르친다는 것은 학생들 스스로 자신이 속한 사회를 인권을 존중하는 사회로 변화시켜 갈 수 있도록 이들에게 권한을 부여하고 인권수호에 필요한 행동을 주문한다는 뜻으로 해석할 수 있다. 즉, 인권교육은 학습자들이 부당한 인권침해의 상황을 스스로 겪거나 목격했을 때 인권수호를 위해 목소리를 내고 행동을 취할 수 있도록 돕는 교육이어야 한다(Bajaj, 2011). 이는 인권의식의 세 영역 중 행동 영역의 향상과 밀접한 관계가 있다.

2) 인권교육 논의의 특징

인권교육에 관한 논의들을 종합하면 주요한 특징들이 있음을 알 수 있는데, 김진희 등(2018)은 ① 종합성과 포괄성의 특징, ② 국가적 책무의 특성, ③ 평생학습적 특성, 그리고 ④ 다원성과 교차성의 특징 등의 네 가지로 제시하였다.

첫째, 국제적인 인권교육 논의는 종합적이고 포괄적인(holistic) 특성이 있다. 인권교육은 개인이 가지는 시민적, 경제적, 사회적 및 문화적 권리들을 모두 포함하고 학습자의 일상적 삶과 관련되는 것이라는 점을 강조한다. 인권교육은 학습자의 인지, 정서, 행동의 향상을 모두 목표로 한다. 이러한 세 가지 목표는 인권교육세계행동계획과 인권교육훈련선언에서도 계속하여 제시되고 있는 것이다.

둘째, 인권교육은 국가의 책무라는 점이다. 인권교육을 받는 것도 인권 자체이며, 인권교육이 제대로 이루어지지 않는 것은 민주주의가 정착되지 못했거나 국가의 노력이 부족한 탓이라는 것이다. 특히 초·중등교육은 타인과의 관계 형성에 관한 발달과업이 이루어지는 시기라는 점에서 개별 교사나 학교 또는 지역사회 기관에만 맡겨놓아서는 안 되며 국가의 적극적인 교육적 역할을 필요로 한다고 본다.

셋째, 인권교육은 학교는 물론 전체 연령층을 포괄하는 평생교육과정이다. 인권교육훈련선언의 경우는 '훈련(training)'이라는 용어가 제목 자체에 들어가 있는데 인권교육이 사교육이나 비정규적 과정을 포함하는 모든 교육, 훈련, 학습을 포괄하며 인생주기의 전 단계를 통해 다양한 성인 직업훈련의 현장에서도 실시되어야 한다는 것을 요청하고 있는 것이다.

넷째, 국제적 인권교육 논의는 '차이'에 대한 존중과 이해가 요체임을 말해준다. 인종, 성별, 성 정체성, 나이, 종교 등 삶 속에는 다양한 '차이'가 존재하지만, 인권교육은 이러한 '차이'에 의한 차별을 반대한다. 인권교육에 관한 많은 문헌들이 이러한 차이들 간의 교차점이 수없이 존재하는 상황에서 함께 살아가는 것을 배우게 한다는 점에서 인권교육은 다원성과 교차성의 특성을 가진다.

3. 청소년인권교육의 내용과 방법

인권교육의 범위 및 대상, 내용과 방법 등에 관해서는 다양한 국제적 수준의 문서에서 그 논의의 시작과 흐름, 그리고 성과를 발견할 수 있다. 전반적인 인권교육 논의의 흐름은 인류가 보편적으로 필요로 하는 인권의식을 함양하는 목적을 가지되 각 사회에서 필요한 전략과 프로그램을 그에 맞게 개발해 나가는 것을 강조한다. 특히 2005년부터 시작한 세계인권교육계획(World Programme for Human Rights Education)은 이런 중차대한 과제를 '보편적인 인권 문화의 건설'이라는 큰 그림을 염두에 두고 우선순위를 정해서 순차적으로 진행해 가야 함을 강조한다(UN, 2006). 1차 시기에는 초·중등교육에서의 인권교육, 2차 시기에는 고등교육에서의 인권교육 및 교사를 비롯한 전문가의 교육훈련, 그리고 3차 시기에는 앞서 두 시기의 성공적인 정착을 위한 다양한 노력 및 미디어를 통한 인권교육의 확산을 목표로 하였다. 그리고 2020년부터 시작하는 4차 시기에서는 청년층을 대상으로 한 인권교육의 전개를 목표로 하고 있다.

1) 인권교육의 내용

(1) 인권교육의 원리와 내용

인권교육은 단지 인권에 관한 지식을 전달하는 것이 아니라 한 개인이 자신의 기존 지식과 삶의 경험을 인권적인 잣대에 비춰 비판적으로 바라보고 재구성할 수 있도록 해주어야 한다. 국제사면위원회(1997)는 인권교육의 기초 원리를 다음과 같이 여섯 가지로 제시하고 있다.

① **경험** : 학습의 목적이 학습자들의 객관적인 조건과 그러한 상황에서 인권이 어떻게 적용되고 있는지를 비판적으로 이해하는 것임을 분명히 해야 한다.

② **활동중심** : 학습자의 사전지식을 이후 토론의 기초로 이용하기 위해 이끌어 내야만 한다. 즉, 학습자 중심활동은 사전지식을 학습자에게서 끌

어낼 수 있도록 고안되어야 한다. 이러한 활동을 통해 새로운 지식은 학습자의 기존 인지도식을 통해 통합된다.

③ **문제제기** : 교육 진행자는 학습자가 자신의 응답에서 비일관성과 부조리를 끌어낼 수 있도록 학습자의 사전 지식에 문제를 제기하도록 노력해야 한다.

④ **참여** : 개념의 명료화, 주제의 분석, 활동의 실행에 집단적인 노력을 독려해야 한다. 다른 사람의 경험을 보여주는 것도 학습자의 경험과 지식을 확장하고 정당화하며 반증할 수 있는 한 방법이다.

⑤ **변증법** : 단지 학습자의 사전 지식(명제)을 이끌어 내는 것만으로는 충분하지 않다. 사실, 자료, 통계와 같은 다른 자료에서 나온 지식(반명제)과 학습자의 사전 지식을 비교하여 결론을 종합해 보는 것도 중요하다.

⑥ **분석** : 학습자의 응답에서 나온 주제 및 주제와 연관된 기초 원리는 촉진자나 학습자가 직접 제기하도록 하는 것이 중요하다. 교육진행자는 '왜'와 '어떻게'라는 질문을 해야 한다. 그러한 질문은 학습자에게 왜 사건이 일어났고 어떻게 그렇게 되었는지를 생각하게 한다. 그리고 학습자에게 사건과 다른 사건이 어떻게 연관되어 있고 어떻게 서로 영향을 미치는지에 대해 물어보아야 한다.

(2) 인권교육의 체계와 내용

인권교육이 무엇을 가르쳐야 할 것인가에 대해 많은 논의가 있다. 인권교육에서는 청소년이 생활하고 있는 주된 영역을 중심으로 해당 영역의 주요 인권실태와 인권보장을 위한 적절한 절차와 과정 등이 세분화되어야 한다. 일반적으로 학생의 경우, 학내의 학생인권을 중심으로 세부적인 교육안이 마련되어야 하고, 복지시설에서 생활하는 경우는 다수인보호시설의 인권보호를 중심으로 세부적인 교육안이 마련되어야 할 것이다. 아울러 인권교육은 해당 청소년의 연령을 고려하여 그 교육내용과 수준이 결정되어야 한다.

〈표 13-1〉 연령별 아동·청소년인권교육 체계(안)

연 령	목 표	핵심개념	실 천	특수한 인권문제	교육기준·도구
초기 아동기 취학 전, 3~7세 이하	• 자아존중 • 부모와 교사에 대한 존중 • 타인에 대한 존중	• 자아 • 공동체 • 개인적 책임	• 의무·공정성 • 자기표현·경청·협력·공조 • 소규모 집단활동·개인활동 • 원인과 결과에 대한 이해 • 감정이입·민주주의 • 갈등해결	• 인종주의 • 성차별주의 • 불공정성 • 타인에게 (신체적·정신적) 상처	• 학교규정 • 가족생활 • 공동체 규정 • 인권선언 • 아동권리협약
후기 아동기 8~11세	• 사회적 책임 • 시민권 • 권리, 욕구와 원하는 것의 구별	• 개인적 권리 • 집단권 권리, 자유 • 평등, 정의 • 법적 규정 • 정부 • 보장 • 민주주의	• 다양성에 대한 존중 • 공정성 • 사실과 주장의 구별 • 학교와 지역사회 서비스의 이행 • 시민적 참여	• 차별·편견 • 빈곤·배고픔 • 부정의 • 민족중심주의 • 수동성	• UHDR • 인권의 역사 • 지역체계 • 국가의 법적 체계 • 인권 관련 지역과 국가의 역사 • UNESCO, UNICEF • 비정부기구(NGOs)
청소년기 12~14세	• 특수한 인권에 대한 지식	• 국제법 • 세계평화 • 세계개발 • 세계의 정치경제 • 세계 생태주의 • 법적 권리 • 도덕적 권리	• 타인의 관점 이해 • 논리에 기초한 사고 • 조사와 정보의 수집 • 정보의 공유	• 무시 • 동정 • 냉소주의 • 정치적 박해 • 식민주의, 제국주의 • 경제적 세계화 • 환경파괴	• 유엔협약 • 인종차별 철폐 • 성차별주의 철폐 • 지역인권협약 • UNHCR • NGOs
후기 청소년·청년기 15세 이상	• 인권기준에 대한 지식 • 인권과 개인적인 의식 및 행동의 통합	• 도덕적 통합·배제 • 도덕적 책임·문맹	• 시민조직에 참여 • 시민적 책임의 이행 • 시민 불복종	• 대량학살 • 고문 • 전쟁 범죄	• 제네바협정 • 특수한 협약 • 인권기준의 발전

출처 : Flowers(1998); OHCHR(2007) 재구성.

청소년기는 심리사회적 발달에 따른 특성이 나타나는 시기이므로 인권교육의 내용을 세분화하여 발달 단계별 수준에 맞게 이루어지도록 할 필요가 있다. 유엔도 인권교육은 어릴 때부터 체계적으로 실시되어야 한다는 입장이다. 학교인권교육길라잡이(ABC : Teaching Human Right)에 제시되어 있는 연령별 인권교육 내용 체계표를 살펴보면 인권교육은 자기 존중에서 비롯해 타인 존중, 사회에서의 개인과 집단의 권리와 평등, 국제사회에서의 인권으로 확장되고 있음을 알 수 있다. 인권교육은 인권적인 시각으로 사회를 바라보고 인권 친화적 사회를 만들어 가는 기반이 되도록 돕는다. 학교인권교육길라잡이는 국가인권위원회가 번역하여 『학교인권교육의 길라잡이 : 유엔의 초·중등학교 인권학습 활동안내서』로 발간되었는데, 초·중등학생들의 인권의식 및 행동을 강화하고자 하는 교사 및 기타 교육전문가들이 인권교육을 실시하면서 활용할 수 있는 학습활동의 구체적 사례 및 조언을 담고 있다(국가인권위원회, 2006).

따라서 인권교육의 출발이라고 할 수 있는 자신과 타인의 소중함에서 출발해 청소년들이 생활하는 일상 공간인 가정, 학교, 사회에서 인권을 경험할 수 있게 함으로써 자신의 존엄성뿐만 아니라 다른 사람이 지닌 본질적인 가치의 존엄성도 인식할 수 있는 계기를 제공하는 것이 중요하다. 자신을 소중히 여길 줄 알아야 진정으로 다른 사람의 소중함도 알 수 있는 것이다. 이것을 바탕으로 일상생활 속에서의 경험을 해석하고 인권의 관점에서 의미를 부여하는 기준으로서 인권 지식을 인권 경험에 통합할 때, 지식을 위한 지식에 머무르는 한계를 넘을 수 있다(이상희, 2006).

유엔에서는 2005년 이후 세계인권교육프로그램 행동계획(Plan of Action : World Programme for Human Rights Education)을 매 5년마다 수립하여 시행하고 있는데 단계별 특징은 다음과 같다(국가인권위원회, 2018). 첫째, 제1차 세계인권교육프로그램 행동계획(2005~2009)에서는 인권교육의 중점을 초·중·고등학교 교육과정에 두고, 인권교육의 정의, 교육 내용, 행동 계획은 물론, 교사 양성과정과 현직 연수를 통한 교사 역량개발 정책과 교육제도의 변화를 제안하였다(정해숙 외, 2011). 둘째, 제2차 세계인권교육프로그램 행동계획(2010~2014)에서는 인권교육의 초점을 고등교육 단계에 두었으며, 공무원, 군인, 법 집행관 등 전문가 집단을 주요 대상으로 하였다. 셋째, 제3차 세계인권교육프로그램 행동계획(2015~2019)에서는 인권교육의 중심을 1단계 및 2단계에서의 프로그램 이행 강화에 두고 언론인과 미디어 전문가를 목표대상으로 하였다.

학교에서는 세계인권선언과 유엔아동권리협약을 인권교육의 핵심내용으로 한다. 여기에 담겨있는 구체적인 권리들은 모든 인간이 동등한 기준에서 그러한 권리를 부여받았다는 점에서 보편적이며 어떠한 권리도 다른 권리들보다 '비필수적'이거나 '덜 중요하지' 않음을 알 수 있다. 구체적 인권의 내용들을 상호의존적이며 상호보완적으로 보는 것이 더욱 적합한 의미이다. 그러나 세계인권선언이나 유엔아동권리협약의 내용을 잘 설명하는 것만으로 인권의 활성화를 기대할 수는 없다. 각 조항들이 사람들의 삶에서 갖는 의미에 대해 효과적으로 전달하기 어렵기 때문이다.

따라서 취학 전 아동과 초등학교 저학년을 위한 인권교육 주제로는 신뢰와 사회적 존중, 갈등 해결하기, 차별에 대처하기, 유사점과 차이점 인식하기, 자신감과 자부심 키우기, 신뢰쌓기, 학급규칙 정하기, 인권 이해하기, 아동의 권리 소개하기 등을 강조하고 있다. 또한 초등학교 고학년과 중·고등학생을 위한 인권교육 주제로는 생명보호-사회 속의 개인, 전쟁, 평화 그리고 인권, 정부와 법, 사상·양심·종교·의견 및 표현의 자유, 사생활에 대한 권리, 집회를 열고 공적인 일에 참여할 수 있는 자유, 사회·문화적 행복, 차별(고정관념, 피부색 또는 인종, 소수집단의 지위, 문화적 성, 장애), 교육에 대한 권리, 개발과 환경, 경제발전과 상호연관성, 기업과 인권, 유엔에 대한 이해, 인권공동체 형성, 학교의 인권온도 측정하기, 우리 학교의 인권온도 측정하기 등과 같은 내용이 제시되고 있다.

우리나라에서도 「국가인권정책기본계획(2007~2011) 권고안」을 통해 학교부문 인권교육 핵심 추진과제로 ① 유치원부터 대학까지 정규 교육과정과 모든 교과에 인권 내용의 체계적 통합·편성, ② 다양한 교수-학습 방법과 자료 개발·보급으로 인권교육 강화, ③ 교원의 인권교육 역량 강화, ④ 학교 생활 규정 정비 등 인권 친화적 교육환경 조성, ⑤ 인권교육 연구 기반 조성 등을 제시하였다(국가인권위원회, 2006). 또한 2007 개정 교육과정부터 교과교육과 재량

활동 시간의 범교과 학습 주제로 인권 교육과정을 편성·운영할 수 있도록 교육과정을 개정하고, 교과서 내용, 교과서에 포함된 텍스트, 삽화, 사진 등 교과서 구성 역시 인권관점에 부합하는 방향으로 개선하는 등 제도적 기반을 마련한 바 있다(김병준, 2017; 설규주·은지용·전진현, 2016).

2) 인권교육의 방법

(1) 인권교육의 방법

인권교육을 모형을 통해 제시하고 접근하려는 움직임이 있다. 대표적으로 티비츠(Tibbitts, 2002)는 인권존중의 문화를 삶 속에 만드는 것이 인권교육이라고 주장하면서 ① 가치와 인식 모형, ② 책무 모형, 그리고 ③ 전환적 모형의 세 가지를 제시하였다(김진희 외, 2018 재인용). 첫째, 가치와 인식 모형(values and awareness model)은 인권문제에 대해 올바른 판단력을 증진시킬 수 있는 가치와 인식의 습득을 목표로 하며, 인권과 관련된 지식을 전달하여 가치에 공공선을 통합함으로써 학습자의 태도와 행동적인 변화(attitudinal and behavioural change)를 가져오게 하는 것이다. 단순한 지식 전달에 그치지 않고 인권 관련 이슈의 분석에 비판적 사고를 적용할 수 있도록 한다.

둘째, 책무 모형(accountability model)은 교사가 인권침해의 상황을 파악함과 동시에 학습자들이 사회적 약자와 같이 인권이 침해된 사람들의 권리를 지키는 것이다. 학교의 경우, 학생의 인권침해 사례가 발생하면, 교사가 학생의 권리에 대해 잘 알고 있으며, 이를 인정하고 수호하는 입장에서 개입함으로써 다른 학생들도 이러한 인권수호에 동참하게 하는 유형을 생각할 수 있다.

셋째, 전환적 모형(transformational model)은 학생들에 대한 권한부여를 통해 인권침해 상황을 판단하고 방지하도록 생각하고 행동할 것을 요청하는 것이다. 학생들이 각자 다양한 인권침해 상황을 겪고 있다고 가정하고 상황을 바로잡도록 행동하도록 주문한다. 전환적 모형은 실천하기 가장 어렵고 전문적인 교육을 교사들에게 지속적으로 제공하는 것이 필요하다.

로빈슨(Robinson), 필립스(Phillips), 퀜너스테츠(Quennerstedts, 2018)는 인권교육의 교사책무에 관한 개념적 고찰을 통해 인권교육을 둘러싼 교사의 책무를 ① 지식과 가치(knowledge and values), ② 태도와 환경(attitude and environment), 그리고 ③ 주체와 행동(agency and action) 등의 세 개의 영역으로 구분하여 제시하였다. 인권교육은 내용과 과정 모두가 중요하므로 교사가 무엇을 어떻게 전달해야 하는가에 대한 것을 분명히 하는 것이 중요하다고 보는 것이다. 여기서 지식과 가치는 교사가 학생들에게 인권의 원칙들이 갖는 본질적인 가치를 이해하도록 하는 작업이며, 태도와 환경은 교사 자신이 인권을 존중하고 행동하는 태도를 갖춤으로써 학생들에게도 그렇게 하도록 요구하는 것을 말한다. 또한 주체와 행동은 학생들이 자신의 권리를 행사하게 함으로써 필요할 때에 주체적 행동을 할 수 있는 역량을 갖추도록 하는 것이다.

로빈슨과 동료들(Robinson, et al., 2018)에 의하면 이러한 세 영역에서의 책무를 교과과정에서 적용할 때 교사의 책무는 어떠한지를 제시하고 있는데, 예를 들어 '반차별'에 대한 인권교육의 교육과정은 다음과 같이 서술될 수 있다(김진희 외, 2018 재인용).

① **지식과 가치** : 교사는 학생들에게 차이와 유사성을 정의하고 인종, 문화, 능력, 장애, 성별, 연령, 성적 지향성 등에 따른 다양성을 존중하도록 선입견, 괴롭힘, 차별이나 인종주의적 태도가 개인과 지역사회에 끼치는 영향에 대해서 가르쳐야 한다.

② **태도와 환경** : 교사는 학생들을 대할 때 반차별적 태도를 취해야 하며 인종, 장애, 종교, 신념이나 성적 지향성, 임신 및 육아 여하를 막론하고 동일한 기회를 보장하는 법률에 따라 의무를 수행해야 한다.

③ **주체와 행동** : 교사가 학생의 주체성을 강화하고 키워주기 위해서는 정형성이나 선입견에 저항하도록, 문화적 차이를 적극적으로 중재하도록 하는 것이 중요하다.

(2) 인권교육의 기법들

인권교육을 위한 다양한 방법과 기법들이 제시되고 있는데, 그중에는 인권교육에 적합한 것으로 입증되고 있는 프로그램이나 기법들도 나타나고 있다. 이들은 대체로 비판적 사고, 인지적·정서적 학습 경험 및 견해의 차이 존중, 학습참가자 모두의 적극적 개입 등을 촉진하는 데 기여하는 공통성을 가진다. 청소년이 권리 주체가 되어 비판적인 사고로 자신과 세상을 성찰하고 좀 더 인간적인 세상을 만들기 위해 실천할 수 있는 능력을 기르는 데 도움이 되는 주요 방법과 기법들로는 다음과 같은 몇 가지를 제시할 수 있다(국가인권위원회, 2006). 이러한 것은 교사들이 학생들에게 어떻게 감정이입과 도덕적 상상력을 발휘할 수 있게 하는지, 어떻게 자신들이 단순히 사실이라고 생각하는 가정들에 도전할 수 있게 하는지, 그리고 어떻게 인간 존엄성·평등과 같은 개념들을 사람·힘·책임 등과 관련된 자신들의 일상경험 속에 통합할 수 있게 하는지를 잘 보여준다.

① **브레인스토밍**(brainstorming) : 이 기법은 이론적인 동시에 실제적인 문제를 해결하기 위해 이용될 수 있는데, 먼저 문제를 분석한 후 해결책을 모색해야 한다. 문제가 제시되면, 그 문제에 대한 반응으로 나온 모든 아이디어를 칠판이나 차트지에 기록한다. 모든 반응을 기록하되, 이 단계에서는 그에 대한 설명이 필요치 않으며 어떠한 제안도 판단하거나 거부하지 않는다. 교사는 반응들을 분류하고 분석하는데, 이 단계에서 통합·수정·삭제가 이루어진다. 마지막에 해당 집단은 건의를 하고 그 문제에 대해 결정을 내린다.

② **사례연구**(case studies) : 학생들을 소그룹으로 나누어 각각 인권기준을 적용해야 하는 실제나 가상의 사례를 연구하게 한다. 이때 사례는 신빙성이 있고 현실적인 시나리오에 근거해야 한다. 연구를 위한 시나리오는 학생들에게 전체를 한꺼번에 제시하거나, 전개되는 '상황(진화하는 가설, evolving hypothetica)'으로서의 시나리오를 순차적으로 '제공(feed)'하여 학생들이 그에 반응하도록 할 수 있다 이 방법은 협력과 팀워크뿐만 아니라 분석과

문제 해결 및 기획기술을 향상해 준다. 사례연구는 논쟁·토론 또는 추가조사를 준비하기 위해 사용될 수 있다.

③ **창의적 표현**(creative expression) : 예술은 개념을 좀 더 구체화하고 추상적 개념을 개인화하며 인권에 대한 지적 반응뿐만 아니라 정서적 반응을 포함함으로써 태도에 영향을 미치게 하는 데 도움이 된다. 이야기, 시, 그래픽, 미술, 조각, 연극, 노래, 무용과 같은 기법을 사용할 수 있다. 교사가 예술전공자일 필요는 없으며, 단지 학생들이 담당할 과제를 결정하고 학생들의 창작품을 공유할 수 있는 방법을 제공하여야 한다.

④ **토론**(discussion) : 둘씩 소집단으로 모이거나 전체가 모여 의미있는 토론을 진행하도록 독려하는 데에는 여러 기법이 있을 수 있다. 신뢰와 존중의 환경을 조성하기 위해, 학생들은 나름대로의 '토론 규칙'을 정해도 좋다. 토론은 다양한 효과적인 방법으로 구성될 수 있다. 일부 주제는 공식적 토론, 패널 또는 소위 '피시 보울(Fish Bowl, 어항)'의 형태에 적합하다. 소집단이 토론을 벌이는 동안 학급의 나머지 학생들은 경청하고 있다가 나중에 논평을 하기나 질문을 한다. 또 어떤 주제들은 '토킹 서클(Talking Circle, 말하는 원)'에 더 적합할 수 있다.

학생들은 두 개의 겹친 원을 만들고, 안쪽 원의 학생들은 원 바깥쪽으로, 바깥 원의 학생들은 원 안쪽을 보고 앉는다. 서로 마주보고 앉은 사람과 토론을 한 뒤, 일정 시간이 지나면 교사가 안쪽 원의 학생들에게 한 자리 오른쪽으로 이동하도록 지시하여 동일한 주제로 새로운 파트너와 토론하게 한다. 개인적이고 정서적인 주제들은 둘이 짝을 짓거나 소집단으로 토론하는 것이 가장 좋다. 하나의 주제를 놓고 반 전체가 참여하여 토론하게 하려면, '돌아가며 말하기(Talking Around)' 방법을 사용할 수 있다. 즉, 교사가 "존엄성은 어떤 의미라고 생각하니?" 또는 "나는 ……일 때 행복하단다"와 같은 자유로이 답할 수 있는 질문을 던지고 학생들이 이에 대해 차례대로 답변하도록 한다.

한편 토론을 시각적으로 생생하게 진행하는 방법으로 '디스커션 웹(Discussion Web, 토론 거미줄)'이 있다. 학생들이 토론을 위해 원을 만들어 앉은 뒤 한 사람씩 이야기한다. 이렇게 토론을 진행하면서 동시에 털실 뭉치를 말하는 사람에게 계속 전달하여 실이 풀어지게 한다. 이야기를 한 사람은 자신의 손을 거쳐 간 털실을 잡고 있는다. 나중에는 토론 집단이 모두 털실 거미줄로 연결되면서, 이 집단 내에서 이루어진 의사소통의 구조를 실감나게 보여줄 수 있다.

⑤ **현장견학, 지역사회방문**(field trips/community visits) : 인권문제가 전개되는 곳(법원, 교도소, 출입국관리소 등)이나 권리를 수호하고 피해자를 구제하기 위해 일하는 곳(비영리 단체, 식품 및 의류배급소(food or clothing banks), 무료 진료소 등)을 방문할 수 있다. 견학목적을 사전에 설명해 주고 관찰한 것을 기록해 감상문을 작성하거나 토론자료로 활용할 수 있게 한다.

⑥ **인터뷰**(interviews) : 인터뷰는 직접 배울 수 있는 계기가 되며 문제와 역사를 개인화한다. 가족, 지역사회 구성원, 활동가, 인권 관련 사건 목격자 등을 대상으로 인터뷰를 하는 것이다. 이를 통해 구술된 역사는 자신이 거주하는 지역사회의 인권문제를 문서화하고 이해하는 데 기여할 수 있다.

⑦ **연구프로젝트**(research projects) : 이 방법은 인권문제를 독립적으로 조사할 수 있는 여러 기회를 제공한다. 도서관이나 인터넷 시설을 이용하는 공식적인 연구도 가능하며, 여론조사, 미디어관찰, 기타 자료수집 기법을 바탕으로 하는 정보제공 목적의 연구도 가능하다. 개인 프로젝트 또는 집단 프로젝트의 구분 없이, 연구 프로젝트는 독립적인 사고와 자료분석 기술을 발달시키며 인권문제의 복잡성에 대한 심도있는 이해를 가능하게 한다.

⑧ **역할극/시뮬레이션**(role-plays/simulations) : 역할극은 소규모의 연극으로서 대체로 즉흥적으로 이루어지며, (해설자와 주요 인물로 구성된) 이야기의 형태를 띠거나, (교사나 친구들의 도움을 받아 즉석 대화를 구성하여 인물들이 상호작용을 하는) 상황극의 형태를 띨 수 있다. 역할극은 길이가 짧아야 효과가 크고 끝난 후에는 토론 시간을 충분히 주어야 한다. 교사는 학생이 자신의 실제 상황과 동일한 역할을 맡지 않게 하여야 한다. 참가자들은 자신의 행동에서 벗어나, 그에 대해 평가하거나 질문을 던질 수 있어야 한다. 학

급의 다른 학생들도 논평이나 질문을 할 수 있어야 하며, 심지어는 역할극에 합류하는 것도 가능하다. 역할극의 변형된 형태로 재판·가상인터뷰·시뮬레이션게임·청문회·심판 등을 들 수 있다. 이러한 변형 역할극은 대체로 구성이 더 복잡하고, 시간이 더 오래 걸리며, 교사와 학생들이 더 많이 준비해야 할 필요가 있다.

⑨ 시각자료(visual aids) : 칠판, OHP, 포스터, 전시물, 차트, 사진, 슬라이드, 비디오, 영화 등의 자료를 사용해 학습효과를 배가할 수 있다. 일반적으로, 슬라이드와 차트를 통해 제공되는 정보는 간결하게 요약되어야 하며 개요 또는 목록의 형태를 띠어야 한다. 텍스트로 작성되어야 할 부분이 더 많다면, 유인물을 활용하여야 한다. 그러나 시각 자료는 남용될 소지가 있다. 참여 토론이나 학생들의 직접 참여가 시각 자료로 대체되어서는 안 된다.

4. 청소년인권교육과 실천의 과제

세계인권선언과 유엔아동권리협약은 권리교육의 중요성을 강조하고 있고, 유엔아동권리위원회는 한국정부에 인권교육을 권고하여 왔다. 청소년인권의 신장을 위해서는 권리와 의무의 주체가 되는 자신이 향유하고 준수해야 할 권리에 대해 정확하게 인지하는 것이 전제되어야 한다. 그러나 아동권리 인지의 중요성에도 불구하고 청소년인권의 실현은 사회적 공감대의 형성과 인권에 대한 명확한 실천 기준이 제시되어야 한다.

1) 발달단계별 실천과제

청소년인권교육과 관련하여 생각해야 할 중요한 사실은 여러 가지 권리 중에서 청소년들이 특히 침해받기 쉬운 권리들이 연령별, 발달단계별로 다를 수 있다는 점이다(이용교·천정웅·김경준, 2009). 다시 말해, 모든 청소년은 유엔아동권리협약에 부응한 적절한 수준의 권리를 보장받아야 하며 초등학생기, 청소년기 등 발달단계마다 특히 유의해야 할 인권목록에 대한 섬세한 접근이 필요하다.

(1) 영유아기에 있는 아동이 침해받기 쉬운 권리

① 생존권

- 낙태를 당할 우려가 있다.

② 보호권

- 미혼모가 출산할 때 국외로 입양되어 정체성에 혼란을 가질 수 있다.
- 국내에 입양되는 경우에도 자신의 뿌리를 찾기 어렵다.
- 결혼이주가정에서 태어날 때 '혼혈'로 차별을 받을 수 있다.
- 빈곤으로 적절한 양육을 받지 못할 수 있다.
- 맞벌이로 부모의 보살핌을 받지 못할 수 있다.

③ 발달권

- 빈곤 가정의 경우 다양한 교육적 경험을 하기 어렵다.
- 장애아동의 경우 장애의 유형과 특성에 맞는 서비스를 받기 어렵다.

④ 참여권

- 영유아의 의견은 흔히 무시되기 쉽다.

(2) 초등학생기에 있는 아동이 침해받기 쉬운 권리

① 생존권

- 빈곤 가정의 경우에 결식의 우려가 있다.
- 빈곤 가정의 경우에 적절한 의료서비스를 받지 못하는 등 건강권을 보장받기 어렵다.
- 통학길 보행 중에 교통사고로 사망할 수 있다.

② 보호권

- 신체적 학대와 성추행에 노출될 수 있다.
- 방과후에 방임으로 각종 문화적 경험에서 박탈당할 수 있다.

③ 발달권

- 적절한 교육을 받지 못한다(교육기회 박탈-지적장애 등의 이유).
- 부모의 이혼 시에 적절한 생활지도를 받기 어려운 점이 있다.

④ 참여권

- 부모의 이혼 시에 어느 쪽 부모와 살 것인지에 대한 의사표명권이 없다.
- 이혼 시에 부모와의 면접교섭권이 없다는 것을 생각할 수 있다.

(3) 중 · 고등학교에 다니는 청소년이 침해받기 쉬운 권리

① 생존권

- 아침식사를 결식하기 쉽다.
- 우울 등으로 자살충동을 가질 때 적절한 보호를 받기 어렵다.
- 패스트푸드 등 몸에 좋지 못한 음식에 노출되기 쉽다.
- 영양실조보다는 비만으로 건강을 해칠 가능성이 매우 높다.

② 보호권

- 부모나 보호자가 없을 때 '소년소녀가정'으로 지정되어 방임되기 쉽다.
- 성매수나 성폭력에 노출될 수 있다.
- 약물오남용에 노출될 수 있다.
- 가출청소년의 경우에는 각종 범죄 등에 노출될 수 있다.
- 아르바이트에서 적절한 법적 보호를 받을 수 없다.
- 범죄를 저지를 때 법적 보호를 받지 못할 수 있다.

③ 발달권

- 적절한 진로지도를 받지 못한다.

- 학교생활에서 다양한 선택을 하기 어렵다.
- 자립능력을 갖추지 못한 채 사회로 방출될 수 있다.
- 흔히 여자의 경우에 성차별 문화를 답습하도록 강요받는다.
- 사생활의 권리가 무시되는 경향이 있다.
- 통신의 자유 등을 제한받기 쉽다.

④ 참여권

- 가정, 학교, 사회에서 의사결정에 참여하기 어렵다.
- 연령차별로 '참정권'을 보장받기 어렵다는 것을 생각할 수 있다.

2) 생활환경 영역별 실천과제

청소년인권교육은 또한 가정, 학교, 사회 등 생활환경과 관련한 각 영역에서 인권보호를 위한 실천활동으로 이어질 때 의미를 가진다(이용교 · 천정웅 · 김경준, 2009).

① 가정 : 가정은 일차적인 안식처이지만, 인권침해가 가장 일상적으로 일어나는 공간이기도 하다. 특히 성차별과 연령차별이 남녀유별과 장유유서 등 미풍양속으로 인식되는 상황에서 가정은 권리옹호를 위해서 노력해야 할 부분이 많다. 일상생활 속에서 많은 부모들은 자녀를 위한다는 이유로 자신의 결정을 자녀에게 강요하는 경우가 많은데, 자녀도 한 사람의 인격체라는 점에서 볼 때 반성할 점이 많다. 예컨대, 자녀의 학원 선택, 대학의 학과 선택, 이사를 할 때 자녀의 의견을 존중하는 것 등이다.

② 학교 : 학교에서 인권을 옹호하기 위해서는 교육과정에 인권교육을 크게 강화하고, 그 내용을 실천적으로 가르쳐야 한다. 유엔아동권리협약의 생존권, 보호권, 발달권, 참여권에 대한 강조와 관련하여 보면, 학교에서는 학대와 폭력으로부터 보호받을 권리, 자신의 적성과 특기를 살릴 수 있는 교육을 받을 권리, 그리고 학교운영 전반에 학생의 참여를 보장받을 권리가 중요하다. 최근 사회문제화 되고 있는 학교 내에서의 학생들 간

의 집단괴롭힘이나 학교폭력의 실태를 파악하고, 피해자에 대한 보호와 가해자에 대한 교육적 방안을 찾는 것이 시급하다. 또한 체벌, 용의검사, 소지품검사, 성적공개 등에서 볼 수 있는 바와 같이 학교당국과 교사에 의한 인권유린이 '교육적인 이유'로 일어나기 쉽기 때문에 이에 대한 대책을 세워야 할 것이다. 특히 생활양식과 가치관의 변화에 부응하지 못하는 규정 등은 개폐되어야 한다. 하교 내에 학생 옴부즈맨 등을 두어 학교당국이 학생에게, 교사가 학생에게, 학생이 다른 학생에게 인권을 침해하는 사례가 있다면 이를 적극 모니터하고 옹호하는 방안을 찾는 것도 한 방법이다. 학교 내에서 학생의 참여권을 향상시키기 위해서 학교운영위원회에 학생대표의 참여를 제도화하여야 한다. 현재 학교운영위원회는 교직원, 학부모, 지역인사의 대표로 구성되는데 학습의 주체인 학생의 참여는 지극히 당연하며 유엔아동권리협약의 조항과도 부합된다.

③ **지역사회** : 지역사회에서 인권을 보호하기 위해서는 유해환경을 적극 규제하고, 유익환경을 조성해야 한다. 인권을 침해하는 대표적인 유해환경은 성적으로 유혹하는 성매매업소, 성적 자극을 주는 음란물과 공격성을 충동질하는 대중매체, 신체적·정신적으로 황폐시키는 유해한 화학물질과 약물 등이 포함될 수 있다. 따라서 지역사회단위로 유해물품, 시설, 매체 등을 감시하고 고발하는 것이 필요하다. 청소년은 절도, 폭력, 성문제 등에 노출되기 쉽기 때문에 비행청소년이 되지 않도록 하는 활동도 인권옹호 활동의 하나이다. 특히 청소년이 범죄의 피해자나 가해자가 될 경우 법률지식이 낮아서 자신의 권리를 찾지 못하는 경우가 많다. 이들에게 적절한 법률 지식을 알려주고, 상담을 통해서 고충을 해결하도록 돕는 청소년인권 상담사업이 필요하다. 특히 최근 일하는 청소년이 많은데, 임금이 최저임금에도 미치지 못하고, 근로기준법상 금지된 근무형태가 이루어지는 경우가 많다. 이러한 고용차별에 대한 감시활동도 지역사회에서 꼭 필요한 인권옹호 사업이다.

④ **대중매체** : 인권을 보호하기 위해서 대중매체가 중요한 의미를 갖는다. 청소년의 발달에 해를 끼칠지도 모르는 음란물과 폭력물을 무분별하게 방영하는 것을 자제하고, 선정적 보도를 지양해야 한다. 대중매체는 청소년인권 침해사건을 적극 보도하고 관련 사안을 심층 보도함으로써 사회적 관심을 제고할 수 있다. 아동학대, 성적 학대 등은 은폐되기 쉬운데 대중매체가 심층보도하고 그 대안을 모색하는 방식으로 여론을 조성할 수 있다. 대중매체는 그 속성상 표현의 자유, 발달권, 정보접근권, 참여권을 높이는 데 기여할 수 있다. 청소년이 직접 만든 매체물을 대중매체에서 방영할 수도 있고, 대중매체를 모니터하고 대중매체를 자신의 생활매체로 활용할 수 있는 기법을 가르쳐 줄 수 있다.

⑤ **가상공간** : 청소년을 위한 인권보호활동은 가정, 학교, 지역사회 등에서 할 수 있지만, 아동의 생활공간이 온라인으로 급속히 확장되고 있기 때문에 향후에는 가상공간을 통한 활동도 크게 늘려야 할 것이다. 우선 인권에 대한 침해사례를 인터넷으로 상담할 수 있고, 인권과 관련한 다양한 정보를 제공할 수 있으며, 인터넷상에서 인권침해를 줄이자는 캠페인을 할 수 있다. 또한 아동인권을 위해서 노력하는 단체들 간의 정보교류를 인터넷을 통해서 할 수 있고, 국내외 단체와 협력사업을 도모할 수 있다.

⑥ **프로그램 개발** : 청소년이 자신의 인권에 대해 잘 인식하지 못하고 있더라도, 그들에게 합당한 교육이 이루어질 수 있도록 할 필요가 있다. 이 점에서 청소년인권교육을 위한 다양한 프로그램을 개발하여 보급하는 일과 그 효과성을 평가하는 일도 중요하다. 학교에서 할 수 있는 형식교육 수업형태의 프로그램과 가정에서 할 수 있는 프로그램, 청소년 단체 및 시설, 교육청, 상담실, 평생교육센터, 지방자치단체 등에서 수행할 수 있는 프로그램 등으로 세분화하는 일도 고려할 필요가 있다.

⑦ **전문가 권리교육** : 청소년과 관련 전문가에 대한 권리교육을 강화하고 이를 체계적으로 수행할 필요가 있다. 학교교육의 차원에서 인권교육의 체계화, 인권 관련 전문가의 교육과 훈련 등이 필요하다. 인권교육은 청

소년을 가르치는 것뿐만 아니라 교사, 경찰관, 법률가, 사회복지사처럼 인권에 직접적인 영향을 미치는 성인들을 위한 교육이 절실하다. 이를 위해서는 또한 청소년에게 친화적인 청소년인권교육 교재(예 만화, 애니메이션, 영화, 게임 등)를 더욱 많이 개발하여야 한다. 인권교육 교재는 청소년의 발달단계에 맞는 핵심의제를 다루어야 하며, 청소년의 발달단계에 맞는 부모용 인권교육 교재의 개발과 보급도 긴요하다. 이와 함께 유엔, 국제아동기금, 유네스코 등과 주요 국가에서 개발한 청소년인권교육 교재의 번역과 보급 등도 생각해 볼 수 있다(이용교 · 천정웅 · 이중섭, 2009).

CHAPTER

14 청소년인권지표의 개발과 적용

청소년을 위한 인권적 접근의 중요성과 함께 유엔아동권리협약의 이행과 실현을 위한 노력은 물론, 이를 강화하는 데 활용하는 지표(indicator)의 개발이 강조되고 있다(김근혜 · 강성권, 2014; Starl et al., 2014). 인권은 인간의 존엄성을 지키기 위해 반드시 필요한 사회적 · 정치적 보장책으로 볼 수 있기 때문이다. 유엔인권최고대표사무소(OHCHR)에서는 양적 지표와 질적 지표를 찾는 접근법과 그에 따른 방법론 등을 포함하여 인권지표 개발을 위한 준거를 제시한 바 있다(UN, 2012). 한국정부는 1991년 유엔아동권리협약(UNCRC) 비준 이후 국가보고서 제출을 통해 청소년의 인권상황을 파악하고 인권 진전 상황을 지속적으로 평가할 인권 관련 통계수집체계와 지표를 마련할 것을 권고받아 왔다.

이에 따라, 청소년 분야에서는 관련 학술단체와 정부출연연구기관 등을 중심으로 청소년인권지표개발을 위한 연구를 지속하고 있으며, 지표체계에 따라 인권실태 결과의 추이를 살펴보고 있다(김영지 외, 2020). 최근에는 글로벌 인권지표가 논의되고 인권지표 데이터베이스 구축의 필요성이 제기되고 있으며, 지표개발을 전제한 청소년인권지수 개발논의로 이어지고 있다(구정우, 2009; 오수웅, 2013; 이봉주 · 김선숙 · 유조안 · 유민상 · 최창용, 2016; 이봉주 · 신원영, 2017; 이혜연 · 김영지 · 김신영, 2009). 그러나 청소년인권신장을 위한 국가사회적 노력에도 불구하고, 우리 사회의 인권수준은 많이 개선되었다고 보기 어려운 현실이며, 인권상황에 대한 보다 정확한 진단에 기반한 개선방향 마련이 요청되고 있다. 청소년인권지표체계와 조사도구에 대한 보완과 생산된 지표결과에 따른 청소년 인권실태의 체계적 분석과 그에 따른 정책추진과제 발굴 노력이 지속되고 있는 것도 이러한 인식에서 기인한 것이다(유양식 외, 2015; Ben-Arieh, 2008).

여기에서는 최근 인권모니터링을 위해 다양하게 사용되는 청소년인권지표를 개발하기 위한 국제사회와 우리나라의 주요 개발동향을 알아봄으로써 향후 한국 인권지표 개발과 그 적용을 위해 고려할 국제적 기준과 연구적 함의를 알아본다. 주요 국제기구와 유엔(UN)은 물론, 유럽연합(EU)과 주요 선진국 등이 사용한 정보와 지표를 개관하고 명시적으로 인권기준을 설정하고 있는 지표와 일반적으로 '사회경제적 통계'로 범주화되는 지표에 관한 연구들도 포함하며, 국제사회에서의 인권지표를 개발하기 위한 주요한 성과들을 분석 · 평가하고 2020년도 개발된 한국의 청소년인권지표체계를 알아본다.

1. 인권지표의 개념적 이해

청소년지표에 대해 이해하기 위해서는 유엔아동권리협약이 하나의 규범적 준거 틀이 되고 있다는 점에 주목할 필요가 있다. 유엔아동권리협약은 국제법 중에서도 아동과 청소년의 권리보장을 의무로 하는 효력을 강제하고 있으며, 범국가적인 규범으로서의 실질적 위상을 갖고 있다(안동현, 1997; Ben-Arieh, 2008). 실제로 유엔아동권리협약은 지표 연구는 물론, 청소년인권과 관련한 다양한 연구에서 규범적 기준 또는 준거 틀로 인정받고 있음을 알 수 있다(강현아, 2009; 김석향 · 정익중 · 김미주 · 오은찬, 2016; 이혜원, 2011; 황옥경 외, 2015; FRA 2013).

유엔아동권리협약이 청소년인권지표 개발과 관련한 지표 준거 틀로서 갖는 의미는 동 협약에서 규정하고 있는 비준국가들을 위한 모니터링 시스템에 있다. 동 협약은 이러한 시스템을 통해 각국의 정부가 협약을 보다 잘 이행하고 모니터링하도록 하는 일반논평(general comments)을 발간하는데, 이것은 청소년권리지표를 개발하는 하나의 기초를 제공한다(Habashi, Wright, & Hathcoat, 2012). 예를 들면, '8세 이하 아동의 권리의 실행에 관한 일반논평'의 경우 매뉴얼과 분석틀(framework)에 구조화된 안내규정을 두어 아동과 사회의 권리 보유자들이 보다 나은 데이터 수집, 분석, 모니터링 및 보고로 아동권리를 구현하도록 하고 있다(김영지 · 김희진, 2015; 천정웅, 2013).

한편 유엔개발계획(UNDP)에서는 지표가 인권을 위한 투쟁에서 강력한 도구이며, 풀뿌리 활동가에서부터 시민사회와 정보기관, 그리고 유엔에 이르는 사람들과 단체들로 하여금 중요한 행위자들을 확인하고 이들이 각자의 행동에 책임을 갖도록 하는 것을 가능하게 하고 있음을 강조하고 있다(Green, 2001). 지표(indicator)는 어떤 방향이나 목적, 기준 등을 표시하거나, 어떤 현상의 패턴이나 동향을 추적하도록 하는 측정치이다. 경제 영역에서 재정이나 경제적 동향을 추적하거나 관찰하는 데 실업률과 같은 지표를 활용하듯이, 지표를 통해 어떤 사건, 활동상황과 상태에 관한 정보나 성과를 구체적으로 알 수 있는 것이다(김태홍 외, 2012).

그래서 '지표'라는 말은 하나의 주어진 점(point)에서 주어진 곳(place)의 상황을 제공하거나 '적시하는(indicate)' (보통은 숫자로 표시되는 계량화된 형태로 되어 있는) 통계적 자료(data)를 말한다(Malhotra & Fasel, 2005). 이런 인식은 양적 지표를 주로 찾고 개발하도록 하는데, 학교취학연령아동의 등록률, 의회 내 여성의원의 점유비율 등과 같은 것을 예로 들 수 있다. 그러나 지표는 양적인 동시에 질적인 특성을 갖는 다양한 형태를 취한다. 일종의 '점검표(checklist)'나 질문항목들을 지표로 활용하는 경우 등은 인권의 실현에 관하여 숫자적 정보를 보충하는 의미를 가진다. 유엔기구들이나 인권공동체의 많은 전문가들은 지표라는 단어에 대해 이러한 해석을 선호한다(Starl et al., 2014).

인권지표는 인권의 상황을 알려주고 현실적 여건을 고려한 목표 설정을 가능하게 하는 지침으로 작용한다. 이런 점에서 인권의 보장과 증진을 위한 인권지표는 양적 지표뿐만 아니라 질적 측면의 지표도 동시에 고려해야 하는 것이다(김근혜 · 강성권, 2014). 현재 인권공동체에서는 유엔인권지표를 가장 넓게 국제기준으로 승인하고 사용되는 것으로 본다(한국청소년정책연구원, 2013). 또한 인권모니터링 메커니즘은 인권규범 분석틀(framework)에 반영되어 있지만, 유엔의 인권에 관한 일반논평을 통해 세분화하기도 하고, 국가별 인권보고 가이드라인으로 활용되고 있다(Vaghri, Arkada, Kruze, & Hertzman, 2011).

일반논평과 같이 '조약 주체(treaty bodies)'가 채택하는 권고안의 경우도 지표를 구체화하는 역할을 하고 있으며 일부 양적 지표들은 인권 조약에 명시적으로 인용되고 있다. 조약의 조항에서 통계적이거나 양적 지표들에 대한 내용들은 관련된 권리의 내용을 정의하는 데 기여하며, 이를 실행하는 것을 재강화해 준다. 따라서 출생기록이 출생증명서 발급을 위해 선행되어야 하는 것처럼 하나의 양직 지표는 다른 권리의 향유를 위해 선제되어야 하는 조건이 되기도 한다. 모든 아동의 등록은 국가가 모든 개인들에게 수반해야 할 중요한 것임을 인정하는 것이며, 법에 의해 그들의 신분을 규정해 주는 것이다. 이러한 점은 다른 공식적 통계들(예 사망원인 통계, 소득 불평등 측정과 실업률 등)에 대해서도 대부분은 동일하다(Malhotra & Fasel, 2005). 이와 같이 양적 지표는 특정 이벤트에 대해 측정함으로써 계량적 평가를 촉진하고 질적 정보는 양적 지표의 해석을 보완하는 역할을 한다.

인권분야에서는 종종 수행지표(indicators of conduct)와 결과지표(indicators of result)를 활용한다. 수행지표가 권리 의무담당자의 약속과 준수에 초점을 두는 반면에, 결과지표는 권리보유자가 권리를 존중하고 완수하는 것을 향유하거나 의무담당자가 그러한 의무를 이행하지 못하는 것 중의 하나에 초점을 둔다(Danish Insitute for Human Rights, 2006; Kapoor, 1996). 인권지표는 또한 실행지표와 준수지표의 개념도 구별한다. 실행지표(performance indicator)의 주요 목적은 계획된 것과 관련한 발전개입(development intervention)에 의해 발생된 변화를 확인하도록 해주는 것이다. 이러한 지표는 프로그램 활동의 실행을 모니터하고 공통적 인권규범에 부합하는지를 평가하는 데 사용한다. 인권맥락에서 준수지표(compliance indicator)는 인권기준을 지키는 것과 관련된다. 그러한 인권기준으로부터 제시되는 의무들을 어느 정도 충족하고 있는지를 파악하고 인권의 개선된 향유와 연관될 수 있는 성과를 이끌어 내는 것을 의미한다(UN, 2012).

한편 조약기구에 의한 당사국의 준수를 평가하는 상황에서는 지표가 아닌, 벤치마크(측정기준 : benchmark)를 사용하는 것이 당사국의 책무성을 확장하는 데 기여할 수 있다. 특히 유엔사회권위원회(ICESCR)는 실행과정을 가속화하기 위해 벤치마크를 설정할 것을 요구하였다. 여기에서 벤치마크는 '지표'와는 구별되는 것으로 규범적이거나 경험적 고려사항에 의해 제한되는 미리 정해진 값을 가진다(Brann, Walter, & Coombs, 2011). 인권의 실행을 증진하고 모니터링하기 위해 벤치마크를 사용하는 첫 단계는 지표의 선택에 대해 동의하도록 하는 것이며, 그 다음 단계는 이렇게 규명된 지표에 대해 실행 벤치마크를 설정하는 것이다(OHCHR, 2007).

2. 청소년인권지표개발의 국제동향

1) 유엔아동권리협약과 지속가능발전목표(SDGs)의 인권지표

(1) 유엔아동권리협약과 주요 국제기구의 인권지표

국제인권지표는 주로 세계인권선언 이후 유엔과 국제기구를 중심으로 발굴되기 시작하였으며, 조약과 규약 등이 입안되는 과정에서 구체화되었다(김근혜·강성권, 2014). 국제사면위원회 인권보고서의 Political Terro Scale(PTS-A, 정치부패척도)을 비롯하여 프리덤하우스가 개발한 Freedom Index(정치적·시민적 자유지표), 유엔개발기구(UNDP)가 제안한 Human Development Indicator(인간개발지표) 등이 국제인권지표로 논의되어 왔으며, 최근에는 비폭력저항운동, 여성인권에 대한 지표 등이 제기된 바 있다(구정우, 2009; Mason & Falk, 2016; Naupa, 2017).

이러한 흐름 속에서 그동안 청소년권리의 수준을 가늠하는 지표를 구체화하고 이를 국제적 연구로 활용하기 위한 노력은 제한적이지만, 최근까지 지속되어 왔다. 이는 유엔아동권리협약이 다른 인권조약보다 늦게 시행된 것 때문인 결과도 있지만, 그보다는 아동기(childhood) 관련 통계가 따로 확인하기 쉽지 않은 경우가 많기 때문이다. 아동권리와 관련한 통계가 존재하고 있는 경우에도 각기 다른 기관에 산재되어 있는 것이 일반적이며, 측정을 어떻게 할 것인가를 합의하는 일도 쉽지 않기 때문에 아동권리를 따로 측정하는 것은 제한적이다(Carvalho, 2008; Ennew & Miljeteig, 1996).

유엔아동권리협약의 효과적인 실행을 보장하기 위해 각국의 아동권리 상태를 측정하고 평가하는 도구가 필요한 것은 두말할 필요가 없다. 국제협약의 단순한 승인만으로 그 실행을 담보할 수 있는 것은 아니며, 국가별로 법과 정책이 채택되었다고 해서 아동과 청소년의 권리가 충분히 보장되는 것은 아니기 때문이다. 이런 인식에서 아동권리협약의 실제적 실행을 모니터할 지표가 요청되는데, 유엔아동권리위원회는 물론 유엔을 비롯한 국제기구 및 세계은행 등 민간 국제기구, 연구기관 및 주요 선진국의 지표 관련 연구를 통해 지속되어 왔다. 특히 미국을 중심으로 사회지표(social indicators)가 제시되고 아동·청소년 복지에 관한 지표(indicators of children's well-being)에 대한 연구가 다양하게 이루어지고 있다(천정웅, 2013). 가장 많이 알려진 것은 유니세프(UNICEF)의 세계아동현황보고서(States of the World's Children), 유엔개발기구(UNDP)의 인간개발보고서(Human Development Report) 및 세계은행(World Bank)의 세계개발보고서(World Development Report) 등을 들 수 있다(이용교·천정웅·김경준, 2009).

새천년개발목표(MDGs)는 새천년선언(the Millennium Declaration)에서 비롯된 모든 유엔 회원국들이 합의한 성명서이다. 여기에서는 새천년의 시작과 함께 발전을 촉진하는 여러 가지 약속들을 담았다. 특히 빈곤, 기아, 교육, 건강을 가장 핵심적인 목표로 설정하였는데, 청소년인권과 관련하여 하루 1달러 이하로 사는 사람들의 수를 절반으로 줄이고, 5세 이하의 유아 사망률을 2/3 수준으로 감소시키며, HIV/AIDS 감염으로 인한 사망률을 낮추고 식수난 문제를 해결하는 등의 관련 목표를 설정한 바 있다. 새천년개발목표가 입안될 당시에는 아동을 중심으로 하여 개념화하지는 않았으며 그 목표는 발전을 촉진하는 하나의 지구촌 파트너십을 수립하는 것이었다. 그러나 이 과업을 수행하는 데 있어서 아동빈곤의 감소가 필수적이기 때문에 목표, 하위목표 및 지표들을 아동에 적용하게 된 것이다(한국청소년정책연구원, 2013).

한편 세계청소년보고서(World Youth Report)는 청소년과 관련하여 새천년목표를 강조하였다. 새천년개발목표에는 얼핏 청소년이 중요하게 다루어지지 않은 것 같지만 자세히 보면 5개의 목표들이 직접적으로 청소년을 언급하고 있는 것으로 볼 수 있다. 왜냐하면 이들 목표들은 기본적으로 청소년과 밀접히 관련된 사안들이기 때문이다. 여기에 교육달성, 교육에서의 양성평등, 모성건강 개선, HIV/AIDS 및 말라리아, 결핵 등 여타 질병과의 전쟁, 그리고 청소년을 위한 고용기회 개선 등을 포함하였다. 유니세프 또한 세계아동정상회의에 대한 후속활동과 함께 아동·청소년과 관련한 지표개발을 위해 오랫동안 노력해 왔다. 세계아동현황보고서는 매년 아동복지와 관련한 많은 변수들에 대한 최근의 실태를 알려주고 있다. 이러한 일련의 활동들이 유엔아동권리협약의 실행과 밀접한 관련을 맺고 있음은 물론이다. 유니세프는 1998년 아동권리 지구적 모니터링을 위한 지표(indicators for global monitoring of child rights)를 제시한 바 있으며 세계아동현황보고서를 통해 주요 지표에 대한 세계적 현황을 알리고 있다.

2) 지속가능발전목표(SDGs) 이행과 인권 5대 차원(5 Dimensions)

새천년개발목표(MDGs)는 2015년까지 달성하려는 8개 목표와 이를 실천하기 위한 18개 지표로 구성된 발전계획이다. 이는 당시 유엔에서 새천년선언이 있은 후 189개의 유엔 회원국들의 동의를 받았으며, 23개 국제기구들이 계획의 목표 달성을 위해 돕겠다고 약속한 바 있다. 이러한 새천년개발목표(MDGs)에 이어 유엔은 미래세대의 다양한 이슈와 형평성 측면 등을 고려한 새로운 목표인 지속가능발전목표(SDGs : Sustainable Developmental Goals)를 제시하였다. 지속가능발전목표(SDGs)는 2016년부터 2030년까지 선진국과 개발도상국이 함께 이행해야 할 교육, 보건, 환경 등의 새로운 비전, 목표, 성과지표 등의 내용을 담고 있다. 지속가능발전목표(SDGs)는 총 17개의 목표와 169개의 세부 목표로 구성되어 있는 현재 세대의 필요를 충족시키는 '환경보존', '경제성장', '사회발전'이라는 세 가지 축을 중심으로 상호연결되어 전 세계가 조화를 이루면서 발전을 꾀하는 변화의 과정을 보여주고 있다(천정웅, 2021).

인권지표와 관련하여 지속가능발전목표(SDGs)가 갖는 중요한 의미는 SDGs의 목표들이 청소년을 포함한 사회구성원 전체를 포괄하는 지표체계를 가지고 있으나, 청소년의 삶과 미래사회를 주도하는 시민으로서 청소년의 권리를 증진하는 것과 관련성이 높은 내용을 담고 있다는 점이다(김영지 외, 2020). 유엔아동권리위원회는 국가 아동권리보고서에 대한 논평에 SDGs와 관련한 국가별 이슈를 언급하고 이에 적극 대응하도록 권고하고 있으며, 유니세프(UNICEF)는 아동과 청소년의 권리와 관련한 관점에서 전 세계적인 이행상황을 점검하고 있다. SDGs 지표는 선진국과 개발도상국을 포함하는 모든 내용을 담고 있는데, 유니세프(UNICEF)는 주로 개발도상국의 아동과 관련한 진전 상황에 초섬을 두고 있다. 유니세프(UNICEF)는 권리영역을 생존과 발달, 학습, 보호, 안전과 환경, 그리고 형평성 등 5개 차원(5 dimensions)으로 구분하고 각기 관련 SDGs의 목표와 그에 따른 지표를 제시하고 각 영역별로 데이터 부재(no data), 추이 데이터 불충분(insufficient trend data), 가속화 필요(acceleration needed), 목표달성 진행 중(on track), 및 목표 달성(target met)의 다섯 가지 항목으로 분석하고 있다. 2021년에 유니세프(UNICEF)는 코로나의 세계적 대유행인 'COVID-19 팬데믹(pandemic)' 이전에 수집한 데이터의 분석 결과를 바탕으로 "SDGs 시대 모든 아동의 진전 : 우리는 아동을 위해 목표를 달성하고 있는가? 2020년의 상황"을 발표했다. 다음은 2020년의 상황에 관한 결과를 중심으로 서술한 것이다.

(1) 생존과 발달(every child survives and thrives)

생존과 발달 영역에는 SDG 2(기아)와 SDG 3(건강) 목표가 관련성이 높으며, 국가별로 가장 많은 자료를 확인할 수 있는 영역이다. SDG 2에는 발육부진, 소모성 질환, 비만 등의 지표가 해당된다. SDG 3에는 숙련인력 입회하의 출산, 5세 미만 사망률, 신행아 사망률, 5세 미만 및 10~19세 청소년의 HIV 감염, 필수 의료서비스, 모성 사망비율, 말라리아 발생률, 아동 출산율 등의 지표가 있다. 이 중에서 2020년에는 5세 미만 사망률(under-five mortality), 발육부진(malnutrition), HIV 신규감염(new HIV infection) 등 10개의 지표를 포함하였다. 2020년의 목표달성 정도를 보면, 데이터 부재는 14%, 추이 데이터 불충분은 7%, 가속화 필요 33%, 목표달성 진행 중 13%, 목표 달성 33%로 나타나고 있다. 이는 2018년도의 결과가 각기 22%, 13%, 29%, 11% 및 25%로 제시된 것과 비교하면 목표달성을 했거나 달성이 예상되는 것이 2018년에는 36%였던 것이 2020년에는 46%로 나타나서 향상되고 있음을 알 수 있다.

(2) 학습(every child learns)

학습 영역은 SDG 4(교육) 목표와 관련이 높으며, 관련 지표로는 중학생의 읽기, 수학 최저 성취수준, 5세 미만 아동의 발달수준, 초등 입학 1년 이전 조직적 학습 참여, 위생시설을 갖춘 학교의 비율 등이 포함된다. 2020년에는 이 중에서 5개의 지표를 평가하였는데, 유아 및 초・중등교육 이수율(completion of education from pre-primary to secondary)과 적절한 학습성과(adequate learning outcomes) 등이 포함된다. 2020년의 목표달성 현황을 보면, 데이터 부재는 44%, 추이 데이터 불충분은 19%, 가속화 필요 24%, 목표달성 진행 중 4%, 목표 달성 9%로 나타나고 있다. 생존과 발달 영역과 비교할 때 목표달성 수준이 낮음을 알 수 있다.

(3) 보호(every child is protected)

보호 영역은 SDG 5(성평등), SDG 8(일자리), SDG 16(거버넌스)과 관련되며, 여아 상대 폭력, 아동 결혼, 여성 할례, 아동 노동, 살인, 갈등으로 인한 사망, 보호자 폭력, 18세 미만 아동 대상 폭력, 출생 신고 등의 지표가 포함된다. 이 항목은 자료가 부족하거나 없는 국가들이 많은데, 2020년도에는 아동 노동(child labour), 출생 신고(birth registration) 등 10개 지표에 대해 평가하였다. 목표달성 정도는 데이터 부재는 66%, 추이 데이터 불충분은 11%, 가속화 필요 15%, 목표달성 진행 중 4%, 목표 달성 4%로 나타나고 있다.

(4) 안전과 환경(every child lives in a safe and clean environment)

안전과 환경에 관련되는 영역에는 SDG 1(빈곤), SDG 3(건강), SDG 6(물), SDG 7(에너지), SDG 13(기후변화) 등이 관련되며, 식수 위생서비스, 주거 및 주변 대기오염으로 인한 사망, 안전한 식수, 안전한 위생 서비스, 손씻기 시설, 야외 배변 등의 지표가 해당된다. 2020년에는 대기오염과 재해로 인한 사망(deaths from air pollution and disasters), 안전한 식수(access to safe drinking water) 등 총 8개의 지표를 평가했다. 분석 결과는 데이터 부재는 23%, 추이 데이터 불충분은 26%, 가속화 필요 11%, 목표달성 진행 중 20%, 목표 달성 20%로 나타나고 있다.

(5) 형평성(every child has a fair chance in life)

형평성과 관련한 영역에는 SDG 1(빈곤)이 관련되며 극단적 빈곤, 국가 빈곤 하한선, 다층적 빈곤, 사회보호체계 등이 지표로 사용된다. 이 영역에는 4개의 지표를 평가했는데, 재정적 다층적 빈곤율(monetary and multidimensional poverty rates), 사회보호체계(social protection coverage) 등이 포함된다. 2020년도의 목표달성률은 데이터 부재 57%, 추이 데이터 불충분은 40%, 가속화 필요 0%, 목표달성 진행 중 0%, 목표 달성 3%로 나타나고 있다.

〈표 14-1〉 유니세프(UNICEF)의 전 세계 SDGs 이행 정도 분석(2020년도 결과, %)

영 역	SDG 관련 목표	2020년 분석결과(2018년)				
		자료 부재	자료 부족	가속 필요	달성 예상	목표 달성
생존과 발달	SDG 2, SDG 3 (10개 지표)	14(22)	7(13%)	33(29)	13(11)	33(25)
학 습	SDG 4(5개 지표)	44(63)	19(12)	24(15)	4(5)	9(5)
보 호	SDG 5, SDG 8, SDG 16(10개 지표)	66(64)	11(16)	15(14)	4(2)	4(4)
안전과 환경	SDG 1, SDG 3, SDG 6, SDG 7, SDG 13 (8개 지표)	23(24)	26(34)	11(14)	20(12)	20(16)
형평성	SDG 1(4개 지표)	57(63)	40(34)	0(0)	0(0)	3(3)

주 : 괄호 속은 2018년도의 결과이며, 2020년도 결과는 COVID-19 팬데믹 이전에 수집한 데이터를 바탕으로 함
출처 : UNICEF(2020). Progress for every child in the SDG era : Are we on track to achieve the SDGs for children? The situation in 2020.

3) 유엔의 인권지표 개발

말호트라(Malhotra)와 파셀(Fasel)(2005)은 유엔의 인권지표 개발 방법을 자료원(sources)과 데이터 생산(data-generating) 메커니즘(mechanism)을 중심으로 사건기반 데이터, 사회경제적 행정통계, 가계인식과 의견조사, 그리고 전문가 판단 등으로 구분하였다. 이러한 접근은 지표가 통계적 적절성(statistical adequacy)이라는 측면에서 그 신뢰성(reliability)과 타당성(validity)을 평가할 수 있기 때문에 가능하다

(Gran, 2010). 2012년에 제시된 유엔인권지표의 경우는 양적 지표를 자료원과 데이터 생산 메커니즘으로 구분하면서 각 지표의 신뢰성과 타당성을 고려하여 개발한 것이다(한국청소년정책연구원, 2013).

인권연구의 주요한 동향을 파악하기 위해 고려할 수 있는 통계적 기준으로 데이터의 획득 가능성과 주기성, 분해성(disaggregation)과 가분성(decomposability), 국제비교를 위해 사용되는 수정가능성(ameability), 그리고 방법론상의 투명성 등이 있으며 이러한 기준도 유엔 2012년 인권지표 연구에서 공통적으로 고려하였다. 여기서 중요한 것은 인권 관점에서 국제적인 인권지표의 주도적 연구와 그에 상응하는 지표들이 인권기준과 원칙을 어느 정도 담고 있는지를 평가할 필요가 있다는 점이다. 주도적인 많은 연구들은 지표의 선택과 설계에서 그것이 범주화할 수 있는 포괄능력, 비차별의 인권원칙, 불가분성과 상호의존성, 책무성 등을 함께 고려하는 것이 중요하다(UN, 2012).

유엔인권최고대표사무소는 지표개발을 위해 문헌과 함께 시민사회와 국제단체에서 널리 사용하고 있는 양적 정보를 인권 모니터링을 위해 광범위하게 조사하였다. 유엔인권최고대표사무소(OHCHR)에서 2012년 발행한 유엔인권지표(Human Rights Indicators) 보고서의 주 내용을 고찰하면 다음과 같다(UN, 2012).

첫째, 유엔인권지표는 인권의 속성적(attributes) 특질을 규명하고 해당 권리와 연관된 기준을 이행하는 구체적인 측면을 밝히는 지표군(cluster)을 개발하기 위해 두 가지 접근법(a two-part approach)을 사용하고 있다. 어떤 권리의 속성적 특질을 규명함으로써 적절한 지표나 지표군을 선택하고 개발하는 과정을 촉진하며, 분명하고 구체화된 보다 '유형적(tangible)' 범주화가 가능하도록 하는 접근을 하였다. 유엔인권지표에 제시된 예시지표에는 평균 4개의 속성적 특질들이 있으며 그 핵심적·규범적 내용의 본질을 파악할 수 있다. 예를 들면 생명권(right to life)의 경우, 주로 세계인권선언 제3조, 자유권규약 제6조, 국제인권위원회의 '생명권에 관한 일반논평 6'(1982)에 입각하여, 불법적인 생명박탈(arbitrary deprivation of life), 실종(disappearances of individuals), 보건과 영양, 사형 등의 네 가지 속성적 특질을 제시하였다(UN, 2012).

둘째, 유엔인권지표는 국가의 이행책무(commitment), 노력(efforts), 결과(results) 파악을 위하여 구조－과정－성과(structure-process-outcome)를 유기적으로 결합한 지표 체계를 제시하고 있다. 인권을 실현하기 위해서는 의무주체(duty bearer), 주로 당사국들의 지속적인 노력을 필요로 하는데, 인권의 실현에 상응하는 성과를 평가하는 것과 그러한 성과를 가져온 과정들이 인권 기준에 맞는지를 평가하는 것도 중요하다.

여기서 ① 구조지표(structural indicators)는 인권의 증진과 보호를 위해 필요한 기본적·제도적 메커니즘을 창출하는 것은 물론 법적 도구와 존재를 비준하고 채택하는 것을 반영한다. 따라서 구조적 지표는 해당 권리와 관련한 국내법이 국제적 기준을 담고 있는지, 그리고 국제적 기준을 보호하고 촉진하는 제도를 갖고 있는지 등에 초점을 둔다.

또한 ② 과정지표(process indicators)는 의무주체들이 인권적 책무를 바람직한 결과로 전환시키는 지속적인 노력을 측정한다. 구조지표와는 달리, 과정지표는 의무주체들이 그 책무를 이행하기 위해 갖는 정책과 구체적 수단들, 즉 국가발전과 거버넌스(governance)를 위한 공공 프로그램, 예산배분, 구체적·규제적 개입 등을 포함하여 당사국이 인권 실현과 관련한 성과를 거두기 위해서 행하는 모든 조치들을 지속적으로 측정하는 것을 의미한다.

③ 성과지표(outcome indicators)는 인권의 이행 정도뿐만 아니라 권리의 향유 정도를 파악할 수 있게 하는 것이다. 성과지표는 시간경과에 따라 다양한 과정의 영향을 통합하고, 과정지표보다는 순간적 변화에 덜 민감하며, 천천히 움직이는 지표이다. 예를 들면, 평균기대수명 지표는 면역, 공중보건에 대한 지각, 적절한 영양에 대한 접근성 또는 신체적 폭력과 범죄의 감소에 따른 성과일 수 있다(UN, 2012).

셋째, 유엔의 인권지표는 세 가지 측면의 방법론적 접근법을 제시하고 있다. ① 지표 선정에서의 윤리적·인권적 고려사항은 무엇이며, ② 인권지표를 위한 주요한 데이터 산출 메커니즘과 자료원은 무엇인가, 그리고 ③ 인권평가에 사용되는 지표를 성분별로 분해하는 것이 가능한지 등의 측면이다. 인권지표가 인권의 이행과 모니터링을 촉진하는 데 의미를 갖기 위해서는 각

지표들이 명료하고 엄밀하게 정의되고, 해당 데이터를 수집하고 처리하고 확산하는 수용할 수 있는 표준화된 방법이 있고, 정기적으로 입수 가능할 필요가 있는 것이다(한국청소년정책연구원, 2013).

한편 유엔인권지표를 위한 사회경제적 행정통계로는 행정관리 데이터(administrative data)와 통계조사(statistical survey) 및 인구센서스(census) 등을 사용하고 있는데, 이러한 세 가지 자료원 중에서 모니터링과 정책결정가를 위해서는 행정관리 데이터가 가장 양호하고, 통계조사도 양호한 편이며, 센서스의 경우는 단기적으로보다는 장기적으로 양호한 방법이라고 평가받고 있다(UN, 2012).

넷째, 유엔인권최고대표사무소에서는 인권의 이행을 증진하고 모니터하는 개념적, 방법론적, 경험적 측면을 포함하는 지표를 개발하고자 하였으며, 인권기준에 대한 책무와 그것의 이행 노력, 그리고 책무이행 노력의 결과를 개념화하였다(UN, 2012). 구조－과정－성과지표로 구축하는 분석틀에 입각한 지표는 정책입안자와 인권전문가에게도 익숙한 체계로 볼 수 있다. 이런 점에서 단계별로 체계화된 모니터링 시스템은 인권개념을 보다 구체화시키고, 정책 수립과 개발과정에서 인권기준과 원칙을 적극적으로 반영시키는 데 기여하고 있다(김태홍 외, 2012).

4) 유럽연합(EU)의 청소년권리지표 개발

유럽연합 청소년인권지표는 2007년 7월에 유럽위원회(European Commission)가 유럽연합 기본권기구(European Union Agency for Fundamental Rights : FRA)에 요청하여 개발하게 된 것으로 15개월의 연구를 통해 보고서를 발간하면서 처음 소개되었다(FRA, 2010). 유럽연합 기본권기구는 유럽연합(EU) 제 기관 및 회원국들에게 기본권 관련 사안에 대해 전문적 조언을 주는 '기본적 인권' 분야의 공식전문기구로서 설립한 것이다(채형복, 2013). 유럽연합 기본권기구에서는 2012년 이후부터는 유엔이 제시한 구조－과정－성과지표의 분석틀을 근거로 하여 각 영역별로 지표를 개발하고 있다(Starl et al., 2014). 유럽연합의 인권 연구보고서는 유엔아동권리협약을 유럽연합 수준에서의 청소년 권리를 모니터링하고 개발하는 기준으로 삼고, 국제인권법 도구에 대한 준수를 모니터링하기 위해 유엔지표보고서에 의해 제시된 지표들의 개념정의를 채택하였다. 유럽연합 기본권기구(FRA) 인권보고서는 서론을 포함하여 전체 5개 부분으로 구성되어 있으며, 그 주요 내용은 다음과 같다(FRA, 2010).

(1) 지표개발의 개념적 틀과 범위

유럽연합 기본권기구(FRA)의 보고서는 다음과 같은 다섯 가지 핵심 특징을 가진 구체적인 개념적 분석틀에 입각하여 지표를 개발하고 있다. 첫째, 유엔아동권리협약을 규범적 분석틀로 채택하였다는 점, 둘째, 유럽연합의 역량의 한계를 존중한다는 점, 셋째, 청소년의 사회적 지위에 초점을 두는 지표를 개발한다는 점, 넷째는 '아동 복지(child well-being)' 지표가 아니라 '아동 권리(child rights)' 지표를 개발한다는 점, 그리고 다섯째로 기존의 지표 세트(set)에 입각하여 보완하는 방향으로 개발한다는 점 등이다(FRA, 2010).

유럽연합 기본권기구(FRA)의 인권보고서에서 규명한 핵심지표 영역은 유엔아동권리협약에서 개발한 지표군(cluster)에 상응한다. 그러나 가능한 한 유럽연합의 역량을 지키고 현존하는 유럽연합 활동을 반영하기 위하여 유엔아동권리협약에 포함된 모든 영역이 완전히 또는 체계적으로 제시되지는 않았다. 예를 들면, 유엔아동권리협약 보고서에서 나타나는 착취와 폭력으로부터의 보호에 관한 지표 가운데 일부는 가족 보호(남용과 방임, 재활, 19조와 39조)에 그리고 일부는 특별보호조치(성적, 경제적 착취, 재활, 32~36조, 39조)에 관련되어 있다. 그러나 남용, 폭력, 착취 및 인신매매에 관한 유럽연합 활동의 다양한 측면들이 상호 관련되며, 유럽연합 수준에서의 관련 입법이 동일한 법적 기반에서 채택되었다는 사실을 반영하기 위해 하나의 핵심영역 아래로 포함하였다(FRA, 2013).

또한 유럽연합 보고서는 복지지표가 아니라 권리지표를 개발한다는 점을 강조하고 있는데, 이는 복지지표가 청소년의 삶의 상태를 보여주는 것인 반면에 권리지표는 청소년 관련 사안에 대한 국가와 사회 간의 상호작용을 고려한다는 점에서 구별된다고 보았다(Carvalho, 2009). 유럽연합 보고서의 지표의 내용은 또한 유엔아동권리협약의 비차별원칙(CRC 2조), 아동이익 최상의 원칙(CRC 3조), 생명, 생존, 발달의 원칙(CRC 6조), 참여권(CRC 12조) 등 네 가지 일반원칙에 의해 정의된다.

유럽연합보고서는 이러한 지표를 만들기 위해서 구조－과정－성과 측정으로 구성한 매트릭스(matrix)를 사용하였다. 유럽연합의 경우 구조지표는 특별한 권리 조항의 실현을 촉진하는 데 필요한 기본적인 제도적·예산적 메커니즘뿐만 아니라, 법적 도구의 존재를 반영한다. 과정지표는 구조적 조항들을 실행하기 위해 국내적, 지역적 또는 현지 수준의 노력을 반영한다. 성과지표는 청소년이 개입과 행동 프로그램으로부터 혜택을 받는 정도뿐만 아니라 주어진 상황에서의 권리의 실현 상태에 관한 개인적이며 집합적인 달성 정도(attainments)를 반영한다(FRA, 2013).

이와 같이 지표를 구조－과정－성과로 측정하는 모델은 특히 유엔인권최고대표사무소(OHCHR)가 채택하고 있는 것이다. 이는 복지지표의 특징으로 볼 수 있는 단순히 성과에 초점을 맞춘 지표로부터 정책의 수행과 영향을 보다 잘 반영하는 지표로 변화된 것을 말한다. 유럽연합 기본권기구(FRA)의 연구진은 이러한 세 가지 지표 범주로 분류하기 위하여 지속적이고 균형 있는 접근 노력을 기울였다. 그러나 적절한 생활수준과 교육, 시민성, 문화활동 등의 일부 핵심 영역에서는 성과지표가 많이 활용되고, 가족 환경과 대안적 보호, 그리고 폭력과 착취 등의 영역에서는 과정지표가 지배적이 되기도 하였다.

(2) 지표의 선정과 주요 지표의 예시

유럽연합 인권보고서에 제시된 각 지표군은 가장 관련성이 있으면서 믿을 만한 국제적이며 비교 가능한 데이터를 확인하는 것을 목적으로 하였다. 이러한 노력의 핵심은 자료를 수집하는 시점에서 참여적이며 청소년 중심적인 접근을 한 자료를 얻는 것이다. 이 일은 많은 어려움이 따른다. 최근 유럽연합의 공식 데이터 수집 기구인 유로스타트(Eurostat; 유럽통계처)는 보다 유럽연합에 적합한 인구사회학적, 이주 관련 자료를 수집하는 데 상당한 진전을 이루었다. 그러나 여전히 그러한 자료에서도 아동을 구별하는 것은 어렵다. 아동을 분석

수준으로 취급하는 통계가 드물며, 취급하는 경우에도 11세 이상의 연령에 초점을 맞추는 경우가 많기 때문이다. 따라서 이미 확실하거나 비교할 수 있는 자료가 있는 지표를 개발하려는 노력을 계속하고 있다(FRA, 2010; 2013).

유럽연합 인권보고서에 제시된 지표는 유럽연합의 법과 정책의 구체적 영역을 개관하는 부분, 지표가 측정하려고 하는 유엔아동권리협약의 구체적인 원칙, 그리고 지표와 연계하여 사용할 수 있는 구체적인 자료와 정보원에 대한 내용을 수반한다. 여기에서는 유럽연합 보고서에서 제시한 전체적인 지표 집단별 각 핵심영역의 범위에 대한 총괄표와 지표영역별 지표와 지표 집단, 하위 지표 집단을 예로 들고 최근에 제시된 구조－과정－성과지표의 예시로는 가족정의 분야의 지표 중 국가별 이혼과 부모분리에 대한 것을 제시하기로 한다. 우선, 가족환경과 대안적 보호, 착취와 폭력으로부터의 보호, 적절한 생활수준, 그리고 교육, 문화, 시민성과 학교와 스포츠 관련 활동에서의 참여 등의 네 가지 핵심 분석 영역 내에서 다음과 같은 지표 집단과 하위 집단이 개발되었다(FRA, 2010).

〈표 14-2〉 **지표 집단별 각 지표 핵심영역의 범위**

지표영역	지표 집단		
가족환경과 대안적 보호	가족정의 : 국가별 이혼과 부모 분리*	이주로 인한 가족과 분리된 아동의 권리와 복지	가족 재결합
착취와 폭력으로부터의 보호	아동 인신매매	성적 · 경제적 착취	아동에 대한 폭력
적절한 생활수준	아동 수입 빈곤	정부 반응의 효과	아동의 주관적 인식뿐만 아니라 수입, 빈곤 이외의 측면들
교육, 문화, 시민성, 학교와 스포츠 관련 활동 참여	교육 접근 가능성	교육 적합 가능성	개인적 발달

*는 '가족정의' 지표집단으로 해당 항목의 구체적 지표예시는 <표 14-3>에 제시함.
출처 : FRA(2010), pp. 26-29 종합 재구성.

또한 유럽연합 기본권기구(FRA)는 2010년의 연구결과에 따라 2012년부터 각 영역별 지표를 개발하고 있는데, 2013년에는 가족 정의 분야의 지표를 개발하였다. 이전의 지표를 보다 구체적으로 발전시켰으며, 유엔에서 제시한 구조지표, 과정지표, 성과지표의 세 가지로 구분하여 유럽이사회 가이드라인 원칙에 따른 지표를 제시하고 있다. 다음 <표 14−3>은 이렇게 개발된 지표의 내용 중에서 가족정의(국가별 이혼과 부모 분리)와 관련한 부분을 예시적으로 제시한 것이다(FRA, 2013). 이는 위에서 언급한 바와 같이 <표 14−2>에 제시된 내용 중 '가족환경과 대안적 보호' 지표영역 중에서 지표 집단에 나타나고 있는 '가족정의 : 국가별 이혼과 부모 분리' 부분의 지표가 구조−과정−성과 지표 체계와 어떻게 관련되는가를 구체적으로 나타내 주는 의미를 가진다.

〈표 14−3〉 **유럽연합 지침에 따른 지표 예시(가족정의 : 국가별 이혼과 부모 분리)**

	구조지표	과정지표	성과지표
비차별	아동에 대한 비차별적 처우를 보장하는 법적 의무의 존재	전체 아동인구 중에서 전국적 가족정의 과정을 포함하는 아동의 빈도	전국적인 가족 사례와 관련한 차별 불만의 빈도
정보권	단기적 기간 내에 아동에게 정보를 알려주는 법적 의무의 존재	웹사이트와 구조요청 전화(help-lines) 등의 정보서비스의 이용 가능성	사법적, 비사법적 청문절차에 관련된 아동의 빈도
개인데이터 보호	아동에 관한 정보나 개인데이터를 공포하는 것을 금지하는 법의 존재	가족 사례에 관련된 사람들에 대한 연수에서 데이터 보호 이슈의 포함 여부	아동과 관련한 경찰, 관리, 판사, 법 실천가들이 데이터 보호정책을 위반한 사례의 빈도

출처 : FRA(2013), pp. 6-7 재구성.

보다 구체적으로 보면, 가족정의에 대한 내용을 비차별, 정보권, 개인데이터 보호 등의 세 가지로 구분하고 각각에 대해서 구조지표, 과정지표, 성과지표로 구분한 지표항목을 제시하고 있는 것이다. 또한 '비차별'에 대한 구조지표로는 '아동에 대한 비차별적 처우를 보장하는 법적 의무의 존재' 여부로 파악하고, 과정지표로는 '전체 아동인구 중에서 전국적 가족정의 과정을 포함하는 아동의 빈도'로 측정하며, 성과지표로는 '전국적인 가족 사례와 관련한 차별 불만의 빈도'로 파악한다는 것이다. 마찬가지로 '정보권'과 '개인데이터 보호'에 대해서도 각기 구조-과정-성과지표로 예시가 제시되고 있는 것이다.

3. 한국의 청소년인권지표 개발 동향

1) 유엔아동권리협약의 비준과 인권지표 개발

국제적 수준에서의 인권지표개발 동향과 함께, 국내에서도 청소년 인권상황을 진단하고 이를 기초로 인권개선을 위한 정책방향을 모색하고 실행하는 데 활용할 수 있는 인권지표 개발 노력이 지속되었다(김근혜 · 강상권, 2014). 국가인권위원회 등 정부기관과 지방자치단체의 인권지표개발 노력을 비롯하여 북한인권지표, 여성인권지표, 장애인인권지표, 아동복지시설 등의 대상별, 분야별 인권지표가 개발된 것도 그 대상에 청소년이 포함되어 있다는 점에서 직 · 간접적인 개발동향으로 볼 수 있다(경상남도, 2010; 국가인권위원회, 2013; 국방부; 2016; 이용교 · 안경순 · 정경은 · 정민기, 2006; 충청남도, 2015).

한국 정부는 유엔아동권리협약에 비준함으로써 전체 협약의 내용에 관한 인권실태를 파악하고 결과를 보고하며, 매 5년마다 유엔아동권리위원회의 모니터링을 받고 있다(김영지 외, 2016; 임희진 · 김현신, 2011). 특히 체계적인 아동 · 청소년인권 관련 데이터 수집체계를 마련하라는 유엔아동권리위원회의 권고에 따라 한국청소년정책연구원을 중심으로 2006년부터 2016년까지 두 단계의 연구가 추진되었다. 우선 2006년부터 5년간(1기) '국제기준 대비 한국아동 · 청소년인권수준연구'가 수행되었으며, 2011년부터 6년간(2기) '한국 아동 · 청소년인권실태연구'가 수행되었다. 이러한 과정을 통해 인권지표체계와 조사도구를 발전시켰고 매년 청소년의 인권실태를 보고하고 있다.

우리나라의 청소년인권지표는 그 이전에도 한국아동권리학회를 중심으로 1998년에 아동권리지표를 개발하였는데, 그 세부항목들은 유엔아동권리협약의 각 조항을 반영할 수 있도록 하고 국제비교 가능성을 고려하여 세부지표마다 관련 조항을 명시하였다. 또한 당시 제시된 권리지표는 개발영역을 선정하기 위해 각종 사회지표 관련 연구를 참고하였으며, 미국의 아동복지지표(indicators of chidlren's well-being)에서 제안한 5개 분야(보건, 교육, 경제적 안정, 인구와 가족, 사회성 발달과 문제행동)를 기초로 하고, 국내의 사회지표체계와의 근접 필요성 및 아동권리협약 각 조항과의 관계를 고려하여 10개의 지표개발 영역에 23개 관심영역, 67개 세부 관심영역과 227개 세부지표를 제시한 바 있다.

한편 2003년에는 유엔아동권리위원회의 2차 권고가 있은 이후 국가적 차원의 권리지표 개발 시도가 이루어졌는데, 이때는 아동권리지표를 인구, 건강과 생존, 가족, 시민적 권리와 자유, 교육, 문화와 여가, 사회복지, 특별보호 분야로 구분하였다(서문희 · 안현애 · 이삼식, 2003). 그러나 새로운 지표 생산이 아닌 기존의 통계를 활용하는 것에 치중하여 아동의 권리 수준을 측정하는 것을 소홀히 한 문제점이 지적되었다(이봉주 · 신원영, 2017).

그러나 '아동권리'와 별도로 '청소년인권'을 주제로 한 지표개발연구는 2001년 한국청소년개발원에서 최초로 수행한 바 있다. 인권지표체계를 분야 – 대분류(관심영역) – 중분류(세부관심영역) – 소분류(지표항목)로 설계하고, 청소년 인구, 건강과 생존, 가족, 교육, 문화와 여가, 사회보장, 시민권과 자유, 사회적 약자 청소년권리 등 8개 분야에 15개 관심영역, 36개 세부관심영역, 그리고 142개 지표항목으로 구성하였다. 한국청소년개발원에서는 이어서 2004년에 '청소년개발지표 개발연구'를 수행하였는데, 여기서 '청소년개발'은 청소년의 긍정적 발달(positive development)을 전제한 개념적 특성을 갖는 것으로 규정하고 이러한 의미를 가진 청소년개발지표를 배경, 투입, 과정, 결과 등의 네 부문으로 나누어서 개발하였다(김진호 · 김경화 · 한상철 · 임성택 · 박정배, 2004).

2006년도에는 생존권, 보호권, 발달권, 참여권, 인권인프라 등의 5개 영역, 152개 지표체계를 개발한 바 있으며, 이후 2009년부터는 이를 생존권과 보호권 및 발달권과 참여권으로 묶어서 격년으로 조사하였다(강현아, 2006; 모상현 · 김희진, 2009; 모상현 · 천정웅 · 신승배 · 이중섭, 2009; 이용교 · 천정웅 · 안경순, 2006; 이중섭 · 박해석, 2006; 최창욱 · 박영균 · 김진호 · 임성택 · 전성민, 2006; 황옥경 · 정준미, 2006). 이후

2013년에는 이러한 4개 영역을 유엔아동권리협약 이행 국가보고서 작성 기준에 맞게 인권일반 및 일반원칙, 시민적 권리와 의무 등의 6개 영역으로 재구성하여 130개 지표를 조사하였다(김경준 외, 2014).

2) 청소년인권지표체계와 예시(가정환경 및 대안양육 영역)

청소년인권지표체계는 2020년도에 김영지 등(2020)에 의해 개발된 것을 들 수 있는데, 이는 2006년 이후 시행된 인권지표개발을 위한 중장기 연구의 가장 최근의 결과로 볼 수 있다. 2020년 청소년인권지표체계는 2013년도에 지표체계를 전면 개편한 틀을 기본 틀로 하여 지속적으로 보완한 것으로 2015년 유엔인권지표 연구 시사점 반영, 2015년 '유엔아동권리협약 이행 국가보고서 작성지침(CRC/C/58/Rev.3)' 변화에 따른 대분류 영역 보완, 2017년 국제적인 SDGs 지표 논의 등을 반영하여 제시된 아동·청소년인권지표와 같은 것으로 볼 수 있다. 아동이라는 용어가 들어가 있지만, 아동의 연령이 18세 미만을 말하기 때문에 청소년인권지표와 다름없는 것이다.

한국의 청소년인권지표체계는 유엔아동권리협약 조항을 기반으로 하여 구성하고 있는데, 1차적으로 유엔아동권리위원회의 국가보고서 작성지침에서 제시한 인권영역과 협약조항 등을 각각 대분류와 중분류로 적용하고, 다음으로 중분류를 타당성을 고려하여 통합하거나 명칭을 수정·보완한다. 매년 지속되는 지표체계를 개선하기 위해서 세부지표항목과 통계자료원을 계속 발굴하고 개선하는 노력과 함께 유엔아동권리위원회에서 추가 발표하는 일반논평(general comment)의 내용을 통해 시사점을 얻는다. 2020년도에는 일반논평 24호(아동·청소년사법)와 25호(디지털 환경에서의 아동·청소년인권)의 내용을 반영하였다(김영지 외, 2020).

이에 따라 2020년도 제시된 청소년인권지표체계는 기존의 7개 대분류 구성 틀을 유지하여 정책 기여도를 높이고자 하였으며, 24개 중분류, 52개 소분류 및 114개 지표항목으로 적절히 재분류하였다. 각 영역별로 지표항목을 구체적으로 보면, ① 인권일반 및 일반원칙 영역(2개 중분류 – 5개 소분류 – 11개 지표항목), ② 시민적 권리와 자유(5개 – 10개 – 16개 지표항목), ③ 폭력 및 학대(2개 –

4개 – 10개 지표항목), ④ 가정환경 및 대안양육(3개 – 6개 – 11개 지표항목), ⑤ 장애 · 기초 보건 및 복지(5개 – 10개 – 28개 지표항목), ⑥ 교육, 여가 및 문화적 활동(3개 – 6개 – 13개 지표 항목), 그리고 ⑦ 특별보호조치(4개 – 10개 – 25개 지표항목) 등으로 구성하였다.

이와 같이 우리나라의 청소년인권지표체계는 이전에 개발된 지표체계를 보완하면서 정리한 이론적 기반을 바탕으로 매년 보완 · 조정되는 과정을 통해 연구의 결과물로 지속적으로 제시되고 있다(김영지 · 김경준 · 이민희 · 김지혜, 2013; 김영지 · 유설희 · 이민희 · 김진호 · 김유진, 2016; 김영지 외, 2020). 한국 정부의 유엔아동권리협약 이행지원을 고려하여 유엔아동권리협약 국가보고서 작성기준을 중요한 지표 틀로 삼고 있으며, 실제로 국가보고서 작성지침은 인권실태 점검을 위한 기준이며 지표로 볼 수 있는 것이다. 현재까지의 청소년인권지표체계의 대분류 – 중분류 – 지표(소분류)까지의 내용을 제시하면 다음 표와 같다.

〈표 14–4〉 **2020년 한국 아동 · 청소년인권지표체계**

대분류	중분류	지표(소분류)
1. 인권일반 및 일반원칙	1-1. 인권일반(제4조, 제42조)	인권인프라 구축 정도(1-1-1), 인권에 대한 인식(1-1-2), 인권교육(1-1-3)
	1-2. 일반원칙(제2조, 제3조)	차별 경험률(1-2-1), 아동 이익 최우선의 원칙 준수 정도(1-2-2)
2. 시민적 권리와 자유	2-1. 의견표명권(제12조), 표현의 자유(제13조)	가정에서의 참여 정도(2-1-1), 학교에서의 참여 정도(2-1-2), 사회에서의 참여 정도(2-1-3)
	2-2. 사상, 양심 및 종교의 자유(제14조)	사상, 양심적 자유 보장 정도(2-2-1), 종교자유 보장 정도(2-2-2)
	2-3. 결사 및 집회의 자유(제15조)	결사 · 집회 경험률(2-3-1)
	2-4. 사생활의 보호(제16조)	용모 · 복장 · 소지품 검사 경험률(2-4-1), 학생 정보 보호 정도(2-4-2)
	2-5. 정보접근권(제17조)	매체 접근율(2-5-1), 미디어 리터러시(2-5-2)
3. 폭력 및 학대	3-1. 체벌, 고문 및 기타 비인도적 취급을 받지 않을 권리(제37조 가목, 제28조 제2항)	청소년폭력 경험률(3-1-1), 아동 · 청소년의 성폭력 피해 경험률(3-1-2), 체벌 경험률(3-1-3)
	3-2. 아동학대, 유기 및 신체적, 심리적 회복과 사회복지(제19조, 제39조)	학대 및 방임 경험 정도(3-2-1), 학대 피해에 대한 서비스 제공 수준(3-2-2)

4. 가정환경 및 대안양육	4-1. 부모의 지도와 책임(제5조, 제18조 제1, 2항)	부모와의 관계(4-1-1), 보호·보육시설 이용률 및 서비스 실태(4-1-2)
	4-2. 가정의 보호를 받지 못하는 아동·청소년(제20조)	입양률(4-2-1), 대안양육 비율(4-2-2), 가출청소년의 서비스 이용률(4-2-3)
	4-3. 양육 및 보호조치에 대한 심사(제25조)	양육·보호 조치에 대한 서비스 적절성(4-3-1)
5. 장애, 기초 보건 및 복지	5-1. 장애(제23조)	장애아동 및 청소년보호(지원)(5-1-1)
	5-2. 생존 및 발달(제6조 제2항)	사망률(5-2-1), 안전에 대한 인식률(5-2-2)
	5-3. 보건서비스(제24조)	보건 서비스 인프라 구축 현황(5-3-1), 취약계층 보건 서비스 이용률(5-3-2), 약물남용 예방 프로그램 제공률(5-3-3)
	5-4. 신체적, 정신적 건강 증진(제24조)	신체적 건강(5-4-1), 정신적 건강(5-4-2)
	5-5. 사회보장 및 아동보호시설(제26조 및 제18조 제3항)	아동·청소년복지 예산(5-5-1), 취약계층 아동·청소년 지원수준(5-5-2)
6. 교육, 여가 및 문화적 활동	6-1. 교육에의 권리(제28조)	교육기회 보장 정도(6-1-1), 학교 부적응률(6-1-2)
	6-2. 교육의 목표(제29조)	학교 교육에 대한 인식(6-2-1), 진로·직업교육(6-2-2)
	6-3. 여가, 놀이 및 문화·예술 활동(제31조)	여가·문화·활동 인프라 및 이용만족도(6-3-1), 여가·문화·예술활동 참여정도(6-3-2)
7. 특별 보호 조치	7-1. 이주배경 아동·청소년	이주배경 아동·청소년 인구수(7-1-1), 이주배경 아동·청소년의 권리보장(7-1-2), 이주배경 아동·청소년 서비스 지원 정도(7-1-3)
	7-2. 소년 사법	자유박탈 아동·청소년 현황(7-2-1), 인권친화적 사법환경(7-2-2), 회복적 프로그램(다이버전) 운영(7-2-3)
	7-3. 경제적 착취	청소년노동조건 수준(7-3-1), 청소년노동인권 보호 노력(7-3-2)
	7-4. 성적 착취	아동·청소년 성범죄자 처벌 수준(7-4-1), 성범죄 피해 아동·청소년 지원 정도(7-4-2)

* 중분류의 괄호 속 법조문 번호는 유엔아동권리협약의 관련 조항임. 소분류 이하의 지표 항목은 생략함.
출처 : 김영지 외(2020), pp. 48-52.

또한 각 소분류 지표는 보다 구체적인 지표항목을 가지고 있는데, 이에 따른 예시는 앞에서 알아본 유럽연합 아동·청소년인권지표에서 '가족환경과 대안적 보호'에 관한 영역과 유사한 내용항목을 비교적으로 이해할 수 있도록 '가정환경 및 대안양육' 영역의 지표항목을 예시로 제시하기로 한다. 먼저 '가정환경 및 대안양육' 영역의 하위 분류로 유엔아동권리협약의 제5조와 제18조(부모의 지도와 책임), 제20조(가정의 보호를 받지 못하는 아동·청소년), 그리고 제25조(양육 및 보호 조치에 대한 심사) 등의 세 가지를 포함하고 있다. 각각의 중분류는 하위 소분류를 지표로 제시하고 있으며, 해당 지표에 대해서는 이를 조사하는 지표항목을 나타내고 있다. 중분류 '부모의 지도와 책임'에는 소분류 지표로 '부모와의 관계 만족도'와 '보호·보육시설 이용률 및 서비스 실태'가 제시되고 있다. 또한 소분류 지표 중 '부모와의 관계'는 설문조사 등을 통해 '부모와의 대화시간'과 '부모와의 관계의 질'을 조사하여 파악한다.

〈표 14-5〉 2020년 아동·청소년인권지표체계 중 '가정환경 및 대안양육 영역'(예시)

대분류	중분류	지표(소분류)	지표항목(*표시는 설문조사 항목)
4. 가정환경 및 대안양육	4-1. 부모의 지도와 책임(제5조, 제18조 제1, 2항)	4-1-1. 부모와의 관계	• 4-1-1-1. 부모와의 관계 만족도
		4-1-2. 보호·보육시설 이용률 및 서비스 실태	• 4-1-2-1. 보육시설 이용 및 설치 수준 • 4-1-2-2. 방과후 돌봄서비스 이용과 서비스 만족도
	4-2. 가정의 보호를 받지 못하는 아동·청소년(제20조)	4-2-1. 입양률	• 4-2-1-1. 국내외 입양현황과 추이 • 4-2-1-2. 입양 사후관리
		4-2-2. 대안양육 비율	• 4-2-2-1. 보호대상아동 현황 • 4-2-2-2. 대안적 양육을 받는 아동·청소년비율
		4-2-3. 가출청소년의 서비스 이용률	• 4-2-3-1. 가출청소년 비율과 가출 이유* • 4-2-3-2. 가출청소년 보호시설 수 • 4-2-3-3. 가출 시 서비스 이용기관 및 만족도*
	4-3. 양육 및 보호 조치에 대한 심사(제25조)	4-3-1. 양육·보호 조치에 대한 서비스 적절성	• 4-3-1-1. 양육·보호 서비스 모니터링

출처 : 김영지 외(2020), p. 50 부분 인용.

4. 청소년인권지표 개발 동향의 함의

인권지표는 권리의 이행과 실현 및 모니터링을 위한 체계적인 작업과정의 일부이다. 일반통계는 간접적이고 명료하게 적용하기 어려운 문제점이 있지만, 구체적 지표는 관련한 인권 규범 틀에 내재화되고 잠재적 사용자들에 의해서 해석됨으로써 보다 쉽게 적용될 수 있다. 따라서 국내외적인 인권지표 개발동향 분석 결과를 바탕으로 향후 우리나라의 인권지표체계의 구체적인 지표항목 개발을 위해 고려할 몇 가지 이론적 함의와 시사점을 생각할 수 있다.

첫째, 청소년인권지표의 지속개발을 위해 국내외 인권지표는 물론, 인권지표와 인권지수 그리고 복지지표와 인권지표 등을 종합하는 통합적 접근의 중요성을 생각할 필요가 있다. 지금까지 고찰한 바와 같이 인권지표 개발을 위한 노력은 다양한 국제기구와 주요 선진국을 중심으로 폭넓게 이루어졌으며, 1989년 유엔아동권리협약이 제정된 이후 국내외적으로 더욱 활발하게 지속되어 왔다. 특히 2012년에 제시된 유엔인권지표는 국제기준으로 가장 널리 사용되고 있으며, 유럽연합 기본권기구에서도 유엔이 제시한 지표분석틀을 근거로 하여 개발하고 있음을 확인할 수 있다.

한편 유엔아동권리협약은 지표개발을 위한 규범적 분석틀이 되고 있으며, 한국의 경우에도 지난 20여 년간 이를 활용한 지표개발 노력이 정부출연연구기관과 학술단체를 중심으로 수행되어 왔는데, 최근에는 더욱 발전된 지표체계의 수립과 함께 인권지수 개발과 적용을 위한 논의로 이어지고 있다(이봉주·신원영, 2017). 그러나 인권지수는 지표를 전제로 한다는 점에서 보다 적실성 있는 지표개발을 위한 연구가 요망되고 있으며, 아동과 청소년으로 구분하는 접근과 복지와 삶의 질 등과 관련한 것 또는 주관 기관을 달리하는 등의 분산적인 지표개발이 이루어지고 있다(김영지 외, 2016; 천정웅, 2013). 이 점에서 유럽연합 기본권기구의 인권지표 개발에서 보는 것과 같은 일관성 있는 통합적 접근이 필요할 것이다.

둘째, 양적 자료 중심의 인권지표의 분석틀에 대한 비판적 고려와 함께 질적 자료를 포함하는 전체적 분석틀이 요망된다. 앞서 고찰한 인권모니터링에 관해 양적 지표를 사용한 주도적 개발동향들이 인권을 보호하는 공공정책을 안내하고 모니터하는 효과적 지표개발을 위한 적절한 분석틀을 반드시 제공하는 것은 아니라는 점이다. 대표적 인권지표로 볼 수 있는 유엔인권지표의 경우 인권위반에 관한 사건기반 데이터 사용, 사회경제적 행정통계, 가계 등 의견조사와 전문가 판단에 따른 데이터 사용 등은 각기 나름의 영역에서 의미 있는 기여를 하고 있지만, 인권 전체를 하나로 통합하여 분석할 수 있는 합의된 지표로 보기에는 무리가 있다는 점이다.

이러한 것을 주로 활용한 지표개발 연구들 중의 일부는 인권도구의 준수와 위반에 대응하는 제한된 효과를 갖는 것으로 평가받고 있는 것도 이 때문이다(Malhotra & Fasel, 2005). 이 점에서 우리나라의 경우에도 인권위반사건 데이터와 행정통계 및 설문조사 결과는 물론, 전문가 판단에 근거한 데이터 사용 등을 종합한 양적, 질적 자료를 동시에 활용하는 전체적 분석틀을 사용한 지표개발이 요망된다.

셋째, 인권지표의 적합도를 높이기 위해서는 통계설계와 자료수집의 방법의 효과성을 제고할 필요가 있다. 이는 기존의 연구동향에서 각기 다른 데이터를 발생시키는 메커니즘의 효과성을 이해하고 이용 가능한 정보를 당사국에 의한 인권조약의 실행에 대한 모니터링에 적합한 지표로 변환하는 방법과 관련된다. 인권조약을 모니터링하는 과정에서 양적 지표와 질적 평가를 위한 데이터 수집 및 공포와 관련하여 객관적 방법에 입각한 제도화된 접근법이 효과적으로 활용되는 것이 나을 것이다. 그러한 접근법은 모니터링 과정에서의 투명성을 증진시키고 인권 평가에서 양적 지표가 보다 수용적임을 말해준다.

특히 사회경제적 통계와 다른 행정 통계들의 잠재적 역할에 대해 알아보았으나 실제로 대부분의 경우에 내부적 행정기관에 의해 수집된 사회경제적 지표에 관한 정보들이 인권지표로 사용되는 가능성을 이해하기는 쉽지 않다. 이는 보다 적합도가 높은 인권지표를 위한 통계설계와 자료수집 및 측정이 필요하다는 점을 시사하는 것이다. 특히 한국의 경우, 청소년 관련 통계가 제한적인 점과 여러 연령의 통계에서 관련 부분을 발췌·적용하는 경우가 일반적이라는 점에서 더욱 자료수집 방법에서의 적합도를 높이는 방안을 마련할 필요성이 있다.

넷째, 이론적 체계와 방법론적 틀의 확립에 관한 연구적 함의와 시사점을 생각할 수 있다. 유엔인권지표와 유럽연합 인권지표의 경우를 보면, 체계적이며 일관성 있는 지표로 보편적 인권기준을 전환시키기 위해 일정한 개념적 분석틀과 방법론적 틀을 활용하고 있음을 알 수 있다. 유엔아동권리협약을 규범적 분석틀로 하거나, 인권규약 조문, 그리고 인권위원회가 제시한 일반논평과 권고문의 규범적인 내용을 적용하여 지표를 개발하고 있는 것은 그러한 예로 볼 수 있다. 한국의 경우에도 지표를 보면, 유엔아동권리협약 및 3개 선택의정서와 인권위원회의 일반논평의 일부 및 협약이행 국가보고서 작성지침 등을 포함하고 있음을 알 수 있다.

그러나 전체적인 지표내용을 보면, 여전히 그동안 주로 적용해 온 생존권, 보호권, 발달권, 참여권 및 청소년인권 인프라 등과 관련된 영역별 또는 시민적 권리와 자유, 가정환경과 대안양육, 특별 보호조치 등 범주화를 통한 접근이 기반이 되고 있음을 알 수 있다. 영역별 접근이나 범주적 접근은 지표체계의 분류의 편의성을 제공해 주는 장점도 있지만, 보다 체계적인 이론적 틀을 결여하는 단점을 가진다.

유럽연합 인권지표와 한국의 인권지표체계에서 보는 바와 같이 전자는 구조－과정－성과지표 분석틀을 활용하고 있으며, 후자는 유엔아동권리협약의 조문을 중심으로 관련 지표항목을 제시하고 있음을 알 수 있다. 구조－과정－성과지표 분석틀은 유엔인권지표개발을 통해 제시된 이후 국제적 인권지표 개발의 이론적, 방법론적, 경험론적 접근법으로 활용되고 있다는 점에서 우리나라의 후속 지표개발을 위해서는 이를 고려할 필요가 있을 것이다(김태홍 외, 2012). 영역별 또는 범주화를 통한 지표체계가 갖는 좋은 점도 있지만, 인권수준의 지속적인 모니터링을 위해서는 구조－과정－성과 분석틀 등과 같은 이론적 체계를 갖는 구조 속에서 국제적 비교가 가능한 지표를 개발하는 것도 의미가 클 것이다.

보편적인 청소년인권지표의 필요성과 이를 활용하여 각국이 유엔아동권리협약을 준수하고 제대로 이행하도록 모니터링하는 것은 청소년을 위한 인권보장을 실현하는 체계적인 작업과정의 일부이다. 당사국의 국제 인권도구를 준수하는 것을 평가하기 위한 인권지표를 개발하기 위해서는 의미 있고, 종합적이며, 수용할 수 있는 접근법을 구축하고 인권지표 연구의 대안적 접근법을 마련할 필요가 있으며, 국제기준을 따라가고 있는 한국의 현실에서 비판적 수용의 자세가 필요할 것이다. 특히 유엔아동권리협약은 청소년인권지표의 규범적 분석틀로 적용되고 있다는 점에서 향후 한국의 지표개발연구에서는 세계적 인권지표의 개발동향을 지속적으로 비교 고찰하면서 국제기준 수용적인 이론적 체계에 대한 검토와 보완을 통한 발전적 대안을 모색할 것을 기대한다.

CHAPTER

15 청소년참여와 시민청소년운동의 함의

1. 청소년참여와 청소년운동의 의미

청소년참여에 대한 개념적·실체적 이해를 통해 청소년은 시민사회의 가장 역동적인 한 부분으로 자리매김하면서 한국사회의 주요한 현재적 역량의 핵심요소가 되고 있음을 알 수 있다. 최근 청소년참여나 청소년의 시민적 관여가 청소년 분야에서 강조되고 있고, 청소년실천현장에서는 다양한 청소년운동 사례들을 확인할 수 있으며, 청소년에 의한 의사결정이 강조되고 있고, 청소년들의 행동주의가 확산되고 있기 때문이다. 그럼에도 불구하고 청소년참여와 관련한 청소년운동에 대한 이론적 이해나 정책적 접근, 그리고 실천노력은 부족한 실정이다. 더욱이 청소년 분야에서 얼마나 이에 대해 제대로 인식하고 있는지는 또 다른 과제이다. 이런 점에서, 청소년참여의 동인으로서 청소년의 역동성과 역량을 시민사회운동이라는 관점에서 조망하는 필요성이 제기되며 청소년운동(youth movement)이라는 실제적 모습이 우리 사회 속에 어떻게 존재해 왔으며, 그것이 오늘의 청소년업무에 주는 함의가 무엇인지를 알아보는 일은 중요할 것이다.

시민청소년운동을 말할 때 우선 선행되어야 할 것은, 청소년이 주체성을 가진 지역사회 시민으로서 우리 사회의 구성원임을 인정하는 것이다. 청소년참여와 권익증진, 자율활동, 지역사회 시민참여 등에 관한 부분을 강조해야 할 필요성에 대해 제대로 이해하고 오늘날의 시민사회적 특성에 맞게 청소년들의 지위를 새롭게 자리매김하도록 접근할 필요가 있다. 실제로 청소년운동은 다양한 이슈를 가지고 각기 다른 청소년연령과 신분의 주체들을 중심으로 온라인과 오프라인에서 규모가 작고 큰 모습으로 지속적으로 대두되고 있는 것은 우리 사회의 대표적인 흐름의 하나이다. 실제로 청소년들이 시민사회운동의 한 부분으로 나타난 모습은 우리나라의 경우 지난 100여 년간의 역사를 통해 전개된 개화운동, 독립운동, 학생운동, 노동운동, 인권운동, 참여운동 등과 같은 여러 가지 정치 · 사회 · 문화 측면에서 다양하게 확인할 수 있다(고영복, 1993; 김 민, 2016; 김종길, 2003; 이민희, 2011; 천정웅, 1998; Kang, 2016).

특히 1980년대부터 1990년대 초반까지 민주화운동과 교사운동, 자주 통일 · 노동해방운동 등이 활발하던 가운데에서도 대학생중심운동은 물론 그와 구별되는 고등학생운동이 형성 · 발전되어 왔으며 1995년 무렵부터는 체벌, 강제보충학습, 학생회에 대한 간섭 등을 공론화한 학생인권 이슈 외에도 청소년의 참정권 보장, 선거권 제한 연령 하향화 운동 등 정치참여적 주제로 확산되면서 2002년 6월의 신효순 · 심미선 사망사건에 따른 '청소년행동의 날'로 표출하였다(김 민, 2016; 공 현 · 둠 코, 2016). 최근에는 2008년 광우병 촛불시위에서의 청소년참여, 2014년 세월호 참사 이후 추모활동과 사건진상 조사, 역사교과서 국정화 관련 활동, 2016년 국정농단 광화문 촛불시위 참여운동 등을 통해 청소년들은 사회적으로 주목받는 이슈들에 관해 행동으로 나서는 자생적인 움직임을 온라인과 오프라인을 통해 지속적으로 전개하게 된다(박정연, 2017; 이동후, 2009; 이윤주, 2015; 최윤진, 2016; 최태욱, 2017, Kang, 2016).

청소년이 사회변화의 주체로서 전개한 사회운동의 모습은 유럽과 미국 등의 서구 선진국에서 더욱 두드러지게 나타난다. 1980년대를 전후해서 보면, 서유럽에서는 반군사주의 생태계 보호, 대학개혁, 청소년문화 등을 위해 청소년들이 저항하였고 동유럽은 자유, 민주주의, 인권 및 민족자결(self-determination)을 이슈로 하는 청소년운동이 전개되며 청소년평화시위가 곳곳에서 일어난 바 있다(사지원, 2012; 홍문기, 2016; Angel, 1990; Tuck & Yang, 2014). 최근 미국의 경우는 2013년 결성되어 활동하고 있는 "흑인의 삶도 소중하다(Black Lives Matter : BLM)"는 운동에 청소년들이 동참함으로써 2015년 봄에는 전국적인 행진운동과 평화적 저항운동과 시위를 전개하였다(장세룡, 2016; Conner & Rosen, 2016).

특히 2018년 2월 14일 미국 플로리다 마저리 스톤맨 더글러스 고교에서 있었던 총기참사(17명 사망)를 계기로 총기난사 사건 생존 학생들이 총기규제를 호소하는 "우리 생명을 위한 행진(March for Our Lives)"이라는 전국적인 집회를 조직하고, 미국 학생들 사이에서 SNS 등을 통해 총기규제를 요구하는 항의운동이 번지고 있다. 2018년 5월 18일 텍사스의 한 고교에서 또 다른 총기참사(10명 사망)로 이러한 움직임은 더욱 확산될 것으로 보인다.

국내 및 국외적인 청소년운동의 이러한 흐름은 청소년을 위해 일하는 분야, 즉 청소년업무(youth work)와 관련한 이론과 정책, 그리고 실천의 다양한 영역에서 청소년들이 자신들에게 영향을 미치는 의사결정에 참여해야 하며, 필요한 경우에는 스스로 행동을 주도해야 한다는 개념이 점차 가치 있게 받아들여지고 있는 것과도 관련된다. 우리나라의 경우에도 1990년도 이후 집단적 의사결정 과정에서 청소년참여에 큰 변화가 있어 왔으며, 청소년의 사회구성원으로서의 역할에 대한 인식도 그에 상응하여 변화되어 왔다. 1991년에는 생존권, 보호권, 발달권, 참여권을 주요 내용으로 하고 있는 유엔아동권리협약을 비준하였으며, 1998년에는 국가청소년정책에서 청소년참여가 본격적인 정책의제로 포함되었다. 청소년의 정책참여 기회 확대, 청소년의 시민권 신장 등을 주요 목표로 제시하면서 청소년특별회의, 청소년운영위원회 등 다양한 사업들을 추진하였다(천정웅, 2014; 한도희, 2016).

이러한 일련의 변화와 함께, 그간의 청소년연구에서는 청소년참여의 개념과 목적, 청소년의 성장과 사회발전을 위한 의미 등에 대한 논의가 지속되었다. 특히 어디까지, 어떤 형태로 참여하는 것이 청소년참여의 본질이며, 참여에서 성인들과의 관계는 어떠한가 등에 대한 관심을 불러일으키면서, 청소년인권과 청소년의 시민적 관여 등에 관한 연구와 이론에 대한 관심을 촉진하였다(천정웅, 2015; 황여정, 2017). 그러나 청소년참여에 관한 관심이 지속되어 온 것과는 달리 청소년운동(youth movement)을 중심개념으로 접근한 연구는 매우 부족한 실정이다(정혜원, 2006).

그러면 청소년의 시민사회적 참여, 즉 시민으로서의 청소년을 전제한 시민청소년운동의 의미는 무엇인가? 시민청소년운동의 개념과 성격은 어떻게 이해할 수 있으며, 그 개념적 특성은 무엇인가? 그리고 청소년업무에서의 청소년참여적 맥락은 시민청소년운동과 어떤 관계를 갖는가? 그리고 시민청소년운동의 전개에 따른 청소년업무의 바람직한 방향은 어떠해야 하는가? 여기에서는 이러한 의문에 대해 이론적 측면에서 그 답을 찾아보려는 하나의 서술적 접근을 제시한다. 시민으로서의 청소년, 즉 시민청소년을 전제한 시민청소년운동의 개념과 성격을 고찰하고, 시민청소년운동의 특성을 사회운동주체로서의 청소년주도성과 청소년업무에서의 참여적 맥락과의 관계에서 이해하기로 한다. 시민청소년운동의 의미를 생각하고 청소년업무의 다양한 모델에 대해 생각하면서 시민청소년운동이 오늘의 청소년업무에 주는 함의가 무엇인지를 알아보는 것이다.

2. 시민청소년운동의 개념적 이해

시민청소년운동의 개념은 시민청소년을 전제로 한 시민사회에서의 청소년운동을 의미하는 것으로 용어화한 것이다. 오늘날의 우리 사회에서 볼 수 있는 청소년운동의 시민적 성격 또는 시민청소년으로서의 주체성을 가지고 사회변화를 위해 행동하는 청소년참여운동을 의미한다. 그러나 시민청소년운동의 개념을 보다 명확히 이해하기 위해서는 '청소년운동'의 정의와 그것의 진정한 의미에 대해 고찰할 필요가 있다. 이는 실제로 청소년운동과 관련한 문헌들 속의 청소년운동의 개념정의가 매우 넓고 다양하게 나타나고 있기 때문이기도 하다.

1) 청소년운동의 개념

청소년운동에 대한 개념적 이해는 청소년운동의 주체, 대상, 방법, 내용, 성격 등에 따라 다르게 나타나고 있다. 첫째, 관여자의 입장과 상황에 따라 규정해 보면, 그 기본 입장은 정통적 견해(orthodoxical viewpoint)와 현대적 견해(modernistic viewpoint)로 대별할 수 있다(김상형, 1983; 정혜원, 2006). 전자는 청소년운동을 청소년이 저항적 사회개조운동(social reform or revolution movement)으로 보고 이를 청소년이 사회개조를 목적으로 하여 일으킨 정치적, 종교적, 사회적 집단운동 또는 소요현상으로 규정한다. 후자는 청소년운동을 청소년의 자주적인 활동에 의하여 청소년 자신의 향상과 사회의 개선을 시도하는 운동으로 본다. 전자를 진보적이고 저항적인 개념으로 보면, 후자는 보다 포용적이며, 개량적 집단행동(collective action)에 치중해서 이해하는 경향을 보이고 있다.

이러한 두 개의 견해 중에서 어느 쪽이 옳은가 하는 문제는 입장과 상황에 따라서 각기 달리 판단할 수 있지만, 여기에서 주목할 점은 두 가지 견해가 모두 청소년을 주체로 한다는 점, 즉 청소년운동을 '청소년에 의한 사회운동(social movement by youth)'로 파악하고 있다는 점이다. 따라서 '청소년을 위한 사회운동(social movement for youth)'은 청소년운동에 포함되지 않는 것이다. 청소년 분야에서의 모든 일은 청소년을 위한 것으로 생각하여 전개되고 있다고 보면, 우리가 일상적으로 사용하는 방식과는 상이하다는 점을 알 수 있다.

둘째, 청소년운동에 대한 또 다른 개념적 이해는 위에서 언급한 청소년을 위한 사회운동(social movement for youth)라는 의미에서 접근하는 것이다. 이런 입장에서 보면, 청소년운동은 오히려 청소년훈련이라는 의미에 더 가깝다. 청소년운동의 본질적인 특성을 청소년의 개별적인 측면과 청소년이 소속되고 있는 국가나 사회적 측면에서 이 두 가지 상황을 연관시켜서 청소년의 의도적인 성장을 모색하는 공교육적이거나 사회교육적인 활동이라고 규정하는 것이다(진덕규 1985; 차경수, 1991; 이은규, 2009).

셋째, 청소년운동을 청소년의 신체적·심리적 발달을 위한 집단적 행동인 것으로 생각하는 경향이 있다. 이는 청소년이 특정한 사회적 목적을 성취하기 위하여 집단적 행동을 취하는 것으로 생각하는 개념과는 다른 것이다. 즉, 이는 청소년운동을 청소년들이 주로 여가선용의 일환으로 참여하는 심신발달활동으로 간주하고 청소년문제에 대한 관심에서 다양한 교과 외 활동을 통하여 많은 것을 체험하며, 청소년단체활동 등을 통해 프로그램 중심의 활동을 전개하는 것으로 이해한다(윤여찬, 2004).

그러나 청소년운동은 청소년들이 주체가 되어야 한다는 것, 청소년참여 수준이 높아야 한다는 것을 기본 전제로 그들의 삶과 마주하고 있는 현시대의 문제들을 청소년 자신이 해결하는 과정이라고 한다면, 프로그램이나 사업 등을 위해서 청소년을 '대상화'하는 접근은 청소년운동이 아니라는 것은 생각할 필요가 있다. 청소년운동은 청소년들이 주도적으로 자신이 속한 삶의 공간을 꿈꾸고 이상으로 생각하는 인간다운 삶을 실현시키는 실질적인 활동의 과정 그 자체로 이해하는 것이 중요하다.

2) 시민청소년운동의 성격

시민청소년을 전제한 청소년운동으로서의 시민청소년운동은 크게는 사회운동이며 시민운동의 하나라고 할 수 있다. 따라서 여러 학자들이 시민사회, 시민운동, 사회운동 등에 관한 논의한 점에 비추어 청소년운동의 성격을 규정하기로 한다.

첫째, 시민청소년운동은 시민사회운동과 마찬가지로 시민사회의 사회적 생활영역 전반에 걸쳐 드러나는 적대관계나 갈등, 모순 등을 다양한 주체들이 자율성에 바탕한 평등한 연대를 이루어 저항과 대항의 잠재력을 찾아내고 만들어 가는 과정과 목표가 있는 운동으로 정의할 수 있다(정유성, 1996). 이런 점에서 시민청소년운동은 청소년들의 권리와 해방과 행복을 위한 운동과 관련되고 청소년에 대한 억압, 차별, 배제, 착취 등의 문제에 맞서 보다 더 자유롭고 평등하게 살 수 있는 사회를 만드는 운동이라는 의미와도 맥락을 같이한다(공 현, 2013; 정건희, 2016).

둘째, 시민청소년운동은 비판적 시민의식 성숙의 역사와 관련이 있다. 특히 1987년 민주화선언 이후 정치, 경제, 사회, 문화의 모든 영역에서 국민의 참여와 자율성 그리고 시민들이 스스로 책임과 의무를 다하고 권리를 찾아야 한다는 시민의식이 강조되면서 시민운동은 우리 시민사회의 주요한 과제로 전개되어 왔다. 서론에서 언급한 최근의 다양한 청소년운동의 사례들은 시민들의 자율적이고 적극적인 참여에 의하여 우리가 관례적으로 생각해 오던 것들을 비판적인 의식으로 보면서 성숙한 시민사회의 건설을 위하여 시민들이 앞장선 것을 전제하는 것으로 볼 수 있다.

셋째, 시민청소년운동은 최근의 청소년운동이 시민운동적인 성격을 갖게 됨으로써 종래의 청소년운동과는 매우 다른 측면을 가지게 되었다는 점과 관련된다. 청소년은 사회변화발전의 잠재요인(potential agency)으로서 청소년들의 지배적 가치와 사회구조 그리고 그 사회가 갖는 미래지향성은 청소년운동의 성격을 규정하는 중요한 의미를 가진다(고영복, 1993). 종래의 청소년운동은 주로 보수적인 이념을 바탕으로 하여 그 테두리 안에서 청소년들에게 사회의 무관심과 냉대를 극복하는 일에 주로 관심을 갖는 것이었다. 그러나 시민사회운동으로서의 청소년운동은 청소년의 세계 또는 그와 관련한 상황에 문제가 있고 그에 따른 기대가 환기되고 있다는 것을 시사하는 것이다. 일상적인 관례적 생활이나 제도적 틀로서는 해결되기 어려운 상황이나 새로운 요구가 일어나고 있음을 의미한다.

사회운동은 억압받는 사람이나 소외된 사람 편에서 공유된 정체성에 기반하여 정부정책과 사회정의의 명분을 진전시키는 공적 태도에서의 변화를 달성하려는 힘을 구축하기 위해 하는 집단적 행동을 의미한다(Conner & Rosen, 2016). 사회운동은 판에 박힌 것에 도전하고 문화적 태도나 대중적 담론의 변화를 창조한다. 성공적인 운동은 동맹을 찾으며, 변화를 위한 보다 큰 사회적 합의를 이루고 권력을 구축할 뿐만 아니라 가슴에 호소하고 다수의 마음을 바꾼다.

최근 나간채 등(2016)은 광주・전남 지역사회운동에서의 다양한 사례에서 발견된 공통적 특성을 확인하고 이를 귀납적으로 추출하여 개념화하였는데,

그 특성을 다수성, 공유된 목적, 비제도성(변화를 위한 집합적 도전)으로 설정하고 이에 더하여 보완적으로 조직성과 지속성을 추가했다. 따라서 사회운동이란 다수의 사람들이 공통의 목적을 가지고 지배권력에 도전하여 조직적으로 전개하는 행동 또는 권력에 도전하는 집단행동이라고 정의하였다. 여기서 권력이란 국가권력만이 아니라 정치권력, 경제권력, 가족이나 세대집단 등의 제반 영역에서 나타나는 일방적 강제력을 의미한다.

이와 같이, 시민청소년운동의 개념적 고찰을 통해 알 수 있는 것 중의 하나는 청소년운동은 청소년들이 주체적으로 추동해 나가는 자발적 동기와 필요성이 있으며, 사회변화를 위해 다양한 형태로 저항하는 속에서 사회발전에 긍정적 기여를 해 왔음을 알 수 있다. 이런 점에서 시민청소년운동은 시민사회의 특성 속에서 전통적 제도, 정치권력, 사회경제적 가치들이 더 이상 효과적이지 못하고 정통성을 상실하고 있다고 생각하는 일단의 비판적 청소년 다수에 의해 공통적으로 형성되는 사회운동으로서 청소년들이 기존 사회조건과 정치질서에 맞서 변화를 가져오는 주체로 활동하는 것을 알 수 있다.

3. 시민청소년운동의 특성과 참여적 맥락

1) 운동주체로서의 청소년주도(Youth-Led)

청소년주도(youth-led)라는 용어는 개념정의가 잘 되어 있지 않다. 그러나 청소년주도적 관여의 개념은 청소년이 사회와 세계를 위한 이로운 일을 창출하는 책임을 가지는 것으로 이해할 수 있으며, 그에 따라 개인과 조직이 청소년을 특별한 행동과정으로 나아가도록 관여하는 태도, 행동, 지식 및 기술을 포함하는 것이다. 여기서 청소년관여(youth engagement)는 청소년이 자신 밖에 초점을 두는 활동에 의미 있게 참여하고 지속적으로 개입하는 것으로 정의할 수 있다. 청소년관여는 청소년이 자신들에게 직간접적으로 영향을 끼치는 의사결정에 참여할 때 일어난다. 청소년들은 해결책을 탐색하는 일에 개입하고 때로는 의사결정이나 계획의 과정에 영향을 끼친다. 이러한 관여는 청소년이 참여하도록 초대되는 것으로 청소년조직화(youth organizing)로 용어화된다. 청소년조직화와 청소년주도 조직화(youth-led organizing)는 각기 다른 개념이다. 청소년조직화는 청소년을 사회정의를 목적으로 하는 일에 관여하는 구체적인 전략을 내포한다. 청소년주도 조직화(또는 관여)는 그와 달리 청소년 스스로 시작하고 전형적으로는 풀뿌리 활동에 집중한다(Conner & Rosen, 2016).

델가도(Delgado)와 스테이플스(Staples)(2008)는 지도력 모델은 청소년들이 집단을 조직화하는 데 사용할 수 있는 권력에 의해 정의되는 하나의 연속체상에 위치할 수 있다고 설명한다. 이들은 지역사회 조직화에서의 청소년권력에 대한 네 가지 모델을 규명했다 : ① 청소년의 참여와 함께하는 성인 주도, ② 청소년을 제한된 파트너로 함께하는 성인주도 모델, ③ 청소년－성인 공동협력 파트너십, 그리고 ④ 성인 동맹자들과 함께하는 청소년주도 모델 등이다. 이러한 연속체는 청소년과 성인 간에 공유하는 권력의 정도를 고려하는 데 있어서 유용한 출발점을 제공한다. 그러나 이는 어떻게 청소년권력과 통제가 조직 내에서 이루어지는지 그 방법에 대해서는 분명하지 않다는 문제가 있다.

짐머만(Zimmerman, 2007 : 301)도 청소년 조직화를 “청소년이 참여하고 이끌어가는 것에 임파워되는 정도”에 입각하여 이해하면서 청소년리더십에 관한 하나의 스펙트럼(spectrum)을 제시한다. 스펙트럼의 한쪽 끝은 청소년이 클라이언트(client)로 자리매김하는 조직이 있고, 반대편 끝에는 청소년이 주도하는 조직이 있는 범주를 가진다. 중요한 점은 청소년추동(youth driven) 조직과 청소년운영(youth run) 조직, 그리고 청소년주도(youth-led) 조직들 간의 차이점에 대해 제시하고 있는 것이다.

〈표 15-1〉 청소년조직화의 유사개념 비교

구 분		개념 정의
유사개념	청소년추동 (youth driven)	청소년이 지배와 프로그래밍을 포함하는 지도력 위치에서 실질적이고 의미 있는 역할을 함.
	청소년운영 (youth run)	청소년이 직원의 대부분을 차지하고 그 조직의 일상의 운영을 관리함.
	청소년주도 (youth led)	청소년이 성인 동맹자들의 적절한 지지와 함께, 실무책임자를 포함하여 모든 주요한 지도력 역할에 있고, 이사회의 다수 구성원이 됨.

출처 : Zimmerman(2007), pp. 301-302 재구성.

이러한 분석틀에서 보면, 지도력의 행동은 주로 지배의 측면에서 개념화되고 조직구성원의 하위에 있는 지도자로 보인다. 이와 대조하여, 이론가에 따라서는 분배적 지도력과 집단주의자 지도력에서는 지도력을 다르게 본다. 이러한 영역에서의 지도력은 관계성에서 구현되는 것으로 생각하고 문화, 비전, 조직의 일을 목적적이고 생산적인 방식으로 지지하는 다양한 행동을 통해 표현된다(Rosen, 2016).

예를 들면, 런던(London, 2007)은 청소년주도 참여행동 연구에 관한 논의에서, 청소년주도 조직과 프로젝트를 두 개의 축을 따라 위치시키는 하나의 매트릭스(matrix)를 소개하였다. 수직적 축은 청소년이 의사결정에서 권위를 갖는 정도를 나타내고 수평축은 청소년들이 어떻게 각기 다른 프로젝트의 단계 전반을 통해 포함되는지를 측정한다. 이 매트릭스는 청소년참여에 관한 매개변수를 서술하는 데 도움을 준다. 로젠(Rosen, 2016)은 청소년주도 조직에서 청소년 지도력에 대한 '집단주의자' 접근은 청소년들이 자신의 동료들 속에서 지도역량을 개발하고, 의사결정에 참여하고 자신의 조직집단을 외부자들에게 대변함으로써 대두된다. 이런 의미에서 지도력은 조직 전체를 통해 다양한 방법으로 참여하는 구성원에 의해 구체화된다.

2) 시민청소년운동의 참여적 맥락

시민청소년운동은 청소년참여의 맥락과 깊은 관련을 갖는다. 첫째, 청소년이라는 개념이 함축하고 있는 필연적인 변화지향성과 행동지향성을 전제로 객체(object)가 아니라 주체(subject)이며, 동원의 대상이 아니라 참여의 주체로 보고, 위험한 문제집단이 아니라 가능성의 세대로 보는 것에서 비롯된다는 점을 기억할 필요가 있다. 물론 청소년참여를 통하여 이루어지는 청소년운동이 모든 해결의 방법을 제시해 주거나 모든 문제를 해결할 수 있다는 의미는 아니지만, 이는 개인적 차원에서 자기실현의 과정이며 사회적 차원에서 사회문제의 해결을 위한 문제제기이며 역사적 차원에서 투영되는 역사적 존재로서의 책임을 감당하는 일이기도 하기 때문이다(강대근, 1991).

둘째, 청소년참여는 또한 항상 의도적으로 이루어지는 것이 아니라 특정한 이론적 분석틀과 관련되고 그에 따라 청소년 또는 청소년시기에 관련한 내용들이 제기된다. 참여는 청소년발전(youth development)을 위한 필요한 전제조건이며, 지역사회개발(community development)을 위한 하나의 전략이며, 청소년시민성(young citizenry)을 기르는 하나의 민주주의적 이상이거나 지배적이고 억압적인 구조에 도전하는 하나의 정치적 행동인 것이다.

최근 유럽연합에서는 청소년업무를 참여와 임파워먼트, 인권의 가치 및 민주주의, 그리고 반 차별과 관용의 원칙들에 의해 안내되고 관리되는 하나의 실천으로 정의한다. 이러한 입장은 유럽만이 아니라 세계를 위한 하나의 모델로서도 청소년업무에 관련한 정책 이니시어티브에 영향을 줄 잠재성을 갖는다. 따라서 우리는 청소년참여에 관한 하나의 단선적 이해를 따라가는 것이 아니라 민주주의, 청소년참여, 발언권, 청소년업무, 그리고 보다 넓게는 교육과의 관련에서 청소년업무를 볼 필요가 있을 것이다.

셋째, 시민청소년운동은 청소년참여를 전제로 하고 완전한 참여를 지향한다. 여기서 완전한 참여란 완전자치를 실현하는 단계를 의미한다. 따라서 청소년에게 실질적인 의사결정권을 부여하지 않는다면 이는 명목적 참여에 불과할 가능성이 많다. 이런 측면에서 아른스타인(Arnstein, 1969)의 시민참여모델과 하트(Hart, 1997)의 청소년참여의 모델 등에 대해 이해할 필요가 있다. 이들은 시민 또는 청소년참여를 단계별로 유형화하고 점차적으로 완전자치를 할 수 있도록 도와주어야 한다고 주장한다. 또한 이들은 시민 또는 청소년참여를 파트너십, 대표권력 및 시민통제 등과 같은 민주주의적 용어 속에서 설명하고 있다.

이런 점에서 최근 마르시(Marsi, 2017)는 청소년의 지역사회 개발에 참여하는 것에 대해 설명하면서, 하트의 참여사다리(Ladder of Children Participation) 모델과 라코파노(Lacofano)의 상호작용적 의사결정을 위한 전략(Strategy for Interactive Decision Making)에 예시된 개념들을 활용한 청소년참여의 차원과 형태의 개관적 모델을 제시한 바 있어 주목된다. 이 모델은 ① 청소년의 의사결정력과 변화에 영향을 끼치는 힘과 ② 청소년의 지역사회에서의 다른 사람들과의 상호작용과 공동협력 등의 두 가지 기본적 차원에 입각한 것이다. 그림에서는 진정한 참여는 손에 잡히지 않을 수 있지만, 청소년참여를 실현한다는 것은 성인이 통제하는 것이 아니라 의사결정자와 이해당사자로부터의 지지를 받는 일이 중요함과 동시에 청소년이 진정으로 변화과정에 헌신적으로 관여하는 것이 중요하다는 점을 말하고 있다.

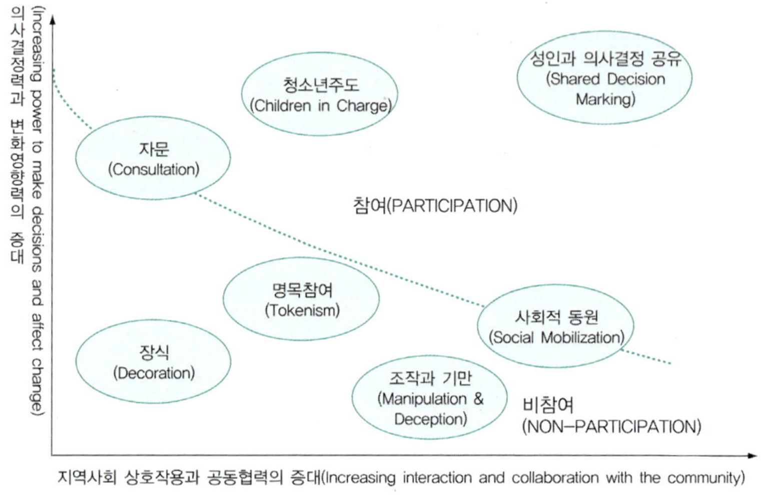

| 그림 15-1 | 청소년참여의 차원과 형태

출처 : Marsi(2017), p. 4.

4. 시민청소년운동의 청소년업무(Youth Work)에의 함의

1) 시민청소년운동과 청소년업무(Youth Work)의 관계

청소년업무(youth work)는 청소년사업 또는 청소년실천활동으로도 이해할 수 있는데 영국, 아일랜드, 호주, 그리고 미국 등과 같은 국가에서의 청소년 분야를 일컫는 용어이다. 우리나라는 청소년 분야 전반을 칭하는 합의된 용어는 없지만, 청소년과 관련하여 존재하는 실천현장과 활동 그리고 정책과 사회환경 등을 총칭하는 것으로, 이 용어를 원용하면 현재의 청소년업무와 시민청소년운동의 관계를 이해하는 데 유용할 수 있다.

서론에서 언급한 바와 같이, 우리나라의 청소년업무에서 시민청소년과 관련한 흐름이 이어져 왔으며, 점차 청소년개발, 청소년참여, 청소년의 시민적 관여(youth civic engagement) 등과 같은 의미가 많은 주목을 받고 있음이 사실이다. 전체적으로 보면, 청소년업무의 방향이 1998년 이후 수립된 제2차 청소년육성 5개년계획(1998~2002)으로 청소년참여와 권익증진을 주요 내용으로 하는 것으로 확장되었다. 당시 참여적 맥락에서 청소년문화와 청소년정보화의 영역을 새롭게 추가하고, 기존의 가정과 학교의 역할, 사회환경 개선 등과 관련한 영역이 가정과 지역사회의 역할 강화와 참여 확산이라는 성격으로 크게 보완하면서 청소년운동과 관련한 내용을 업무영역화하였다고 본다(김 민, 2016).

이런 점에서 최근 푸스코(Fusco)와 히스필드(Heathfield)(2015)는 청소년업무와 관련한 대표적인 모델들과 아른스테인(Arnstein, 1969)의 시민참여모델을 병렬적으로 대조하면서 청소년업무 모델과 참여, 그리고 업무 성과의 상호연계된 본질을 모형화하여 제시한 바 있다. 청소년업무 모델 중에서는 특히 버터스(Butters)와 뉴웰(Newell)(1978)의 여섯 가지로 개념화한 모델, 스미스(Smith, 1988)의 세 가지 모델, 헐리(Hurley)와 트리시(Treacy)(1993)의 세 가지 모델, 쿠퍼(Cooper)와 화이트(White)(1994)의 다섯 가지 모델, 리스텐기관(LISTEN, Inc., 2000)의 다섯 가지 모델, 설리반(Sullivan)과 사이토(Saito)(2008)의 네 가지 모델, 그리고 최근의 살라(Sallah, 2014)의 세 가지 모델 등을 포괄적으로 활용하였으며 이를 통해 청소년업무를

① 인격함양, ② 사회교육, ③ 여가제공, ④ 근본적 패러다임 등과 같은 네 가지 범주로 유형화하였다.

또한 아른스테인(Arnstein)의 시민참여모델은 시민이 정책결정에 참여하는 실질적인 수준을 조작(manipulation) → 치료(therapy) → 정보제공(informing) → 자문(consultation) → 유화(placation) → 공동협력(partnership) → 권한이양(delegated power) → 시민통제(citizen control) 등으로 구분하여 8개의 단으로 나눈 것이지만, 푸스코(Fusco)와 히스필드(Heathfield)는 이를 ① 조작과 치료, ② 정보제공, 자문, 유화, ③ 공동협력, 그리고 ④ 권한이양과 시민통제 등으로 4개로 묶어서 대조적 목적으로 활용하였다.

〈표 15-2〉 청소년업무의 개념화와 '참여' 정도의 병렬적 대조

시민참여	Arnstein (1969)	제1단 : 조작 제2단 : 치료	제3단 : 정보제공 제4단 : 자문 제5단 : 유화	제6단 : 공동협력	제7단 : 권한이양 제8단 : 시민통제
청소년업무의 개념화	Butters & Newell(1978)	인격함양	사회교육 레퍼토리(Repertoire) 문화적 다원주의와 조정 구조기능주의와 지역개발 갈등이론과 제도개혁		급진 패러다임
	Smith(1988)	복지화	개인적 사회적 발달	여가제공	
	Hurley & Treacy(1993)	기능주의 : 사회적 규제	해석주의		갈등이론 : 사회는 계급투쟁에서 형성
	Cooper & White(1994)	처치 : 사회적 응집성	개혁 옹호(비급진적) 옹호(급진적)		임파워먼트(비급진적) 임파워먼트(급진적)
	LISTEN, Inc.(2000)	청소년 서비스	청소년개발	청소년 리더십	시민적 관여 청소년조직화
	Sullivan & Saito(2008)	참여	열정	권력	집단적 행동
	Sallah(2014)	억압	개발 또는 국제교육		지구촌청소년업무

출처 : Fusco & Heathfield(2015), p. 31 재구성.

(1) 인격함양(제1단과 제2단)

버터스(Butters)와 뉴웰(Newell)(1978)에 따르면, 인격함양(character building)은 가장 오래 지속된 청소년업무 실천 중의 하나이다. 1800년대 중반에서부터 구별되는 사회적 행동으로서 대두되었으며, 인격함양의 목적은 신체적 단련과 규율, 성의 억제, 개인적 관심사에 대한 격려 및 책임감에 대한 준비들을 통하여 근로 계급 청소년들을 시배석인 사회적 질서 속으로 통합하는 것이었다. 쿠퍼(Cooper)와 화이트(White)(1994)는 인격함양을 "처치"의 실천으로 본다. 이는 청소년들의 욕구는 청소년문제가 어떻게 사회적으로 규명되는지에 대한 것으로 바꾸어 놓는다. 청소년들은 자신들의 욕구를 결정하는 데 어떤 역할도 하지 못하고, 성인들이 자신들의 삶에 그러한 욕구를 어떻게 틀 지우는지에 대해서도 알지 못했다. 이러한 인격함양적 실천은 참여사다리 모형의 비참여적 접근에 해당하는 것이다.

(2) 사회교육(제3단, 제4단 및 제5단)

청소년업무에 대한 두 번째 접근은 1930년대에서 1970년대에 대두되었으며, 이는 사회교육(Social Education Repertoire : SER)으로 확산되었다(Butters & Newell, 1978). 이는 진보적 교육운동의 하나의 전략이며, 청소년들이 건강한 성인이 되도록 비공식적 학습 기회를 제공하는 역할을 하였다. 1960년대 영국의 앨버말 보고서(Albermarle Report)는 이를 정당화한 것이며, 미국의 에릭슨(Erikson) 같은 발달심리학자들의 인식과도 같은 맥락을 갖는다. 인격함양과 같이 이러한 접근도 성인이 개념정의한 청소년 욕구와 제공에 기반을 둔 것으로 청소년참여 맥락에서 보면, 청소년위원회(제5단)나 프로젝트에 대해 자문하는 정도(제4단)에 해당한다. 즉, 자문위원회를 통하고 조사연구(survey)에도 참여하지만, 의사결정 권력은 한계를 갖는 것이다.

(3) 여가제공(제6단)

푸스코(Fusco)와 히스필드(Heathfield)(2015)는 청소년업무의 세 번째 형태를 여가제공(leisure provision)으로 보고, 여기에서는 의사결정이 청소년과 함께 공유되기 시작하는 것으로 본다. 이것은 청소년업무가 참여적 의미와 관련되는 최초의 양식으로 볼 수 있는 것이다. 오늘날 인격함양에 관여하는 청소년단체에서도 이런 업무를 볼 수 있다. 이런 점에서 인격함양과 부분적으로 그 기능이 겹치기도 하지만, 여가시간 동안 구조적 활동을 제공하는 것은 청소년업무 실천의 하나의 중요한 역할(mainstay)인 것이다. 미국의 경우 이러한 접근법은 "청소년 지도력(youth leadership)"으로 불린다(LISTEN, Inc., 2000). 이러한 참여수준에서는 여가제공적 접근이 시민적 관여(civic engagement) 또는 부분적인 청소년조직화(youth organizing)로 진전하는 것이 드물지 않은 일이다.

(4) 근본적 패러다임(제7단과 제8단)

푸스코(Fusco)와 히스필드(Heathfield)(2015)가 제시하는 청소년업무의 마지막 범주는 근본적 패러다임(radical paradigm)이다. 실천현장에서 이것은 연령차별주의, 성차별주의, 인종주의 그리고 동성애혐오증(homophobia)에 도전하는 비공식 맥락에서의 학습을 강조한다. 청소년참여 행동연구도 이러한 실천의 한 예가 된다. 청소년업무의 목적은 개인을 계몽하거나, 청소년들이 참된 의식을 확립하도록 돕는 것이다. 실천가들은 오늘날의 정치적 우선순위에 부응하거나 청소년들에 대해 차별적인 현상유지(status quo)에 도전하는 두 가지 영역에서 협상하는 방법을 찾아야 한다.

특히 최근 해방(liberation)이라는 것은 지구화(globalization) 이슈와 깊게 연결되어 왔다. 지구촌 청소년업무(Global Youth Work : GYW)는 새로운 지식(또는 의식 고양)에 초점을 맞추는 것이 아니라, 지역사회 수준에서의 지식을 지구적 경험을 통하여 적용하는 것에 초점을 둔다. 변화는 개인으로부터 시작하지만, 지역, 전국 및 지구적 이해를 향해 움직여 나갈 수 있고 또 움직여야만 한다. 여기에서의 참여는 그 깊이가 개인으로부터 지구적 영역에 이르게 되는 것이다. 청소년조직화와 청소년행동주의에 관한 최근의 많은 사례들은 이러한 인식을 더욱 강화시키고 있다.

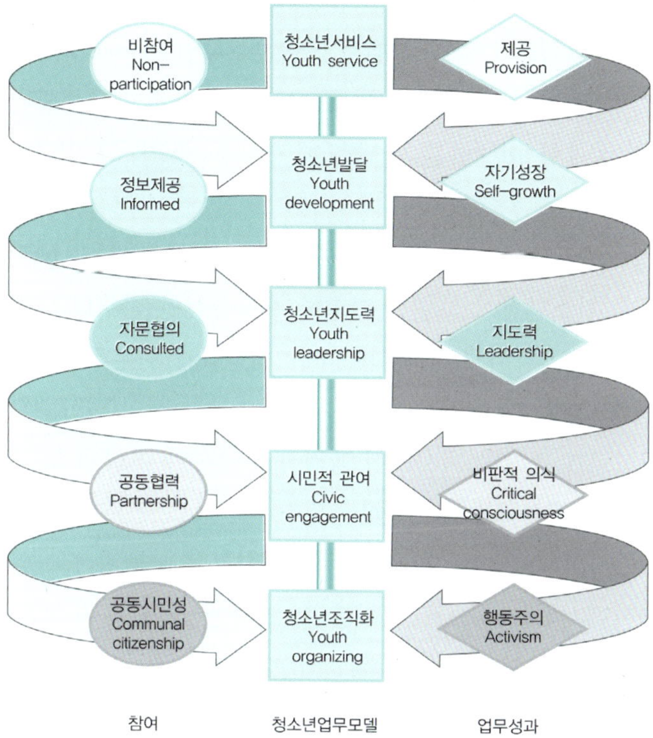

| 그림 15-2 | 청소년업무 모델, 참여, 성과의 상호관련된 성격

출처 : Fusco & Heathfield(2015), p. 21 보완.

2) 청소년업무에 대한 시민청소년운동의 함의

시민청소년운동과 청소년업무의 관련성을 청소년업무 모델과 참여유형, 그리고 청소년업무의 성과와의 관련에서 알아본 지금까지의 내용을 요약하면 청소년업무 자체가 하나의 민주주의적 실천이라고 말하는 것은 하나의 이상(ideal)이다. 실제로 청소년업무는 지난 수십 년간 많은 형태로 발전하여 왔으며, 그 모든 것이 민주주의적인 의도만 가진 것이 아님을 알 수 있다. 그러나 청소년업무의 강점의 하나가 민주주의적 실천을 하는 것이며, 민주주의의 토대적 원칙의 하나가 '참여'라는 점을 고려할 필요가 있다.

이런 점에서 푸스코(Fusco)와 히스필드(Heathfield)(2015)가 제시한 바와 같이 청소년업무를 개념화한 다양한 모델들과 아른스테인(Arnstein, 1969)의 시민참여를 몇 가지로 유형화하여 접근하는 것을 이해하는 것은 시민청소년운동이 청소년업무와의 관계를 이해하는 데 중요한 함의를 제공하고 있다고 볼 수 있을 것이다.

첫째, 청소년업무에 대해 제시한 다양한 개념화 모델들 속에 있는 광범위한 실천들은 청소년참여를 위한 다양하고 모순적인 범주의 의미와 실천사례들을 포함하고 있다. 청소년업무에 대한 개념화가 이론적인 접근을 하고 있지만, 그러한 그림 그리기(mapping)는 청소년업무가 성인-청소년 관계성을 청소년의 발언권과 중요한 의사결정 과정과 관련하여 어떻게 틀 지우는지에 대한 중요한 고려사항들을 제시한다.

둘째, 청소년업무 유형들은 민주주의적 실천을 모델링하고 있으며 그것은 참여적 맥락에서 대조적으로 이해할 수 있다는 점이다. 각각의 모델들은 청소년업무에 대한 광의적 기반의 비교적 이해를 제공하고 있고, 참여의 각 단계(rungs)를 통한 실천들은 구별할 수 있으며, 동시에 이들은 반드시 발생하는 것이 아니거나 서로 간 분리되어 발생할 필요가 있는 것이 아니라는 점이다. 사실 청소년단체들이 하는 청소년업무는 복수의 접근법을 동시에 하고 있다는 연구결과들이 많이 제시되고 있다.

셋째, 청소년참여와 청소년업무 간의 관계나 범주가 명확히 구분된다고 보기 어렵다는 점이다. 그림에서 제시한 것과 같이 보다 유연한 방법으로 범주 간 또는 범주 내나 범주 전반이 상호연결된 것으로 보인다면 더욱 그러하다. 이러한 방식으로 청소년서비스는 형태는 다르지만 참여적 접근을 증진하게 되고 청소년 조직화는 명목주의에 관여하게 된다. 그리고 이 두 가지는 서비스를 제공하는 기금을 받는 것과 동시에 청소년을 지도력 기회를 제공하는 일에 관여하는 것으로 기금을 받는 동일한 단체 내에서 발생할 수도 있는 것이다.

넷째, 청소년업무를 하나의 내용을 가진 프로그램으로서가 아니라 하나의 관계성의 과정으로 볼 필요가 있음을 말해준다. 그림을 보면 인격함양, 수영, 숙제하기, 지역사회 정원 가꾸기나 캠페인참여 등과 같은 청소년들이 하고 있는 것과의 직접적인 관련성은 적어 보인다. 그보다는 청소년들이 어떻게 발언권이 힘을 갖는가 하는 내용적인 측면에 관여하는 것과 더 관련성이 많다. 이러한 것은 민주주의적 실천의 중요한 지표인 것이다.

이제 지금까지 펼쳐 온 청소년업무의 철학과 이론적 토대를 다시 마련하고, 청소년과 청소년업무에 대한 기본 발상을 새로운 차원으로 크게 전환할 때가 되었다. 그 기본 방향은 청소년의 '삶의 질'을 향상시키고 '청소년에 의한 청소년운동'을 제대로 알아볼 수 있도록 하는 것이다. 청소년운동은 그 운동의 주체가 청소년임으로 해서 스스로 새로운 질서의 탄생을 예기하고 있으며 새로운 생활형태를 함축하고 있다. 제4차 산업혁명의 시대, SNS 시대, 글로벌화의 시대는 물론 2020년의 COVID-19 팬데믹(pandemic)과 이후의 뉴 노멀(new nomal)의 시대 등에 따른 인간 소외와 생명의식, 상실과 단절 등의 총체적 위기에 대해서도 준비가 필요하다. 이런 점에서는 오늘날의 시민청소년운동은 청소년에 의한 청소년만을 위한 운동이 아니다. 이 시대를 살고 있는 모든 사람들이 함께 참여해야 할 운동인 것이다.

지난 50여 년간 청소년의 인격함양과 여가제공을 목적으로 하는 청소년업무가 지속하여 왔으며, 청소년업무의 방향을 청소년참여로 전환한 이후 20여 년이 지나가고 있다. 세계적 추세는 이보다 더 오랜 기간을 청소년업무의 발전을 위해 노력해 왔으며, 청소년업무의 모델은 청소년서비스뿐만 아니라, 청소년발달, 청소년지도력, 시민적 관여, 그리고 청소년조직화를 포함하는 방향으로 나타나고 있다. 또한 이러한 청소년업무 모델의 성격에는 청소년참여적 맥락과 연계되면서, 청소년업무의 성과로 이어지고 있음을 알 수 있다. 청소년조직화는 공동시민성의 참여형태를 보이면서, 청소년행동주의의 업무성과를 보이고 있는 것이다.

우리나라 청소년 분야의 발전은 대상의 측면에서 '일부 특정 청소년'에서 '모든 청소년'으로 확장되고, 방향의 측면에서는 청소년문제에 대한 '사후처방'에서 '예방적 접근'으로 전환하여 왔으며, 내용적인 측면에서는 청소년의 권리와 자율적인 참여의 기반 확충과 함께 '잠재역량 개발'을 강조하는 것으로 진전되어 왔음을 기억할 필요가 있다. 청소년의 사회참여는 우리 사회의 현재적 모습이고 민주주의 국가로서의 정치적, 경제적 발전이 지속되는 것과 함께 시민청소년운동도 더욱 확산될 것으로 예상된다. 이런 점에서 보면, 청소년업무의 모델로서 적극적 관점에서의 청소년개발(youth development)적 접근, 청소년 시민참여에 대한 이해, 그리고 그와 관련된 청소년행동주의의 함의를 알아보는 일은 청소년인권과 청소년참여를 비롯하여 청소년업무(youth wook)와 관련한 후속 연구의 주요 과제가 될 것이다.

참·고·문·헌

강대근(1991). "청소년운동을 통한 새질서 새생활 실천" 청소년학대회. 서울 : 한국청소년학회.

강대중·김경애·김미윤·김차명·박승원·부은희 외(2020). **코로나 19, 한국 교육의 잠을 깨우다**. 서울 : 지식공작소.

강명숙(2012). 인권교육 연구 동향 : 최근 5년의 국내 연구 성과를 중심으로. **법과인권교육연구**, 5(30), 1-14.

강현아(2006). **청소년참여권 현황과 지표개발**. 서울 : 한국청소년개발원.

______(2009). 이주노동자 자녀의 사회권에 대한 논쟁. **아동과 권리**, 13(1), 57-87.

경상남도(2010). **여성인권지수 개발사업**. 경남 : 경상남도 여성정책과.

고명석(2016). **인권과 사회복지실천**. 서울 : 대왕사.

고영남(2009). 경남학생인권조례 제정운동의 현황 : 2008 하반기 이후. 경상남도교육연대.

고영복(1993). "사회변동과 청소년운동" 한국사회의 구조와 의식. 서울 : 사회문화연구소출판부.

공 현(2020). 18세 선거권, 그리고 청소년 참정권 확대의 의미와 과제. **월간 복지동향**, (258), 30-34.

공 현·둠 코(2016). **인물로 만나는 청소년운동사**. 서울 : 교육공동체 벗.

공 현·선누리(2018). **우리는 현재다 : 청소년이 만들어 온 한국현대사**. 서울 : 빨간 소금.

과학기술정보통신부·한국인터넷진흥원(2019). 2018 인터넷이용 실태조사. 서울 : 과학기술정보통신부 한국인터넷진흥원.

과학기술정보통신부·한국지능정보사회진흥원(2021). 2020 인터넷이용 실태조사 보고서. 대구 : 한국지능정보사회진흥원.

곽미정·홍희석·구성숙(2016). **사회복지 윤리와 철학**. 경기 : 정민사.

관계부처 합동(2017). 제6차 청소년정책기본계획(2018-2022).

구정우(2009). 글로벌 인권개선의 추이 : 국제인권지표의 분석. 1972-2007. 한국사회학회 사회학대회 논문집, 653-668.

구정화(2014). **서울특별시교육청 학교인권 지표 및 지수 개발 연구**. 서울 : 서울특별시 교육청.

국가인권위원회 강원인권사무소(2017). 아동인권 국가인권위원회 결정사례 : 학교 관련 사례를 중심으로. 강원 : 국가인권위원회 강원인권사무소.

국가인권위원회(2006a). **학교인권교육길라잡이**. 서울 : 국가인권위원회.

____________(2006b). 유럽·미국의 인권교육 실천과 한국 인권교육의 방향. 인권교육국제워크숍 자료집.

____________(2006c). 국가인권정책기본계획(2007-2011) 권고안. 서울 : 국가인권위원회.

_____________(2012). 유엔 인권교육훈련선언(United Nations Declaration on Human Rights Education and Training). 제66차 유엔 총회 결의문(64).

_____________(2013). 지방자치단체 인권제도 방향 모색. 워크숍 자료.

_____________(2016). **아동 · 청소년의 인권교재 개발 연구**. 서울 : 국가인권위원회.

_____________(2017). **아동인권법규집**. 서울 : 국가인권위원회.

_____________(2018). **유엔 세계인권교육프로그램 행동계획**. 서울 : 국가인권위원회.

_____________(2019). **대한민국 인권 근현대사 : 인권운동사**. 서울 : 국가인권위원회.

_____________(2020). **COVID-19 관련 국제인권 규범 모음집**. 서울 : 국가인권위원회.

_____________(2020). **국회의원을 위한 인권핸드북**. 서울 : 국가인권위원회.

국방부(2016). **군 인권지표 개발 연구**. 서울 : 국방부.

권이종 · 조영승 · 이철위 · 이민희 · 안승렬 · 이경희(2001). 서울시 청소년문화카드 제도 도입을 위한 연구. 서울 : 서울특별시 · 한국청소년학회.

길은배 · 이용교 · 김영지(2001). **청소년 인권지표 개발연구**. 서울 : 문화관광부 · 한국청소년개발원.

김 민(2005). **청소년자치참여활동 지침서**(pp. 15-20). 서울 : 도서출판 청협.

_____(2016). '자발적 의식화'를 거치는 청소년운동, 그들의 역사를 기록해야 한다!. 청소년현장, 이 시대의 방향과 관점 : 다시, 청소년운동으로. 학술포럼 자료집, pp. 29-63.

김경준 · 김희진 · 이민희 · 김윤나(2014). **한국 아동 · 청소년 인권실태 연구IV : 총괄보고서(연구보고14-R14)**. 서울 : 한국청소년정책연구원.

김경준 · 모상현 · 송태진(2019). **청소년우대정책 현황 및 해외사례 분석 연구**. 세종 : 한국청소년정책연구원.

김경준 · 모상현 · 최윤호 · 김정화(2013). **청소년희망카드(가칭) 도입방안 연구**. 서울 : 여성가족부.

김경준 · 박정배(2004). **글로벌 시대 청소년 사회참여 실태 및 정책방안 연구**. 서울 : 한국청소년개발원.

김경준 · 이춘화 · 최창욱 · 이용교(2005). **청소년의 인권정책 기본방향 연구**. 서울 : 청소년위원회 · 한국청소년개발원.

김경준 · 최인재(2009). 청소년우대제도 및 청소년증에 대한 실태분석에 관한 연구. **미래청소년학회지, 6**(2), 1-23.

김경준 · 최인재 · 설인자 · 원구환(2007). **청소년 우대제도의 국제적 동향과 발전방안**. 서울 : 한국청소년정책연구원.

김근혜 · 강성권(2014). 인권지표 개발을 위한 과제. **지방정부연구, 8**(1), 419-440.

김대환(1997). 참여의 철학과 참여민주주의. 참여사회연구소 편, **참여민주주의와 한국사회**. 서울 : 창작과 비평사.

김도영 · 이혜경 · 노자은(2019). **청소년복지론**. 서울 : 학지사.

김병준(2017). 학생인권 보장과 학교 인권교육의 발전과제. **법과 사회, 56**, 387-428.

김상형(1983). 청소년과 사회정책 : 한국 민간 청소년운동의 실태. **현대사회와 청소년**. 서울 : 아산사회복지사업재단.

김석향 · 정익중 · 김미주 · 오은찬(2016). 유엔아동권리협약 국가보고서를 통해 본 남북한 아동권리 내용 비교. **한국아동복지학, 54**, 1-44.

김성이 · 조학래 · 조춘래(2004). **청소년복지학**. 서울 : 집문당.

김소연(2016). 주권과 인권의 역사적 발전과정과 글로벌시대의 새로운 관계 정립. 고려대학교 대학원 박사학위논문.

김영인(2007). 청소년의 참여와 시민성 함양. 경기 : 한국학술정보.

_____(2010). 청소년 시민역량 강화 방안 탐색. **시민청소년학연구, 1**(2), 29-60.

김영인 · 구정화(2020). **청소년인권과 참여**. 서울 : 한국방송통신대학교 출판문화원.

김영인 · 최윤진 · 구정화(2014). **청소년인권과 참여**. 서울 : KNOU PRESS.

김영지(2001). 청소년 대안공간으로서 사이버스페이스 활용 실태와 의미. **한국청소년연구, 12**(1), 157-180.

_____(2004). 청소년참여의 동향과 실제. **청소년문화포럼, 제10호**.

_____(2005). **청소년 인권 · 참여. 2005 청소년백서**(pp. 120-139). 서울 : 청소년위원회.

_____(2005). 청소년 참여의 동향과 과제. **도시와 빈곤, 73**, 18-47.

_____(2007). 한국 청소년 인권정책 형성과정 연구. 숙명여자대학교 대학원 박사학위논문.

_____(2010). '참여'에 대한 유엔의 입장과 우리나라 아동 · 청소년의 참여 : 유엔아동권리위원회 일반논평 No. 12. 한국아동권리학회 2010 춘계학술대회 자료집.

_____(2016). 한국 청소년 인권정책 형성과정 연구. 숙명여자대학교 대학원 박사학위논문.

김영지 · 김경준 · 이민희 · 김지혜(2013). 한국 아동 · 청소년 인권실태 연구III(연구보고 13-R13). 서울 : 한국청소년정책연구원.

김영지 · 김희진(2015). 유엔아동권리협약 이행방안 연구 : 유엔아동권리위원회 권고사항 이행과제 개발 기초연구. 세종 : 한국청소년정책연구원.

김영지 · 유설희 · 이민희 · 김진호 · 김수진(2016). 한국 아동 · 청소년 인권실태 연구VI : 총괄보고서(연구보고16-R11). 세종 : 한국청소년정책연구원.

김영지 · 이용교 · 임지연(1999). 청소년 권익증진을 위한 국내외 활동 동향 연구. 서울 : 한국청소년개발원.

김영지 · 황세영 · 최홍일 · 이민희 · 김진호(2020). 2020 아동 · 청소년 권리에 관한 국제협약 이행 연구 : 한국 아동 · 청소년 인권실태(총괄보고서). 세종 : 한국청소년정책연구원.

김용자(1998). 인권의 의미와 발전과정. **아동권리연구, 2**(2), 5-19.

김정래(2002). **아동권리향연**. 서울 : 교육과학사.

김정주(1999). 청소년참여. 한국청소년학회 편. **청소년학총론**(pp. 477-512). 서울 : 양서원.

_____(2007). 청소년참여의 현황과 과제. 천정웅 · 이용교 공편. **적극적 관점의 청소년개발**(pp. 159-181).

김정주 · 길은배 · 정화수(1999). **청소년의 지역사회 참여운동 연구**. 서울 : 한국청소년개발원.

김종길(2003). '안티사이트'의 사회운동적 성격 및 새로운 저항 잠재력의 탐색. **한국사회학, 37**(6), 145-175.

김진호 · 김경화 · 한상철 · 임성택 · 박정배(2004). 청소년개발지표 개발연구. 서울 : 한국청소년개발원.

김진희 · 최인희 · 김자영 · 이로미 · 이혜경(2018). 초중등학교 인권교육 및 인권의식 조사 방안 연구. 충북 : 한국교육개발원.

김철홍(2018). 한국 인권교육 제도화 현황과 과제. 한국법과인권교육학회 춘계학술대회 자료집, 3-42.

김태준 · 오민아 · 이은경(2015). 한국과 핀란드 청소년의 시민 · 사회적 참여 유형 비교 : ICCS를 중심으로. **비교교육연구, 25**(4), 321-347.

김태천(1996) 아동권리협약. **국제인권법**, 1, 175-215.

김태홍 · 윤덕경 · 김영택 · 주재선 · 배호중 · 김기곤(2012). 국가 인권지수 개발을 위한 지표 풀 등 기반 구축 연구. 국가인권위원회.

김한진(2002). 가정에서 아동의 참여권 행사에 관한 연구. 숙명여자대학교 대학원 석사학위논문.

김헌태 · 김영인 · 고 원 · 허동원(2006). 2020 미래사회와 청소년 연구 I(참여 · 인권분야) : 미래예측을 위한 청소년 참여 · 인권 환경 및 정책 분석. 서울 : 국가청소년위원회.

김현진 · 최수진 · 이선영 · 양희준 · 김도균 · 김성천 · 한은정 · 장암미(2020). **18세 선거권과 학교교육의 대응 방안**. 충북 : 한국교육개발원.

김형주 · 김옥순 · 김 민 · 송창석 · 손의숙 · 심한기(2003). **청소년참여와 권익증진 제도화 방안 조사 · 연구 : 대통령 청소년특별회의의 구성 · 운영을 중심으로**. 서울 : 문화관광부 · 한국청소년단체협의회.

김효연(2015). 아동 · 청소년의 정치적 참여와 선거권연령. 고려대학교 대학원 박사학위논문.

나간채(2016). **민주장정 100년, 광주 · 전남지역사회운동사**. 광주광역시 · 전라남도.

남미자 · 장아름(2020). 청소년 정치참여의 의미와 학교교육의 방향. **교육정치학연구, 27**(1), 31-60.

남화성(2009). 청소년참여기구 활동경험이 진로태도성숙에 미치는 영향. 경기대학교 대학원 석사학위논문.

______(2016). 청소년 임파워먼트 인식 척도 개발 연구. 경기대학교 대학원 박사학위논문.

노자은 · 김정민 · 조영미(2019). **청소년문화**. 서울 : 학지사.

노혜련(1993). 아동권리국제협약 및 세계정상행동계획의 국내 이행상황에 관한 연구 : 민간단체의 관점을 중심으로. 추계학술대회 자료집, 한국사회복지학회.

모상현 · 김희진(2009). **국제기준 대비 한국 아동 · 청소년의 인권수준 연구 IV : 생존권 · 보호권 인권실태조사**. 서울 : 한국청소년정책연구원.

모상현 · 천정웅 · 신승배 · 이중섭(2009). **국제기준 대비 한국 아동 · 청소년의 인권수준 연구 IV : 생존권 · 보호권 정량지표**. 서울 : 한국청소년정책연구원.

문용린(1993). 청소년지도의 의미와 중요성. **청소년지도론**. 한국청소년개발원.

미셸린 이샤이(2008). 조효제 역, **세계인권사상사**. 서울 : 도서출판 길.

박가나(2008). 청소년 참여활동이 공동체의식에 미치는 효과. 서울대학교 대학원 박사학위논문.

박세일(2003a). 청소년 참여의 의의와 방향. **통일로 통권184호**, 안보문제연구원.

______(2003b). 왜 청소년 참여인가?. 청소년정책연구 세미나 자료집, 한국청소년단체협의회.

박정연(2017). 87년 민주화 이후 역대 정부의 사회복지정책과 사회권 : 사회복지 국정목표 및 방향에 관한 내용 연구. **민주사회와 정책연구**, 32, 47-85.

박찬운(2011). **인권법**. 서울 : 한울아카데미.

박효정 · 유성상(2006). **중등학생 인권실태 분석**. 서울 : 한국교육개발원.

배경내(2000). **인권은 교문 앞에서 멈춘다**. 서울 : 우리교육.

______(2003). 근대 자본주의 사회와 아동 : 아동 인권의 완전한 실현을 위한 조건의 탐색. **진보평론**, 17, 195-216.

______(2008). **인권은 교문 앞에서 멈춘다**. 서울 : 우리교육.

배화옥 · 심창학 · 김미옥 · 양영자(2015). **인권과 사회복지**. 경기 : 나남.

사지원(2012). 20세기 전환기의 독일 청소년운동 : 반 문명운동. **독일어문학**, 56, 201-221.

서문희 · 안현애 · 이삼식(2003). **아동권리지표 개발을 위한 연구**. 서울 : 보건복지부 · 한국보건사회연구원.

설규주 · 은지용 · 전진현(2016). **초 · 중등 인권교육 교재개발을 위한 기초연구**. 서울 : 국가인권위원회.

송선숙 · 전명기 · 김경은 · 조계형(2017). **청소년교육론**. 경기 : 양서원.

스기하라 야스오 저, 석인선 역(1995). **인권의 역사**. 서울 : 도서출판 한울.

신정은(2012). 고등학생의 인권의식 수준에 관한 연구. 이화여자대학교 대학원 석사학위논문.

심성보 · 이미식 · 이일권(2002). **교사의 인권의식 조사연구**. 부산 : 부산교육연구소 · 국가인권위원회.

아리스토텔레스(1996). 정치론. 이병길 · 최옥수 공역, **정치학**. 서울 : 박영사.

안동현(1997). 아동의 권리 : 필요성, 역사성 및 과제. **아동권리연구**, 1(1), 9-21.

양옥경(2017). **사회복지윤리와 인권**. 경기 : 공동체.

여성가족부(2020). **청소년백서**. 서울 : 여성가족부.

오동석(2010). 학생인권조례에 관한 몇 가지 법적 쟁점. **교육법학연구**, 22(2), 64-81.

오동선 · 강은숙(2019). UN 아동권리협약에 의거한 시 · 도교육청 학생인권조례의 비교분석. **교육문화연구**, 25(4), 5-25.

오병선 · 박종보 · 김비환 · 홍성필 · 박경서(2011). **인권의 해설**. 서울 : 국가인권위원회.

오세희 · 김민희 · 남형후 · 박병권(2015). **인권교육의 실태와 질적 발전을 위한 제도 개선방안**. 서울 : 법무부.

오수웅(2013). 인권지수 개발을 위한 실험 : 능력기반접근. **의정논총**, 8(2), 293-315.

유양식 · 김정현 · 강 석 · 김경희 · 김태연 · 나판수 외(2015). **2015년 민주인권친화도 실태조사**. 광주 : 광주광역시교육청 광주교육정책연구소.

유엔아동권리위원회(2019). **대한민국 제5 · 6차 국가보고서에 대한 최종견해(비공식 번역본)**. 세종 : 보건복지부.

유윤종(2019). “청소년인권운동” 국가청소년위원회, **대한민국 인권 근현대사**(pp. 401-436). 서울 : 국가청소년위원회.

윤민종 · 정은진 · 정건희(2016). **청소년 참여예산제 실태 및 발전 방안 연구**. 세종 : 한국청소년정책연구원.

윤여찬(2004). 외국과 한국의 청소년운동비교. 한국교원대학교 교육대학원 석사학위논문.

이동후(2009). 사이버 대중으로서의 청년 세대에 대한 고찰 : 사회적 소통과 관여를 중심으로. **한국방송학보, 23**(2), 409-446.

이민희(2011). 한국과 독일의 청소년운동에 관한 비교사적 연구 : 청소년운동을 통한 21세기 한국사회 변혁의 가능성 탐색. **청소년학연구, 18**(4), 349-382.

이봉주 · 김선숙 · 안재진 · 유조안 · 유민상 · 최창용 외(2016). **한국 아동의 삶의 질에 관한 종합지수연구**. 서울 : Save the Children · 서울대학교 사회복지연구소.

이봉주 · 신원영(2017). ‘아동권리지수’ 적용을 통한 아동권리 비교 연구. **한국아동복지학, 58**, 171-203.

이상돈(2005). **2006 인권법**. 서울 : 세창출판사.

이상익(2015). **인권과 인륜 : 자유주의 · 사회주의 · 전통유교**. 서울 : 심산.

이상희(2006). 2008 청소년 참여와 인권 교육. 이혜원 외(2008). **청소년권리와 청소년복지**(pp. 105-139).

이성훈(2017). 지속가능발전목표(SDGs)와 인권기반 개발협력. **국제개발협력, 4**, 3-38.

이수광(2002). 학생인권 신장 방안 연구. 강원대학교 대학원 박사학위논문.

이승종 · 김혜정(2018). **시민참여론**. 서울 : 박영사.

이승종 · 유숙희(1994). **지방화시대의 주민참여**. 서울 : 한국지방행정연구원.

이쌍철 · 김정아 · 김미숙 · 김진희 · 이호준 · 김영식 · 김자영 · 이현주 · 이지미(2019). 초 · 중등학교 인권교육 현황 및 인권의식 분석. 충북 : 한국교육개발원.

이영호 · 문영희(2016). UN 아동권리협약의 변천과 한국의 이행성과와 과제. **비교교육연구, 26**(6), 1-25.

이용교(2004). **청소년인권과 인권교육**. 서울 : 인간과 복지.

이용교 · 이명묵 · 안경순 · 정경은 · 정민기(2006). 아동복지시설 인권평가지표 개발연구. **청소년복지연구, 8**(2), 5-24.

이용교 · 고성혜(1996). **청소년인권보고서**. 서울 : 한국청소년개발원.

이용교 · 천정웅 · 김경준(2009). **청소년인권과 참여**. 경기 : 양서원.

이용교 · 천정웅 · 안경순(2006). **청소년 생존권 현황과 지표개발**. 서울 : 한국청소년개발원.

이유진(1997). PC통신, 인터네트와 한국의 전자민주주의의 가능성에 대한 고찰. 전자민주주의 연구원 세미나 자료, 전자민주주의연구원.

이윤주(2015). 청소년 정치참여 활성화를 위한 실천중심 기능학습의 필요성 : 사회과교육에서의 청소년정치참여 연구동향을 기반으로. **시민교육연구, 47**(2), 85-113.

이은규(2009). 21C 한국기독청년운동의 신앙적 선교적 방향 : 서울 YMCA를 중심으로. **신학과 실천, 20**, 227-259.

이장현(2002). 청소년의 지역사회 참여 방안에 대한 연구. **사회과학연구**, 31-44.

이정민 · 이종원(2020). **학생인권교육을 위한 현장실천 강화방안 연구**. 세종 : 한국청소년정책연구원.

이정연 · 김명랑 · 안수현 · 이용민 · 이혜선(2018). 2018 경기도 학생인권 실태조사. 경기도 교육연구원.

이중섭 · 박해석(2006). **청소년발달권 현황과 지표개발**. 서울 : 한국청소년개발원.

이창호(2020). **선거법 개정에 따른 청소년정책 및 활동지원방안 연구**. 세종 : 한국청소년정책연구원.

이창호 · 이윤주(2020). SNS 활동 및 학교내 정치교육경험이 고등학생의 시민성에 미치는 효과 연구. **선거연구**, **12**, 53-75.

이창호 · 정의철(2008). 촛불문화제에 나타난 청소년의 사회참여 특성에 대한 연구. **언론과학연구**, **8**(3).

이채식 · 박은식(2007). 영농청소년의 지역사회참여실태 및 활성화 방안. **농촌지도와 개발**, **14**(2), 395-415.

이해주 · 최윤진 · 구정화(2008). **청소년인권과 참여**. 서울 : 한국방송통신대학교 출판부.

이혜연 · 김영지 · 김신영(2009). **아동 · 청소년 권리지수 개발 연구**. 서울 : 보건복지가족부 · 한국청소년정책연구원.

이혜원(2006). **아동권리와 아동복지**. 경기 : 집문당.

______(2011). 이주아동의 교육권 보장을 위한 평가지표 개발: 유엔아동권리협약을 중심으로. **한국사회복지교육**, **14**, 125-148.

이혜원 · 김성천 · 김혜래 · 노혜련 · 배경내 · 변귀연 · 우수명 · 이상희 · 이지수 · 정익중 · 최경옥 · 최승희 · 하승수 · 홍순혜(2009). **학생권리와 학교사회복지**. 서울 : 한울.

이혜원 · 이봉주 · 김혜래 · 오승환 · 정익중 · 하승수 · 이지수 · 하경희 · 김성천 · 이상희 · 심한기 · 최은미(2008). **청소년권리와 청소년복지**. 서울 : 한울.

인권운동사랑방(1999). **인권교육 길잡이**. 서울 : 사람생각.

임이랑(2012). 학생인권조례의 쟁점과 개선방안 연구. 전북대학교 교육대학원 석사학위논문.

임희진 · 김현신(2011). 한국 아동 · 청소년 인권실태 연구. 한국청소년정책연구원.

장민영(2020). **미래세대 보호를 위한 법적 과제1 : 디지털 환경에서의 아동권리를 중심으로**. 세종 : 한국법제연구원.

장세룡(2016). 도시공간점거와 직접행동 민주주의 : 2011년 9월 뉴욕 월 가 "점령하라" 운동에 관한 성찰. **역사와 경계**, **99**, 251-296.

전명순(2021). 아동(어린이) · 청소년 인권조례 실효성 분석. **효학연구**, **33**, 23-41.

정건희(2013). 청소년참여 담론 연구. 중앙대학교 대학원 박사학위논문.

______(2015). **최근 한국의 청소년참여 동향 : 청소년운동을 중심으로. 청소년참여 활성화 방안 포럼**. 서울 : 한국청소년활동진흥원.

______(2016). 청소년참여를 중심으로 한 지역운동. 청소년현장, 이 시대의 방향과 관점 : 다시, 청소년운동으로. 학술포럼 자료집, 77-95.

______(2020). 청소년활동론. 경기 : 어가.

정병수(2016). 아동참여권 실현을 위한 노력 : 유엔아동권리위원회 일반논평을 기반으로. 동광, 111, 33-49.

정유성(1996). 학부모교육 운동과 사회교육. 한국사회교육학회 편, 사회운동과 사회교육. 서울 : 한국사회교육학회.

정익중(2016). 참여권 확보를 위한 아동투표권에 대한 소고. 동광, 111, 3-30.

정태수(1991). 아동의 권리협약 : 청소년의 권리. 서울 : 예지각.

정해숙 · 박성정 · 구정화 · 최윤정(2011). 초 · 중 · 고등학교 인권교육 실태조사. 서울 : 국가인권위원회.

정혜원(2006). 청소년 사회참여의 과정과 형식에 관한 일연구 : 맥아담의 '인지적 해방과 운동문화'를 중심으로. 청소년학연구, 13(5-1), 155-186.

정효진 · 김희성 · 우정자(2004). 청소년 자치활동 활성화 및 발전방안 사례연구. 서울 : 문화관광부 · 한국청소년개발원.

정회옥 · 정승희(2018). 한국 청소년의 정치의식 수준 분석. 시민교육연구, 50(2), 159-183.

조금주(2009). 서울시 중 · 고등학생들의 교육문화소비 생활실태 및 학생카드 유용성 연구. 청소년학연구, 16(5), 143-166.

조아미(2006). 청소년 우대정책과 청소년증 활용방안 : 청소년복지지원법과 청소년인권. 한국청소년복지학회 2006년도 추계학술대회 자료집, 29-51.

조재현(2012). 자치입법권의 한계와 학생인권조례. 법과 정책, 18(2), 575-605.

조혜영 · 최창욱(2008). 청소년 참여활동의 성과 및 활성화 방안에 대한 탐색 : 청소년참여기구 청소년들과의 심층면담을 중심으로. 미래청소년학회지, 5(1), 111-140.

조효제(2007). 인권의 문법. 서울 : 후마니타스.

______(2015). 인권 오디세이. 서울 : 교양인.

주석진 · 조성심 · 라미영 · 방진희 · 엄경남 · 이종익 · 전구훈(2016). 학교사회복지론. 경기 : 양서원.

주성수(2006). 시민참여와 민주주의. 서울 : 아르케.

진덕규(1985). 지역단위 청소년운동의 모델개발에 관한 연구 : 정치사회학적 인식. 서울 : 한국청소년연구소.

차경수(1991). 시민운동으로서의 청소년운동. 청소년학 대회. 서울 : 한국청소년학회.

채형복(2013). EU 기본권청 : 인권의 새로운 감시자?. 동아법학, 58, 123-161.

______(2020). 국제인권법(제3판). 서울 : 높이깊이.

채희주 · 이진숙(2020). Z세대의 SNS마켓에서의 소비자사회화 경험에 대한 현상학적 연구 : 인스타마켓을 중심으로. 한국생활학회지, 29(2), 199-215.

천정웅(1998a). IMF시대 청소년참여의 방향과 과제, IMF시대 청소년의 소외와 참여(pp. 169-222). 서울 : 한국청소년학회

______(1998b). <좋은사회>를 위한 청소년참여의 필요성과 가치. 청소년문제행동연구, 제3집, 경북 : 경산대학교 청소년문제연구소.

______(1998c). 수련활동과 '청소년참여'의 정책제도화에 관한 연구. **청소년학연구**, 5(3). 서울 : 한국청소년학회.

______(1998d). 청소년정책의 방향전환과 청소년참여. **청소년정책과 청소년참여**. 서울 : 한국청소년개발원.

______(1999). 국제기구를 통한 청소년인권발전노력과 주요국 동향. 최윤진 외, **청소년인권정책연구**. 서울 : 한국청소년학회.

______(1999). 청소년정책의 발전과 특성. 한국청소년학회 편, **청소년학총론**(pp. 441-475). 서울 : 양서원.

______(2008). 한국의 아동과 청소년의 참여권. 한국청소년정책연구원 · 한국아동권리학회. **아동 · 청소년 참여권**, 11-48.

______(2011). 청소년참여의 유형화 연구. **미래청소년학회지**, 8(4), 27-47.

______(2013). **청소년참여론**. 경기 : 양서원.

______(2013a). 성인중심주의(adultcentrism)의 존재와 논의에 관한 비판적 연구. **시민청소년학연구, 2013년 제1호**, 87-115.

______(2013b). 아동 · 청소년지표의 세계적 동향과 특성에 관한 연구. **청소년복지연구**, 15(4), 105-127.

______(2014). 유엔 인권지표 가이드에 관한 연구. **글로벌청소년학연구**, 4(1), 85-105.

______(2014). **청소년참여론 : P이론의 청소년학**. 경기 : 양서원.

______(2015). 청소년 인권의식에 관한 구조분석 : 인권존중정도, 인권교육, 차별한 경험, 자존감의 영향관계. **미래청소년학회지**, 12(4), 1-23.

______(2018). 서구 시민청소년운동의 동향과 유형. **글로벌청소년학연구**, 8(2), 5-29.

______(2019). 시민청소년운동의 특성과 청소년업무에의 함의 : 이론적 접근. **시민청소년학연구**, 10(2), 1-26.

______(2020). 청소년의 가치관 변화에 따른 사회 · 정책적 대응 방안 논의 : Z세대를 위한 새 부대(New Bottle)의 모색. 제35차 청소년정책포럼 : Z세대 청소년의 가치관 변화와 정책방안. 세종 : 한국청소년정책연구원.

______(2021). **청소년복지론 : 발달적 관점**(제2판). 경기 : 양서원.

천정웅 · 김경준 · 김영지(1995). 청소년과 지역사회 참여. 한국청소년개발원.

천정웅 · 김영지(1997). 청소년참여의 세계적 동향.

천정웅 · 김영지 · 김경호(1999). **청소년이 알아야 할 인권이야기**. 서울 : 문화관광부 · 청소년개발원.

천정웅 · 김영지 · 임지연(1997a). 청소년참여증진방안 연구. 한국청소년개발원.

______________________(1997b). 청소년참여의 세계적 동향. 한국청소년개발원.

______________________(1998). **지방 청소년정책 사업 강화를 위한 청소년참여 증대방안 연구**. 서울 : 한국청소년개발원.

천정웅 · 김정주(2009). 청소년활동의 정책적 특성 비교연구 : 청소년정책과 교육정책을 중심으로. **청소년학연구**, 6(2), 101-122.

천정웅 · 황진구 · 신선미 · 김정주 · 김영지(1996). **지방청소년육성사업 활성화 방안 연구**. 서울 : 한국청소년개발원.

청소년위원회(2005). **청소년참여의 현황 · 문제점 및 운영방안 연구**. 서울 : 청소년위원회.

최원기 · 전명기 · 이주연(2003). **청소년의 시민권 증진 방안 연구**. 서울 : 한국청소년개발원.

최윤진(1998). **청소년의 권리**. 서울 : 양서원.

_____(2000). 아동의 권리와 청소년의 권리. 한국청소년학회, **청소년학연구**, 7(2).

_____(2016). 청소년인권의 쟁점과 청소년참여운동. **시민청소년학연구**, 7(2), 1-18.

최윤진 외(2004). **청소년인권론**. 한국청소년개발원 편, 서울 : 교육과학사.

최윤진 · 이해주 · 이미리(2007). **청소년인권론**. 서울 : 교육과학사.

최윤진 · 천정웅 · 허종렬 · 이용교(1999). **청소년인권정책연구**. 서울 : 한국청소년학회.

최창욱 · 박영균 · 김진호 · 임성택 · 전성민(2006). **국제기준대비 한국 청소년의 인권수준 실태연구 I : 청소년인권지표 개발**. 서울 : 한국청소년개발원.

최창욱 · 전명기(2013). **청소년참여기구 활성화방안 연구**. 서울 : 한국청소년정책연구원.

최충옥(1991). 청소년정책에 있어서 청소년의 소외. 2000년대 청소년정책의 방향과 과제. 한국교육학회 사회교육연구회, pp. 71-85.

최태욱(2017). 고령화 · 저성장 · 양극화 시대의 청년정치 부상 가능성. **민주사회와 정책연구**, 31, 259-285.

충청남도(2015). 충남 아동청소년 인권실태조사 연구용역 최종보고서. 충남 : 충청남도.

하승수(2003). NEIS를 계기로 본 학생인권. **교육비평**, 13, 124-141.

한국아동권리협회(1998). **한국의 아동지표**. 서울 : 학지사.

한국지역사회복리회(1999). **유엔아동권리협약훈련교재**. 서울 : 한국지역사회복리회.

한국청소년개발원(1992). 청소년의 권리와 사회적 불평등.

_______________(1998). 청소년정책의 방향과 과제, 미간행자료집.

_______________(2004). **청소년인권론**. 서울 : 교육과학사.

한국청소년정책연구원(2013). 아동청소년 인권지표 개선방안 모색 전문가 워크숍 자료집 13-S22.

한국학교사회복지사협회(2006). **학교교육과 복지**. 경기 : 양서원.

한도희(1998). 1999. 한 · 미 학교안전사고 판례연구. **교육법학연구**, 11, 243-266.

_____(2016). 청소년참여의 반석 청소년운영위원회로의 전진. **시민청소년학연구**, 7(2), 61-84.

함병수 · 신선미(1997). **청소년카드제도를 위한 기초조사 : 우리나라 청소년의 소비생활실태와 청소년카드사례를 중심으로**. 서울 : 한국청소년개발원.

홍문기(2016). 독일 청소년운동. **글로벌청소년학연구**, 6(2), 29-41.

홍봉선 · 남미애(2018). **청소년복지론**. 경기 : 공동체.

홍성태(2009). **촛불집회와 한국사회**. 서울 : 문화과학사.

홍정희(2016). 청소년 지역사회 참여활동 경험의 교육적 의미 : '청소년참여위원회' 활동을 중심으로. 이화여자대학교 대학원 박사학위논문.

황여정(2017). **청소년의 지역사회참여 모형개발 연구**. 세종 : 한국청소년정책연구원.

황옥경 · 구은미 · 이은주 · 김형욱(2017). **아동청소년과 인권**. 경기 : 나남.

황옥경 · 안동현 · 이호균 · 강현아 · 홍관표 · 현소혜 · 정선영(2015). 대한민국 아동, 국민인가? 국제기준에 비추어 본 아동권리 수준 평가. 2015년 한국아동권리학회 추계학술대회 자료집, 7-63.

황옥경 · 정준미(2006). 청소년보호권 현황과 지표개발. 서울 : 한국청소년개발원.

Alderson, P.(2008). *Young children's rights : Exploring beliefs, principles and practice*. London : Jessica Kinsley Publishers.

Alderson, P., & Montgomery, J.(1996). *Health care choices : Making decisions with children*. London : Institute for Public Policy Research.

Andrews, A. B., & Kaufman, N. H.(1999). *Implementing the U. N. Convention on the Rights of the Child : A standard of living adequate for development*. Westport, CT : Praeger.

Angel, W. D.(1990). *Youth movements of the world*. Harlow, Essex, U. K. : Longman Group UK.10

Arnott, M. A.(2008). Public policy, governance and participation in the UK : A space for children?. *International Journal of Children's Rights, 16*, 355-367.

Arnstein, S. R.(1969). A Ladder of citizen participation. *Journal of American Institute of Planners, 35*, 216-224.

Australian Youth Foundation(1999). Youth partnership & Participation. online(1999. 6. 10). http://www.ozmail.com.au/~ayouthf/

Ayto, J.(1990). *Dictionary of Word Origins*. New York : Arcade Publishing.

Bajaj, M.(2011). Human rights education : Ideology, locations, and approaches. *Human Rights Quarterly, 33*(2), 481-508.

Bamber, J., & Murphy, H.(1999). Youth work : The possibilities for critical practice. *Journal of Youth Studies, 2*(2).

Ben-Arieh, A.(2008). Indicators and indices of children's well-being : Towards a more policy-oriented perspective. *European Journal of Education, 43*(1), 37-50.

Brann, P., Walter, G., & Coombs, T.(2011). Benchmarking child and adolescent mental health organizations. *Australasian Psychiatry, 19*(2), 125-131.

Butters, S., & Newell, S.(1978). *Realities of training : A review of the training of adults who volunteer to work with young people in the Youth and Community Services*. Leicester : National Youth Bureau.

Cairns, L.(2001). Investing in children : Learning how to promote the rights of all children. *Children and Society, 15*, 347-360.

Carvalho, E.(2009). Measuring children's rights : An alternative approach. *International Journal of Children's Rights, 16*, 545-563.

Cashmore, J.(2002). Promoting the participation of children and young people in care. *Child Abuse and Neglect, 26*, 837-847.

Checkoway, B.(1998). Involving young people in neighborhood development. *Children and Youth Services Review*, *20*(9/10), 765-795.

____________(1999). Adult ad allies. A Kellogg Foundation Publication. online : www.wkkf.org

Chell, E.(1985). *Participation and organization : A social psychological approach*. London, UK : The MacMillan Press.

Cheon, J., & Lee, Y.(2010). *Youth development and civic engagement*. Seoul, Korea : Human & Welfare Press.

Cheon, J.(2008). Best practices in community-based prevention for youth substance reduction : Toward strengths-based positive development policy. *Journal of Community Psychology*, *36*(6), 761-779.

________(2009). Convergence of a strengths perspective and youth development : Toward youth promotion practice. *Advances in Social Work*, *9*(2), 176-190.

Clark, A., & Percy-Smith, B.(2006). Beyond consultation : Participatory practices in everyday spaces. Editorial introduction to global special issue : Pusing the boundaries : Critical perspectives on child and youth participation. *Children, Youth and Environment*, *16*(2), 1-9.

Coles, B.(1995). *Youth and social policy : Youth citizenship and young careers*. London : UCL Press.

Conde, H. V.(1999). *A handbook of international human rights terminology*. Lincoln, NE : University of Nebraska Press.

Conner, J., & Rosen, S. M.(2016). *Contemporary youth activism : Advancing social justice in the United States*. Santa Barbara, CA : Praeger.

Cooper, T., & White, R.(1994). Models of youth work practice. *Youth Studies Australia*, *13*(4), 30-35.

Council of Europe(2003). *Revised European Charter on the participation of young people in local and regional life : proceedings*. Strasbourg : Council of Europe Publishing.

Covell, K., & Howe, R. B.(2001). Moral Education through the 3Rs : Rights, respect and responsibility. *Journal of Moral Education, 30*(1), 29-41.

Danish Institute for Human Rights(2006). Human rights indicators at programme and project level : Guidelines for defining indicators, monitoring and evaluation. Copenhagen, Denmark, The Danish Insititute for Human Rights.

Davie, R.(1996). Partnership with children : The advancing trend. In R. Davie, G. Upton, & V. Varma(Eds.), *The voice of the child : A handbook for professionals*(pp. 1-11). London : The Falmer Press.

Delgado, M., & Staples, L.(2008). *Youth-led community organizing : Theory and action*. New York : Oxford University Press.

DeMause L.(1974). *The History of Childhood*. New York, N.Y. : Psychohistory Press.

Detrick, S.(1999). *A commentary on the United Nations Convention on the Rights of the Child*. Boston, MA : Martinus Nijhoff Publishers.

Donnelly, J., & Howard, R.(1988). Assessing national human rights performance : A theoretical framework. *Human Rights Quarterly*, *10*, 214-248.

Donnelly, J.(2013). *Universal human rights : In theory and practice*(3rd ed.). Ithaca : Cornell University Press.

Ennew, J., & Miljeteig, P.(1996). Indicators for children's rights : Progress report on a project. *International Journal of Children's Rights*, *4*, 213-236.

Ercan, R., Yaman, T., & Demir, S. B.(2015). Human rights attitude scale : A validity and reliability study. *Journal of Education and Training Studies*, *3*(6), 220-231.

Erikson, E.(1963). *Childhood and society*(2nd ed.). New York, NY : W. W. Norton & Company.

Ewen, J.(1994). Youth participation : Concepts & structures. *Youth Studies Astralia*, *13*(3), 13.

Fitzpatrick, S., Hastings, A., & Kintrea, K.(1998). *Including young people in urban regeneration*. Bristol, UK : The Policy Press.

Flanagan, C. A., & Faision, N.(2001). Youth civic development : Implications of research for social policy and programs. *Social Policy Report*, *15*(1), 1-15. Civic Engagement. Paper 11.

Fletcher, A.(2016). *A short introduction to youth rights*. Olympia, WA : The Freechild Project.

Fletcher, A., & Vavrus, J.(2006). *The guide to social change led by and with young people*. Olimpia, WA : Common Action.

Flowers, N.(1998) The human rights education handbook : Effective practices for learning, action, and change. The Human Rights Resource Center & The Stanley Foundation.

FRA(2010). *Developing indicators for the protection, respect and promotion of the rights of the child in the European Union*. Brussel : European Union Agency for Fundamental Rights.

____(2013). *Child rights' indicators in the field of family justice*. Brussel : European Union Agency for Fundamental Rights.

Franklin, B.(1989). Children's rights : Developments and prospects. *Children & Society*, *3*(1), 50-66.

__________(1995). The case for children's rights: A progress report. In B. Franklin(Ed.), *The handbook of children's right : Comparative policy and practice*(pp. 3-22). London : Routledge.

__________(1997). The ladder of participation in matters concerning children. In J. Boyden & J. Ennew(Eds), *Children in focus: A manual for participatory research with children*. Stockholm : Grafisk Press.

Franklin, B., & Sloper, P.(2005). Listening and responding? Children's participation in health care within England. *International Journal of Children's Rights*, *13*, 11-29.

Fredman, S.(2008). Human rights transformed. 조효제 역(2009). **인권의 대전환 : 인권 공화국을 위한 법과 국가의 역할**. 서울 : 교양인.

Freeman, M.(1996). Human rights, democracy and 'Asian values'. *The Pacific Review*, 9(3), 352-366.

__________(2002). Human Rights : An interdisciplinary approach. 김철효 역(2005). **인권 : 이론과 실천**. 서울 : 아르케.

Fusco, D., & Heathfield, M.(2015). Modeling democracy : Is youth "participation" enough?. *Italian Journal of Sociology of education*, 7(1), 12-31.

Galston, W. A.(2001). Political knowledge, political engagement, and civic education. *American Review of Political Science*, *4*, 217-234.

Galtung, J.(1994; 2004). *Human rights in another key*. Polity Press.

Glendon, M. A.(2001). *A world made new : Eleanor Roosevelt and the Universal Declaration of Human Rights*. N.Y. : Random House.

Gran, B. K.(2010). Comparing children's rights : Introducing the children's right index. *International Journal of Children's Rights*, *18*, 1-17.

Green, M.(2001). What we talk about when we talk about indicators : Current approaches to human rights measurement. *Human Rights Quarterly*, *23*, 1062-1097.

Gutman, A.(1980). *Liberal Equality*. Cambridge : Cambridge University Press.

Habashi, J., Wright, L., & Hathcoat, J. D.(2012). Patterns of human development indicators across constitutional analysis of children's rights to protection, provision, and participation. *Social Indicators Research*, *105*, 63-73.

Hammarberg, T.(1990). The UN Convention on the Rights of the Child and how to make it work. *Human Rights Quarterly*, *12*(1), 97-105.

__________(1993). The work of the expert committee on the rights of the child.

Hart, R. A.(1992). *Children's participation : From Tokenism to citizenship*. Florence : UNICEF International Child Development Center.

__________(1997). *Children's participation : The theroy and practice of involving young citizens in community development and environmental care*. London : UNICEF.

__________(2008). Stepping back from "the ladder" : Reflections on a model of participatory work with children. In A. Reid, B. B. Jenson, J. Nikel, & V. Simovska(Eds.), *Participation and learning*(pp. 19-31), Springer.

Hodgkin, R., & Newell, P.(2002). *Implementation handbook for the Convention on the Rights of the Child*. New York, NY : UNICEF.

Hodgson, D.(1994). The child's right to life, survival and development. *The International Journal of Children's Rights*, *2*, 369-394.

Hurley, L., & Treacy, D.(1993). *Models of youth work : A sociological framework*. Dublin : Irish Youthwork Press.

Ife, J.(2010). Human rights from below : Achieving rights through community development. 여지영 역(2015). **아래로부터의 인권 : 지역사회개발을 통한 인권의 실현**. 서울 : 인간과 복지.

Inter-Parliamentary Union(2016). Human Rights : Handbook for Parliamentarians. 국가인권위원회 역(2020). **국회의원을 위한 인권핸드북**. 서울 : 국가인권위원회.

Ishay, M.(2004). The history of human rights. 조효제 역(2006). **세계인권사상사**. 서울 : 길.

James, A.(2004). Understanding childhood from an interdisciplinary perspective : Problems and potentials. In P. B. Pufall & R. P. Unsworth(Eds.), *Rethinking childhood*(pp. 25-37). New Brunswick : Rutgers University Press.

Justiniano, J., & Scherer, C.(2001). *Youth Voice : A Guide For Engaging Youth In Leadership and Decision-Making in Service Learning Programs*. Washington, D. C. : Points of Light Foundation. Available at http://www.ysa.org/pdffiles/YV_Guide.pdf

Kang, J.(2016). *Youth and activism in postauthoritarian south Korea : Igniting the internet*. Honolulu, HA : University of Hawai'i Press.

Kapoor, I.(1996). *Indicators for programming in human rights and democratic development : A preliminary study*. Gatineau, Quebec : Canadian International Development Agency.

Kirby, P., & Bryson, S.(2002). *Measuring the magic? Evaluating and researching young people's participation in public decision making*. London : CYPI.

Kirby, P., Lanyon, C., Cronin, K., & Sinclair, R.(2003). *Building a culture of participation : Involving children and young people in policy, service planning, delivery and evaluation*. London : Department for Education and Skills.

Kohler, M. C.(1982). *Developing Responsible Youth Through Youth Participation. Youth Participation & Experiential Education*. New York : The Haworth Press.

Laidlaw Foundation(2000). *Youth as decision makers : Effective strategies for youth engagement in governance and decision-making in recreation*. Toronto, ON : Laidlaw Foundation.

Lansdown, G.(1995). *Taking part : Children's participation in decision-making*. London : Institute for Public Policy Research.

__________(2001). *Promoting children's participation in democratic decision-making*. Florence : Innocenti Research Center.

LeBlanc, L. J.(1995). *The Convention on the Rights of the Child*. Lincoln, NE : University of Nebraska Press.

Limber, S. P., & Flekkoy, M. G.(1995). The U. N. Convention on the Rights of the Child : Its relevance for social scientists. *Social Policy Report*, *9*(2), 1-16.

LISTEN, Inc.(2000). An emerging model for working with youth. Occasional paper series on youth organizing, No. 1. Washington, D. C. : Funders Collaborative on Youth Organizing.

Lister, I.(1991). The challenge of human rights for education. In H. Starkey(Ed.), *The challenge of human rights education*(pp. 245-255). London, UK : Cassel.

London, J. K.(2007). Power and pitfalls of youth participation in community-based action research. *Children, Youth and Environments*, *17*(2), 406-432.

MacNaughton, G., Hughes, P., & Smith, K.(2007). Young children's rights and public policy : Practices and possibilities for citizenship in the early years. *Children & Society*, *21*, 458-469.

Malhotra, R., & Fasel, N.(2005). *Quantitative human rights indicators : A survey of major initiatives*. United Nations High Commissioner for Human Rights.

Mannion, G.(2003). Children's participation in school grounds development : Creating a place for education that promotes children's social inclusion. *International Journal of Inclusive Education*, 7(2), 175-192.

Martin, E.(2015). 11 Rights All Students (Should) Have. https://www.gettingsmart.com/2015/05/15/11-rights-all-students-should-have/

Mason, V., & Falk, R.(2016). Assessing nonviolence in the Palestinian rights struggle. *State Crime Journal*, 5(1), 163-186.

Masri, S. S.(2017). Integrating youth in city planning : Developing a participatory tool toward a child-friendly vision of Eastern Wastani - Saida. *Alexandria Engineering Journal*, 57(2), 1-13.

Matthews, H.(2003). Children and regeneration : Setting an agenda for community participation and integration. *Children and Society*, *17*(1), 264-276.

McLeod, J.(2014). A peaceful pedagogy : Teaching human rights across the curriculum. *Procedia-Social and Behavioral Sciences*, *152*, 1225-1232.

McNeish, D., & Newman, T.(2002). Involving children and young people in decision making. In D. McNeish, T. Newman, & H. Roberts(Eds.), *What works for children? Effective services for children and families*(pp. 186-204). Philadepphia, MA : Open University Press.

Mulgan, R.(1990). Aristotle and the Value of Political Participation. *Political Theory*, *18*(2).

Naupe, A.(2017). Making the invisible seen : Putting women's rights on Vanuatu's Land Reform Agenda. In McDonnell, S., Alleen, M. G., & Filer, C.(Eds.), *Kastom, property and ideology*(pp. 305-326). ANU Press.

Nowak, M.(2005). Artical 6 : The right to life, survival and development. In A. Alen, J. Vande Lanotte, E. Verhellen, F. Ang, E. Berghmans, & M. Verheyde(Eds.), *A commentary on the United Nations Convention on the Rights of the Child*. Boston, MA : Martinus Nijhoff Publishers.

Nie, N. H., & Verba, S.(1975). Political Participation. In Greenstein, Fred I., & Polsby, Nelson W.(Hrsg.), *Handbook of Political Science*, Volume 4. Reading 1975, S. 1-73.

O'Kane, C.(2003). *Exploring concepts : Children and young people as citizens*. Kathmandu : Save the Children.

O'Donoghue, J. L., Kirshner, B., & McLaughlin, M.(2002). Introduction : Moving youth participation forward. *New Direction for Youth Development*, 96.

OHCHR(Office of the United Nations High Commissioner for Human Rights)(1997). Plans of action for human rights education(ACEFRS). United Nation.

________(Office of the United Nations High Commissioner for Human Rights)(2007). Using indicators to promote and monitor the implementation of human rights(Asian sub-regional Workshop Report), New Delhi, India, 26-28 July, 2007.

Palfrey, J., & Gasser, U.(2008). *Born digital : Understanding the first generation of digital natives*. New York : Basic Books.

Pancer, S. M., Rose-Krasnor, L., & Loiselle, L. D.(2002). Youth conferences as a context for engagement. *New Direction for Youth Development*, 96.

Pretty, J.(2002). People, livelihoods and collective action in biodiversity management. In T. O'Riordan, & S. Stool-Kleemann(Eds.), *Biodiversity, sustainability and human communities*(pp. 61-86). Cambridge University Press.

Reichert, E.(2007). Challenges in human rights : A social work perspective. KC대학교 남북통합지원센터 역(2015). 인권과 사회복지 : 인권-기반 사회복지실천을 위하여. 서울 : 나눔의 집.

Richardson, A.(1983). *Participation*. London, UK : Routledge & Kegan Paul.

Robinson, C., Phillips, L., & Quennesrstedt, A.(2018). Human rights education : Developing a theoretical understanding of teachers' responsibilities. *Educational Review*, 1-22.

Rosen, S. M.(2016). Identity performance and collectivist leadership in the Philadelphia Student Union. *International Journal of Leadership in Education : Theory and Practice*, *19*(2), 224-240.

Rueschemeyer, D.(1998). The self-organization of society and democratic rule. In Rueschemeyer, D., & Rueschemeyer, M.(Eds.), *Participation and Democracy : East and West*, 9-25. New York : M. E. Sharpe.

Saito, R. N., & Sullivan, T. K.(2012). The Many Faces, Features and Outcomes of Youth Engagement. *Journal of Youth Development*, 7(4).

Sallah, M.(2014). *Global youth work : provoking consciousness and taking action*. Dorset : Russell House Publishing.

Schroth, H.(2019). Are you ready for Gen Z in the workplace?. *California Management Review*, *61*(3), 5-18.

Sensen, O.(2009) Dignity and the formula of humanity. In Timmermann, J.(Ed.), *Kant's groundwork : a critical guide*. Cambridge University Press, Cambridge, pp. 102-118.

________(2011). Human dignity in historical perspective : the contemporary and traditional paradigms. *Eur J Polit Theory*, *10*(1), 71-91.

Sherrod, L. R., & Lauckhardt, J.(2008). Civic engagement : The development of citizenship. In R. M. Lerner & R. M. Lerner(Eds.), *Handbook of adolescent psychology*(3rd ed.). Hoboken, NJ : Wiley.

Sherrod, L. R., Flanagan, C. A., Kassimir, R., & Syvertsen, A. K.(Eds.)(2006). *Youth activism : An international encyclopedia*. Westport, CA : Greenwood Press.

Shier, H.(2001). Pathways to participation : Opening opportunities and obligations. *Children and Society*, *17*, 107-117.

Sinclair, R.(2004). Participation in practice: Making it meaningful, effective and sustainable. *Children and Society*, *18*(2), 106-118.

Sinclair, R., & Franklin, A.(2000). *Young people's participation, Research in practice and making research count*. London : Department of Health.

Smith, A. B.(2007). Children and young people's participation rights in education. *International Journal of Children Rights*, *15*, 147-164.

Smith, A. B., Tsylor, N. J., & Gollop, M.(2000)(Eds.). *Children's voices : Research, policy and practice*. Auckland : Pearson Education.

Smith, M.(1988). *Developing youth work : Informal education, mutual aid, and popular practice*. London : Open University Press. Also, downloaded from http://infed.org/archives/developing_youth_work/dyw3.htm

Stamm, L., & Striek, J.(2017). German Institute for Human Rights, 2017. *Children's Rights during Adolescence*. Berlin, Germany : German Institute for Human Rights.

Starl, K., Apostolovski, V., Meier, I., Mostl, M., Vivona, M., & Kulmer, A.(2014). Human rights indicators in the context of the European Union. Work Package No. 13-Deliverable No. 1. Brussel : European Commission.

Struthers, A. E.(2015). Human rights education : Educating about, through and for human rights. *International Journal of Human Rights*, *19*(1), 53-73.

Swinebart, B.(1992). *Youth involvement : Developing leaders and strengthening communities*. Colorado, CO : Partners for Youth Leadership.

Tashman, B.(2017). Student Rights at School : Six Things You Need To Know. https://www.aclu.org/blog/juvenile-justice/student-rights-school-six-things-you-need-know

Taylor, M., & Percy-Smith, B.(2008). Children's participation : Learning from and for community development. *International Journal of Chlldren's Rights*, *16*, 379-394.

Taylor, N. J., Smith, A. B., & Nairn, K.(2001). Rights important to young people : Secondary student and staff perspectives. *International Journal of Children's Rights*, *9*, 137-156.

Theis, J.(2007). Performance, responsibility and political decision-making : Child and youth participation in southeast Asia. *Children, Youth and Environment*, *17*(1), 1-13.

Thomas, N.(2007). Towards a theory of children's participation. *International Journal of Children's Rights*, *15*, 199-218.

Tibbits, F.(2002). Understanding what we do : Emerging models for human rights education. *International Review of Education*, *48*(304), 159-171.

________(2015). Curriculum development and review for democratic citizenship and human rights education. UNESCO Publishing.

________(2017). Evolution of human rights education models. In N. Flowers(Ed.), *Human rights education : Theory, research, praxis*(pp. 69-95). University of Pennsylvania Press.

Treseder, P.(1997). *Empowering children and young people*. London : Children's Right Office and Save the Children.

Tuck, E., & Yang, K. W.(2014). *Youth and resistance research and theories of change*. New York, NY : Routledge.

United Nations(2004). *World youth report 2003 : The global situation of young people*. New York, NY : United Nations Department of Economic and Social Affairs.

____________(2006). *Plan of action : World programme for human rights education*. Paris. UNESCO Publishing.

____________(2012a). *Plan of action : World programme for human rights education - Second Phase*. Paris. UNESCO Publishing.

____________(2012b). *Human Rights Indicators : A Guide to Measurement and Implementation*. New York : United Nations Human Rights Office of the High Commissioner.

____________(2014). Plan of action for the third phase(2015-2019) of the World programme for human rights education. Paris : UNESCO Publishing.

Vaghri, Z., Arkada, A., Kruze, S., & Hertzman, C.(2011). CRC general comment 7 indicators framework : A tool for monitoring the implementation of child rights in early childhood. *Journal of Human Rights, 10*, 178-188.

Van Linden, J. A., & Fertman, C. I.(1998). *Youth leadership : A guide to understanding development in adolescents*. San Francisco : Jossey-Bass Publishers.

Vasak, K.(1982). The international dimensions of human rights(Vol. 1). Greenwood Press. 박홍규 역(1986). 인권론. 서울 : 실천문학사.

Winter, M. de(1997). *Children as Fellow Citizens : participation and commitment*. Oxford : Radcliffe Medical Press.

Zimmerman, K.(2007). Making space, making change : Models for youth-led social organizations. *Children, Youth and Environments, 17*(2), 298-314.

찾·아·보·기

인 명

가서(Gasser) ······ 306
갈퉁(Galtung) ······ 28
강은숙 ······ 300
글렌(Glenn) ······ 186
김경준 ······ 346
김영인 ······ 157, 211
김영지 ······ 158, 336, 386, 441
김정주 ······ 177

나간채 ······ 455
나이(Nye) ······ 165
남화성 ······ 333
뉴웰(Newell) ······ 461

다렌도르프(Dahrendorf) ······ 168
다비(Davie) ······ 365
델가도(Delgado) ······ 457
도넬리(Donnelly) ······ 34, 36
디마우스(Lloyd DeMause) ······ 193

라코파노(Lacofano) ······ 460
런던(London) ······ 458
레이드로 재단(Laidlaw Foundation) ······ 250, 262
로베스피에르(Robespierre) ······ 49
로젠(Rosen) ······ 458
로크(John Locke) ······ 16, 195
루소(Jean-Jacques Rousseau) ······ 16, 195
리쉐론(Lischeron) ······ 148
리차드슨(Richardson) ······ 183

마르시(Marsi) ······ 460
마르크스(Karl Marx) ······ 50
매니언(Mannion) ······ 266
매튜스(Matthews) ······ 173
맥노튼(MacNaughton) ······ 173
맥로린(McLaughlin) ······ 207, 264
모상현 ······ 346
몽고메리(Montgomery) ······ 248
몽테스키외(Baron Montesquieu) 16
밀(Mill) ······ 195

바브러스(Vavrus) ······ 145, 252
바삭(Karel Vasak) ······ 25
박은식 ······ 211
반 린든(Van Linden) ······ 251, 266
배경내 ······ 273
버바(Verba) ······ 165
버터스(Butters) ······ 461
부르트만(Voortman) ······ 171
브룸(Vroom) ······ 148

사이토(Saito) ······ 461
설리반(Sullivan) ······ 461
송태진 ······ 346
쉐러(Scherer) ······ 230
쉬에(Shier) ······ 245, 261
스미스(Smith) ······ 173
스테이플스(Staples) ······ 457
심성보 ······ 279
싱클레어(Sinclair) ······ 173, 263

아른스타인(Arnstein) ······ 238, 259, 459
아리스토텔레스(Aristoteles) ·· 182
아이프(Ife) ······ 17, 31, 185
앨더슨(Alderson) ······ 248
엘리노어 루즈벨트(Eleanor Roosevelt) ······ 53
엥겔스(Fredrich Engels) ······ 50
오도노휴(O'Donoghue) · 206, 264
오동석 ······ 296
오동선 ······ 300
월(Wall) ······ 148
윈터(Winter) ······ 150
유윤종 ······ 355
이수광 ······ 279
이용교 ······ 72, 335
이창호 ······ 153, 354
이채식 ······ 211
이해주 ······ 280

장민영 ······ 309
저스티니아노(Justinianno) ···· 230
전명순 ······ 295
정건희 ······ 41, 351
정승희 ······ 349
정혜원 ······ 354
정희옥 ······ 349
제임스(James) ······ 364
주성수 ······ 148
짐머만(Zimmerman) ······ 457

천정웅 ······ 144
체코웨이(Checkoway) ······ 144, 189, 217, 243, 266

최윤진 ································ 40

카생(Rene Cassin) ··········· 25, 53
카스텐밀러(Castenmiller) ······ 148
커쉬너(Kirshner) ·········· 207, 264
케언즈(Cairns) ····················· 361
코울(Cole) ························· 195
콩도르세(Marquis de Condorcet) ································ 49
쿠퍼(Cooper) ······················ 461
크롬웰(Oliver Cromwell) ········ 47
킨트리아(Kintrea) ················ 249

탭스콧(Tapscott) ················· 153
테이스(Theis) ······················ 152
토마스 아퀴나스(Thomas Aquinas) ·························· 16
트레세더(Treseder) ······· 255, 262
트리시(Treacy) ···················· 461

팬서(Pancer) ······················ 203
팰프리(Palfrey) ··················· 306
퍼트만(Fertman) ·········· 251, 266
푸스코(Fusco) ····················· 461
푸코(Foucault) ···················· 169
프란시스코 수아레스(Francisco Suarez) ····························· 16
프랭클린(Franklin) 173, 245, 262
프레드먼(Fredman) ··············· 184
프리만(Freeman) ·················· 116
프리티(Pretty) ············· 254, 262
플레처(Fletcher) ···· 108, 145, 252
피츠패트릭(Fitzpatrick) ····················· 249, 262, 266

하워드(Howard) ·············· 34, 36
하트(Hart) ················ 144, 161,

해마버그(Hammarberg) ·········· 80
해스팅스(Hastings) ·············· 249
헐리(Hurley) ······················ 461
홉스(Thomas Hobbes) ····· 16, 195
홍정희 ····························· 211
화이트(White) ···················· 461
황여정 ······················ 157, 161
휴즈(Hughes) ····················· 173
히스필드(Heathfield) ············ 461
히틀러 유겐트(Hitler-Jugend) 164

내 용

가능성의 세대 ····················· 459
가사소송법 ························· 92
가상현실 ··························· 304
가이드라인 ························· 314
가치교육 ··························· 275
강점(strengths) ···················· 98
개인적 발달(personal development) ···················· 189
개인정보 ··························· 320
개화운동 ··························· 450
거리두기 ··························· 327
거버넌스(governance) ··········· 433
건강관리(healthcare) ············ 135
건강 서비스 ······················ 101
건강한 발달 ······················ 124
건강한 성장(healthy growth) 111
결과지표(indicators of result) 425
결사 및 평화적 집회의 자유(freedom of association and peaceful assembly) ··········· 315
결사의 자유 ······················ 120
결혼 ································ 126
고등 교육 ························· 127
고위수준(high level) ····· 249, 265
고위수준의 참여(high level of participation) ··················· 249
공공성 ····························· 335
공공질서 ··························· 369
공동관리유형 ····················· 249
공동의사결정(joint decision) · 245
공동체의식 ························ 182
공산당선언(communist Manifesto) ····································· 50
공자 ································· 45
공직선거법 ················· 75, 348
공포정치 ···························· 50
과몰입 ····························· 305
과밀학급 ··························· 289
과정지표(process indicators) ··· 433
광고 디자인 ······················ 324
광우병 파동 ······················ 354
교과 과정 ························· 320
교육 민주화운동 ················· 352
교육개혁(education reform) ···························· 137, 202
교육권 ····························· 282
교육기본법 ················ 275, 278
교육발전 5개년계획 ·········· 294
교육의 기회 ······················ 288
교통수단 ··························· 348
구색 맞추기 ······················ 209
구성원이 될 권리(membership rights) ··························· 35
구조지표(structural indicators) 433
구조－과정－성과 분석틀 ·· 447
구조－과정－성과지표 ········ 434
국가인권위원회 ·················· 275
국가인권위원회법 ·············· 301
국가청소년정책 ·················· 145

국제 표준 ··· 133
국제노동기구(ILO) ··· 30, 327
국제노동기구협약 ··· 381
국제사면위원회(Amnesty International) ··· 57, 426
국제아동의 해 ··· 78
국제연맹 ··· 59
국제연합(United Nstion) ··· 52
국제연합아동권리선언 ··· 61
국제인권법 ··· 20, 375
국제인권장전(International Bill of Rights) ··· 57
권고사항 ··· 91
권능부여권(enabling rights) ··· 41
권력 재배분 ··· 261
권리기반(rights-based) 전략 ·· 322
권리청원(Petition of Rights) ··· 46
권위적 간섭주의(paternalism) 362
권위주의 ··· 172
권한을 가질 권리(empowerment rights) ··· 35
권한이양(delegation) ··· 244
규범적 모델 ··· 364
규율 준수 ··· 274
규제 프레임워크 ··· 310
그리스 신전 현관 ··· 53
극단적인 콘텐츠 ··· 324
근린으로 돌아가는 것(back to the neighborhood) ··· 220
근린지역 개발조직(neighborhood development organization) · 222
근린지역 지향 (neighborhood-oriented) ··· 222
근린지역중심의 청소년사업 (neighborhood-based youth initiatives) ··· 220
글로벌 서베이(Global Survey) 327
긍정적 관계 ··· 388
긍정적 기여 ··· 456
긍정적 문화 ··· 198
긍정적 발달(positive development) ··· 94, 162, 440
기후 정의(climate justice) ··· 94
기후변화 ··· 69

나무 줄기(the trunk) ··· 268
나무의 잎(leaves of the tree) 269
나이스(NEIS) 반대 운동 ··· 355
나이스(NEIS) ··· 275
난민문제 ··· 79
난민청소년 ··· 328
네트 제너레이션(net generation) ··· 153
네트워크 ··· 232
노동운동 ··· 450
노동조합 ··· 129
노동착취 ··· 40
노예제도 ··· 16, 57
녹색 인권(The Green) ··· 30
놀이(play)의 세계 ··· 242
능동적 학습 ··· 225
니코틴 제품 ··· 319

다문화적(multicultural) ··· 223
다민족 사회 ··· 96
다양성과 포용(diversity and inclusiveness) ··· 140
단일문화적(monocultural) · 223
단계적 계층화 모형 ··· 237
대리만족 ··· 282
대중 옹호활동(public advocacy) ··· 218
대중매체 ··· 370
대중효과 ··· 291
대학입시거부 운동 ··· 355
데이터 보호 ··· 321
도구적 가치 ··· 189
독립선언문(Declaration of Independence) ··· 48
독립운동 ··· 450
동성애혐오증(homophobia) ··· 464
동아리 활동 ··· 284
동원(mobilization) ··· 197
동해시 아동·청소년 인권보장에 관한 조례 ··· 294
두발 자율화 ··· 352
디지털 감시 ··· 315
디지털 격차 ··· 226
디지털 매체 ··· 101
디지털 민주주의(digital democracy) ··· 306
디지털 세대 ··· 279, 303
디지털 시대 ··· 123
디지털 시민권 ··· 121
디지털 원주민(digital native) 303
디지털 전략 ··· 322
디지털 콘텐츠 ··· 313
디지털환경 ··· 95, 304
디지털환경 포럼 ··· 318
따돌림 ··· 128
또래 멘토링 ··· 121
또래관계 ··· 120

레질리언스(resilience) ··· 94, 98
레크리에이션 ··· 250
리더십 개발 ··· 252

마그나 카르타(Magna Carta) ··· 46, 104

마약 사용 ········· 126
만병통치약 ········· 206
머신러닝 ········· 304
멘토 ········· 385
면접교섭권 ········· 92, 367
명목참여의 수준(degrees of tokenism) ········· 238
명목화(tokens) ········· 207
모바일(mobile) ········· 306
무상의 적절한 공교육(a free appropriate public education) ········· 278
문제 중심(problem-focused) ····· 97
문제－색안경(problem-tinted spectacles) ········· 193
문화 공유 ········· 321
문화권 ········· 79
문화생활권 ········· 107
문화여가시설 ········· 348
미디어 리터러시 ········· 322
미래세대 ········· 200
미술치료 ········· 186
민병대 ········· 95
민주주의 역사 ········· 184
민주주의 운동 ········· 199
민주화운동 ········· 351, 450
밀레니얼 세대 ········· 303

바스티유 감옥 ········· 49
바이마르(Wiemar)헌법 ········· 16
반성적 사고 ········· 254
반성적 성찰 ········· 355
반억압적(antioppressive) ·· 223
반의존기 ········· 38
발달이론 ········· 366
발육부진(malnutrition) ········· 429
변화의 원동력(agents of change) ········· 94
변화의 촉매제 ········· 200
보여주기식 정책 ········· 337
보충수업 ········· 352
보통선거 확대 ········· 196
보편성(universality) ········· 20
보호받을 권리(protection rights) ········· 35
보호장소(shelters) ········· 135
복장규정(dress codes) ······ 140
복지권 ········· 37, 109
부모에 대응되는 권리(rights against parents) ········· 41
부천시 아동·청소년 인권조례 ········· 294
분석틀(framework) ········· 424
비계층적 연속형 모델 ········· 237
비례원칙 ········· 315
비사법적 구제 절차 ········· 325
비엔나 선언 ········· 21
비옥한 토양(fertile soil) ······· 268
비인간화(dehumanise) ········· 14
비전통적(non-traditional) 청소년인권 ········· 134
비참여(non-participation) 244, 262

사다리 8개 가로장(rung) 모형 ········· 239
사생활 ········· 23, 120, 286, 307, 316, 369
사생활 침해 ········· 363
사이버 따돌림 ········· 305, 317
사이버 카페 ········· 324
사이버공간 ········· 305
사전검열 ········· 285
사춘기 ········· 129, 319
사회문제 ········· 214
사회보장 계획 ········· 128
사회보장권 ········· 32
사회복지기관 ········· 88
사회적 비용 ········· 346
사회적 이슈 ········· 353
사회적 지위권 ········· 280
사회정의 ········· 455
사회지표(social indicators) ····· 427
사회참여 ········· 167
사회통합 ········· 175
삼부회 ········· 49
상대적 박탈감 ········· 174
상소권 보장 ········· 92
상업 광고 및 마케팅(commercial advertising and marketing) 323
상업적 이익 ········· 321
상업적 착취 ········· 320
새천년개발목표(MDGs) ······· 427
색채 코드 ········· 31
생명공학 ········· 304
생명과정 관점 ········· 95
생명권(right to life) · 25, 88, 432
생존권(survival rights) ········· 110
생존할 권리(survival rights) ··· 34
생체인식기술 ········· 304
생태학적 발달이론 ········· 115
생활보호법 ········· 71
서비스 전달(service delivery) ········· 220
서울특별시 어린이·청소년 인권 조례 ········· 294
선거관리위원회 ········· 356
선거교육 ········· 349
선거권 ········· 211
선거권 연령 ········· 196

선거권 제한 연령 ············· 356
선거모델(election model) ······ 234
선거역량 ·························· 349
선거참여 ·························· 166
선택의정서(optional protocol) · 80
성과지표(outcome indicators) · 433
성년기 ···························· 177
성소수자 ·························· 292
성소수자의 권리(LGBT rights) ································ 140
성인 의사결정자 ··············· 251
성인권(adult right) ··············· 41
성인기로의 전환 ················· 97
성인주류사회 ···················· 359
성인지도자 ······················ 216
성장하는 묘목(the growing seedling) ························ 269
성편향성(gender bias) ··········· 14
세계 청소년의 날(International Youth Day : IYD) ············ 69
세계 청소년의 해 · 45, 143, 359
세계개발보고서(World Development Report) ········ 427
세계관 ···························· 315
세계보건기구(WHO) ··········· 111
세계아동현황보고서(States of the World's Children) ············ 427
세계은행(World Bank) ········· 427
세계인권선언(Universal Declaration of Human Rights) ································ 18, 52
세계인권회의(World Conference on Human Rights) ············ 21
세계적 보편화 경향 ·········· 194
세계정상회담 ····················· 63
세계청소년보고서 ············· 190
세계청소년장관회의 ····· 67, 150
세계청소년포럼(World Youth Forum) ···························· 68
세대(generation) ·················· 27
섹슈얼리티 ·········· 94, 319, 356
소극적 권리 ······················· 55
소년사법(juvenile justice) ······················ 113, 137, 277
소셜 네트워크 ···················· 94
소셜 미디어 ········ 131, 306, 322
소셜 미디어 환경 ··············· 94
소수 청소년 ····················· 313
소수민족 ····················· 51, 127
소수인종 ························· 386
소외청소년 ······················ 117
소지품 검사 ·············· 285, 363
수평적 연속체 ·················· 249
수행지표(indicators of conduct) ···································· 425
순환모델(rotation model) ······ 235
스마트폰 ·························· 215
스쿨 미투 ························ 274
시민권 ··················· 43, 76, 117
시민권 신장 ····················· 451
시민사회 ··························· 90
시민사회운동 ···················· 449
시민성(citizenship) ·············· 163
시민인권보호관 ················· 298
시민적 관여 ····················· 100
시민적 권리 ····················· 361
시민정부론 ······················ 195
시민참여 모델 ·················· 238
시민참여 수준 ·················· 238
시민청소년관여(civic youth engagement) ···················· 137
시민청소년운동 ················· 452
시민통제 단계 ··················· 258
시민통제(citizen control) ······· 243
시민행동(citizen action) ········ 223
신앙의 자유 ······················ 287
신전 현관 모형 ··················· 54
신화(myth) ·················· 264, 267
실제적 사람 ······················ 264
실질적 참여수준 ················ 243
실행지표(performance indicator) ································· 425
심리 상담 서비스 ·············· 319

아동 이익 최우선의 원칙 ·· 327
아동권 논의 ······················ 194
아동권리보장원 ················· 277
아동권리위원회(Committee on the Rights of the Child) ····· 81
아동기(childhood) ················ 364
아동돌봄센터(childcare centers) ································ 218
아동매매 선택의정서 ·········· 81
아동복지 ·························· 428
아동복지법 ·········· 71, 355, 367
아동수당제도 ···················· 277
아동영향평가제도 ·············· 277
아동의 능력발달에 상응하는 방법 ···························· 366
아래로부터의 접근과정 (bottom-up process) ·········· 268
아르바이트 ························· 39
안전 중심 설계(safety-by-design) ································· 317
앙시엥 레짐(ancien regime, 구체제) ·························· 49
애플리케이션 ···················· 318

앨버말 보고서(Albermarle Report) ··· 463
야간자율학습 ··· 277
양면가치 ··· 208
양성애자 ··· 125
양성평등 ··· 288
어린이 · 청소년 인권위원회 297
어린이 · 청소년인권법 ··· 356
여가제공(leisure provision) ··· 463
역량 강화 ··· 96
역량개발(competence development) ··· 162
역량의 규모 ··· 262
연령차별(age discrimination) · 136
연방법률 ··· 278
연성법(soft law) ··· 30
열매(the fruits) ··· 269
영적 권리 ··· 31
온라인 괴롭힘 ··· 315
온라인 별명 ··· 317
온라인 아바타 ··· 317
온라인 출생신고제도 ··· 277
온라인 학습 ··· 327
온라인 행동주의(online activism) ··· 306
온라인 환경 ··· 100
옴부즈퍼슨(아동권리 옹호관) ··· 352
완전한 인간성(full humanity) · 14
완전한 참여(full participation) 262
운동선수 인권 ··· 283
운전연령(driving age) ··· 137
원형(circle) 모델 ··· 252
웹툰 ··· 200
위원회선정 모델(board selection model) ··· 235
유네스코 ··· 62
유니세프(UNICEF) ··· 427
유럽연합 기본권기구(FRA) · 434
유럽위원회(Council of Europe) ··· 150
유럽청소년모임(youth gathering) ··· 68
유럽청소년총회(European Youth Convention) ··· 68
유럽청소년포럼(European Youth Forum) ··· 68
유럽평의회(Council of Europe) ··· 303
유로스타트(Eurostat; 유럽통계처) ··· 436
유엔개발계획(UNDP) ··· 424
유엔개발기구(UNDP) ··· 426
유엔국제아동의 해 ··· 61
유엔사회권위원회(ICESCR) ·· 425
유엔아동권리위원회 ··· 275, 427
유엔아동권리협약(UNCRC) ··· 82, 61, 82, 102, 248, 275
유엔인권최고대표사무소(OHCHR) ··· 422
유엔총회 ··· 51
유튜브(YouTube) ··· 199
유해환경 ··· 41, 307
은밀한 광고 ··· 321
음악치료 ··· 186
음주연령(drinking age) ··· 137
의견제공권 ··· 98
의견표명권 ··· 323, 377
의료 시스템 ··· 328
의무준수 메커니즘(mechanism) ··· 185
의사결정 과정 ··· 184, 260, 328
의사결정권 ··· 76, 233
의사결정의 공유 ··· 241
의사표명권(representational rights) ··· 41
이동권 보장 ··· 289
이디오테스(idiotes) ··· 183
이디오트(idiot) ··· 183
이론적 토대 ··· 467
이민자 ··· 130
이민자의 권리(immigrant rights) ··· 140
이타주의 ··· 203
이행감시기구 ··· 85
익명성 ··· 317
인간개발보고서(Human Development Report) ··· 427
인간과 시민의 권리선언(Declaration of the Rights of Man and Citizen) ··· 49
인간발달(human development) 114
인간복지(human well being) ·· 186
인간성(humanity) ··· 14
인간의 존엄성 ··· 24
인공지능 ··· 304
인구센서스(census) ··· 434
인권 관점 ··· 432
인권 모니터링 ··· 432
인권과 기본적 자유의 보호를 위한 유럽협약 ··· 58
인권교육 ··· 185
인권모니터링 ··· 423, 445
인권사상 ··· 29
인권에 대한 종합적 접근(holistic human rights approach) ··· 31
인권연구 ··· 432
인권운동 ··· 355, 450
인권위반사건 데이터 ··· 446
인권의식 ··· 20

인권조약 ········· 446
인성발달 ········· 288
인스턴트 메시지 ········· 303
인신매매 ········· 95, 126
인신보호법 ········· 47
인종적 평등 ········· 23
인종차별 금지 ········· 32
인터넷 뱅킹 ········· 303
일기장 검사 ········· 276
일반논평(general comments) ········· 81, 423
일반논평 7호 ········· 375
일반논평 10호 ········· 134
일반논평 12호 ········· 375
일반논평 13호 ········· 122
일반논평 17호 ········· 129
일반논평 18호 ········· 122
일반논평 20호 ········· 104
일반논평 24호 ········· 441
일반논평 25호 ········· 304
일반이행조치(general measures of implementation) ········· 323
일반조항 ········· 83
임신으로 인한 차별금지 (pregnancy discrimination) ········· 140
임파워먼트(empowerment) ········· 147, 203
입양허가제 ········· 92

자기결정권 ········· 88, 109
자동화 시스템 ········· 304
자문협의(consultation) ········· 263
자연권사상 ········· 16
자연법 ········· 16, 47
자유 ········· 119
자유권 ········· 37, 195
자율성 ········· 209
자율학습 ········· 283, 352
자치기구 ········· 340
자치활동 ········· 285, 287
잠재역량 개발 ········· 468
장식물(decoration) ········· 267
장식화 ········· 207
장애아동 ········· 87
장애인의 권리(disability rights) ········· 140
장애청소년 ········· 117, 289, 313
장애학생 ········· 288
재학관계 ········· 281
저위수준(low level) ········· 249, 265
저위수준의 참여(low level of participation) ········· 249
적극적 관점 ········· 468
적극적 권리 ········· 55
적극적 우대조치(affirmative action) ········· 99
적극적 참여(active participation) ········· 263
적법 절차(due process) ········· 138
적색 인권(The Red) ········· 29
전국적 협의체(national coalitions) ········· 222
전자민주주의(electronic democracy) ········· 153, 215
전통적(traditional) 청소년인권 ········· 134
절대적 권리 ········· 24
점검표(checklist) ········· 424
접근성 ········· 318
정보 접근권 ········· 307
정보공개 ········· 370
정보를 제공받고 선택하는 것 (informed choice) ········· 243
정보접근권 ········· 73, 288
정보통신기술 ········· 322
정부출연연구기관 ········· 445
정신적 웰빙(mental well-being) ········· 327
정치 프로세스 ········· 101
정치적 행동주의 ········· 208
정치질서 ········· 456
정치참여 ········· 167, 334
제16대 대통령선거 ········· 336
제1세대 인권 ········· 25
제2세대 인권 ········· 26
제2차 세계대전 ········· 51
제2차 청소년육성 5개년계획 ········· 73, 330, 461
제3 · 4차 통합국가보고서 ········· 89
제3세대 인권 ········· 27
제4차 산업혁명 ········· 331, 467
제5, 6차 통합국가보고서 ········· 89, 277
제6차 청소년정책기본계획 · 331
제네바 선언 ········· 61, 106
조약 주체(treaty bodies) ········· 425
조직개발(organizational development) ········· 189
조직화과정 ········· 240
존재양식의 발전적 변화 ········· 183
종교교육 ········· 286
종자(the seed) ········· 269
죄형 법정주의 ········· 107
준수지표(compliance indicator) 425
증강현실 ········· 304
지방재정법 ········· 341

지원 네트워크(support networks) ·················· 222
지속가능성(sustainability) ······· 94
지속가능발전목표(Sustainable Development : SDGs) · 69, 428
지속가능한 발전 ················· 69
지역 청소년의회(local youth parliaments) ····················· 382
지역사회 ··················· 117, 154, 185, 212, 241
지역사회개발(community development) ···················· 459
지역사회 계획(community planning) ···················· 218
지역사회 교육(community education) ·················· 218
지역사회 봉사(community service) ······················ 218
지역사회 참여(community participation) ··················· 160
진정한 청소년참여(authentic youth involvement) ·········· 207
진화하는 능력(evolving capacities) ····························· 77, 312
집단행동(collective action) ····· 453
집합적 인권 ························ 23

차티스트 운동 ····················· 29
참된 참여(genuine participation) ···························· 243, 262
참여 나무(participation tree) · 268
참여 예산(participatory budgeting) ·· 94
참여권 제한 ······················· 362
참여권의 수준 ··················· 364
참여기구 ·························· 197
참여문화 ·························· 185
참여민주주의 ······ 148, 183, 195
참여사다리 모형 ········ 144, 238, 259, 463
참여수준—형태별 연속체 모형 ······································ 265
참여운동 ·························· 450
참여의 연속체 ··················· 251
참여의 정도(degrees of participation) ···················· 256
참여의 통로(pathways to participation) 모델 ··········· 245
참여적 맥락 ······················ 452
참여행정 ·························· 195
참여활동 ···················· 192, 197
창의 예술(creative arts) ········· 94
천부인권사상 ······················ 16
청교도 혁명 ······················· 47
청년기 ······························ 38
청색 인권(The Blue) ······· 28, 30
청소년 발달 ······················· 95
청소년 분야 ·············· 196, 212
청소년 사법 시스템 ··········· 382
청소년 센터 ······················ 324
청소년 시민참여 ················ 468
청소년 운동 ······················ 352
청소년 의회 ······················ 332
청소년 자문위원회 ············ 226
청소년 중심 ······················ 380
청소년 지도력(youth leadership) ······································ 464
청소년가장 가족(adolescent-headed families) ·············· 124
청소년개발(youth development) ···························· 190, 468
청소년개발기관(youth development agency) ········· 219
청소년개발지표 ················· 440
청소년개입(youth involvement) ······································ 159
청소년관리 프로그램 (youth-governed programs) 264
청소년관리단체(youth-governed organizations) ·················· 263
청소년관여(youth engagement) ····························· 250, 456
청소년관여의 수단 ············ 251
청소년권 ·························· 194
청소년기 ······················ 37, 77
청소년기본법 ···················· 367
청소년단체 ······················· 210
청소년대표자 ···················· 198
청소년들의 권력(power of youth) ······································ 242
청소년문화 ········· 178, 200, 450
청소년발달 ······················· 161
청소년발전 ······················· 459
청소년복지 ······················· 190
청소년복지정책 ················· 347
청소년복지지원법 ······· 342, 367
청소년서비스 ············· 159, 466
청소년소유 프로젝트(youth owned projects) ················ 249
청소년시민성(young citizenry) 459
청소년시설 ················ 214, 344
청소년실천현장 ················· 449
청소년업무(youth work) 451, 461
청소년연구 ······················· 451
청소년옴부즈맨 ················· 337
청소년운동(youth movement) 449
청소년운동사 ···················· 351
청소년운영위원회 ······· 197, 210
청소년운영 프로그램(youth-run programs) ······················· 250

청소년위원회(youth council) ····· 152, 210
청소년육성법 ····· 71
청소년육성청서 ····· 145
청소년을 위한 사회운동(social movement for youth) ····· 453
청소년의 사회적응(fitting young people into society) ····· 171
청소년의 시민적 관여(civic engagement in youth) ····· 160
청소년의회(youth parliaments) 152
청소년인권 영향평가 ····· 311
청소년인권운동 ····· 74, 76
청소년인권지표 ····· 423
청소년인권지표체계 ··· 422, 441
청소년정책 ····· 41, 170, 350
청소년조직화(youth organizing) ····· 457, 464
청소년주도 모델 ····· 457
청소년주도(youth-led) ····· 456
청소년주도성 ····· 452
청소년증 ····· 345
청소년지도력 ····· 467
청소년지배단체(youth governed organizations) ····· 251
청소년참여 8단계 모형 ····· 243
청소년참여 증대방안 연구 · 146
청소년참여 프로젝트 ····· 208
청소년참여(youth participation) ····· 39, 159, 377
청소년참여권 ····· 206
청소년참여기구 ····· 146
청소년참여위원회 ····· 197, 210
청소년참여의 세계적 동향 · 146
청소년참여의 원형모형 ····· 254
청소년참여의 유형화 ····· 266
청소년참여지표(Youth Participation Indicator) ····· 65
청소년참여포털(www.youth.go.kr/ywith) ····· 338
청소년창안제 ····· 146
청소년친화적 ····· 100
청소년친화적 플랫폼 ····· 311
청소년카드제도 ····· 342
청소년통제(youth control) ····· 243, 254
청소년특별회의 ····· 210
청소년평화시위 ····· 450
청소년행동의 날 ····· 450
청소년행동주의 ····· 464
청소년헌장 ····· 72, 351
청소년활동 ····· 175, 198
청소년활동진흥법 ····· 340, 371
청소년회의 ····· 249
청소년-성인 파트너십 (youth-adult partnership) ··· 155
체벌금지 ····· 277
체세스마(CESESMA) ····· 268
초 · 중등교육법 ····· 278, 367
촛불 소녀 ····· 307
촛불시위 참여운동 ····· 450
촛불집회 ····· 74, 307
촛불청소년인권법제정연대 ·· 75
총기참사 ····· 451
최상의 단계 ····· 259
최상의 이익 ····· 96, 307
최적 개발(optimum development) ····· 94
최종견해(concluding observations) ····· 81
출생 신고 ····· 119
치료적 개입(therapeutic intervention) ····· 220

카카오톡 ····· 303
캠프 ····· 385
코로나 바이러스 ····· 325
콘텐츠 통제 장치 ····· 314
콤소몰(Komosol) ····· 164
쿠폰제 ····· 343
크리에이터(creator) ····· 200

태블릿PC ····· 305
토큰(token) ····· 267
통합 분수형 참여모델 ····· 265
투표권 ····· 211, 233
트라우마 회복 ····· 186
트랜스젠더 ····· 125
트위터(twitter) ····· 306
특별보호 ····· 108
특별보호조치(special protection care) ····· 118
특성화고권리연합회 ····· 356
특수교육진흥법 ····· 71
티셔츠 ····· 240
팅커(Tinker) ····· 284

파트너십 ····· 208, 236, 258
페미니즘 ····· 356
페이스북(facebook) ····· 306
평화운동 ····· 132, 199
포르노그라피 ····· 121, 131
포용적 참여(inclusive participation) ····· 207
포함과 배제의 문제 ····· 184
표현의 자유(freedom of expression) ····· 119, 282, 314
풀뿌리 조직화(grassrots organizing) ····· 218
프라이버시(privacy) ····· 107, 120, 138

프라이버시권 ············ 286, 313
프랑스 국민의회 ················ 18
프랑스 대혁명 ··················· 44
프랑스의 2월 혁명 ············· 29
프로그램기획단 ················ 236
프리덤하우스 ··················· 426
프리마파시(prima facie) ········ 24
프리차일드 프로젝트(Freechild Project) ························ 134
플래카드 ························· 240
피드백 ···························· 240
피해구제(remedies) ·············· 323

하낙스(Har Knocks)합창단 ·· 185
하위문화 ························· 279
학교 급식 ························ 328
학교 밖 청소년 ················· 353
학교민주주의 ···················· 355
학교보건법 ······················· 71
학교생활규칙 ···················· 283
학교안전사고 ···················· 290
학교운영위원회 ················· 368
학교자율권 ······················· 292
학급회의(class councils) ······· 380
학생 두발 제한 ················· 276
학생 참정권 문제 ·············· 274
학생기구(student organizations) ···································· 380
학생복지회 ······················· 353
학생운동 ························· 450
학생인권 ························· 281
학생인권법 ······················· 356
학생인권센터 ···················· 291
학생인권조례 ···················· 274
학생자치법정 ···················· 332
학생회의(student councils) ···· 380
학습격차 ························· 329
해방(liberation) ·················· 464
핵심가치 ··························· 55
핵심역량 ························· 206
행동주의 ························· 449
행복추구권 ······················· 285
행정정보 ························· 205
헌법 ························· 18, 286
헌법소원 ························· 352
현상유지(status quo) ··········· 464
혐오표현 ························· 317
협력 ······························ 346
호주청소년재단(Australian Youth Foundation) ···················· 151
홀로코스트 ························ 52
홍익인간(弘益人間) ·············· 45
환경운동 ························· 199
회복력 ······························ 95
휴식권 ···························· 290
흑인의 삶도 소중하다(Black Lives Matter : BLM) ········ 450

18세 선거권 ······················ 74
18세 참정권운동 ················ 351
1인 미디어 ······················ 200

5세 미만 사망률(under-five mortality) ······················ 429

COVID-19 ················ 304, 326
COVID-19 대응 ················· 325
COVID-19 세계적 대유행 ··· 327
COVID-19 인권 보호 ········· 326
COVID-19 팬데믹(pandemic) ···················· 180, 327, 429

HIV 신규감염(new HIV infection) ·································· 429

P이론 ····························· 146

Y세대 ····························· 303

Z세대(Z generation) ······ 199, 303

저/자/약/력

■ 천정웅(대구가톨릭대학교)

미국 캔사스대학교(The University of Kansas)에서 청소년전문가들(youth professional)의 관점에서 청소년 분야 "강점기반실천(strengths-based practices)의 본질(nature)"을 분석한 논문으로 사회복지학 박사학위를 취득하였으며 한국 중앙대학교에서 지속가능발전을 위한 환경레짐(environmental regime)에 관한 논문으로 정치학 박사학위를 받았다. 한국청소년정책연구원 기획조정실장, 한국청소년학회 사무총장, 미국 아이오와대학교(University of Iowa) 방문학자, 미국 캔사스대학교(University of Kansas) 사회정책분석연구원 Research Manager 등으로 일한 바 있다.

현재 대구가톨릭대학교 사회복지학과 교수로 재직하고 있으며, 대구다문화가족지원센터 협회장 등을 역임하였다. 대구가톨릭대학교의 주요 보직으로 국제다문화대학원장, 다문화연구원장, 다문화교육원장, 청소년복지연구소장, 사회복지학과장, 대학원 사회복지학과장 등이 있다. 학부와 일반대학원 석·박사 과정에서는 청소년복지론을 비롯하여 주로 청소년인권과 참여, 사회복지정책론, 사회복지행정론, 지역사회복지론, 고급통계자료분석론, 질적연구방법론, 사회복지법제론, 국제사회복지론, 청소년활동론, 인간행동과 사회환경 등을 담당하고 있다.

1980년대 중반 이후 30여 년간 청소년학, 사회복지 및 영성복지 등과 관련한 이론과 실천, 양적/질적 연구방법론 등에 관한 연구, 강의 및 저작활동에 진력해 오고 있다. 한국전통사상에 관해 특별한 관심을 가지고 있으며, "적극적 관점의 청소년개발", "차세대 청소년학총론", "청소년멘토링", "청소년복지론", "다문화청소년활동론", "지구환경레짐의 정치경제학" 등의 국·영문 50여 권의 저서와 "청소년참여의 유형화 연구", "청소년정책의 발전적 특성연구" 등 다수의 논문이 있다. 또한 "Best practices in community-based prevention for youth substance reduction", "Causal relationships between service outcomes and satisfaction, service utilization, and demographic characteristics : A path analysis" 등 단독저자로서 SCI, SSCI 등재 영문저널에 게재된 영문 논문을 여러 편 가지고 있다.

2003년 미국에서 "세계청소년학 아카데미(World Academy for Youth Studies)"를 창립했으며 2006년에는 한국 청소년학의 발전을 위한 "청소년학 월드포럼(World Forum on Youth Studies)"을 제안하여 격년마다 세계 주요 국가를 순회하면서 국제컨퍼런스를 개최하고 있다. 한국사회복지질적연구학회 편집위원장, 글로벌청소년학회 편집위원장, 한국청소년연구 편집위원 등을 역임했으며, 한국시민청소년학회 회장, 국제사회복지학회 회장을 맡아 하였고, 현재는 글로벌청소년학회 회장으로 있다. 한국과 미국의 연구기관에서 청소년 관련 정책연구와 청소년 정신건강 관련 데이터 분석 등을 통해 50여 종의 국·영문 보고서를 발간하였다.

청소년 인권과 참여

|저자| 천정웅

|1판 1쇄| 발행 2021년 11월 10일

|발행인| 김 동 훈
|발행처| 공 동 체

|주소| 경기도 고양시 일산동구 호수로 358-39
동문타워Ⅰ 905호(백석동)
|전화| 031) 814-3000(대표)
|팩스| 031) 814-3100
|홈페이지| http://www.compub.co.kr
|전자우편| compub@naver.com
|출판등록| 2005년 10월 6일
|등록번호| 제396-2005-36호

|ISBN| 979-11-6725-061-2
정가 24,000원

MEMO

MEMO